La femme-objet

GUY DES CARS

L'officier sans nom	*J'ai lu*	331/3
L'impure	*J'ai lu*	173/4
La demoiselle d'opéra	*J'ai lu*	246/4
La dame du cirque	*J'ai lu*	295/3
Le château de la juive	*J'ai lu*	97/4
La brute	*J'ai lu*	47/3
La corruptrice	*J'ai lu*	229/3
Les filles de joie	*J'ai lu*	265/3
La tricheuse	*J'ai lu*	125/3
Amour de ma vie	*J'ai lu*	516/3
L'amour s'en va-t-en guerre	*J'ai lu*	765/2
Cette étrange tendresse	*J'ai lu*	303/3
La maudite	*J'ai lu*	361/3
La cathédrale de haine	*J'ai lu*	322/4
Les reines de cœur	*J'ai lu*	1783/3
Le boulevard des illusions	*J'ai lu*	1710/3
Les sept femmes	*J'ai lu*	347/4
Le grand monde	*J'ai lu*	2840/8
Sang d'Afrique	*J'ai lu*	2291/5
De cape et de plume-1	*J'ai lu*	926/3
De cape et de plume-2	*J'ai lu*	927/3
Le faussaire (de toutes les couleurs)	*J'ai lu*	548/5
L'habitude d'amour	*J'ai lu*	376/3
La vie secrète de Dorothée Gindt	*J'ai lu*	1236/1
La révoltée	*J'ai lu*	492/4
La vipère	*J'ai lu*	615/4
Le train du père Noël		
L'entremetteuse	*J'ai lu*	639/4
Une certaine dame	*J'ai lu*	696/5
L'insolence de sa beauté	*J'ai lu*	736/3
Le donneur	*J'ai lu*	809/3
J'ose	*J'ai lu*	858/3
Le château du clown	*J'ai lu*	1357/4
La justicière	*J'ai lu*	1163/2
Le mage et la boule de cristal	*J'ai lu*	841/1
Le mage et le pendule	*J'ai lu*	990/1
Le mage et les lignes de la main... et la bonne aventure... et la graphologie	*J'ai lu*	1094/4
La femme qui en savait trop	*J'ai lu*	1293/3
La coupable	*J'ai lu*	1880/3
La femme sans frontières	*J'ai lu*	1518/3
La vengeresse	*J'ai lu*	2253/3
Le faiseur de morts	*J'ai lu*	2063/3
L'envoûteuse	*J'ai lu*	2016/5
La mère porteuse	*J'ai lu*	2885/4
L'homme au double visage	*J'ai lu*	2992/4
Le crime de Mathilde	*J'ai lu*	2375/4
La femme-objet	*J'ai lu*	3517/3
La voleuse	*J'ai lu*	2660/4
La femme d'argent		
L'amoureuse	*J'ai lu*	3192/4
Je t'aimerai éternellement	*J'ai lu*	3462/4
La tueuse	*J'ai lu*	3320/4
L'amant imaginaire	*J'ai lu*	3694/6
La visiteuse	*J'ai lu*	3939/3

Guy des Cars

La femme-objet

Éditions J'ai lu

Oliver Cotton gewidmet

Sie war wunderschön: so weiß, so golden. Ihre Augen – golden. Purer Glanz.

Der Vardianer zitterte vor Verlangen. Er ergriff den Saum ihres Gewandes und zerrte es ihr vom Leib. Sie stand nackt vor ihm. Ihre ungewöhnlich hochstehenden Brüste trugen Kappen aus getriebenem Gold. Ihren Nabel zierte ein Bernsteintropfen.

»Hab keine Angst vor mir«, murmelte er.

»Es ist an dir, dich zu fürchten.«

Die Worte waren in seinem Kopf erklungen. Die Geistsprache hatte mit keiner anderen Ähnlichkeit. Er schauderte. Ihre Augen ließen die übrige Welt verblassen.

Er fiel auf die Knie. Und erst jetzt, als er auf den Knien lag, wurden ihm die Augen geöffnet.

Ein Schatten, den der Glanz hervorrief, wuchs hinter dem Mädchen an der glühendroten Wand empor. Es war der Schatten eines Wesens, das viel größer als das Mädchen war, obwohl ebenfalls langhaarig und hochbrüstig; mit seinen zahlreichen ausgestreckten Armen pendelte es emporgereckt auf dem gebogenen Schwanz, der den unteren Teil seines Körpers bildete.

»Ashkar«, sagte der Vardianer. Er senkte den Kopf, als Woge auf Woge eines ekstatischen und wundersamen Schreckens über ihn hereinbrachen, bis er endlich ermattete.

Im Anfang, soweit man sich an den Anfang erinnern konnte, hatten die dunkelhäutigen Rassen den größeren Kontinent des Planeten erobert und ihm ihren Namen gegeben: Vis.

Nach Norden, Westen und Süden erstreckten sich die Weiten von Vis, beherrscht von Männern mit kupferner und schwarzer Hautfarbe; es waren grausame und oft ruhmvolle Reiche, und es waren ruhmreiche und oft grausame Völker, die unzählige verschiedenartige Götter verehrten. Volksstämme, die für die wundersamen erotischen Erregungen empfänglich waren, die von Zastis ausgingen, dem Roten Stern, der für die Dauer einiger Monate in jedem Jahr an ihrem Nachthimmel erschien. Völker, die stolz auf den Frieden waren, den sie nach ihrer langen kriegerischen Geschichte hielten; mystisch vereinigt unter dem letzten ihrer nominellen Könige: dem Herrn der Stürme, Herrscher von Dorthar und der Drachenstadt Koramvis, deren Name in seiner Bedeutung (das Herz von Vis) ihren hohen Rang ausdrückte.

Koramvis wurde in der Tat allgemein als die mächtigste und großartigste aller bemerkenswerten Städte von Vis angesehen. Das hochaufragende, wunderbare weiße Koramvis, Herz und Kopf Dorthars, unterhalb eines Höhenzuges gelegen, der die Form eines Drachenkamms besaß. In weniger als einer halben Stunde war Koramvis gefallen und völlig zerstört worden; in Stücke zerschlagen wie ein zerbrochenes Glas.

Im äußersten Süden des Kontinents erstreckte sich eine Landschaft, vorwiegend unfruchtbare Ebenen, die wegen ihrer spärlichen Vegetation den Namen Schattenlos trugen und die am Rand der Welt in einen dichten, labyrinthischen Dschungel einmündeten. Dort erstreckte sich ein Gewässer, das man die See von Arl nannte – die See der Hölle. Zwischen dem Rand der Welt und den Königreichen des Volkes von Vis, in dem unfruchtbaren flachen Land dieser Ebenen lagen die Orte der Tiefländer. Einst hatten die Tiefländer Größe besessen. Es gab zumindest ein Zeugnis dafür in Form

einer einzigen düsteren, vorzeitlichen und verfallenen Stadt tief im Süden. Aber die Tiefländer waren im Ansehen der Leute von Vis stark gesunken.

Sie gehörten einer weißhäutigen, blonden Rasse mit gelben Augen an, der man fremdenfeindlichen Haß entgegenbrachte und die man bisweilen fürchtete, weil das Gerücht besagte, sie seien telepathisch veranlagt, und die man wegen des Verlusts ihrer einstigen vorübergehenden Stärke nur noch verachtete. Sie hatten keine Könige, keine Anführer. Sie lebten in verstreuten Dörfern oder in den ausgedehnten Ruinen. Sie waren immun gegen die Einflüsse des Roten Sterns und in sexueller Hinsicht gemäßigt; sie waren passiv, feindselig, fremdartig. Sie waren monotheistisch, verehrten nur eine einzige Gottheit, die Schlangengöttin Anackire, mit acht Armen und einem Schlangenschwanz – zudem verehrten sie diese Göttin nicht in der typischen Art des Volkes von Vis, boten ihr keine Blutopfer dar, ja, sie verbrannten ihr zu Ehren nicht einmal Weihrauch.

Ihr Wahlspruch lautete: »Anackire verlangt nach nichts, weil Sie nichts benötigt, denn Sie ist alle Dinge.« Derartigen Einschätzungen zollten die Leute von Vis keinerlei Achtung. Götter sind wie ihre Gläubigen. Die Götter von Vis waren fordernde Götter.

Einige Jahrhunderte lang ist die mit Verachtung gepaarte Antipathie des Volkes von Vis für die Tiefländer unverändert geblieben, hatte sich weder verringert noch verstärkt. Dann geschah es, daß ein Herr der Stürme erschien, Amrek, Sohn des Rehdon, der glaubte, mit einem besonderen Fluch der Anackire geschlagen zu sein, der Göttin der Ebenen; seine linke Hand war von Geburt an bis zum Handgelenk mit Schuppen bedeckt – ein Fluch der Schlange. Dieser Hohe König nahm es auf sich, die Überreste der bleichen Rasse in dieser Welt auszulöschen.

Zu jener Zeit hatte es sich gefügt, daß endlich ein König über die Tiefländer herrschte. Er war ebenfalls ein Sohn des vorigen Herrn der Stürme, Rehdon von Dorthar. Seine Mutter war Priesterin in einem Tieflandtempel gewesen, mit Namen Ashne'e, eine Frau, deren Gesicht dem der Anackire ähnlich war. Dieser Mann, Raldnor, den das Schicksal einst sogar

dazu verurteilt hatte, verkleidet unter den Leuten von Vis als Kommandant in Amreks eigenen Armeen zu leben, war auf der Flucht vor Amreks Haß auf ein Schiff nach Zakoris gestiegen. Und so hatte er sich einem Geschick ausgeliefert, das jenes Schiff durch Sturm und Feuer vom Kurs abbrachte und in ein unbekanntes Meer verschlug, in dem man die See der Hölle zu erkennen glaubte. Und hier hatte er den zweiten, kleineren Kontinent des Planeten entdeckt; das Land einer Rasse, deren Angehörige äußerlich den Tiefländern verwandt zu sein schienen, sich im Wesen jedoch von ihnen unterschieden – sie waren heißblütig und kriegerisch. Bald waren sie begierig darauf, dem faszinierenden Raldnor zu folgen und seine Leute zu befreien; aus Gerechtigkeitsstreben und, um aufrichtig zu sein, auch aus Gewinnsucht.

So überzog der Krieg Vis nach langer Zeit des Friedens. Raldnor, der dem Anschein nach von Anackire selbst berührt worden war, rüttelte die Ebenen aus ihrer Apathie auf. Während seine Armee auf Dorthar zumarschierte, fielen die Schiffe vom Schwesterkontinent über die angrenzenden Länder her. Schwerter erklangen, Katapulte schleuderten Feuer. Zakoris und Alisaar wurden belagert, ausgehungert, verbrannt.

Karmiss wurde eingenommen, und Ommos, von Feinden umgeben, gab auf. Länder, die den Tiefländern freundlich gesinnt waren, wurden ausgenommen – es waren Xarabiss, Lan und Elyr. Sie wurden nur in Form eines Bündnisses vereinnahmt, nur in Form von Handel besetzt, das aber vollständig. Das wilde und barbarische Thaddra im Schutz der Berge verschonte der Krieg ganz, es war vor dem Einfall von Flüchtlingen und einem späteren militärischen Aufstand der besiegten Zakorianer sicher.

Die letzte Schlacht im Tieflandkrieg wurde in der Ebene unterhalb der Berge von Koramvis geschlagen. Die Tieflandarmee, verraten und schließlich von der Unterstützung durch die Männer des Schwesterkontinents abgeschnitten, außerdem zahlenmäßig den Legionen von Dorthar unterlegen, schien kurz davor zu stehen, aufgerieben zu werden. Aber Raldnor hatte in seinen Leuten jene furchtverbreitenden mentalen Kräfte entfesselt, die in den Legenden als die Schlafende Schlange bekannt waren.

Allein durch den Willen, so besagten die Erzählungen, die nach diesem Ereignis entstanden, riefen die Tiefländer das gewaltige Erdbeben hervor, das Koramvis, die Herrliche Stadt, niederwarf und zerstörte, vor den entsetzten Augen seiner Soldaten und Lords. Unterdessen erhob sich vom Fuße des Berges aus bis über der einstürzenden Stadt Anakkire selbst und ragte wie ein goldener Mond in den schwarzen Himmel.

Koramvis fiel, die Macht Dorthars ging unter, und die Herrschaft über Vis wechselte.

Als er die letzte Schlacht gewonnen hatte, ging Raldnor, Sohn des Herrn der Stürme und einer Priesterin, Erwählter der Göttin, fort. Eine Frau, die er geliebt und tot geglaubt hatte, rief ihn mit dem Ruf ihres Geistes – oder vielmehr mit dem Geist-Funken des ungeborenen Kindes ihrer beider, das in ihrem Leib zwischen Leben und Tod vegetierte. Raldnor gab Königsthron, Macht, seine Leute und seinen Gott preis und machte sich auf, um die beiden zu finden, seine Geliebte und sein Kind, und für die Welt war er verschollen. Er wurde niemals wieder gesehen – außer in der Sage oder in Visionen. Er wurde einer jener Handvoll Helden, zu denen auch jener legendäre König von Vis gehörte, Rarnamon, von dem es hieß, daß er dereinst als strahlender Geist im Mittelpunkt der Schlacht erscheinen würde, um die Krieger anzufeuern.

Er war auch in den vielen verkörpert, die nach ihm benannt waren, den ungezählten ›Raldnors‹, die in dieser Zeit und in den darauffolgenden Zeiten das Licht der Welt erblickten.

Zwanzig Vis-Jahre vergingen, die nur durch ein Scharmützel hier und dort getrübt waren, ansonsten waren es Jahre des oberflächlichen Friedens.

In der Ebene unterhalb der Ruinen von Koramvis hatte man die neue Stadt errichtet, schimmernd weiß wie Koramvis, vielleicht sogar noch lieblicher als ihre Vorgängerin; obwohl Koramvis inzwischen natürlich zum Mythos geworden und daher unvergleichlich war. Anackyra war der Name der Stadt. In ihr prunkten zehn Tempel, die Anackire geweiht waren, der obersten Gottheit des Pantheons von Vis.

Sie hatten sie zu ihrer Göttin gemacht. Weiße Stiere hauchten auf ihren Altären ihr Leben aus. Die sexuelle Tempellehre der Tiefländer war um die Glaubensformen von Vis erweitert

und ihnen angeglichen worden. Die Töchter der Anackire lagen bei allen Männern, die der Göttin Geldspenden dargebracht hatten; solche Werke waren heilig.

In Anackyra wurde auch der junge König gekrönt, und die alten Titel kamen wieder zu Ehren. Zum ersten Mal in der überlieferten Geschichte war Dorthars geweihter Herr der Stürme hellhaarig – seine Haare waren weiß wie Salz: Raldanash, Raldnors Sohn durch seine Heirat mit der weißhaarigen Sulvian von Vathcri, einem Königreich auf dem Schwesterkontinent. Schon bald wurden blonde Schöpfe unter den Stirnbändern der Leute von Vis häufig.

In Karmiss gehörte das goldene Haar unter der Helmkrone einem neu eingesetzten shansarianischen Prinzen. Er hatte zugleich mit der karmianischen Krone einen karmianischen Namen angenommen; den eines der heldenhaften Lords der Inselkönigreiche, die vor langer Zeit geherrscht hatten – Suthamun. Es war Ashara-Ashkar, die shansarianische (oder vardianische) Anackire, die augenblicklich in der Hauptstadt von Istris verehrt wurde.

Aber das kleine, zwischen den Küsten Dorthars und Karmiss' vor Anker liegende Boot aus dem Land, das früher Obek geheißen hatte, trug jetzt den Namen Ankabek. Ironischerweise war es der Sitz der orthodoxesten Anackismen im visianischen Vis geworden. Die kleine Insel war allein ihrem Tempel geweiht, einem Bauwerk aus schwarzem Stein, wie in den Tiefländern. Der Tempel war rings von Hainen aus den krummwüchsigen kleinen roten Bäumen umgeben, die von den Schattenlosen Ebenen stammten und hier im fruchtbaren Boden des Nordens zu ansehnlicher Höhe und Üppigkeit gediehen.

ERSTES BUCH

Der Salamander

EINS

Der Morgen dämmerte in Istris über einem silbernen Meer herauf. Die Hauptstadt mit ihren schlanken Türmen, die zugleich der Haupthafen von Karmiss war, entließ Schwärme von Vögeln in den Himmel, einen Zug schmaler Fischerboote aufs Wasser. Das Frühläuten erklang von einer Kuppel hoch oben auf dem Ashara-Tempel – es gehörte zu den Eigenarten von Shansar-über-dem-Meer.

Kesarh Am Xai stand am Flügelfenster, betrachtete den Sonnenaufgang und verwünschte ihn.

Als es ihn reden hörte, murmelte das Mädchen, das noch immer in seinem großen Bett lag: »Mein Lord?«

Kesarh gönnte ihr keinen Blick.

»Steh auf! Verschwinde!«

Er stand nackt dort, mit dem Rücken zu ihr, während sie ihn beobachtete.

Die Mischung seines Blutes war deutlich zu sehen, die sanfte, helle Bräune seiner Haut, das schwarze Haar, die dunklen Augen. Seine Blicke waren zwingend, das jugendliche Gesicht drückte Intelligenz und Kraft aus. Er war groß, hager und kräftig gebaut; sein Körper wurde ebenfalls durch eine natürliche und kraftvolle Anmut geprägt; er wirkte sogar ohne Kleidung elegant. Sein Erbe hatte ihm eine vorzüglich erhaltene Figur beschert. In allen anderen Bereichen hatte es ihn im Stich gelassen.

Unter all den unbedeutenderen Prinzen von Karmiss war er einer der unbedeutendsten. Ein umherziehender Shansarianer hatte ihn gezeugt, den zuerst geborenen Teil eines Zwillingspaars, mit einer unbedeutenderen Prinzessin des alten karmianischen Königshauses, in dem chaotischen Jahr, das auf den Krieg der Tiefländer gefolgt war.

Der andere Teil des Zwillingspaars war ein Mädchen. Sie waren einander nicht ähnlich, Kesarh und seine Schwester, obwohl sie sich den Mutterleib in engster Nachbarschaft geteilt hatten. Val Nardia war ein weißhäutiges, außerordentlich hübsches Mädchen mit hellen Augen, die fast den Ton von Honig trafen. Und ihr Haar war, wie es zuweilen bei Mischlingen vorkam, vom selben unglaublichen Scharlachrot wie jenes, mit dem die aufgehende Sonne eben die Bai von

Istris übergoß. Jetzt verfluchte er den Sonnenaufgang und seine Schwester.

Die Nutte, die er vergangene Nacht mit ins Bett genommen hatte, war gegangen. Kesarh wandte sich um und begann sich anzukleiden, wobei er den letzten Becher Wein aus dem Krug trank.

Beim Hinausgehen hielt er inne, um die diensthabende Wache zu beobachten. Seit seiner Jugend hatte Kesarh es für klug erachtet, seine Wohnung bewachen zu lassen. Dieser Mann jedenfalls lehnte schlafend an der Wand – obwohl das Mädchen an ihm vorbeigeflattert war. Kesarh zog seinen Dolch. Während der Prinz den Wachposten rasch an der Kehle packte, drückte er ihm die scharfe Schneide in die Haut. Blut quoll hervor, und der Mann kam mit einem erschrockenen Fluch zu sich.

»So hätte der Meuchelmörder Euch erwischt, und danach mich.«

»Mein Lord ... ich wäre erwacht ...«

»Ja, so wie jetzt. Nachdem das Messer durch Euren dürren Hals gestoßen worden wäre.«

Kesarh ließ den Burschen los und sah zu, wie er sein wappenloses Kettenhemd geradezog, während er die andere Hand an den blutenden Hals gepreßt hielt.

»Ihr könnt wählen, Soldat«, sagte Kesarh. »Sucht meinen Sergeanten auf und bittet ihn um zehn Hiebe. Wenn Ihr Euch davon erholt habt, könnt Ihr in meinen Dienst zurückkehren. Oder Ihr händigt die Euch verliehenen Waffen und das Tuch aus, mit dem ich Euch eingekleidet habe, und schlagt Euch in die Büsche oder verkriecht Euch wieder in das Loch, aus dem man Euch hervorgeholt haben mag.«

»Ja, mein Lord.«

Der Soldat verbeugte sich, sein Mund verriet Anspannung. Er war ein Karmianer mit dunklem Haar und kupferner Haut. In seinen Augen war Helligkeit, aber das mochte nur ein Erbe aus Vis sein. Vermutlich würde er die Hiebe wählen.

Kesarhs Stimmung war noch düsterer geworden, da ihr durch den nur vom Respekt vor ihm gezügelten Haß des Soldaten, den er beinahe körperlich zwischen den Schulterblättern gespürt hatte, neue Nahrung zugeführt worden war.

In den bescheidenen Quartieren seiner Schwester herrschte bereits reges und lärmendes Treiben. Im Vorraum standen die Kisten aufgestapelt bereit. Das typisch weibliche Durcheinander irritierte ihn, und er ging schnurstracks durch das Hin und Her und die flatternden Kleidungsstücke unter dem Starren großer, bemalter Augenpaare hindurch in ihren Schlafraum.

Val Nardis stand, wie er zuvor, an einem langen Fenster, aber ihr Blick war ins Innere des Raumes gerichtet. In dem Augenblick, als sie seiner ansichtig wurde, verwandelte sich ihre Ruhe in Eis.

Auch er blieb wie erstarrt stehen.

Von Kindheit an war er gewöhnt, sie in Samt und Seide gekleidet zu sehen, wie es ihrem Stand entsprach, die Haare mit Edelsteinen durchwirkt, um den Hals wie immer die geflochtene Goldkette mit den drei schwarzen Perlen, die ihrer verstorbenen Mutter gehört hatte. An diesem Morgen war sie im Hinblick auf die später am Tag zu erwartende Hitze in ein leichtes Gewand aus ungebleichtem Leinen gekleidet. Ihre Haut war ungeschminkt und nicht mit Juwelen geschmückt; das Haar hing ihr lose herunter: eine lange, gestrählte Flamme.

Etwas störte ihn, das er nicht zu benennen vermocht hätte.

Er zeigte auf die beiden Frauen, die sich neben ihr im Schlafraum aufhielten, ohne sie eines Blickes zu würdigen.

»Schick sie hinaus!«

Val Nardia sog heftig die Luft ein. Aber sie brauchte den beiden Frauen nichts zu sagen, sie befanden sich schon auf dem Rückzug. Der Türvorhang raschelte kurz, die Tür wurde geschlossen. Dahinter im Vorraum war es sehr still geworden.

»Bist du gekommen, um dich von mir zu verabschieden?« fragte Val Nardia. Sie hatte die Augen gesenkt und war bleich geworden; die Blässe war bei ihrer hellen Haut noch auffallender.

Sie sah noch jünger aus, als sie war.

»Wenn du es möchtest. Lebe wohl, liebste Schwester.«

»Tu es nicht«, erwiderte sie. Sie schluckte; er sah es an ihrem Kehlkopf. »Mach mir keine Vorhaltungen, Kesarh. Heute sollte ein glücklicher Tag für mich sein, und du solltest auch glücklich sein, meinetwegen.«

»Glücklich zu sehen, wie du gehst; dein Leben zerstörst? Dann sei glücklich, du vernunftlose Stute.«

Der ärgerliche, scharfe Tadel schien sie beide aus der Erstarrung zu lösen. Sie sah ihm furchtsam entgegen, als er auf sie zukam. Er blieb dicht vor ihr stehen, hob die Hände und packte plötzlich ihre Arme.

Ihre Augen füllten sich sogleich mit Wasser; vielleicht waren es Tränen. Sie sah ihn an und schüttelte den Kopf.

»Das alles soll für Ashara-Anackire bestimmt sein! All das in Ankabek begraben!«

»Ich werde eine Priesterin der Göttin sein«, schrie sie. »Gibt es hier etwas Besseres für mich?«

»*Ich* bin hier.«

»Du ...« flüsterte sie. Tränen oder nicht, Tropfen rannen ihr aus den Augen.

»Und es ist meinetwegen, daß du den Hof verläßt.«

»Nein, Kesarh.«

»Doch, Kesarh! Und du fürchtest dich bis in die Tiefen deiner Seele vor mir, und vor dir selbst, wenn du bei mir bist. Stimmt das nicht, meine kleine Schwester?«

Sie sahen einander an.

»Laß mich gehen«, sagte sie schließlich.

»Weshalb? In Lan ist es doch ganz angenehm.«

»Kesarh ...«

»Vater und Tochter, Bruder und Schwester. Dazu bestimmt, beieinander zu liegen, sogar sich zu vermählen.« Er grinste sie an.

Sie betrachtete ihn, wie es ihm schien, mit einer Mischung aus Entsetzen und Faszination. »Laß uns nach Lan eilen und heiraten; wir werden in den Bergen leben und einen Haufen herumkrabbelnde Sprößlinge haben.«

Sie schwankte in seinem Griff um ihre Arme und drohte hinzufallen. Sie hielt jetzt nicht mehr nur die Augen gesenkt, sondern beugte den Kopf.

»Das ist nicht der Grund, weshalb dir an mir gelegen ist«, sagte sie. »Es ist so, daß du mich besitzen mußt. Alles, wonach dir der Sinn steht, mußt du besitzen.«

»Ich besitze wenig genug. Einen Titel, der nichts bedeutet. Einen Wandschrank, der hochstaplerisch als Zimmer bezeichnet wird, im unteren Teil des Palastes. Einen schmalen

Streifen Land bei Xai, der nichts weiter einbringt als verrottende Flaschenkürbisse und Krankheiten. Aber, wenn du bliebest, könnte ich seiner Kargheit vielleicht etwas abringen. Für uns beide.«

»Ich möchte nur Frieden haben.«

»Den du dir durch die Trennung von mir erhoffst?«

Sie hob den Kopf und sah ihm wieder in die Augen.

»Ja.«

»Und in wenigen Nächten, wenn Zastis am Himmel lodert, was dann? Du bist nicht weiß genug und nicht gelb genug, meine Halbblut-Schwester, um den Roten Mond außer acht lassen zu können.«

»Es gibt Übungen, die in Ankabek praktiziert werden; sie gehören zum geheimen Wissen der Tiefland-Tempel ...«

»Und nicht eine einzige von ihnen wird die Wirkung haben, wie ein Mann in deinem Bett. Du hast dir zur Zeit Zastis' Liebhaber genommen, Val Nardia; wenn auch nie einer dabeigewesen ist, wie du ihn wirklich haben wolltest.«

Sie wand sich endlich aus seiner Umklammerung, und er lachte leise auf, das Gesicht in verächtlichem Widerwillen verzerrt.

»Nein«, sagte sie, »es ist dir zumindest niemals widerfahren, in diesem Punkt zu versagen.«

»Aber du glaubst, daß ich dich letzten Endes zwingen werde? Ist es das, wovor du wegläufst?«

»Also gut, wenn du es genau wissen willst: Ich laufe vor dir weg. Oh, nicht einfach nur wegen deiner Gelüste oder Forderungen. Vor allem, was du darstellst. Deine verdorbenen Träume, deine Pläne, dein schlauer Kopf, in dem es gärt wie in einer Kloake ...«

Er packte sie diesmal bei den Haaren und riß sie gewaltsam an sich. Ihre Schimpftirade brach ab, als er seinen Mund auf ihren preßte. Anfangs biß sie die Zähne zusammen, um ihm den Einlaß zu verwehren, aber er raubte ihr den Atem. Bald mußte sie die Lippen teilen, um Luft zu bekommen. Der Einfluß von Zastis machte sich bereits in gesteigerter Erregbarkeit bemerkbar.

Er fühlte, wie ihre bebende Anspannung nachließ, und plötzlich erwiderte sie seine Umarmung. Für einige mit flüchtigen Liebkosungen erfüllte Augenblicke, die ihm wie Ewig-

keiten schienen, schwelgte er in der köstlichen Kühle ihres Mundes, genoß ihre heftige Erwiderung seines Kusses, während er ihre schlanken Hände heiß auf seinem Körper spürte. Dann setzte sie sich erneut zur Wehr. Sie stieß ihn von sich und kratzte ihn, so daß er zurücktrat; trunken von ihr und kaum seiner Sinne mächtig.

Zu seiner verwirrten und zugleich belustigten Verblüffung hatte sie ein kleines Obstmesser von einem Tisch ergriffen.

»Verlaß das Zimmer«, sagte sie. Ihre Worte kamen eher wie ein Keuchen hervor, aber die kleine Messerschneide blitzte.

Kesarh drehte sich um. Er lenkte seine Schritte zur Tür, hielt inne, und warf einen Blick zu ihr zurück. Sofort erhob sie das Messer und tat, als wolle sie es werfen.

»Leb wohl, meine *sanfte* Schwester«, sagte er. »Denk an mich in den heißen, roten Nächten; wenn du einsam auf deiner den religiösen Vorschriften entsprechenden Matratze liegst.«

Erst als sich die Tür hinter ihm geschlossen hatte, legte Val Nardia vorsichtig das Messer neben die Frucht zurück.

Die Vorsicht war nötig, denn Val Nardia konnte jetzt vor lauter Tränen gar nichts sehen.

Im steinernen Unterpalast inspizierte Kesarhs Wachsergeant einen überdachten Hof und den hohen Pfosten in seiner Mitte, die Daumen hielt er dabei unter den Gürtel gehakt.

»Ja, das ist die Art unseres Herrn Kesarh. Einen zu seinem eigenen Befehlshaber zu schicken. Ihr seid da keineswegs der erste, Soldat. Noch werdet Ihr der letzte sein. Zuviel Bier, das war es doch? Oder zuviel von etwas anderem?«

Der karmianische Wachmann – er hatte seinen Namen vor Jahren mit Rem angegeben – erwiderte nichts.

Der Sergeant erwartete auch keine Antwort. Mit der Aussicht auf zehn Hiebe von der vorgeschriebenen Peitsche, die bei den Männern unter dem Namen Beißer bekannt war, fiel nur wenigen ein Scherz oder eine geistreiche Bemerkung ein.

Kesarh besaß zehn persönliche Wächter, die erlaubte Anzahl für einen Prinzen seines niedrigen Grades; ein zusätzliches Unglück, neben dem Umstand, daß seine königliche Abkunft und das Blut der gelben Oberschicht von verschiedenen Eltern herrührten. Die Bastarde des Königs, der Shansar erobert hatte, und seine Brüder waren viel besser dran.

Kesarhs zehn Männer veränderten sich auf geheimnisvolle und irrwitzige Art. Nummer Sieben zum Beispiel konnte an einem Tag stämmig und voller Narben sein und am nächsten Tag großwüchsig und glatthäutig. Unter jeder einzelnen Nummer waren gegenwärtig insgeheim zehn Soldaten aufgeführt, was insgesamt einhundert ergab, von denen neunzig inoffiziell in Kesarhs Privatarmee standen.

Diese Praxis war nicht ungewöhnlich, aber Kesarh war scharfsinniger und kombinierfähiger als die meisten. Er besaß zudem einen ausgeprägten und denkbar ungerechten Vorteil. Charisma war einem Führer entweder angeboren, oder es fehlte ihm. Prinz Am Xai besaß ein Gutteil davon, eine besonders finstere und mitleidlose menschliche Anziehungskraft, die seine Männer an ihn fesselte, obwohl sie häufig Beschwerden gegen ihn vorzubringen hatten, denn seine Art von Führungsstil war oftmals bizarr und gelegentlich ausgesprochen ungerecht.

Und dieser hier war eben jetzt dabei, Kesahrs übelwollende ungerechte Gerechtigkeit hübsch in seinen Rücken geschnitzt zu bekommen.

»Und zu wem schicken wir Euch nachher, damit er sich um Euch kümmert«, fragte der Sergeant im Plauderton, »wenn wir Euch hinabbringen?«

Die Kranken und Bestraften lagen nicht hier oben. Die ganze Streitmacht außer diesen zehn Wachhabenden besaß in der Stadt verteilte Quartiere. Manchmal desertierten sie, aber man konnte immer neue finden. Diese hier, dieser Rem, war ein Dieb gewesen, oder nicht?

»Ich habe niemanden«, erwiderte der Soldat leise.

»Was, kein Euch zugetanes Flittchen, das Ihr irgendwo in einem Loch versteckt haltet?«

»Zur Zeit nicht.«

»Bruder oder Schwester?«

Der Soldat starrte ihn an.

»Ich frage nicht ohne Grund«, sagte der Sergeant. »Falls Ihr jemanden kennt, werdet Ihr ihn brauchen.«

Der Soldat, der sich Rem nannte, lugte zu der für die Auspeitschungen vorgesehenen Stange hinüber, an der die eisernen Handschellen bereithingen.

»Ja.«

»Nun, also wer?«

»Eine Frau«, sagte Rem. »Das rote Haus in der Hangstraße, fast am Hafen.« Er lächelte freudlos. »Mag sein, daß sie es ablehnt. Sie ist die Geliebte eines Seilhändlers. Er hält sich zur Zeit nicht in der Stadt auf.«

»Wie gut für Euch. In Ordnung, Soldat. Zieht Euch bis auf die Unterhose aus; Ihr kennt die Formalitäten. Die Schläge werden rasch hintereinander und fest erfolgen; dann spürt Ihr es weniger. Und nicht schlechter, wenn es vorbei ist. Belegt mich mit jedem Wort, das Euch einfällt, während ich Euch schlage. Ich bin Peitschenbüttel in Zakoris gewesen, vor zwanzig Jahren, und ich war gut.«

Sie gingen gemeinsam an den Pfosten. Rem steckte die Hände in die Handschellen und sah zu, wie sie zuschnappten. Die beiden Wächter, die ausgewählten Zeugen, äußerten brummend ihre Mitleidsbezeugungen. Der Sergeant reichte ihm einen Trunk unverfeinerten Weingeist, der selbst wie ein Stück Peitschenschnur schmeckte.

Dann fuhr die Peitsche mit dem Namen Beißer auf seinen Rücken nieder.

Rem war nicht sein Name, wie sie bereits vermutet hatten. Aber den Namen, den sie ihm angehängt hatte, seine verrückte Mutter, würde er kaum benutzen. Selbst die abgekürzte Form, die er benutzte, war für aufmerksame Ohren zu verräterisch. Während er in den Innengebieten der Stadt und von Zeit zu Zeit in den Slums aufgewachsen war, im weißen Staub, der sie in den heißen Monaten erfüllte, und im grauen Schnee in der kalten Jahreszeit – jedes zehnte oder elfte männliche Kind in seiner Umgebung war nach Raldnor von Sar benannt gewesen, dem Held der Tiefländer – hatte Rems Name seinem Inhaber nur Scherereien gebracht.

Seine Kindheit hatte er mit Kämpfen verbracht, und er war regelmäßig geschunden und geschlagen nach Hause gekommen. Die Beschützer seiner Mutter hatten sich nicht um ihn gekümmert. Seine Mutter hatte ihn ebenfalls nicht gemocht.

Später hatte er gedacht, daß einige dieser Schläge, die auf seinen unausgewachsenen Schädel geprasselt waren, für das verantwortlich sein mochten, was ihm jetzt bereits zum fünf-

ten Mal im Laufe der letzten fünf Jahre widerfahren war. Was auch geschehen war, als Kesarh Am Xai aus seiner Wohnung gekommen war und ihn vorgefunden hatte.

Als er zu sich gekommen war und den Dolch des Prinzen an seinem Hals spürte, hatte er es für klüger gehalten, den wahren Grund für seinen Zustand zu verschweigen. Der Prinz hatte zu offensichtlich geglaubt, daß Rem während seiner Wache eingedöst war; er hatte es für den Schlummer eines Narren gehalten.

Aber ein Palastsoldat im Dienste der unausgesprochenen Ambitionen und der hochmütig zur Schau gestellten Kräfte Kesarhs mochte zu etwas führen. Rem spürte in Kesarh eine besondere Vitalität, eine Anlage zu urwüchsiger Kraft. Und nebenbei brachte ihm die Arbeit regelmäßiges Geld ein, und Privilegien. Rem wünschte nicht, in seine frühere Tätigkeit als gewalttätiger Räuber zurückzuverfallen. Die Arbeit eines Soldaten war einfach genug, und sie war legal. Das beste Gehalt für das, was man am besten konnte – das war eine logische Wahl.

Hätte Kesarh gewußt, was Rem an seiner Tür widerfahren war, wäre keine Wahl geblieben. Es hätte Rems Entlassung bedeutet. Wieder auf die Straßen, auf die vertrauten Wege, die nirgendwohin führten.

Rem hatte hinter dem Mädchen hergeschaut, als es aus dem Raum gekommen war, fröstelnd, eine ihrer runden Schultern entblößt bis auf eine Strähne schwarzer Haare. Dann war der Schmerz wie eine Lanze durch seinen Schädel geschossen. Da hatte er gewußt, was auf ihn zukam, aber er hatte nichts dagegen tun können. Das Mädchen hatte es nicht bemerkt. Der Palastkorridor war neblig geworden und verschwunden, und das Bild war hinter seinen Augen wie ein Feuer aufgeleuchtet. Was er geschaut hatte, war völlig klar gewesen, wie es bei diesen Visionen stets war.

Eine Frau stand dort vor seinem inneren Auge. Er war nicht fähig, ihre Kleidung zu erkennen, bemerkte aber den Schimmer lilafarbener Juwelen. Ihr Haar war rot, von jenem Blutrot, das einst selten, jetzt aber häufiger vorkam, da sich die blonden und dunklen Rassen vermischten. Aber er sah nicht nur das Äußere, sondern auch in ihren Körper hinein, in ihren Leib. Eine Kreatur lag dort, zusammengerollt, in ei-

ner silbrigen Fruchtblase, geschlechtslos, im Schlaf. Ein Schimmer war um das Geschöpf, eine pulsierende Aura. Er konnte das Leben in ihm fühlen, riechen; den Geruch der Luft vor dem Sturm.

Solche Eindrücke hätte er in normalem Geisteszustand von sich gewiesen. Die Geist-Bilder, die sich ihm seit seiner Jugend zeigten, verlachte er auch, sobald sie verblaßt waren, und wies sie als unsinnig zurück. Er hielt sich selbst weder für einen Empathen noch für einen Hellseher. Die Dinge, die er schaute, waren wie Symbole, und soweit er bisher feststellen konnte, hatten sie keinerlei Bezug zu seinem privaten Leben.

Im übrigen handelte es sich um eine Art von Verrücktheit, die er noch niemandem gebeichtet hatte, und bis heute war er nie dabei ertappt worden.

Daß ausgerechnet Kesarh selbst es hatte sein müssen, der ihn ertappte, war das größte Pech gewesen.

Aber die Lüge hatte funktioniert. Und Rem war an Schläge gewöhnt.

Als sie ihn nach unten trugen, war er bei Bewußtsein; er hatte es nicht anders erwartet.

Es überraschte ihn daher, daß er, nachdem man ihn in einen Wagen verfrachtet hatte – der zum Hafen unterwegs war; man bezahlte dafür, daß er einen Abstecher in die Hangstraße machte – in ein wirbelndes Nirgendwo geschleudert wurde. Er entrann diesem Zustand und erblickte seinen Begleiter, den Mann, der beauftragt war, bis zu ihrer Ankunft an dem Haus seinen Krankenpfleger zu spielen, und einen Lederbeutel mit Wein. Rem trank und hätte fast den Branntwein wieder hervorgewürgt. Sein Leib schien schmerzfrei zu sein, bis er sich ein wenig bewegte. Dann schoß der Schmerz in ihm empor und schien ihm Späne von den Knochen zu hobeln.

»Wir sind da, Rem. Hier ist das Haus, das Ihr bezeichnet habt.«

Rem stimmte mit einem gräßlichen Gurgeln zu, und irgendwie schaffte er es mit Hilfe des anderen Soldaten, den Wagen zu verlassen.

Die Pforten in der rostroten Mauer waren verschlossen, aber auf sein Hämmern hin erschien ein Dienstbote. Es war

derselbe grämliche alte Mann, den Rem von seinem letzten Besuch vor einem Jahr her kannte. Das Haus selbst sah unverändert aus, ein schmales Wohnhaus ohne Fenster zur Straße hin. Die Weinranken an den Mauern waren ein wenig kräftiger geworden.

Der Diener zierte sich. Der Herr war nicht da. Die Herrin würde benachrichtigt werden müssen. Sie überredeten ihn, daß er ging und es ihr sagte. Rem fing an zu lachen. Der ältere Soldat war gelangweilt und schlecht gelaunt, und der Wagen verschwunden.

»Ihr könnt mich hier allein lassen«, sagte Rem und lehnte sich an das Tor.

»Ja. Sie wird Euch sicherlich einlassen. Nur eine Hure würde einen Mann in Eurem Zustand wegschicken.«

»Dann kann es sein, daß sie mich fortschickt. Denn sie ist die verfluchteste aller Huren.«

Der Soldat zuckte die Achseln. Er trollte sich, um nach einer Weinhandlung Ausschau zu halten, da er seine Pflicht erfüllt hatte.

Rem klammerte sich an die Pforte. Die Mittagshitze lastete schwer auf ihm, und er war drauf und dran, erneut schwach zu werden, als der Dienstbote zurückkam und ihn einließ.

Er schritt über den Hof, ins Haus und in den Raum, den der alte Mann ihm bezeichnete. Die Ränder seines Gesichtsfeldes verschwammen, und so machte die schäbige, mit pomphaftem Plunder eingerichtete Kammer keinen Eindruck auf ihn.

Die Frau im Mittelpunkt seines Blickfeldes schien ihm jedenfalls strahlend, absurderweise erinnerte ihn die Szene an die klare Deutlichkeit seiner Visionen. Die langwährende Jugend der Leute von Vis begann eben, von ihr zu weichen, aber es war die Enttäuschung, ihre Verbitterung, die derart harte, herbe Linien in ihr Gesicht gegraben hatte.

Sie war nicht müde geworden, ihm von dieser Bitterkeit und Enttäuschung zu erzählen, selten Einzelheiten, sondern als zusammenfassende Ballade der gesammelten Widrigkeiten, die ihr widerfahren waren. Wie sie einst in Dorthar königliche Persönlichkeiten geliebt hatten. Wie übel sie behandelt und bei Intrigen benutzt worden war, über die schmutzigen Gemeinheiten des Hofes bei Koramvis in den letzten Ta-

gen seiner Macht. Und wie ihr Vater sie im Stich gelassen hatte.

Sie hatte Rem immer gehaßt, um seines Vaters willen. Sie hatte Rem über ihr Wissen aufgeklärt, daß ihr Sohn sie bereits in der Wiege verabscheut hatte.

Er empfand ziemliches Mitleid mit ihr. Ihr dunkles Haar war von der Dienstmagd sorgfältig frisiert worden, die sie mit einer Rute zu schlagen pflegte, wenn sie ihr Mißfallen erregte; es handelte sich zweifellos um den alten Stil am Hof des untergegangenen Koramvis. Ihre Haarnadeln waren vergoldet, und an den Ohren schwangen schwere schwarze unechte Perlen, die hergestellt wurden, indem man Tinte in die gezüchteten, aber nur sandkorngroßen Perlen injizierte.

Sie sah ihn an, die Linien auf ihrer Stirn vertieften sich, die Winkel ihres runzligen Mundes verzogen sich nach unten.

»Seit über einem Jahr habe ich dich nicht gesehen. Jetzt kommst du einfach her, mit Schande bedeckt. Mutest du mir zu, daß ich dich versorge? Wie sollte ich das anstellen? Was wird *er* sagen, wenn er wieder nach Hause kommt?«

»Dein Freund, der Händler, wird gar nichts sagen, wenn er ein empfindendes Herz hat. Er wird im übrigen ein bißchen Geld aus den Truhen des Prinzen erhalten, dem ich diene.«

»Ja, so wird es wohl sein«, sagte sie gehässig.

»Anderenfalls mag er eines seiner Seile nehmen und sich aufhängen.«

Durch das Hemd, das man ihm übergeworfen hatte, fühlte er sein warmes Blut sickern. Die Kammer schwankte, und ehe er es verhindern konnte, fiel er auf die Knie und erbrach sich auf den Boden zu ihren Füßen.

Sie sprang heftig zurück und belegte ihn mit einer Flut von vulgären Bezeichnungen. Am Ende ihres Schimpfwortvorrates angelangt, benutzte sie einen richtigen Namen, mit der ganzen ihr zu Gebote stehenden ätzenden Schärfe.

Er spie aus und erwiderte: »Selbst Könige können kotzen, Mutter.«

»Rarmon!« schrie sie. *»Rarnammon ...«* Es war ein Ausbruch reiner Boshaftigkeit.

Er stand auf, und der Schmerz füllte ihn mit Verzweiflung. Das Geschäft des Seilhändlers, des verflossenen Beschützers seiner Mutter, hatte nachgelassen, wie er wußte, und zwei

oder drei Diener waren fortgeschickt worden. Der feuchte Lagerraum, in dem sie untergebracht gewesen waren, stand leer, und Rem konnte dort unterkommen. Dank der Großzügigkeit Kesarhs würde man ihn ernähren und vielleicht gewährleisten, daß er am Leben blieb.

Er wartete ab, bis ihr die Schimpfworte ausgingen, wohl wissend, daß es sinnlos war, sie um Mitleid zu bitten. Nur als Kind hatte er ein- oder zweimal einen nutzlosen Versuch in dieser Richtung unternommen, als Lycki seinen Kopf wieder und wieder gegen eine Mauer geknallt hatte, und das andere Mal an dem Tag, als sie ihn beim Stehlen erwischt und ihm die Hände in kochendes Wasser gedrückt hatte.

Sie war einmal sehr hübsch gewesen, aber wie häßlich war sie jetzt. Er war dicht davor, sich erneut zu erbrechen, aber irgendwie beherrschte er sich, denn er wußte, daß sie das als eine weitere Unbotmäßigkeit werten würde, und das ganze Theater würde von vorn beginnen.

Gegen Mitte des Nachmittags war der Reisewagen wohlbehalten auf der weißen Straße angekommen, die von Istris nach Ioli führte, eine Reise von zwei Tagen. Im Anschluß daran noch ein halber Tagesritt, und sie sollten am Rand der Meerengen angelangt sein, wo die Insel Ankabek lag. Man würde die Nächte, die den Tagen folgten, in verschwiegenen Kneipen verbringen, auf die sie vor Antritt der Reise hingewiesen worden waren.

Die Straße war ausgezeichnet, und in der heißen Jahreszeit war nicht zu befürchten, daß etwas die kleine Gesellschaft aufhalten konnte, obwohl ihre Reisegeschwindigkeit nicht sonderlich groß war. Die edlen, hochgezüchteten Renner, die üblicherweise in den Hauptgegenden zum Wagenziehen verwendet wurden, waren in Karmiss nicht so gebräuchlich, obwohl die Pferde aus Shansar-über-dem-Meer kaum längere Reisen durchhielten und noch unüblicher waren. Deshalb zogen den Wagen reinrassige Zeebas, die galoppieren konnten, wenn auch nur für eine kurze Dauer.

Die Prinzessin saß lesend inmitten ihrer Kissen, ansonsten sah sie kaum je über den Wagenrand in den sonnendurchglasten Dunst. Das Mädchen in ihrer Begleitung hatte einen Flirt mit einem der beiden Vorreiter begonnen. Mit einem bißchen

Glück würde die kleine Begleiterschar zurück in die Hauptstadt gelangen, ehe Zastis am Himmel erblühte.

Der vergoldete Tag flammte auf und zeugte eine lohfarbene Dämmerung. Sie hatten das hügelige Land erreicht, das sie morgen nach Ioli führen würde und weiter an die nördliche Meerenge. Das hoch aufragende Wirtshaus tauchte auf, und die ersten Sterne zeigten sich über seinen Dächern.

Val Nardia legte den Schleier an, ehe sie den Hof betrat. Ihr Umhang, die Wache und das Mädchen waren eben angemessen, um ihr Respekt zu sichern und Aufregungen zu vermeiden. Als geringere Prinzessin reiste sie einfach wie eine Lady. Im Gasthaus wurde sie entsprechend empfangen.

In dem privaten Gemach hoch im zweiten Turm nahm sie einen Teil des Mahles zu sich, das man ihr gebracht hatte. Der Wein war gelb – Tieflandqualität. Die Weinstöcke von Karmiss waren vor zwanzig Jahren ein Raub der Flammen geworden, als die Schiffe an der Küste des Landes untergegangen waren, und die Stöcke trugen noch nicht wieder ausreichend. Bier war zum Hauptgetränk in diesem Land geworden, und ein feuriger weißer Schnaps, der aus Beeren gewonnen wurde.

Jenseits der geöffneten Fensterläden hatte die Nacht den Himmel verdunkelt.

Val Nardia schickte ihr Mädchen fort und war allein.

Als sie sich in den Sessel setzte und das Buch vor sich aufschlug, mit geöffnetem Geist und in Ehrfurcht, hörte sie eine wilde, süße Melodie, die aus der Gaststube emporschwebte. Ein Lied wurde gesungen, und sie war gezwungen, zu lauschen und zu versuchen, den Worten zu folgen. Nur eines oder zwei von ihnen waren durch den Boden und durch die offenen Fenster unten zu verstehen. Plötzlich aber verstand sie einen Namen: *Astaris.* Es handelte sich demnach um ein Lied über Raldnor, den entschwundenen Helden mit gemischtem Blut, und über die karmianische Prinzessin, seine Geliebte, die rothaarige Astaris, von der es hieß, sie sei die schönste aller Frauen dieser Welt gewesen.

Val Nardia ertappte sich dabei, wie sie unwillkürlich ihr eigenes, dichtes Haar berührte.

Als das Lied verstummte, ging sie zum Bett und legte sich auf die Kissen, die Augen weit geöffnet.

Lange nachdem es in der Gaststube still geworden war, starrte Val Nardia in die Nacht jenseits des Fensters und sagte zuweilen leise die rituellen Gebete vor sich hin, die sie gelernt hatte. Die Gebete an Anackire, die Herrin der Schlangen, die allein zwischen Val Nardia und ihren Träumen voller Wollust und Entsetzen stand.

Endlich aber schlief sie ein und sah ihren Bruder auf einem Hügel stehen und sich von der See abheben, die glatt wie ein nicht ganz fehlerloser Spiegel dort lag; und sie wußte, daß sie ihn gerufen hatte, und daß er zu ihr kommen würde, und daß sie dann verloren wäre. Und in ihrem Traum geschah es so.

Sie waren auf der Jagd gewesen, einer erfolgreichen Jagd. Bei Nachtanbruch, auf der Rückfahrt durch die Straßen beim Lärm rumpelnder Räder und klappernder Hufe, fühlte sich der König so behaglich, daß er sich absonderte, golden auf dem bernsteinfarbenen Pferd, und lachte. Hochrufe erklangen, und Frauen erschienen auf den Balkonen und warfen Blumen herab.

Suthamun Am Shansar hatte es gefallen, hier inmitten der Marschen und Felsen seines Heimatlandes die ursprüngliche rauhe Wildheit seines vorigen Hofes beizubehalten. Die Leute sagten, in seiner Jugend, noch Jahre nachdem er sich die Krone von Karmiss angeeignet hatte, sei er in verschiedenen Verkleidungen durch ihre Städte gewandert, gelegentlich als Bettler, manchmal als Töpfer oder Viehhändler, so wie es Götter zu tun pflegten, die ihr Spiel mit den Menschen trieben. Jene, die gut zu dem gewesen waren, den er gerade darstellte, hätte er später belohnt – Schmuckschatullen für gefällige Damen, einen Zuchthengst für einen nicht sonderlich wohlhabenden Stallknecht, der dem vermeintlich bedauernswerten Bettler eine Münze hatte zukommen lassen. Und jene, die ihn in jener Zeit schlecht behandelten, hätte er später an seinen Hof berufen, wo er sie das große Zittern gelehrt habe, indem er sich ihnen offenbarte. Sie hätten es verdient, sagten die Leute, denn wer seinen König nicht am Haar oder an der Haut erkannt hatte, hätte ihn zumindest an seinem schweren Akzent und an seinen Schwierigkeiten mit der Sprache von Vis erkennen müssen.

Aber er war bequemer geworden im letzten Jahrzehnt, und auch überzeugter davon, in seiner Eigenschaft als Aristokrat und Herr bekannt zu sein. Die Erwähnung seines alten Titels als »König der Piraten«, den er noch vor Jahren gern gehört hatte, bewirkte heute, daß sich seine Laune verfinsterte und er brüllte. Er hatte nur Frauen seiner eigenen Art gefreit, und seine wenigen Mätressen aus Vis bleichten ihre Haare und hellten ihre Haut mit Schminke und Puder auf.

Sie brachten Lärm mit in den Palast, als sie ihn betraten: das Stampfen ihrer Füße, das Geklirr der Waffen, das Kläffen der Hunde und Keuchen der Jagd-Kalinxe und alles übertönend das Gebrüll der Männer, das einzig und allein der Ausdruck ihres Vergnügens war. Suthamun mochte Lärm fast jeder Art. In der mächtigen, schimmernden Halle strömten Spielleute zusammen, und Lauten und Trommeln wurden geschlagen.

Suthamun brach inmitten seines bellenden Gelächters ab. Seine blonden Brauen zogen sich zusammen.

Kesarh Am Xai hatte die Halle betreten, einen Mann aus seiner Wache im Gefolge, ein Pärchen passend schwarzer Kalinxe schritt an Leinen geführt vor ihm her.

Kesarh, durch die seine Vis-Abkunft offenbarende Schwärze seiner Haare gezeichnet, schien in seiner Arroganz auch noch stolz auf dieses Schwarz zu sein. Seine Leibwächter, von denen er, was jedermann wußte, weit mehr als zehn Mann besaß, trugen bei offiziellen Anlässen dunkle Kettenpanzer. Er selbst trug am häufigsten – wie auch heute – schwarze Kleidung, die nur durch ein fein gearbeitetes Brustamulett aufgelockert wurde, das den Feuersalamander aus Gold und Scharlach zeigte; dieses Tier hatte Am Xai zu seinem persönlichen Wappen erkoren.

Amrek, der verfluchte Tyrann und Schlächter des Volkes von Dorthar, hatte Schwarz getragen, um seine Bevorzugung seiner eigenen Rasse zu demonstrieren. Und Kesarh ... selbst seine Kalinxe waren schwarz. Und, natürlich, prachtvoll. Woher war das Geld gekommen, das nötig war, um solche Tiere zu erwerben oder zu züchten? Seine Mutter hatte wenig gehabt, das sie ihm hätte hinterlassen können, und sein shansarianischer Vater hatte sich nie um ihn gekümmert.

Suthamun studierte die Kalinxe. Ihre kalten blauen Augen

glommen tückisch, aber die Hand mit ihren Leinen hielt sie völlig unter Kontrolle. Sie waren mit den übrigen gelaufen und hatten dann gemeinsam, aber getrennt vom Rudel das erste Opfer gerissen, ein Schauspiel, das einem nur selten geboten wurde. Suthamun hatte die Tiere sofort begehrt, aber etwas von diesem minderen Prinz zu erbitten wäre unfein gewesen, ungehobelt. Dennoch beeindruckte ihn Kesarh irgendwie.

Der König hatte ein besonderes Auge auf Kesarh, und er mochte ihn nicht. Daß jemandem von derart niedrigem Stand soviel Aufmerksamkeit gezollt wurde, reichte schon für eine Anklage.

Kesarh hatte inzwischen das Ende der Halle erreicht, wo sein Lord inmitten seiner Brüder und Favoriten stand. Ein kurzes, höfliches Schweigen würdigte seine Ankunft, und mit einemmal konnte man die Musik hören. Kesarh sah dem König voll ins Gesicht; mit offenem, abwartendem unbeweglichen Blick, dann erst ließ er eine knappe, vollendete Verbeugung folgen.

Die beiden Kalinxe verharrten reglos wie aus Stein an ihren beschlagenen Leinen; die Büschelohren flach angelegt. Diese hinterhältigen Kreaturen hatten den hinterhältigen Charakter des Königs begriffen und gaben dies jetzt für jedermann sichtbar zu verstehen.

Suthamun lachte.

»Die Jagd war günstig. Habt Ihr Euer Vergnügen gehabt, Kesarh?«

»Ja, mein Lord.« Kesarh lächelte. Sie benutzten beide die Sprache der Heimat Suthamuns, die derzeitige Sprache am Hof von Karmian.

»Eure Kätzchen dort, Ihnen habt Ihr es zu verdanken.«

»Das ist wahr, mein Lord. Die dortharianischen Kalinxe sind oft die besten.«

Suthamun starrte sie neidisch an. Bei den Elfenbeinbrüsten der Ashara; wieso war dieser Niemand im Besitz derartiger Tiere?

»Es sind demnach dortharianische? Sie müssen Euch einiges gekostet haben.«

Ein neuerliches Lächeln.

»Einiges, mein Lord. Aber ich habe sie nicht zu meiner per-

sönlichen Befriedigung erstanden. Ich hatte vor, sie heute auszuprobieren, um mich davon zu überzeugen, ob sie den Preis rechtfertigten. Da dies der Fall war, würde ich mich glücklich schätzen, wenn ich sie Eurer Majestät als kleines Geschenk vermachen dürfte.«

Die in der Halle versammelte Menge fing erregt zu tuscheln an; unterdrücktes Gelächter raschelte auf wie sich regende Vogelschwingen, dann erhob sich Applaus.

Den Wunsch zu äußern, wäre unhöflich gewesen. Nun wäre es unhöflich gewesen abzulehnen.

Jetzt war es Suthamun, der lächeln mußte. Er schnippte mit den Fingern, ein Stallknecht eilte herbei, um die doppelte Leine von Kesarh entgegenzunehmen. Hervorragend trainiert, wie sie waren, gaben die Katzen keinerlei Äußerungen ihres Unwillens von sich, obgleich sich ihre Ohren aufstellten. Sie bewahrten eine königliche Haltung, als sie fortgeführt wurden. Suthamun stählte sich innerlich, schritt zu Kesarh hinüber und umarmte ihn.

Der Hof applaudierte erneut.

Vathcrianischer Wein wurde gebracht, und Kesarh trank mit dem König und seinen Brüdern. Uhl beugte sich an Suthamuns Ohr. Der König nickte.

»Ich habe es nicht vergessen. Ein Tag des Vergnügens, ein Abend voller Arbeit. Meine Herren, folgt mir nach oben. Auch Ihr, Am Xai. Ihr könnt Eure Wache hierlassen.«

Im ersten Stock betraten sie einen der Versammlungsräume. Die Lampen waren bereits entzündet. Eine Wand zierte eine Weltkarte in Form eines herrlichen Mosaiks, die auch die Umrisse des zweiten Kontinents beinhaltete. Die Bezeichnungen all der riesigen Gebiete waren in Goldlettern eingelegt; der Name Shansars war am edelsten hervorgehoben. Aus Steinchen geformte Fische zierten die Meere, und die maritimen Vulkane spien Zinnoberrot.

Suthamun schritt geradewegs zu der Karte und betrachtete sie. Als er sich wieder umwandte, trug sein Gesicht einen entschlossenen, königlichen und unheilkündenen Ausdruck. Er ließ seinen Blick rasch über alle Anwesenden gleiten, als wolle er sich versichern, daß sie ihn nicht verspotteten. Aber niemand wäre so närrisch gewesen, dies zu tun. Sogar der anmaßende Kesarh behielt die höflich-nichtssagende Miene

bei, die so hervorragend mit seinem höflich-förmlichen Lächeln und dem höflich-interessierten Stirnrunzeln harmonierte.

»Eure Schwester ist heute nach Ankabek geritten«, sagte der König.

»Ja, mein Lord.«

»Wir waren erfreut, ihren Wunsch bewilligen zu können, ihr Leben Ashara zu weihen; der einzig wahren Göttin.«

Kesarh verneigte sich.

»Val Nardia war von Euer Großzügigkeit beschämt, Sire.«

Suthamun warf dem jungen Mann einen prüfenden Blick zu, aber seine arglose Maske wies keinen Sprung auf.

»Und Ihr«, sagte Suthamun, »was sollen wir nun mit Euch anstellen?«

»Mein König weiß, daß er in jeder Hinsicht über mich verfügen kann.«

Suthamun wies auf die Landkarte.

»Es geht um Zakoris«, sagte der König. »Wir erinnnern uns, nicht wahr, wie mein Bruder von Vardath das schwarze Zakoris einnahm, und wie Zakoris sich ergeben hat? Und wie die besiegten Herrscher von Zakoris danach Thaddra überfallen haben. Und dort ließen sie sich entlang der Küsten der nördlichen See nieder, und von dort aus führten sie ihre Vergeltungsschläge gegen Dorthar. Mein Bruder aus Dorthar, der König Raldanash, Raldnors Sohn, hat mir eine Botschaft zukommen lassen, in der er sich darüber beklagt, wie seine nördlichen Küsten von diesen Piraten gequält werden. Die Wachen der Städte im Nordosten von Karmiss haben mir ebenfalls eine Nachricht geschickt, mit dem Inhalt, daß Reiter der sogenannten ›Freien Zakorianer‹ aufgetaucht sind und daß Rauch von den Küsten Dorthars aufsteigt.«

Suthamun, der Piraten-König, zollte seiner Herkunft weder mit Worten, noch durch Gesten Tribut. Vor fünfzehn Jahren hätte er diese Affäre noch genossen.

»Wegen der Sicherheit von Karmiss«, fuhr er betont fort, »und um mein bestehendes Bündnis mit den Ländern des Herrn der Stürme zu bekräftigen, habe ich daran gedacht, eine Streitmacht auf Schiffen zu entsenden, damit sie die Piraten vertreiben. Ich selbst war bei der Seeschlacht bei Karith dabei, als die Leute von Vis das Meer in Flammen aufgehen

ließen, und die Wogen vom Gebein der gelbhaarigen Männer klapperten.«

Es schien, als erinnerten sich seine Brüder ebenfalls, ihre Gesichter waren verschlossen. Die wenigen anwesenden Stadträte von Vis senkten die Blicke.

Nur Kesarh in seiner schwarzen Kleidung sah unbeirrt geradeaus, und so begegnete der König unversehens seinem Blick.

»Die Führerschaft über diese Streitmacht möchte ich in die Hände eines Mannes geben, der die Eigenschaft der Jugend mit jener der Kraft in sich vereint; einem Manne, der sich noch nicht in Karmiss ausgezeichnet hat, aber dessenungeachtet in dieser Mission nicht scheitern wird.« Falls das Sarkasmus war, ließ es sich der König mit einer Miene anmerken. »Ein Prinz aus dem alten königlichen Haus, in dessen Adern das Blut des Volkes der Göttin selbst fließt ... Kesarh Am Xai, Euch möchte ich das Kommando geben. Wollt Ihr es annehmen?«

Kesarh zeigte sich ungerührt. Er fuhr nur damit fort, dem König in die Augen zu sehen.

»Ihr ehrt mich, Sire.«

Und der König schüttelte den Kopf, während die zufällige Versammlung von Ratsmitgliedern Kesarh herzlich gratulierte.

Die stechwütigen Bienen des Freien Zakoris segelten in kleinen Schwärmen, aber Suthamun würde ihnen eine ebenso kleine Abteilung der karmianischen Flotte entgegenschicken, das stand fest. Es handelte sich außerdem um einen Schwarm, der durch die friedlichen Zeiten verweichlicht war, und die meisten waren Visianer, denn die meisten der Shansarianer, die wünschten, auf dem Meer zu bleiben, waren nach Hause gegangen.

Dazu kamen das Moment der Überraschung, der Mangel an Format und die Unfähigkeit der Schiffskapitäne – dagegen stand ein Prinz ohne Ruhm, der nicht mehr Erfahrung in Seeschlachten hatte als das Feuerwesen in seinem Emblem, der Salamander.

Man konnte die Sache so auslegen, daß sie wie eine Chance der Bewährung aussah. Man konnte sie aber auch als Beweis der Ungnade und Todeskommando betrachten.

Der lange nördliche Sonnenuntergang neigte sich seinem Ende zu, als eine Barke von dem roten Gewässer herkam und am steinigen Ufer von Ankabek anlegte. Es hatte dennoch eine Verzögerung gegeben – eines der Zeebas verlor ein Hufeisen –, und man hatte einige Stunden im strahlenden Ioli verbringen müssen. Aber die Barke hatte natürlich gewartet, und die Überfahrt dauerte nur wenige Stunden; die See war ruhig, und geheimnisvolle Inseln wuchsen vor ihren Augen aus Licht und Schatten; wirkten beinahe wie magisches Blendwerk. Und das waren sie in der Tat, anders war es gar nicht möglich.

Val Nardia starrte den Eilanden mit sehnsuchtsvollem Verlangen entgegen, angerührt von ihrer Schönheit und dem letzten Schimmer des Sonnenscheins auf ihren Erhebungen.

Oberhalb des Landeplatzes breitete sich ein Dorf entlang des Hanges aus. Männer kamen mit Fackeln zum Strand, und eine Frau war bei ihnen, die wie ein Geist wandelte, während Dämmerung die Welt einschloß.

Die höfische Eskorte war schon wieder zurück in die Barke gestiegen, nur das Mädchen blieb, mit den Habseligkeiten der Prinzessin beschäftigt; plötzlich brach es in Tränen aus und küßte Val Nardia die Hand.

Val Nardia sprach leise und beruhigend auf sie ein, aber ihre Aufmerksamkeit galt der Frau, die im Schein der Fackeln daherschritt. Dann war sie herangekommen, und das Dienstmädchen fiel auf die Knie.

Die Frau war Tiefländerin. Es war nicht zu übersehen. Ihr Haar hinter einem rauchfarbenen Schleier war lichter als der Morgenhimmel. In ihrem schneeweißen Antlitz leuchteten die Augen golden im Widerschein der flammenden Fackeln auf.

Sie sah Val Nardia mit diesen Augen an und schien sie damit durchbohren zu wollen. Die Prinzessin hielt dem Blick nicht stand. Sie öffnete sich ihm; ihre Augen, ihr Denken und die Seele; und so fühlte sie keine Furcht, nur ein großes Erstaunen. Las die Tieflandpriesterin ihre Gedanken? Es war in Ordnung. Sollte sie alles Sündige, alle Trauer erfahren; dann mochte es endlich Heilung für sie geben.

Aber die Frau sagte mit tiefer, ruhiger Stimme nichts als: »Wir haben Euch erwartet, Lady.«

In dem Satz lag die ganze Artigkeit eines Menschen, dem als Kind der Göttin Güte zur Verfügung stand.

»Und ich«, sagte Val Nardia sanft, »habe mich danach gesehnt anzukommen.«

Die Priesterin warf den Fackelträgern einen Blick zu, die daraufhin die leichten Gepäckstücke Val Nardias aufnahmen. So gingen sie zurück, am Dorf vorbei und den Hang hinauf.

Die Priesterin schritt hinter ihnen her, ohne ein weiteres Wort, und Val Nardia folgte ihr.

Hinter ihnen schaukelte die Barke auf dem Wasser.

Vor ihnen wurde der dunkle Pfad unter den hohen Bäumen noch finsterer. Wo der Schein der Fackeln die Bäume erreichte, leuchteten die Zweige rötlich auf. Dies waren die heiligen Bäume des Tempelhaines der Tieflandtempel. Unvermittelt erweckte jetzt die Abendbrise ein vielfaches leises Klirren und Rascheln, das durch die überall im Gezweig aufgehängten Plättchen aus dünnem, weißlichem Metall hervorgerufen wurde.

Der Fußweg dauerte eine Stunde.

Der Tempel Asharas, die Ashkar war und Anackire zugleich, erhob sich im Zentrum der Insel. Der schwarze Stein stand gegen die Schwärze der Nacht; keine Lampe erleuchtete seine Fenster, kein Schmuck zierte ihn. Allein in seiner Größe unterschied er sich von den Tempeln in den Ebenen. Der senkrechte Türspalt war sehr hoch.

Niemand begehrte mit Worten Einlaß, dennoch schwangen die schwarzen Türflügel nach innen auf. Dahinter kündete nur ein trüber Lichtschimmer davon, daß es Leben im Tempel gab.

Die Männer mit den Fackeln legten ihre Bündel sorgfältig in Türnähe ab, dann wandten sie sich um, formierten sich zu einer Reihe und zogen ab. Sie waren aus Vis oder Mischlinge, karmianisches Blut mit shansarischem und vathcrianischem, aber sie waren ausgebildet oder hatten sich auf andere Weise entwickelt. Sie hatten kaum menschlich gewirkt.

Die Priesterin stand jetzt im Tor.

»Kommt nur herein«, sagte sie, »in das Allerheiligste der Göttin. Sie ist für alle bereit, die Sie suchen. Ebenso, wie Sie es nicht ist für jene, die Sie nicht suchen.«

Ein Ton schien anzuklingen in Val Nardias Herz; es war die Melodie der Metallplättchen in den Bäumen, die alle zugleich erklangen.

Sie schritt beschwingt in das Heiligtum, und die Tore schlossen sich hinter ihr, wiederum ohne einen sichtbaren Mechanismus.

ZWEI

Die Zeremonie wurde auf den weiten, erhöhten Terrassen vor dem Tempel fortgesetzt. Das Bauwerk hatte vormals Yasmais, die karmianische Liebesgöttin, beherbergt. Aber Yasmais war niedergeworfen und in die kleinen Heiligtümer in der Stadt der Vergnügungen verbannt worden. Jetzt gehörte der Tempel Ashara, der Wassergöttin Anackire.

Ihr kleineres Standbild war herausgebracht worden, und sie balancierte auf ihrem goldenen Fischschwanz, die acht weißen Arme wie Strahlen ausgestreckt.

Der Zauberer-Priester des Königs schnitt einem weißen Stierkalb die Kehle durch. In Shansar hatte man ihr immer vor einer Schlacht Blut geopfert.

Der Himmel oben war klar und rein, aber Der Stern hatte sich bereits an ihm gezeigt, und die Nacht loderte hinter dem Mond. In dieser Jahreszeit bekamen alle Dinge einen sexuellen Hintergrund – selbst Magie und Religion, ganz gewiß aber die kriegerischen Unternehmungen. Und es war eine schlechte Zeit für Kämpfer; wer hätte das nicht gewußt?

Die sanften Männer des zweiten Kontinents beanspruchten für sich Immunität gegenüber den Einflüssen von Zastis, aber man konnte nicht umhin zu bemerken, daß auch sie nicht allzu gleichgültig waren und daß diejenigen von ihnen, die schon länger in Vis lebten, es noch weniger geworden waren.

Nur die Bleichhäutigen, die Tiefländer, die Amanackirer, nahmen in den Monaten des Roten Mondes keine Hitze an.

Rem in seinem Kettenhemd versuchte, eine bequemere Haltung einzunehmen. Auch andere Männer bewegten sich unbehaglich; die Menge wogte und wisperte.

Der Priester schrie seine Prophezeiung des Sieges heraus,

die karmianischen Zymbeln erklangen, und die Menge stieß einen Schrei der Befreiung aus.

Soviel Zeremoniell, und sowenig Schiffe. Drei, um es genau zu sagen. Drei Schiffe, unterbemannt, mit widerwilligen Ruderern für doppelte Bezahlung, wovon die Hälfte im Rückstand gewesen war, bis Kesarh selbst auf irgendeine Weise ihre Löhne aufgebracht hatte. Es waren zudem alte Schiffe, die besten der dreißig Jahre alten karmianischen Flotte, herausgeputzt und hübsch anzuschauen und nicht wasserdicht.

Die Kapitäne waren anwesend und würden sogleich zum Hafen stolzieren und an Bord gehen. Sie würden um die Küste auf die Mündungen der Meeresarmee zusegeln. Der Prinz Am Xai und seine zwanzig Wächter – er hatte empörenderweise den Nerv, sich das Doppelte der zugelassenen Anzahl zu halten – würde voranreiten und seinen winzigen Teil der Flotte bei Tjis erwarten, jener Stadt, die den letzten Bericht über die Aktivitäten der Zakorianer geschickt hatte.

Das Ganze war eine Farce, und dieses religiöse Beiwerk machte es nur noch mehr dazu.

Rem wand sich erneut in seiner unbequemen Kleidung; seine frischen Narben sandten kleine, schmerzhafte Nadelstiche durch seinen Körper, und er mußte an Doriyos denken.

Rem, dessen Name einst Rarmon gewesen war, hatte nach seiner Auspeitschung sechs Tage lang liegen müssen. Es war ihm gelungen, den Helfer des Händlers zu bestechen, daß er einen Arzt holte; der hatte sich gründlich um ihn gekümmert, so daß seine Heilung sehr gut und rasch fortgeschritten war. Aber in den Stunden, die er flach auf dem Bauch ausgestreckt in der brütenden Hitze des im Keller gelegenen Vorratsraumes verbracht und der gegen die Wände andonnernden See gelauscht hatte, war er mit einem ziellosen Haß gegen alle Dinge erfüllt worden.

Lyki war ein- oder zweimal gekommen, um nach ihm zu sehen. Sie war nicht freundlich gewesen, aber sie hatte einen Mann dazu veranlaßt, ihm Suppe, Bier und Brot zu bringen. Erfreulicherweise hatten das Bier und die Tränke des Arztes zur Folge gehabt, daß er immer häufiger schlafen konnte und die Heilungsschmerzen kaum wahrnahm.

Am sechsten Tag hatte sich Zastia kurz vor Sonnenaufgang

in bösartigem Rot gezeigt. Rem hatte den Lagerraum verlassen, die komfortlose Badeeinrichtung im Haus des Händlers benutzt und nach seiner Mutter Ausschau gehalten. Sie war noch im Bett gewesen. Der Händler wurde vielleicht am nächsten Tag zurückerwartet. Rem hatte zwei silberne karmianische Ankars für Lyki zu den billigen Juwelen bei ihrem Spiegel gelegt. Sie würde wissen, was es bedeutete.

Auf der Straße neben der vertrauten Pforte traf Rem einen seiner Mitsoldaten.

»Man hat mich geschickt, Euch abzuholen. Unser Prinz wurde ausgewählt, die Freien Zakorianer bei Tjis umzubringen. Ihr und ich, wir beide wurden dazu bestimmt, gemeinsam mit ihm zu sterben.«

Sie hatten gelacht und bei der Vorstellung ausgespien; und Rem hatte versprochen, sich bei Anbruch der Nacht im Palast einzufinden. Trotzdem war es ihm merkwürdig vorgekommen, daß Kesarh ihn zu einer derart speziellen Aufgabe heranzog, so kurz nachdem er ihn dem Peitschenmeister überantwortet hatte. Vermutlich hatte es nichts zu bedeuten gehabt. Am Xai hatte wohl lediglich eine Nummer ausgewählt, in Rems Fall die Neun, und die übrigen neun Neunen waren aus irgendeinem Grund nicht verfügbar oder auswärts beschäftigt gewesen.

In die Stadt der Vergnügungen zu gehen, war auf jeden Fall unvermeidbar gewesen; nicht nur die übelkeiterregende Furcht vor dem Kriegertod hatte diesen Lebensdrang in ihm erweckt. Am Tage war der Bezirk weniger attraktiv, aber natürlich voller Betrieb. Das prachtvolle Flirren und Glitzern von der Sonne beschienener Goldmünzen blendete von überall her. Er ging durch ein verziertes kleines Tor ins Ommos-Viertel und erreichte bald das Haus Der Drei Schreie, dessen Namen ihm jedesmal ein Kopfschütteln entlockte, und klopfte an die Tür.

Der ältliche Ommoner, den zu erdrosseln Rem wie immer den Wunsch verspürte, ließ ihn sogleich ein, nachdem er zunächst durch die Tür gespäht hatte, wie eine Schildkröte aus ihrem Panzer.

»Tretet ein, tretet ein, lieber Herr. Er ist frei. Er hält sich für Euch bereit, seit Der Stern das Auge aufgetan hat; so verliebt ist er in Euch ...«

Rem warf dem alten Schurken eine Münze zu und begann den Aufstieg die endlose, gewundene und verdreckte Treppe hoch. Der Kontrast, der sich seinen Augen bot, als er nach einem erneutem Klopfen die alleroberste Tür geöffnet und den Raum dahinter betreten hatte, war gewaltig. Diese luftige Kammer im obersten Stock des Hauses war sauber und still, und sie duftete nach den blühenden Sträuchern, die Doriyos in zwei Keramikvasen neben dem Fenster züchtete.

Doriyos selbst saß zwischen den Blumenkübeln und war damit beschäftigt, eines der zahllosen zerbrochenen Musikinstrumente zu reparieren, die er sammelte, restaurierte und mit süßen Noten spielte, und danach verkaufte oder häufiger verschenkte.

Als er seinen Gast erblickte, lächelte er, legte das Saiteninstrument beiseite und durchquerte das Zimmer. Er reckte sich und küßte Rem sanft auf den Mund.

»Man sagte mir, du hättest dich für mich bereitgehalten«, sagte Rem gutgelaunt. »Dennoch erlaubst du jedermann, dein Zimmer zu betreten.«

»Ich erkenne deinen Schritt bereits auf der Treppe, und dein Klopfen an der Tür.«

Doriyos war schön, ein reinrassiger Karmianer, mit einer Haut wie Honig und Augen wie schwarzer Onyx; ein leichter Kupferton hellte sein feines, dunkles Haar auf. Er kleidete sich einfach und war sparsam mit Schmuck. Die goldene Kette um seinen Hals hatte ihm Rem verehrt, in jenen gar nicht so lange vergangenen Tagen, als Rem noch ein Dieb gewesen war. Aber der Goldtropfen in Doriyos' Ohr war das Geschenk eines anderen.

Da er sich an die Schmerzen gewöhnt hatte, vergaß Rem seine kaum verheilten Verletzungen in seiner körperlichen Begierde. Er entkleidete sich und hörte den Ausruf, und fragte sich, was ihn verursacht haben mochte.

»Dein *Rücken*. Wer …«

»Oh, ich hatte einen Zusammenstoß mit Lord Kesarh. Es hat nichts zu sagen; es ist fast verheilt.«

»Es hat *nichts zu sagen?*«

»Ich hätte dich vorbereiten sollen.«

»Du hättest es mir sagen sollen. Wer hat dich gepflegt?«

»Ein Arzt.«

»Wessen Arzt?«

»Ich bin in Lykis Haus gegangen. Vielleicht war es ein Fehler. Aber sie genießt es so sehr, sich über mich zu empören.«

»Du hättest«, sagte Doriyos so sanft, daß Rem ihn verblüfft anstarrte, »zu mir kommen sollen.«

»Du warst ... du hättest beschäftigt sein können.«

Doriyos lächelte. »Was dir der alte Mann im Parterre bei deiner Ankunft erzählt hat, nämlich daß ich dich liebe, das war keine Lüge. Ich hätte nach dir Ausschau gehalten, und niemand sonst wäre hereingekommen.«

»Kein anderer Kunde?«

Doriyos zuckte mit den Schultern. »Ich bin seit meinen elften Lebensjahr eine Dirne, aber ich habe es mir bezahlen lassen. Ich bin kein Sklave mehr. Ich tue es, weil ich weiß, wie man es anstellt ...«

»Ja, das ist nur allzu wahr«, erwiderte Rem, und damit war die Unterhaltung beendet.

Der Stern gestaltete die erste Vereinigung recht wild, brachte eine rasche und heftige Verzückung, die ihnen die Luft benahm, und, nach einer kaum nennenswerten Atempause, entflammten sie erneut füreinander und genossen diesmal ein zärtlicheres und tieferes Vergnügen.

Die Schatten an den Wänden hatten die Farbe des Bernsteins der Tiefländer, als Rem zum Bett zurückkam und den Ring in Doriyos' Hand legte. Der in den Ring gefaßte Stein trug die Tönung der Schatten.

»Du«, sagte Doriyos, »brauchst mich nicht zu bezahlen.«

»Es ist ein Geschenk.«

»Ich weiß, was Bernstein wert ist.« Doriyos schwieg eine Weile, dann fuhr er fort: »Du ziehst in einen Kampf, habe ich recht? Diese zakorische Idiotie ... Ich habe auf dem Markt darüber reden gehört. Dein Prinz Kesarh, der dich geschunden hat.«

»Es sieht so aus.«

Rem hatte die Einberufung nicht erwähnt. Aber – wie sich die Shansarianer rühmten, wenn sie mit ihren Liebhabern oder Verwandten zusammen waren – nahm das Sicheinfühlen zwischen Rem und Doriyos zuweilen eine solche Intensität an, daß es einer Art von Telepathie nahekam.

»Ich kann nicht sagen, sei vorsichtig; du wirst nicht die

Wahl haben. Ich kann nicht einmal wiederholen, daß ich dich liebe, denn ich sehe, daß es dich ziemlich wenig kümmert.«

Rem zuckte mit den Schultern. Seine Augen waren von dem durch die Wunden auf dem Rücken hervorgerufenen Schmerz erfüllt, den er nicht gezeigt hatte. Das dichte schwarze Haar, das sich ihm um Kopf und Hals wand, hing in krausen Locken über seine breite, niedrige Stirn. Im Augenblick war er außergewöhnlich hübsch, wie es zuweilen bei ihm vorkam.

In diesem Moment drangen Geräusche aus einem tiefergelegenen Zimmer, Grunzen und Kreischen, und das scharfe Klatschen einer kleinen Peitsche; dem Beißer so unähnlich wie nur möglich.

»Im Namen der Göttin, Gheal ist wieder zugange«, sagte Doriyos im Ton frommer Empörung. Und die beiden jungen Männer brachen in Lachen aus.

So gestaltete sich ihr Abschied voneinander fröhlich, wenn auch nicht erfreulich.

Die geschäftige Menge ließ Rem aus seinen Erinnerungen aufschrecken. Es ging erneut etwas vor sich.

Kesarh stand in seinem tiefschwarzen Kettenpanzer vor dem Altar. All sein Geschwätz über Opfer und Gebet hatte ihm die Aufmerksamkeit der Massen gesichert. Sein Auftreten wirkte sicher, er rief Begeisterung hervor und machte eine gute Figur, eindrucksvoll und überzeugend.

Ein großes Gefäß aus getriebenem Silber wurde gebracht, in dem sich zischend ein Gewirr unzähliger Schlangen wand.

Augenblicklich verstummte die Menge. Eines der bei den Shansarianern beliebtesten Kunststücke würde vorgeführt werden. Der Zauberer-Priester steckte den Arm in das Gefäß, und als er ihn wieder herausnahm, hielt er eine mächtige Schlange, mehr als halb so lang, wie ein Mann groß ist, in der Faust. Die Schlange wand sich, ihre Schuppen blitzten wie Metall oder ein Spiegel auf; und dann plötzlich wurde sie flach, streckte und versteifte sich, verharrte schließlich zitternd und steif in der Hand des Zauberes.

Die Menge atmete heftig.

Die Schlange war zu einem Schwert geworden, wie erwartet.

Der König, Suthamun, kam über die Terrasse geschritten.

Es war auffällig, daß seine Brüder und gesetzlichen Erben nicht zugegen waren. Er nahm das Schwert, das eine Schlange gewesen war, und legte es in die Hände Kesarh Am Xais.

»Ihr geht, um unseren Willen zu erfüllen. Geht also, mit unserer Gunst, und mit der ihren.«

Kesarh hielt das Schwert – erstklassiger Schauspieler – hoch, um es dem Volk zu zeigen. Als er sprach, ließ seine Stimme, die zum ersten Mal erklang, alle aufhorchen. Sie war gelassen, wohltönend, und kündete von der Unerschrockenheit eines Mannes, der Taten gewöhnt ist.

»Zur höheren Ehre meines Königs und für die Herrlichkeit der Göttin.« Er hielt inne; und dann, kurz bevor das Volk dieser Demonstration edler Gefühle zujubeln konnte, rief er ihnen mit unvermuteter Leidenschaft die Worte entgegen: »Und für Karmiss, die Lilie auf dem Meere!«

Die Menge applaudierte spontan und mit Inbrunst. Es war ein blumenumwundener Fangstrick gewesen; dazu bestimmt, die Herzen der Menschen von Vis einzufangen.

Rem dachte gequält: *Das habt Ihr hervorragend hinbekommen, mein Lord.* Und dann, indem sich seine Stimmung wohltuend hob: *Vielleicht beabsichtigt er auch gar nicht, daß wir bei Tjis sterben.*

Es war ein Acht-Tage-Ritt die unebenen Küstenstraßen entlang, jeden Tag wurden zwei der zwanzig Männer eingeteilt, die voran beziehungsweise am Schluß des Trupps reiten und die drei karmianischen Galeeren im Auge behalten mußten.

Rem, der am ersten Tag zu diesen Abkommandierten gehörte, bemerkte, daß ein weiteres Stück Organisation gelungen war. In der Absicht, den Anschein eines offenen Angriffsaktes gegen Zakoris-in-Thaddra zu vermeiden, hatten die Schiffe weder die Lilie von Karmiss gehißt, noch die Fisch-Frau von Shansar. Ihre weißen Segel waren ohne Ausnahme mit einem scharlachroten Salamander bemalt.

Nach einigen Tagen lag die Reiterei vorn. Diejenigen, die von ihrer Beobachtung der Schiffe heranritten, weil sie von anderen abgelöst und zurückgeschickt worden waren, lieferten ihre üblichen Berichte. Die drei Schiffe befanden sich noch immer auf dem Meer, die Segel hoffnungsvoll aufge-

spannt, die Ruder in Ruhestellung. Es war heiß und beinahe windstill.

Sie rissen untereinander Witze darüber, ob es besser sei, den ganzen Tag über auf einem Zeeba herumzuhopsen, oder den ganzen Tag lang am Ruder zu stöhnen.

Sie wußten, daß sie Tjis zuerst erreichen mußten, und sie schafften es; aber als sie in der letzten Nacht, bevor sie in Sichtweite der Stadt kommen sollten, ihr Lager in den Bergen aufgeschlagen hatten, kamen zwei Reiter aus dem Staub und aus der falschen Richtung auf sie zu geritten ... Die Richtung war die, in der Tjis lag.

»Was ist los?« fragte Kesarh die beiden Boten.

Er hatte seinen Wagen selbst gelenkt und war eben abgestiegen; nun stand er dort, um seine Handschuhe auszuziehen, während er zuhörte.

»Mein Lord ... Der König hat uns keine Nachricht gesandt ... seid Ihr nur so wenige Männer?«

Kesarh erwiderte: »Es sind Schiffe unterwegs, sie folgen uns mit einem Tag Abstand oder ein wenig mehr.«

»Gott sei Dank ... Der Göttin sei Dank ... Wenn ihre Ankunft beschleunigt werden könnte ...«

»Wahrscheinlich. Ich entnehme dem Gesagten, ihr vermutet, daß euch die Piraten des Freien Zakoris bald einen Besuch abstatten werden?«

»Ja, mein Lord. Letzte Nacht sind sie in Karmiss westlich von hier eingefallen. Wir sahen Dörfer in Flammen aufgehen. Bedauernswerte Dörfer, Sir. Es war ein Akt reiner Willkür. Die Wachen fürchteten für Ankabek ...«

Kesarhs ungewöhnliche Erscheinung schien an Substanz zu gewinnen. Seine Männer kannten den Grund dafür. Prinz Kesarhs Schwester war eben erst nach Ankabek gegangen, wie man wußte.

»Aber die Insel würde Leuchtfeuer entzünden«, fuhr der Bote hastig fort, da er die Veränderung in der Haltung des Lords bemerkte. »Und es hat sich bisher nichts Derartiges gezeigt. Außerdem empfinden die Zakorianer heiligen Orten gegenüber abergläubische Furcht.«

»Nicht bei heiligen Orten weiblicher Gottheiten«, wandte Kesarh ein. Sein Gesicht war abweisend geworden.

Der Bote fuhr überstürzt fort: »Aber sie ziehen in dieser

Richtung weiter, Luftlinie. Ostwärts, fort von der heiligen Insel. Der Wachturm unterhalb von Tjis hat am Mittag roten Rauch abgegeben. Und ein Mann kam kurz vor Sonnenuntergang angeritten, der selbst beobachtet hat, wie sie ein paar Meilen weit entfernt vor Anker gelegen haben.«

»Wie viele Schiffe?«

Der Bote war ein Optimist, dem niemand mitgeteilt hatte, wie stark die von Istris gesandte Abteilung war. Er sagte zuversichtlich, fast beiläufig: »Sieben, mein Lord.«

Nur ein einziger der Soldaten Kesarhs fluchte.

Kesarh überlegte eine Weile. Dann sagte er zu dem Boten: »Ich nehme an, Ihr habt einen guten Grund zu glauben, daß sie nicht sogleich über euch kommen.«

»Zastis, Sir. Zakorianische Schiffe führen immer Frauen mit. Und die Dörfer, die sie geplündert haben, waren für hervorragendes Bier berühmt ... Sie werden feiern. Oder wir müßten großes Pech haben.«

»Tatsächlich«, sagte Kesarh. »Das müßtet ihr.«

Kesarh sandte einen einzelnen Reiter zu den karmianischen Schiffen zurück. Alle hörten den Befehl. Den Galeeren wurde befohlen, mit kriegsmäßiger Geschwindigkeit herzukommen und frische Seeleute an die Ruder zu stellen, sobald die alten erschöpft waren. Der Befehl würde nicht überhört werden, und er würde seinen Urheber auch nicht eben beliebter machen. Er erwartete, daß die Schiffe morgen früh bei Tagesanbruch in der Bai südöstlich bei Tjis einliefen. Man konnte sich die Reaktion lebhaft vorstellen.

Als der Reiter fort war, nahm Kesarh seinen Wachsergeanten beiseite, sagte etwas zu ihm und stieg wieder in seinen Wagen. Ihre Reisegeschwindigkeit war zügig gewesen, aber nicht erschöpfend, und die zähen Zeebas konnten noch ein paar weitere Stunden durch die warme, rötliche Nacht durchhalten.

»Ihr, Neun, und die beiden Vieren, eure Tiere sehen am frischesten aus. Folgt mir.«

Die drei Angesprochenen rannten, um wieder aufzusitzen. Rem empfand einen Anflug neugierigen Interesses, der ihn überraschte. Eine Minute später stürmten sie im Kielwasser des Wagens die schlechte Straße hinab, so rasch die Zeebas nur galoppieren konnten.

Kesarh erreichte die Stadt Tjis zwei Stunden vor Mitternacht, die Mäuler seines Gespanns bluteten und schäumten, und seine drei Männer hinter ihm hingen wie tot auf ihren Reittieren. Die Geschwindigkeit war unbarmherzig gewesen.

Die Tore flogen auf, ebenso die Türen eines bescheidenen Wohnhauses. Der visianische Stadtwächter selbst führte Prinz Am Xai in eine geschmückte Halle, und ein sehr opulentes Abendmahl wurde hereingebracht, dazu süßer und duftender vardischer Wein.

»Unsere Dankbarkeit dem König gegenüber«, sagte der Stadtwächter, »ist größer, als wir zu sagen vermögen.«

»So sollte es auch sein«, erwiderte Kesarh und schnitt sich ein Stück Braten ab. »Er hat drei vermoderte Lastkähne geschickt, bemannt von Burschen, die zum Kämpfen zu müde sein werden, wenn sie hier ankommen. Und selbst das war ein nachträglicher Einfall. Wenn eure Stadt dieses Abenteuer überlebt, wird eure Dankbarkeit mir gelten müssen.«

Der Wächter starrte ihn an und rief sich zur Besinnung.

»Habt Ihr mich verstanden?« fragte Kesarh.

Der Wächter, ziemlich bleich geworden, versicherte, es verstanden zu haben, und trank hastig von seinem Wein.

Kesarh betrachtete die bebenden Hände, die Ringe daran mit ziemlich wertlosen Steinen, über die jetzt verschütteter Wein rann.

»Wieviel Wein«, sagte Kesarh müßig, »besitzt Tjis?«

»Mein ... Lord?« Der Stadtwächter schnappte nach Luft. »Was wollt Ihr ...«

»Es wird einfacher sein«, sagte Kesarh mit humorlosem Lächeln, »wenn Ihr meine Fragen beantwortete, statt mir welche zu stellen. Wie viele Fässer, Schläuche und Flaschen voll Wein sind Eurer Schätzung nach heute abend in Tjis vorhanden?«

Der Wächter schluckte, veranschlagte eine intelligente Schätzung und sprach sie aus.

»Ausgezeichnet«, sagte Kesarh. »Ich stelle fest, daß Ihr einer panischen Flucht der Einwohner vorgebeugt habt. Laßt alles, wie es ist. Holt eure Wachen heraus, und befehlt ihnen und dazu jedermann, der Arme und Beine hat, den Wein auf Karren zu laden. Der freie Platz vor diesem Haus wird als Sammelstelle ausreichen.«

Der Wächter setzte sich verblüfft hin.

Kesarh stieß die überschwappende Weinflasche zu ihm hin.

»Ihr könnt hiermit ein großartiges Exempel statuieren.«

Sehr langsam erhob sich der Stadtwächter, mit der Flasche in der Hand, und begab sich hinaus.

Als die Leute in der Stadt aufgerüttelt worden waren, dachten sie zunächst, die Freien Zakorianer seien über sie gekommen, und es gab ein großes Durcheinander. Kesarh selbst ritt auf dem Zeeba einer seiner Wachen durch die kurzen, engen Straßen, flankiert von der Wache des Wächters, die rücksichtslos und unmißverständlich für Ordnung sorgte.

Währenddessen wurde Kesarhs seltsamer Befehl ausgeführt. Der Wein wurde herangekarrt, von Tischen, aus Schränken und Kellern, und auf dem Platz ausgeladen.

Rem, der zusammen mit den anderen als Transporteur tätig war, bemerkte, wie eine Art übermütiger Laune die Bevölkerung ergriff. Angesichts des Schreckens war jede Beschäftigung, selbst die unsinnigste, von segensreicherer Wirkung als die tatenlose Verzweiflung. Es gab auch einigen Anlaß für gute Feilschereien um Entschädigungen, und hier und dort nahm sich ein Wächter ein paar Minuten Zeit, um ein williges Mädchen gegen eine Hausmauer zu drücken.

Schließlich war es Zastis, der die Szene beherrschte, und die furchtbare Ahnung des Todes wirkte sicherlich stimulierend auf die Äußerungen der Lebenslust.

Tjis war vorwiegend von Visianern bevölkert, und Rem hatte bisher weder helle Haut noch einen blonden Schopf gesehen – obwohl es beides vereinzelt geben mußte. Daß Kesarh schwarz war, mochte sich als hilfreich erweisen. Seine drei Soldaten waren ebenfalls Karmianer.

Rem war über den Sinn ihrer gegenwärtigen Aktivitäten ebenso uninformiert wie viele Männer in Tjis selbst. Bis schließlich andere Dinge angebracht wurden. Da wußte er, was dahintersteckte, und schwelgte in der Frevelhaftigkeit, die damit verbunden war; aber er war sicher, daß das Ganze nicht gutgehen würde. Doch ganz sicher war er sich dessen auch wieder nicht. Die Zakorianer waren längst trunken, stolzgebläht und verächtlich. Zudem stellte es tatsächlich die

einzige Chance dar, die Kesarh hatte, außer sich umzudrehen und zu fliehen.

Die Umrisse erhoben sich schwarz gegen den Sonnenaufgang, eine Gruppe von dreien an der Einfahrt einer kleinen Höhle und vier anderen ein Stückchen im Inneren der Höhle. Das Wasser war tief genug, daß sie darauf schwimmen konnten: Es waren große Schiffe; groß, aber wendig, Biremen, deren Doppelreihen Hennegats jetzt ruderlos und deren schwarze Segel gerefft waren. Im gehißten Zustand hätten sie das Voll- und Halbmond-Siegel des Alten Zakoris gezeigt, der über dem zähnefletschenden Drachen eingezeichnet war. Rote Augen waren beiderseits der Schiffsrümpfe aufgemalt. Die Frachträume schwerbeladen, lagen sie augenblicklich auf der See. Sie hatten entlang der Südküste Dorthars geplündert und sich in den Dörfern von Karmiss Kurzweil verschafft; die Weiber hatten gekreischt, und es hatte helles, schäumendes Bier gegeben.

Trotz der Orgie hatte man es nicht versäumt, Wachen in jeder Bireme aufzustellen. Männer mit den grausamen und rohen Gesichtern von Zakoris, schwarzhäutig oder von dunkler Kupferfarbe. Ihr Land hatte die gelbhäutigen Rassen bereits vor Amrek gehaßt, schon bevor die Verbündeten Radnors, des Bastards von Sar – ein Mann, der fast so dunkel gewesen war wie sie – ihre Stadt Hanassor in die Knie gezwungen hatte. Heutzutage hatten diese Piraten leichtes Spiel mit Karmiss und allen übrigen Orte, die keine Einwände gegen die Herrschaft der gelbhaarigen Männer vorgebracht oder ihnen Treue gelobt hatten, was sozusagen auf alle Länder zutraf. Zakoris war jetzt in Thaddra und längst in der Lage, die Welt in Krieg zu stürzen. Aber die Tage des Schwarzen Leoparden würden wiederkehren. Denn Zarduk wünschte es sich, auch Rorn und all die männlichen Götter des Freien Zakoris wollten es.

Als der lichte Mund der Morgensonne den Eingang der Höhle geküßt hatte, glitt ruhig ein großes Schiff wie in einem Traum davor.

Bei Sonnenaufgang schwoll die Flut in der Meerenge zwischen Dorthar und Karmiss. Diese Flut allein trug das Schiff, denn nur der Morgenwind füllte seine Segel, auf dem eine

scharlachene Eidechse aufflammte. Die Hennegats waren mit Luken verschlossen.

Das Horn des vordersten Mannes im Ausguck erscholl. Andere erwiderten den Alarm.

Nicht lange danach glitten zwei der schwarzen Biremen – nur zwei, denn sie waren voller Geringschätzung gegenüber ihren Gegnern – hinter dem Phantomschiff her.

Die an die Hennegats gefesselten Ruderknechte waren ziemlich ausgeruht, denn man hatte ihnen nur eine kleine Ration Bier zugestanden, und gar keine Frauen. Diese Männer nahmen die stürmische See von Zastis seit Jahrhunderten als eine gegebene, zusätzliche Plage hin. In Zeiten wie jetzt, da sie mitleidlos in Ketten gelegt und derart wirksam daran gehindert waren, ihrer sexuellen Raserei nachzugehen, auf die roheste und rücksichtsloseste Art in Gewahrsam genommen, trieb Der Stern einige von ihnen in den Wahnsinn.

Den übrigen verlieh die unausgelebte und unverbrauchte Energie zusätzliche Kraft zum Rudern.

Die Biremen verloren ihr träges, schläfriges Aussehen und schossen auf der Meerenge im Kielwasser ihres Opfers davon, wie zwei sehnige schwarze Hunde.

Sie holten es bald ein, doch sie griffen es nicht an, denn sie konnten sehen, daß das verfolgte Schiff verlassen und steuerlos war.

Derartige Ereignisse hatten nichts Unheimliches. In ihrer Piratenlaufbahn hatten sie gelegentlich Schiff in ähnlichem Zustand geentert. Reiche Kaufleute stiegen angesichts einer überlegenen Streitmacht von Seeräubern mitsamt ihrer Crew in die Rettungsboote oder schwammen an Land. Das war schon oft genug vorgekommen, und häufig war dann leichte Beute möglich, Stücke, die zu groß waren, um geborgen zu werden.

Unverzüglich legten sie an dem Schiff an und schwärmten an Bord, nicht ohne sorgsam zu untersuchen, ob sich unter Deck jemand verborgen hatte, aber alles war so leer wie eine ausgetrunkene Kruke.

Die Kruken an Bord waren dagegen voll.

Das Schiff war nicht mehr und nicht weniger als ein Weinkeller, die Frachträume zum Bersten voll mit Fässern aus Zibba-Holz, ledernen Schläuchen, steinernen und tönernen

Krügen. In ihnen gluckten die parfümierten, schweren Weine von Vathcri, Vardath und Tarabann, die einzigen Güter, die von jenem verfluchten Kontinent jenseits der Hölle des Aarl-Sees kamen.

Sie wußten, daß wenige Meilen küstenaufwärts Tjis auf sie wartete, aber sie konnten es sich leisten, es warten zu lassen, denn die Angstzustände würden bei den Leuten in Tjis nur noch heftiger ausfallen, je länger das Vorspiel dauerte. Es kursierte sogar ein Witz darüber, daß die Stadt den Wein geschickt haben konnte, um sie zu besänftigen, ein Witz, der viel Gelächter erntete.

Der Bund ihrer patriotischen und gesetzlosen Bruderschaft bestimmte sie dazu, die Ladung des Schiffes aufzunehmen und zurückzukehren, um sie mit den übrigen fünf Biremen zu teilen. Als sie die Salamander-Galeere in Brand gesetzt hatten und verließen, rötete ein neuer Sonnenaufgang das Wasser hinter ihnen.

Es war natürlich nicht genug Wein, um ihn herumgehen zu lassen. Gemäß der Tradition ihres Landes kämpfte jeder gegen jeden um ihn. Mehrere Männer wurden niedergeschlagen und waren bewußtlos, andere wurden verletzt, einige wurden getötet. An dem lustvollen Trinkgelage waren genügend Männer beteiligt, und es war genügend ausgiebig und genügend ungestüm, daß es zu dem Zeitpunkt, da sie merkten, daß sie überlistet worden waren – eine Erkenntnis, die nicht allzu lange auf sich warten ließ – zu spät für sie war.

Als die ersten Opfer die Symptome zeigten, verspottete man sie wegen ihrer schwachen Mägen. Betrunkene, die bewußtlos zusammenbrachen oder stöhnend und mit zuckenden Gliedern über den Boden rollten, boten ähnlich jämmerliche Bilder. Außerdem wurden alle Männer auf jedem der Schiffe augenblicklich davon ergriffen. Rasende Koliken schüttelten ihre Gedärme und Kehlen, ihre Sehkraft verminderte sich, sie verloren ihre Fähigkeit, sich zu artikulieren, und die Beweglichkeit ihrer Glieder. Einige Männer spien Blut, und da waren auch die letzten Zweifler überzeugt.

Ein überaus aggressives Gift war in dem Wein gewesen. Sie wußten nicht, ob es zum Tode führte; in einigen Fällen schien er absehbar, in anderen trat er ein. Ihr Entsetzen und ihre ohnmächtige Wut führten zu nichts. Selbst die Kapitäne

und Offiziere hatten von dem Wein getrunken; mehr noch als die übrigen.

Tollheit und Panik griffen um sich, und als die Entwicklung ihren Höhepunkt erreicht hatte, umrundeten zwei karmianische Galeeren die Landzunge hinter Tjis und stahlen sich in die Höhle.

Der kleine Prozentsatz Männer, die nichts oder nur wenig getrunken hatte, liefen oder krochen auf ihre Posten. Diese Gruppe Männer erinnerte sich an ihre Ausbildung und bemühte sich darum, die flammenspeienden Geräte zu bedienen, die in zwei der Schiffe der Freien Zakorianer eingebaut waren. Aber die Feuer waren erloschen, und als sie das sahen, erlosch alles Feuer in den Menschen. Nur ein Geschoß wurde losgelassen, fiel zu kurz aus und versank zischend im Meer, ohne Schaden angerichtet zu haben.

Den Piraten, jedenfalls denjenigen, die stehen konnten, blieb nicht mehr viel zu tun. Einige, die das Gift erbrochen hatten, schwankten mit erhobenen Messern und Schwertern an die Reling. Und hier und dort löste ein Bogenschütze einen Pfeil aus; zuweilen wurde ein Speer geschleudert. Aber die meisten trafen kein Ziel, und die Schützen verließ der Mut.

Das erste karmianische Schiff war im Gegensatz zu denen der Freien Zakorianer vorbereitet gekommen. Auf seinem Deck war – dank der Freizügigkeit Suthamuns – eine mächtige Balliste* montiert, wie sie von den Shansarianern für den Einsatz auf See perfektioniert worden waren.

Kesarh Am Xai gab von seinem Standort am Bug aus in diesem Augenblick der Crew an der Balliste Feuerbefehl. Sogleich schleuderte das Gerät dröhnend seine Last los. Die gewaltige Feuerkugel flog hinan, zerteilte brüllend und winselnd die Lüfte und fuhr krachend auf das vorderste der schwarzen Schiffe nieder. Einmal angespannt, donnerte der Wurfarm wieder und wieder gegen den Balken und entließ seine verderbenbringende Fracht.

---

* Balliste, Balista, Balestra oder Balestrum: Häufig mit dem Katapult verwechselte, vom römischen Militärtechniker Vitruv beschriebene Kriegsmaschine, die große Pfeile oder Steine im Gegensatz zum Katapult nicht abschießt, sondern von einer Art Wippe schleudert. Das Katapult ist ein Vorläufer der Armbrust. – *Anm. d. Übers.*

Die Freien Zakorianer wurden ein Opfer der Flammen, und diejenigen, denen es gelang, in die See zu springen, wurden sogleich von den Karmianern mit Speeren und Lanzen aufgespießt wie Fische. Die Kranken und Verrücktgewordenen fingen sogar an, die Schiffe mit dem Salamander auf den Segeln um Hilfe anzurufen. Nach einer Weile erscholl aus dem dichten Qualm zwischen den hoch emporlodernden Flammen das Knirschen und Krachen berstenden Holzes, und Funkenschauer regneten, als die hohen Masten brachen. Durch diesen Lärm hörte die Besatzung der karmianischen Schiffe selbst aus größerer Entfernung die Schreie der Seeräuber, die zwischen den Rümpfen der feuerspeienden Schiffe des Feindes gefangen waren.

Der Kapitän des ersten karmianischen Schiffes wandte sich an den Prinzen Am Xai. Der Kapitän war ebenfalls ein Mischblut, aber getreu der modischen Manier des Helden Raldnors war seine Haut sehr dunkel, im Gegensatz zu seinen blonden Haaren.

»Mein Lord, es ist eine wohlbekannte Tatsache, daß die zakorianischen Piraten an den Rudern ihrer Schiffe nur Sklaven verwenden.«

Kesarh sah ihn an, unwillig und ablehnend.

»Mein Lord, die Männer, die dort zu Tode brennen, sind Alisarianer, Iscaianer, Thaddrianer; Männer aus Ländern, mit denen wir nicht im Streit liegen.«

Kesarh lächelte mit so unwiderstehlichem Charme, daß der Kapitän sein Lächeln erwiderte, ehe es unterdrückten konnte.

Nach einer Weile verschwand Kesarhs Lächeln.

»Wenn es Euch beunruhigt, Kapitän, geht hin und holt die Männer heraus. Bedingung ist jedoch, daß Ihr allein geht.«

Die Wahrheit war, daß nicht viele Mitleid mit den Kettensklaven und ihrem Todeskampf empfanden. Die Übermacht über die Karmianer war zu groß gewesen, und jetzt war sie nicht länger vorhanden. Sie waren schon in Rufe ausgebrochen, die lauter und lauter erklangen. *Am Xai! Am Xai!* Ein Lärm, der zuweilen sogar jenen anderen übertönte, der vom Sterben der Schiffe und der Männer kündete.

Am nächsten Vormittag zeigten nur noch treibende Stücke Holzkohle mit Metallfetzen daran und ein Glühen, dessen Widerschein bis in den Himmel reichte, die Stelle an, an der die zakorianischen Piraten untergegangen waren.

Diejenigen, die das Ufer erreicht hatten – weniger als dreißig Mann –, wurden von Kesarhs persönlicher berittener Garde und einer Rotte heulender Seeleute voller Blutdurst verfolgt. Es war eine Schlächterei, keine Tötung, was sich dort landeinwärts abspielte.

Ein paar wenige mochten entkommen sein, indem sie unter den Schiffen durchtauchten und dann weiter auf Dorthar zu schwammen, aber die Aussichten standen schlecht dafür. Wenn das Feuer und die Speere sie nicht erledigt hatten, würden die See und das Gift es wahrscheinlich besorgen.

Lange danach brachte Tjis einen besonderen Toast mit Wein dar. Die Stadtchronisten beeilten sich, in ihrer Geschichte festzuhalten, was in den Wein jener Nacht gemischt worden war. Alles, was Schaden anrichten konnte – giftige Pflanzen, Opiate, Lampenöl, Emetica, Purgative und Einreibemittel für Zeebas – all das hatte Verwendung gefunden, vorausgesetzt, es war von unauffälligem Geschmack und Geruch oder roch und schmeckte süß. Selbst Parfüms waren in die Fässer und Krüge gegeben worden.

Für das Freie Zakoris wurden die Weine des südlichen Kontinents stärker als für alle anderen parfümiert und gesüßt. Man hatte die Dickflüssigkeit und die ersten unerwarteten Wirkungen auf Nase, Gaumen und Magen auf nichts anderes als eine unübliche Zubereitung zurückgeführt. Und es wurde mehr und mehr davon getrunken, um sich daran zu gewöhnen. Der Genuß hätte nicht zum Tode führen müssen, aber es war ein Mittel, sich umzubringen.

Kesarh kehrte nach Tjis zurück, und das goldene Licht des Nachmittags lag matt auf seinem schwärzlichen Schwert. Es war nicht jenes Schwert, in das der Zauber die Schlange verwandelt hatte, sondern sein eigenes, geschmiedet vor einem Jahr, als überhaupt keine Schlacht in Aussicht gewesen war. Und die Zakorianer, die er auf dem Berg niedergeritten hatte, waren nicht die ersten, die der Prinz erschlagen hatte.

Rem, der ebenfalls Männer getötet hatte, hatte dem anderen Schwert Schwung und Kraft verliehen; und er spähte in

das weiße, erstarrte Lächeln, das nur Lippen und Zähne einbezog, die Augen darüber blieben hart und kalt, tödlich wie die Hölle.

Man erzählte sich – Rem hatte es schon häufig gehört –, Kesarh habe sich mit fünfzehn oder sechzehn zuweilen mit bewaffneten Schwerverbrechern eingeschlossen und auf diese Weise unter realer Lebensgefahr seinen Kampfstil vervollkommnet. Im nördlichen Vis pflegten sich Prinzen gelegentlich auf diese Art zu üben, wenn sie nicht die Kampfschulen des Imperiums vorzogen, aber bei ihnen stand immer eine Wache vor der Tür, um ihnen notfalls beizuspringen.

Sie hatten nur fünf Mann verloren, und von Kesarhs Leuten war kein einziger darunter.

Die Frauen von Tjis boten sich eifrig an, und die karmianischen Crews hatten ihre Schiffe vor Anker zurückgelassen und strichen durch die Stadt; sie würden möglicherweise ebensolche Zerstörungen anrichten, wie die Freien Zakorianer sie verursacht hätten. Der Stadtwächter bewirtete den Prinz und seine Kapitäne, wenn auch ohne Wein.

Vier Mädchen traten auf und tanzten zu Lauten und Trommeln. Es waren Mädchen aus Vis. Sie hatten Perlen in ihre langen, schwarzen Haare geflochten, die auf dem Boden klickten, wenn sie ihre braunen Rücken beugten.

»Meine Tochter«, sagte der Wächter, indem er auf den hübschesten gebeugten Rücken deutete.

Als sie ihm mit taktvoll umschreibenden Worten für die Nacht angeboten wurde, nahm Kesarh das Anerbieten mit dem Ausdruck seiner Bescheidenheit an.

Das Gastzimmer war klein, die Vorhänge waren verschlissen.

Rem erfuhr, daß er während der zweiten Hälfte der Nacht an der Tür Wache stehen mußte. Seiner Vermutung nach handelte es sich dabei um einen Ulk.

Das Mädchen wollte nicht von ihm gehen, entweder wegen der günstigen Gelegenheit oder aus Leidenschaft; oder wegen einer Mischung aus beidem. Er fordert sie erneut auf zu gehen, diesmal schon weniger höflich, dann stieß er sie in die Richtung der Tür. Beleidigt zog sie ihre dürftige Kleidung an und ging.

Kesarh lag auf dem Bett und starrte zur gewölbten Decke der Kammer empor.

Der Lärm von Zechgelagen und gelegentliche aufreizende Lichtschimmer drangen von der Stadt her durchs Fenster herein, obwohl es in zwei Stunden dämmern würde. Kesarh grübelte darüber nach, wieviel Chaos die Schiffsbesatzungen bei Sonnenaufgang angerichtet haben mochten. Es würde sich natürlich herausstellen, daß seine persönliche Garde daran unschuldig gewesen war. Tjis war jedenfalls ein Flohstich auf der Welt.

Sie hatten vorgehabt, sogleich eine Nachricht über ihren Sieg nach Istris zu schicken. Er hatte angeordnet, damit zu warten.

Ein plötzlicher Lichtschein, der von einer Laterne oder Fackel ausging, fiel auf die gerade und blanke Länge des zeremoniellen Schwertes, das gegen die Wand lehnte.

Es fesselte Kesarhs Aufmerksamkeit. Es war ein wenig mehr als halb so lang wie ein großer Mann, wie er selbst, und schwer; nur zu Vorführzwecken gefertigt. Am Abend hatte er es zu dem provinziellen Fest bringen lassen, zusammen mit seinem Salamanderbanner.

Das war das einzige, wozu Waffen dieser Art gut waren. Das, und mittels Gaukeleien, ablenkenden Kinkerlitzchen und Schaustellertricks in eine Schlange verwandelt zu werden.

Der Schlaf kündigte sich an; jetzt, da er gesättigt war, dämpfte der Schlaf die dumpfe Raserei, die stumpfsinnige Suche nach gewissen verlorenen Dingen, die seinen Verstand beschäftigten, obwohl seine Glieder entspannt waren. Und Val Nardia ... Wie mochte es ihr heute nacht ergehen, da Zastis, die Rose des Verlangens, ihr das Fleisch unter dem Laken versengen würde ...

Der Schein einer vorbeiziehenden Fackel irrte über die Klinge des Schwertes.

Er konnte sich nicht erinnern, auch nur eine einzige Frau auf den sinkenden Biremen der Piraten erblickt zu haben. Möglicherweise hatte es welche gegeben, die als Männer verkleidet gewesen waren, vollends unkenntlich im Rauch, oder tot oder betäubt unter Deck; und die Schreie, die sie vermutlich ausgestoßen hatten, waren mit denen der Männer vermischt gewesen.

Er verbannte den müßigen Gedanken. Sein Geist beruhigte sich allmählich.

Das Schwert schimmerte immer wieder auf. Als er durch die halbgeschlossenen Lider blinzelte, schien es Kesarh, als verflüssige sich das Metall; als verlöre es seine Konturen und rinne die Wand hinab wie Wasser ... Er drehte sich auf den Bauch und schlief ein.

Die sanfte Berührung einer Hand an seinem Knöchel weckte ihn auf. Er war sogleich hellwach, aber seine Selbstdisziplin ermöglichte es ihm, ebenso vollkommen still liegen zu bleiben, bewegungslos, als hätte er nichts bemerkt.

War das Mädchen zurückgekommen? Nein. Die Berührung war nicht die eines Mädchens ... Demnach mußte es ein Meuchelmörder sein. Wie war er hereingekommen? Das Fenster war durch Läden gesichert. Die Nummer Neun, der Mann an der Tür – Rem – der möglicherweise unloyal war, oder nicht sorgfältig, und trotz der drohenden Auspeitschung eingeschlafen war ...

Die sanfte Berührung wanderte von Kesarhs Knöchel weg nach oben. Sie war jetzt an seinem Wadenmuskel zu spüren, dann an der Rückseite seines Oberschenkels.

Plötzlich wußte er, was es war. Ein Meuchelmörder vielleicht, aber nicht menschlicher Art. Der Schweiß brach ihm aus und bedeckte jeden Zoll seines Körpers; dagegen konnte er nichts unternehmen, und der langgestreckte, schwere, fließende Leib der Kreatur verharrte wiederum, möglicherweise bemerkte sie seinen Schweiß und ahnte seine Furcht.

Denn er empfand Furcht.

Er besaß die instinktive Abneigung der Visianer gegen solche Geschöpfe, die keineswegs unbegründet war. Nach der Länge zu urteilen, soweit er sich durch das Gefühl auf dem Körper erraten konnte, handelte es sich höchstwahrscheinlich um eine Giftschlange mittlerer Größe.

Sie hatte inzwischen den unteren Teil seines Rückens erreicht, bewegte sich sanft wie ein Gespinst über seine Hinterbacken und dann über die Spalte am Ende des Rückgrats.

Kesarh biß sich auf die Zunge und bemühte sich mit einer Kraft, die er aus dem Entsetzen schöpfte und die sich nicht einmal im Zucken einer Sehne äußerte, unbeweglich liegen zu bleiben.

Die Kreatur lag an seinem Rückgrat, hob und senkte sich im Rhythmus seines Atems, der ein wenig beschleunigt war, wenn auch kaum merklich. Jeden Augenblick mochte sie ihn beißen. Selbst wenn er sich nicht bewegte; ein plötzliches Geräusch von der Stadt her ...

Sie bewegte sich wieder. Jetzt hatte sie seine Haare entdeckt, bewegte sich kurz darin und schlüpfte dann zu seiner linken Schulter. Je näher der Biß an Kehle oder Kopf war, desto tödlicher würde er wirken.

Die Schlange schien zu zögern. Kesarhs Gesicht war der anderen Schulter zugewandt, weg von ihr. Sie berührte seinen Arm, es war fast eine Liebkosung. Dann wand sie sich den Arm hinab, und er fühlte ihren langen Leib an seiner Seite.

Die Schlange hatte seine Hand erreicht. Er hatte jetzt ein derart feines Gespür für sie, daß er fühlte, wie sie den Kopf hob, und er hatte sich bereits unwillkürlich und ohne es unterdrücken zu können zu einem Sprung angespannt, der ihn aus dem Bett katapultieren sollte, falls sich die Fänge in sein Fleisch bohren sollten. Er brauchte ein Messer, um die Stelle herauszuschneiden, dann eine Flamme, um sie auszubrennen ... Da legte die Schlange ihren Kopf über seine Hand und blieb reglos liegen.

Er wartete. Und wartete. Die Schlange veränderte ihre Lage nicht. Er spürte ihre Starre, und ihm war, als wolle sie für immer dort liegen bleiben, oder jedenfalls so lange, bis etwas sie störte.

Kesarh verbannte die Furcht aus seinem Denken. Er bemühte sich, die genaue Lage der Schlange zu ermitteln, erforschte ohne Augen, allein mittels des Tastsinns, die Position des flachen Kopfes gegen seine Finger, gegen seine nach oben gewandte Handfläche, in die der Kopf jetzt gebettet lag. Er würde nur einen Augenblick benötigen ...

In einer einzigen, krampfartigen Bewegung preßte Kesarh die Faust zusammen, schloß die Finger wie einen Schraubstock um den Schlangenschädel.

Der Schwanz zuckte sofort krampfhaft, schlug und peitschte gegen Kesarhs Seite, gegen Brust und Lenden, als er vom Bett sprang. Aber der eiserne Griff seiner starken Finger hielt die tödlichen Kiefer fest zusammengepreßt.

Er konnte sie jetzt sehen, die prismatischen Schuppen seiner Gefangenen schimmerten schwach in der Dunkelheit.

Kesarh hob den Arm und schmetterte das Ding hart an die Wand, in seiner ganzen Länge; der Kopf kam frei und krachte im nächsten Augenblick gegen den Verputz. Dann fiel das Ding betäubt auf den Fliesenboden; er nahm das Schwert, das neben dem Bett gestanden hatte, und ließ die metallene Schneide auf die Mitte des Schlangenleibes sausen.

Die Waffe war durch das Töten der Zakorianer stumpf geworden, aber sie fuhr beinahe vollständig durch die Schlange. Dort lag sie, tot, in krampfhaften Zuckungen, endlich harmlos, zu seinen Füßen.

Die Tür flog krachend auf, und der Soldat, der Rem gerufen wurde, sprang mit gezogenem Schwert in die Kammer, seine Gestalt war vom flackernden Lichtschein der Kerzen im Korridor umgeben.

Kesarh erinnerte sich, gerufen zu haben, einen lauten, heiseren Schrei ausgestoßen zu haben, als er die Schlange durchgetrennt hatte.

»Mein Lord ...«

Kesarh hob die Schlange mit der Schwertspitze hoch, voll Blut, zerbrochen und gekrümmt, und hielt sie Rem entgegen.

»Eine überzählige Tänzerin«, sagte Kesarh. »Holt eine der Kerzen herein und zündet damit die hier im Raum an. Und schließt die Tür, wenn Ihr hereinkommt, sonst wird Am Tjis anstolziert kommen, um nachzusehen, was nicht in Ordnung ist.«

Rem tat, wie es ihm aufgetragen worden war, kam mit einer Kerze zurück und schloß die Tür.

Beim Schein der zusätzlich entzündeten Lichter entdeckte Kesarh, daß das zeremonielle Schwert von seinem Platz an der Wand verschwunden war. Er hatte die getötete Schlange an die Stelle geschleudert, wo sich das Schwert befunden hatte.

»Zauberwerk«, sagte Kesarh. Seine Stimme klang unbeschwert und überlegen. »Wenn ich an derlei Dinge glauben würde. Kann es sein, daß Ashara-Anackire gegen mich vorgeht; mich dazu verführte, mir all das auszudenken, während ihre Schlange ein Schwert war? Vertraut niemals einer Frau!« Kesarh setzte sich aufs Bett. »Aber ihr würdet es sowieso nicht tun, nicht wahr, Nummer Neun?«

Rem sah ihn an. Kesarh zuckte mit den Schultern. »Ihr seid zu einer weiblichen Person gegangen, die Eure Mutter ist, nachdem Ihr ausgepeitscht wurdet. Wenn Ihr keine weibliche Vertraute für Euer Bett habt, und das in dieser Jahreszeit, seid Ihr entweder krank oder deformiert oder ein Tiefländer, oder Ihr bevorzugt Knaben.«

»Oder meine Freundin haßt es, Kranke zu pflegen.«

Kesarh erwiderte nichts. Er griff nach dem Weinkrug und trank direkt daraus. Es war am Abend Bier darin gewesen. Eine nervliche Reaktion auf seine Erlebnisse setzte ein, sein ausgezeichnet kontrollierter Körper bebte ummerklich. Es war wie ein Aufschrei. Er ignorierte ihn.

»Ihr kamt hier hereingeplatzt wie ein Kalinx, um mich zu verteidigen, Nummer Neun. Angenommen, Ihr hättet mich in der Gewalt von vier bewaffneten Männern vorgefunden? Oder habt Ihr einfach nur geglaubt, ich befände mich in einem Zastis-Traum?«

Rem sagte nichts.

»Ich denke, ich kann Euch trauen«, sagte Kesarh. »Natürlich werde ich Euch töten lassen, wenn ich herausfinden sollte, daß ich mich geirrt habe. Und ich *würde* es merken, mein lieber Rem.«

»Dessen bin ich sicher, mein Lord.«

»Wie auch immer diese Sache geschehen ist, dieser Anschlag mit der Schlange, jemand steckte dahinter. Irgend jemand ... möglicherweise Suthamun selbst.«

»Oder ein Erbe, der Neid über Eure plötzliche Berühmtheit verspürt. Seine Brüder. Oder Prinz Jornil.«

»Das ist scharfsinnig. Aber in diesem Falle hätte ich in der Schlacht mit den Piraten sterben müssen, oder meint Ihr nicht? Dies hier war eine Rückversicherung für den Fall, daß ich sie überlebte.«

»Ihr habt keinen Boten mit der Nachricht von dem Sieg nach Istris gesandt«, warf Rem ein.

»Richtig. Ich könnte jetzt einen schicken. Die Botschaft über meinen Sieg ... und über meine knappe Rettung vor dem Tod durch einen Schlangenbiß. Ich fürchte, ich muß eine Zuflucht vor weiteren hoffnungsvollen Mordanschlägen finden. Eine sehr sichere Zuflucht, aber ein Ort, an den mich nur eine Person begleiten darf und an dem ich zudem eine

gewisse Glaubwürdigkeit an den Tag legen muß ... Habt Ihr jemals eine Schlange gemolken, Rem?«

»Nein, mein Lord.«

»Dann werdet Ihr es jetzt tun. Dieses Ding dort ist in der Tat giftig, aber tot. Es ist nicht gefährlich, es sei denn, Ihr habt eine offene Wunde irgendwo an den Händen.«

»Nein, Sir.«

»Dann werde ich Euch anleiten. Nehmt Euer Messer.«

Als Rem neben ihn trat, legte sich der Prinz aufs Bett zurück. Er zeigte auf den Bier-Wein-Krug. »Ihr könnt trinken, wenn Ihr wollt.«

Rem trank.

»Ein geschlagenes Kind«, sagte Kesarh mit geschlossenen Augen, »bemüht sich immer darum, zu beschwichtigen und die Gunst und Liebe seiner strengen Eltern zu gewinnen. Ist es das, was Ihr versucht?«

»Ich bin älter als Ihr, mein Lord. Fast zwei Jahre, schätze ich.«

Rem beugte sich über die Schlange und bog ihre Kiefer weit auseinander, wie ihm gesagt worden war. »Und wo wird sich das Refugium Eurer Lordschaft befinden?« fragte er.

Die dunkle Stimme vom Bett her war kaum vernehmbar. »Ankabek, der Ort der Göttin.«

Der Abschied ging heimlich vonstatten. Erst nachdem sie fort waren, sollte Tjis entdecken, was geschehen war. Zweifellos würden widerwärtige Gerüchte in Umlauf gesetzt werden. Ein Prinz, von der Erscheinung her aus Vis, sofort nach seiner Ankunft ein Held, unmittelbar darauf in Lebensgefahr. Der Verdacht des Betruges läge zu nahe.

Der Wächter, in das Geschehen eingeweiht, hatte bereits eine oder zwei Bemerkungen vor sich hingemurmelt, die auf höchst unwächterliche Weise auf einen derartigen Verdacht hinwiesen.

Das Schiff war ein leichtgewichtiges und schnelles Boot mit einem unauffälligen Segel, auf dem es stark nach Fisch roch. Vier Ruderer aus Tjisine waren angeheuert worden. Der Wachsergeant der Männer des Prinzen und ein einziger Soldat waren mit Am Xai an Bord gegangen.

All das war im ersten Morgenlicht geschehen.

Der Prinz konnte nicht gehen und mußte auf das Schiff getragen werden. Es alarmierte den Wächter, Am Xai so krank zu sehen. Da er den Leichnam der Schlange gesehen hatte, war der Wächter ziemlich sicher, daß sein kürzlicher Retter nicht überleben würde, trotz der Heilkünste der Priester Anacks.

Das Schiff umrundete die Landzunge und verschwand.

Es glitt flink dahin, nahm die frühe Brise gut an, die Ruderer legten sich eifrig in die Riemen. Sie hatten Gold bekommen, und zudem standen sie in der Schuld des Prinzen, des Mannes, der jetzt ein zitternder Schatten unter dem Schatten des Segels war.

Der Morgen ging vorüber; an Backbord die hitzeflimmernde Küstenlinie; Sonnenglanz auf dem von den Rudern aufgewühlten Wasser. Später, als sie sich weiter nach Norden wandten, wurden Teile der Küste von Dorthar sichtbar, noch weit entfernt und saphirblau, pastellfarbener als die See. Eine Strömung kam auf an dieser Stelle der Meerenge, die auf die kleinere Insel zuführte. Sie folgten ihr und kamen rasch weiter.

Das tjisinische Schiff legte kurz vor Sonnenuntergang am Landeplatz des heiligen Ankabek an, an derselben Stelle, wo die Tempelbarke auch Val Nardia abgesetzt hatte, und fast zur selben Stunde.

Es wurde allerdings nicht erwartet.

Als die Ruderer erschöpft in den Riemen hingen, näherte sich ihnen eine Gruppe Männer von dem Dorf aus Steinhäusern auf dem Hügel. Es gab eine kurze Diskussion, und einer der Männer kam an Bord, um einen Blick auf den Lord unter dem Segel zu werfen.

Dann gingen die Männer wieder fort, und Kesarh schickte ihnen zwei oder drei Flüche hinterher. Unerwarteterweise kamen sie jedoch wieder, noch ehe die Sonne ganz im Meer versunken war, und trugen eine Trage aus Matten zwischen Knüppeln bei sich. Der Tempel würde den Invaliden aufnehmen. Die übrigen sollten sich bis zum Morgen am Strand aufhalten. Dann sollten sie nach Karmiss zurückkkehren.

Kesarh, dessen hellhäutiges Gesicht die Farbe der Knochen zeigte und dessen Augen blutunterlaufen und die Haut glänzend vor Schweiß war, der das Haar und die Kleidung tränk-

te, begann zu rasen und zu schreien; sein Leben war bedroht, jemand mußte bei ihm bleiben.

Als sie sahen, in welchem Zustand er sich befand, und da sie nicht wagten, ihn noch mehr anzustrengen, akzeptierten die Krankenträger, daß Rem zusätzlich mit ihnen ging.

Es war nicht viel zu sehen im Abendrot, ein rötlicher Himmel, rote Zweige an den hohen Bäumen. Dann fiel die Nacht herein.

Endlich ragte der Tempel pechschwarz in den kupferfarbenen Himmel.

Indem sie sich seitlich wandten, schlugen die Bahrenträger einen Nebenweg ein, der inmitten einer Gruppe von Gebäuden endete. Lichter brannten an diesem Ort, während der Tempel finster und wesenlos oberhalb des Abhangs aufragte, entrückt, fast jenseitig.

Die Bahre wurde in eine Zelle mit ausgebleichten cremefarbenen Wänden getragen. Kesarh schien nicht bei Bewußtsein zu sein, als man ihn von der Matte hob und auf das strohgedeckte Bett legte.

»Jemand wird zu Euch kommen.«

Die Männer gingen nacheinander hinaus und verschwanden wieder in den am Hang gelegenen Hain.

Rem sah auf das Bett, und Kesarh grinste ihn an. Die Zelle wurde von einem Docht erleuchtet, der in Öl schwamm. Diese dämmrige Beleuchtung und die Krankheit, die weit milder war, als es schien, verliehen dem fiebrigen Gesicht des Prinzen einen Schimmer teuflischer Boshaftigkeit.

Etwa eine Minute später kam ein Priester über den freien Platz zwischen den Gebäuden und betrat die Zelle.

Rem hatte schon gehört, daß es Priester und Priesterinnen in Ankabek gab. Sie hatten offensichtlich die Tiefland-Orden der Schattenlosen Ebenen zum Vorbild. Wenn sie die Absicht hatten, wie schwarze Gespenster zu wirken, war ihnen das gut gelungen.

Die mit einer Kapuze bekleidete Gestalt beugte sich über Kesarh.

»Wer seid Ihr?« fragte Kesarh deutlich. »Seid Ihr mein Tod?«

»Euer Tod ist nicht hier«, erwiderte der Priester.

Rems Rückgrat kribbelte.

Der Priester stellte keine Fragen, sondern berührte sanft Kesarhs Stirn, Hals und Leistengegend. Kesarh schlug die Hände des anderen zur Seite. Es waren bleiche Hände, bleicher als seine eigenen.

»Das Gift der Schlange hat Euren Körper zum größten Teil wieder verlassen«, sagte der Priester. »Ich werde Euch eine Medizin bereiten. Ruht Euch aus. Ihr werdet gesunden.«

»Nein«, sagte Kesarh in verzweifelter, atemloser Hast. »Ich liege im Sterben. Denkt Ihr, ich wüßte das nicht?«

»Das Leben ist heilig. Man wird sich um Euch kümmern.«

»Zu spät ...«

Der Priester wich zurück.

Kesarh sagte in einem deutlichen, ausgeprägten Flüstern: »Meine Schwester befindet sich hier. Die einzige Verwandte, die ich habe. Meine Schwester, die Prinzessin Val Nardia, vom Hofe bei Istris.«

»Ja«, sagte der Priester.

»Ich muß sie sehen«, sagte Kesarh. »Ich muß sie sprechen, bevor ich sterbe.«

Die Haut zwischen Rems Schulterblättern kribbelte erneut. Unbehaglich rückte er näher zur Tür, weiter von Kesarh weg.

Der Priester hatte nicht geantwortet.

Kesarh schrie: »Werdet Ihr mich verleugnen? Berichtet ihr, daß ich hier bin, und weshalb. Daß ich sterbe. Sagt es ihr, hört Ihr?«

Das Gift wühlte wie Messer und Ahlen in seinen Adern. Er fiel zurück, krallte die Hände in die Matratze, die Augen blind.

Das gelbliche Licht zeigte, daß sich die punktförmigen Wunden von den Schlangenzähnen auf seinem linken Unterarm geöffnet hatten, die Farbe aus dem umliegenden Gewebe gewichen war und die Wundränder sich entzündet hatten.

Nachdem fast der letzte Tropfen des Schlangengifts aus den Giftblasen des toten Tieres gepreßt worden war, hatte Kesarh es vom Boden hochgehoben und die nadelspitzen Zähne in sein Fleisch gestoßen. Im Geifer war eben noch ausreichend Gift gewesen, um die Wirkung zu erzielen, die er gewünscht hatte. Und nicht soviel, als daß mehr geschehen

wäre. Er hatte, wie er sagte, eine gewisse Glaubwürdigkeit an den Tag legen müssen, um den Schutz des heiligen Eilandes gewährt zu bekommen. Der Schmerz war auf jeden Fall zweifellos echt, und das Fieber war es ebenfalls. Ein geringes Opfer für das Gelingen seines Planes.

Aber jetzt sah es so aus, als gäbe es auch noch einen zweiten Plan, der den ersten durchkreuzte.

Rem lehnte im Türrahmen. Die außerhalb der Zelle sichtbare Szene hatte keinen Bezug zu ihnen. Die Nacht duftete stark nach den Bäumen. Weiße Sterne schienen sich zwischen den Zweigen verfangen zu haben. Der Rote Stern glomm.

Irgendwo begann jemand eine Altpfeife zu blasen, melodiös und wechselhaft. Rem dachte an Doriyos.

Hinter ihm keuchte Kesarh, drosch auf das alte Bett ein und verwünschte den Priester nach Aarl, einen Ort, an den vermutlich keiner der beiden glaubte.

Rem trat zur Seite, um den Priester vorbeizulassen, der wieder hinaus in den freien Raum zwischen die Häuser trat, in die verklärte Abgeschiedenheit der Nacht.

DREI

Val Nardia stand reglos dort, von Dunkelheit umgeben, während die schmale Kerze des Schreins in ihrem Gefäß aus Glas flackerte.

Von der Kerze abgesehen war der Schrein leer.

Es lag am Novizen, dort das rechte Bild durch Meditation oder die eigene Phantasie zu beschwören; falls gewünscht, die Erscheinung der Göttin selbst.

Val Nardia lebte jetzt seit zwanzig Tagen auf Ankabek. Im Anfang war sie innerlich sehr angespannt gewesen, hatte sich gewünscht, voranzustürmen in die Sicherheit dieser Religion, die so geheimnisvoll und unergründlich war, und sich darin zu verlieren. Auch hatte sie sich davor gefürchtet, daß die Arme der Göttin nicht stark genug sein könnten, um sie eng genug an sich zu halten, und daß sie ihr wieder entschlüpfen könnte, und die Gedanken und Träume waren wie heißhungrige Tirr über sie gekommen.

Aber beinahe sofort hatte Ruhe ihre ungeduldige Suche und ihre Zweifel abgelöst. Ein leuchtender, unsichtbarer Äther, der für den großen Tempel eigentümlich war, hatte sie entkrampft. Ohne daß es sie Mühe gekostet hätte, war alles Geistige wie eine Musik unbestimmbarer Herkunft in ihr emporgestiegen.

Selbst die Zwingkraft von Zastis konnte in sittsame Bahnen gelenkt, anderweitig genutzt werden; eine geläuterte Flamme, sobald sie in einem anderen Gefäß brannte. Val Nardia fing an, die wundervolle Freiheit des forschenden menschlichen Herzens zu entdecken, unvermittelt und überraschend, die allein durch eigene Kraft die Gemeinschaft mit dem Ewigen herzustellen vermag.

Noch waren dieses Wissen und der Zustand das Wesentlichste für sie. Sie hatte nicht genügend Zeit gehabt, vollständig zu verstehen, daß beide Voraussetzungen begründet waren, die Welt *oder* der Geist; daß die Seele ebenso gewaltiger Abenteuer fähig war wie das Fleisch, möglicherweise sogar größerer.

Sie war deshalb noch nicht bereit und nur unzureichend geschützt. Eine Priesterin war gekommen, eine Frau aus Vis, die Tempelatmosphäre hatte ihr noch angehaftet.

Diese Priesterin hatte ihr die Nachricht mitgeteilt.

Und jetzt war das einzige Abbild, das sie außer der Kerzenflamme beschwören konnte, das ihres Bruders. Das Bildnis Khesars, der an den Gestaden des Todes driftete, weniger als eine halbe Meile von diesem Raum entfernt.

Die meisten Lampen auf dem gebäudefreien Platz waren ausgelöscht worden. Das wogende mitternächtliche Areal löste sich nicht eher auf, als bis es das dämmrige Ufer des Lichttümpels aus der Zelle berührte. Der Umriß einer Frauengestalt, schlank, in einen Mantel gehüllt.

Rem erhob sich, wartete ab.

Es war keine Wache erforderlich. Nicht an diesem Ort. Es würde gewiß kein Meuchelmörder wagen, selbst wenn der König ihn sandte, diesen heiligen Ort zu verunreinigen. Trotzdem besaß Kesarh kein Zutrauen und hatte eine Wache verlangt. Der Mißtrauische vertraute seiner Natur gemäß selten völlig. Rem hatte sich ein- oder zweimal das von Schreien

widerhallende, brennende Meer unterhalb von Tjis ins Gedächtnis gerufen und seine Erinnerung verbannt. Er hatte selbst genügend Taten vollbracht, um sich zu peinigen, wenn ihn nach Peinigung verlangte.

Er hielt die Frau für eine Priesterin und war darauf vorbereitet, ihr ein paar höfliche, vorsichtig ablehnende Worte zu sagen, als die Öllampe in der Zelle ihren rötlichen Schein auf das Gesicht unter der Kapuze warf.

»Meine Lady.«

Die Prinzessin Val Nardia schaute ihn mit geweiteten Augen an, als wolle sie etwas fragen; dann schien sich die Frage zu erübrigen. Sie trat in die Zelle neben ihn.

Rem sah hinter ihr her und erblickte Kesarh. Die Medizin hatte ihn nicht sonderlich beruhigt. Das Fieber, entweder wirklich vorhanden oder übertrieben dargestellt, ließ ihn sich in einem langsamen Tanz von einer Seite zur anderen seines Strohlagers wälzen. Sein Kopf, von den groben Kissen unterstützt, war jetzt zurückgeneigt. Er sah schrecklich aus, wie ein Verstorbener, den reflexartige Zuckungen mit scheinbarem Leben erfüllten. Es mußte sie entsetzen.

Rem war im Begriff, etwas zu sagen. Aber Kesarhs Stimme erklang aus dem sich langsam hin und her werfenden Körper und befahl ihm in drei Worten, zu verschwinden. Dann befahl sie Val Nardia, den Vorhang vor der Tür zuzuziehen.

Die Schritte des Soldaten entfernten sich. Langes Schweigen setzte ein.

»Kesarh«, hauchte Val Nardia.

»Komm näher. Schlangengift ist nicht ansteckend.« Sie rührte sich nicht. »Hat man dir berichtet, was dir zu sagen ich ihnen aufgetragen habe?«

»Daß du sterben könntest«, erwiederte sie. »Das haben sie mir gesagt.«

Glanzlose Augen starrten ihr aus einem bleiernen Gesicht entgegen.

»Hast du ihnen geglaubt?«

Sie hatte die Kapuze nicht abgenommen; sie verbarg ihr Gesicht; ihr Kopf war gebeugt.

»Ich wurde vor der Morgendämmerung wach. Ich hielt es für einen Traum ... Eine substanzlose und tödliche Stille war

um mich ... Am Abend haben sie mir gesagt, daß du hier wärst, und weshalb.«

»Du hattest gehört, daß ich auszog, um gegen zakorianische Piraten in der Meerenge zu kämpfen.«

»Ich habe nichts davon gewußt. Wir auf Ankabek sind von der übrigen Welt abgeschnitten.«

»*Wir*? Mein ruhmreicher Sieg kann dir also nichts bedeuten. Oder mein Tod auf Suthamuns Befehl.«

»Der König ...« Sie hob den Kopf. Die rasche Bewegung ließ endlich das Tuch von ihrem schimmernden Haar gleiten. Sie sah, wie er sie anstarrte, und verstummte.

»Der König«, sagte er betont, »ahnt, was aus mir werden könnte, ihm zum Trotz. Er hat möglicherweise erkannt, daß ich mich nicht mit einer Handvoll schlammigem Land in Xai und zehn Soldaten im Rücken zufriedengeben werde.« Die Angespanntheit, die Kesarh bisher aufrechtgehalten zu haben schien, fiel von ihm ab. Er sank auf das Strohlager zurück und schloß die Augen. »Aber das alles ist nun nicht mehr wichtig. Wenn ich sterbe, werde ich Suthamun keine Schwierigkeiten mehr machen.«

Er hörte ihren Umhang rascheln. Dann erfüllte ihr Duft – mochte es ein Parfüm oder ihre Haut, ihr Haar, ihre Seele sein – seine Nase. Er hielt die Augen geschlossen. Seltsamerweise sah er gegen die Schwärze hinter seinen Lidern den leeren Platz in der Kammer in Tjis, an dem sein Schwert gestanden hatte; das Schwert, das sich in eine Schlange zurückverwandelt hatte ... Oder das jemand geschickt durch die Latten der Fensterläden hindurch entwendet hatte, kurz bevor er die Schlange hineinpraktizierte.

Dann berührten Val Nardias Finger wie federleichte Vögel seine Stirn. Er seufzte unwillkürlich unter ihrer Kühle, unter der Zartheit der Berührung auf.

»Sprich nicht vom Sterben«, sagte sie. »Du mußt an deine Genesung glauben, dann wirst du gesund werden. Sie hätten dich niemals hier allein gelassen, wenn sie geglaubt hätten, daß du dem Tode nahe wärest.«

»Weshalb nicht?« murmelte er. »Mein Soldat hält Wache bei mir. Und sie haben dich geschickt.«

»Ich bin nicht geschickt worden. Man hat mir nur gesagt, daß du nach mir gefragt hast.«

»Und aus Mitleid und Erbarmen hast du deine Abneigung überwunden und dich gezwungen, an meine Bettstatt zu eilen.«

Die Hand wurde von seinem Gesicht genommen; er hob den Arm und fand und ergriff sie. Er öffnete die Augen und sah ihr ins Gesicht; erblickte ihre strahlende Schönheit, die alle Helligkeit des kleinen Raumes auf sich zu vereinigen schien. Sie war bleich; aus Angst um ihn.

»Seit wir Kinder waren«, sagte er, »wem außer uns selbst konnten wir vertrauen?«

Ihre Augen irrten zur Seite. Sie füllten sich mit Tränen.

»Kesarh ...«

»Wenn du willst, daß ich lebe, werde ich um deinetwillen leben. Gift, Krankheit, Wunden, die ich auf dem Schlachtfeld empfange ... sie zählen nicht. Ich werde durch Flut und Feuer und Blitzstrahl schreiten, ohne Schaden zu erleiden. Du vermagst mich unverwundbar zu machen.«

Sie weinte eine kurze Weile. Sie nahm, selbst während sie weinte, ihre Hand nicht aus seiner.

Später, als das Fieber nachließ, schlief er ein. Im Schlaf sprach er einmal mit ihr; nannte sie bei dem Namen, den er ihr in ihrer gemeinsamen Kindheit gegeben hatte. *Ulis.* Es war der Name einer seltenen, scharlachroten Sommerblume, die inzwischen nur noch in den Kulturgärten von Karmiss gedieh.

Er kehrte einmal um und blieb zehn Schritte vor der durch einen Vorhang verdeckten Tür stehen. Da er fortgeschickt worden war, hatte Rem keine Aufgabe mehr auf der Insel. Und es existierte keinerlei Bedrohung in der Dunkelheit unter den Bäumen.

Ein Gefühl der Bedrängnis ging allein von der Zelle selbst aus. Sein Ursprung lag vermutlich in Prinz Kesarh Am Xai. Rem hatte keinen Anlaß gehabt, sich einzumischen, und war froh fortgegangen, hatte nicht einmal Neugier empfunden. Er vermochte den Eindruck nicht zu analysieren; er war rein gefühlsmäßig; bedrohlich; wie die Schritte eines Unbekannten, vernommen von einem Blinden.

Nachdem er diesen freien Platz zum zweiten Mal überprüft hatte, entfernte sich Rem wieder, diesmal zu der niedrigen Anhöhe hin, auf der sich der Tempel erhob.

Ankabek war jetzt unendlich still. Für jemanden, der die Nächte in Istris oder in einem Männerlager gewohnt war, war die Ruhe unheimlich, sogar störend. Sie schien gefährlich nah am Abgrund eines verderblichen, lautlosen Geschehens angesiedelt.

Beim Tempel standen an einer Böschung Bäume, und das entflammte Auge von Zastis starrte durch zerfaserte Wolken vom Himmel. Die Finsternis schimmerte rötlich.

Rem hielt inne, betrachtete den Tempel, dessen große Tore geschlossen und dessen Mauern fensterlos waren.

Weshalb war er hier heraufgekommen? Um den Tempel anzusehen?

Er war noch fremd hier, aber gewiß nicht der erste, der daran dachte: Die blassen Bewohner der Tiefländer hatten ihre Städte und Tempel aus schwarzem Stein erbaut, und die dunklen Visianer aus Bergkristall oder aus Gestein, das weißer als Salz war.

Rem ging weiter. Er hatte den seltsamen Wunsch, diese dem Anschein unüberwindbaren Tore zu berühren, vielleicht sogar mit der Faust dagegenzuschlagen. Man würde ihn nicht einlassen. Er war weder Verehrer der Göttin, noch Akoluth. Ashara, Ashkar, Anackire ... Seine Mutter hatte andere Götter verehrt. Vor allen Yasmais.

Als er nicht mehr weit vom Tor entfernt war, schwangen die mächtigen, undurchdringlichen Flügel nach innen auf. Es verursachte nur äußerst wenig Geräusch. Demnach mußte ein automatischer Mechanismus unter der Schwelle ingang-gesetzt worden sein. Jeder konnte eintreten, der den Mut hatte, sich zu nähern. Natürlich; das war es, was man von der Göttin sagte. Sucht Sie, und Ihr werdet Sie finden. Sucht Sie nicht, und Sie wird nicht sein.

Ein schwacher Schimmer, den man kaum als Licht bezeichnen konnte, erhellte das Innere des Tempels. Rem konnte hinein- oder weitergehen.

Rem, der einst Rarnammon geheißen hatte, betrat den Tempel. Als die Tore zuschwangen, nachdem er ein paar Schritte getan hatte, zögerte er und sah sich um. Aber sie würden sich schon wieder öffnen, wenn er zurückkehrte. Hier war schließlich keine Falle zu befürchten. Er ging weiter.

Der Gang hatte eine hohe Decke und wies keine Verzie-

rungen auf, die Wände bestanden aus dunklem Gestein, das den Widerhall seiner Schritte nicht verstärkte, wie er es erwartet hatte; es gab kein Echo. Die Quelle des winzigen Lichts schien sich über seinem Kopf zu befinden.

Nach und nach erkannte er, daß es sich bei dem, was er vor sich sah, um eine weiße und konturlose Wand handelte. Aber er ging weiter und sah, daß sich der Gang zu beiden Seiten dieser Wand in zwei weitere Korridore teilte. In diesen beiden Gängen, die von dem ersten abzweigten, war das Licht ein wenig heller. Sie verliefen in Kurven vom Mittelteil des Gebäudes fort.

Aufs Geratewohl beschritt er den linken Gang und folgte seiner Krümmung.

Das Licht war entschieden heller, aber auch hier gab es keinen Wandschmuck; weder Gemälde noch Schnitzwerk. Der Reichtum des von Shansar eroberten Karmiss war teilweise aufgewendet worden, um diesen Ort zu gestalten, und Spenden aus Dorthar waren eingegangen, dazu kamen noch Steuern von Xarabiss, Alisaar und Lan. Es hätte eines der kostbarsten Wunder des Kontinents werden können, strotzend vor Juwelen, die Tempelwache wie das Werk eines Bildhauers postiert – aber Ankabek besaß keine Wachen. Nur Geheimnisse.

Die Kurve verlief nach außen, dann wieder nach innen, fast im Kreis. Aber das Licht schwand entmutigend. Dann hörte die Wand vorn auf, und Rem, der ihr Ende hinter sich ließ, fand sich erneut – wie schon vor wenigen Minuten – mit den weißen Wänden von drei hier einmündenden Gängen konfrontiert, dessen einer, der größte, auf ein Paar hoher, verschlossener Türen zuführte. Es war eine Wiederholung des Eingangs, in jeder Einzelheit.

Rem strebte dem nächsten Ausgang zu, aber dessen Tür widersetzte sich seinen Versuchen, sie zu öffnen. Er ging deshalb zurück und schlug wiederum den linken, gekrümmten Korridor ein. Der jedoch führte zurück und mündete in den rechten Gang ein, wie Rem bereits erwartet hatte.

Im ursprünglichen Korridor angelangt, fluchte er leise. Im Innersten der Anlage mußte ein Geheimnis verborgen sein, in jenem schwarzen Steinzylinder, auf den die Gänge in endloser Folge zuführten und den sie kreisförmig umliefen. Der

Weg dorthin war jedenfalls gut verborgen. An den Steinwänden sah er keine Markierung, die Hinweise gegeben hätten.

Unvermittelt weckte der fensterlose, unsinnige Kreis Zweifel in Rem. Das Licht, das dem Anschein nach keinen Ursprung hatte, bereitete ihm langsam Unbehagen. Rem schlug einen anderen Weg zurück zu den ersten beiden Türen ein ...

Und der Schmerz schoß wie eine Lanze durch seinen Schädel.

Er sank gegen die Wand, erschüttert und kraftlos ... es war noch zu früh, als daß dies sich wiederholen dürfte. Dann verschwand die Welt, und die Bilder kamen.

Eine Maske war dort, deren eine Hälfte aus schwarzem Marmor bestand, und die andere aus weißem. Dann ersetzte eine zweite Maske die erste; sie war halb aus Gold, halb aus Silber. Und dann die dritte; halb Feuer, halb Eis ...

Ein Mann schoß hinter der Maske hervor. Ein Zakorianer; heulend und im Todeskampf. Er war durch Wein vergiftet worden ... Nein, nicht durch Wein; durch eine Frucht; eine gelbe Frucht rollte zwischen seine Füße, während hinter ihm die Flammen eines Siegesfeuers gen Himmel loderten. Das Feuer stammte von brennenden Schiffen; das schwarze Wasser spiegelte sie wider. Auch das Firmament, in dem Zastis glomm.

Dann fielen die Flammen in sich zusammen. Drei Frauen erschienen. Eine von ihnen hatte Haare, die waren wie Eis, und die Haare der zweiten waren wie von Ebenholz, und die letzte hatte Haare wie Blut. Er sah in die Bäuche aller drei Frauen, und alle drei waren schwanger. Die Frau mit dem Ebenholzhaar reckte die Faust, und ihr Gesicht verzog sich zu einer häßlichen Maske. Es war seine Mutter, Lycki. Sie eilte auf ihn zu, die Rute in der Hand, bereit, ihn zu schlagen; und er hob den Arm, um seinen Kopf zu schützen.

»Nein!« Die Stimme, die aus ihm kam, erschreckte ihn; denn es war nicht die eines Kindes, sondern eines erwachsenen Mannes.

Er starrte die Frau an. Sie war gar nicht Lycki; eine Fremde. Eine aus Vis, für den Besuch im Tempel gekleidet, und ihre Hände hingen entspannt an den Seiten hinab. Hinter ihr bewegten sich zwei schattenhafte Gestalten; Priester.

Es war beinahe zum Lachen, zweimal kurz nacheinander einen Anfall zu haben. Wann würde der nächste folgen? Morgen? Vielleicht im Kampf, oder während einer Schlacht, und er würde getötet, weil die Vision über ihn kam und er nichts dagegen unternehmen konnte. Nein. Nicht die Vision. Der Wahnsinn.

»Vergebt mir«, sagte Rem zu der visianischen Priesterin der Anackire. »Ich habe versucht, das innere Heiligtum zu finden. Ich bin sehr erschöpft. Eine Benommenheit ...«

Ihre dunklen Augen erwiderten den Blick seiner helleren Augen. Er wußte so sicher, als hätte sie es ausgesprochen, daß sie ihm nicht glaubte, was er gesagt hatte. Er war sicher, sie und die Männer hinter ihr wußten, daß er besessen gewesen war. Die im Tiefland bekannte Telepathie, von den Visianern erlernt ... Hatten sie ihm in den Kopf geschaut?

»Ihr wünschtet«, sagte sie, »das Heiligtum der Göttin zu finden?«

»Es ist gut verborgen.«

»Ich werde es Euch zeigen.«

Rem scheute zurück. Er spürte Brechreiz, abergläubische Furcht ergriff ihn, und die Ahnung von Gefahr.

»Nein.«

»Kommt«, erwiderte sie, und sein Blick folgte ihm, während er selbst zurückblieb.

Sie schritt zu der weißen Wand zwischen den drei Gängen, kniete sich hin und beugte sich der Wand zu, wie um sie zu küssen. Einen Augenblick später erbebte das Gestein, und ein Teil der Wand klappte langsam zurück. Ein Lichtschein fiel aus der Öffnung.

Es handelte sich also um einen Mechanismus wie der am Eingang, wenn auch nicht so offen zugänglich. Vermutlich waren die Merkmale an der Wand für Eingeweihte deutlich genug, um sie zu erkennen.

Rem verspürte nun nicht mehr den Wunsch, den Tempel zu betreten. Seine Neugier war durch das, was er erlebt hatte, gedämpft. Jedoch schien es in diesem Augenblick keinen Ort zu geben, an den er sonst hätte gehen können.

Rem schritt hinter der Priesterin her, und die beiden Priester folgten ihm wie Wachen.

Möglicherweise hatte er unwissentlich ein Sakrileg began-

gen – obwohl die freundliche Behandlung, die sie ihm bisher entgegengebracht hatten, nicht darauf schließen ließ –, und sie hatten vor, ihn zu bestrafen. Es fiel ihm auf, daß er bei jedem Schritt, den er im Leben unternahm, erwartete, bestraft zu werden – daß er Bestrafung erwartete und sie nicht einmal mehr als ungerecht empfand – und daß dies ein verhängnisvoller Fehler sein mochte.

Der Wandabschnitt, der nach innen geklappt war, bildete eine Zugbrücke, die gegenüber auf einer Flucht aufwärtsführender Stufen ruhte. Am obersten Ende dieser Treppe wölbte sich ein offener Torbogen, aus dem Licht hervorbrach.

Die Priesterin schritt vor ihm hinauf. Unter dem Bogen verwandelte sie sich in eine Silhouette, trat zur Seite und verschwand. Rem erreichte den Bogen.

Das Zentrum war kreisförmig, wie ihn die Gänge bereits hatten vermuten lassen. Es gab hier weder Säulengänge noch Schnitzwerk. Den ganzen Umkreis entlang öffneten sich am Boden Spalten, aus denen Stichflammen schossen, dem Anschein nach vulkanischen Ursprungs, die aber sicherlich künstlich waren. Sie beleuchteten das hohe Deckengewölbe der riesigen schwarzen Halle und sandten Strahl auf Strahl funkelnder Brillanz über den Boden, der ein einziges erstaunliches Mosaik war. Edelsteine glitzerten dort und Bildfolgen aus bunten Steinen.

Zahllose Legenden schienen hier aufgezeichnet zu sein; Legenden oder Träume ... Die Gestalten von Männern und wilden Tieren, geflügelten Wesen, Wagen und Schiffen, ein rasender goldener Stern ... Seine Augen ergriff Verzweiflung, und ihn überkam ein Schwindel.

Und dann erblickte er etwas Neues.

Auf der gegenüberliegenden Seite der weiten Halle erhoben sich vier schwarze Pfeiler vor einem Vorhang aus Gold. Er schloß einen halbmondförmigen Teil der Halle ab und war etwa sechzig Fuß lang und noch wesentlich höher. Sein Faltenwurf war dicht, und wenn das Licht darauf fiel, schien der Vorhang aus Lava zu bestehen. Schuppen aus purem Metall glitzerten darin. Tausende. Der Goldvorhang allein machte deutlich, wohin die reichlichen Spenden von Vis geflossen waren.

Einer der Priester erklärte ihm: »In dieser Art waren die Tieflandtempel erbaut.«

»Waren sie auch so wertvoll ausgestattet?« platzte Rem in wachsendem Zorn heraus.

»Ja«, erwiderte die Frau. »Vor vielen Jahrhunderten. Sie waren so großartig, und noch großartiger.«

»Und hinter dem Vorhang«, fragte Rem, »was befindet sich dort?«

»Sie befindet sich dort.«

Er bewegte die Schultern, um ein Frösteln zu unterdrükken. »Eure Göttin.«

»Anackire.«

Der äußere Tempel, die Gänge – sie waren ein Trick, eine Sicherheitseinrichtung. Niemand, der nicht eingeladen war, konnte hereinkommen. Dennoch hatten sie ihn hergebracht, weil sie in ihm das Vorhandensein gewisser übernatürlicher Elemente witterten. Er mußte widerstehen, sonst würde er sich selbst verlieren.

Er schrak vor diesen Gedanken zurück. Sie bewegten sich außerhalb aller Proportionen – aber er konnte das Gefühl nicht verdrängen.

Er war im Begriff, sich umzudrehen, um zu gehen, als einer der Männer hinter ihm – derjenige, der bisher nicht zu ihm gesprochen hatte – ruhig sagte: »Geht über das Mosaik. Wenn Eure Füße die himmelsgeborenen Drachen berühren, wird sich der Vorhang öffnen.«

»Noch mehr Technik, um die Gläubigen zu beeindrucken!«

Der Mann hob das Gesicht unter der Kapuze. Die Augen, die in die Rems blickten, waren von der Farbe des geschuppten Vorhangs.

»Es wäre nur logisch«, sagte der Tiefländer. »Daß Ihr ihr derart nahegekommen seid, drückt einen unbändigen Wunsch aus, sie zu erblicken. Auch daß Ihr wünscht, sie sogleich zu sehen, und immer. Wie sonst sollten wir uns erinnern, was sie ist; und daß man sich bemühen muß, zu ihr zu gelangen? Menschen sind zu leichtsinnig vertrauten Dingen gegenüber.«

Rem wandte sich wieder um und betrachtete den Vorhang. Seine eigene Fülle schien ihn zu straffen; seine Schwere und die Lichtblitze über seinem Leuchten.

Er hielt nicht nach den Drachen Ausschau, aber ungefähr zwanzig Schritte vor dem Vorhang mußte er auf sie getreten

sein. Wie ein strahlender Flügel schwebte der Vorhang empor.

Umrahmt von den mittleren Pfeilern erhob sich die Statue, und sie brachte ihn zum Stehen, als hätte er einen Schlag erhalten.

Sie war nur eine kleine Göttin, dreimal so groß wie er, vielleicht ein wenig mehr. Ihre Schönheit, die Perfektion ihrer Gestalt, ließ einen vergessen, daß sie von Menschenhand geschaffen war. Und trotz ihrer Vollkommenheit war sie bizarr, unmenschlich und schrecklich anzusehen. Daß sich Männer und Frauen, Geschöpfe ihrer Welt, an sie wenden konnten, als an ihre Mutter ... Er lächelte schmerzlich, als er an seine eigene Mutter dachte.

Unterhalb der Statue befand sich – etwas, das er bisher für eine Spezialität des zweiten Kontinents gehalten hatte – ein bronzener Trog, in dem es von Schlangen wie von aufgerührtem Wasser wimmelte. Die Tiere hatten freien Zugang durch Löcher im Trog, die in ihr Höhlenlabyrinth unter dem Boden führten. Ihre goldenen Schuppen schimmerten wie die riesigen Schuppen des hochgehobenen Vorhangs und wie der eingerollte Schwanz der Göttin; denn sie war von der Hüfte an abwärts ebenfalls eine Schlange. Ihre acht Arme waren wie bei allen üblichen Darstellungen hoch erhoben oder ausgestreckt.

Er kannte die Bedeutung der Arme nicht, aber einige davon machten in der Gestik einen gütigen, andere einen grausamen Eindruck. Ihre Augen schienen in seine zu blicken. Es waren Tieflandaugen.

Er selbst mochte ebenfalls Tieflandblut in den Adern haben – aber in diesem Fall hätte Lyki gewiß damit geprotzt. Es war ohne Bedeutung.

Er hatte Darstellungen dieser Göttin in den Ashara-Tempeln in Istris und Ioli gesehen, aber sie waren anders als diese Statue gewesen, die er jetzt vor sich hatte, selbst wenn er sich den Fischschwanz Asharas in den einer Wasserschlange verwandelt vorstellte. Auch die vathcrianische und vardianische Ashkar unterschieden sich in Details von der hiesigen. Und trotzdem, Anackire Am Ankabek, die dem Vorbild der Lady der Schlangen nachgebildet war, jener mysteriösen Gottheit der Schattenlosen Ebenen ... Etwas in Rem beharrte

darauf, daß er sie bereits erblickt hatte, vor langer Zeit, fern von hier. Bevor er überhaupt geboren war.

Oberhalb des gebäudefreien Platzes, aber westlich vom Tempel, wuchsen Eichen anstelle der roten Bäume, und sie erlaubten den Blick zwischen ihren Stämmen hindurch auf das tiefblaue Meer des langen Nachmittags. Im Gras stand eine kleine Steinfigur der Anackire, die Arbeit eines ungebildeten Laien. Keine Opfergaben waren vor ihr niedergelegt worden, denn dies hier war Ankabek, und sie benötigte nichts.

Seit sein Fieber abgeklungen war, hatte Kesarh meistens geschlafen. Die Priester des Ortes hatten ihn besucht und waren wieder gegangen. Tag und Nacht waren gekommen und geschwunden. Rem hatte sich bei der Tür oder in Rufweite aufgehalten, außer wenn er fortgeschickt wurde.

Val Nardia war geblieben. In der letzten Nacht, als er aufgewacht war, hatte Kesarh sie auf einem niedrigen Hocker sitzen sehen, erschöpft und übermüdet vom Wachen, den Kopf neben seinem aufs Kissen gebettet.

Sie waren nur zusammengewesen als das, was sie vom Blut her waren: Bruder und Schwester.

Und jetzt – noch immer Bruder und Schwester – waren sie hier heraufgekommen, um in die unschuldige See zu blicken. Es war genug Zeit für Kesarhs gründliche Genesung. Seiner letzten Order folgend waren die beiden Schiffe und ihre Mannschaft in Tjis geblieben, und die Männer hatten es genossen zu bleiben, hatten gefeiert und sich ausgetobt, und es war unwahrscheinlich, daß sich die Stadt je davon erholen würde. Mittlerweile mußten die Boten in Istris angelangt sein: die Boten, die er zum König geschickt hatte, und die anderen, die er zu anderen Zielen gesandt hatte; am Morgen nach dem Vorfall mit der Schlange.

Val Nardia, die jetzt blasser als Kesarh war, saß dicht neben ihm. Ihr Blick war aufs Meer gerichtet; sie dachte in flüchtigen Erinnerungen an ihrer beider Kindheit in Istris, an den alten Turm in den unteren Gärten, von dem aus sie den außerhalb gelegenen Hafen beobachtet hatten, an die Ausflüge in die Berge. Oder an das Sommerfest der Masken vor fünf Jahren, als sie einander in der Menge begegnet waren und sich trotz der Verkleidung sofort erkannt hatten. Er hatte mit

Wasser gemischten Wein aus der Flasche getrunken und die Früchte gegessen, die sie ihn zu essen gedrängt hatte. Er hatte sich in ihrer Liebe gesonnt und sie die Schwäche sehen lassen, die ihn beinahe verlassen hatte; nicht mehr. Und sie selbst, fiel ihr ein, war auch mitschuldig an seiner Täuschung.

Die Gedanken an Istris brachten sie jedenfalls infolge ihrer Unbedachtheit unvermittelt dazu, sein Verschwinden zu erwähnen. Ihr Gesicht wurde noch bleicher.

»Wann wird für dich die Rückkehr ungefährlich?« fragte sie. »Mußt du immer um dein Leben fürchten, solang du dich in Karmiss aufhältst?«

»Ich habe stets Angst gehabt. Das ist der Grund, weshalb es selbst für eine Schlange leichter gewesen wäre zu entkommen, als für mich. Aber ich habe Pläne für solche Fälle gehabt: die Seeschlacht gegen die Zakorianer, den Mordversuch. Siehst du, Ulis, solche Dinge oder ähnliche mußten geschehen. Vorbereitet zu sein ist alles.«

»Dann ...«

»Dann werden meine eigenen Männer bestimmte Gerüchte in der Hauptstadt aufbringen und für ihre Verbreitung bezahlen. Sie werden bald aktiv werden. Meine Heldentat wird der Hauptgesprächsstoff sein, ebenso der an mir verübte Verrat. Zum Zeitpunkt meiner Wiederkehr wird man Blumen auf dem Weg streuen, den mein Wagen nimmt, und er wird es nicht wagen, noch etwas gegen mich zu unternehmen.«

»Ich will zu ihr beten, daß es sich so fügt. Und daß sie dir Ihren Schutz gewährt.«

»Die Göttin war seine Waffe gegen mich in Tjis. Ihr Schwert. Ihre Schlange.«

Val Nardia wandte sich von ihm ab, verwirrt, verlegen.

»Es war seine Intrige; nicht der Wille der Göttin ... Aber du bist sicher, daß der König dahintersteckte?«

»Wer sonst?«

»Ein anderer Feind.«

»Du meinst, ich hätte so viele Feinde, daß mir die freie Auswahl bliebe?«

»Durch deinen Ehrgeiz«, sagte sie sanft, »aber es gibt da noch mehr ... Diese Eigenart von dir, vor der ich mich fürch-

te. Sie hat dir Feinde verschafft. Könntest du dein Benehmen nicht ändern?«

Er sah jetzt die gefährliche Entwicklung, die das Gespräch nahm, und brach es ab. Er streckte sich im Gras aus und erklärte ihr, daß er Kopfschmerzen habe.

Später, als sie sich neben ihn gelegt hatte, sagte er: »Ich bin froh, daß du hierhergegangen bist. Hier kann dir nichts Böses widerfahren. Im anderen Falle hätten sie dich als Druckmittel gegen mich mißbrauchen können. An allen anderen Stellen bin ich gewappnet.«

»Du würdest mich wie alle anderen opfern«, sagte sie abwesend, ohne Zorn oder Vorwurf.

»O nein«, erwiderte er, »nicht dich.« *Nicht dich.*

Kesarh weilte seit zehn Tagen auf dem Eiland Ankabek, als das Boot vom karmianischen Festland ankam. Es herrschte völlige Dunkelheit, und der Rote Mond war zusammen mit Dem Stern aufgegangen. Männer kamen aus dem Dorf angelaufen, und der Ankömmling stand am Ufer und starrte sie an.

»Ich wurde zu Prinz Kesarh Am Xai gesandt, von Suthamun, dem König.«

Dank dieser Lüge gelang es dem Mann schließlich, gastliche Aufnahme im Tempel zu erlangen und in die armselige Zelle geführt zu werden, in der Kesarh jetzt stand, wieder gesund und bedrohlich im Dämmerlicht.

»Guten Abend, Nummer Drei.«

Der Mann, einer von den Zehn Dreien der Wächter Kesarhs, salutierte vor ihm. »Mein Lord, ich habe eine Botschaft für Euch.«

Der Soldat zitierte. Selten vertrauten Kesarh oder sein Wachsergeant derlei Dinge dem Papier an.

Als das Zitat beendet war, hatte sich der Gesichtsausdruck Kesarhs nicht im geringsten verändert. Natürlich hatte er keinen Anlaß, überrascht zu sein. Die Dinge hatten sich ganz nach Plan entwickelt. Die Reiter, die sich durch nichts hatten aufhalten lassen und die Reittiere gewechselt hatten, wann immer es nötig gewesen war, hatten den Weg in der Hälfte der vorgesehenen Zeit geschafft, und die Werbekampagne hatte bereits gute Fortschritte gemacht. Das visianische Istris

war seinetwegen in Aufruhr. Wenn er jetzt zurückging, war das so klug, wie es vorher klug gewesen war wegzubleiben.

»Und die Schiffe bei Tjis?«

»Haben Order erhalten umzukehren. Die Kapitäne und ein paar ausgesuchte Männer bleiben zurück, um die Spenden der Stadtwache in Form von Wagen und Zeebas entgegenzunehmen und dann über die Landstraße, die von Istris nach Ioli führt, in das südöstlichste Dorf weiterzuziehen. Und dort Euch zu erwarten, mein Lord.«

»Und danach auf meinem Rücken nach Istris zu reiten«, sagte Kesarh. Er grinste.

Die Schiffe würden lange brauchen. Er hatte nicht die Absicht zuzulassen, daß sein triumphaler Wiedereinzug in die Stadt beeinträchtigt oder gestört würde. Die nörgelnden, verweichlichten blondhaarigen Halbblute, die auf ihren Schiffen gezittert hatten und zu erschrocken gewesen waren, um zu kämpfen, aber lauthals von den Rechten der Sklaven faselten ... Sie sollten auf den Straßen hinter ihm herrennen, seine Kalinx-Meute, seine Hunde; damit alle Visianer in Karmiss es sahen oder davon hörten.

»Wir werden wieder das Boot nehmen, gleich bei Tagesanbruch. Wo schlafen die Ruderer?«

»Am Ufer, mein Lord.«

»Ihr könnt diese Zelle haben. Teilt sie mit Nummer Neun; ich bin sicher, er hat keine Einwände.«

Der Soldat trat zur Seite, als Kesarh durch die Tür schritt, den Abhang hochstieg und zum Tempel ging. Verwundert fragte sich die Nummer Drei, ob der Prinz die Absicht hatte, der Ashara Dank abzustatten.

Die kleinen Metallscheiben an den Bäumen erklangen und veranstalteten einen unirdischen und enervierenden Lärm, der ihm bis in die Knochen zu dringen schien.

Er durchschritt die großen Tore der Tempelanlage und setzte seinen Weg die lange, schwarze Wand entlang fort. Es war ganz einfach – im Verlauf ihrer vielen Unterhaltungen hatte seine Schwester ihm gegenüber erwähnt, wo die Novizen untergebracht waren. Sie war, als sich seine Gesundheit besserte, immer weniger und weniger mit ihm zusammengekommen.

Hier durchbrach ein Bogen die Mauer. Er trat hindurch und befand sich in einem Hof. Eine einzelne Fackel in einem dünnwandigen Halter aus rötlichem Stein blakte über dem Torbogen. Der Wind erhob sich über dem Meer. Es würde wahrscheinlich morgen eine rauhe Überfahrt werden.

Kesarh klopfte an die Tür. Ein Gitterrost schob sich hoch, und ein dunkles Gesicht schaute in den Schimmer der Fakkel.

»Wer ist da?«

»Ich bin Prinz Kesarh Am Xai. Ich bin hier, um meiner Schwester Lebewohl zu sagen. Laßt mich ein.«

»Ihr dürft nicht eintreten.«

»Entweder Ihr laßt mich hinein, oder ich breche die Tür auf.«

»Das hier ist ein heiliger Ort.«

»Dann sorgt dafür, daß er nicht entweiht wird. Fordert nicht meinen unheiligen Zorn heraus.«

Es gab ein Flüstern, und das Gesicht verschwand vom Gitter. Kesarh wartete. Die Stärke, die ihn durchflutete und die keinen Widerstand dulden würde, schien auch auf dem Wissen zu beruhen, daß letztlich kein Widerstand geboten werden würde. Nach einer Minute hörte er, wie ein Balken hinter der Tür entfernt wurde, die sich daraufhin öffnete und ihn einließ.

Er schritt in den dämmrigen Gang; eine zarte Hand berührte sein Handgelenk. Er sah hin und erblickte eine Tiefländerin neben sich: von der Erscheinung her eine reine Tiefländerin; jetzt beschützte sie mit ihrer schmalen Hand eine Kerzenflamme gegen den Windzug im Korridor.

»Ihr wünscht, Val Nardia zu sehen. Sie ist hier. Folgt mir; ich werde Euch zu ihr führen.«

Etwas an ihr verblüffte ihn. Er hätte beinahe aufgelacht. Sie war naiv, wie es schien, oder gerissener, als er sie eingeschätzt hatte.

Kesarh ging hinter der Frau und der Flamme her, beide blond und geisterhaft in den ansonsten unerleuchteten Gängen. Sie schienen sich meilenweit zu erstrecken, wanden sich wie Schlangen, stiegen an und senkten sich, und überall ohne Licht.

Hin und wieder ließ das spärliche Licht den Eingang zu ei-

nem Seitenkorridor erkennen, oder eine Tür unterbrach die Wand. Kesarh vermutete, daß die Dunkelheit dazu diente, Eindringlinge oder profane Besucher wie ihn selbst zu verwirren.

Unvermittelt blieb die Frau stehen. Sie waren vor einer Tür angekommen. Die Frau wandte sich um und sah ihm ins Gesicht.

»Das ist die Kammer Val Nardias. Sie hält sich in dem Schrein gleich hinter der Tür auf. Ihr solltet sie dort nicht stören. Ihre Meditation wird in Kürze beendet sein. Sie wird zurückkehren und Euch vorfinden.«

Für einen Moment fragte er sich, ob es sich um eine Falle handeln mochte, aber die Tiefländerin sagte noch zu ihm: »Es befinden sich hohe Schlitze in diesen Mauern, die sich zum Himmel hin öffnen. Im Zwielicht vor Sonnenaufgang solltet Ihr gut sehen können. Die Prinzessin selbst kann Euch führen.«

Kesarh hob angesichts ihres Gleichmuts die Braue.

»Ihr nehmt an, daß ich die ganze Nacht über hier bleiben werde.«

Sie sah ihn kaum an. Ihr Gesicht drückte nichts aus. Nur die gelben Augen verliehen ihm ein wenig Farbe, und der violette Edelstein, der vor ihrer Stirn hing – Das Auge Der Schlange, Wahrzeichen der Göttin.

»Nun«, sagte er, »ich beabsichtige, die Insel bei Sonnenaufgang zu verlassen.«

»Dann wird sie eine Lampe für Euch entzünden.«

Plötzlich lachte Kesarh.

»Was ist Euer Preis? Oder muß es eine Gabe an den Tempel sein?«

»Mein Lord«, sagte die Priesterin, »die einzige Gabe, die erwünscht ist, wird gegeben werden.«

»Ein Rätsel. Ich sagte, wieviel?«

»Mein Lord«, sagte die Priesterin nur.

Dabei blieb es. Er sah, wie sie sich über die Kerze beugte, und hörte das schlangenartige Zischen, als sie das Licht ausblies. In der vollständigen Finsternis sah er sie nicht gehen, noch hörte er es. Nicht der geringste Schimmer fiel durch die Deckenschlitze, wenn sie überhaupt vorhanden waren – dieser Ort war vom Mond und Dem Stern abgeschnitten.

Kesarh drückte gegen die Tür und fühlte, wie sie nachgab. Der dahinterliegende Raum wurde durch eine Lampe erhellt. Er trat ein und schlug die Tür gegen die Dunkelheit draußen zu. Die Begegnung hatte ihn ärgerlich gemacht. Er sah sich um und entdeckte sogleich die andere, von einem Vorhang verdeckte Tür. Er riß den Vorhang beiseite und blickte in einen neuerlichen lichtlosen Gang, der vermutlich zu dem Schrein führte, den die Frau erwähnt hatte. Fluchend zog er den Vorhang wieder zu und widmete seine Aufmerksamkeit dem leeren Raum.

Er war quadratisch und winzig und schien Kesarh häßlich. In den Ecken standen oder lagen Val Nardias persönliche Besitztümer, die Schatullen, die er vor ihrer Abreise in Istris aufeinandergestapelt gesehen hatte, ein Kasten aus elyrianischem Emaille, der schlichte Mantel, den sie hier trug. Das Bett war niedrig und schmal. Auf dem Kissen lag eine verwelkende Blume, die er ihr gestern in die Haare geflochten hatte. Er hob sie auf. Ein wenig duftete sie noch, aber mehr noch roch sie inzwischen nach Val Nardia, und er zerquetschte sie in seiner Hand.

Da hörte er, wie der Vorhang hinter ihm bewegt wurde, und als nächstes, wie jemand scharf die Luft einsog.

Er wandte sich um.

Sie war barfuß und ohne Licht durch die Dunkelheit gekommen. Jetzt schien sie halbblind zu sein, wegen des Lampenscheins oder durch seinen Anblick.

»Wie bist du hergekommen?« fragte sie.

»Deine Priesterin hat mich eingelassen. Ich bin gekommen, um dir auf Wiedersehen zu sagen. Ich reise morgen ab.«

»Aber ...« begann sie.

Im Gegensatz zu dem der Tiefländerin konnte man in Val Nardias wunderschönem Gesicht sehr leicht lesen. Sie war hierhergeflohen, um eine Zuflucht aufzusuchen ... aber die Zuflucht hatte ihm Einlaß gewährt. Sie war betrogen worden.

»Es gibt keine Fenster in diesem Raum«, sagte er. »Du kannst den Himmel nicht sehen. Oder die Sterne. Nicht einmal Zastis.«

Sie machte einen Schritt auf ihn zu. »Du mußt jetzt gehen. Geh jetzt!«

»Als du geglaubt hast, daß ich sterben müßte, warst du voll

Kummer und Sorge. Jetzt jagst du mich fort ... Vielleicht in meinen Tod ... Wie eine Puppe, die du leid geworden bist. Wenn du so über mich denkst ... Nach all den Jahren, die wir als Kinder gemeinsam verbrachten ... Ein Spielzeug; nützlich, brauchbar. Aus Holz oder Lumpen.«

»Nein«, sagte sie, »das ist die Art, wie du über mich denkst.« Ihre honigfarbenen Augen weiteten sich. »Als etwas, das dir nützlich ist. Deine dich anbetende Sklavin. Eines deiner Spiele. Zu deinem *Nutzen.*«

»Wenn du meinst; dann laß mich dich benutzen. Und du kannst mich benutzen.«

Sie öffnete den Mund weit, und er wußte, daß sie diesmal schreien würde. Ehe sie einen Ton ausstoßen konnte, hatte er den Abstand zwischen ihnen zurückgelegt. Er drückte sie an sich. Das dünne Gewand, das sie trug, das Unterhemd – sie stellten keine Hindernisse für ihn dar. Es kam ihm so vor, als könne er ihren Leib in jeder Einzelheit spüren, als wären sie beide bereits entkleidet. Er zog die Hand fort, mit der er ihren Mund verschlossen hatte, und versiegelte ihn statt dessen mit den Lippen.

Ihre anfangs leichte Gegenwehr wurde rasend. Sie versuchte sogar, ihn zu beißen, in die Lippen, die Zunge, die in ihren Mund eindrang. Aber die Bisse waren wirkungslos, sie konnte es nicht über sich bringen, ihm wehzutun, selbst in diesem Moment nicht. Er fühlte einen brennenden Stich des Mitleids mit ihr: Mitleid, das auch Liebe war; er hätte selbst Tränen vergießen können, als er seinen Kopf zur Seite wandte. Sie war jetzt zu sehr außer Atem, um schreien zu können. Außerdem, wer hätte sie hören können?

Ihre Hände fuhren fort, auf ihn einzuschlagen und ihn zu kratzen. Sie riß ihn an den Haaren, zerkratzte seinen Hals – und ermattete erneut. Und die ganze Zeit über murmelte sie ihr einziges Wort des Flehens und des Widerwillens – *Nein.* Zuweilen fügte sie seinen Namen hinzu ... Und er murmelte ihren Namen oder den Kosenamen: Ulis. Es wurde eine Litanei zwischen ihnen, ein Gesang ohne Bedeutung.

Bald darauf hob er sie auf und trug sie hinüber zu dem schäbigen Bett, legte sie darauf und sich selbst auf sie.

Er konnte die Angespanntheit ihres Fleisches spüren, die ganze Pein, die von Zastis herrührte. Die Verschlüsse ihres

Gewandes löste er mit Leichtigkeit, ebenso die rauhe Kordel darunter. Er entblößte ihre Brüste, preßte sie, schmeckte ihre Süße.

Val Nardia kämpfte noch immer gegen ihn an, ihre Hände klammerten sich jetzt wie die einer Ertrinkenden an ihn. Aber er zwang sie unters Wasser zurück und ertrank mit ihr.

Der Raum schien von ihrem roten Haar erfüllt, vom Haupthaar und vom Haar ihres Schoßes, das die Röte der Blume Ulis besaß.

Als er in sie eindrang, waren ihre Augen offen, starrten in seine, während sich ihre Hände in seine Schultern gruben; ihr Mund, der alle Worte vergessen hatte, nach seinem gierte. Fast sofort verwandelte sich ihre Lust in einen Strudel: einen Strudel, der ihn hinabriß, ihn auflöste. Sie stieß Schreie aus, lauter, höher, endlos.

Sie schien an seiner Brust zu ersterben, aber an einem Punkt ihres Sterbens drängte sein eigenes hervor. Er verlor sie, aber nicht ihre Substanz: niemals ihre Substanz.

In der danach eintretenden Stille des Todes lächelte er, als er auf ihren Haaren lag, auf ihrem Leib, und wertete auch das als Sieg, den entscheidenden Sieg.

VIER

Der erste Erbe Suthamuns, sein ältester gesetzlicher Sohn, erwachte in seinem Lustbett und stieß mit dem Fuß nach dem Mädchen, das neben ihm lag, um es zu wecken.

»Was ist das für ein Getöse?«

Das Mädchen wußte es nicht. Ebensowenig wußte es die andere Bettgefährtin, als er sie trat.

Prinz Jornil erhob sich vom Lager, heftig und gereizt. Er war ein reiner Shansarianer, von beiden Eltern her, aber Geburt und Kindheit in Karmiss, der Lilie auf dem Ozean, hatten zur Folge gehabt, daß er eher einem ranken Gewächs glich als einem Baum. Er hatte nie auch nur einen Augenblick des Zweifels an sich und seiner Zukunft gehegt. Nur seines Vaters Zorn konnte ein Zwinkern seiner Augen bewirken.

Er sonnte sich in seiner goldenen Anmut vor dem Fenster

und lauschte ungläubig dem Lärm unten auf den Straßen. Er kannte die Ursache nicht. Es galt nicht ihm.

Als ein Diener Jornil informierte, erhob sich ein Geschrei in der Menge, die sich versammelt hatte, um die Rückkehr des Prinzen Am Xai nach Istris zu erleben, und Jornil lachte laut auf.

Gedungene Flüsterpropagandisten hatten den Weg bereitet. Die Gerüchte hatten die Wahrheit ins Riesenhafte vergrößert. Die heimkehrenden Helden hatten eine Pause eingelegt, ihr Lager in den Bergen oberhalb der Stadt aufgeschlagen und ein paar Männer vorausgeschickt, um ihre Prunkgewänder zu holen, damit sie für ihren triumphalen Einzug angemessen gekleidet sein würden. Es war Prinz Kesarh gelungen, seine Leute davon zu überzeugen, daß Suthamun versuchen würde, den Sieg für sich zu buchen. Sogar der Verlust des einen Schiffes würde verziehen werden. Er hatte es klug angestellt; die drei Kapitäne und ihre Schiffslords hielten sich ebenfalls für klug und waren nicht schwer zu überzeugen gewesen.

Tatsächlich hatte Suthamun Am Shansar nicht die geringste Absicht, die öffentliche Aufmerksamkeit auf ihre Großtat zu lenken.

Nach dem Empfang der offiziellen Boten Kesarhs hatte der König eine Würdigungsansprache vorbereitet, die er in der Ratsversammlung zu halten beabsichtigte und die ihre Verdienste so gering wie möglich erscheinen lassen würde. Der König selbst wollte dem Prinzen Am Xai nach einer angemessenen Frist eine private Audienz gewähren, ihm seinen Dank aussprechen und eine geringe Entlohnung zahlen; dann gedachte er, ihm sanfte Vorhaltungen zu machen und beiläufig den Verlust des Schiffes erwähnen, um dann hochherzig darüber hinwegzusehen. Und was den Einzug in Istris betraf, würde er einen solchen Kesarh und seinen zwanzig Mann jederzeit freistellen. Die Schiffe mochten ebenfalls in den Hafen einlaufen, wann es ihnen gefiel.

Der Auszug war hervorragend inszeniert gewesen und hatte Suthamuns ausgeprägte Sorge um gesicherte Ufer demonstriert. Für ihn selbst hatte sich die Bedrohung durch die Freien Zakorianer geringer dargestellt, als sie wirklich war,

sonst hätte er seine eigenen Kapitäne mit Schiffen losgeschickt, die in Shansar erbaut worden waren, und das Kommando seinem Bruder Uhl übergeben.

Aber Suthamun hatte die Rechnung ohne das visianische Istris gemacht. Die Männer in Istris hatten eine Schwäche für Schauspiele, aber für eine andere Art von Schauspiel, oft magisch oder mystisch, immer hintergründig. Kleinere Vorkommnisse wurden selten übermäßig aufgebauscht. Wenn die Volksmenge herauskam, um dem von der Jagd heimkehrenden König zuzujubeln, hatte er übersehen, daß es die Lust an Neuigkeiten war, die sie zum Applaudieren brachte; nicht seine königliche Person.

Zudem hatte es einen Anflug von Organisation gegeben. Männer, damit beauftragt, die Straßen sauberzuhalten, hatten sich bereits bei Sonnenaufgang aufgestellt und beschworen die Menge, sich an die Seiten zu halten. Die Frauen hatten Blumen gesammelt oder gekauft, in der Absicht, sie dem Lord zuzuwerfen und Girlanden zu seiner Begrüßung daraus zu flechten. Und dann waren da noch jene anderen, die geübte Redner waren – und schließlich ein dunkler Mann, der für ihre Ehrung und Sicherheit verantwortlich war.

Gegen Mittag stieg die Erwartung, das Gedränge der Menge, und lauter Lärm übertönte den Wind in allen Straßen und Avenuen von Istris' Weißem Tor bis zum Palast. Banner waren aus den Truhen geholt und entfaltet worden und hingen aus den Fenstern. Hausierer verkauften bunte Fähnchen, Glöckchen und quäkende Trompeten, außerdem Wein und Süßigkeiten.

Nur der Tempel der Ashara, die letzte Station auf der Route vor dem Palast, zeigte sein völliges Desinteresse.

Wenige Minuten nach Mittag wurde das Gerücht der Ankunft laut.

Auf den Fersen seines geschickten Vorläufers, der die Menge aufrüttelte, kam der Prinz Am Xai durch das Weiße Tor von der Straße nach Ioli her, umgeben von seiner Reiterei.

Trommler marschierten voran, sechs Mann, in schwarzen, polierten Kettenpanzern, und legten ein flottes Tempo vor. Unmittelbar hinter ihnen folgten Bronzehörner und Rasseln und dann das Lilienbanner von Karmiss, hoch über der Musik getragen.

Hinter dem Lilienbanner gingen leichtfüßig zwei eben erwachsene Mädchen her, mit Bändern und spärlicher Kleidung angetan, mit Lilien im Haar. Sie führten zwei schwarze, kastrierte Bullen an Seilen, die fügsam und gutmütig hinter ihnen hertrotteten.

Die Menge begriff die beziehungsreiche Anspielung rasch, oder möglicherweise hatte man dem auch nachgeholfen.

»Das Freie Zakoris!« hallte der vielstimmige Ruf. Freies, *kastriertes* Zakoris; geführt von der lieblichen Lilie. Die Mädchen kokettierten und erröteten. Es waren Dirnen aus den Bergen, die für ihren Auftritt mehr Geld verdienten, als sie zu träumen gewagt hätten. Die Bullen stammten ebenfalls aus Berggehöften.

Dann kamen zehn berittene Soldaten, und zwei weitere trabten in halbem Laufschritt zu Fuß und trugen zwischen sich ausgebreitet das Banner mit Kesarhs Wappen, dem Salamander in Gold auf rotem Grund.

Der überall aufbrandende Lärm wandelte sich in Hochrufe.

Die Menge begann, seinen Namen zu brüllen, wie es die Männer auf den Schiffen getan hatten: *Am Xai! Am Xai!*

Sie konnten ihn schon sehen, wie er auf dem bronzenen Wagen stand. Er trug heute Rot, die Farbe des Weins, mit dessen Hilfe er Betrogene und schließlich Leichname aus den Piraten gemacht hatte. Die Zeebas seines Gespanns waren schwarz; schwarz wie sein Haar. Trotz des Aufruhrs hielt er die Tiere mit einer Hand mustergültig im Zaum. Die übrigen ruhten beinahe müßig am Rand des Wagens und hielten die Peitschen mit den goldenen Griffen locker in Händen.

Die Symbolik war treffend. Kaum jemand übersah sie, obwohl die meisten nicht vermocht hätten, sie in Worte zu fassen. Die Haltung lässiger Kraft und Anmut, die kriegerische, männliche Schönheit, die Kesarh ausdrückte, umgeben von seinen Männern in dunklen Kettenpanzern; es erweckte den Anschein, als habe er alles unter Kontrolle.

Die Erscheinung eines Königs. Eines Königs von Vis.

Jetzt schrien sie, und die Blumen fielen dicht wie Regen auf ihn.

Er wandte sich zuweilen dem Volk zu, um ihre Huldigung zu würdigen. Nichts von Suthamuns Tollheit, oder das gezierte Lächeln und zufriedene Grinsen der Erben. Kesarh war

anders. Seine Gewandtheit und Arroganz schlugen sie in Bann. Sie fühlten, daß sie wahrgenommen worden waren, wie es ihr Recht war, von einem Gott.

In diesem Licht sah Kesarh seine Anwesenheit jetzt und hier, und er nutzte sie mit leichter Hand und gekonnt, nachdem er so lange darauf gewartet hatte, eine Chance zu bekommen, sich derart darzustellen.

Hinter ihm ritten weitere zwanzig Mann seiner Mannschaft, sämtliche Zweien und Fünfen seiner Hundert. Alles in allem waren fast vierzig Mann seiner persönlichen Garde in der Prozession zu sehen.

Die Helden der Schiffe, die dahinter ritten, waren mehr aufgeputzt, und die Menge machte natürlich viel Aufhebens um sie. Aber die Leute schmeckten den Essig, mit dem der Wein vermischt war. Selbst der blonde, dunkelhäutige Kapitän, der – wie viele andere auch – wegen seines Aussehens aufgerufen worden war; selbst Raldnor auf seinem wertvollen Pferd wußte, daß er nicht der Held des Tages war.

Als der Prinz Asharas Tempel erreichte, war die Menge gewaltig angewachsen, und der Duft der zerdrückten Blumen verbarg die Tatsache, daß kein Duft nach Weihrauch von der heiligen Terrasse aufstieg.

Menschen strömten über den Platz, als Am Xai angeritten kam. Seine Wächter hielten sie gutgelaunt zurück, denn sie waren selbst guter Dinge und wünschten sich nur noch, näher zum Mittelpunkt der Aufmerksamkeit zu rücken.

Die schwarzen Bullen wurden an ihren Blumengewinden über den Tempelhof und die Treppen hinauf geführt, der Prinz und seine Wache folgten, und die Menge ergoß sich hinterher.

Die Priester, die das Ganze durch Sichtluken beobachtet hatten, waren zweifellos verstört. Nicht einer von ihnen zeigte sich.

Kesarh blieb stehen, in tadelloser Pose, wartete ruhig ab und demonstrierte, daß das Versäumnis nicht bei ihm lag, daß er jedoch darüber hinwegsehen würde. Die Menge dagegen fing an zu schreien und Rufe an die Adresse des Tempels zu richten.

Endlich hastete ein einzelner, aufgeregter Priester aus der Vorhalle, um mit höhnischem Applaus empfangen zu werden.

Er war Shansarianer, oder zumindest war er es in ausreichendem Maße, um den strengen Richtlinien des Ashara-Tempels zu genügen.

Der Priester eilte zu Kesarh, aber bevor er sprechen konnte, als wäre er gefragt worden, sagte Kesarh mit seiner weitreichenden Schauspielerstimme: »Ich bin hier, um der Göttin ein Opfer zu bringen, im Angesicht des Volkes, für meinen Sieg bei Tjis.«

Der Priester sah sich um, faßte einen Entschluß und lief fort.

Die Menge pfiff protestierend. Dann trat Schweigen ein, in gespannter Erwartung dessen, was Kesarh als nächstes tun würde.

Er zögerte einen Augenblick, als wäre er in Gedanken versunken, dann schritt er geradewegs zu dem Marmoraltar auf der Terrasse empor.

Er sagte nichts weiter, aber auf seine Handbewegung hin wurden ihm die beiden Bullen zugeführt, die jetzt von Männern flankiert waren; die Mädchen entfernten sich mit wiegenden Hüften.

Kesarh zog sein Messer. Es war außerordentlich scharf geschliffen; er hatte sich auf das Folgende vorbereitet.

Mit einer Gewandtheit, die Erstaunen hervorrief, und mit grausamer Exaktheit schwang er den Arm unter den Hälsen der schwarzen Bullen her und durchschnitt beide Kehlen zugleich.

Blut spritzte, sprudelte hervor.

Die mächtigen Schädel fielen hinab, die Leiber zuckten und sanken dann in sich zusammen, beide nahezu gleichzeitig. Da sie in Blut fielen, lösten sich die Blumengewinde auf und befleckten die Stufen mit dunklem Rot.

Aber Kesarh war so geschickt gewesen, daß kein einziger Blutspritzer sein vornehmes Gewand verunzierte, und selbst seine Hände waren sauber geblieben.

Vor langer Zeit, in fernster Vergangenheit, hatten Könige auf diese Weise ihre Opfer dargebracht.

Der Priester, der nur fortgegangen war, um Verstärkung zu holen, kam mit seinen Mitbrüdern auf die Terrasse geeilt. Sie wurden nicht mehr benötigt.

Der König hatte sich fast vollständig entkleidet, bis auf das Tuch, das um seine Hüfte gewunden war. Er hatte sich mit Übungen mit Turnierlanze und Bogen beschäftigt und war eben ins Bad unterwegs; daß er die Audienz in diesem Aufzug und diesem Zustand gewährte, hatte seine besondere Bedeutung.

Die Mißachtung war auffällig. Daß der junge Mann in den weinroten Kleidern wußte, daß er ihn beleidigte, indem er den Rangunterschied völlig ignorierte, mußte als sicher gelten.

»Nun«, sagte Suthamun zu ihm, während er den Sklaven anwies, ihm wenigstens einen Umhang um die Schultern zu legen, »wie lautet Eure Erklärung?«

Kesarh Am Xai blickte einen König mit unübertrefflicher Verständnislosigkeit an.

»Meine Erklärung in welcher Angelegenheit, mein Lord?«

»Eure Tanzveranstaltung durch meine Straßen. Erklärt sie mir.«

»Ihr gewährtet uns freien Einzug, mein Lord. Eure Leute beliebten, uns Ehren zu erweisen, in Eurem Namen.«

»In *meinem* Namen? Ihr seid in Istris einmarschiert, als hättet Ihr ganz Zakoris wieder in Besitz genommen, anstatt der zwei Boote, die ihr tatsächlich besiegt habt.«

»Es waren sieben Schiffe, mein Lord.«

Suthamun, in seinen Umhang gewickelt, setzte sich hin und trank Wein, von dem er niemandem etwas anbot. Es waren eine Reihe anderer Personen im Raum anwesend, die interessiert zusahen. Suthamuns ältester Sohn, Prinz Jornil, aß Feigen und starrte auf Kesarhs Kleidung. Wie der Vater vor beinahe einem Monat nach Kalinxen verlangt hatte, begehrte jetzt der Sohn die elegante Gewandung. Es verdroß Jornil, daß Kesarh, der keine öffentlichen Einnahmen hatte – und dem auch keine zustanden –, sich solche Schneider und Farben leisten konnte.

»Sieben Schiffe«, wiederholte der König. »Oder habt Ihr vielleicht mehr als doppelt soviele gesehen, als tatsächlich dort waren?«

Ein längeres Schweigen setzte ein. Die beleidigende Frage verlangte offensichtlich nach einer Erwiderung.

»Es waren sieben, mein Lord«, sagte Kesarh schließlich. »Wenn Ihr befürchtet, daß mich meine Rechenkünste verlas-

sen haben, mögt Ihr die Kapitäne fragen, die Ihr selbst bestimmt habt, Lios oder Raldnor Am Ioli.«

»Ich werde sie nichts fragen. Sie befinden sich in Ungnade – wie Ihr.«

Ein neuerliches, langes Schweigen. Kesarh hielt die Augen niedergeschlagen, da er wußte, was Suthamun in ihnen hätte lesen können, wenn er sie aufgeschlagen hätte.

»Ihr müßt mich entschuldigen, mein König. Ich dachte, als Ihr mich nach Tjis schicktet, hätte ich Euren Segen gehabt, einen gewissen Ruhm für mich selbst zu erringen.«

»So, habt Ihr das? Dann hättet Ihr warten sollen, daß ich es euch bestätigte. Ihr wart gesandt, visianischer Hund, um Ärgernisse auf dem Meer auszuräumen. Nicht mehr.«

Ein leises Gemurmel im Raum setzte ein. Suthamun ließ den Blick umherschweifen, ermunterte es, lauter zu werden; und es erstarb.

Das Gespräch hatte den Palast erreicht; das Gespräch auf den Straßen. Auf Kesarh waren in der Küstenstadt Agenten eines unbekannten Feindes angesetzt worden, eines mächtigen Feindes, der von Neid erfüllt war. Nur die Fähigkeiten von Ankabek hatten ihn gerettet.

Daß der König den Aufenthalt auf Ankabek nicht erwähnte, war ebenfalls bedeutsam.

Kesarh wartete. Er wünschte, Suthamun würde einsehen, daß königliche Ungnade ihm gegenüber zu diesem Zeitpunkt als Schurkerei ausgelegt werden konnte. Aber Suthamun schien es nicht zu sehen; oder er wollte es nicht.

»Ihr tratet hier ein«, sagte Suthamun Am Shansar, »wie ein Leopard. Ihr könnt wieder hinaushuschen wie eine Maus. Ihr werdet Euch sofort auf Euren Besitz in Xai begeben.«

Kesarhs Kopf hob sich, und seine Augen blitzten auf wie gezogene Dolche. Und Suthamun lächelte. »Ja, mein lieber Salamander. Das Feuer ist erloschen.«

Der zerlumpte Mann verbeugte sich tief, wie er es bereits zweimal zuvor getan hatte.

»Sie verkaufen Locken schwarzen Männerhaars und behaupten, es stammte von Euch, Sir. Und der Dichter hat ein hübsches Loblied verfertigt; er trägt es zur Zeit drüben im östlichen Teil der Stadt vor. Und die Frauen – Frauen haben wir

nie genug – verträumen ihre Zeit in Gedanken an Euch, weisen ihre Liebhaber zurück ...«

»In Ordnung«, sagte der Schatten vom Sessel her. Und dann fuhr er, an den anderen gewandt, zur Erleichterung des Zerlumpten fort: »Zahlt ihn aus, mit der Summe, die ich Euch genannt habe.«

Als der bezahlte Mann hinausgegangen war, erhob sich Kesarh und füllte einen gläsernen Pokal mit Wasser. Jetzt war wahrhaftig nicht die rechte Stunde, um Wein zu trinken.

Der Fehler hatte sich noch nicht endgültig ausgewirkt, den er sich in diesem Spiel gegen den Dummkopf geleistet hatte. Suthamun war ein zu großer Tölpel, um mit dem richtigen Zug zu antworten; dem Zug, der Stein auf Stein gelegt hätte ...

Kesarh trank das bittere Wasser.

»Was noch?«

Sein Wachsergeant händigte ihm ein Päckchen aus. Es war geöffnet und auf seinen Zweck hin untersucht worden.

Kesarh besah sich seinen Inhalt.

»Raldnor Am Iolis drittkostbarster Ring. Vielleicht ein Liebeszeichen?«

Der Sergeant zeigte seine Zähne. »Besser, als es schriftlich festzuhalten, mein Lord.«

»Das ist wahr. Ihm gefällt Suthamuns Antwort nicht. Er macht lieber dem König Vorwürfe, als mir. Noch ein Narr. Aber dieser ist möglicherweise geeigneter, wenn er seine Versprechungen hält. Sind die Männer bereit loszureiten?«

»Ja, mein Lord. Ein Fünftel, wie Ihr es angeordnet habt. Die Burschen, die wir schon am längsten haben, und die am häufigsten in Eurer Begleitung gesehen werden.«

»Sie werden Xai nicht mögen. Dann aber wird es mir genauso gehen. Da ist noch ein Mann. Einer der Neuen; Rem. Ein Karmianer mit hellen Augen und Freunden im Ommos-Viertel.«

»Ich kenne ihn. Wir haben ihm vor nicht allzulanger Zeit Beißer verschrieben.«

»Sucht ihn und schickt ihn her. Der König hat mir nur bis Sonnenuntergang Zeit zugestanden, um Istris zu verlassen.«

Es gab ein Geräusch hinter der Tür des Apartments, der wachhabende Mann schlug mit seinem Speer auf den Bo-

den. Im nächsten Augenblick wurde die Tür weit aufgestoßen.

Ein Diener stand dort und flötete auf shansarianisch: »Nach dem Willen Asharas; der Erste Erbe. Prinz Jornil von Istris«, während Jornil an ihm vorbei in den Raum schritt.

Kesarh sah ihn an. Jornil erwiderte seinen Blick voller Anmut. Das Licht des späten Nachmittags glitt über seine Gestalt wie die Hände einer liebenden Frau. Die Tür schloß sich hinter ihm.

»Welche Ehre«, sagte Kesarh knapp. »Ihr seid hier, um mir zum Abschied zuzuwinken?«

»Ich bin hier, um Euch zu sagen, daß Ihr Kleider hierlassen sollt, wenn Ihr geht.«

Kesarh starrte ihn an, dann brach er unvermittelt in Lachen heraus, aber nur kurz und hart.

Er zog einen anderen Pokal heran und gab dem Sergeanten ein Zeichen. Als die Tür zum dritten Mal geschlossen wurde, bot Kesarh dem Prinzen Jornil einen Schluck Wein an.

Jornil stellte das trübe Getränk unberührt ab.

»Seid nicht töricht«, sagte Kesarh. »Denkt Ihr, ich hätte etwas hineingetan?«

Jornil strahlte. Sie benutzten die Sprache von Vis. Der Ankündigung durch den Diener zum Trotz hatte Jornil einige Schwierigkeiten mit der Sprache seiner Vorfahren.

»Nein, aber ich mag Euren Wein nicht.«

»Er ist aus karmianischen Trauben gemacht.«

»So, tatsächlich. Die Kleider ...«

»Natürlich, mein Prinz«, erwiderte Kesarh. Er legte dic Hand an den Verschluß der Tunika. »Jetzt gleich?«

»Oh, Ihr könnt sie einfach hier zurücklassen. Ich werde jemanden schicken, der sie abholt.«

»Und sorgt dafür, daß sie gut gewaschen werden. Ich bin mindestens drei Meilen weit darin geritten.«

Jornil hob den Pokal mit Wein hoch, betrachtete ihn und stellte ihn wieder ab.

»Ist es wahr, was man sich erzählt? Ich meine, daß mein Vater versucht hat, Euch zu töten?«

Kesarh dachte darüber nach.

»Es ist nicht wahr. Aber ich frage mich, wie Ihr denken könnt, daß es jemand behauptet.«

»Es ist ein Gerücht, das überall auf den Straßen kursiert. Es berichtet von einer Giftschlange in Tjis ...«

Kesarh brach jetzt endgültig in Lachen aus. Jornil, obwohl er es nicht vorgehabt hatte, stimmte in das Lachen ein.

»Eine geringfügige Verletzung, die ich mir beim Kämpfen zuzog. Keine Schlange. Zudem gibt es für Suthamun keinen Grund auf Erden, weshalb er mich umbringen sollte. Er kann mich nach Xai schicken, wo ich lebendig begraben sein werde. Das ist weit schlimmer.«

Jornil, der Kesarh nicht mochte, der sich jedoch noch immer gewaltig von ihm angezogen fühlte und der seit ihrer Kindheit zeitweilig gleichermaßen von ihm fasziniert und eifersüchtig auf ihn gewesen war, schnaubte vor Belustigung.

»Ich könnte Euch dort besuchen kommen.«

»Tut es nicht, im Namen der Göttin. Ein königlicher Besuch würde es mir nur noch unerträglicher machen. Behaltet mich hier in Erinnerung. Tragt meine Kleider an meiner Statt. Diese Farbe, so hat man mir berichtet, wurde mit dem Blut dreizehn jungfräulicher Mädchen vermischt, damit sie den gewünschten Ton annähme.«

Jornil, der zwischen dem Glauben an Zastis und Verachtung für seine Wirkung schwankte, hob den Pokal mit dem sauren jungen Wein und trank ihn leer.

Xai lag auf den Ebenen des südwestlichen Karmiss, viele Meilen von der Hauptstadt entfernt. Es war eine Reise von fünfzehn bis siebzehn Tagen, die größtenteils durch Gebiete führte, in denen entweder armselige oder gar keine Straßen existierten. Die Gasthäuser waren ebenfalls armselig, wenn es überhaupt welche gab. Das Land um Xai war flach. Wilde Zeeba-Herden galoppierten darüber hin, als fänden sie keinen Geschmack daran zu verweilen.

Zwei kleine Dörfer klammerten sich an ihren Grundbesitz. Das Landhaus selbst war baufällig. Ein kleines, verwildertes Waldstück inmitten eines sumpfigen Sees verlieh dem Haus seinen typischen Charakter und Duft.

Kesarh hatte einen genügend großen Teil seiner Kindheit an diesem Ort verbracht, um noch nicht vergessen zu haben, wie sehr er ihn verabscheute.

Wie ein kranker Löwe grämte er sich in der Gefangen-

schaft. Bei Nacht oder zu seltsamen Zeiten während der flammenden Tage trieb ihn Zastis dazu, mit den erbärmlichen Frauen zu kopulieren, die zu seinem Besitz gehörten. Er ritt, trainierte seinen Körper und versuchte, in dem unfruchtbaren Land zu jagen.

Die Männer, die er mit sich genommen hatte, wurden von dem scheußlichen hiesigen Bier betrunken und spien es wieder aus, wobei sie Suthamun verfluchten, oder Kesarh, oder ihre Götter.

Er war schon seit einem vollen Monat hier, bevor er eine unverlangte Nachricht bekam. Als sie ankam, sah er, daß sie einen Absender hatte, von dem er sie halbwegs erwartet hatte: von dem Halbblut-Kapitän, Raldnor von Ioli.

Zwölf Tage später kam der Mann an, mit nur drei Mann in seiner Begleitung. Was seine ziemlich willkommene Neuigkeit zu bedeuten schien.

Sie saßen auf der Dachterrasse unter einer aufgespannten Plane. Als die Sonne jenseits des Wäldchens im See langsam unterging, erhoben sich die Vögel und landeten wieder in lärmenden Schwärmen.

»Ich habe gelernt, mit zunehmender Deutlichkeit zu sehen«, erklärte Raldnor Am Ioli mit sanftem Nachdruck, »wie wir benutzt worden sind. Ich, meine Mitkapitäne und Ihr selbst, Lord Prinz. Wir alle sollten geopfert werden. Dann hatte Suthamun vor, seine Spezialisten zu schicken, die das Meer gesäubert und über unsere Köpfe hinweg Ruhm erlangt hätten. Wir waren die Vorkoster bei diesem Mahl. Dazu bestimmt zu verderben, um die Stärke des Fluchs zu erkunden.«

Kesarh lächelte leicht. Auf dieses Zeichen hin füllte das Mädchen erneut den Becher des Iolaners.

»Und dann«, fuhr Am Ioli fort, »hätte es natürlich anstelle einer Belohnung – eine Bestrafung gegeben. Mein Kapitänspatent wäre zurückgezogen worden. Und eine Buße – *Buße,* bei Ashkar – wäre mir auferlegt worden, weil ich einen nicht genehmigten öffentlichen Auftritt gewagt habe.« Er trank.

Sein blasses Blut stammte nicht aus Shansar, sondern aus Vardath, daher benutzte er den vardischen Namen für die Göttin. Das war ebenfalls nützlich, in bezug auf die Dauerhaftigkeit seiner Loyalität.

»Ist Suthamun verrückt?« fragte er.

Kesarh zuckte die Schultern. »Der König glaubt an die Überlegenheit seiner eigenen gelben Rasse. Männer mit Mischblut – selbst wenn es eine derart günstige Mischung aufweist, wie bei Euch, Sir – stellen einen Schandfleck unter der Reinblütigkeit seiner Leute dar. Ich hatte das nicht ganz verstanden, das will ich zugeben, bis Tjis. Jetzt aber, Raldnor, beginne ich mich zu fragen, wie lange ich noch in der Lage sein werde, irgend etwas zu verstehen.«

»Ihr fürchtet noch immer um Euer Leben.«

»Wenn ich in Xai stürbe, würde es von niemandem bemerkt.«

»Doch. Die Hauptstadt wird nicht müde, Euch zu rühmen, selbst jetzt noch.«

»Bis der Mob mich vergißt, zugegeben. Danach ... vielleicht eine neue Schlange.«

»Er könnte jeden von uns erreichen.«

»Das ist wahr.«

Sie tranken, Raldnor Am Ioli setzte hart seinen leeren Becher ab.

»Was bleibt uns übrig, als Karmiss zu meiden wie die Schwerverbrecher?«

Kesarh sagte: »Ich könnte die Insel nur schwer verlassen, da ich ausdrücklich hierher verbannt wurde. Es würde ihm gefallen, wenn ich es versuchte, dann würde er mich möglicherweise des Landesverrats bezichtigen. Eine Exekution im Rahmen des Gesetzes würde folgen.«

»Das entspricht Suthamuns Verrücktheit.«

»Seiner Besessenheit. Aber welche Hoffnung hat irgendein Mann mit dunklem Blut seit dem Tiefland-Krieg?«

Raldnor erinnerte an einen Vogel, der seine zerzausten Federn glättet. Bis vor kurzem hatte sich der Zufall des farbigen Blutes, der ihm seinen illustren Namen verschafft hatte, eher wie ein Vorteil als wie ein Hemmnis ausgewirkt. Der göttergleiche Herr der Stürme, Raldnor selbst, war ein Mischling gewesen.

Die Sonne spiegelte sich im See, schwamm und brannte auf dem Wasser wie damals eines der zakorianischen Schiffe. Der Wein war beinahe ausgetrunken.

»Berinda«, herrschte Kesarh das Mädchen an. Sie sah ihn

mit den sanften, verwundeten Augen des schon nach der Geburt gebrochenen Sklaven an, dann schlüpfte sie davon, um den Krug neu zu füllen.

»Auf jeden Fall«, murmelte Kesarh, »bin ich überrascht, daß Ihr mich für wert erwachtet, Euer Verbündeter zu sein, Sir. Nach unserer Diskussion auf See.«

»Diese Galeeren-Sklaven, die Ihr dem Tod durch Rösten überlassen habt?« Raldnor sah ihm kalt in die Augen. »Es war ein Akt, den ich mißbilligt habe, mein Lord. Aber Eure Unbarmherzigkeit, während ich sie noch verabscheute – ich verabscheue sie noch immer – bestimmte mich auch dazu zu erwarten – wie soll ich es ausdrücken? –, daß Ihr große Dinge vollbringen könntet. Ich sah eine strahlende Zukunft für Euch. Ihr würdet jedwedes Hindernis zerstören, das Euch im Weg stünde.«

»Und Ihr«, sagte Kesarh, »würdet lieber Euer Leben an meiner Seite aufs Spiel setzen, als Euch selbst in meiner Art zu erkennen.«

Raldnor nickte leicht amüsiert.

Er war ein wagemutiger, kluger und scharfsinniger Mann. Und eben diese Eigenschaften führten gelegentlich dazu, daß er sich dumm und ungeschickt anstellte.

»Ihr fragtet nach einer Möglichkeit, der Boshaftigkeit des Königs zu entgehen«, sagte Kesarh. »Es gibt unter Umständen einen Weg, dem Volk seine Willkür so deutlich aufzuzeigen, daß er es nicht wagen dürfte, weiterhin so zu verfahren. Etwas, das den Stempel derart treffsicherer Gerechtigkeit trägt, daß Istris es niemals wieder vergißt. Es wird auch schmerzlich sein: falls Ihr auf eine befriedigende Vergeltung aus seid.«

Raldnor setzte sich bequemer hin. Er war jetzt sicher, daß er sich in Gegenwart von etwas befand, das er schon an Bord des karmianischen Schiffes verspürt hatte. Aber da er ein ausgezeichneter Schauspieler war, blieben seine Augen klar und seine Hände ruhig, als er sagte: »Bitte, klärt mich auf, mein Lord.«

Kesarh entsprach in einigen Sätzen seiner Bitte.

»Bei allen blutigen Göttern«, staunte Raldnor, dessen visianische Mutter eine erfolgreiche Hure in Iolis Stadt der Vergnügungen gewesen war.

Über das Flachdach, vor dem Hintergrund eines Himmels, der sich bronzen gefärbt hatte, kam das Mädchen Berinda mit weiterem Wein zurück. Sie hatte nichts von dem Gesagten gehört, noch würde es ihr Interesse erregt haben, wenn sie es verstanden hätte. Ihr Denken war mit den elementaren Dingen des Lebens beschäftigt und wurde von ihnen völlig ausgefüllt.

Als sie sich vornüber beugte, um Kesarhs Becher zu füllen, erinnerte sie sich daran, wie sie bei ihm gelegen hatte, und sie sog seinen männlichen Duft ein, als wäre er eine Droge.

Er schenkte ihr keine Aufmerksamkeit.

Der Priesterin Eraz wurde bewußt, daß eine andere Person geräuschlos das Sanctum betreten hatte, hinter dem Vorhang aus goldenen Schuppen. Eraz schaute mit ihrem inneren Auge in den Raum, der für ihre körperlichen Augen nicht einsehbar war. Die Person offenbarte sich ihr sogleich vollständig; nicht nur die Person an sich, sondern auch das unendlich winzige zusätzliche Element, das sich augenblicklich in ihr befand und das schwächer wahrzunehmen war als die Wärme, die eine erloschene Kohle ausstrahlte.

Es war die Zeit, da die lichtspendenden Feuer des Tempels niedrig brannten und sich der Vorhang, hinter dem sich die Göttin befand, nicht mehr allein dadurch hob, daß man auf die Himmelsgeborenen Drachen im Mosaik trat. Dies waren zudem die Stunden zwischen Mitternacht und Morgen, die in dem vorzeitlichen Mythos der Schattenlosen Ebenen als die Wolfswache bezeichnet wurden. Die Stunden der Schlaflosen, des Zweifels und der Selbstanklagen und, gelegentlich, des Todes.

Die Tieflandpriesterin schritt hinter dem Vorhang hervor und in das Innere des Sanctums. Sie passierte die Stelle, wo Val Nardia stand, mit gebeugtem Kopf, einsam und schweigend.

»Sucht Ihr die Göttin?«

Val Nardia zögerte.

»Ich suche sie. Sie kann nicht gefunden werden.«

»Ja. So ist es immer.«

Val Nardia wandte ihr Gesicht nicht einfach zu Boden, sondern in die Ferne.

»Ich habe gesündigt. Ich bin ihrer nicht würdig.«

»Wenn Ihr geglaubt hättet, ihrer unwürdig zu sein, wärt Ihr nicht zu ihr gekommen, Val Nardia.«

»Ich habe gesündigt ... gesündigt ... Laßt es mich beichten, und erlegt mir eine Buße auf.«

»Das ist die Art der Leute, zu denen Eure Mutter gehört. Anackire verlangt keine Buße, kein Leiden. Die Bedeutung ihrer ausgestreckten Arme – sie symbolisieren Vergeltung, Vernichtung, Marter und die unentrinnbare Verdammnis – ist allein in einem geistigen Sinne zu verstehen. Wir beinhalten die Pein in unserem Wesen selbst. Wir bestrafen uns selbst.«

»Meine Sünde ...«

»Eure Sünde ist nur deshalb eine Sünde, weil Ihr sie so sehen wollt.«

»*Nein,* helft mir!« rief Val Nardia, sah hoch und griff nach dem Gewand der Frau.

Eraz sagte: »Die Hilfe ist in Euch. Ihr müßt Euch selbst helfen. Wir wiederholen unsere Handlungen ständig ... oder wir entsagen dem Handeln.«

Val Nardia keuchte.

»Ihr haßt mich«, sagte sie unvermittelt. »Eure Artgenossen hassen alle, die das Blut von Vis in sich tragen. Ich sollte nicht hier sein. Sie ist *Eure* Göttin; nicht meine.«

Eraz sah sie nicht an, ihre Augen glommen. Sie schien nicht menschlich zu sein.

»Sie ist Eure, wenn Ihr sie anerkennt. Ihr benötigt meine Hilfe nicht, Prinzessin. Das ist es, was wir Euch zu lehren versuchen. Ihr braucht nur sie, und die Erkenntnis der Kraft in Euch selbst.«

»Ihr weigert Euch, mir zuzuhören. Mein Vergehen ...«

Die goldenen Augen richteten sich auf sie.

»Sucht zuerst in Euch selbst. Erst dann, wenn Ihr darin versagt, mögt Ihr Euch an mich wenden.«

Val Nardia stürzte davon. Sie lief über das Mosaik, und, als sie einen der verborgenen Ausgänge erreicht hatte, weiter in die Tiefe.

Eraz versenkte sich. Sie wurde zu zwei Personen in ihrem Geist, wie sie es sich selbst beigebracht hatte. Die erste der Personen sagte zu ihr: *Dieses Mädchen hat nicht den Mut, all*

diese Dinge zu ertragen. Sie versteht nichts. Eraz erwiderte: *Jede von uns hat den Mut, alle Dinge zu ertragen. Jahrhunderte hindurch glaubten meine Leute, Opfer dieser Erde zu sein; dazu bestimmt, zu leiden und zu verderben, schließlich ausgelöscht zu werden. Endlich aber wurde ihnen ein anderer Weg gewiesen. Sie glaubten daraufhin, die Herren der Welt zu sein, wie sie es schon einmal in ferner Vergangenheit geglaubt hatten. Dies ist nun der Weg, den sie beschreiten werden. Val Nardia befindet sich in der Hand der Göttin. Sie muß ihn erfahren. Aber ich denke auch, daß ihre Bestimmung es ihr untersagt.*

Und zugleich war sie sich entfernt Val Nardias bewußt, die durch die unteren Räume des Tempels eilte, in die schwarze Schale ihrer Scham eingeschlossen, und des zarten, aufs neue entzündeten Lichts im Innersten ihres Wesens, das finsterer als alle übrigen Dinge war.

Stürme durchtobten Istris, trockene Stürme ohne Regen. Ahnungsvolle Furcht vor einer Dürre begann sich zu regen. Dann schossen wahre Sturzbäche aus den regenträchtigen Wolken, und schimmernder Sommerhagel, der hell aufblinkte, wo er auf Stein oder Metall prasselte.

Im letzten Viertel von Zastis lag ein karmianischer Feiertag, das Fest der Masken. Die Marmorpromenaden waren bei Sonnenuntergang noch immer voller Rinnsale, aber der Himmel war wolkenlos und blankgewischt, vom höchsten Punkt seines Gewölbes bis zum magentaroten Meer.

Die Stadt begann, wie eine riesige Trommel widerzuhallen, löste sich in blitzende Lichter auf, die wie toll in allen Richtungen umherstoben. Propeller aus farbigem Glas, die an den Straßenlampen emporstiegen, verwandelten die Boulevards in ein Kaleidoskop aus maulbeerfarbenen, indigoblauen, bernsteinfarbenen Lichtern und solchen von der Farbe der Schatten von Aarl, bis sie zerbrachen.

Der wohlhabendere Pöbel und die wagemutigeren Reichen stellten sich in extravaganten Kostümen zur Schau, verbargen sich hinter Verkörperungen von Sonne, Mond und Roter Stern; unter Masken, die wilde Tiere, Dämonen und Phantasiewesen darstellten.

Der Palast selbst, ohnehin selten zurückhaltend nach Eintreten der Dämmerung, war wie ein Freudenfeuer erstrahlt

und schwelgte in wahren Kakophonien dargebotener Musik und übermütiger Possen.

Es gab Gerüchte, denen zufolge der König die Absicht hatte, später die Stadt zu besuchen, standesgemäß hinter einer goldenen Maske verborgen; jene alte Lust zu tollen Streichen überstimmte seine bessere Einsicht, wie es den Erzählungen nach schon so oft zuvor der Fall gewesen war. Welche Bettler würden heute nacht zu Reichtum gelangen? Welche dreizehnjährigen Jungfrauen sich neun Monate von heute an gerechnet rühmen können, daß Suthamun Am Shanser für die wimmernden Bälger verantwortlich war, die in den elastischen Gefängnissen ihrer Schöße strampelten?

Es gab noch ein anderes Gerücht. Es war irgendwo in der Hafengegend entstanden. Kesarh Am Xai sollte zurückgekehrt sein; ohne die Erlaubnis seines Königs. Noch ehe der Regen aufgehört hatte und der Himmel klar geworden war, hatte sich dieses Gerücht überall verbreitet. Der König selbst hatte es vernommen und wild und höhnisch darüber gelacht.

»Wer ist Kesarh Am Xai?« verlangte er zu wissen. »Sollte ich diesen Namen kennen?«

Als die Nacht älter wurde, floß der Wein in Strömen, und Liebende kopulierten im hitzigen Fieber Des Sterns in Türnischen, auf Dächern und mit Glöckchen behangenen Karren, küßten sich durch die Mundschlitze ihrer Masken, fuhren beim Anblick explodierender Sonnen und Orynx-Gesichter auf oder verbargen sich vor ihnen. Betrunkene hatten Visionen.

Hier und dort sprach einer davon, den Prinzen Am Xai gesehen zu haben; mit ihm einen Bierkrug in der Allee der Lichter geleert zu haben oder mit ihm in der Unterstadt über Piraten gesprochen zu haben. Oder er war mit wehendem Umhang vorübergeeilt, zwei oder drei Soldaten in seiner Begleitung, zu einem nicht so geheimen Geheimunternehmen irgendwohin unterwegs, aber mit einer Maske verkleidet, wie alle übrigen auch. Das war eine neue Erscheinung.

Ganz allgemein erblickte Istris auf dem Fest der Masken Geister. Ungezählte Male hatte der Held Raldnor Am Anakkire persönlich seinen Wagen durch die Straßen der Stadt gelenkt, die rothaarige karmianische Astaris zur Seite, und Männer waren auf die Knie und in trunkene Ohnmacht gefallen.

Natürlich war es sehr wahrscheinlich, daß sich jemand verkleidet hatte, um die Leute zu foppen, ein dunkelhaariger Mann, der sich eine weißhaarige Prücke aufgesetzt und eine hübsche Imitation der alten dortharianischen, mit Schuppen bedeckten Drachenrüstung angezogen hatte. Und es gab viele rothaarige Frauen heutzutage, Mischblütige.

Jornil, der älteste Sohn und erster Erbe des Königs, konnte sich nicht daran erinnern, woher ihm die Idee ursprünglich zugeflogen war. Er hielt sie ganz für seine eigene, und sie gefiel allen Bereichen seiner schillernden Persönlichkeit; dem Stolz, der Launenhaftigkeit, dem Neid und der Idiotie.

Am Anfang hatten die eleganten Kleider in der wunderbar lebhaften roten Farbe ein paar Änderungen erfordert. Kesarh war an Hüften und Becken schlanker als Jornil und hatte auch längere Beine. Als die nötigen Schneiderarbeiten vorgenommen worden waren – unter dem Vorwand, daß der Unterschied in den Schultern gelegen habe, wo eine Zugabe angebracht sei – da erst stahl sich der Gedanke ein, daß Suthamun möglicherweise nicht wünschen könne, seinen Erben in der Aufmachung eines in Ungnade Gefallenen zu sehen.

Jornil nahm sich vor seinem Vater in acht. Die übrigen Erben waren Kinder; es bestand keine große Gefahr, daß er verstoßen würde, oder auch nur Privilegien entzogen bekäme. Es war eher eine widersprüchliche Angelegenheit, die mit der stärkeren Persönlichkeit seines Vaters zusammenhing, die Jornil von der Wiege an eingeschüchtert und ihm auch dazu verholfen hatte, daß er – mit entsprechender Unterstützung von Karmiss – das geworden war, was er war.

Daher zog er die kostbaren Kleider nicht an. Doch gleichzeitig begann er, nach Gelegenheiten Ausschau zu halten, die es ihm erlaubten, sie dennoch anzuziehen.

Dann, als das Fest näherrückte, stahl sich der zweite Gedanke ein.

Einer der Änderungsschneider hatte den ersten Grund gegen das Tragen der Kleider zur Sprache gebracht. Der Vorschlag, sie in der Nacht der Masken anzulegen, war von einem Mädchen gekommen, das nicht nur im Bett erfahren war. Beide waren für ihre Dienste am Prinzen Jornil bezahlt

worden. Der Zahlmeister war ein Bursche mit leicht gelocktem schwarzen Haar, Visianer, aber helläugiger als die meisten von ihnen. Nur das Mädchen erkannte ihn als den Mann, der noch kürzlich dem Prinzen Am Xai gedient hatte, und sie hatte genügend Klugkeit besessen, es vergessen zu haben.

Die Gerüchte, daß Kesarh an verschiedenen Stellen Istris gesehen worden war, amüsierten Jornil großartig. Als er das ausschweifende Fest in der Palasthalle verließ und ging, um sich in Kesarhs rote Gewänder umzukleiden, benötigte er seine Sonnenstrahlen-Maske, um seine Erregung zu verbergen.

Seit seinem Eintritt ins Mannesalter war er in bezug auf Kesarh empfindlich gewesen. Kesarh selbst hatte auf die ihm eigene lässige und unterkühlte Art dafür gesorgt. Die Idee, jetzt für die Dauer einer Nacht Kesarh zu *werden,* war furchteinflößend, eine Prüfung. Den Gipfel stellte es jedoch dar, der legendären Tradition seines Vaters nachzutun, verkleidet in der Stadt auf Jagd zu gehen; das erst verlieh diesem Ausflug die Würze.

Suthamun würde wahnsinnig werden, erführe er die Wahrheit. Aber Jornil, der seiner Nervosität Herr wurde, hatte jeglichen Respekt vor der Fähigkeit seines Vaters, vernünftig zu folgern, verloren.

Als er sich umgezogen hatte, nahm er die Sonnenstrahlen-Maske ab. Die Maske, die er an ihrer Stelle aufsetzte, war ziemlich unauffällig; außer daß sie eine schwarze und eine weiße Hälfte aufwies. Die an ihr befestigte Perücke aus dichten schwarzen Haaren verhüllte seinen Blondschopf.

Jornil spreizte sich vor einem Spiegel. Dann ging er hinaus, bewegte die Beine mit so langen Schritten wie Kesarh und durchschritt die abgelegeneren Gänge bis in einen Innenhof.

Dort bestieg er ein schwarzes Zeeba, und seine Eskorte von fünf Wächtern, deren Kettenpanzer dunkel lackiert waren, entfalteten ein kleines Banner, das mit der Feuereidechse verziert war.

Sie trabten in die Stadt.

Es war schon fast Mitternacht, und das karnevalistische Treiben hatte an einigen Orten seinen Höhepunkt erreicht, während es an anderen Orten bereits abflaute.

Als die ersten Rufe erklangen – *Am Xai ... Es ist der Prinz*

Am Xai – lächelte Jornil ungeheuer befriedigt über seine Verkleidung.

Er fuhr so lange fort zu lächeln, bis ihm die Kiefer weh taten. Er fragte sich keinen Augenblick lang, weshalb er, der scheinbar alles besaß, was Kesarh nicht hatte, diesen Mummenschanz trieb und solches Vergnügen dabei empfand.

Unvermeidlich begannen seine Freude und Erregung, Feuer von Zastis zu beziehen. Er fing an, hier ein Mädchen zu begehren und sich dort nach einer umzusehen, die ihm gefiel.

Sowohl er als auch seine Eskorte waren zu diesem Zeitpunkt reichlich betrunken. Sie trafen auf einem rechteckigen Platz ein, wo das Feiern noch in vollem Gang war, und er gedachte, von seinem Zeeba zu steigen und zu Fuß umherzugehen. Seine Wache half ihm dabei, sich durch die Menge zu kämpfen. Eine Prozession führte in Schlangenlinien über den Platz; die an ihr Beteiligten sangen und schrien; Gaukler jonglierten mit brennenden Fackeln. Jornil hatte sich umgewandt, um ihnen zuzusehen, als sich ein Mädchen aus der Menge löste und gegen ihn taumelte.

Ihr Gesicht war durch eine Kalinx-Maske verdeckt, aber ihr parfümiertes Haar strömte über ihre Schultern und Brüste, die nahezu unbedeckt waren. Sie war dunkel, eine Visianerin, und sie hängte sich an ihn.

»Mein Lord Kesarh«, hauchte das Mädchen mit heiserer Stimme, »Zakorianische Piraten haben meine Brüder umgebracht. Ihr habt mich gerächt, und zahllose andere wie mich. Ich liebe Euch seitdem inbrünstig. Yasmais hat meine Gebete erhört und Euch hergeführt, wobei Ihr den Zorn des Königs auf Euch genommen habt. Ich bin Euch meilenweit gefolgt und habe es gewagt, Euch anzusprechen. Stoßt mich nicht von Euch.«

Jornil atmete heftig. Er griff nach ihrer Maske und zog sie von ihrem Gesicht, wie es nach seinem Gefühl Kesarh auch getan hätte. Sie war hübsch. Sie erinnerte ihn sogar stark an ein Mädchen, das sich Kesarh einst im Palast gehalten hatte.

Er flüsterte ihr ein paar Worte ins Ohr. Sie schmiegte sich eng an ihn, was ihm eine wohlige Berührung an vielen Stellen seines Körpers verschaffte, durch Kesarhs Kleidung hindurch.

Das Mädchen führte Jornil über den Platz, seine fünf Wächter schlängelten sich hinter den beiden her. Sie wandten sich in eine Seitenstraße, und dann in den Hof eines nicht erleuchteten, steinernen Hauses.

Während Jornil sein Gewand bereits aufschnürte, hastete er in die Dunkelheit hinter der Tür, seine Lunge arbeitete wie ein Blasebalg, und er drückte das Mädchen gegen eine Wand.

Die Wachleute lungerten draußen dicht bei der Tür herum, mit einem Rest Verantwortungsbewußtsein, hauptsächlich jedoch in der Hoffnung, daß ihnen ebenfalls eine vergnügliche Vereinigung mit dem Mädchen vergönnt sein möge.

Der fünfte Wächter legte den Kopf in den Nacken, um aus dem Weinbeutel zu trinken, der eben bei ihm vorbeigekommen war, und würgte. Der Himmel fiel ihm von der Mauerkrone her auf den Kopf, und ein Messer in einer Hand glitt sodann anstelle des Weines unvermittelt durch seine Kehle.

Der Wagen mit seinen Wimpeln und Glöckchen raste klappernd und klingelnd durch die Straßen, gezogen von drei entsetzten Zeebas. Als die Zusammenballung von Menschen schließlich die rasende Fahrt des Karrens bremste und Männer auf ihn geklettert waren, um seine Fracht zu untersuchen, fanden sie ihn nur mit einem einzigen Stück Last beladen.

Mit dem Körper des Prinzen Kesarh Am Xai, in Rot gekleidet, welches Rot dennoch nicht seine vielfachen Wunden verbarg. Er war erstochen und aufgeschlitzt worden, durchbohrt und zerhackt, geradezu geschlachtet, bis nur sein maskiertes Gesicht unzerschnitten geblieben war. Ein maskiertes Gesicht, das sich – nachdem man es der Maske beraubt hatte – als dasjenige des prinzlichen Erben, Jornils, entpuppte.

Die Nacht war im Begriff, dem Morgen zu weichen, aber in dem fensterlosen Raum konnte sie es nicht sehen; konnte weder den Mond und die Sterne sehen, noch den Roten Stern. Wie er es gesagt hatte. Ihr Bruder, Kesarh.

Und sie brauchte nur an ihn zu denken, um seine Hände und seinen Mund auf sich zu spüren, seinen Körper auf ihrem, und die qualvolle Raserei, in die sie nicht nur einmal, sondern viele Male verfallen waren, in den kurzen Stunden,

die sie miteinander verbracht hatten. Jede dieser Paarungen hatte sie erschöpft, zu vollständiger Leere ausgewrungen. Sie war unfähig gewesen zu denken, weiter Widerstand zu leisten, weder körperlich, noch seelisch. So hatte sie unter ihm gelegen, an seinen Körper geschmiegt, fest gegen die Matraze gepreßt, von seinen Armen umschlungen, in angenehmer Fessel. Und nicht eher hatte das Bewußtsein wieder von ihr Besitz ergriffen, als bis ihr aufgereiztes Fleisch von seinem gesättigt gewesen war, wie das seine von ihrem. Wieder blieb kein Raum zum Leugnen. Es war keine Vergewaltigung gewesen. Wie er ihr gesagt hatte, war sie von ihm benutzt worden, und er von ihr. Sie hatten versucht, sich selbst auszulöschen, waren beide wie ungestüme Wellen beim anderen gegen die Ufer der Wollust und des Lebens gebrochen. So jedenfalls war es ihr vorgekommen.

Dann hatte er sie verlassen, um nach Istris zurückzukehren – nicht, daß sie sich besser gefühlt hätte, als er gegangen war.

Er war so sicher gewesen. Seine Sicherheit und seine Stärke hatten den kleinen, dunklen Raum wie ein wildes, dunkles Licht erfüllt, und sie hatte nicht gewollt, daß er ginge. Sie hatte sich gefürchtet, denn sobald er gegangen sein würde, wäre sie allein gewesen. Sie würde zumindest den Abstand haben, darüber nachzudenken, was sie getan hatten.

Er hatte sie geküßt, sie an sich gezogen, diesmal sehr sanft.

»Ich werde wiederkommen. Ich werde dich aus diesem Steingefängnis befreien. Wenn ich kann, wenn es für dich sicher ist. Bis es soweit ist, sei für mich da.«

Und er hatte sie nochmals geküßt, mit einem leidenschaftlichen Kuß, und sie so zwischen all diesen Wänden zurückgelassen. Er war hinausgegangen, aus dem Raum und fort, und sie war für ihn eine unangenehme Pflicht geworden, beiseitegeschoben, nicht länger vorrangig. O ja, soviel begriff sie.

Während für sie selbst ...

Er war jetzt ein Koloß, ragte an ihrem Horizont empor. Sie war ihm entkommen, aber er hatte sie belehrt. Die Göttin von Ankabek hatte ihm die Mittel verschafft, und die Göttin war verblaßt wie eine Kerze. Kesarh war nun wichtiger. Seine finstere Absicht. Seine Kraft. Schatten der Schatten.

War es denn möglich, daß Zwillinge einander ausschlie-

ßende Prinzipien verkörperten, ebenso, wie beide das gegenteilige Geschlecht ausgebildet hatten? Val Nardia, furchtsam, den irdischen Dingen abgeneigt. Und andererseits er, ein Jäger, ein Vernichter.

Kesarh war teuflisch. Sie wußte es. Hatte es seit ihrer Kindheit gewußt, die hinter ihnen lag. Er war grausam und mitleidlos; seiner Seele mangelte es an einem wichtigen Teil.

Sie hatte so lange Zeit dagegen gekämpft. Kein Mittel hatte sich angeboten. Und doch gab es ein Mittel. Sie hatte das erkannt, sobald sich ihr ihre andere, unumgängliche Verkörperung offenbart hatte.

Sie hatte anfangs versucht vorzugeben, daß es nicht das war. Aber ihr Körper; ihr Körper, der sie mit ihm betrogen hatte; ihr Körper hatte sie verspottet und war zufrieden gewesen mit dem, was er getan hatte, und hatte sie zu seinen Zwecken zum Schweigen gebracht, und zu den Zwecken Kesarhs.

Ihr Körper trug ein Kind. Das Kind ihres Bruders.

Val Nardia machte sich bewußt, daß sie dumm gewesen war, sich der Tieflandpriesterin anzuvertrauen. Die Leute der Ebenen waren nicht wie die Visianer, nicht einmal wie die Rassen auf dem Schwesterkontinent, Vathcrianer, Shansarianer, sondern einzigartig. Und ohne Mitleid wie Kesarh, in ihrer unduldsamen Art.

Sie erhob sich. Sie, die der Welt entflohen war, hatte nun eine Wegkreuzung erreicht, auf der sich die Ängstlichen von den Tapferen schieden, und sie hatte ihre Richtung gewählt.

Sie stieg mit unbewegtem Gemüt auf den Hocker. Sie hatte seit vielen Nächten nicht geschlafen und war sehr müde.

Sie benutzte nur eine Hand, als sie das zu einer Schlinge geknüpfte Ende der roten Kordel, die vom Dachbalken herabbaumelte, sachkundig um ihren Hals legte.

Sie fühlte kaum eine Erregung über das Bevorstehende. Ihr Hals war sehr dünn. Auf die gleiche Weise hatte ihre Mutter ihr Leben beendet. Und ebenso, wie Val Nardia damals – als Kind von acht oder neun Jahren – ins Zimmer gekommen war und sie gefunden hatte, würde jemand in diesen Raum kommen und Val Nardia finden.

Sie seufzte leise und stieß den Hocker unter sich mit einer seltsam anmutigen Geste fort.

Kesarh hatte noch lange beim Wein gesessen, dann hatte er den Wein und das Mädchen mit in seinen Schlafraum genommen.

Der schwache Hauch des Gestankes von dem moorigen See her störte ihn, das und das vielfältige Rumoren der Nacht, das für ihn neu und unbekannt war. Das Fest der Masken hatte ihm einen gezogenen Dolch beschert, Raldnor Am Ioli hatte geholfen, die Klinge zu plazieren, und der Erbe des Königs – wenn Jornil noch Gelegenheit hätte, sich selbst gegenüber ehrlich zu sein, würde er es zugeben – hatte sich freiwillig hineingestürzt.

In dem Augenblick, da Jornil Kesarh befohlen hatte, ihm die Kleider aus seinem Besitz zu vermachen, hatte der Plan angefangen, in Kesarhs Gehirn Gestalt anzunehmen.

Raldnors Männer hatten die Gerüchte über Kesarhs Rückkehr in die Welt gesetzt – die natürlich falsch waren. Rem, der sich um den Schneider und das Mädchen gekümmert hatte, war es auch gewesen, der vorgetäuscht hatte, daß es sich um ein verlassenes Haus handelte. Rem hatte selbst einst Verwendung für derartige Gebäude gehabt und kannte aus den Tagen seiner Räuberexistenz mehrere solche Schlupfwinkel in der Stadt.

Am Iolis Männer hatten den Mord ausgeführt. Falls sie es geschafft hatten. Falls alles nach Plan verlaufen war. *Falls.* Dieser Gedanke war es, der Kesarh am meisten beunruhigte. Er mußte hier in Ungewißheit warten. Das war das ganze Problem.

Endlich bewirkten der Wein und das Mädchen, daß er sich entspannte. Er fiel in Schlaf; in einen Schlaf, der tiefer war als das Innere der Welt.

Dann, im Schlaf, zerriß ein Sturmwind die Finsternis in seinem Kopf.

Er erwachte, schrie auf, und das Mädchen berührte ihn an der Schulter.

»Es war ein Traum; nur ein Traum, mein Lord«, murmelte sie in dem Bemühen, ihn zu beruhigen.

Er schüttelte ihre Hand von sich ab und taumelte aus dem Bett.

»Kein Traum.«

Sie griff erneut nach ihm, und er schlug nach ihr.

Sie sank zurück, wimmernd, und er verließ den Raum und stieg die Treppe hoch auf die Dachterrasse. Dort stand er in der von Dem Stern geröteten Nacht, dessen Pulsschlag in ihm Resonanz fand, und starrte in den Wald. Sein Inneres war wie ausgebrannt. Als wäre ihm ein lebenswichtiges Organ entnommen worden und er hätte es wunderbarerweise überlebt.

Er konnte sich das Gefühl nicht erklären, und nach und nach gelang es ihm mit kraftvoller Anstrengung, es von sich zu weisen. Und weiter fort. Und weiter.

Als er zurückkehrte, lag das Mädchen gekrümmt am Boden.

»Komm her«, sagte er. »Du hattest recht. Es war nur ein Traum.«

Sie kroch wieder zu ihm und liebkoste ihn, bis er sie begehrte und nahm. Er fiel erneut in Schlaf, und als er schlief, schmiegte sich Berinda an seinen Rücken und lächelte wie ein Kind, dem man eine Missetat verziehen hat.

FÜNF

Gegen die blaue Dämmerung, die nun nicht mehr von Zastis beherrscht wurde, zuckten die Hände des Magiers hin und her, und ein Regen aus Lichtstrahlen ging von ihnen aus. In der flachen Schale auf dem Boden schimmerten die Knochen vor kurzem geschlachteter Tiere, vom Fleisch gesäubert und weiß. Dann folgte ein Abgrund der Schwärze.

Hinter dem Fenster hingen die Sterne in Haufen am Himmel über der Bucht. Ein Stern rauchte auch über dem höchsten Dach des Palastes, ein düsteres Signalfeuer über ganz Istris; das Wachfeuer der Bestattung eines Königs brannte, wie es Brauch war in Shansar, jetzt schon seit über einem Monat.

»Nun?« krächzte Suthamun endlich. »Was seht Ihr?«

Suthamuns Magier hob den Kopf, und das geheimnisvolle Glimmen der Knochen erlosch.

»Ihr wart weise, König, ihn aus Xai zurückzubeordern.«

»Tatsächlich? Es geschah auf den Vorschlag meiner Berater

hin. Schwarze Männer und gelbe. Er hat es verstanden, sich beim Volke beliebt zu machen; als kleiner Held gefeiert zu werden. Meine Visianer beeindruckte seine Verbannung nicht.

Diese Geschichte, daß ich versucht hätte, ihn zu töten – zweimal, zuerst in Tjis und dann hier in der Hauptstadt, wo meine Mordgesellen sich infolge einer Verwechslung an meinem Erben vergriffen hätten ... *Bei Ashara!* Es war der Mob hier, der das verbrochen hat ... schwarzer und brauner Abschaum ... trunkenes Gesindel ... das meinen Jungen umgebracht hat, nachdem es ihn in diesen verdammten Kleidern erkannt hat. Oder das Freie Zakoris. Eindringlinge, die sich an Kesarh rächen wollten ... ein Versehen ...« Suthamun brach ab.

Sein Kummer war echt, aber er betraf einen anderen Verlust. Seine Augen waren trocken, doch hatte er vor Zorn geweint, als man ihm den Leichnam gebracht hatte.

Jornil war, wenn auch nichts weiter, ein Symbol der Fortdauer der shansarianischen Herrschaft in Karmiss gewesen, jener Dynastie von Wiedereroberern. Jetzt war Suthamuns ältester gesetzmäßiger Erbe sieben Jahre alt. Die übrigen waren mischblütige Bastarde oder Töchter. Nutzlos.

»König«, sagte Suthamuns Magier, »selbst der Hohe Herr muß zuweilen ein Ohr für die Bedürfnisse seines Volkes haben. Ihr hättet nichts anderes tun können, als den Prinzen Am Xai an Euren Hof zurückzuholen.«

»Und jetzt muß ich ihm schmeicheln, mich ihm gegenüber liebenswürdig erweisen, um den Leuten zu gefallen, um sie ruhig zu halten. Wo er den Tod meines Sohnes verschuldet hat. Und ich habe nie meine Hand gegen diesen Hund erhoben. *Niemals.* Die Geschichte über Tjis ... Das ist eine Lüge.«

»Ihr glaubt, Prinz Am Xai wäre ebenfalls am Mord des Erben beteiligt gewesen?«

»Ich weiß es nicht. Die Freien Zakorianer, der Mob. Kesarh – ja, warum nicht? In Shansar würde ich ihn einer Prüfung unterziehen, den drei Proben durch Feuer, Wasser und Eisen. Aber hier wage ich es nicht; nicht im Land dieses Lügners.«

»Ihr tut gut daran, ihm seinen Willen zu lassen, König. Die Konstellation bei seiner Geburt war interessant. Zudem hat

die Göttin hier gesprochen; mit leiser, sanfter Stimme; unverständlich, aber wahrhaftig.«

Suthamun, der Ungeduld und Furcht empfand, unterbrach sein ruheloses Hin- und Hergehen.

»Wovon redet Ihr?«

»Die Aura der Göttin hat den Schicksalsweg des Prinzen Kesarh gestreift. Es wäre jetzt, König, wenig ratsam, sich ihm entgegenzustellen.«

Suthamun grunzte. Ihn verlangte nach Wein und Lärm; das zehn Nächte lang währende shansarianische Totenfest, die lauten Wehklagen und an Schattenwesen gerichteten Trinksprüche hatten ihm Erleichterung verschafft. Aber die Feier war vorüber. Und heute nacht würde Kesarh mit am Tisch sitzen. Er war am heutigen Nachmittag auf diskrete Weise willkommen geheißen worden, nachdem er unerkannt und verstohlen wie ein Dieb in die Stadt gelangt war. Möglicherweise als einer seiner eigenen Mörder?

Nichts hatte auf eine Verbindung zwischen Kesarh und dem Mord an Jornil hingewiesen; abgesehen von der Gewandung, in der Jornil gestorben war. Aber trotz der Aura der Göttin, trotz diplomatischer Empfehlung, trotz Magie und aller übrigen Begleitumstände würde er nicht lange fakkeln; zudem sah er den Vorfall von einem merkwürdig verzerrten Blickwinkel aus, unter dem dramatischen und epischen Gesichtspunkt, der berücksichtigte, was er seiner Herkunft nach gewesen war: ein Erbherrscher über ein Land der Erscheinungen und Legenden.

Denn daß Kesarh dachte, Suthamun sei bestrebt, ihn zu ermorden, und daher glaubte, Suthamuns Sohn sei umgebracht worden, während er die Rolle Kesarhs spielte ... so daß die Schuld bei Suthamun lag ... das waren shansarianische Rachemaßnahmen in höchster Vollkommenheit. Da der König sie als solche ansah, schuldete er ihnen entsprechende Achtung.

Er sah darin keine besondere Gefahr für sich selbst. Es wäre absurd gewesen, es zu tun. Kesarh bedeutete nichts; außer vorübergehend für den visianischen Mob. Und selbst jetzt, wo der erste Erbe fortgefallen war, standen noch immer Suthamun und seine fünf Brüder zwischen allen übrigen Männern und dem karmianischen Thron.

Das Feuer auf dem Palastdach war mit Wasser übergossen worden. Es glomm, wie zuvor Zastis geglommen hatte; der große Brand der Liebe, des Lebens, des Todes; beiden waren diese Bedeutungen gemeinsam.

Der Sommer begann ebenfalls zu lodern und zu sterben. Die Flammen der Blätter welkten an den Bäumen. Das Schilf an den Tümpeln wurde fahl, dann schwarz, und die Sonnenuntergänge verloren sich im Dunst.

Rem, der sich aufs intimste in die Pläne seines Herrn in Tjis und Ankabek hineingezogen fühlte, wartete nach ihrer Ausführung ab, weil unklar war, wie es weitergehen sollte. An jenem Nachmittag, ehe er nach Xai aufgebrochen war, hatte Kesarh mit Rem gesprochen. Es war das erste Mal gewesen, daß Rem das Innere des bescheidenen königlichen Apartments zu Gesicht bekommen hatte, was einer Wache vor dessen Tür eigentlich nicht zustand.

Die damalige Vorzugsbehandlung hatte offensichtlich einen ganz bestimmten Sinn gehabt. Talente, die Rem zu seiner eigenen Erleichterung über ein Jahr lang nicht mehr hatte anwenden müssen, waren wieder gefragt worden. Er war Zeuge gewesen, wie die dazu herangezogenen Personen mit Hilfe der richtigen Mischung aus angedrohter Gewalt und versprochener Bezahlung in klingender Münze dazu verleitet wurden, Kesahrs Willen zu erfüllen. Als Resultat war Jornil jetzt nur noch ein Häuflein Asche, und Kesarh war wieder in Istris in anderen, komfortableren Räumlichkeiten untergebracht, eingeladen zu den meisten Anlässen im gesellschaftlichen Kalender des Königs.

Die Situation erstaunte Rem.

Von der erzwungenen Freizügigkeit eines Mannes zu leben, dessen kalter Stahl seines Hasses ... noch in der Scheide ruhte, aber jederzeit auf seinen Rücken zielen mochte ... Kesarh schien Rem reichlich unbekümmert zu sein. Nur die aufmerksame Ruhe in seinen Augen kündete zuweilen von seinem Wissen um die gespannte Lage. Er war sich ihrer bewußt, er war auf der Hut. Sein Kopf funktionierte weiterhin, selbst als er den Wein Suthamuns trank, oder als die Mädchen auf den Straßen angelaufen gekommen waren, um ihn zu küssen. Nur allzu bald würde das visianische Istris – noch mit Suthamuns zynischer Bestrafung und dem Ruhm ihres

Opfers beschäftigt –, Kesarhs Geschick und Bravour vergessen haben. Es war nur eine Frage der Zeit. Und dann, wenn es überhaupt so lange dauerte, könnte ein Unfall arrangiert werden.

Kesarh mußte dies alles klar sehen. Klarer, als es selbst der König zur Zeit noch sehen mochte.

Aber Rem belastete dieses ganze Wissen und bereitete ihm Unbehagen. Er hatte wiederholt in Erwägung gezogen, den Dienst beim Prinzen zu quittieren. Das würde allerdings bedeuten, daß er auf ein ansehnliches Salär verzichten müßte. Zudem mochte sein eigenes Leben in Gefahr geraten, da er dessen gegenwärtige Tätigkeit kannte. Und ohne Mittel auf der Flucht zu sein, war eine wenig anziehende Vorstellung. Es gab aber noch eine andere Überlegung, die ihn dazu veranlaßte, loyal zu bleiben. Derartige Aufgaben für einen Mann zu erledigen, bindet einen an ihn; mehr als Furcht oder Klugheit.

Darüber hinaus beschäftigte ihn noch eine weitere Sache.

Was in Ankabek geschehen war, die unvermittelte, zweite Unfähigkeit seiner Vernunft, sich gegen die Geist-Bilder zu wehren, die ihn zu rasch nach ihrem ersten Auftauchen erneut überfallen hatten ... Noch Tage und Nächte danach hatte er in ständiger Nervosität solche Anfälle erwartet. Selbst jetzt noch rechnete er damit. Und die Statue der Schlangenfrau, die er in dieser Nacht im Tempel gesehen hatte und die ihm so unbegreiflich vertraut vorgekommen war.

Heulende Stürme hatten die Stadt heimgesucht. Die Nächte wurden kühl, dann kalt. Kesarh hatte Geschenke an den Rat ausgeteilt, und an den Gouverneur, aber er mußte sich um zusätzliche Absicherungen bemühen, ehe die kalten Monate kamen, denn schon änderte sich die Stimmung in der Stadt.

Ein Teil vom Dach des Ashara-Tempels war als reparaturbedürftig erkannt worden. Während des stürmischen Wetters waren Dachziegel auf die Straße gestürzt. Shansar und Vis waren über das Zeichen gleichermaßen erschrocken, das jedes beliebige bevorstehende Unheil bedeuten konnte.

Kesarh ging bescheiden, aber unverhohlen in seinem Schwarz, begleitet von nur zwei Wächtern, um Ashara für das Glück der Seele Jornils zu opfern. Istris, im Zustand an-

gemessener Wachsamkeit, beobachtete den dunkelgekleideten Ankömmling.

Ein trauriger Brief von Lycki gelangte auf unbekannte Art zu Rem in die Unterkunft, in der er sich augenblicklich aufhielt. Der Seilhändler war krank und launisch geworden. Lycki fühlte sich auch nicht wohl.

Es schien, als brauche sie einen Arzt und als habe ihr Beschützer, dem es durch geschäftliche Verluste schlechter ging, nicht die Absicht, nach einem Arzt zu schicken. Die dezent umschriebene Bitte um Almosen war durch verschleierte Hinweise auf ihre frühere Großzügigkeit gegenüber einem lieblosen Sohn geschmückt.

Obwohl Rem sie dafür haßte, war er dennoch unfähig, anders zu handeln; er schickte ihr Geld.

Eine Stunde nach dieser Tat der Nächstenliebe wurde er in den tiefergelegenen Teil des Palastes beordert.

Der Regen prasselte wie ein Pfeilhagel auf die Straßen und in den offenen Hof nieder. Kesarh kam durch den Platzregen auf Rem zugeschritten und fing an, auf ihn einzureden, während sie allmählich durchweichten und purpurne Blitze über ihren Köpfen dahinzuckten.

»Er plant etwas beinahe Kluges«, sagte Kesarh, und Rem wußte, daß er vom König sprach. »Er denkt daran, meine Schwester an den Hof zurückzurufen. Ich schätze sie. Sie könnte daher gegen mich benutzt werden.«

Rem nickte. Kesarh händigte ihm ein versiegeltes Päckchen aus.

»Laßt ihr diesen Brief zukommen. Gebt ihn aber nur ihr, versteht Ihr? Eilt, so rasch es geht. Euer Reittier ist dort drüben, außerdem Geld, mit dem Ihr Euch ein neues kaufen könnt, wenn es unter Euch verenden sollte.«

»Ankabek«, sagte Rem.

Er wünschte nicht, nach Ankabek zurückzukehren.

Kesarh sah ihn an, und Rem wußte, daß er keine Wahl hatte. Auch jetzt handelte es sich nicht um Angst. Jemand hatte ihm vertraut; jemand, der ihn mit derselben Leichtigkeit töten konnte; so rasch, daß es ihm nicht einmal bewußt würde.

Während seines Rittes regnete es ununterbrochen. Die Wolken rasten hoch über dem hügeligen Land dahin, und die Straße nach Ioli war glitschig wie Zuckerwerk.

An der Küste krachte die See donnernd gegen das Ufer.

Anfangs wollte ihn kein Fährmann übersetzen. Als er eine ausreichende Summe bot, ruderte ihn einer fluchend hinüber, aber die Wogen hatten schlimmer ausgesehen, als sie waren.

Nach den üblichen Landemanövern wurde er den langen, hügelauf führenden Weg zum Tempel geführt, durch den jetzt von heiligem Laub rotgefärbten Regen.

Er wartete drei Stunden lang in einem Steinhäuschen und versuchte, das Feuer zu überreden, daß es ihn trocknete. Unterdessen bemühte er sich, jemanden zu finden, dem er seine dringende Botschaft für die Prinzessin Val Nardia wiederholen konnte.

Endlich gab er beides auf und fiel in Schlaf, und da kamen sie, und er mußte ihnen wieder in den Regen hinaus folgen.

Sie führten ihn an den Tempel, und zeigten ihm in einem der beiden gebogenen Gänge ihr Hexenkunststück, das die Tür öffnete. Sein hartnäckiges Widerstreben bei dem Gedanken, wieder den Hauptteil des Tempels betreten zu müssen, erschreckte ihn. Aber statt dessen führte der Weg diesmal abwärts, vermutlich unter den Mittelteil des Tempels.

Er endete in einem nichtssagenden Raum, der plötzlich erhellt wurde, als eine Erscheinung eintrat. Er vermutete sofort, daß er aus einem unbekannten Grund getäuscht und eingeschüchtert werden sollte. Das machte die Erscheinung aber nicht weniger eindrucksvoll.

Es war eine Priesterin, eine weißhäutige Tieflandpriesterin, und sie trug das Schlangenauge auf der Stirn. Ihre ganze übrige Gestalt war golden; sie hatte goldenes Haar, Kleider aus goldenen Schuppen – wie der Vorhang, an dem Rem sich erinnerte – und goldene Augen. Auch ihre Lider und Lippen waren golden, ebenso ihre Nägel.

Sie war ohne Ankündigung hereingekommen und stand jetzt einfach vor ihm, sah ihn an, und er fühlte sogleich, wie ihn ein Teil seines eigenen Willens verließ.

»Ihr wurdet von Prinz Kesarh gesandt?«

»Das ist richtig«, sagte er angespannt. Ihre Stimme klang nicht menschlich. Es gab einen Widerhall irgendwo ... nicht in seinen Ohren, sondern irgendwie ... *innen* in ihm.

»Ihr habt einen Brief an die Prinzessin bei Euch.«

Er verstand sofort.

»Was ist geschehen?« fragte er.

»Rarnammon«, sagte sie. Nur das, nichts weiter.

Es entsetzte ihn, denn er konnte sich nicht vorstellen, woher um alles in der Welt sie seinen wirklichen Namen kannte. Er fürchtete sich, sie danach zu fragen.

Er sagte: »Ich frage Euch nochmals. Was ist geschehen?«

»Ihr werdet mir folgen«, erwiderte sie, »und Ihr werdet sehen, was geschehen ist. Dann werdet Ihr zu ihrem Bruder zurückkehren und ihm erzählen, was Ihr gesehen habt, und alles, was man Euch gesagt hat.«

Sie gingen durch einen langen Korridor, der schwach durch Fensterschlitze hoch oben in der Wand erhellt war. Danach durch eine eiserne Tür, die aussah, als führe sie in einen Kerker. Stufen führten hinab, und unten wurde eine weitere Tür von zwei Priestern mit Kapuzen für sie geöffnet.

Wie zuvor war es Rem bewußt, daß er geführt wurde, hilflos und gegen seinen Willen, einer bedeutsamen Angelegenheit entgegen. In seinem Kopf begann es, warnend zu klingeln, er hatte erneut das unheimliche Gefühl der Desorientierung, das er in dem Boot kennengelernt hatte; die schlingernde Welt; das Chaos.

Rauch machte sich bemerkbar; Weihrauch, der anders als der Asharas roch, feiner, kräftiger, alles durchdringend. (Er hatte gehört, daß hier kein Weihrauch verwendet wurde.) Ein durchsichtiger Vorhang wurde beiseite gezogen. Und noch einer. Der Rauch, die Vorhänge, die Sicht, alles vermengte sich miteinander. Das Zentrum seines Körpers schien leer, als wäre er hohl. Gesang erklang von irgendwoher, wie es schien, aus allen Richtungen, ein einzelnes Wort wurde ständig wiederholt – oder bildete er sich das nur ein ...

Astaris. Astaris. Astaris.

Dann verhallte der Klang. Die Nebel lösten sich auf. Sie betraten eine ziemlich gewöhnlich wirkende Kammer, jedoch war sie von einer Lampe erhellt und fensterlos. In ihrer Mitte stand eine Liegestatt; die Vorhänge darum waren zugezogen.

Die goldene Priesterin, schimmernd im Lampenschein, zog an einer mit einer Quaste versehenen Kordel, und die Vorhänge glitten zur Seite.

Dort auf dem Bett lag die junge Frau, die Rem nur selten in Istris erblickt hatte, häufiger hier, die Prinzessin Val Nardia. Sie lag im Schlaf, ihr Haar bedeckte das Kissen mit seiner satten Farbe.

Er bemerkte noch etwas anderes. Ihr Bauch wölbte sich leicht unter dem schwarzen Gewand, in der festen, gerundeten Form früher Schwangerschaft.

»Ja«, sagte die Priesterin, als hätte er seine Beobachtung ausgesprochen. »Jetzt tretet näher, aber berührt nichts.«

Obwohl er es nicht wollte, folgte er der Anweisung. So erblickte er die furchtbaren Male am Hals der Prinzessin. Auf eine ihm unbekannte Weise hatten diese Leute die Züge ihres Gesichts wiederhergestellt, das Hervortreten ihrer Augen kaschiert und ihre Zunge wieder an ihren Platz im Mund gebracht.

»Wer hat das getan?« fragte Rem. Aber er konnte sich nicht vorstellen, daß die Männer des Königs hierher gekommen waren und dieses Werk verrichtet hatten.

»Val Nardia hat sich selbst das Leben genommen. Sie war verzweifelt. Sie hat nichts gelernt.«

Rem wandte sich der Frau zu, im Begriff, sie mit einem häßlichen Schimpfwort zu belegen. Aber er sah, daß es kein Mangel an Mitleid war, sondern Mitleid an sich, das sie zu der gefühllos klingenden Bemerkung veranlaßt hatte.

So fragte er statt dessen: »Wann hat sie es getan ... war es gestern?«

»Vor einigen Monaten«, erwiderte die Priesterin ruhig.

Unwillkürlich wollte er entgegnen, daß dies unmöglich sei, aber er verstummte wieder. Schließlich fragte er nur: »Wie habt ihr sie derart präpariert?«

»Gewisse Arzneien, gewisse Kräuter. Und, nun ja, Methoden, die in Vis als Magie bezeichnet würden. Dinge, die in den vorzeitlichen Tempeln bekannt waren. Aber wir treiben keinen Mißbrauch mit ihr, Rarmon. Ihr Leib ist ausgehöhlt, der Geist frei. Wir erhalten ihre körperliche Existenz nur, damit das Kind leben wird. Wenn das Kind ausgebildet ist, wird es geboren werden. Dann wird sie die ganze Freiheit des Todes haben.«

Er war über ihre Benutzung seines ungekürzten Namens fast erschrockener gewesen, als über ihr Nennen seines län-

geren, älteren Namens. Der Schweiß war ihm ausgebrochen, obwohl der Raum kalt war.

»Das Kind ist unwichtig. Unwichtig für Euch.«

»Weshalb? Woher wollt Ihr das wissen?«

Sie lächelte. Er war überrascht, denn sie lächelten nicht oft, die Reinblütigen ihrer Rasse. Sie hatten zuviel in der Vergangenheit gelitten, jahrhundertelang; möglicherweise war das der Grund. Das Lächeln bedeutete ihm behutsam, spöttisch: *Du kennst unsere Möglichkeiten.*

Aber sie sagte, indem sie die Hände in der graziösen Manier des visianischen Theaters spreizte: »Von Anackire.«

Er sah wieder zu dem toten Mädchen hin, dann schweifte sein Blick ab. Etwas flüsterte in seinem Kopf, seine Erinnerung, die ihm nicht willkommen war, die Geist-Vision dreier Frauen – weißhaarig, dunkelhaarig und rot, und an ihre Bäuche, die er mit keimendem Leben erfüllt gesehen hatte.

»Und der Vater?« sagte er sachlich.

»Kehrt zurück zu ihm und berichtet ihm«, sagte sie, »was Euch gezeigt wurde und wovon ich gesprochen habe.«

»Ihr wißt demnach, daß der Vater ihr Bruder ist.«

»So, wie auch Ihr, Rarmon, es wißt.«

»Nennt mich nicht so.«

»Es ist Euer Name.«

Er fühlte sich matt. Er verlangte danach, diesen Raum zu verlassen, und ging zur Tür.

»Nicht mehr.«

Sie begegneten Frauen in der äußeren Kammer, die er zuvor nicht wahrgenommen hatte. Obgleich ihm übel war, fühlte er sich jetzt ernüchtert, wie durch einen Schlag oder eiskaltes Wasser.

Als sie den oberen Gang erreicht hatten, sagte er zu der Priesterin, in dem Wunsch, sich zu verhalten, als wäre alles völlig normal: »Dann werde ich den Brief wieder mit zu ihm zurücknehmen.«

»So«, sagte sie, »wie die andere Botschaft auch wieder mit zurückgenommen wurde.«

Rem stutzte.

»Von Suthamun?«

»Vom König.«

»Vor mir?«

»Der Bote reiste gestern ab. Mit einem wohlbehüteten Geheimnis. Aber auch unser Geheimnis blieb wohlgehütet. Der Bote des Königs weiß nicht alles, was ich Euch gesagt habe. Dennoch wird der König Nachricht von ihrem Tod erhalten, ehe der Prinz davon erfährt.«

Obwohl er den Rest der Entfernung durch den unteren Teil des Tempels äußerlich normal ging, rannte Rem bereits innerlich. Er rannte dann tatsächlich über die Insel und durch den Regen. Am Ufer focht er mit einem Mann, warf ihn über die Schulter und zerquetschte ihm die Lippen an seinen Zähnen, dann schob er das Boot ins Wasser zurück.

Wieder an Land, ritt er das erste Zeeba fast zu Tode, und auch das zweite, das er stahl, als ihm der Kauf verweigert wurde.

Er hatte oft daran gedacht, während er nach Ankabek geritten war, die Gelegenheit zu nutzen und sich aus Kesarhs Diensten zu entfernen. Es gab noch mehr Häfen entlang der Küste. Er hätte nur einen beliebigen schwatzhaften Händler, der über die Meerenge bis Dorthar unterwegs war, in Kauf nehmen müssen.

Aber nicht jetzt.

Rem, zwischen der zunehmenden Verrücktheit seiner Visionen und der Unbegreiflichkeit des Tempels, hatte sie noch zusammen erlebt, in der Zelle, auf dem Hügel; Kesarh und seine Schwester. Als Außenseiter in einem Land, in dem die heterosexuelle Liebe die Regel war, hatte Rem sich hier und da von ihrer sittlichen Seite faszinieren lassen, wie von einem Ritus, den er verstandesmäßig erfassen, aber niemals nachvollziehen konnte und niemals nachzuvollziehen gewünscht hätte. Es hatte den bizarren Reiz aller fremden Dinge. Die enge Verwandtschaft berührte seine Überlegungen überhaupt nicht, außer in Form einer stichhaltigen Theorie über die Ursache von Val Nardias Selbstmord.

Und Kesarh hatte sie angesehen, in Krankheit und Gesundheit, wie er nach Rems Beobachtung niemals irgendeine andere Person oder Sache angeschaut hatte.

Und der König würde die Nachricht von ihrem Tod vor Kesarh erhalten.

Rem hatte jetzt eine Ahnung, daß Suthamun diesen Vorsprung nutzen könnte.

Der Steinmetz war in einer schmutzigen Farbe gekleidet, fast im Ton seines hellen Haares, das er stolz und ziemlich lang trug. Zwei Soldaten waren zu ihm nach Hause gegangen und hatten ihn hergebracht, verstohlen, auf Nebenwegen, ihn verspottet, bis er gekränkt schwieg, und ihm Belohnung versprochen, während die Spitzen ihrer Schwerter im Schein der Fackeln blitzten.

Der Mann im Sessel war Kesarh Am Xai. Der Steinmetz hatte ihn nie zuvor gesehen, aber oft genug seine Beschreibung gehört. Es schien außerdem, daß Kesarh etwas über ihn in Erfahrung gebracht hatte. Eine Reihe von Dingen, die den Steinmetz in ziemliche Schwierigkeiten bringen würden, wenn andere davon erführen.

»Muß ich ... annehmen, daß ich beobachtet worden bin, mein Lord?«

»Wenn ich an Eurer Stelle wäre, würde ich es annehmen.«

»Aber weshalb ... Welches mögliche Interesse könnte Eure Lordschaft daran haben ...«

»Den Ashara-Tempel«, gab ihm Kesarh Am Xai Auskunft.

Der Steinmetz keuchte.

»Ihr seid mit der Restaurierung der östlichen Kuppel beauftragt.«

Der Steinmetz nickte. Er war erfreut gewesen, den Auftrag für diesen Teil der Arbeit ergattert zu haben, die Ruhm und ausgezeichneten Lohn bringen würde, wenn er sie zufriedenstellend ausführte. Das Dach mußte an verschiedenen Stellen unterstützt werden, seit die Stürme deren Schwächen zutage gebracht hatten. Aber die östliche Kuppel war die kniffligste Stelle; sie hatte ein enormes Gewicht und außerordentlich viele Verzierungen, die gerettet werden mußten.

»Jemand«, sagte Kesarh, »hat die Vermutung ausgesprochen, daß dieser Teil des Daches vollständig nachgeben könnte, wenn er nicht behandelt würde. Wenn Schnee darauf liegt, zum Beispiel.«

»Gewiß ... gewiß; ja, Lord Prinz. Sehr wahrscheinlich. Die Last und die Kälte des Schnees machen spröde, überlasten eine Konstruktion allein schon über Gebühr. Sehr riskant. Ein Teil der Decke hätte sogar in den Tempel selbst fallen können.«

»Wann?« fragte Kesarh.

»Wann, mein Lord?«

»Wenn sie nicht repariert würde, wann würde das geschehen, was Ihr erwähnt habt?«

»Die Reparaturen sind schon ...«

»Beantwortet meine Frage.«

»Ihr könnt ruhig schlafen. Prinz Kesarh. Selbst ohne die Reparatur nicht eher als in einigen Jahren.«

Der Steinmetz spürte kein Verlangen, Kesarh in die dunklen visianischen Augen zu schauen, aber er hielt es für seine Pflicht.

Von seinem Blick eingefangen und festgehalten, hörte er ihn sagen: »Ihr werdet dafür sorgen, guter Mann, daß nicht nur die Decke, sondern auch die östliche Kuppel in den Tempel stürzt, noch bevor der erste Monat, in dem Schnee liegt, vorüber ist.«

Der Steinmetz fiel beinahe in Ohnmacht. Er hatte sich darauf vorbereitet, daß etwas auf ihn zukam. Aber nicht so etwas.

»Aber, mein Lord ...«

»Die günstigste Gelegenheit für den Einsturz«, fuhr Kesarh ruhig fort, »wird eine religiöse Feier sein, anläßlich derer der gesamte Hof zugegen ist. Und der König, und natürlich die Brüder des Königs.«

Der Steinmetz sank in die Knie. Seine Beine hatten einfach nachgegeben. Sein Darm und die Blase hätten fast ebenfalls versagt. In solche Pläne eingeweiht zu sein bedeutete, daß er fortan beobachtet wurde, unter der Androhung des raschen Todes durch die Männer Kesarhs, falls er etwas über dieses Vorhaben offenbarte oder versuchte, es zu offenbaren. Nichts hätte klarer sein können.

Der östliche Ausläufer des Tempels war der Platz des Königs, unmittelbar vor dem Standbild der Göttin. Wenn die Kuppel einstürzte, würde sie alles und jeden unter sich in Staub verwandeln ... Und zu Brei zermalmen.

»Ich sehe, daß Ihr gerade dabei seid, die geniale Einfachheit meines Planes zu erkennen, und was er zur Folge haben muß.«

»Aber Ihr werdet mich auf jeden Fall umbringen«, keuchte der Steinmetz. »Selbst wenn ich es schaffen würde; wie könnte ich hoffen, es zu überleben?«

»Der Bäcker, der seinen Teig vergiftet, hat bald keine Käufer mehr. Laßt Euch von mir überraschen: ich handle ehrlich, wann immer es mir möglich ist. Wer mir einen Dienst erweist, wird belohnt. Nur wer mir mißfällt oder lästig ist, erhält seinen Lohn in Form von Schmerzen.

Eure Wahl ist einfach. Stimmt zu, und Ihr habt Euren Nutzen. Weigert Euch, und alle Eure Verfehlungen werden allen und jedem offenbart. Auf diese Weise verliert Ihr Euren Posten und endet womöglich im Hafen, wenn ich einen schlechten Tag habe.«

Der Steinmetz kniete noch immer am Boden. Er begann zu schluchzen. Kesarh beobachtete ihn.

»Wie könnte ich es anstellen ... daß es genau zu diesem Zeitpunkt fällt ...«

»Ihr werdet Hilfe erhalten. Morgen wird jemand in Euer Haus kommen, um die Einzelheiten mit Euch durchzugehen. Es darf kein Fehler vorkommen. Und jetzt geht hinaus. Eure Tränen und Euer Urin, die dabei sind, auf den Boden fließen, werden ihn nicht wertvoller machen.«

Als der Mann gegangen war – es gab eine Reihe nützlicher Notausgänge aus den neuen Räumen – begab sich Kesarh in den Schlafraum.

Das Mädchen, das er aus Xai mitgebracht hatte, starrte in eines der verzierten Bücher, das offen dort gelegen hatte. Natürlich konnte sie nicht lesen.

Sie sah bei seinem Schritt auf und himmelte ihn an. Sie war nicht unattraktiv, zumindest brauchbar, und war durch die Diät, die sie jetzt bekam und auf deren Einhaltung er geachtet hatte, anmutiger geworden. Außerdem war sie geistig zurückgeblieben. Diese Kombination behagte ihm. In dieser Zeit konnte er niemanden in seiner Nähe brauchen – selbst keine Hure fürs Bett –, auf den kein Verlaß war.

Er dachte an Val Nardia. Sie würde den Verstand haben zu tun, was er ihr geschrieben hatte, Unwohlsein vortäuschen und nicht zulassen, daß sie aus dem Sanctuarium geholt würde.

Wann immer er an sie dachte, fühlte er neuerdings eine merkwürdige Leere, als wäre ein verletzter Nerv abgestorben. Er hatte mit ihr Feuer getrunken in Ankabek. Diese eine Nacht war ein Exempel für Zastis' Kraft gewesen. Und doch,

wann immer er jetzt an sie dachte, wurde seine Erinnerung von diesem Gefühl der Lehre begleitet. Weshalb? War er ihrer überdrüssig, wie all der anderen?

Nein, das konnte es nicht sein.

Er gab die Träumerei auf und ging zu seinem ungefährlichen kleinen Freudenmädchen. Es würde noch genug Zeit bleiben, vor dem offiziellen Dinner...

Es blieb keine Zeit.

Speere schlugen auf den Marmor draußen auf dem Flur, und es rüttelte an den Türen.

Suthamun hatte ihn vorgeladen.

Kesarh war nicht unaufmerksamer als zu anderen Stunden des Tages. Er lebte in einem Zustand ständiger Wachsamkeit, einer Witterung für Gefahren, wie sie Tiere besitzen. Er fand das weder angenehm, noch unangenehm. Er war daran gewöhnt. Es war für ihn die angemessene Art zu leben. Andere Männer, die diese Wahrheit nicht erkannten, waren Faulpelze oder Schwachsinnige.

Der Kern von Suthamuns blondem Hofstaat war in einem der mit Freskenmalereien verzierten kleineren Gemächer neben der Banketthalle versammelt.

Es war der übliche Anblick; Diener, die umhertrotteten, Anhänger, die stillschweigend geduldet wurden, aufgeblasene Angeber oder Schmollende. Beim Springbrunnen diskutierten zwei Personen vom Rat über etwas so Frivoles wie iolische Wagenrennen.

Kesarh nickte ihnen zu, und sie verbeugten sich. Der König stand bei seinem Bruder Uhl und dem narbigen Halbbruder, der ebenfalls ein Favorit war.

Etwas Besonderes lag in der Luft. Kesarh bemerkte es sofort. Die übliche am shansarianischen Hof so beliebte laute Musik fehlte.

Unvermittelt rief Suthamun laut durch den ganzen Raum: »Ah, Kesarh! Kommt her zu mir.«

Der Ton war gutmütig, wie er seit seiner Rückbeorderung aus Xai stets gewesen war. Diese Schimpfworte, *visianischer Hund,* waren niemals wieder ausgesprochen worden. Und doch war ein anderes Element eingetreten. Ein feierlicher, sonorer Ton, nicht unähnlich dem Timbre, dessen sich ein Priester in einer geistlichen Ansprache befleißtigte.

Kesarh ging langsam vorwärts. Er wirkte wie immer, aber seine Wachsamkeit hatte jetzt zugenommen.

Er war dreißig Schritte entfernt, als Suthamun wiederum etwas in jenem besonderen Tonfall ausrief.

»Kesarh, ich habe heute schlechte Nachrichten erhalten. Sehr schlechte Nachrichten.«

Es durchfuhr Kesarh blitzartig, daß sein eigener Bote und der geheime Reiter des Königs auf der Straße aneinander vorbeigekommen sein mußten; daß Val Nardia die Einladung, an den Hof zurückzukommen, bereits abgelehnt hatte und daß diese Ablehnung hier vorlag, um ihm ins Gesicht geschleudert zu werden; eine als Mitleid getarnte Anklage; möglicherweise eine Bitte, sie umzustimmen.

Suthamun trat jetzt seinerseits auf ihn zu. Falten zerfurchten sein Gesicht, und das vor Bestürzung geschwollen schien. Die Menge im Raum war totenstill geworden; alle waren nur noch Augen und Ohren.

»Schlechte Nachrichten«, wiederholte Suthamun. Und noch einmal.

Kesarh blieb stehen und wartete.

»Ich bin betrübt, das zu hören, Sire.«

»Unvermeidlich, Euch zu betrüben; Ihr werdet sicherlich sehr betrübt sein. Die Nachricht erreichte uns vor nicht einmal zwei Stunden aus Ankabek. Eure Schwester ...« Seine Stimme erstarb.

Kesarh wartete weiter ab.

»Eure Schwester, die Prinzessin Val Nardia, ist tot.«

Die Kesarh am nächsten standen, sahen, wie die Farbe aus seinem Gesicht schwand wie die Flamme einer ausgeblasenen Kerze. Das war alles. Er sagte nichts, und dann reichte ihm der König die Hand zum Zeichen seines Beileids.

Das Gemurmel ging im Raum rundum, und rund und rund, und erstarb.

Der König sagte laut: »Es widerstrebt uns, Euren Kummer zu vergrößern, aber leider ist es unvermeidlich. Val Nardia hat sich erhängt. Sie erwartete ein Kind ... Sie hat sich selbst und ihr Kind umgebracht. Die Göttin allein weiß, was über sie gekommen ist.«

Sie hatten natürlich shansarianisch gesprochen.

Es schien Kesarh, als hätte er diese Sprache nie gelernt und

als würden ihm gegenüber jetzt Sätze ausgesprochen, die keinerlei Bedeutung hatten.

Schon war der Raum in Rauch aufgegangen, der Boden hatte sich aufgelöst, war verschwunden. Das also war es, die Leere, der abgestorbene Nerv, der Alptraum in Xai …

Als hätte er keine Kontrolle über sein Denken, stahl sich jetzt eine Folge von Geschöpfen hinein. Ein kleines Kind, lachend; ein junges Mädchen, singend, errötend, sein Haar bürstend, eine junge Frau, deren Mund nach seinem verlangte, die Arme um ihn gelegt.

Es sollte möglich sein, diesen Ort zu verlassen. Aber es war nicht möglich. Der trügerische Rauch steckte voller Leute. Ein Feind griff nach seiner Hand, drückte sie. Jetzt mußte er sich schicklich benehmen, angemessen trauernd. Nicht mehr.

Sie hatte sich erhängt. Val Nardia. Und ein Kind, das ihre … Sein Kind …

Wahrscheinlich waren seine Hände kalt, kalt wie die Hände gewisser Männer, bevor sie einander töten mußten. Suthamun würde die Kälte fühlen, in der Hand, die er ergriffen hatte. Aber die Hand war auch ruhig. Sie zitterte nicht.

Kesarh erwiderte den Druck der Hand des Königs.

»Mein Lord«, sagte er. Seine Stimme war klar, wenn auch gedämpft und, wie immer, ausgesprochen wohlklingend. Er hatte nach allem die shansarianische Sprache nicht vergessen. »Ihr zeigt soviel Sorge um mich und nahmt es auf Euch, mir diese Nachrichten zu übermitteln; ich verdiene Eure Freundlichkeit nicht. Was meine Schwester betrifft, so wußte ich weder etwas von einem Kind, noch kann ich mir vorstellen, weshalb sie sich das angetan hat. Die Göttin hat sie jetzt zu sich genommen. Val Nardia ist bei ihr, in ihren allwissenden, vergebenden Armen. Mein Kummer wird mein Leben lang anhalten. Ich vermag nicht auszudrücken, mein Lord, wie mich Euer Trost bewegt, den Ihr mir in einem solchen Augenblick gewährt.«

Sie flüsterten überall um ihn her im Dunst des Raumes. Er hätte fast lächeln können.

Suthamun ließ ihn gehen. Kesarh wußte, daß seine Augen lauter schrien als die Schauspieler des Königs. Sollte Sutha-

mun in ihnen lesen, was er mochte. Bald spielte es keine Rolle mehr.

Sie glitt wie Musik durch die Luft, ihr fahles Gewand spiegelte sich in dem polierten Boden wider, ebenso ihr blutrotes Haar.

Sie schritt mit Blumen vorüber, zehn Jahre alt, die Knospen ihrer kleinen Brüste waren bereits durch ihr Kleid zu sehen, eine Puppe hing an ihrer Hand. *»Kesarh, wo bist du? Ich habe dich nicht finden können.«*

Val Nardia.

Er trank Wein mit ihnen, ging zum Essen mit ihnen. Er aß. Er diskutierte sachlich über andere Themen mit ihnen. Sie bildeten den Rahmen für seinen schicklichen Trauerschmerz. Sie kondolierten, sie rühmten ihre Schönheit; und er dankte ihnen mit ausgesuchter Höflichkeit.

Er wünschte sich, sie zu zerreißen, Haut zu zerfetzen und Knochen zu zermalmen.

Es wäre auch schicklich, den König darum zu bitten, daß er sich früh zurückziehen durfte, um auszuruhen; früh, aber nicht zu früh. Sie war eine Frau gewesen, nicht einmal seine Gemahlin oder Mutter, weniger als ein Kamerad, der Vater, ein Bruder oder Sohn ... obwohl er vielleicht auch einen Sohn verloren hatte; aber das wußten sie nicht.

Genau zur angemessenen Zeit bat er um seine Entlassung, erhielt sie, und verließ die Gesellschaft.

In der zweiten schwarzen Stunde des Morgens kam Rem an die Türen des neuen Apartments. Er wies den Soldaten – es waren zwei von den Siebenen – Kesarhs Ermächtigung vor und wurde eingelassen.

Rem hatte zu lange im Sattel gesessen und war zu lange ohne Schlaf gewesen. Er war sicher gewesen, daß er auch so zu spät kommen würde, trotz seines angestrengten Versuchs, rechtzeitig anzulangen, hatte aber beschlossen, nicht in seinen Bemühungen nachzulassen, bis er es sicher wußte.

Als er das erste Gemach erreichte, erfuhr er es. Die Lichter brannten noch in ihren Ständern und beleuchteten die Scherben eines zerbrochenen Weinkruges. An der Wand kauerte ein Mädchen, Berinda, in ihren Kalbsaugen stand unendliches Leid geschrieben. Sie sagte kein Wort.

Rem ging an die innere Tür und klopfte an. Nichts war zu hören. Rem öffnete die Tür und trat hindurch; er befand sich im Schlafraum.

Hier gab es kein Licht, nur der Mond schien durchs Fenster herein. Vor seinem Hintergrund war die aufrechte männliche Silhouette Kesarhs zu erkennen.

»Ich bin es, Rem, mein Lord.«

»Ich weiß, daß Ihr es seid. Ihr wäret nicht mit Eurem Auftrag in Verzug geraten, wenn Ihr ein anderer wärt. Denn die anderen schlafen nicht. Keiner von ihnen schläft mehr, nach zehn Hieben mit der Peitsche.«

Die Stimme war unverändert, gleichmäßig. »Mein Lord, ich habe mich bemüht, Euch zu erreichen, ehe der König ...«

»Ich bin sicher, daß Ihr das habt.« Kesarh schwieg eine Weile und fuhr dann fort: »Wo ist sie bestattet worden?«

Rem konnte sich an Einzelheiten nicht mehr genau erinnern. Er war zu erschöpft, um seine Worte abzuwägen. Doch mußte es gesagt werden.

»Mein Lord, hat jemand erwähnt, daß eine Schwangerschaft bestand?«

»Ja. Es wurde berichtet.«

»Die Priester dort glauben, sie erfolgreich zu Ende bringen zu können.«

Kesarh blieb still und unbewegt.

»Irgendwie«, sagte Rem, »haben sie ihren Körper erhalten. Sie behaupten, ihn so lange erhalten zu können, bis das Baby ausgebildet ist, und es dann zur Welt zu bringen. Es handelt sich um eine Art Zauberei mit Drogen. Wahrscheinlich sind es Lügen. Aber es erschien mir möglich, als ich dort war; als könnte alles so geschehen, wie die Frau es gesagt hat.«

»In Ordnung«, erwiderte Kesarh, als wäre alles, was ihm berichtet worden war, durchführbar. Dann aber fuhr er fort: »Ich werde dorthin gehen. Er wird erwarten, daß ich es tue, und zufrieden sein; er wird glauben, ich nähme Urlaub vom Kummer, flüchtete in Müßiggang ... Ich werde mich selbst um die Sache kümmern. Ihr habt getan, was Ihr konntet. Geht jetzt hinaus.«

»Mein Lord. Habt Ihr verstanden ...«

»Nein. Es ist Geschwätz, wie alles andere auch. Geht.«

»Mein Lord ...«

»Bei den nicht existierenden stinkenden Schlünden von Aarl, geht hinaus. Geht und spreizt Eurem Strichjungen die Beine oder weidet die alte Schachtel aus, die Eure Mutter ist. Tut, was immer Ihr wollt; aber tut es weit fort von mir.«

Kesarh hatte seine Stimme kaum erhoben, aber er hatte sich abgewendet. Er hatte eine Scherbe des zerbrochenen Kruges in der Hand und drückte sie immer wieder wie im Krampf; eine dunkle Flüssigkeit quoll hervor; Wein oder Blut. Der Mond beschien sein Gesicht schwach. Er weinte. Nicht maßvoll und befreiend, wie seine Haltung und seine Sprechweise es gewesen waren, sondern hemmungslos und ganz wie ein Kind.

Rem trat einen Schritt zurück, sammelte sich, wandte sich um und ging durch die Tür hinaus.

Als er sie schloß, hörte er Kesarh kurz auflachen, und er verachtete ihn.

Letzten Endes besuchte niemand Ankabek. Der König wünschte offenbar, Kesarh in seiner Nähe zu behalten, dem Prinzen ein Gefühl der Behaglichkeit und Unterstützung zu vermitteln. Suthamun ließ in keiner Weise erkennen, ob Kesarhs Zähigkeit ihn ärgerte. Der König hatte das Spiel erlernt, oder er glaubte, es erlernt zu haben, und spielte es jetzt mit der ganzen Aufmerksamkeit, die ihn seine Vorliebe für Intrigen aufbringen ließ.

Kesarh sprach in der Öffentlichkeit nicht über Val Nardia, und auch privat fragte er nicht wieder nach dem Platz ihrer Beerdigung und erkundigte sich auch nicht nochmals nach den angeblichen Hexenkünsten der Tiefländer oder der Behauptung, ein Kind könne in einer lebend-toten Gebärmutter heranwachsen.

Dem Boten des Königs gegenüber hatte man einen einfachen Stein erwähnt, der ihre Grabstätte markiere, in der Nähe des Tempelbezirks.

In den Augen der Verehrer der Göttin war Selbstmord weder eine sündige Tat, noch ein lobenswerter Rückzug aus dem Leben. Und es war keine Schande damit verbunden. Für eine Aristokratin der unteren Adelsebene war genug getan worden.

Kesarh schien beides zu akzeptieren, die Gönnerschaft des

Königs und die unübersteigbare Mauer des Todes. Er wurde von vielen für den nicht öffentlich vorgestellten, aber aktuellen Favoriten des Königs gehalten. Und seine deutlich gezeigte, aber maßvolle Trauer wurde bewundert.

Einige Tage nach dem rasenden Rückritt von Ankabek traf Rem, als er durch die Unterstadt spazierte, Doriyos in Begleitung der ältlichen Schildkröte aus dem Haus der Drei Schreie.

Doriyos kam zu ihm, stand schlank und sittsam vor ihm, und sagte: »Ich habe dich lange nicht mehr gesehen.«

Rem lächelte, hauptsächlich wegen Doriyos' Schönheit, die wie ein Licht den fahlen Tag erhellte.

»Es tut mir leid.«

»Leid meinetwegen oder deinetwegen?«

Rem lächelte noch immer.

Doriyos sagte einfach: »Dann liebst du ihn also.«

Rems Lächeln erstarb.

»Ich spreche von deinem Lord, von deinem Prinzen.«

»Wach auf«, sagte Rem. »Hör auf, wie ein zimperliches kleines Mädchen zu reden. Ich wünsche mir schon seit langem, daß du das nicht tun würdest.«

Doriyos schlug die Augen nieder. »Und du wirst auch noch lernen, die Sprache der Liebenden zu sprechen.«

Rem ging weiter und ließ ihn dort stehen; ihn, dessen Glanz allmählich erlosch, wie der Himmel im Spätsommer.

Der Himmel tönte sich schiefergrau, und starker Wind kam auf. Dann war alles eintönig düster und still. Der Himmel wurde zur niedrigen Decke aus zartem Elfenbein, von der herab die unentrinnbare Drohung anhaltender Schneefälle dräute.

Raldnor Am Ioli stützte mit der Leichtigkeit des Geübten eine Säule des überdachten Ganges ab, während er sich selbst in seinen Pelzen und den hellen Schimmer seiner Haare gegen den Hintergrund des verschneiten Gartens bewunderte.

Als die ersten Flocken auf Istris gefallen waren, hatte er sich einmal mehr in den Randbezirken der feinen Gesellschaft wiedergefunden. Mit der ersten Schneeschmelze sogar in den Randbezirken des Hofes selbst.

Dann war der zweite Schnee gefallen, diesmal zu einer schon seit drei Monaten anhaltenden Besetzung des Landes; die Stadt hatte das Weiß der Tieflandstädte angenommen, und das Krachen des Eises erklang vom Hafen her.

Und Raldnor war durch die königlichen Gärten geschlendert, in eine Plauderei mit einem wichtigen Beamten vertieft. Als sie zwischen den Säulen eine Rast eingelegt hatten, hatte er den Gouverneur ebenfalls auf einem gemächlichen Verdauungsspaziergang daherwandern gesehen.

Wenn der Mann auf gleicher Höhe mit ihnen wäre, würden sie ein paar Bemerkungen zur Politik austauschen.

Raldnor war mit sich selbst zufrieden. Er hatte Kesarh gefördert, in der Tat ein nicht unerhebliches Risiko für sich selbst auf sich genommen – aber er hatte gut daran getan; es war bestens ausgegangen. Kesarh hatte jene Ausstrahlung an sich, die jeden Zweifel an seiner natürlichen Überlegenheit unmöglich machte. Seine Unbarmherzigkeit, die Anziehungskraft seiner kraftvollen Persönlichkeit und die Mühelosigkeit, mit der er seinen Willen durchsetzte; das alles waren sichere Anzeichen seiner Größe.

Königmacher. Das war eine Bezeichnung, mit der Raldnor liebäugelte.

Er hatte seine eigenen Staatseinkünfte beigesteuert, um Kesarh bei der Bestechung des Rates zu helfen. Die Herren waren jetzt ausnahmslos zugänglich und gewogen. Kesarhs eigenes Gold, dessen Vorhandensein so unerwartet gewesen war für jene, die ihn in Armut gewähnt hatten, rührte, wie es schien, vom bedachtsamen Umgang mit vertrauenswürdigen Bankiers her und von waghalsigen Handelsunternehmungen, die ihm ständige, obwohl versteckte Einkünfte eingebracht hatten.

Kesarh hatte das Geschäft angeleiert, als er dreizehn Jahre alt gewesen war. Das allein war schon beeindruckend. Bemerkenswert war außerdem, daß er schon als Junge nichts verschwendet und gelebt hatte, als wäre er tatsächlich arm, das Geld sich vermehren lassen und niemals seinen Reichtum vorgezeigt hatte – bis es ihm angebracht schien.

Der Gouverneur war jetzt fast herangekommen. Er war ein halbblütiger Visianer aus Vardish, wie Raldnor selbst, aber

von dunklerer Erscheinung; Suthamuns Zugeständnis an die Leute.

»Guten Tag, Lord Gouverneur.«

»Guten Morgen. Kalter Morgen heute.«

»Das wird sich, mein Lord, vor Frühlingsbeginn nicht mehr ändern.«

Der Gouverneur war stehengeblieben, sein Sekretär hinter ihm ebenfalls, seine Wache in gebührendem Abstand. Andere, die sich auf den Wegen ergingen, würden sehen, wem zuliebe der Gouverneur von Istris stehengeblieben war.

»Ich habe Euch für den Wein zu danken, Raldnor. Ein sehr willkommener Genuß bei diesem Wetter.«

Raldnor verbeugte sich. Die beiden unerwähnten Krüge, in denen er den Wein überreicht hatte, waren mit kostbarem Metall und Edelsteinen verziert gewesen.

»Und morgen halten wir ein Dankfest für einen neuen Erben ab«, fuhr der Gouverneur fort. »Wir danken Ashkar für ihren Segen, der die Klagen um den Verlust eines Sohnes so rasch in Freudengesänge anläßlich der Geburt eines neuen gewandelt hat.«

»Ja; das ist wahr.«

Sie verstummten, um den Segen Ashkars zu würdigen.

Der Knabe war einer der shansarianischen Frauen Suthamuns am ersten Tag des zweiten Schneefalls geboren worden. Einem uralten dortharianischen Glauben gemäß müßte es sich bei dem Kind um die Wiederkehr der Seele Jornils handeln.

Morgen mußten alle Mitglieder des Hofes in ihren Wagen durch die weiße Landschaft zum Ashara-Tempel fahren, wo die Reparaturen am Dach eben bis zum nächsten Frühjahr unterbrochen worden waren. Die Baugerüste ragten wie Skelette an den Mauern hoch, wie ein ungewöhnlicher Wald. Stützen und Verstrebungen hielten alles an seinem Platz und sicherten das Dach.

»Ich werde einen Becher Eures guten Weines trinken, bevor ich mich auf den Weg mache«, sagte der Gouverneur. »Im Tempel wird es, wie ich befürchte, nicht sehr warm sein.«

Er schritt weiter und ließ Raldnor Am Ioli hochbefriedigt zurück. Raldnor selbst würde an der Tempel-Zeremonie teil-

nehmen. Es bedurfte keiner besonderen Begründung für sein Fernbleiben. Denn der Königmacher hatte in dieser Hinsicht nichts gesagt bekommen.

Der Wind blies über die Bucht in die Stadt, und dichter Schnee fegte durch die Straßen. Der königliche Haushalt kämpfte sich durch die wirbelnden Flocken. Shansarianische Pferde glitten unter Goldschabracken über den Eisteppich.

Das Tempelinnere war kalt, wie vorausgesagt, die Lampen flackerten im Wind. Aber Ashara, die im östlichen Flügel des Tempels auf ihrem polierten Fischschwanz balancierte und nur mit ihrem in Stein gemeißelten Haar bekleidet war, spürte die Kälte nicht.

Aus Anlaß einer Geburt wurde kein Blut vor ihr vergossen, nur Duftstoffe. Ein sehr hoch gelegenes Fenster aus dickem, koloriertem Glas ließ buntes Licht auf die aufsteigenden Weihrauchsäulen fallen, zwischen denen hindurch der neue Erbe jetzt getragen wurde, durch Schlafdrogen beruhigt, um der Göttin vorgeführt zu werden.

Suthamun stand im Schatten, die ihre vier rechten Hände warfen. Uhl und die jüngeren Brüder hielten sich neben ihm, und auch ihre Söhne, die ausgesuchten Noblen, standen nicht weit von ihnen entfernt.

Viele hatten erwartet, daß der Prinz Kesarh bei ihnen sein würde, in der Nähe des Königs. Aber Kesarh hatte denselben Fehler zum zweiten Mal begangen.

Bis zum heutigen Tag schicklich und bescheiden, hatte er plötzlich klargestellt, wie schon damals, als er von Tjis zurückgekommen war, daß er Begünstigung erwartete. Er hatte sich eine beiläufige Bemerkung entschlüpfen lassen, die seine Plazierung im Tempel betraf. Suthamun, der diesmal sanft wie ein Lämmlein war, hatte dafür gesorgt, daß Kesarh ersucht wurde, weiter entfernt zu stehen.

Die Zeremonie, die in Shansar auf einem Felsen in der freien Natur oder in einer Baracke vor dem Toten ausgeführt worden wäre, da sie viel Volk anzog, schleppte sich dahin.

Inmitten des Gesanges blieb ein leises Krachen von vielen ungehört. Von der königlichen Gesellschaft blickte nur Prinz Uhl unwillkürlich hoch; diejenigen, die es beobachteten, sahen Suthamun lächeln und den Kopf schütteln. Er hielt, wie

die meisten anderen, das Geräusch für eine einzelne Windbö, die an einer lockeren Strebe des Baugerüsts rüttelte. Der Zustand des Daches war zuvor von Palastbeamten untersucht und als sicher bezeichnet worden.

Prinz Kesarh gehörte nicht zu der ständig wachsenden Zahl anderer Gesichter, die sich nach oben wandten. Obwohl er das Geräusch ebenfalls vernommen hatte; denn er wußte sehr gut, was es bedeutete.

Vielleicht fünf Minuten später setzte ein neues Geräusch ein, das den Gesang der Priester zum Verstummen brachte. Anfangs fast unhörbar, aber sich ständig steigernd, glich es einem eigenartigen Rauschen, wie dem von Wassermassen. Ein Vorhang aus Mörtel senkte sich hernieder und bestäubte den Altar.

Jetzt waren es nur noch sehr wenige, die nicht hochsahen. Makellos erschien die helle Kuppel über dem Haupt der Göttin und wirkte nach wie vor für die Dauer errichtet.

Da gab es einen kolossalen Krach. Frauen kreischten auf. Schreie erklangen. Von dem Platz vor den Toren schienen ihre vielfältigen Echos widerzuhallen. Eine gewaltige Masse Schnee hatte sich vom Tempeldach gelöst und war krachend zu Boden gestürzt. Fast sofort begriff die Menschenversammlung, was der furchtbare Schlag zu bedeuten hatte, obwohl solche Lawinen üblicherweise nicht vor dem Tauwetter im Frühjahr niedergingen. Eine panische Bewegung ging durch die Masse der Versammelten. Man sah Suthamun erneut lächeln, als er sich vorwärts unter die Hände der Göttin beugte.

Und dann kreischte eine andere Frau gellend.

Der Schrei war kaum verhallt, als plötzlich ein Netzmuster wie ein gewaltiges Spinnengewebe in der Kuppel erschien. Dann zerplatzte das Gewölbe wie eine Eierschale. In einem weißen Donner fiel das Dach ins Tempelinnere.

Tonnen von Steinmetzarbeiten krachten nieder, mit der Wucht abgeschossener Pfeile, und zerplatzten in unzähligen Splittern in alle Himmelsrichtungen, als sie auf dem Boden aufprallten. Sie trafen Stein und Fleisch wie Geschosse. Das große, bunte Fenster war geborsten.

Eine Kakophonie von Schreien des Schreckens und der Agonie, vermischt mit allgegenwärtigem und anhaltendem Nachgrollen. Der Staub hing dick in der Luft; eine wogende

Säule vom Erdboden bis an den Himmel. Nur sehr wenig war durch ihn zu erkennen, nichts als Splitter steinerner Standbilder, die vereinzelt flackernden Flämmchen zerschmetterter Lampen; und über allem ein entsetzliches, unheiliges Ding – die Göttin Ashara mit halb abgeschlagenem Kopf, deren Silhouette jetzt durch das zerbrochene Fenster gegen die kalte, offene Leere ragte.

Prinz Kesarh, der aus einer großen, oberflächlichen Wunde an der Stirn blutete, rief seine persönlichen Männer zusammen und trieb sie zum unverzüglichen Handeln an.

Suthamuns Zurechtweisung hatte Kesarh ein gutes Stück außerhalb des Zentrums des Aufschlags plaziert. Jetzt schien er darüber schockiert zu sein, daß er lebte, während andere um ihn nur staunend umherblicken, kriechen oder ihre Götter anrufen konnten, von denen einige nicht Ashara waren.

Kesarh führte die zwanzig Mann seiner Wache, die mit ihm im Tempel waren, direkt in den wabernden, mehlartigen Dunst. Augenblicklich kamen Männer aus allen Winkeln des Bezirks angelaufen, um ihnen zu helfen. Vornehme schleppten sich zu dem riesenhaften Trümmerhaufen hin, blutend, hustend und staubbedeckt, gemeinsam mit den gemeinen Soldaten. Kesarh selbst arbeitete wie ein Besessener, wie im Fieberrausch. Einige der Steintrümmer konnten nicht von Männern allein bewegt werden, man würde Zeebas dazu benötigen. Sklaven strömten aus dem Tempel hervor. Ein klagender, vielstimmiger Aufschrei erklang von irgendwoher.

Alle, die sie zu Anfang fanden, waren tot. Uhl lag auf dem Altar, sein Schädel war wie eine Frucht zermatscht, und der amtierende Priester lag direkt bei ihm. Das Kind, der Erbe, war neben ihnen erschlagen worden.

In Suthamun war noch Leben, als Kesarhs Männer die zerbrochenen Balken forthoben, die sein Gesicht verdeckt hatten. Kesarh trat rasch zu ihm und kniete neben ihm nieder. Ein unglaubliches Gewicht lag auf der Brust des Königs. Schwarzes Blut rann ihm in einem dünnen Faden aus dem Mund. Seine Augen wandten sich mühevoll dem Prinzen zu.

»Faßt Mut, mein Lord. Man holt ein Zeeba-Gespann, das die Steine fortziehen wird.«

Die Staubwolke lichtete sich jetzt. Durch ihren Schleier krochen die Unverwundeten oder Leichtverletzten näher.

Das qualvolle Geheul sank zu qualvollem, angsterfülltem Gemurmel ohne Worte herab.

Kesarh setzte seine Wache beim König fort, bis die Tiergespanne die Seitenschiffe entlang geführt wurden.

Die vier jüngeren Brüder des Königs waren kaum erkennbar. Der narbige Halbbruder war von einer herabgefallenen Hand der Göttin selbst niedergestreckt worden. Suthamun wurde freigelegt, und der Anblick seiner Wunden machte erkennbar, daß auch er nicht lange überleben konnte. Es war tatsächlich rätselhaft, wieso sich noch immer Leben in ihm regte.

Man bettete seinen Kopf vorsichtig auf Kissen, so daß er liegen und in die gezackte Wölbung des Himmels blicken konnte. Ein angsterfüllter Priester kam und flüsterte Gebete.

Kesarh kniete erneut nieder. Die Menge sah zu, und das Fenster ließ den Schneeflocken mit sich bringenden Wind ein.

Nach einer Weile starb Suthamun.

Wenn er überhaupt etwas vermutet hatte, war er nicht fähig gewesen, es zu äußern. Und Kesarh, mit seinem eigenen Blut verschmiert, kniete mit soviel Ernst und soviel beharrlicher Ausdauer neben dem Mann, den er getötet hatte ... Niemand, der ihn gesehen hatte, vergaß etwas davon; von den fieberhaften Rettungsbemühungen, von der Vornehmheit, die in jeder seiner mitleidvollen Gesten erkennbar war.

Aber hinter all dem zeichneten sich bereits die Omina ab. Es sah so aus, als hätte Ashara selbst ihren Fluch gegen Suthamun und sein ganzes Haus geschleudert. Es hätte kaum deutlicher sein können.

Nur die beteiligten Ingenieure kannten die Wahrheit. Sie wußten von der Aushöhlung, die knapp unterhalb der oberen Bedachung geschaffen worden war, vor den Augen zufälliger Betrachter verborgen; von dem kleinen Feuer, das am Schwelen gehalten, und dem Öltopf, der in mathematisch berechnetem und exakt eingehaltenem Abstand davon angebracht worden war. Es war alles rechnerisch aufeinander abgestimmt worden, mit der Geschicklichkeit von Männern, die mit den Formeln und Methoden der Architektur vertraut waren, und Männern, die Kenntnisse in den Arrangements von Blutbädern hatten.

Als das Öl explodiert war, hatte das Feuer die sorgfältig ausbalancierten Verstrebungen unter der Kuppel verzehrt. Dank der Art, wie es genährt worden war, hatte es nur dieses Materials bedurft, um es am Brennen zu halten; und nur seiner Aufzehrung, um alles zum Einsturz zu bringen.

Es schien im Nachhinein, als wäre nur Nachlässigkeit schuld gewesen, und das Wetter; oder das Geschick. Oder Ashara.

Man beantragte trotz abergläubischer Stimmen die Befragung des Steinmetzmeisters und der Männer, die am östlichen Dachteil gearbeitet hatten. Nicht einer von ihnen wurde gefunden. Man vermutete, daß sie, sehr umsichtig, aus der Reichweite der Justiz geflohen waren.

Der Rat tagte im Kartenraum, unter dem Mosaik. Draußen über der Stadt erklangen noch immer die Begräbnisglocken, und auf der höchsten Erhebung des Palastes durchgloste das Leichenverbrennungsfeuer, das kaum mehr erlosch, wie es schien, noch immer die Dämmerung mit seinem rötlichen Auge.

Suthamuns zweite Frau, die Mutter des Babys, das mit ihm gestorben war, hatte sich eine Stunde nach dem Ereignis erdolcht. Sie waren tapfer, diese Frauen von Shansar, wenn auch triebhaft.

Sie war neben ihren Gatten auf den Scheiterhaufen gelegt worden, das Kind in ihren Armen. Die Brüder wurden einige Fuß weiter weg vom Feuer verzehrt. Es war eindeutig eine Familienangelegenheit.

Jetzt wartete Istris, und jenseits ihrer Mauern das ganze Karmiss, darauf zu vernehmen, wer die Zügel der Macht an sich nehmen würde. Der mögliche König war natürlich bekannt. Es mußte der älteste Erbe sein, der sieben Jahre alte Prinz Emel. Aber da er noch ein Kind war, mußte es einen Regenten geben, und alle gesetzlichen Wächter, Uhl und seine Brüder, und die ältesten legalen Söhne dieser Brüder, waren zusammen mit Suthamun getötet worden.

Es war wahrlich eine Katastrophe von epischen Ausmaßen.

Jetzt blieb die Wahl zwischen einem Rudel von Bastarden oder geringeren Söhnen; Männern, die auch noch sehr jung

waren und in der Öffentlichkeit unbekannt. Männer, die sich nie um etwas gekümmert und auf keinem Sektor des politischen Lebens der Stadt einen Namen gemacht hatten.

Ein Vorschlag war gemacht worden, der einige Gemüter erhitzt hatte. Es war darüber diskutiert worden, daß sich der Lord Gouverneur im Rahmen der Tradition durchaus selbst zum Herrscher ernennen könnte; die Position erlaubte es; in der Vergangenheit hatten bereits Gouverneure diesen Schritt unternommen. Es erklangen sofort rauhe Spottrufe aus jenen Ecken des Raumes, wo die Männer ihre Einwände vorbrachten, die sich einen Platz im Rat erkauft hatten und von dort aus wechselnde Fraktionen unterstützten. Die meisten dieser Opportunisten waren jedoch kaum mehr als parlamentarische Schaumschläger. Der Gouverneur brachte sie zum Schweigen, indem er erklärte, er habe keine Befähigung zur Regentschaft und auch kein Verlangen danach.

An diesem Punkt der Verhandlung drängte sich eine Gestalt durch die Versammlung und signalisierte den Wunsch, das Wort zu erhalten.

Die shansarianische Sitte der Stammesberatung hatte die Form einer karmianischen Institution angenommen. In den Zeiten von Vis wäre eine derartige Formlosigkeit undenkbar gewesen. Aber der Gouverneur gab seine Zustimmung.

»Wir erteilen Euch das Wort, Raldnor Am Ioli.«

Raldnor trat vor und sah in die Runde. Er war es gewohnt, ein Schiff zu befehligen, wenn ihm eines anvertraut wurde; dieses Wolfsrudel aber bereitete ihm Unbehagen.

»Mein Lord Gouverneur. Gentlemen. Zu Beginn der Zeit Zastis' haben sieben zakorianische Piratenschiffe die karmianische und dortharianischen Küsten unsicher gemacht. König Suthamun, ein weiser und erfahrener Herrscher, sandte einen Mann, dem er zutraute, daß er das Meer wieder von ihnen befreien würde. Da er nicht über die Stärke des Freien Zakoris informiert war, gab er ihm für die Aufgabe nur drei Schiffe mit, die noch dazu nicht die besten waren. Ich kann das beurteilen, denn ich befehligte eines davon. Als wir merkten, gegen was wir zu kämpfen hatten, habe ich zur Umkehr geraten.

Aber mein Kommandant, Kesarh Am Xai, hieß uns ausharren; und mit Genialität und Tapferkeit, unter Einbuße eines

lecken Schiffs und dem Verlust von nur fünf Männern – *fünf*, Gentlemen – hat er uns den Sieg verschafft.«

Lärmender Beifall erhob sich – der nur zum Teil bezahlt worden war – besonders von den anwesenden Visianern.

»Man möge mir meinen Enthusiasmus nachsehen«, fuhr Raldnor fort, »ich war begeistert, und bin es noch immer. Der Prinz Kesarh ist ein geeigneter Führer, in Istris durch den Elite-Report und von Ansehen bekannt. Er ist zudem von königlichem Blut. Sein Vater war ein shansarianischer Offizier. Seine Mutter war eine Prinzessin des karmianischen Königshauses, dessen Ursprünge bis in die Zeit des visianischen Rarnammon zurückreichen ...«

Raldnor brach ab, als ein allgemeiner Aufschrei durch den Raum ging. Es war ein vertrauter Ruf: *Am Xai*. Raldnor dachte zurück; während er inmitten der jubelnden Rufe stand, hörte er schwach in dem Lärm die Schmerzensschreie der Sklaven, die an die Ruderbänke gekettet verbrannten. Das war ein Punkt, an den er sich erinnern sollte. Wenn man für Kesarh einmal nicht mehr von Nutzen sein sollte, würde er einen dem Tod durch Verbrennen überlassen.

Die Ratsversammlung verhandelte eifrig. Die Herren hatten es unzweifelhaft geahnt und der Einfachheit halber auf das geeignete Stichwort gewartet. Drei der Mitglieder wenigstens waren unverblümt gekauft worden.

Endlich zogen sie sich in die Ungestörtheit eines anderen Raumes zurück, um sich zu beraten.

Raldnor fuhr fort, sich zu besinnen, während er äußerlich wie die anderen durch die Korridore wandelte. Sogar Musiker waren gerufen worden, um in einem der Räume zu musizieren; sie trugen gedämpfte Klagelieder vor, die mit den Glocken harmonierten; aber immerhin war es Musik.

Das Zuschlagen des Unglücks, das Suthamuns ganze Dynastie beendet hatte, war zumindest merkwürdig. Handelte es sich um einen Akt Ashkars?

Raldnor, der an den Zufall glaubte, sah jedenfalls keine Möglichkeit, dieses Ereignis für einen Zufall zu halten. Daß er an dem erstaunlichen Stückchen nicht beteiligt worden war, ärgerte ihn und vermittelte ihm zugleich ein Gefühl der Erleichterung. Er glaubte, genug Geistesgegenwart zu besitzen, daß er keinerlei Gemütsbewegung verriet.

Die Glocken waren verstummt, und es war fast Mitternacht, als ein Zug von Boten durch die Räume eilten.

Die Bummelanten, aufgeschreckt, strömten in den Kartenraum zurück. Der Rat traf ein.

Der Lord Gouverneur nickte allen zu.

»Der Prinz-König Emel ist gerufen worden. Es ist spät für das Kind, aber nach den Gesetzen unseres Schwesterkontinents – seinem Vaterland – muß er zugegen sein.«

Eine Pause entstand.

»Wir haben außerdem«, fuhr der Gouverneur fort, »nach Prinz Am Xai geschickt.«

Nicht lange danach wurde ein schläfriges, blondes Kind von seinen Ammen bis an die Türen geführt, das erschreckt, aber trefflich erzogen war; an den Türen nahmen es zwei Wächter von den Armen entgegen und geleiteten es in den Raum. Prinz Emel setzte sich auf dem Platz nieder, den man ihm wies, und nahm vom Gouverneur dankbar Süßigkeiten entgegen.

Eine Stunde später traf Kesarh ein.

Er schritt zwischen die Versammelten – die eine Gasse für ihn freimachten – wie ein Geschöpf des lautlosen Donners, in schwarzer Kleidung, das schwarze Haar vom Ritt zerzaust, der Ausdruck seines Gesichts verwirrt. Er hatte beim Totenfeuer für den König verharrt, mit den anderen Trauernden, die dort die ganze Nacht über Totenwache halten würden.

»Wir bitten um Entschuldigung, Prinz Kesarh, daß wir Euch von der Totenwache fortgeholt haben.«

»Ich kann zurückgehen«, sagte Kesarh.

Ein leises Gemurmel entstand.

Raldnor von Ioli lauschte, gegen seinen Vorsatz voller Ehrfurcht. Die Schauspielkunst des Mannes war beispiellos. Sein Auftreten, seine Blicke, seine Stimme; alle hatten sich davon einfangen lassen.

»Ja, mein Lord. Ihr könnt umkehren. Zuerst muß ich Euch fragen, im Namen der Göttin und nach dem Wunsche dieses hier anwesenden Rates von Istris, ob Ihr gewillt seid, das Amt des Regenten für Emel, Sohn des Suthamun, anzunehmen, bis sein Alter ihm erlaubt, den Thron von Karmiss einzunehmen?«

Es kam keine Antwort. Stille dehnte sich aus, in deren Mitte Kesarh aufrecht wie ein erhobenes Schwert stand.

Die Unterbrechung des ständigen Lärms weckte das Kind auf, das auf dem Stuhl eingeschlafen war. Es hob die Lider und erblickte vor sich einen großen Mann, wie einen Schatten. Dann bewegte sich der Schatten. Er kam auf Prinz Emel zu. Nach einem letzten Verharren kniete er zu seinen Füßen nieder. Emel erinnerte sich, und er stand auf.

Als die Worte der Zustimmung eintönig an seinen Ohren summten, sehnte sich Emel nach seinem Bett, und er starrte schläfrig auf die schimmernde, schwarze Mähne des Mannes hinab, der sein Tod sein würde.

SECHS

Es war eine marmorne Welt.

Als die Monate des langen Schneefalls kein Ende nehmen wollten, sah die Landschaft wie das Werk eines Bildhauers aus und wirkte, als sei sie unfähig, sich jemals wieder zu ändern. Windstill, weiß, die silbernen Borten aus Eis auf allen seinen Häfen, lag Karmiss dort, als wäre es in Schlaf versunken.

Die neue Unterkunft, die Rem sich genommen hatte, wurde jedenfalls warmgehalten, obwohl sie geräumig war. Es gab sogar nächtliche Gesellschaft, hübsch und geschickt, die man in einem nahegelegenen Weinladen mieten konnte, wenn man Lust darauf hatte.

Rem hatte von Zeit zu Zeit Anfälle von Sehnsucht nach Doriyos. Gelegentlich stellte er sich vor, wie er in das Haus der Drei Schreie zurückkehrte, aber er wußte, daß er es niemals mehr tun würde.

Es hatte eine Veränderung gegeben in bezug auf Rems Status in der persönlichen Wache des Prinzen Am Xai. In Würdigung seines Dienstes auf dem Fest der Masken war seine Bezahlung großzügig erhöht worden. Dann, fünf Tage nach dem wilden Ritt zurück von Ankabek, als er zu spät gekommen war, um dem Prinzen einen weiteren Dienst zu erweisen, war es zu einer Neudefinition seiner Aufgaben gekommen.

Rem hatte aufgehört, eine Nummer zu sein. Es hatte zu diesem Zeitpunkt dreizehn Neunen gegeben, und er gehörte nicht länger dazu. Er war von heute auf morgen mit dem Befehl über fünfzig Mann beauftragt worden, die allein ihm gegenüber, als direktem Vertreter des Prinzen, verantwortlich waren. Die Beförderung entsprach einem Platz in der Rangordnung in der Wache, wenn auch unabhängig von dieser, deren Mitglieder kürzlich auf über zweihundert Mann angewachsen waren.

Der Wachsergeant, der Rem ausgepeitscht hatte, grüßte ihn jetzt mit dem Respekt des Gleichrangigen.

Rem schätzte diese Neuerung, aber er war weit von jeder Selbstzufriedenheit entfernt. In der Hauptsache wurde er dazu herangezogen, Eskorten aufzustellen.

In festgesetzten Intervallen und aus eigenem Antrieb übte er in den unteren Palasträumen mit Schwert und Schild, den Kampf ohne Waffen oder mit der Art Waffen, die aufeinander abgestimmt waren und die zu verlegen sich verhängnisvoll auswirken konnte.

Mehrere Male traf er den Prinz persönlich ebenfalls bei den Übungen. Am ersten Tag des alles bedeckenden Schnees hatte Kesarh Rem auf den Fechtplatz gerufen, anstelle eines der bezahlten Meister. Bis auf ein Minimum entkleidet, hatten sie dreißig Minuten lang gekämpft. Das sexuelle Moment, das in solchen Kämpfen immer vorhanden und doch unwesentlich war, ärgerte Rem. Und letzten Endes brachte ihm der Zorn in dieser Kampfrunde den Sieg. Er streckte Kesarh halbbetäubt zu Boden.

Kesarh schien amüsiert. Rem wußte, daß der Prinz lediglich zugelassen hatte, daß seine Konzentration nachließ. Er hatte gesehen, wie Kesarh mit Täuschungen kämpfen konnte. Der Sieg war unbedeutend gewesen. Fast eine Beleidigung.

Als das östliche Dach des Ashara-Tempels Suthamun und seine Angehörigen zerschmettert hatte, war Rem nicht im Gebäude gewesen und hatte nicht einmal Dienst auf dem Hof draußen gehabt. Er hatte geahnt, daß etwas vorbereitet worden war; hatte *gewußt,* daß etwas im Gange sein mußte. Aber das Ausmaß des Ereignisses hatte ihn schockiert.

Er war angewiesen worden, während der Leichenprozes-

sion und der schrecklichen shansarianischen Totenwache eine Abteilung der Wache Kesarhs zu befehligen. Als er langsam durch den Schnee hinter dem purpurn verhangenen Wagen hergegangen war, hatte er dieselbe Art von Beleidigung gefühlt wie bei dem erniedrigenden Sieg auf dem Übungsplatz.

Auf eine verdrehte Art war alles zu leicht abgegangen. Und als die Boten über das von Fackeln beleuchtete Eis geglitten gekommen waren, um Kesarh vor den Rat zu zitieren, hatte Rem ausdruckslos daneben gestanden und sich gewünscht, zu lachen oder zu fluchen, ganz gleich was, um der großartigen und entmutigenden Bedeutungslosigkeit aller Ereignisse Ausdruck zu verleihen.

Aber Am Xai war jetzt Regent. Seine geheimen Wachen waren Beamte, jeder einzelne davon. Seine Apartments hatten sich wiederum verbessert und waren in den oberen Palast verlegt worden, mit allem, was dazugehörte.

Im Verlauf weniger Monate hatte er eine weite Strecke zurückgelegt. Zuletzt war er nur noch der Ratsversammlung gegenüber verantwortlich, und einem sieben Jahre alten Kind, das ihn, wenn die Erzählungen recht hatten, anbetete.

Er würde das Kind töten. Soviel war offensichtlich.

Die Frage war nur, wie lange er es am Leben lassen würde. Ein Jahr? Zwei Jahre? Wieviel vom Leben würde dem Prinzen Emel vergönnt sein, ehe irgendein unvorhergesehener Unfall es zunichte machte?

Jede Art von sentimentaler Rücksicht auf Kindheit oder Verwandtschaft wäre jetzt unsinnig gewesen.

In der Nacht, als er von Ankabek zurückgekommen war, hatte Rem keine Spur von Kummer oder Unbehagen an seinem Herrn erkennen können. Die öffentlich an den Tag gelegte Trauer um Val Nardia war perfekt gewesen und durch und durch unecht. Und doch mußte der Schmerz, den Rem gestört hatte, sicherlich noch vorhanden sein, irgendwo. Der zehrende Wurm, den Kesarh nur in seinem innersten Inneren spüren mochte.

Und das sonderbare Hexenwerk in Ankabek – hatte Kesarh es von sich abgeschüttelt, wie es Rem nicht gelingen wollte?

Denn trotz aller verstandesmäßigen Erklärungsversuche und Einwände glaubte er immer noch, was ihm die goldene

Frau gesagt hatte. Daß über Meilen von Schnee und Eis, unter gefrorenem Grund, im erkalteten Mutterleib einer Toten, die erste Frucht ihres Inzest, Kesarhs und Val Nardias Inzest, und ihrer beider besessener Liebe, unbeseelt dem Erwachen entgegenwuchs.

Als er im Vorzimmer des prinzlichen Apartments wartete, wußte Rem, daß er wegen Ankabek hier war. Er spürte eine Art von Dringlichkeit, durchdrungen von Gewalt, schwer in der Luft.

Und doch kam Kesarh lange nicht herein.

In der Zwischenzeit ging ein Arzt durch den Raum, der zu den Gemächern der Frauen unterwegs war. Das Mädchen, das er aus Xai mitgebracht hatte, Berinda, hatte während der Zeit Zastis' empfangen. Rem hatte sie hin und wieder gesehen, wie sie in einer stolzen und erstaunten Art ihren geschwollenen Bauch spazierengetragen hatte. Gestern hatte sie angefangen, unter Wehen zu leiden, lange vor der Zeit.

Der Klatsch behauptete, sie würde ihr Baby verlieren. Es würde totgeboren. Sie war einfältig, unfähig zu gebären. All das schien wie ein wunderliches Omen, ein entstellter Widerhall ... von jenem anderen Ding, dort auf der Insel.

Durch das hohe Fenster konnte Rem in die Kolonnade über den ausgedehnten Hof unten blicken. Augenblicklich sah er Kesarh mit dem Prinz-König dort wandeln. Emel war aufgeregt; er kicherte, und sein normalerweise bleiches Gesicht war rosig gefärbt.

Rem wandte sich mit einer Grimasse vom Fenster ab.

Wenige Minuten später trat Kesarh ein; seine düstere Miene war durch das Purpur der karmianischen Trauerkleidung gemildert, die er wegen Suthamun trug und die er wegen Val Nardia nie getragen hatte.

Sie begaben sich in den inneren Raum.

Als sich die Tür schloß, verwandelte sich Kesarh. Rem erkannte, daß er das private Gesicht des Prinzen sah, oder zumindest einen Teil davon.

»Ankabek«, sagte Kesarh. »Erinnert Ihr Euch, vor einigen Monaten?«

»Ja, mein Lord.«

»Erzählt mir nochmals, was Ihr mir in jener Nacht berichtet habt.«

»Ihr habt es nicht geglaubt, mein Lord.«
»Nein. Berichtet es mir nochmals.«
Also erzählte Rem, ausführlicher als damals, von der Priesterin, was sie ihm gesagt hatte und was ihm gezeigt worden war.
Kesarh ließ ihn alles ausführen und beobachtete ihn dabei. Das private Gesicht war ruhig und wirkte bedenklich. Hatte er Angst?
Rem schloß seinen Bericht. Es entstand eine Pause.
Dann ging Kesarh an einen Kasten, schloß ihn auf und entnahm ihm ein Papier. Er wandte sich um und hielt Rem den Bogen hin.
»Lest.«
Rem tat es.
»Sie sandten ...«
»Ein Mann. Anonym. Er trat vor meinen Sergeanten und händigte ihm dies aus. Er scheint die richtigen Wege gekannt zu haben. Woher?«
»Nicht von mir, mein Lord.«
»Nein, ich glaube nicht, daß er sie durch Euch erfahren hat.«
»Die Nachricht besagt ...«
»Sie besagt, daß mein Kind am Tag des Löwenfestes bei Sonnenaufgang geboren werden wird, nach dem shansarianischen Kalender.«
»Das sind neun Tage ab heute.«
»Es würde zumindest sieben Tage dauern, dorthin zu gelangen. Wenn jemand närrisch genug wäre, eine derartige Entfernung im Schnee zurückzulegen.«
»Das verschafft Eurer Lordschaft etwa einen Tag, um eine schickliche Entschuldigung vorzubringen.«
»Das tut es nicht. Ich müßte es in einer winzigen Frist tun. Sie erwarten offensichtlich, daß ich zu ihnen komme.«
Rem schwieg.
Kesarh schenkte sich Wein ein und leerte den Pokal in einem Zug bis zur Neige. Er hatte auf dieselbe Art in Tjis aus der Flasche getrunken, nach dieser Geschichte mit der Schlange. Er hatte Rem jetzt den Rücken zugewandt.
Er sagte: »Ich brauche Euch hier. Wach und bereit für alles. Raldnor kann sich mittlerweile mit Istris vergnügen. Ich hoffe

um seinetwillen, daß er keinen Geschmack daran findet. Der Gouverneur wird meinen Platz einnehmen. Ihr werdet Eure Männer dorthin schicken, und zwar mit der Ausrüstung, die erforderlich ist, damit alles seinen richtigen Gang geht. Und sie werden auf alles achten, was ich übersehen haben könnte. Ist das klar?«

»Ja, Sir.«

»Wie glücklich seid Ihr einst gewesen, als strategischer Anführer einer vielversprechenden kleinen Bande von Kehlenschlitzern.« Kesarh wandte sich wieder um und lächelte mit großem Charme. »Und wieviel glücklicher, sie meinetwegen zu verlassen.«

Rem stand reglos wie aus Marmor. Das Gespräch erschreckte ihn, aus Gründen, die er nicht ganz zu erkennen vermochte. Sicherlich war Kesarhs privates Gesicht inzwischen wieder verschwunden, nur das graue Aussehen war ihm geblieben; das konnte aber leicht eine Reaktion auf das Wetter sein. Das shansarianische Blut vertrug die kalten Temperaturen dieses Klimas nicht. Man rief sich gelegentlich ins Gedächtnis, daß er teilweise Shansarianer war.

»Ich werde zehn oder zwölf Mann mitnehmen. Genug, um mit einem Boot fertigzuwerden. Ich hätte lieber Euch bei mir. Aber ich brauche Euch während meiner Abwesenheit hier.«

Einmal mehr der Dolchstoß des unerwarteten und tödlichen Vertrauens.

Dankbar antwortete Rem auf sein Lob.

Eben in diesem Augenblick brach ein furchtbarer Schrei von irgendwoher innerhalb der Mauern aus. Rems Hand fuhr an seinen Dolch, aber Kesarh stieß sie weg.

»Das ist nur die arme kleine Hure aus Xai. Sie werden ihr mitgeteilt haben, daß ihr Kind tot ist.« Kesarh hielt inne; etwas bewegte sich in seinen Augen – und verschwand wieder.

Eine Reise ans Grab seiner Schwester zu machen, war in dieser Jahreszeit ein ungewöhnliches Unterfangen, aber verständlich; vielleicht achtbar. Es zeugte von einer gewissen Naivität.

Er hätte es niemals getan, da er riskierte, selbst das Opfer einer Schneespalte zu werden, aber etwas trieb ihn dazu.

Eine Absurdität. Obwohl er wußte, daß sie tot war, hatte er es niemals zur Kenntnis genommen. Sie lebte weiter für ihn, irgendwo, unverändert. Ankabek rief einen Streit zwischen diesen beiden Gefühlen hervor ... zwischen der Gewißheit ihres Todes und der intuitiven Ablehnung ihres Todes.

Welche gräßlichen Hexenkünste sie auch immer mit ihr anstellen mochten, er würde ihnen ein Ende bereiten. Oder war sie, auf eine paradoxe Art, unglaublicherweise wieder am Leben, als wäre nie etwas anderes gewesen?

Es ritt mit ihm, auf seinem Rücken, wie ein Teufel, als das Pferd, das er vom Hofe bekommen hatte, sich seinen Weg bahnte, oft bis zur Brust in der weißen Masse versunken, auf die Küste zu.

Indem sie sich selbst tötete, hatte sie seine Verachtung gewonnen, sein Entsetzen und seinen Haß. Ihre Telepathie, die ihnen zufällig von der shansarianischen Seite her vererbt worden war, war unerforscht geblieben, und doch war sie vorhanden; von Geburt an, als Mitgift. Er hatte sie nicht anerkannt, sie niemals zugegeben. Selbst da nicht, als er mit einem Aufschrei in Xai erwacht war, oder später, wenn er sich an dieses Erwachen erinnerte.

Dennoch hatte Val Nardia ihn gezwungen, durch die Realität ihrer Telepathie ihren Tod mitzuerleben.

Die Schuld an ihrem Tod war eine andere Angelegenheit. Das akzeptierte er, ließ es mit einem Achselzucken von sich abgleiten, war gebrandmarkt davon.

Für den Rest seiner Tage würde er diese Schuld tragen; den Spiegel ihrer entsetzten Flucht, in dem er sich selbst erkennen konnte, als das, vor dem sie geflohen war.

Sie führten ihn in einen unauffälligen Raum unter dem Tempel.

»Gut«, sagte er.

Eine Tieflandfrau stand vor ihm. Sie schien diejenige aus der Erzählung Rems zu sein, war jedoch nicht gekleidet, wie Rem es beschrieben hatte. Ihr Gewand war einfach, nur ein violetter Stein zierte ihre Stirn, der alles mögliche bedeuten konnte.

»Mein Lord Prinz«, sagte sie, »Ihr seid rechtzeitig angekommen.«

»Zum morgigen Sonnenaufgang, ich bin Eurer Anweisung gefolgt. Und wenn ich aufgehalten worden wäre?«

»Es sah nicht so aus«, sagte sie, »als würde das geschehen.«

Es gab nichts, worauf man hätte sitzen können. Er lehnte sich an die Wand, und der schmelzende Schnee glitt von den Schultern seines Umhanges. Die Bäume hatten ihn von sich geschüttelt, als er über die Insel gegangen war, obwohl die Luft ebenso ruhig wie die See gewesen war.

»Ich erführe gerne Euren Namen«, sagte er im Plauderton.

»Ich heiße Eraz, mein Lord.«

»Aha. Der Name der Pflegemutter des Helden Raldnor.«

»Ich wurde in Hamos geboren.«

»Das Dorf, in dem der Held seine Kindheit verbracht hat. Mittlerweile wird eine große Stadt daraus geworden sein, wie ich annehme.«

»Es wurde ein Zimmer für Euch vorbereitet, im Trakt der Novizen.«

Plötzlich erinnerte er sich, sie schon einmal gesehen zu haben. Dies war die Hure, die ihn zu seiner Schwester geführt hatte, wie eine richtige Vorsteherin eines Freudenhauses, an jenem letzten Abend ... *»Was ist Euer Preis? Oder muß es eine Gabe an den Tempel sein?« »Die einzige Gabe, die erwünscht ist, wird gegeben werden.«* Er hätte sich schon früher daran erinnert, aber seine Augen waren überanstrengt von den acht Tagen in der Schneelandschaft; sie schmerzten zudem vor Schlafmangel; sein ganzer Körper war ermattet und übermüdet.

»Als erstes«, sagte er, »möchte ich gerne meine Schwester sehen, die Prinzessin Val Nardia.« Er hielt kurz inne und fuhr dann völlig ausdruckslos fort: »Weshalb habt Ihr Suthamun berichtet, sie sei tot? Um sie zu schützen?«

»Sie ist tot, mein Lord.«

»O nein. Tote Frauen gebären nicht.«

»Ich bedaure, Euren Schmerz verlängern zu müssen, mein Lord Prinz ...«

»Macht Euch keine Sorgen wegen meines Schmerzes. Sorgt Euch besser darum, ob ich beschließe, euren verdammten Tempel anzuzünden, oder ob ich darauf verzichte.«

»Nein«, erwiderte sie sanft, »Ihr werdet es nicht tun. Ihr

habt Euch einen sehr guten Namen in Karmiss verschafft. Eine derart unpopuläre Tat würde alles vernichten, was Ihr Euch aufgebaut habt.«

»Also gut. Dann wird also es also nur um Euch gehen. Eine offizielle Verbrennung. Eine vorgezogene Leichenverbrennung, entsprechend dem Ritual der Tiefländer. Nachdem Eure unheilige Hexenkunst erwiesen wurde.«

»Lord Kesarh glaubt nicht an Hexerei.«

»Das ist wahr. Aber Ihr könntet versuchen, mich von ihr zu überzeugen.«

»Dann folgt mir.«

So ließ er es wieder einmal zu, geführt zu werden. Als sie am Ziel ankamen, war ein Vorhang aus einem feinen, gemusterten Gewebe mitten durch den Raum gezogen.

»Nicht weiter, mein Lord.«

»Was könnte mich aufhalten, vielleicht die Stoffbahnen?«

»Nicht viel. Aber Ihr würdet Euer Kind töten.«

»Vorausgesetzt, ich glaube, daß es dieses Kind gibt.«

»Vorausgesetzt, Ihr glaubt, daß es dieses Kind geben *könnte.*«

Der Vorhang erlaubte einen undeutlichen Blick auf das dahinter stehende Bett. Was auf ihm lag, war verborgen. Weihrauch schwelte in Becken rings um das Bett, so wie es auch in den Räumen draußen der Fall gewesen war.

Priester hatten sie eingelassen, Priesterinnen waren inmitten des Rauches und zwischen den zarten Wandschirmen aus Schleierstoff ruhig auf und ab geschritten. Es hatte fremdartig ausgesehen, aber bedeutungslos. Nichts von der tiefsitzenden, leidenschaftslosen Ehrfurcht Kesarhs war angesprochen worden.

»Auf einem verdeckten Bett«, sagte Kesarh, »könnte alles liegen. Ein Bauernmädchen zum Beispiel, das kurz davor steht, zu gebären, dank Eurer Drogen.«

Eraz hob die linke Hand, und die schweren Vorhänge um das Bett begannen plötzlich, sich zu heben. Die Vorführung eines Zauberkunststücks, leicht zu durchschauen; ein im Boden versteckter Hebel oder unsichtbare Helfer.

Der Vorhang, danach sein Schatten, gab die Sicht auf das Bett frei.

Kesarh sagte nichts. Für eine lange Zeit stand er einfach da

und starrte auf die Gestalt seiner Schwester, die in ihrem schwarzen Gewand dort lag, umrahmt von ihrem scharlachroten Haar. Ihr Bauch war durch das, was er barg, mächtig geschwollen, ihre Hände sahen wie weiße Blumen aus, die zu ihren Seiten gelegt worden waren, und am schwarzen Unterrand ihres Kleides erblickte er die Sterne ihrer Füße.

Eraz hatte ihm leicht die Hand auf den Arm gelegt. Ihm wurde bewußt, daß er unwillkürlich einen Schritt nach vorn gemacht hatte.

»Noch nicht, mein Lord.«

»Was macht Ihr mit ihr?« fragte er. Die Worte, unüberlegt und dümmlich, hingen im Raume.

»Magie, wenn Ihr so wollt. Der Willen der Göttin.«

»Verdammt sei Eure Göttin. Sie ist tot ... Ihr habt gesagt, sie sei tot?«

»Sie ist tot. Es ist das Kind, das lebt, und wenn die Flut wechselt und die Dämmerung anbricht, wird das Kind geboren.«

»Warum?«

»Weil Anackire es so will.«

»Warum Val Nardias Kind? Meines?«

Er lauschte hinter seiner eigenen Stimme her. Es ergab keinen Sinn. Er stellte Fragen, an deren Beantwortung ihm nichts lag. Es gab andere Dinge, aber er wußte von ihnen nicht einmal, wie man nach ihnen fragte.

»Kinder eines Mutterleibes und einer Geburt«, sagte sie. »Ein Doppeltes, das wiedervereinigt wird, bringt ein Drittes hervor. Ein Tor. In seinem Geiste ist es nicht wirklich Euer Kind, Lord Prinz. Es ist ein anderes Kind, ein älteres. Aber dennoch ein Kind eines doppelten Seins; zwei, die eines sind. Eines, das zwei ist. Ich kann Euch nicht überzeugen, mein Lord. Erlaubt, daß jemand Euch in den vorbereiteten Raum führt. Ruht dort.«

»Hier«, sagte er. »Ich werde hier bleiben. Veranlaßt, daß man mir eine Couch bringt, und etwas zu essen. Hierher. Ich werde diesen Ort nicht eher verlassen, als bis Ihr Eure Magie vollführt.«

»Ihr seid müde. Es soll geschehen, wie Ihr es wünscht.«

Er ergriff ihr Handgelenk. Sein Griff mußte ihr weh getan haben, er hatte es so beabsichtigt. Durch den Schleier seiner

augenblicklichen Schneeblindheit konnte er ihre Augen wie weit entfernte Flammen schimmern sehen.

»Was immer Ihr Eurer Göttin schuldet, versucht Euch zu besinnen, wer *ich* bin.«

Sie aber gab keine Erwiderung, und irgendwie gelang es ihr, seinem Griff zu entkommen, und dann war sie gegangen. Sie war schon einmal verschwunden, wie eine ausgeblasene Kerze ... Wie lächerlich das alles war. Wie unreal. Selbst als er allein war und Val Nardia vor sich liegen sah, konnte er es nicht über sich bringen, durch den zarten Vorhang zu gehen.

Man brachte ihm eine Sitzgelegenheit, Essen und Getränke. Er hatte seine Männer im Dorf zurückgelassen. Er verlangte von den Priestern, daß sie das Essen und den Wein vor seinen Augen kosteten. Es war eine kleinliche Vorsicht, er glaubte nicht wirklich, daß sie nötig war.

Er nahm nur einen kleinen Imbiß zu sich, weil er nicht vorhatte einzuschlafen. Und allmählich gehorchte sein trainierter Körper seinen Wünschen, wie ein unterwürfiger Hund. Hellwach saß er dort und beobachtete Val Nardia durch den Schleier seiner Erschöpfung und den wirklichen Vorhang vor dem Bett.

Um Mitternacht, so schätzte er, begannen Gestalten in schwarzen Roben und Kapuzen in den Raum zu gleiten. Sie setzten sich gegen die Wände gelehnt, rührten sich nicht mehr, wie angesichts eines Raubtiers gelähmte Vögel.

Dann kamen die Frauen. Sie schritten durch den Vorhang und verbargen so vor ihm, was sie taten.

Kesarh erhob sich, und sie machten ihm sofort Platz. Er trat zurück und blieb beim Vorhang stehen.

Die Priesterinnen kamen herein, und bei ihnen war eine andere Frau, die nicht zum Tempel gehörte und vermutlich aus dem Dorf beim Landeplatz oder einem anderen auf der Insel kam. Sie war Visianerin, eine reinblütige Visianerin dem Aussehen nach.

Beim Vorhang blieb sie stehen, um ihre Schuhe auszuziehen und vor aller Augen ihr Kleid von sich zu werfen. Darunter war sie nackt; eine Matrone jenseits der mittleren Jahre, ohne besondere Reize, aber kräftig gebaut.

Der Vorhang teilte sich.

Kesarh konnte den Saum nicht recht erkennen, aber die Frau trat hindurch. Niemand sonst. Nur sie. Und nur ihr Fleisch, kein anderer Gegenstand, der die Reinheit des Ortes ihrer Tätigkeit verunreinigen oder stören konnte.

Ein Gesang hob an, überall im Raum. Er störte Kesarh. Er bestand nur aus ein paar Worten oder einer Wortfolge, die ständig wiederholt wurden.

Das Licht brannte herunter. Alles wurde finster.

Die Frau hatte seine Schwester erreicht. Es kam ihm der Gedanke, was sie darstellen mochte; eine Geburtshelferin des Todes.

Er stand am Vorhang und sah zu, während nicht das geringste geschah.

Als er die Szene etwa eine Stunde lang beobachtet hatte, ging er an den Tisch und schenkte sich mehr Wein ein, um sich auf den Füßen zu halten. Er wünschte, Zeuge zu sein, wenn der monströse, blitzschnelle Augenblick gekommen war. Er wünschte zu sehen, wenn die Falltür ihnen gestattete, das fremde Kind hindurchzuschmuggeln, das sie ihm gleich darauf als das seine präsentieren würden, indem sie es betrügerisch zwischen den toten Beinen seiner Schwester hervorzogen, als sei es sein eigener, wahrer und wunderbarer Abkömmling.

Das erste Aufdämmern des Morgenlichts hatte einen der zwölf Männer Kesarhs geweckt, und er verließ die kalte Dorfunterkunft, um zu urinieren.

Jenseits des ummauerten Hofes erstreckte sich die sanft geneigte Ebene scheinbar bis ins Unendliche. Unterhalb schimmerte das Meer am steinigen Ufer.

Der Soldat, erleichtert, aber fluchend wegen der Kälte, war dennoch gefesselt von einer Gestalt in der Dämmerung, die entweder fremdartig oder von unerkannter Schönheit war.

Er trat an die niedrige Mauer und schaute den Meeresarm hinab nach Osten.

Wolken hingen wie Atemhauch in eiskalter Luft, und eben nahmen sie eine milchige Bernsteintönung an. Durch dieses Bernstein brach sich jetzt ein Streifen fahlsten Goldes Bahn.

Ausläufer der Wolken hatten die Sonnenscheibe verhüllt. Der Mann konnte direkt hineinblicken, als sie aufging, rund

und schimmernd und seltsam, wie ein neuer Planet, der aus der Erde geboren wurde. Tatsächlich war es das, womit der Sonnenaufgang große Ähnlichkeit hatte; die Geburt eines Kindes, dessen runder Kopf aus einer Gebärmutter aus Wolken hervortrat.

Der Mann wußte nicht, weshalb er nach Ankabek mitgenommen worden war. Irgendeine Verpflichtung, so war ihnen gesagt worden, dem Grab der Schwester des Prinzen gegenüber ... Das hätte wahrhaftig bis zum Tauwetter warten können.

Noch immer hielt ihn das Aufdämmern des Morgens gefangen, in der schweigenden Weite der Schneelandschaft, und er kam sich wie der einzige Mensch auf Erden vor, der den Aufgang der Sonne beobachtete.

Der Gesang hatte aufgehört. Etwas war geschehen, aber er war nicht sicher, was es gewesen war. War er schließlich doch noch eingeschlafen, im Stehen, und hatte es verpaßt?

Dann sah er, wie sich die Dörflerin vorbeugte. Der Raum schien unter einer Art geräuschlosem Donner zu erbeben, von dem er nicht wußte, daß er von Der Kraft herrührte.

Die unansehnlichen Hände wurden bewegt, in Val Nardias reglosen Leib geschoben ... Die Hebamme war über ihre Arbeit gebeugt; grob, umsichtig, ungerührt.

Es gab einen Blutsturz. Kesarh bildete sich ein Würgen in der eigenen Kehle ein. Er wartete darauf, daß das Mädchen schreien oder sich aufbäumen würde, aber sie war ruhig, als spüre sie ... nichts.

Das Kind kam den Händen der Frau entgegen. Er sah es. Inmitten der dampfenden Blutlache; die zitternde Schnur verband es noch mit der mütterlichen Höhle im Leib der Schwester Kesarhs. Ein Messer blitzte auf. Die Schnur wurde durchtrennt, fiel nieder wie die sterbende Schlange in Tjis.

Die Hebamme beschäftigte sich kurz mit dem Kind, dann wandte sie sich um und hielt es denen hinter dem Vorhang entgegen.

Es war völlig still.

Die Arme des Kindes rührten sich leise, dann bewegte sich der Kopf. Es lebte, obwohl es nicht schrie. Es war sehr weiß, beinahe leuchtend. Kesarhs Augen schienen sich wieder ge-

klärt zu haben. Er konnte erkennen, daß die Frucht aus seinem Samen und Val Nardias totem Mutterleib ein Mädchen war. Eine Tochter.

In der Tür stand ihm die Priesterin Eraz wie ein Monument im Weg.

»Ja«, sagte er. »Ich sah, wie es geschah. Ich bin Zeuge Eurer Zauberei.«

»Jemand wird Euch jetzt zu Eurem Zimmer führen, damit Ihr ruhen könnt.«

Er konnte kaum auf den Beinen bleiben, obwohl er sie mit deutlicher Schärfe sah.

»Und wenn ich aufwache«, sagte er, »werde ich Euch den Hals umdrehen.«

In dem Dorf oberhalb des Strandes warteten die äußerst disziplinierten Soldaten Kesarhs ungeduldig und versuchten, für das Essen zu bezahlen, das man ihnen vorgesetzt hatte, wie es ihnen eingeschärft worden war. Aber das Geld wurde nicht angenommen. Außerdem taten sie den Frauen der Umgebung keinerlei Gewalt an, obwohl sie sonst nichts zu tun hatten.

Als der Tag sich dem Ende zuneigte, wurde ihnen zu ihrem Bedauern klar, daß sie noch eine zweite Nacht in dem elenden Kaff verbringen mußten.

Kesarh hatte andere Pläne mit ihnen.

Er war wach, für die Reise angekleidet, und trank eben den Wein, der ihm noch geblieben war, als der Priester seinen Raum betrat.

»Gut, daß Ihr kommt«, sagte Kesarh. »Geht und sucht Eraz, und schickt sie dann her.«

Der Priester, ein dunkler Mann, sah ihn an. Er hatte sich die Art des Schauens angewöhnt, die den Tiefländern zueigen war.

Kesarh, dem das auffiel, sagte: »Entweder Ihr tut es, oder ich selbst tue es. Ich denke, daß Ihr das erstere vorziehen würdet.«

»Im allgemeinen«, sagte der Mann, »wird die Priesterin Eraz nicht gerufen wie ein gewöhnliches Dienstmädchen.«

»Und im allgemeinen werde ich nicht vertröstet.«

»Mein Lord«, sagte der Priester, »in dieser Religion ist der

Priester von gleichem Rang wie ein König. Oder sogar noch größerem.«

Kesarh durchschritt den Raum. Er versetzte dem Priester einen Schlag, der ihn taumeln ließ. Die Kapuze fiel herab. Für einen Augenblick stolperte nichts als ein sich duckender Visianer in die Ecke.

»Aber Ihr seht«, sagte Kesarh, »daß ich Eure Religion nicht schätze. Jetzt geht hinaus und tut, was ich Euch geheißen habe. Und wenn Ihr schon dabei seid, habt die Güte, mir ein wenig anständigen Wein zu holen.«

Eraz selbst brachte ihm den Wein, was auf seltsame, fast scherzhafte Art zu dem Vergleich mit dem Dienstmädchen paßte. Es war vardianischer Likör von der Art, die jene Freien Zakorianer außer Gefecht gesetzt hatte.

»Der Wein von den Schattenlosen Ebenen ist nicht nach Eurem Geschmack«, sagte sie.

»Nein. Ich mag nichts, das von dort kommt.«

Er war wiederhergestellt, oder jedenfalls wirkte er so. Ihm war keine Erschöpfung mehr anzumerken, kein Anzeichen von Schmerzen oder Unwohlsein.

»Und Ihr werdet uns in Kürze verlassen.«

»Sobald Ihr den Leichnam meiner Schwester für die Reise vorbereitet habt.«

Eraz sah ihm in die Augen. Sie zeigte, wie es vorauszusehen gewesen war, keinen deutbaren Gesichtsausdruck.

»Ihr werdet ihre Totenriten nicht dem Tempel überlassen.«

»Ihr würdet sie verbrennen, nicht wahr? Einäscherung, die Sitte eurer Ebenen.«

»Und die Sitte Shansars, dessen Blut in Euren Adern fließt, und in ihren. Aber die Überreste sollten in der Erde ruhen, unverstreut, und die Stelle sollte durch einen Stein gekennzeichnet sein.«

»Sie wird ein Grabmal in Istris bekommen, eines nach der alten Art.«

»Sehr gut, mein Lord. Ich werde mich darum kümmern. Es ist nicht nötig, Verwesung zu befürchten. Unsere Drogen werden ihre Schönheit unverdorben erhalten, bis Ihr die Hauptstadt erreicht, und darüber hinaus.«

»Ich könnte mir vorstellen, daß Eure Drogen sie in erster Linie umgebracht haben.«

»Ihr glaubt das nicht im Ernst, mein Lord. Ihr kennt die Wahrheit. Nähmt Ihr den goldenen Kranz von ihrem Hals, würdet Ihr sehen ...«

»Ja«, sagte er. »Aber dann müßt Ihr meine Verwirrung und Verwunderung über euer Genie hinnehmen.«

Eraz sagte sanft: »Und das Kind?«

»Eines mehr, eure heiligen Reihen aufzufüllen«, sagte er.

Er trank den vardianischen Wein, füllte den Becher und trank erneut.

»So halten wir es nicht, mein Lord. Sie ist nicht die Unsrige.«

»Sie bedeutet mir nichts«, erwiderte er.

»Sie ist Eure Tochter«, sagte Eraz.

»Sie ist eine kleine, weiße Schnecke. Behaltet sie.«

»Nein, mein Lord«, erwiderte sie, und in ihre Sanftheit mischte sich jetzt Ungeduld. »Das Kind muß mit Euch gehen.«

»Weil es das meine ist? Das Produkt einer Blutschande? In Lan über dem Wasser bedeutet das gar nichts.«

»Dann schickt sie nach Lan, mein Lord. Aber sie wird nicht hierbleiben.«

»Also wegen des Inzests.«

»Wegen Anackire«, erwiderte sie.

»Oh, etwas Neues von Eurer übelriechenden Schlangenfrau. Sie wünscht meinem Kind vermutlich den Tod. Im Alter von einem Tag, draußen im Schnee. Und ich glaube nicht, daß einer meiner Männer fähig wäre, ihm die Brust zu geben und es zu nähren. Weshalb tötet Ihr das Ding nicht einfach selbst? Warum laßt Ihr es nicht hier ersticken, verhungern oder erfrieren? Weshalb drängt Ihr überhaupt darauf, daß es am Leben bleibt?«

»Unsere Medizinen, die Euch so mißfallen, werden auch das Kind beschützen. Es wird schlafen bis Istris, und es wird nicht hungern. Es kann warm liegen, zusammen mit seiner Mutter eingeschlossen.«

»Das ist unmöglich.«

»So unmöglich, wie das Geschehen, dessen Zeuge Ihr wart bei Sonnenaufgang, mein Lord.«

Die Männer, die den Holzkasten ans Ufer gebracht hatten, halfen auch, das Eis zu brechen, so daß man das Boot wieder wassern konnte.

Kesarhs Wache beschwerte sich nicht, obwohl die Sonne schon tief über dem Ozean hing, und der ganze Westen, Himmel und Wasser, in wüstes, wildes Karmesinrot getaucht war.

Sie ruderten über den Widerschein des Sonnenuntergangs und die vereiste See. Ein schwacher Wind wehte in Richtung des Festlandes, und sie setzten die Segel, um ihn zu nutzen. Kein Geräusch war zu hören außer dem Flappen des Segeltuchs, dem Klatschen der Wellen und dem Knarren der Ruder.

Die Insel Ankabek entfernte sich, das letzte Licht verlieh ihr ein seltsames Aussehen, wie ein schwimmender Schädel.

Hinter dem Segel saß Kesarh am Bug, den langen Kasten hatte er bei sich. Er war fest verschlossen, verwahrte den toten Körper sicher, ebenso das lebende Kind, schlafend, als wäre es noch immer in Fleisch gehüllt. In die Kistenbretter waren Löcher gebohrt, um ihm Luft zu verschaffen.

Die Kiste lag zu Kesarhs Füßen, und er sah sie nicht an.

Der Nachglanz der Sonne erlosch, und die Schwärze kam. Es waren keine Sterne am Himmel, nur der schwache Schimmer des Frostes und der endlose, fahle Platinfaden knapp über dem Wasser, die Küste des verschneiten Festlandes von Karmiss.

Als sie irgendwo in der Finsternis trieben, noch eine Stunde von der Landung entfernt, hörten Kesarhs Soldaten, wie die Planken des Sarges beiseite gezerrt wurden und der Deckel mit dem scharfen Geräusch herausgerissener Nägel hochkam. Sie sagten nichts. Sie fuhren fort zu rudern. Sie hatten schon früh in seinem Dienst gelernt, was nur den Prinzen etwas anging und was sie zu interessieren hatte.

Hinter dem Segel blickte Kesarh auf das Gesicht Val Nardias hinunter.

Das breite, geflochtene Halsband ihrer Mutter mit den schwarzen Perlen verbarg ihren Hals. Ansonsten war ihre Schönheit tatsächlich unversehrt; ihre furchtbare, zwecklose Schönheit. Es schien ihm, als wäre das gleiche zwischen ihnen geschehen, wenn sie häßlich gewesen wäre.

Schließlich hob er sie aus dem Kasten. Er ließ das tief schlafende Kind, ein Bündel aus Windeln, auf die Wolldecken fallen, mit denen der Kasten ausgelegt war. Es kümmerte ihn nicht, was aus dem Kind wurde.

Er hielt sie in den Armen, seine Schwester, ihren Kopf gegen seine Schulter gelehnt, die Flut ihrer Haare wie ein Schal über sie beide gebreitet, die jetzt in der Finsternis dunkel waren wie seine.

Und so fuhren sie wie auf einem Geisterschiff über die schweigende, schimmernde See, auf Karmiss zu.

Rem öffnete die Tür zu seiner Wohnung, und zwei der Besucher gingen hinein. Zwei andere nahmen wie zufällig Posten im Gang ein, und die Tür wurde geschlossen.

Draußen wirbelte der wäßrige Schnee um das nächtliche Gebäude, und böiger Wind zerrte hartnäckig an den Fensterläden.

Der Umhang des Mannes war schneenaß. Er riß ihn von sich und warf ihn auf einen Sessel.

»Ich vertraue darauf, daß das Geld und die Dokumente früher angekommen sind«, sagte Kesarh.

»Ja, mein Lord.«

»Und daß Ihr und Eure Männer bereit seid.«

»Ja.«

»Seid Ihr durch all das verwirrt, mein lieber Rem?«

»So verwirrt, wie Ihr es wünscht, mein Lord.«

»Meine Wünsche sind die von mir festgesetzten. Das Schiff, das Ihr nehmen werdet, ist die *Lilie.* Es gehört Dhol. Wenn Ihr im Hafen von Amlan ankommt, werdet Ihr den Mann Dhols zu meinem Geschäftsführer in die Hauptstadt begleiten. – Sie versteht nicht, um was es geht«, fügte Kesarh hinzu, weil Rem zu dem Mädchen geschaut hatte. »Tatsächlich versteht sie gar nichts. Sie denkt, das Kind wäre ihr eigenes; sie glaubt, es wäre wieder lebendig geworden.«

»Und niemand hat ihr diese Illusion genommen.«

Kesarh sah ihn an, erwiderte nichts, wartete nur.

Berinda stand dort in ihrem tropfenden Umhang und wiegte das eingewickelte Ding, das Baby in ihren Armen und lächelte zu ihm hinab. Sie sah geistig wacher aus, als Rem sie je erlebt hatte.

Er sagte: »Und ich soll dem Agenten in Amlan Euren Brief aushändigen, und das Kind. Was dann?«

»Dann kommt Ihr übers Meer zurück. Er wird ihm ein Zuhause geben; ein Zuhause, wo es niemand finden wird, und mich auf dem laufenden halten. Einen Ort, an dem Anackire ihm nichts anhaben kann, nicht einmal durch Magie. Eines Tages, als Frau, könnte sie mir von Nutzen sein. Wenn nicht, wird sie auch meinen Feinden nichts nützen.«

Rem zögerte kurz. Dann sagte er: »Es ist das Kind Eurer Schwester.«

»Nein. Es ist das Kind, das auszutragen sie abgelehnt hat. Sie haben ihren Körper benutzt, es zu gebären, mehr nicht.«

»Und die Zauberei bedeutete Euch nichts.«

Kesarh lächelte; seine Augen waren kalt. Rem hielt diesen Blick aus, ohne es zu wollen.

»Ich bin nicht hier, um über meine Gefühle zu diskutieren. Ich bin nur hier, um Euch das Balg und die Milchamme zu bringen. Ich habe daran gedacht, es an den Gestaden von Karmiss auszusetzen, als ich sie erreichte. Eure Aufgabe besteht darin, es aus dem Bereich meiner lieblosen Arme nach Lan zu bringen. Seht Ihr das ein?«

»Ja, mein Lord.«

»Ja, mein Lord. Ihr seid immer eher wie ein Prinz als wie ein Bandit umherstolziert, mein lieber Rem. Ihr wirkt auch eher so. Eines meiner Mädchen hat mir einmal erzählt, Ihr hättet eine gewisse Ähnlichkeit mit den alten Statuen des Rarn Am Mon.«

Rem mußte sich zusammennehmen. Sein Herzschlag raste wie verrückt, aber er zeigte es nicht.

Kesarh wandte sich ab und nahm seinen Umhang an sich.

»Auf dem Schiff«, sagte er, »seid Ihr nur einer der minderen Noblen, der mit seiner Wache und seiner Hausbesorgerin und seinem Lieblingsbastard eine Reise macht. Euer Schiff läuft mit der Morgenflut aus.«

Als er gegangen war und die beiden Eskorten hinter ihm die Treppe hinabpolterten, blieb Rem zurück. Er blieb reglos stehen, bis die Hufe der Zeebas durch die Allee hallten.

Er sah erneut Berinda an und fragte sich, wie sie darauf reagieren mochte, daß ihr Gott fort war. Aber tatsächlich war das Baby jetzt ihr Gott. Sie glaubte auf ihre verwirrte Art, daß

es das ihre sei; Leben, das unter Schmerzen aus ihrem Mutterleib entsprungen war; ein kalter Leib, hervorgeholt, während sie geschrien hatte, aber warm und atmend zu ihr zurückgebracht. Jedenfalls unzweifelhaft ein Stück von ihr selbst.

Rem hieß sie in einem Sessel Platz nehmen und brachte ihr den gewürzten Wein, den Kesarh Am Xai nicht gewürdigt hatte. Berinda lachte das Baby an, als sie an dem Getränk nippte.

Rem erblickte nichts als ein halbmondförmiges Stückchen des winzigen Schädels, das aus der Decke lugte. Es war ein weißhäutiges Kind, das fahle Haar wie Spinnweb auf dem Kopf, ein shansarianisches Kind in jeder Hinsicht, wie es schien; außer daß die Augen dunkel waren.

Als er Berinda mitteilte, daß sie jetzt aufbrechen müßten, erhob sie sich gehorsam, hob das Bündel mit ihren wenigen Habseligkeiten vom Boden auf; da rutschte die Decke vom Gesicht des Kleinkindes.

Rems Herzschlag schnellte erneut in die Höhe, wiederum ohne verständlichen Grund, außer dem, daß die Augen des Babys gar nicht dunkel waren. Sie waren winzige, verhangene und goldene Sonnen.

Die Überfahrt würde neun oder zehn Tage dauern, vielleicht weniger, wenn sich die in dieser Jahreszeit zu erwartenden Winde regten. Kam einmal steuerbord die lanische Küste in Sicht, würde es noch sechzehn bis achtzehn Tage in Anspruch nehmen, ehe sie den Hafen von Amlan erreichten.

Die *Lilie* war ein Handelsschiff mit großer Takelage. Ihr Eigentümer, Dhol, hatte in der Vergangenheit die Agenten des Prinzen bei geschäftlichen Unternehmungen unterstützt, und wenn diese Zeiten auch vorbei waren, hatte er immerhin Rem in seiner eigenen, unkomfortablen Kabine beherbergt.

Rems drei Soldaten schliefen unter den Segeln auf Deck; sie waren, wie er selbst, daran gewöhnt, in feuchten Notunterkünften zu übernachten.

In der Kabine überließ Rem das Bett dem Mädchen und dem Baby. Er selbst streckte sich auf dem Boden aus, was Dhol sicher mit Interesse zur Kenntnis genommen hätte, wäre er in die Kabine gekommen, um nachzusehen.

Die Jahreszeit war nicht ideal für Reisen. Dhol, der ein geldgieriger Mensch war, segelte stets vor den anderen Handelsschiffen von Istris hinaus.

Alles in allem war das Wetter ihnen freundlich gesonnen, es regnete und stürmte beständig, aber ohne besondere Wut. Die Heftigkeit des Windes war in der Tat unbeständiger und veränderlich.

Am Mittag des neunten Tages nahmen die Konturen von Lan durch den Regen Gestalt an.

»Ist das Essen nach Eurem Geschmack?« erkundigte sich Dhol, der mit ihnen in der Kabine zu Abend aß, um das Auftauchen Lans zu feiern.

Rem versicherte ihm, das Essen sei vorzüglich.

Das Mädchen saß auf dem Bett, spielte mit dem Baby und sprach zu ihm. Als Dhol während ihrer ersten Konversation eine längere Belehrung vom Stapel ließ – einen bildhaften Bericht über das Wetter auf See –, schweiften Rems Gedanken ab und beschäftigten sich mit dem Kind.

Es war sicherlich nicht ganz normal. Er hatte angefangen sich zu fragen, ob die inzestöse Vereinigung eine Mißgeburt zur Folge gehabt haben mochte. Es war nichts so Einfaches wie beispielsweise Taubheit, soviel war offensichtlich. Es hörte Geräusche. Und Blindheit ... Es konnte auch sehen, in der Art, wie ein Baby sah. Und es konnte Geräusche von sich geben, obwohl er es niemals hatte weinen hören. Irgendwie fühlte er, daß es schon bei der Geburt nicht geweint hatte. Was aber war es dann, dieses seltsame, quälende Anderssein? Möglicherweise nur eine Einbildung von ihm. Er hatte in seinem Leben bisher weniger Babies kennengelernt als andere Männer und nie eine Frau mit einem Baby gehabt.

»Und bei den Göttern, bei Ashara, der Hauptmast krachte wie ein ...« Dhol wurde von etwas, das draußen vor sich ging, unterbrochen. Ein unerwartetes Geschrei, das nichts mit den Aktivitäten auf dem Schiff zu tun hatte. Dhol sah zur Tür.

»Was ist los?« fragte Rem.

Das Mädchen zollte dem Aufruhr keinerlei Aufmerksamkeit.

»Ich werde nachsehen. Vielleicht wurde ein großer Fisch gesichtet. Sie versuchen sich mit Harpunen, Harpunen an

der Leine ... können Schiffe manchmal ein ganzes Stück ziehen ...« Dhol stand auf. »Laßt Euch nicht beim Essen stören, Sir.«

Eine Woge von Benommenheit und Dumpfheit ging durch Rems Kopf. Es gab keinen warnenden Schmerz, es war nicht so wie bei anderen Gelegenheiten dieser Art. Aber plötzlich stand ein anderer Mann dort, wo Dhol gestanden hatte, und einer der eisernen, radgroßen Kerzenleuchter, dessen Aufhängung offenbar von böswilliger Hand gelockert worden war, flog mit enormer Wucht seitlich und traf Rem an der Schläfe – Er kam auf die Füße, und seine Sicht klärte sich wieder.

Dhol war aus der Tür gestürmt und hatte den Vorfall nicht mitbekommen.

Fast gegen seinen Willen folgte Rem ihm.

Auf Deck herrschte Lärm, dessen Ursache sogleich sichtbar wurde. Von Nordosten her wuchtete sich ein riesiger, dunkler Schatten aus dem Regendunst heran, mit einer roten Schmiererei am Bug. Schon war das andere Schiff nahe genug, daß ihre eigenen Backbordlichter zwei flammende Augen beleuchteten, die aus dem Schatten glommen, und, hoch oben, den Doppelmond und den Drachen; die Zeichen des Alten Zakoris.

»*Piraten!*«

Dhol keuchte vor Furcht.

»Können wir ihnen entkommen?«

»Niemals. Hatten wir nie nötig. Sahen niemals eines so weit im Süden ...«

Rem starrte nur auf das andere Schiff, während die Männer überall um ihn herum wimmelten und schrien. Das schwarze Schiff glich einem Phantom, auf dem die Untoten von Tjis her kamen, um Rache zu nehmen.

Rems drei Soldaten kämpften sich zu ihm durch.

»Habt Ihr Befehle für uns, Sir?«

»Der Schiffslord sagt, daß er nicht entkommen kann, und es sieht so aus, als hätte er recht. Die Biremen der Freien Zakorianer sind schnittige Renner. Dieses Schiff ist dagegen äußerst schwerfällig. Aber zweifellos wird Dhol versuchen zu fliehen.«

»Es ist bereits zu spüren.«

Es stimmte. Die untengelegenen Rudererstationen waren in Alarmbereitschaft versetzt worden. Der hölzerne Schiffsrumpf erbebte, als er sich dem neuen Bewegungsrhythmus anpaßte. Sie ruderten jetzt um ihr Leben.

»Wenn es mißlingt, was sehr wahrscheinlich ist ...«

Rem spähte durch den Regenvorhang zu dem Phantom hinüber. Durch das Getöse, das die *Lilie* vollführte, konnte er wie leises Murmeln das fröhliche Geschrei der Freien Zakorianer hören, als sich ihr Schiff näherte.

»Da wir bei dieser Gelegenheit«, sagte Rem, »nicht genug Wein haben, um sie zu vergiften«, die drei Männer grinsten, »müssen wir auf das Rettungsschiff zurückgreifen, das dort vorn angebunden ist. Schneidet es los und springt hinein. Das Kind und das Mädchen haben Vorrang.«

»Ja, Sir.«

Eine Minute später rammten sie die Zakorianer.

Der Schrecken über die Gefahr, die Freudenschreie der Angreifer und das Furchtgeheul der Angegriffenen machten die Handelsleute taub für das Platschen, als das Rettungsboot aufs Wasser schlug.

Einer von Rems Männern schwang sich an einem Tau hinüber und ließ sich geschickt mitten hineinfallen, trotz der aufgewühlten See. Rem hatte bereits das Mädchen an seiner Seite; es hielt das Baby krampfhaft an sich gepreßt und schrak zurück.

»Nein!« rief sie.

Die Freien Zakorianer brachen wie eine Springflut über die Reling und rollten wie Brecher auf Deck. Schon gellten die Todesschreie sterbender Männer durch den Tumult.

»Nehmt ihr das Kind ab und werft es ins Boot«, sagte Rem zu den beiden anderen Soldaten.

Der dritte Mann im Boot stand bereit, es aufzufangen.

»Seid vorsichtig, ihr wißt, wessen Kind es wahrscheinlich ist.«

Der zweite Soldat nickte und griff nach dem Baby. Berinda fing an zu schreien.

Der andere Soldat wirbelte herum, hob sein Schwert und schlug zu, und Piratenblut vermischte sich mit dem Regen. Rem wandte sich gerade noch rechtzeitig um, um zu verhindern, daß ihm ein Messer in den Rücken fuhr. Er hieb den

Freien Zakorianer zwischen die Augen und trieb ihm, als er wankte, sein eigenes Messer in die Achselhöhle, wo ihn die zerfetzte Kettenrüstung ungeschützt ließ. Als er fiel, sprangen vier andere über ihn, traten achtlos auf den Sterbenden, um zu Rem zu gelangen. Der zweite Soldat befreite sein Schwert durch Drehen von einem Gewirr aus Haaren und Sehnen.

Rem bemerkte halb unbewußt, daß das Mädchen zu schreien aufgehört hatte.

»Das Kleine ist sicher im Boot«, murmelte der zweite Soldat in beinahe vertraulichem Ton und schlitzte die Hand eines Mannes auf. »Und das Mädchen ebenfalls.« Seine Stimme erstarb, als ihm das Messer eines Freien Zakorianers durch die Kehle fuhr. Als er stürzte, fiel der andere Karmianer auf ihn, und ein Pirat beugte sich über die beiden Leichen, um seinen Dolch wiederzubekommen.

Zwei Zakorianer schlugen auf Rem ein, der andere würde sich ihnen im nächsten Augenblick zugesellen. Der Kampf, abscheulich und langwierig, hatte nur einen voraussehbaren Ausgang.

Rem zog sein Schwert und schlug einem Mann ein Ohr ab. Er schleuderte sein Messer in ein Handgelenk, ergriff die Messerhand des ihm am nächsten stehenden Zakorianers und, indem er sie festhielt, zog er den Mann an sich. Derart umklammert, war dem Mann seine zakorianische Rüstung hinderlich, er war ziemlich durch die abrupte Veränderung seines Standorts in Anspruch genommen; wand sich, um seine messerbewehrte Hand freizubekommen, während er mit der anderen wieder und wieder auf Rems Rücken einhieb.

Rem warf sich rückwärts gegen die Schiffsreling, wobei er den Freien Zakorianer mit sich nahm, dessen starre Haltung sich bei dem Aufprall allgemein ein wenig lockerte. Dadurch gelang es Rem, dem Mann das Messer aus der Hand zu zerren, und er brach den Griff ab. Jetzt kämpfte sich Rem hoch, mußte aber zu seinem Bedauern feststellen, daß der Zakorianer zäh war und ihn schon wieder umklammert hatte. Er würde den Mann mitschleppen müssen. Rem spürte das Geländer im Rücken und trat verzweifelt um sich, dann fiel er in die Tiefe. Der Zakorianer lag im Fall auf ihm, zerrte noch

immer an ihm herum, dann rollte er seitlich herunter von ihm.

Als Rem auf dem Wasser aufschlug, fühlte er einen heftigen Schlag, und gleich darauf schien ihm die Kälte alle Kraft aus dem Körper zu saugen, so daß er erschrocken keuchte, als er wieder auftauchte. Er hörte den Zakorianer nicht weit von sich im Wasser platschen.

Rem kämpfte, um den schlingernden Gegenstand vor sich zu erreichen, bei dem es sich um das Boot handeln mußte.

Seine Hände klammerten sich in demselben Moment um die Reling, als sich auch die Hände des Zakorianers erneut um ihn klammerten. Dann löste sich eine dieser Hände wieder. Rem wußte, daß der Mann mit einem neuen Messer ausholte. Er versuchte nochmals zu treffen, aber in dem eiskalten Wasser wollte es ihm nicht recht gelingen. Da beugte sich sein dritter Soldat weit über ihn und spießte den Piraten auf sein Schwert.

Der Soldat hievte Rem ins Boot.

»Ihr hättet Euch gleich davonmachen sollen«, sagte Rem. Seine Zähne schlugen in der Kälte heftig aufeinander, so daß er sich kaum verständlich machen konnte. »Den Göttern sei Dank, daß Ihr es nicht getan habt.«

Aber der dritte Mann, dessen Schwert noch von dem Piraten, der jetzt im Meer trieb besudelt war, beugte sich schon wieder zum Wasser hinab. Es teilte sich, um ihn aufzunehmen. Ein schwarzer Pfeilschaft steckte dort, wo zuvor eines seiner Augen gewesen war.

Rem arbeitete sich hoch, zu dem jammernden Mädchen und dem stillen Kind hinüber.

»Es ist alles in Ordnung«, sagte er zu ihnen. »Seid ruhig. Es ist alles in Ordnung.« Und beinahe hätte er gelacht.

Mehr Pfeile zuckten um das Boot, aber sie richteten keinen weiteren Schaden an.

Der Ozean war jetzt bewegter; der Seegang wurde rauh, und sie trieben vom Schiff weg.

Endlich erhob Rem sich. Niemand war hinter ihnen her. Nichts als eine kleine Ansammlung von Leichen, ebenfalls treibend, schaukelten auf den Wellen. Die Schiffe, die wie kämpfende Kalinxe aussahen, waren bereits eine halbe Meile entfernt. Die *Lilie* brannte bereits.

Rem band die Ruder los und begann, sich in die Riemen zu legen, wobei er sich an das Land im Osten erinnerte.

Das Boot nahm Wasser auf, weigerte sich jedoch aus einem unbekannten Grund zu sinken. Rem ruderte und ruderte; und die Zeit verstrich. Er verlor den Sinn für alles, außer dem ziehenden Schmerz in seinen Muskeln, dem Knarren des Bootes und den scharfen Zähnen des Frostes.

Er ruderte im Traum, oder in einem Alptraum, und wachte nicht eher auf, als bis sie an einem Ufer aus seidenmattem Eis landeten. Der Regen hatte aufgehört.

Er trieb das Mädchen mit sich ins Landesinnere, nachdem er das Boot oberflächlich verborgen hatte, für den Fall, daß die Freien Zakorianer beschließen sollten, sie doch noch zu verfolgen.

In einer Mulde auf einem niedrigen Hügel machte er ein Feuer. Der Tag begann, die Dunkelheit fortzuschmelzen und ihm Berindas Gesicht zu zeigen.

Ihre Augen waren voll von der Furcht, die nie aus ihnen zu weichen schien. Sie beobachtete ihn, fürchtete sich vor ihm, ebenso offensichtlich, wie sie sich vor allen Dingen fürchtete.

Sie hielt das Kind eng an sich gedrückt, und schließlich entblößte sie ihre Brust in der Eiseskälte, um es trinken zu lassen. Trotz der Temperatur schien dieser Akt das Mädchen ruhiger zu machen. Rem war froh darüber.

Er setzte sich auf den harten Boden und blickte auf die entfernten Berge, deren sanfte, dunkle Bläue noch mit Schnee bedeckt war, und hinter ihnen die höheren Formen der Berge, die sich im Licht der Morgendämmerung abhoben und dann in ihm aufgingen.

Sie würden bald aufbrechen müssen. Das nördliche Lan war unbewohnt. Sie waren meilenweit von jeder menschlichen Hilfe entfernt. Das Land roch rein wie eine neue, blaue Schale.

Oberhalb der halbkugeligen Brust der Frau hatte das Kind die Augen auf ihn gerichtet. Sie schienen ihn eindeutig zu mustern. Zwischen Schlaf und Realität spürte er wieder die Fremdheit des Kindes. *Was ist es?* dachte er. Als wäre das jetzt, gerade in diesen Augenblick, wichtig. Und doch, es schien fast, als gelange er zu einem Verständnis ... Sie rief

ihn. Irgendwie sprach eine Gottheit zu ihm. Es waren keine Worte. Schritt für Schritt wurde er sich einer äußerst wichtigen Angelegenheit bewußt, einer rein geistigen und ungeheuren Größe, die dort hilflos in einer weichen Schale gefangen war.

Die Seele sprach aus den Augen. Und obwohl sie die Gestalt eines Babys hatte, war sie absolut nicht die Seele eines Babys.

Und dann schlugen die Wellen des Schlafes über ihm zusammen. Sein Bewußtsein schwand.

Als es wiederkehrte, war das Mädchen mit dem Kind fortgegangen.

Berinda summte dem Säugling im Gehen eine wunderhübsche Melodie vor. Sie erzählte ihm Geschichten. Ihre eigene Beschwerlichkeit bedeutete ihr jetzt nichts. Sie fühlte mehr Hoffnung. Die Greuel der Nacht waren ein Irrtum gewesen. Sie hatte sie hinter sich gelassen, bei dem toten Feuer und dem schlafenden Mann.

Jetzt würde sie ihren Lord suchen, ihren dunklen und schönen Herrn, der für sie sorgte, der auch der Vater ihres Kindes war, und sie würde die Sicherheit wiederherstellen.

Sie vernahm kein Echo. Kein Schatten der anderen visianischen Frau, die mit einem hellhaarigen Kind daherschritt, fiel über Berindes verwirrte Vorstellungen. Sie hatte nie über Lomandra gesprochen, die das Kind Raldnor in ihren Armen von der Boshaftigkeit Koramvis' forttrug ... Oder, wenn sie es erzählt hatte, war es aus dem Gedächtnis Berindas entschwunden.

Die Sonne stand hoch, und sie hatte einen ziemlich langen Weg zurückgelegt, als sich auf dem Fels oberhalb Berindas etwas bewegte.

Es war ein weißer Wolf, der so groß wie der Himmel aussah, und drei weitere Wölfe der gleichen Art erschienen hinter ihm.

Berinda schrie. Aber sie war zu weit von allen entfernt, um gehört zu werden.

Zweites Buch

Das Kind der Dämmerung

SIEBEN

Nach der Regenzeit erhob sich der junge Sommer und schritt über die Berge.

An einem strahlend schönen Abend trat der Jäger aus dem Wald hervor, die erlegte Beute über die Schulter geworfen, und blieb stehen, um die vor ihm liegende Landschaft in sich aufzunehmen: das Tal, das sich zu seinen Füßen zwischen den Hängen dahinwand, und das Dorf, das seine Heimat war. Es gab nicht mehr als fünf Behausungen, aber sie alle wimmelten von Menschen.

Die nächste Stadt lag sieben Tagesritte entfernt. Das Dorf besaß nur zwei Zeebas. Viele der Menschen, die hier wohnten, hatten jene Stadt niemals gesehen.

Der Jäger war unwissend, aber mit sich selbst im Frieden. Die vertrauten, schattigen Täler und die Schönheit des sich neigenden Tages bezauberten ihn, auch ohne daß ihm gelehrte Worte darüber zur Verfügung gestanden hätten. Außerdem würde sein Haushalt heute abend viel zu essen haben; genug sogar, um es mit den Nachbarn zu teilen.

Da veranlaßte ihn etwas wie ein Strahlenglanz, der aus dem Himmel kam und auf die Berge fiel, sich umzuwenden und die Erscheinung ins Auge zu fassen.

Der Jäger sog überrascht die Luft ein. Seine Hand fuhr an den Griff des Messers in seinem Gürtel. Dann verharrte er wieder reglos.

Drei Gestalten bahnten sich ihren Weg entlang der Berge, gerade unterhalb der Stelle, wo der Jäger stand; eine war ein dunkler Schatten, zwei waren hell. Ein Wolfspaar, einer schwarz und der andere weiß, beide jedoch außerordentlich in ihrer Färbung und Größe. Und zwischen ihnen – ging etwas anderes.

Ein Kind, ein Mädchen, soviel konnte der Jäger erkennen, denn es sprossen ihr bereits kleine Brüste. Zudem mußte sie ein Kind der Leute der Ebenen sein, denn sie war weißer als der Albino-Wolf, und das Haar, das hinter ihr herflatterte, war so fein, daß selbst ihre Schritte es zum Wehen brachten, und blaßgolden wie die Morgensonne.

Der Jäger starrte verwundert. Er hatte von derartigen Fällen gehört, von Kindern der Wildnis, deren Sippschaft wilde

Tiere waren. Es war nicht so sehr Erstaunen, als vielmehr Furcht, die ihn letztlich erfüllte.

Die großen Wölfe konnten ihn angreifen, wenn sie das Wild rochen, das er bei sich trug. Auch das Kind würde ihn dann angreifen, da es ihre Schwester war und nicht mehr zu seiner Gattung gehörte.

Der schwarze Wolf hielt inne. Sein Kopf schwang herum, und der Jäger sah, wie sich seine Nüstern weiteten. Sogleich stutzte auch der weiße Wolf, wandte sich um und blickte den Jäger an. Das Menschenmädchen bemerkte ihn zuletzt.

Sobald sie ihn ansah, wuchs die Furcht des Jägers ... und verminderte sich ... beides zugleich. Sie verwandelte sich in eine völlig andere Angst. Das Mädchen, das im übrigen nackt war, trug einen Kranz aus geflochtenen Blumen im Haar. Er blinzelte, denn ihr Blick rief in ihm ein eigentümliches Gefühl hervor, wie er es nie zuvor gekannt hatte.

Das verblassende Licht erzitterte.

Eine weitere ungewohnte Empfindung rann dem Jäger durch die Glieder, leicht wie Wasser über einen Stein. Und seine Furcht verließ ihn. Während er den mächtigen Wölfen und dem todgeweihten, nichtmenschlichen Kind gegenüberstand, war er frei von Angst. Er beobachtete sie, bis sie sich umwandten und ihren Weg über die Berge wiederaufnahmen, in den sie verbergenden Dunst des Morgens hinein.

Seine Frau saß am Webstuhl, als er hereinkam; aber sie ließ gleich einen freudigen Aufschrei hören.

Er schnitt das Fleisch, und sie kochte es; und später brachte sie etwas davon in einer verdeckten Schüssel in die Nachbarhütte, wo der Mann schon seit einer ganzen Weile liegen mußte und nicht fähig war, für seine Familie zu sorgen.

Noch später vergnügte sich der Jäger mit seiner Frau im Schein der Lampe, die von einem Balken herabhing, bei einem Brettspiel, in dem ausdrucksvolle und wunderhübsche Figuren benutzt wurden, die er selbst aus Knochen geschnitzt hatte. Seine Frau gewann, wie schon so oft, und sie lachten.

Und noch später, als sie in der Dunkelheit in ihrem warmen Bett lagen, sagte er: »Ich habe ein Wolfskind gesehen, in den Bergen.«

»Ich habe geahnt, daß da etwas war«, erwiderte die Frau des Jägers. »Den ganzen Abend über habe ich es gespürt.«

»Warum hast du mich nicht gefragt?«

»Ich wußte, du würdest es mir erzählen, wenn du es für richtig hieltest.«

Und so erzählte er es ihr.

Sie schliefen bis Sonnenaufgang, als die kleinen, roten Schafe, die sie im Hof hielten, zu blöken anfingen, weil sie nach der Weide verlangten.

Die Jägersfrau stand auf und kleidete sich an. Dann küßte sie ihren Mann.

»Schlaf weiter. Ich sehe nur nach Babbya.«

Lächelnd drehte er sich im Bett um, und lächelnd ging die junge Frau zur Tür und bürstete ihr schwarzes Haar im Gehen. Sie liebte ihren Mann sehr, obwohl er etwa zwölf Jahre älter war als sie. Aber damals hatte sie Gründe gehabt. Er war ein guter Mann; und außerdem ihr Vater.

Draußen stand die Sonne über dem Berg. Die roten Schafe tollten umher.

Zwischen Sonne und Berg wartete reglos das Wolfskind an der Bergflanke, das Gesicht unverwandt auf die Tür des Häuschens gerichtet.

Die Frau des Jägers schnappte nach Luft, wie zuvor der Jäger. In ihrem Fall war jedoch allein Verwunderung die Ursache. Die Gestalt am Hang, vielleicht zehn Jahre alt, sah wie eine der meisterhaften Knochenfiguren aus dem Brettspiel aus.

Von den Wölfen war nichts zu sehen; nur das Wolfskind; und es hatte Blumen im Haar.

Die Jägersfrau schlüpfte ins Haus zurück. Sie tat einen Brotkuchen und ein wenig Obst in einen Napf, und goß Wein – der von den zum Dorf gehörenden Weinstöcken stammte – in einen anderen.

Sie trat wieder aus dem Häuschen, neigte grüßend den Kopf und trug dann ihre Gaben durch den Hof, aus dem Dorf hinaus, ein Stückchen den Berg hoch, nicht zu weit, und stellte sie dort ab.

Das Kind beobachtete sie.

Die Frau des Jägers machte sich wieder an den Abstieg, trat durch das Tor im Zaun und in den Hof und küßte das rote

Schaf auf die Nase. »Du mußt hierbleiben. Oder ihre Brüder werden kommen und dich auffressen.«

Das Kind hatte unmöglich hören können, was die Frau gesagt hatte, aber plötzlich verzog es den Mund ... Ein Lächeln. Es bewegte sich den Hang herab, zu den Schalen. Es betrug sich nicht wie ein Wolfskind, und es schien auch zu wissen, was es mit einem Napf auf sich hatte.

Zierlich nahm es eine Beere aus dem einen Napf und steckte sie in den Mund. Dann erhob es sich und trank einen Schluck Wein aus der anderen Schale. Es ließ die Schalen sauber zurück, drehte sich um und lief davon wie ein Windgeist.

Die Jägersfrau lachte vor Freude über die Anmut der Bewegungen des Mädchens.

Als ihr Mann zum zweiten Mal erwachte, sagte sie zu ihm: »Es ist kein Wolfskind. Es ist eine Banaz.« Das war in der Mythologie von Lan eine ländliche Gottheit.

»Dann aber eine Banaz der Tiefländer.«

»Warum sollte es das nicht geben? Seit der König sie zu Lords gemacht hat, gehen sie durch ganz Vis, wie es ihnen gefällt, und ihre Geister werden es ihnen gleichtun.«

Gegen Mittag gab es ein Geschrei. Die Söhne des vierten und fünften Hauses hatten einen Wolf gesehen, der an der Flanke des Berges gesessen und ins Dorf geblickt hatte. Männer liefen auf den Straßen zusammen, die eigentlich nur schmale Pfade waren.

Auch der Jäger trat hinaus und sah, daß es der schwarze Wolf war, dessen Zunge ihm wie ein Stück Tuch aus dem Maul hing.

»Holt eure Speere!«

»Nein, nein. Es ist die Familie einer Banaz.«

»Dummes Zeug. Es ist ein Wolf, und wir müssen ihn töten, bevor er sich über unsere Tiere hermacht, oder gar über uns.«

Einer der jüngeren Söhne hatte unbedacht ein zerbrochenes Gefäß nach dem Wolf geworfen. Er hatte ihn verfehlt. Der Wolf hechelte. Oder er lachte.

Eben in diesem Augenblick ging die Jägersfrau den Hang hinauf zum Wolf hin; sie trug eine Schüssel voll Fleisch von der gestrigen Beute bei sich.

Die Männer riefen ihr hinterher, aber der Jäger sagte: »Wartet. Meine Tochterfrau ist klug in diesen Dingen.«

Aber er legte doch die Hand an sein Messer, wie er es schon am Abend zuvor in den Bergen getan hatte.

Als sie noch ein paar Fuß von dem Wolf entfernt war, verneigte sich die Frau und stellte die Schale auf den Boden. Der Wolf trabte heran und begann zu fressen. Die Frau stieg wieder vom Berg herab.

Als der schwarze Wolf das Fleisch gefressen hatte, wälzte er sich mit dem Rücken im Staub des Frühjahrs, erhob sich wieder als grauer Wolf, und trollte sich davon.

Im Dorf ging ein allgemeines Geraune um.

Einen Monat lang, fast bis Zastis, ging es so weiter. Ein Wolf wurde am Rand des Dorfes gesehen, oder das Wolfskind. Keinem Tier im Dorf geschah etwas zuleide, ebensowenig wie den kleinen Knaben oder Mädchen. Gaben wurden nicht länger nur von der Frau des Jägers dargebracht; und sie wurden entweder angenommen oder verschmäht. Die Frauen, die in den Weinfeldern arbeiteten, wurden mit den Wölfen vertraut, als handele es sich um ein Paar großer Hunde. Männer überließen ihnen Anteile an der Beute und gewöhnten sich Redensarten an wie etwa: »Der weiße Wolf ist heute nicht erschienen. Ich habe seine Gestalt am Hang vermißt.«

Die Menschen in den Bergen waren argloser und wissender zugleich als die Menschen anderswo. Sie konnten derartige Dinge hinnehmen.

Für das Kind errichteten sie einen kleinen Altar, auf dem sie kleine Dinge hinterließen, die gefallen mochten: Blumen, Honig oder Perlen. Sie blieben unberührt.

Dann öffnete die Jägersfrau eines Morgens die Tür, und davor stand das Wolfskind.

Es sprach nicht; vielleicht konnte es gar nicht sprechen, da es die Jahre, in denen ein Kind Eindrücke aufnimmt, unter wilden Tieren verbracht hatte. Aber es lächelte, und sein Lächeln war voller Liebreiz.

Die junge Frau trat zurück, und das Wolfskind trat in die Hütte.

Die Frau des Jägers machte keine Einwände, aber sie war sich jetzt nicht sicher, was sie tun sollte. Sie sah, wie das Wolfskind, das eine Banaz war, an dem Vorhang vor der Bettstatt stehenblieb, sich umwandte und einen Finger, der so

weiß war, daß er durchsichtig zu sein schien, auf den Rand eines eisernen Kessels legte.

»Laß mich von dir lernen«, sagte das Wolfskind.

Die Frau traute ihren Ohren nicht. Sie war zutiefst erschrocken darüber, daß das Kind zu ihr gesprochen hatte. Aber der Schreck ließ nach. Mit seligem Entzücken erkannte sie, daß die Banaz gar nicht mit Worten zu ihr gesprochen hatte, sondern einzig zu ihrem Empfinden; nach Art der Leute der Tiefländer; im Inneren ihres Kopfes.

Sie blieb nur ein paar Tage und Nächte bei ihnen im Haus. Sie lernte ohne Mühe, sich wie ein Mensch zu verhalten. Es war geradeso, als hätte sie es immer gekonnt und nur darauf gewartet, daß sie daran erinnert wurde.

Sie kleidete sich zum ersten Mal an, sie hatte die Kleider eines kleinen Mädchens aus dem sechsten Haus bekommen, dessen Töchter noch jung genug waren, ihr damit aushelfen zu können. Sie wirkte darin, als hätte sie immer Kleider getragen.

Sie nahm alles in sich auf, das Wirken des Webstuhls, das Brodeln der Töpfe und das Tollen Babbyas; und sie verfolgte alles mit dem gleichen Interesse. Sie flocht ihr Haar und löste es wieder. Sie wusch sich im Fluß, aber sie hatte – als die Banaz, die das Wolfskind in Wahrheit war, wie die Frau des Jägers bemerkt hatte – stets sauber gerochen; sauber und nach einem merkwürdigen, natürlichen Duftstoff; wie eine Blume.

Sie beherrschte die visianische Sprache; entweder das, oder sie brauchte sie nicht zu beherrschen und bezog ihre diesbezüglichen Kenntnisse unbemerkt und geschickt aus ihren Köpfen. Obwohl sich niemand außer der Jägersfrau direkt mit ihr unterhielt, und auch das nur selten.

Nachts schliefen die Wölfe vor der Tür.

Das Dorf behielt den Altar bei.

Die Frau des Jägers fing an, das Kind liebzugewinnen; selbst in diesen wenigen Tagen; und bald liebte sie es als die Tochter-Schwester, die ihr die Götter noch nicht gewährt hatten. Das Mädchen aber wirkte in der dörflichen Kleidung, mit seinen Haaren, die wie Sonnenstrahlen leuchteten, nicht länger wie ein Kind. Es schien bereits eine Frau zu sein.

Und am fünften Tag weinte die Jägersfrau, und das Wolfskind streichelte ihr Haar, ihre Hände liebkosten sie, und ihre

Augen waren wie Sonnen, deren Glanz durch das Fehlen von Freundlichkeit gemildert wurde.

»Du mußt dir ein Zeeba ausleihen«, sagte die Frau des Jägers zu ihrem Gemahl. »Du mußt in den Süden gehen.«

Er legte die Stirn in Falten, als er den Kummer seiner Frau und das Schweigen des Kindes betrachtete.

»Weshalb?«

»Sie hat es mir gesagt; in der Weise, wie sie zu mir spricht. Sie möchte, daß du sie in die Stadt bringst. Und daß du sie dort … verkaufst; so, wie man einen Sklaven verkauft.«

»Es gibt Gesetze«, erwiderte er, »gegen den Verkauf von Tiefländern.«

»Sie hat heute in den Bergen Kräuter gesammelt, mit denen sie sich Haut und Haare färben will.«

Der Jäger starrte sie an, wie schon zuvor. Und dann stand in seinem Blick etwas von der alten Furcht, als er das Kind unter der Lampe stehen sah, das Haar so braun wie Holz, und die Haut, die zuvor nicht einmal gebräunt gewesen war, jetzt geschwärzt.

Die Wölfe flitzten über den Ausläufern der Berge dahin, schwarz und weiß, sie rannten mehrere Meilen weit neben dem Wagen und dem Zeeba her.

Das Kind beobachtete sie, gab aber keinen Laut von sich. Wahrscheinlich unterhielt sie sich im Kopf mit den Wölfen.

Als die Wölfe zurückfielen und nicht wieder aufholten, sagte der Jäger: »Jetzt wirst du das Glück von meinem Dorf genommen haben.«

Aber er wußte sehr wohl, daß dies ungerecht und unrichtig war; und in den folgenden Jahreszeiten zeigte es sich sehr deutlich.

Die Stadt Olm lag in jener nebelhaften Grenzlandregion, wo Lan in Elyr überging. Berge ragten über der Stadt auf, das Rückgrat der Landschaft. Dort oben irgendwo, zwischen den Wirbeln dieses Rückgrats, lag das uralte Königreich der Zorer, die jetzt keinen Herrscher mehr besaßen, sah man davon ab, daß sie dem König vom Amlan Treue geschworen hatten.

Die Zorer hatten vor Jahrhunderten eine heute allgemein verbreitete Religion ausgeübt: Sie hatten damals eine Göttin verehrt, der die Schlange heilig war.

Auf den Wagen, die in wilder Unordnung auf dem Marktplatz aufgestellt waren, wurden alle Arten von Waren feilgeboten. Selbst Sklaven wurden hier zuweilen verkauft, obwohl sowohl in Lanelyr wie auch in seinen Ursprungsländern zu beiden Seiten nur selten Sklaven gehalten wurden. Tatsächlich waren es die blonden Männer von Shansar und Verdath, die diesen ausgestorbenen Handelszweig bis zu einem gewissen Umfang wiederbelebt hatten.

Auf dem zweiten Kontinent standen mittlerweile schon zahllose visianische Sklaven in den Diensten hellhäutiger Herren.

Auf dem Markt von Olm standen blonde Vardianer, Händler in Fleisch aller Art, in einer kleinen Gruppe, mit Weingläsern in den Händen, und begutachteten eine Frau auf einem Podium. Sie war eine Schlangentänzerin aus Zor, ebenso geschmeidig und biegsam wie der Leib der riesenhaften Schlange, durch deren silbrige Windungen sie ihren bronzefarbenen Körper wirbelte.

Ein derartiger Anblick, der sich ihr durch die Vorhänge ihrer Sänfte bot, rief bei Safca, der Tochter des lanischen Wächters von Olm, nur Erbitterung hervor. Aber es muß dazu gesagt werden, daß die ganze Welt sie erbitterte; die Welt, ihre Jugend und ihre eingeschränkten Möglichkeiten.

Sie träumte noch immer gelegentlich davon, daß ein Lord, der durch Lanelyr ritt, sie sähe, von ihr angetan sei und sie zu einem würdigeren Leben mit sich nähme. Aber im Grunde wußte sie, daß sie zu reizlos war, um auf jemanden eine solche Wirkung auszuüben.

»Weiter«, wies sie ihre Träger unwillig an.

Ihr Vorreiter lehnte sich über ihre Sänfte und erklärte das Offensichtliche: Die Vardianer waren auf ihrem Weg und mochten sich sehr wohl weigern zu weichen, bis die Tänzerin ihre Vorstellung beendet hatte. Und eine Szene wäre wenig erfolgversprechend.

»Wenn ich also schon hier warten muß«, sagte Safca, »will ich die Stände besuchen.«

Sie kletterte aus der Sänfte, Lackperlen im Haar, kleinmütig, und begann, über den Markt zu gehen. Der Vorreiter stieg ab und ging jetzt hinter ihr her, die Hand dem Brauch nach am Schwertgriff.

Sie wurde von sehr vielen erkannt und natürlich höflich gegrüßt. Nur die Vardianer übersahen sie völlig.

Widersinnigerweise versäumte Safca Am Olm es, die Käfige mit vielfarbenen Vögeln unmittelbar neben ihnen anzuschauen. Durch Käfigstangen und Federn verdeckt, beobachtete sie die Gruppe, voll Abneigung gegen die bleichen Eindringlinge und ihre Sprache, und wartete trotz aller Antipathie darauf, daß sich einer von ihnen umwandte, sie sah und interessant fand, und sei es auch nur, weil sie so anders aussah.

Aber sie drehten sich nicht um.

Die Tänzerin auf dem Podest vollführte ihr Ritual – einst waren derartige Tänze dies und nichts weniger gewesen – und trat ab, während die Schlange wie ein Tau um sie geschlungen war.

Im selben Augenblick wurde offenkundig, daß die Bühne für eine Sklavenauktion herhalten sollte.

Die Tochter des Wächters stand im sengenden Sonnenschein und gab jetzt vor, den Stand zu betrachten.

Die Vardianer zogen sie an. Besonders einer von ihnen. Sie überlegte, ob es möglich wäre, einen Ausländer zu beglükken. Zastis war nicht mehr allzuweit entfernt. Konnte sie diesen Mann dazu verführen, daß er ihr Liebhaber wurde? Man sagte, die Männer aus der Anderen Welt seien gegen Zastis immun, aber war das denn überhaupt vorstellbar?

Die ersten Besitzer führten ihre Ware vor. Während sie Gebote entgegennahmen und Zuschläge erteilten, taten die Vardianer gar nichts.

Als nächstes folgte eine Reihe von Sklaven aus dem Hinterland, die der öffentliche Versteigerer auf die Bühne führte. Sie waren nichts Außergewöhnliches, drei Männer und mehrere liederliche Frauen, die zweifellos Schulden hierher gebracht hatten.

Einer der Vardianer, derjenige, von dem Safca fasziniert gewesen war, wies auf die Schlampe am Ende der Reihe.

Aber nein, er meinte gar nicht die Dirne. Neben ihr stand noch ein Kind, elf oder zwölf Jahre alt; ein Mädchen mit welligem Haar, das zu hell war, um zu einer Visianerin zu gehören; aber eine Spur zu dunkel für die gelben Leute.

»Zwanzig Kupferstücke für das Kind«, rief der Vardianer.

»Zwanzig, Herr? Das ist nicht …«

»Vardianisches Kupfer. Nicht der unreine lanische Dreck.«

Safca empörte sich über den Mann, der mit einem Akzent sprach, ihr Land verächtlich machte und sie selbst keines Blickes würdigte.

»Zehn Silberstücke«, rief sie, und ihre Stimme war heller als eine Glocke. »Gutes Silber aus dem Besitz des Wächters. Kein ausländisches.«

Vereinzelt gab es Gelächter unter den versammelten Laniern.

Der Vardianer wandte sich endlich um.

Sein Blick war offen, unbeeindruckt von ihr; und eine gewisse Bedrohung lag in ihm. Ein warnendes Gefühl stieg bei diesem Blick in ihr auf, und auf ihrer Stirn bildete sich Schweiß. Unwillkürlich verkrampften sich ihre Finger um das Glücksamulett, das sie am Gelenk der linken Hand trug und niemals ablegte.

Der Vardianer drehte sich gemächlich wieder um. »Ich biete fünfzehn Stücke von vardianischem Silber, bei Raldnor.«

Sie verlor den Kopf.

»Bei Raldnor!« schrie sie. »Und bei Yannul dem Lanier, der einer seiner Hauptleute war …« Die Menge quittierte ihre Worte mit zunehmendem Lärm, »biete ich zwanzig Silberstücke.«

Der Vardianer wandte sich erneut zu ihr um. Sie zerschmolz unter seinem Blick.

Ohne ein weiteres Wort zu verlieren oder auch nur ihren Wein auszutrinken, gingen er und seine Begleiter über den Marktplatz davon.

Sie kam sich dumm vor, beinahe entwürdigt. Sie hätte besser daran getan, sich nicht mit einer Sklavin zu belasten.

Lan, das im Tieflandkrieg neutral geblieben war, hatte viele seiner Söhne im Kampf für den Helden Raldnor gegen die dortharianische Unterdrückung aufgeopfert; nicht zuletzt Yannul, den umherziehenden Akrobaten, der das Geschäft des Kriegsmannes neben Raldnor in Xarabiss erlernt und seine Kenntnisse späterhin Seite an Seite mit ihm und in seiner Armee angewandt hatte und quer durch ganz Vis gezogen war. Es war auch Yannul gewesen, der die gefahrvolle

Reise mit Raldnor unternommen hatte, die an den bewaldeten Ufern des Schwesterkontinents endete.

Einige sagten, Yannul wäre in Dorthar geblieben, in Anakkyra, bei dem vathcrianischen König, der Raldnors Sohn war. Andere wußten zu vermelden, daß sich Yannul in Lan aufhielt. Es war bedauerlich, daß er nicht hier war. Es schien, als verlangten die gelben Männer, die durch Lan stolzierten und als die kommerziellen Konquistadoren gelten konnten, wenn sie es nicht auch in anderer Hinsicht waren, nach einem Zeichen aus der Vergangenheit, daß ihrer Arroganz einen Dämpfer verpaßte.

Und es schien, als hätte Safca eine Sklavin gekauft.

Das Kind ging neben ihrer Sänfte her zum Steinhaus des Wächters mit seinem einzelnen Turm zurück. Safca hatte einen Wechsel über den Betrag beim Versteigerer gelassen, der gleich darauf einen anderen Händler damit bezahlte. Dieser Bursche hatte lange Haare gehabt, die ihm über die Schultern fielen, typisch für die Berge, denn in den Städten trugen die Männer jetzt ihr Haar nur nackenlang ... Gemäß der Mode aus Vathcri und Vardath. Wahrscheinlich war der Bergbewohner der Vater des Kindes.

Da sie kaum Herrin ihrer Sinne gewesen war, hatte Safca ihren Einkauf nur flüchtig begutachtet. Im Hof angelangt, sorgte sie dafür, daß das Kind ein anständiges Bad, eine Mahlzeit und Kleidung bekam. Es sollte ihr vor dem Abendessen in ihrem Gemach vorgeführt werden.

Aber die Schatten neben dem Kupferbrunnen waren noch nicht lang, als zwei der Mädchen Safcas zu ihr gelaufen kamen, in wilder Erregung. Es schien, als hätte sich das schmutzige Kind, nachdem es in die Wanne getaucht worden war, in einen strahlenden Stern verwandelt.

»Weiße Haut ... und gelbe Haare ... Oh, Lady; bestimmt ist sie eine Tiefländerin ...«

»Und sie ist stumm, Lady«, fügte die andere hinzu. »Kann kein Wort sprechen.«

Safca ging, um sich selbst zu überzeugen.

Das Mädchen saß im Wasser, wie man sie belassen hatte, und wirkte völlig ruhig. Sie war ganz gewiß eine Tiefländerin, nicht einmal Blut vom zweiten Kontinent hätte eine derartige marmorne Blässe hervorbringen können.

Es war entsetzlich, und Safca wußte es. Das Strafmaß für den Verkauf von Tiefländern sah eine Geldbuße und zusätzlich Prügel vor, und einen Tiefländer zu kaufen konnte alle und jede Art von Bestrafung nach sich ziehen, die der Ankläger für angemessen hielt. Was sollte sie nur tun?

»Kleines Mädchen«, sagte Safca, »kannst du mich hören?«

Das Kind, dessen Gesicht höchst ungewöhnlich und augenblicklich völlig ernst war, sah sie an, dann nickte es.

»Ich habe dich irrtümlich gekauft«, sagte Safca bestimmt. »Ich werde dich freigeben, sobald der Urkundsbeamte kommt und ich ihn bestechen kann. Hast du einen Platz, an den du zurückgehen kannst? Die Ebenen vielleicht?« Safca erregte sich sehr, und fuhr fort: »Muß ich dich dorthin schikken? Die Kosten ... Ich kann sie nicht bezahlen.«

Das Kind schüttelte den Kopf.

Es war seltsam; obwohl das Kind nicht laut gesprochen hatte, wußte Safca, daß diese Geste nicht direkt ›Nein‹ bedeutete. Eher hieß sie ›Noch nicht‹.

Zastis färbte den nächtlichen Himmel blutrot.

Safca nahm sich einen ihrer Sänftenträger zum Liebhaber. Es bot sich keine bessere Gelegenheit, und dieses Arrangement hatte wenigstens den Vorzug der Verschwiegenheit; der Mann beglückte sie, er war kräftig und willig. Dennoch nahm Safca dem Roten Mond ihre Abhängigkeit von seinen Einflüssen übel; sie, die nicht hübsch war. Während sie sich mit dem Mann behalf und ihn später befriedigt ihres Bettes verweisen mußte, lagen ihre Brüder die ganze Nacht über bei ihren Frauen und Konkubinen, und ihre hübschere und bedeutendere Schwester war mit einem Noblen ihrer Wahl zusammen.

Da Safca nicht die Auswahl bei ihrem Vergnügen hatte, schien es ihr, als müsse sie zufriedener sein, wenn sie ganz darauf verzichtete. Also ließ sie für eine Nacht überhaupt niemanden in ihr Bett; und sie verging fast in der Glut.

Zur Mitternacht, schlaflos und aufs höchste erregt, stahl sie sich die Treppe hinab, um sich im kühlen Brunnenhof zu ergehen. In der kurzen Kolonnade verweilte sie.

Das Kupfer des Brunnens schimmerte rötlich, und das Wasser rann wie Schnüre gläserner Perlen, alles übrige war

dunkel. Beinahe alles übrige. Denn das weißhäutige Tieflandkind stand beim Wasserbecken, und etwas war mit ihm ...

Safcas Herz tat einen zusätzlichen Schlag. Es dauerte eine Weile, ehe sie begriff, was sie sah.

Um den schmächtigen Körper des Kindes schmiegte sich in mehreren Windungen eine mächtige Schlange, die von derselben Art war wie die, mit der das zorische Mädchen auf dem Markt getanzt hatte. Für ein Mädchen aus Zor, das sich von Geburt an in der Bändigung derartiger Reptilien geübt hatte, war das auch in Ordnung. Diese großen Schlangen waren zwar nicht giftig, aber sie konnten kleinere Tiere zerdrükken; ja, selbst den Brustkorb eines Mannes, wenn es eine von ihnen darauf anlegte und es ihr gelang, ihn kunstgerecht zu umschlingen. Bei einem noch unentwickelten Kind hätte sie nur geringe Mühe.

Wie das Geschöpf hier hereingelangt war, ob es sich durch die Küche gestohlen hatte oder über die Mauer geglitten war, hatte jetzt keinerlei Bedeutung. Safcas Hand war bereits an ihren Nacken gefahren, wo ein kleiner Dolch in einer Scheide aus elyrianischer Lackarbeit steckte. Es war eine so kleine Klinge – sie mußte auf ein Auge der Schlange zielen und hoffen, daß die reflexhafte Muskelkontraktion des getöteten Tieres nicht allzu lange anhalten würde.

Wenn die kleine Tiefländerin doch nur nicht stumm gewesen wäre, dann hätte sie um Hilfe rufen können.

Warum aber schrie Safca dann nicht selbst?

Im selben Moment, als ihr dieser Gedanke kam, wurde sich Safca eines gesummten, melodiösen Singsangs bewußt, der von dem stummen Kind herrührte. Und im selben Augenblick hob das Kind den Kopf und blickte in Safcas Augen.

Sie sahen einander an, und die Tochter des Stadtwächters hob langsam den Dolch und steckte ihn in die Scheide zurück.

Safcas Dienerinnen hatten ihr gegenüber erwähnt, daß das Kind anscheinend die Gabe hatte, Vögel aus der Luft herbeizurufen, und erzählt, wie die beiden scheuen, zahmen Affen von Corhl mit ihr gespielt hatten. Aber dies hier ...

Die Macht, die das zorische Mädchen über seine Schlange ausgeübt hatte, war nichts im Vergleich zu dem, dessen Zeu-

gin Safca hier wurde. Das Kind hatte keinen Grund zur Furcht. Es beherrschte die große Schlange oder verständigte sich zumindest mit ihr. Die Windungen waren locker, zwischen ihnen leuchteten die Sterne hindurch wie durch das Filigran des Brunnens. Der flache Schlangenkopf glitt spielerisch durch die Haare des Kindes.

Das im übrigen nicht stumm war. Die Geräusche, die es an die Adresse der Schlange machte, ein hypnotisches, stimmloses Summen, waren dennoch artikuliert. Ausgestattet mit einem stimmlichen Apparat und ausreichenden Kenntnissen in der visianischen Sprache wandte das Kind beide Fähigkeiten nur deswegen nicht an, weil es die Sprache in einer Weise, die nichts mit Verachtung zu tun hatte, überflüssig fand.

All dies begriff Safca sogleich; und sie akzeptierte es ebenfalls sogleich. Sie machte keine Einwendungen; stand nur dort; blinzelte unter dem Blick ihrer Tieflandsklavin.

Sie hatten dem Kind nie einen Namen gegeben. Sie hatten es nach ihrem mutmaßlichen Geburtsort gerufen, und auch das nur selten. Es wurde nicht vorgezeigt. Der Wächter hatte es nie zu Gesicht bekommen.

Und jetzt machte das Tieflandkind eine winzige Bewegung, die Schlange glitt weiter und legte ihren Kopf auf die Hände des Kindes. Ihrer beider Augen, die des Kindes und der Schlange, waren blaßgolden und klar, und beide Augenpaare schienen zu glühen.

Safca erkannte, daß ihr das Tieflandkind die Schlange anbot, sie ihr wie eine Girlande entgegenreichte, in ihrer ganzen sich windenden, schrecklichen Gewaltigkeit. Es lag möglicherweise eine gewisse Folgerichtigkeit in dieser Geste. Safca berührte ihr Glücksamulett und trat zurück, und die Gischtsprüher vom Brunnen her küßten ihre Schulter.

»Es geschieht dir nichts«, sagte das Kind.

Safca öffnete den Mund, um zu schreien, aber sie schrie nicht. Das Blut raste durch ihre Adern; sie streckte den Arm aus und ließ zu, daß die Schlange von den Armen des Kindes fort und auf ihren eigenen glitt.

Sie war schwer, wie flüssig, jedoch ohne Nässe. Safca hatte eine ganz eigenartige Empfindung. Jedes Härchen an ihrem Körper schien sich aufzurichten, aber es war nicht länger Angst, die dazu führte, sondern eher eine archaische Reak-

tion. Safca bebte unablässig, und doch bemächtigte sich ihrer eine merkwürdige, angenehme Stimmung. Die Schlange umschlang ihre Glieder. So erfuhr sie die Herrlichkeit der Stärke, die ihr nichts zuleide tat, anschaulich an ihren eigenen Rippen, in der schützenden Gegenwart des Kindes.

Wie kann ich vor diesem Wesen Furcht empfinden? dachte sie. *Es ist etwas so Schönes.*

Es währte nur Augenblicke. Dann glitt die Schlange fort, und Windung um Windung glitt auch die Empfindung von Safca, ließ sie bebend und schließlich friedvoll zurück.

Das Geschöpf verschwand, bevor sie sehen konnte wohin.

Sie verlangte danach, mit dem Kind zu sprechen, es viele Dinge zu fragen, aber das Kind schwieg erneut, schwieg in jeder Hinsicht. Wie alt mochte es sein? Es sah älter als elf Jahre aus. Und zugleich jünger.

Woher kommst du? fragte Safca das Kind, immer wieder und wieder, in ihrem Kopf, und sie wußte, es würde verstehen – wenn es zu verstehen wünschte –, daß sie mit ihrer Frage weder ein Land noch ein Volk meinte, sondern etwas anderes; etwas weniger Konkretes, aber Wichtigeres.

Aber das Kind, wie Safca bereits vermutet hatte, erwiderte nichts.

ACHT

Der Hinterhalt an der Straße nach Amlan war ganz und gar keine Überraschung. Er hatte in der vergangenen Nacht im Gasthaus gegen Bezahlung eines Geldbetrages einen Hinweis darauf erhalten. Er war nicht detailliert, aber deutlich genug gewesen.

Die Stelle selbst bot sich ebenfalls dazu an, obwohl ihm dort nie Unangenehmes widerfahren war; die Hügel beiderseits der Straße waren dicht mit derbem, hohem Gras bestanden. Männer brachen wie Dämonen daraus hervor; und sie schrien, um ihre Opfer einzuschüchtern und um sich von ihrer eigenen Anspannung zu befreien, als sie herabgestürzt kamen, auf die Reiter und die fünf rumpelnden Wagen zu.

Aber die Wagen waren mit tatendurstigen und blankgezogenen Schwertern gefüllt. Blut spritzte, beschmierte Wein-

fässer und Seidenballen, die er zuvor vorsorglich als Sichtschutz arrangiert hatte.

Rem zog sein Schwert aus einem Knäuel von Eingeweiden und stieß die Leiche mit dem Fuß zur Seite, eben rechtzeitig, um den nächsten Banditen nach vorn zu schleudern, über seinen Rücken und Kopf, unter die Hufe der sich aufbäumenden Zeebas, die ihm den Rest gaben.

An den übrigen Schauplätzen war der Kampf bereits vorüber. Tote Räuber lagen auf der Straße verstreut, und mehrere von ihnen hingen nicht eben malerisch von den Wagen.

Drei oder vier weiteren war es gelungen, sich ungeschoren davonzumachen, sie kämpften sich durch die sommerlich-üppige Vegetation den Hügel hinan; der letzte von ihnen schleppte ein paar der wertvolleren Handelsgüter mit sich.

»Der dort«, rief Rem, »holt ihn herunter.«

Der Mann mit den besten Augen schleuderte seinen Speer, und der Bandit fiel tot ins Gras. Seine Gefährten machten sich nicht die Mühe zurückzublicken und waren bald außer Sicht.

In den früheren Tagen, selbst noch vor zwei Jahren, war man auf dieser Straße vor derartigen Abenteuern sicher gewesen. Aber seit sich die räuberischen Freien Zakorianer in Mengen entlang des Seeweges zwischen Dorthar, Ommos und Lan breitgemacht hatten, wagten nur wenige Schiffe, den Hafen von Amlan anzulaufen, und Landreisen zu und von den Häfen von Elyr im Süden erhielten den Vorzug. Aus diesen Gründen hatte die Handelsstraße zur Hauptstadt aufgehört, die Route zu sein, die am häufigsten kontrolliert wurde und auf der die Gesetze am strengsten eingehalten wurden.

Jeder, der eine wertvolle Ladung transportierte, erlebte einen Spießrutenlauf durch das durch Zakorianer verseuchte Gebiet, nahm ein enormes Risiko auf sich, von den hungrigen Banditen Lans überfallen zu werden.

Da er vormals selbst als Räuber tätig gewesen war, kannte sich Rem nicht schlecht in deren Mitteln und Methoden aus. Indem er sich als Begleitschutz beim Transport von Delikatessen der Art verdungen hatte, wie sie jetzt sicher und unversehrt in den Wagen geblieben waren, hatte er sich so etwas wie eine finanzielle Versicherung geschaffen. Zwanzig

Männer standen in seinem Sold, alle beherzt und intelligent. Er konnte noch mehr von ihnen beschäftigen, wenn es nötig sein sollte. Vielleicht nicht so viele, wie die fünfzig, die in Karmiss auf ihn gehört hätten, und dem Salamander-Banner von Lord Kesarh.

Aber, wie die Dinge gestanden hatten, wäre es töricht von ihm gewesen, wenn er zurückgekehrt wäre. Kesarh hatte auf keinen Fall Verwendung für ihn. Vor sechs Jahren hatte ein Pesthauch über Istris gelegen, und der Prinz-König Emel hatte trotz seines mächtigen Schutzes die Symptome der Seuche bekommen und war kurz darauf gestorben.

Nicht einmal drei Monate später war Kesarh Am Xai zum König gekrönt worden. Er hatte zwei Königinnen zu sich auf den Thron genommen, eine shansarianische Prinzessin aus dem Hause Suthamuns und eine visianische Frau.

Aber all das gehörte einer anderen Welt an. Die Neuigkeiten hatten ihn später hier erreicht, und die Emotionen, die sie hervorgerufen hatten, waren wie weit entfernte Harfenklänge.

Acht Jahre waren alles in allem vergangen; acht Jahre, und diese Monate der Hitze und der Herrschaft Zastis'. Das Kind wäre, wenn es lebte, etwas weniger als neun Jahre alt.

Aber Rem hatte keinen Grund anzunehmen, daß es noch am Leben war. Obwohl er in Abständen landauf und landab nach ihm gefahndet hatte, und auch nach diesem Mädchen Berinda, während der ganzen acht Jahre und den Monaten danach, vom Norden bis Lanelys und zurück, hatte er keine Spur der beiden gefunden.

Und obwohl er mit seinem gefährlichen Geschäft fortfuhr, das er zu Beginn aufgenommen hatte, nur, weil es ihn in ganz Lan herumkommen ließ und ihm so ermöglichte, nach ihnen zu fahnden, verstand er mittlerweile nicht mehr, weshalb er es tat. Vermutlich war es nichts als eine Gewohnheit. Denn das Kind war natürlich tot. Irgendwo fuhr der Wind durch seine winzigen Knochen, und seine übernatürliche, unausgewachsene Seele war vertrieben und heimatlos geworden.

Er hatte in diesen acht Jahren keine dieser Geist-Visionen mehr gehabt. Und eine Verletzung davongetragen.

Zuweilen fiel ihm Lyki ein, und er fragte sich, ob sie noch immer mit dem Seilhändler zusammenleben oder sich mit ei-

nem anderen Mann davongemacht haben mochte. Sogar Doriyos geisterte manchmal durch seine Gedanken, wie ein vom Wind davongetriebenes Blatt.

Er ließ nicht zu, daß er allzu häufig an Kesarh dachte.

»Rem, dieses Schwein besitzt goldene Spangen; wollt Ihr sie haben?«

»Nein. Ihr könnt alles dieser Art unter euch aufteilen.«

Sie folgten seiner Aufforderung und filzten die Kadaver, ehe sie den Straßengraben mit ihnen füllten. Man hinterließ solche Markierungen in Lan. Jemand ging, um die Beute, die der fliehende Bandit mitgenommen oder mitzunehmen versucht hatte, vom Hügel herunter zu holen.

Dann rumpelten sie wieder die Straße hinunter, von Disziplin gelenkt, und sparten sich ihre Prahlerei und Trinkvorräte auf, bis sie die Stadt erreicht hätten.

Der König und die Königin lebten in Amlan, in einem bemalten Palast mit fünf nebeneinander aufragenden Türmen. Alle paar Monate kamen sie auf die Treppe heraus, ließen sich beide in elfenbeinernen Sesseln tragen, als wären sie nicht fähig zu gehen, und unter Sonnenschirmen, inmitten eines Gewoges von Leibwächtern und Vornehmen, um allen, die danach verlangten, Gerechtigkeit zu sprechen.

Diese Sitte, die, wie es schien, auch in Vathcri, Vardath und Tarabann vorherrschte, belustigte Rem. Obwohl sie ihm zusagte, sah sein soldatischer Verstand alle Gefahren, die in ihr lagen. Man konnte einen Mord auf eben dieser Treppe vorhersehen, unter diesen roten und blauen Säulen. Und es würde für sie bedauerlich sein, niedergestochen zu werden. Gemäß der Tradition von Lan waren sie Bruder und Schwester, beide noch allzu jung und gutaussehend.

Die Gaststube war gut, nur zwei Straßen vom Palasthof entfernt. Als er sie betrat, schossen gelbe Lichter durch die Luft, die Mitglieder einer Schaustellertruppe wirbelten Fakkeln und Glocken umher und schlugen Purzelbäume mitten durchs Gewimmel.

Rem nahm in der dunklen Ecke Platz, die als einzige noch frei war, trank lanischen Wein und wartete darauf, daß man ihm das Essen brachte.

Er sollte den Unterhändler des Kaufmanns hier treffen. Die

Lastwagen waren zu den Warenhäusern geschickt worden, und die Nachricht von dem Hinterhalt und der Verschlagenheit und Tapferkeit des Rem von Karmiss würde sich bereits im Verlauf des Abends herumgesprochen haben. Das sollte ihm eine Prämie einbringen. Er freute sich darauf, weil er sie unter den Männern aufteilen wollte.

Was ihn selbst betraf ... Er starrte in den trüben Wein und grübelte, wie er es sich von Zeit zu Zeit gestattete, über die Gründe seiner Handlungsweise nach; darüber, weshalb er seine Fähigkeiten brachliegen ließ, über das Fehlen von Werten und seinen Mangel an Zugang zu anderen Dingen. Aber es war nichts in ihm vorhanden, dessen war er sicher, das eine besondere Aufmerksamkeit verdiente; weder die eines nichtexistierenden Gottes, noch seiner selbst.

Als er aufblickte, traten zwei Männer in die Gaststube. Sie hielten inne, um den Gauklern zuzusehen, und plötzlich ging eine Art wellenförmige Erregung durch die Anwesenden, wie es zuweilen vorkommt, wenn wichtige Persönlichkeiten einen Raum betreten.

Mäßig neugierig sah Rem genauer hin.

Er kannte den älteren Mann nicht. Es war ein Visianer aus Lan, schon über die mittleren Jahre hinaus, aber kräftig, er mußte zu seiner Zeit ein Kämpfer gewesen sein. Seine Bewegungen waren außergewöhnlich beherrscht, das zeigte sich selbst als er ruhig dort stand. Er war auch gepflegt, wenn auch nicht extravagant gekleidet. Im Unterschied zu den meisten männlichen Amlanern trug er das Haar sehr lang, nach der früheren Mode.

Rem war oftmals in Amlan gewesen und wieder fort gegangen, und die meisten Angehörigen des Hofes hätte er wiedererkannt. Sie ließen sich häufig in der Öffentlichkeit blicken, und die Stadt war nicht besonders groß. Dieser Mann rief jedenfalls keine Erinnerung in ihm hervor und paßte in kein Raster.

Einer der Schausteller schlug in diesem Moment ein Rad, das ihn aus dem Getümmel hervortrug, und landete in einem eleganten Bogen unmittelbar vor dem Ankömmling. Der Mann lachte und komplimentierte ihn mit einer großzügigen Münze beiseite. Dann setzte er seinen Weg durch den Raum fort und sah sich um.

Hier und dort wurde ein Trinkbecher erhoben, und er quittierte die Geste mit leichtem Kopfnicken. Der andere Mann hielt sich neben ihm und lächelte stolz und gelassen und selbstbewußt.

Der Begleiter war noch ein Knabe, kaum neunzehn Jahre alt, wenn nicht noch jünger.

Rem wandte ihm seine Aufmerksamkeit zu und war sogleich gefesselt. Der Jüngling war ein Mischblut, die Haut gebräunt, aber nicht visianisch, das Haar rabenschwarz. Seine Augen waren hell, bronze- bis topasfarben. Er war schön, von Gesicht und Gestalt.

Unvermittelt standen die beiden an Rems Tisch.

Der Ältere redete ihn an: »Guten Abend. Würde es Euch beim Essen stören, wenn wir uns zu Euch setzten?«

Rem saß im Schatten, das einzige Licht fiel hinter der Säule hervor, vor der sein Platz war; sein Blick wurde abweisend. Er setzte eben an, eine abschlägige Antwort zu geben, als der Schankraum in der Mitte auseinanderbarst wie eine überreife Frucht.

Dort stand noch immer derselbe Mann, aber fast dreißig Jahre jünger. Der Knabe war verschwunden. Überall war Staub und sengende Mittagshitze.

»Ich bitte Euch um Verzeihung«, sagte Rem steif, »Ihr scheint mich zu kennen, aber ich ...«

»Ich bin Yannul, der Lanier. Wir haben gemeinsam gedient, Ihr und ich.«

Die Gaststätte war wieder Wirklichkeit. Rem schluckte. Es war überraschend gekommen.

»Was ist mit Euch?« fragte ihn der Mann. Er wirkte nur schwach interessiert, wie einem Fremden gegenüber.

»Euer Name ist ...« Rem räusperte sich, »... Yannul.«

»Ich würde es gerne abstreiten, aber ich sehe, daß Ihr mich erkannt habt.«

»Yannul von Lan, einer der Heerführer des Helden Raldnor.«

Yannul, der diese Rede als Einladung auszulegen schien, setzte sich. Der Knabe nahm ebenfalls Platz.

»Das war einmal«, sagte Yannul.

»Man sagt, daß Ihr Euch in Dorthar aufhieltet.«

»Auch das war einmal. Jetzt bin ich hier. Dies ist mein

Sohn; er ist hier geboren. Und Ihr seid Rem Am Karmiss, der Schutzgarden für Karavanen anbietet; und Ihr selbst wart einmal ein Soldat im Dienst des Königs Kesarh.«

»Wo habt Ihr das gehört?«

»Ich fragte jemanden danach. Bei Euren Methoden, mit den Banditen fertigzuwerden, handelt es sich offensichtlich um gewisse Fähigkeiten, die auf einer exzellenten Waffenakademie erworben wurden. Und an diesem Nachmittag habt Ihr ein paar weitere Räuber erledigt, denke ich, auf daß sich die Göttin knöcherne Haarnadeln aus ihnen fertigt.«

Der Wirt kam an den Tisch.

»Ein Krug von Eurem Besten. Ich werde ihn spendieren«, sagte Yannul, der Lanier.

»Sir ... Das Gasthaus wird ihn spendieren, wenn Ihr uns die Ehre erweisen würdet ...«

»Wenn ich Euch diese Ehre jedesmal erwiese, wenn Ihr sie anbietet, lägt Ihr bereits auf der Straße. Nehmt mein Geld. Auch für die Mahlzeit dieses Herrn.«

Der Wirt ging wieder.

»Was wollt Ihr?« fragte Rem.

»Es geht um meinen Sohn«, erwiderte Yannul.

Rem blickte den Knaben an; er lächelte. Rem wandte den Blick erneut Yannul zu.

»Was ist mit ihm?«

»Ihr wißt, wie es mit den Freien Zakorianern steht«, sagte Yannul. »In ungefähr einem Jahr wird es einen blutigen Krieg geben. Es muß so kommen.«

»Wenn Ihr es sagt. Ihr müßt es ja wissen.«

»Ja. Ich muß es wissen. Lur Raldnor hier hat den Wunsch, an den Hof des Hohen Königs in Anackyra zu gehen und sich zu gegebener Zeit zu bewaffnen, um mit ihm gegen seine Feinde zu marschieren.«

»Der Herr der Stürme wird zweifellos glücklich sein, seine Unterstützung zu bekommen.«

Jetzt war es Yannul, dessen Blick abweisend wurde. Seine Augen sahen über Rems Kopf hinweg, als suchten sie etwas; und plötzlich sagte der Knabe mit heller Stimme: »Mein Vater meint, daß ich erst dorthin reisen sollte, nachdem ich ein gewisses Maß an kriegerischer Ausbildung genossen habe. Ich finde es vernünftig. Er hat mir eine Menge beigebracht, aber

ich muß noch mehr lernen. Wir hatten vor, Euch zu fragen, ob ...«

»... ich auf ein einträgliches Geschäft verzichten würde, um Euch in den allerneuesten Methoden des systematischen Abschlachtens von Männern unterrichten zu können.«

Der Junge, der natürlich nach dem Gefährten des Helden benannt war – Lur Raldnor –, erwiderte Rems Blick.

»Ich bin mir dessen bewußt, daß Töten kein Spiel ist. Mein Vater hat mich das ebenfalls gelehrt. Aber Yl Am Zakoris hat sein neues Königreich in Thaddra als Basis, und alle Welt weiß ...«

»Nein«, sagte Rem. »Ich bedaure. Nein.«

In diesem Moment wurde der Wein gebracht.

Als der Wirt gegangen war, hob Yannul den Krug, und Rem legte die Hand über seinen Becher.

»Trinkt davon«, sagte Yannul. »Unser Gespräch ist noch nicht beendet.«

Rem ließ zu, daß Wein in seinen Becher gegossen wurde.

»Ich dachte, wir wären fertig. Ihr könnt bald einen anderen Waffenlehrer für Euren Sohn kaufen.«

»Hier? Es gibt hier nicht einmal eine Armee.«

»Ich spreche von Shansarianern.«

»Sie verwandeln sich in der Schlacht in Berserker. Ihre Art zu kämpfen ... Man wird getötet, ehe man verstanden hat, wie.«

»Er will nicht, daß ich gehe«, sagte Lur Raldnor. »Ich habe ihn eben erst dazu überreden können. Wenn Ihr ablehnt, wird mein Wunsch nie in Erfüllung gehen.«

»Lan ist ein sehr vergnüglicher Platz«, sagte Rem.

»Nicht, wenn es das Freie Zakoris in der Nacht überfällt und einnimmt.«

Yannul fluchte.

Rem nahm wahr, daß der Vater sich selbst in seinem Sohn sah; er erkannte in ihm denselben Geist, der auch ihn dazu veranlaßt hatte, Raldnor Am Anackire gegen all die verhaßten Mächte von Vis zu folgen.

Etwas Seltsames regte sich in Rem. Er selbst würde niemals einen Sohn haben; er würde nie erfahren, wie es ist, einen Sohn zu haben; sei es im Guten oder Schlechten. Und zum ersten Mal in fünfzehn Jahren wünschte er sich, seinen Vater

gekannt zu haben, oder wenigstens den Namen seines Vaters zu kennen.

Am anderen Ende des Raumes erblickte Rem unvermittelt den Unterhändler des Kaufmanns, der dort stand und mit offenem Mund Yannul anstarrte.

Yannul nahm diesen Blick jetzt ebenfalls wahr. Er erhob sich, und der junge Mann stand auch auf, unterbrach seine Einwände und schwieg still.

»Falls Ihr es Euch anders überlegen solltet; der Inhaber dieses Lokals kennt meinen Landsitz, und er weiß, wie man dorthin gelangt. Er liegt vier Meilen von Amlan entfernt, und die Trauben dort sind vorzüglich. Denkt daran.«

Die Wölfe waren eifrig am Hang oberhalb des Eises mit etwas zugange; sie zerfetzten etwas zwischen sich. Rem wußte, was es war. Das Kind.

Kesarh stand neben ihm und beobachtete die Wölfe.

»Es bedeutet mir nichts«, sagte Kesarh.

Die Wölfe legten sich auf den Boden und kauten; zuweilen stießen sie ein warnendes Knurren aus. Das Blut rann in dampfenden Rinnsalen übers Eis.

Kesarh war gegangen. Yannuls Sohn stand jetzt an seiner Stelle; er sagte sanft: »Alles in Ordnung. Es ist nur ein Traum.«

Rem erwachte, von der salzigen Gischt des Ozeans bei Lan durchnäßt, und fühlte sich fast so kalt wie dieser in der drükkendheißen Nacht.

Er hatte diesen Traum schon seit Jahren nicht mehr gehabt. Er war anfangs sehr häufig wiedergekehrt. Seit jenem Morgen, als er, neu in Lan, aufgewacht war und festgestellt hatte, daß das Mädchen und das Kind verschwunden waren; und als er über die Berge geirrt war und diese Männer aus dem kleinen Dorf getroffen hatte, die auf der Wolfsjagd gewesen waren. Sie hatten ihn mit sich ins Dorf genommen und ihn versorgt. Aber sie hatten keine Frau gesehen, und kein Baby.

Die Wölfe hatten viele Opfer von ihnen genommen während der Schneefälle. Das wahrscheinliche Schicksal der beiden war für ihn klar gewesen, obwohl er es nie ausgesprochen hatte.

Sie waren bei lebendigem Leib aufgefressen worden, dessen war er sicher; und er war vollkommen hilflos gewesen . . .

Rem stand auf. Er trat ans Fenster und blickte auf Amlan hinaus, auf die so spät noch brennenden Lampen und die vier Erhebungen des Palastes.

In dem Traum war auch Yannuls Sohn dabei; das zumindest war anders als in der Wirklichkeit.

Yannuls Sohn.

Als er im Alter des Knaben gewesen war, hatte Rem Leuten das Genick gebrochen, um ihre Geldbeutel zu stehlen. Lur Raldnor verlangte danach, Hälse zu brechen, um die Welt zu retten.

Daß die irrsinnigen Visionen heute nacht wiedergekehrt waren, als er schon geglaubt hatte, für immer davon befreit zu sein, hatte Rem erschüttert. Merkwürdig war jedoch, daß die Traumbilder eine Information mit sich gebracht hatten. Wer war er gewesen in dem Augenblick auf dem glühendheißen Platz, hinter ihm der schwarze Urwald; dieser Mann, der mit Yannul an einem unbekannten Ort gedient hatte?

Die naheliegende Erklärung war auf lächerliche Weise bizarr. Die naheliegende Erklärung lautete, daß er Raldnor gewesen war; der Sohn des Rehdon und der Ashne; Raldnor Am Anackire, der Messias des Tieflandes.

Die Tage gingen vorüber, und keine Arbeit war in Aussicht. Keine Handelsgüter wurden zum Hafen von Amlan transportiert, und die einzigen Karawanen, die in den Süden gingen, hatten ihren festen Begleitschutz.

Fünf der Männer Rems baten um ihre Entlassung und gingen gemeinsam in dieselbe Richtung davon; sie hatten ihre Familien in Lanelyr.

Wegen seines anderen Geschäftes, der fortwährenden richtungslosen Suche, war ein Mann in das Lokal gekommen, und er stand jetzt mit Rem im Hof.

»Ich hörte, daß Ihr Euch bemühtet, eine Frau und ein Kind ausfindig zu machen, Sir.«

»Das ist richtig.«

»Mein Weg führte mich hier vorbei.«

»Ich bin sicher, daß er das tat.«

Nach einer verärgerten Pause fuhr der Mann fort: »Da gibt es eine Frau fern im Norden, eine Karmianerin.«

»Ich höre.«

»Sie hat das Kind bei sich, etwa sieben Jahre alt; es ist ein Mischlingskind, sehr hell.«

Rem rührte sich nicht. Ihm waren Nachrichten dieser Art schon zuvor überbracht worden, oder Lügen. Zuweilen folgte er der Spur, aber bisher hatte er nicht gefunden, was er suchte.

»Und das Kind ist ein Junge«, sagte er.

»Nein, ein Mädchen.«

»Habt Ihr mit der Frau gesprochen?«

»Ja. Aber ich habe ihr nichts davon gesagt, daß Ihr sie sucht.«

»Wie schien sie Euch?«

»Ein wenig einfach«, erwiderte der Mann. »Schwerfällig. Aber ziemlich gutmütig. Und das Kind war aufgeweckt.«

Rem spürte, wie sich sein Magen verkrampfte.

»Und was ist mit dem Hinken?« fragte er.

Der Mann legte die Stirn in Falten. »Das Kind?« fragte er.

»Oder«, sagte Rem, »die Frau.«

Der Mann leckte sich die Lippen und sagte in bestimmtem Ton: »Es war vorhanden, Sir.«

Rem lachte. Er nahm nicht wahr, wie sich das Gesicht des Mannes bei seiner Niederlage verfinsterte; etwas, das er vielleicht von Kesarh gelernt hatte. Der Mann, der etwas herausgefunden hatte, das Rem interessierte – aber nicht ganz ausreichend – wurde rot, zog ein Schmollgesicht, und machte sich bald davon, ohne Entschädigung zu verlangen.

Rem wanderte durch die Straßen und über den Markt. Er besichtigte den Palast, wie ein interessierter Reisender, Yannul, Raldnors Heerführer, war einst den ganzen Weg durch den langwährenden Schnee geritten, um seinen König und seine Königin, die damals noch Kinder gewesen waren, zu überreden, daß sie Lan mit den Ebenen einigten.

Yannul hatte eine Tiefländerin geehelicht, wie man sich erzählte. Und aus dieser Verbindung war jener herrliche Sohn hervorgegangen, der nach Dorthar gehen wollte.

Dorthar, das Land des Drachen. Jetzt das Land der Göttin.

Ein Mann ging auf der Straße vorüber. Er hatte mit Yannuls Sohn Ähnlichkeit, aber nur für einen Augenblick. Lur Raldnor kam Rem sehr häufig in den Sinn, ganz gleich, was

er dagegen unternahm. Und nichts, selbst in der Nacht, war in der Lage, ihn von dessen Bild abzulenken. Rem war wachsam. Der Knabe war noch in dem Alter, da die Geschlechtlichkeit auf keinen bestimmten Gegenstand gerichtet ist, daher war er in dieser Hinsicht noch formbar, und man mußte sich hüten.

In seinem ganzen bisherigen Leben hatte Rem nicht nach der Gesellschaft von Menschen verlangt, mit Ausnahme derer, die er gegen Bezahlung haben konnte. Aber deshalb hatte er sich auch, dank dieser Einstellung, an menschliche Nähe ohne Erfüllung gewöhnt.

Dennoch dauerte es noch eine Nacht und noch einen Tag, bis er aus Amlan herausritt und die Richtung nach dem Landgut einschlug.

Es war mehr als ein Landgut, eher eine Villa, die vermutlich nach dortharianischen Plänen erbaut war. Die blauen Hügel umgaben es, wie sie in Lan alles von Bedeutung zu umgeben schienen, und die Berge schimmerten in weiter Ferne, hinter der letzten Stunde des Abends. Obstgärten und Weinfelder schlossen sich an das Haus an. Eine Herde Orynxe stapfte grunzend und platschend in einem von einem Fluß durchwundenen Tal, Zeebas spähten hinter ihren Einzäunungen hervor, und graue Bis flogen kreischend und heftig mit den Flügeln schlagend über den äußeren Hof dahin, die langen, geringelten Hälse weit vorgestreckt.

»Das paßt großartig«, sagte Yannul, als sie einander in der Kühle des Hauses begegneten. »Wir essen früh hier. Ihr seid genau rechtzeitig gekommen.«

Sie klärten die erforderlichen Details und die Frage der Bezahlung am Eßtisch. Yannuls Tieflandfrau, die mit leiser Stimme sprach, aber in einem Gewand erstrahlte, dessen Farbe der ihres Haares entsprach, half den beiden Bediensteten, das Mahl aufzutragen, dann setzte sie sich zu der übrigen Familie. Lur Raldnor war nicht zugegen; er war auf der Jagd nach der Wildkatze, die in den Orynx-Herden der Umgebung geräubert hatte.

Ein weiterer, viel jüngerer Sohn, der bis auf die dunklen Augen das Gold des mütterlichen Erbes aufwies, hörte zu und beteiligte sich ohne Scheu an der Unterhaltung. Er hatte

exakt den gleichen gewählten und vornehmen Ton, der bei dem älteren Knaben in Erscheinung trat.

Yannul und Rem beendeten den Tag bei einem lanischen Brettspiel im Abendschein auf der Terrasse. Als das Licht des Tages nahezu gänzlich verschwunden war, half Yannul seinen Bediensteten, die Lampen anzuzünden.

Als Rem den ersten Spieldurchgang gewann, sagte Yannul: »Und ich glaubte Euch, daß Eure Mutter Euch oft schlug.«

Rem begann eine neue Runde.

»Entschuldigt mich«, sagte Yannul, »wenn ich zu offen zu Euch rede. Aber ich bemerkte, wie Ihr zurückgeschreckt seid, als Medaci die Hand des Jungen anstieß, als er den vierten Griff nach der Fruchtbowle tat. Es war scherzhaft gemeint, ein liebevoller Schlag, nicht mehr.«

Rem hatte zuwenig Zutrauen zu seiner Selbstbeherrschung, um zuviel zu sagen. So schwieg er, und Yannul fuhr fort: »Es ist eine grausame Zeit für sie. Sie liebt sie beide, aber Raldnor ist ihr Erstgeborener. Wir hätten nie gedacht, daß sie noch gebären würde, nach dem Leben, das ihr in der alten Stadt beschieden gewesen war. Lange tat sie es auch nicht. Und sie und er, die beiden sind wie Liebende. Nicht in der in Lan üblichen Weise; es ist nichts als Zuneigung, versteht Ihr. Wenn er nach Anackyra geht, wird sie ihn vermissen. Und im selben Moment wünscht sie, daß er geht, daß er kämpft, um die drohende Dunkelheit aufzuhalten. Und sie fürchtet sich auch davor. Wir erinnern uns daran, seht Ihr, wie es zuvor gewesen ist.«

»Und wie ist es gewesen?«

»Oh, Ihr möchtet die ganze Kriegsgeschichte in wenigen Worten zusammengefaßt haben.«

»Ihr müßt an derlei gewöhnt sein.«

»Weshalb denn sonst«, sagte Yannul, »sollte ich mich hier verstecken? Ich habe den Krieg ein Jahr lang mitgemacht, und dann noch ein halbes Dutzend Jahre, in denen ich in Dorthar Politik gespielt habe. Das hat mir gereicht. Zurückzukehren und Lans Heldenmonument darzustellen, entsprach ebenfalls nicht meiner Vorstellung.«

Eine Motte war herangeschwirrt gekommen, um ihr Leben an einer Lampe auszuhauchen, und mit äußerstem Zartgefühl und der ausgezeichneten Muskelkontrolle des Schau-

stellers und Akrobaten, der er gewesen war, fing Yannul sie und warf sie, befreit und unbeschadet durch seinen Griff oder das Feuer, in die Nacht zurück.

»Raldnor hatte die beste Idee. Er verschwand.«

»Weshalb?«

»Weshalb denn nicht? Er hatte alles vollbracht, was man von ihm verlangt hatte. Er war ein Gott geworden. Und Götter übertreffen sich entweder selbst, oder ihr Ruhm verblaßt. Oder sie verschwinden. Und er hatte einen Sohn hinterlassen. Raldanash von Vathcri, der jetzt der Herr der Stürme genannt wird. Da war noch ein Knabe; die Dortharianer spielten ihm einen Streich, oder versuchten es zumindest. Seine Mutter war eine Närrin und eine Hure. Ich glaube mich erinnern zu können, daß das Baby gestorben ist.«

Kälte breitete sich in Rem aus. Die Wölfe kamen ihm in den Sinn, das Zerreißen ...

»Und die letzte Schlacht unterhalb von Koramvis«, sagte er, »Zauberei, Erdbeben und eine Manifestation der Göttin. Ist etwas davon wahr?«

»Wahrheit und Unwahrheit sind hier untrennbar miteinander verwoben. Ich will Euch etwas über die Tiefländer erzählen. Man könnte glauben, daß sie nicht zu den Geschöpfen dieser Erde gehören. Nicht bei allen drängt sich dieser Verdacht auf. Medaci ist ein Beispiel dafür – als wir die Vernichtung von Amreks Drachen-Soldateska abwandten, war sie vermutlich die einzige, die zwischen mir und einer Art von Wahnsinn stand. Ich war ohne Bedauern und Hoffnung auf Gerechtigkeit dorthin gegangen, durch und durch bereit, mit heißem Herzen zu töten, und gut darauf vorbereitet, es zu tun. Dann entdeckte ich das Herz der Tiefländer.« Yannuls Blick war jetzt entrückt, allein in die Vergangenheit gerichtet. »Ich erinnere mich, auf den beschneiten Straßen an ihnen vorbeigegangen zu sein, nach dem Massaker der Garnison Amreks; vorbei an diesen Männern und diesen Frauen, die von der Tyrannei zu befreien ich gekommen war. Sie waren wie lautlose Wölfe, und ihre Augen glitzerten wie Eis ... Sie sahen nicht wie Menschen aus. Und ich wurde krank an meiner Seele. Ich hatte diese Dinge niemals zuvor in ihnen gesehen, aber danach fiel es mir immer wieder auf.

Die Männer des zweiten Kontinents passen auch nicht in

dieses Bild. Sie sind einfach blonde Visianer. Aber die Anakkirer sind nur sich selbst gleich. Es gibt sie in Xarabiss und Dorthar. Jetzt sieht man zuweilen einige von ihnen, fast am ganzen Körper weiß –, die Haut, die Haare, selbst die gelben Augen werden bleicher – es ist, als legte man Eis ins Feuer, und das Feuer erstirbt.« Yannul lächelte. »Ich sprach von der letzten Schlacht unterhalb von Koramvis. Durch Raldnor hatten sie sich selbst erkannt, die Erwachte Schlange. Und bei Koramvis lernte auch Vis sie kennen. Sie riefen das Erdbeben durch die Kraft ihres Willens hervor. Oder vielleicht ist das nicht richtig. Es sah damals nicht so aus.

Sie mußten gewinnen, und die Ungleichheit war zu gewaltig. Diese Armee außerhalb von Koramvis ... Wir hätten eigentlich ausgelöscht werden müssen. Wenn sich der Sieg einstellen mußte und durch die Stärke der Waffen oder die zahlenmäßige Überlegenheit errungen werden konnte, mußte es demnach eine Stärke anderer Art sein. Sie waren gewillt zu überleben. Wir alle wollten das. Es war wie ein Gebet; die Luft war über Meilen hin so reglos, daß man ihr Vibrieren fühlen konnte; so, als würde eine gespannte Schnur gezupft, immer und immer wieder. Die einzige Chance bestand in einem Wunder.

Und das Wunder ereignete sich. Koramvis fiel. Und was die Göttin betrifft ... Ja, auch das geschah wirklich; man fand eine einleuchtende Erklärung dafür.«

Den Kamm des nächsten Hügels entlang erscholl ein ferner Ruf, und plötzlich tauchten Fackellichter auf.

Die Jäger kamen nach Hause.

»Bitte, fahrt fort«, sagte Rem.

»Eine Statue«, sagte Yannul, »ein riesiges Standbild aus einem verborgenen Tempel in dem höhergelegenen Land hinter Koramvis. Das Erdbeben schleuderte die Steinfigur in die Lüfte; und sie war so groß und so leuchtend hell, daß man sie selbst auf so weite Entfernung sehen konnte. Sie ist in einem See weiter unterhalb versunken. Eine weitere Gottheit, die klugerweise in den Untergrund ging.«

Eine halbe Stunde später trat Lur Raldnor auf die Terrasse, mit zwei Wildkatzenschwänzen, den Trophäen von den Mördern, die boshafterweise Tiere der Herden gerissen hatten, ohne sie zu fressen.

Als er im vollen Schein der Lampe stand, sah er Rem mit ehrlicher Freude an und sagte: »Ich hätte niemals geglaubt, daß Ihr einwilligen würdet.«

Er ist so froh, diese Chance in Dorthar zu erhalten, dachte Rem. Aber er erwiderte das Lächeln des Knaben.

Die Fechtübungen waren noch das leichteste von allem. Rem hatte die meisten Soldaten der Reiterei-Eskorte in seinen Diensten trainiert; er hatte die soldatischen Übungen selbst mitgemacht und sie wenn möglich gemeinsam mit seinen Männern ausgeführt, oder er hatte allein geübt.

Und Lur Raldnor, der kräftig und ausdauernd, ans Jagen und Reiten gewöhnt war und dem Yannul von Kindesbeinen an alle möglichen akrobatischen Kunststücke beigebracht hatte, nahm die Arbeit mit Geschicklichkeit, Interesse und einem wachem Verstand auf.

Es stimmte, daß Yannul in Xarabiss trainiert worden war, dessen Waffenakademie im gleichen Zuge mit denen in Alisaar, Karmiss und Dorthar überall gerühmt wurde. Sein Lehrer war überdies ein zakorianischer Sadist gewesen, dessen rücksichtlos geführte Unterrichtsstunden die besten gewesen waren, die man sich nur wünschen konnte, wenn man sie in der Rückschau beurteilte. Yannul machte in aller Bescheidenheit geltend, daß er inzwischen aus dem besten Alter heraus war, in dem man scharfe Hiebe austeilt. Sein Sohn aber war längst kein Anfänger mehr, als er zu Rem kam; und er glich einem Schwert, an dem eher der letzte Schliff als Schmiedearbeit erforderlich war.

Der Rest war einfach genug. Zu einfach. Der Haushalt nahm Rem wie ein klarer See in sich auf, dessen Wasser sich über seinem Kopf wieder schloß und nur noch durch einen feinen Ring anzeigte, wo er eingetaucht war.

Er fühlte sich bald zu Hause in Yannuls Villa, verbrachte die meiste Zeit dort und war nur noch bestrebt, sich nicht allzusehr an häusliche Behaglichkeit und Vertrautheit zu gewöhnen.

Aber er mochte sogar Medaci. Sie war zurückhaltend und bescheiden und hatte ein liebes Lächeln an sich. Als er einmal auf die Terrasse hinaustrat, überraschte er sie mit Yannul; sie standen dort Hand in Hand, er hatte seinen Kopf vorgebeugt,

so daß er ihre Stirn berührte; als wären sie ein jugendliches Liebespaar. Als sie ihn bemerkten, wichen sie nicht verlegen auseinander, sondern trennten sich sanft, belustigt und freundlich wandten sie, die Ertappten, sich Rem zu, der sie ertappt hatte.

Wegen Zastis gab es zahllose angenehme Möglichkeiten. Der kurze Ritt nach Amlan hinein bereitete keine Mühe, und in der diesem Gestirn gewidmeten Stadt der Vergnügungen ging es auch dann lebhaft zu, wenn das Ommos-Viertel unbelebt war. Es war ein einfaches Gebot der Höflichkeit gewesen, Yannuls Angebot von drei jungen Dienstmädchen des Hauses abzulehnen, obwohl sie alle willig waren und Rem auffordernd angesehen hatten, seit er angekommen war; er hatte seinem Gastgeber anvertraut, er habe eine gewisse Liaison in der Stadt.

Dennoch vermutete Rem, daß Yannul über den wahren Grund der Verweigerung seines Gastes Bescheid wußte. Daß der Mann ihm die äußerste Höflichkeit erwies, indem er Rems Wünsche außer in seiner Beziehung zu Yannuls Sohn berücksichtigte, war eindrucksvoll, und natürlich verpflichtete es ihn zu einem ehrenhaften Betragen. Aber er hatte sich selbst in jedem Fall zur Vorsicht verpflichtet.

Lur Raldnor hatte ein Mädchen im nächstgelegenen Gutshaus. Ihre Eltern erhofften sich wahrscheinlich eine Heirat mit dem Sohn eines Heerführers des Helden. Das Mädchen und der Knabe sorgten sich nur um ihre Nächte auf dem Hügel unter Zastis' Feuer.

Dann und wann, wenn er in der Dämmerung von Amlan zurückgeritten kam, begegnete Rem Raldnor auf dem Rückweg vom Hügel. Der Knabe schien auf sein stillschweigendes Einverständnis zu bauen. Diese Lehrzeit war wohlmöglich die einfachste für ihn, und eben deshalb die schwierigste.

Die Fechtübungen, das Ringen, das aufeinander Einschlagen mit stumpfem Eisen oder hölzernen Klingen – die Berührungen der Haut – im Hof, diese Art der unschuldigen körperlichen Herausforderung, an die Rem gewohnt war.

Die Arbeit brachte, wenn sie nur hart und schwierig genug war, ihre eigene Erfüllung mit sich. Da stets eine Schar von Frauen in der Nähe war, entkleideten sie sich auch nicht zum Kampf. In einem richtigen Kampf wollten es die Regeln, daß

man einen Kettenpanzer auf dem Rücken, an Armen und Beinen trug; lernte man das Fechten ohne zusätzliches Gewicht, nur mit einem Lendenschutz, konnte sich dies später als Nachteil erweisen.

Zum Ende der Zastis-Monate wollte Raldnor aufbrechen. Es war eine lange Straße nach Dorthar, die an dem elyranischen Hafen Hliha vorbeiführte. Die Angelegenheiten waren bereits zum Teil geregelt. Briefe waren vorausgeschickt worden, die selbstverständlich unmittelbar an die Person des Herrn der Stürme gerichtet waren.

Medaci sah ihren älteren Sohn an, ihre gelben Augen blickten ruhiger als gefrorene Tränen.

Eines Morgens waren Wolfsfährten im trocknenden Schlamm des Bis-Weihers. Keiner der Vögel fehlte. Die Tiere des Hofes hatten in der Nacht keine Warnrufe von sich gegeben.

Dennoch hielt man es für ratsam, den Eindringling zu verfolgen. Die lanischen Wölfe wurden so nahe der Stadt zu gefräßigen und unverschämten Räubern. Wenn einer von ihnen gerissen genug war, nicht entdeckt zu werden, so daß ihm kein Warnruf vorausging, konnte sich das als Ärgernis erweisen.

Yannul, der mit seinen Bediensteten draußen gewesen war, um Brennholz zu sammeln, schickte jetzt zwei von ihnen fort, mit der Maßgabe, sich für die Jagd vorzubereiten. Die Männer waren mit derlei Aufgaben vertraut; es ergrimmte sie einerseits, gefiel ihnen aber andererseits nicht übel.

Raldnor, der sie die Tiere satteln sah, beschloß, daß er es an diesem Tag vorzog zu jagen, statt das Übungsschwert zu schwingen. »Kommt mit mir«, sagte er zu Rem. »Ihr habt in Karmiss Wölfe gejagt; stimmt's?«

Das stimmte; einen ganzen Winter lang in den istrianischen Bergen; er hatte sie gejagt und sogar gegessen.

Aber seit acht Jahren bedeuteten ihm Wölfe etwas anderes; sie waren nicht länger Widersacher, sondern Schreckgestalten und Alptraumkreaturen. Zudem war sein Traum wiedergekehrt, ein- oder zweimal, in der Villa und auf den Lagern in Amlans Stadt der Vergnügungen.

Trotzdem holten sie ihre Zeebas und Waffen, Verpflegung

aus der Küche, und brachen auf; sie holten die Männer Yannuls in den Hügeln ein.

Der Hund verfolgte den ganzen Weg über die Wolfswitterung, aber es wurde eine lange Probe.

Gegen Mittag waren sie Meilen weit fort in den Hügeln und hatten nur eine verlassene Höhle aufgespürt, die auch der Wolfshund eilig wieder verließ.

Die Hitze brütete. Sie kamen in einen Wald und machten Rast in seinem Schatten. Die beiden Bediensteten warfen schläfrig die Würfel. Sogar der Hund ruhte sich aus, seine Nüstern prüften weiter den Wind, aber Augen und Zunge waren entspannt. Es war sinnlos weiterzuziehen, ehe die Sonne weitergewandert war und nicht mehr direkt über ihren Köpfen stand.

Wo der Wald den Hügel hinabwuchs, lag ein ausgedehnter, klarer See. Bevor es ihm überhaupt bewußt wurde, schwamm Rem darin neben dem Knaben her. Das leichte Mahl beschwerte sie nicht, aber nach einer Weile drehten sie sich beide auf den Rücken, ließen sich treiben, starrten zwischen den Zweigen in den hellen Himmel und schlossen geblendet die Augen.

»Dieser Wolf«, sagte Raldnor, »er muß irgendwo in der Nähe sein. Wir werden ihn vor Sonnenuntergang auftreiben.« Und er fuhr fort: »Ich habe noch nie Gefallen daran gefunden, etwas zu töten. Jagen, ja. Es ist etwas Notwendiges. Aber man kann es nicht mögen. Ich vermute, es ist genauso, wenn man Männer tötet.«

»Männer sind leichter zu töten«, sagte Rem.

»Ihr meint, daß sie dümmer als wilde Tiere sind?«

»Nein. Aber es ist leichter.«

Nach einer ganzen Weile sagte der Knabe: »Für Euch mag das vielleicht zutreffen.«

Danach schwiegen sie.

Fast hätten sie auf dem Wasser einschlafen können.

Schließlich schwamm Lur Raldnor, der des Lebens weniger überdrüssig war, ans Ufer. Rem sah ihm zu, dem gebräunten Knaben, der sich wie ein Goldstreifen gegen die dunkleren Bäume abhob.

Die Antwort seines eigenen Fleisches ließ auch Rem wieder schwimmen; seine Arme bewegten sich auf und ab wie ein

Uhrwerk. Er hatte nicht die Absicht, den See zu verlassen, solange man ihm zusah, weil das Zeugnis Zastis' an ihm sichtbar war wie ein Wappen. Man mochte den Wechsel der Temperatur und des Elements dafür verantwortlich machen.

Als er aus dem Wasser stieg, lag Raldnor auf dem Bauch, den Kopf auf die verschränkten Arme gelegt, die Augen erneut geschlossen. Dann, als Rem zu seinen Kleidern ging, erscholl ein Ausruf, der einer Gerichtshalle in Istris angemessener gewesen wäre.

»... *Anack!* Wer hat Euch das angetan?«

»Was?«

»Ihr habt Peitschenstriemen auf dem Rücken. Von einer Peitsche mit Zähnen.«

Rem hatte es vergessen. Es war eine lange Zeit her, seit es jemandem eingefallen war, danach zu fragen oder seinen Kommentar dazu abzugeben. Niemand seit Doriyos hatte es getan.

»Ich bin während meines Dienstes eingeschlafen, vor acht Jahren, im Sold meines Königs«, sagte er, selbst verwundert über die Bitterkeit, die aus seinen Worten klang.

Ohne Vorwarnung, denn er hatte nicht gehört, wie Raldnor sich bewegt hatte, fühlte er die Hand des Knaben angenehm und kräftig an seinem Rückgrat. Es war keine Aufforderung, das konnte er spüren. Es war die Zuneigung des Mitgefühls. Bevor er seine Reaktion unterdrücken konnte, stieß Rem den Knaben von sich.

»Nein.«

»Es tut mir leid. Es kann Euch nicht mehr schmerzen, oder?«

»Es schmerzt nicht.«

Rem kleidete sich an. Raldnor sagte nichts mehr; er stand nackt hinter ihm, nur in seine Unschuld gekleidet.

NEUN

Hinter dem Hügel lag ein weiterer Hügel. Man erklomm ihn, und ein weiterer Hügel lag vor einem. Sie staffelten sich in einer Reihe hintereinander, und jenseits von ihnen ragten in der Ferne die Berge empor.

Rem war durch den Wald zurückgegangen, hatte den würfelspielenden Bediensteten zugenickt und war weiterspaziert. Er hatte vor, sich eine Viertelstunde Zeit zu lassen und dann umzukehren. Alles würde dann sein, wie es gewesen war. Außer natürlich, daß sie *so* von Anfang an gewesen waren.

Einer der Berge bewegte sich. Wie ein großes Schiff kam er auf ihn zugesegelt und erfüllte den Horizont. Der Berggipfel wurde von einem Sonnenuntergang verfärbt, der noch viele Stunden entfernt war. Weiter unterhalb öffnete sich der den Hügeln zugewandte Fels zu einer einzelnen, tintig-schwarzen Nüster ... Das Lager des Wolfes? Nein, das war es nicht.

In der Nähe stand eine Kate in einem elenden Feld.

Plötzlich trat eine Frau aus der Hütte hervor. Sie schien ihn zu erblicken; sie winkte und eilte ihm entgegen. Sie bewegte beim Laufen kokett die Hüften; aber als sie näher gekommen war, sah er den Schmutz an ihr, das Alter und den jammervollen Schwachsinn.

»Würdet Ihr gerne ins Haus kommen?«

Die Welt explodierte zu den Scherben eines zerbrochenen Spiegels. Details der Vision fielen zu Boden.

»Würdet Ihr gerne ins Haus kommen?«

Er konnte wieder sehen. Er konnte die Berge in der Ferne sehen, in ihrer richtigen Perspektive, das Licht des frühen Nachmittags lag auf den Hügeln. Es gab keine Höhle, obwohl ein Feld vorhanden war, und auch eine kleine Hütte, die sich unter Obstbäume duckte.

»Lord?« sagte die Frau. »Lord?«

Und auch die Frau war noch immer dort. Aber sie war nicht alt, und nicht schmutzig. Ihre Erscheinung war rundlich und hübsch, ihr schwarzes Haar wurde von einem roten, mit Perlen bestickten Tuch zurückgehalten.

Rem sah zu ihr hinab. Ihre Begrüßung war unerträglich. Es wirkte fast natürlicher, als ihr Gesicht die Fassung verlor, sich vor Schrecken verzog. Sie wandte sich um und lief von ihm fort, schreiend.

Aus der Hütte brach ein großes Monster von einem Mann hervor. Als er durch das Feld rannte, lief die Frau hastig zu ihm, und er schnappte sie sich, hielt sie fest und starrte zu Rem herüber.

»Was habt Ihr ihr getan?« wollte der Mann wissen. »Sie hat nichts Arges im Sinn. Sie wird Euch nur Gastfreundschaft angeboten haben. Hier, so weit draußen, sind die meisten froh darüber.«

Rem sagte: »Ich weiß nicht, weshalb sie geschrien hat.«

Die Hügel bewegten sich gemächlich, diesmal nicht in einer Vision, sondern infolge eines Schwindelanfalls.

»Ihr müßt ihr weh getan haben. Hat er dir weh getan, Berinda?« fragte der Mann sie mit sanftem Drängen. »Sag es mir, wenn er dir weh getan hat. Ich werde mich mit ihm befassen.«

Die Hügel kamen zur Ruhe. Der Himmel war entlang ihres Höhenzuges abgeschnitten wie mit einem Messer.

Rem ging auf den Mann zu.

»Sie hat mich überrascht; ich mag ärgerlich ausgesehen haben. Aber ich hatte keine böse Absicht. Sie ist doch gutmütig, oder?« Das war die lanische Umschreibung für schwachsinnig; und der Mann akzeptierte sie und wurde weniger angriffslustig, obwohl er weiterhin keinen Zweifel daran ließ, daß er die Frau zu beschützen gedachte.

»Ja, das ist sie. Aber sie ist mir eine gute Frau gewesen. Sie hat mir Kinder geschenkt, eine Menge Kinder. Es stimmt jedenfalls alles mit ihren Köpfen.«

Rem trat näher. Er bot eine Handvoll Münzen.

»Mit dem Ausdruck meines Bedauerns.«

Der Mann strich die Münzen ein. Geld wurde im Hügelland nicht oft verwendet, der Tauschhandel war sinnvoller, aber der Mann akzeptierte die Münzen als Tauschsymbole.

»Siehst du, Berinda«, sagte er, »es war nur ein Versehen. Lächle jetzt, Liebling. Lächle für mich.«

Und Berinda sah zu ihrem Mann auf und lächelte.

All die Jahre, die Rem nach ihr gesucht hatte. Und er hatte sie nicht wiedererkannt. Obwohl sie ihn erkannt hatte; als einen dunklen Schatten aus ihrer Vergangenheit. Ja, das mußte der Grund für ihr Erschrecken gewesen sein. Rem war der Sturz vom Schiff, das grausame Wasser, die unfreundliche Küste ... Und jetzt hatte sie hier Zufriedenheit erlangt, war endlich geliebt und geschätzt worden, einen Tagesritt von Amlan entfernt. All diese Jahre ...

»Berinda. Das ist ein kermianischer Name.«

»Aha.« Den Mann kümmerte es nicht.

Sie gingen zusammen zu der Hütte, in der sie diese Menge Kinder geboren hatte, die alle lebten. Ob eines von ihnen ...

Nein. Nein, soviel mochten ihm die Götter gewähren, aber nicht mehr.

»Berinda«, sagte Rem.

Sie sah ihn an, und er lächelte ihr zu, ohne Erkennen im Blick, aber freundlich, und er sah, wie sie überlegte, welche Rolle er in ihrem Leben gespielt hatte.

»Wir haben Wein«, sagte sie, »mit Honig vermischten Wein aus reifen Früchten.«

Der Mann lächelte jetzt auch, als sich ihre Fähigkeit zeigte, den Haushalt zu führen. »Sie ist eine sehr gute Gastgeberin.«

Rem hatte den Wolf vergessen, die Jagd; sogar Yannuls Sohn hatte er vergessen.

Er saß in dem sauberen, kleinen Haus, in dem zwei kleine Kinder ein- und ausgingen – seltsam, daß er ihre Stimmen nicht gehört hatte, so, wie er es jetzt tat, sie erklangen ringsum an den Hängen – und ein weiteres Kind, das auf dem Teppich herumkrabbelte, und ein viertes, das an der Brust seiner Mutter lag und behagliche Töne von sich gab.

So hatte er sie auch damals gesehen, als sie ein Kind gesäugt hatte. Nicht dasselbe Kind. Keines von diesen Kindern war das eine.

Es wurde nicht viel geredet. Die Zeit verging zäh und langsam und unbemerkt. Sie machten keinerlei Anstalten, ihn zum Gehen aufzufordern. Und natürlich ging er nicht. Der Mann und er tauschten einige Gemeinplätze aus. Rem erinnerte sich, daß er wegen Wölfen hier war. Dann geschah etwas Seltsames. Der Mann warf seiner Frau einen Blick zu.

»Ja, überall hier herum sind Wölfe«, sagte er. »Sie tun uns nichts zuleide.«

Als sich die Sonne anschickte unterzugehen, verlangte der Mann nach dem Abendessen, und lachend legte sie ihr Kind von der Brust und eilte, um das Mahl zuzubereiten, indem sie selbst wie ein Kind die Geräte handhabte. Als sie das Essen fertig hatte, erwies es sich als schmackhaft, jedenfalls die wenigen Bissen, die Rem herunterbrachte.

»Eßt«, sagte der Mann. »Wir haben genug.«

Aber er konnte nicht essen, ebensowenig wie er die Leute verlassen konnte. Und ebenso, wie er Berinda nicht nach der Vergangenheit fragen konnte.

Die Schatten kamen, und eine braune Kerze wurde entzündet.

Der Mann fiel in Schlaf. Die Frau wiegte ihr jüngstes Kind; die anderen, die sich zum Essen auf den Boden gesetzt hatten wie Tauben, drängten sich schläfrig an ihren Rock.

»Erzähl uns«, sagte das ältere Mädchen, »die Geschichte von den Wölfen.«

Und Rem, ein gereifter Mann, der durch drei oder vier Geschäfte mit dem Tod überlebt hatte und dank der Härte seines Schädels, spürte, wie ihm das Herz stehenblieb.

Sie erzählte die Geschichte.

Und als sie erzählte, wie man Kindern etwas schildert, stellte er es sich vor. Die Bilder kamen, heraufbeschworen durch ihre Geschichte. Dazu kamen die Laute, die Gerüche; alles. Alles.

Als der weiße Wolf wie eine Gestalt aus Schnee geformt auf dem Fels über ihr auftrauchte, schrie sie, aber jede Hilfe war weit weg, und niemand hörte sie.

Nach einer Weile kam der Wolf auf sie zugetrabt, und sie versuchte wegzulaufen, aber der Wolf und seine Gefährten holten sie leicht ein. Sie sprangen um sie herum, schlossen sie in den lebenden Mauern ihrer Leiber ein. Die ganze Zeit über ließ sie das Baby nicht los, und die ganze Zeit über schrie und weinte sie, und sie lief und fiel schließlich auf die Knie. Das Baby war ruhig.

Schließlich stießen die Wölfe Berinda sanft mit den Schnauzen an. Sie stießen sie auf eine Weise an, daß sie verstand, sie sollte aufstehen. Sie tat es.

Dann fingen sie erneut an, sie anzustupsen, und sie begriff, daß sie die Richtung ändern sollte.

In äußerstem Schrecken gehorchte sie. Nachdem sie sich eine ganze Weile um die Felsen gekämpft hatte, geklettert war und Hochtäler überquert hatte, den heißen Atem der Wölfe jedesmal durch ihre Kleider gespürt hatte, wenn sie sie mit den Schnauzen anstießen, kamen sie endlich an eine Höhle.

Es war eine Wolfshöhle, und sie stank nach Wölfen und den Resten der Tiere, die sie getötet hatten. Aber es hatte zu regnen angefangen, und die Höhle bot Schutz vor dem Regen. Berinda kroch in die Höhle, setzte sich völlig erschöpft auf den Boden und fiel in einen Dämmerschlaf, aus dem sie häufig aufschrak.

Als sie erwachte, lagen die Wölfe an sie geschmiegt. Sie betrachtete sie, einige schliefen. Sie empfand die Wärme ihrer Leiber als angenehm. Der Gestank in der Höhle schien nachgelassen zu haben; sie hatte sich an ihn gewöhnt.

Berinda, die in Xai im Elend aufgewachsen war, hatte ihre frühesten Kindheitsjahre inmitten des Gestanks von Menschen verbracht, deren Krankheiten eine Folge ihrer Armut waren. Die Wölfe selbst rochen nicht unangenehm, denn sie waren gesund. Das machte den Unterschied aus.

Später kamen weitere Wölfe hereingetrottet.

Berinda befürchtete, daß diese Neuankömmlinge weniger freundlich zu ihr sein mochten als die anderen. Aber sie zeigten keinerlei Interesse an ihr. Außerdem hatten sie Beute mitgebracht. Knurrend riß das Wolfspack den blutigen Kadaver in Fetzen.

Schließlich wurde auch Berinda ein Stück des rohen Mahles gebracht. Sie brachte es am ersten Tag nicht fertig, es zu essen. Aber am nächsten Tag, als man ihr wieder etwas abot, aß sie es.

Dann säugte sie das Kind, während sie inmitten der Wölfe saß. Sie schienen diese Verrichtung zu respektieren; und einige starrten sie an und wedelten wie Hunde mit den Schwänzen.

Durch Anstupsen mit der Nase und Knuffen und Zerren und Winseln schafften die Tiere es, Berinda an einen Fluß zu führen. Als der Frühling begann, das Land zu eröffnen, fand sie Früchte unter dem Eis und aß sie. Sie bot den Wölfen welche an, und sie fraßen ihr aus der Hand.

Sie war dankbar für die Wärme, die ihr die Tiere in der Kälte der Nacht boten. Und sie fand Trost in den lebenden Leibern, die sich an ihren Körper schmiegten. Sie hatte ihre Angst längst vergessen.

Denn Berinda, ›gutmütig‹ wie sie war, war ebenfalls ein wildes Geschöpf. Es widerfuhr ihr, daß sie leichter, als es bei

den meisten anderen Menschen der Fall gewesen wäre, zu einer Wölfin wurde. Sie reagierte mit der urtümlichen Offenheit eines Kindes auf ihre neue Umgebung.

Und auch das Kind, das alles gleichermaßen hinnahm und von allen hingenommen wurde, spielte unbefangen in der Höhle der Wölfe oder schlief auf Berindas Schoß in der schwachen Sonne des Berghangs. Berinda ließ das Kind sogar für kurze Zeit bei den Wölfen zurück, wenn sie mit einigen von ihnen oder allein umherwanderte.

Als der Sommer kam, deuteten ihr vier der Wölfe an, daß sie im Begriff waren, die Höhle zu verlassen, und daß sie und das Baby sie begleiten sollten.

Sie war traurig, aber der erregende Ruf des Sommers sprang von den Wölfen auf sie über, und sie blieb nicht zurück. Sie wandten sich nach Süden.

Berinda erwähnte es nicht, aber es war offensichtlich. Ebenso wie die eindrucksvolle Strecke, die sie zurückgelegt hatten.

Den ganzen Weg über hatten die Wölfe sie gefüttert und ihr Gesellschaft geleistet, wie zuvor. Möglicherweise war noch etwas unbewußt Menschliches in ihr gewesen. Ihrer Erzählung nach mußte es so gewesen sein. Sicherlich aber waren die Wölfe alles in allem freundlicher zu ihr gewesen als die Menschen.

So kam es, daß Berinda, als einer der Wölfe sie zu einer Stelle hindrängte, wo ein Dorf umgeben von Getreifefeldern zu sehen war, kein besonderes Bedürfnis verspürte, dorthin zu gehen.

Aber der Wolf wollte näher zu dem Dorf, und so gingen sie gemeinsam, arbeiteten sich durch die hohen Halme des jungen Korns. Das Kind hatte sie an einem Berghang zurückgelassen.

Unvermittelt platzten der Wolf und Berinda in ein Getümmel von Menschen hinein, die sogleich ein Geschrei erhoben und entweder zurückwichen oder mit Gegenständen warfen.

Der Wolf lief fort, und auch Berinda machte kehrt, um fortzulaufen; aber die Leute hielten sie auf und nötigten sie in den Schutz des Dorfes.

Vergebens bemühte sie sich freizukommen. Vergebens bemühte sie sich, ihnen klarzumachen, daß sie den Wölfen

folgen mußte; daß sie ihr Baby bei ihnen zurückgelassen hatte. Die Fähigkeit der menschlichen Sprache war in ihr verkümmert. Sie hielten die Geräusche, die sie von sich gab, für Hysterie.

Als sie – denn so waren die Menschen im Hinterland Lans beschaffen – endlich verstanden, was sie sagte, und ihr auch glaubten, war es zu spät. Die Wölfe hatten sich mit dem Kind davongemacht. Für immer davongemacht.

Berinda stolperte durch die Berge und rief nach ihnen, ohne Erfolg. Ohne daß der Geruch der Wölfe noch an ihr haftete, deren Liebe beraubt, weinte Berinda in den Straßen des Dorfes und schlief auch in ihnen; lehnte jede Freundlichkeit ab, wurde immer mutloser.

Und hier hatte der Mann sie vorgefunden. Er hatte weder Verwandte noch ein Weib gehabt, und Zastis stand bevor. Die ansprechende Wesensart aus Karmiss war noch nicht bis zum letzten Rest von ihr gewichen, und zudem rührte ihn etwas an ihrer Verzweiflung. Er warb auf eine unbeholfene Weise um sie, und sei es auch nur, indem er sich besonders und ausschließlich um sie kümmerte.

Sie ging mit ihm in sein Zuhause, anfangs eingeschüchtert. Aber seine Güte war nicht gespielt und hielt an. Dann stellte sich die Anziehungskraft ein, die Anziehung, die Kesarh auf sie ausgeübt hatte; aber sie war besser als die Kesarhs, denn dieses Kind lebte. Sie hatte wieder jemanden, den sie in den Armen halten konnte.

Und hier war sie nun; ihre hellen Augen gaben Zeugnis von ihrem Glück, und um ihren Mund waren Lachfältchen.

»Und wann«, erkundigte sich das ältere Mädchen, »hast du mich wiedergefunden?«

Es war offenbar eine rituelle Frage. Das dunkle Kind glaubte, das Baby zu sein, das die Wölfe angenommen hatten und das auf magische Weise wieder in den Zyklus des Lebens einbezogen und ein zweites Mal zur Welt gebracht worden war.

Als Berinda ihr antwortete, wurde ersichtlich, daß sie es ebenfalls so sah.

»Als mein Bauch anschwoll, warst du darin.«

»Aber wo bin ich bis dahin gewesen?«

»Du bist durch die Luft geritten«, erwiderte Berinda. Und das Kind und Berinda lachten.

Etwas an dieser Redensart erregte Rems Aufmerksamkeit mehr als die ganze übrige Erzählung. Die luftgeborene Seele, aus einem Körper verbannt, auf einen neuen wartend ... Es klang wie der uralte dortharianische Glaube, daß einige Seelen sogleich wiederkehren, durch das Medium ihrer noch nicht im Fleisch geborenen Kinder, oder aber durch die Kinder ihrer Verwandten. Darin mochte der Wahnsinn der Herren der Stürme seinen Ursprung haben, daß nicht der älteste Sohn, sondern der *zuletzt* vor dem Tode des Königs empfangene Sohn sein Erbe antreten mußte. Jene Schwäche, die Raldnor Am Anackire das Recht auf den Thron von Koramvis verschafft hatte.

Das dunkle Kind blickte zu Rem herüber, und sein Verdacht war unübersehbar, daß er eine Rolle in dieser unerhörten Erzählung spielte.

»Im Winter«, sagte sie, »kommen Wölfe bis vor unsere Tür, und wir füttern sie. Aus der Hand. Wir fürchten uns nicht. Nicht vor ihnen.«

Er glaubte es ihr.

Seine Welt war in ihren Grundfesten erschüttert.

Zu glauben, daß diese Menschen Wölfe fütterten, als wären sie Federvieh, war ihm ein leichtes.

»Jemand ist auf dem Feld«, sagte der ältere Junge.

Berinda drehte sich ohne Anzeichen von Aufregung um und beobachtete den Eingang.

Rem stand auf.

Er ging zur Tür und trat hinaus, und er sah einen Mann, der saß auf einem Zeeba und führte ein weiteres mit sich; er hob sich gegen den weiten, lila Himmel des Berglandes ab, ein fleckiges Blutrot östlich der Stelle, wo der Stern aufging.

»Ich bin froh, daß ich Euch gefunden habe«, sagte Lur Raldnor. »Der Wolf ist uns entwischt, aber hier ist die Wolfswitterung überall so stark, daß sich der Hund wie toll gebärdet.« Sein Gesicht war steinern.

»Wie lange habt Ihr nach mir gesucht?«

»Seit ich den See verlassen habe und niemand Euch gesehen hatte. Der Hund half mir suchen.«

»Aber dieser Ort ist nicht weit von ...« Rem zögerte.

»Ein Ritt von ungefähr zwei Stunden. Ich habe länger gebraucht, weil ich in Kreisen geritten bin und versucht habe,

dem Hund beizubringen, Eure Spur von der des Wolfes getrennt zu verfolgen.«

»Ich habe nicht bemerkt, daß ich so weit gekommen war.«

»Das glaube ich.«

»Wo sind die Männer Eures Vaters?«

»Irgendwo dort drüben. Ich denke, wir sollten jetzt von hier aufbrechen, wenn Ihr keine Einwände habt. Sie sind ein wenig ungeduldig.«

»Und Ihr seid es ebenfalls, vermute ich.«

Lur Raldnor sah unverwandt auf ihn herunter.

Er sagte mit angespannter Stimme: »Was immer ich tat, um Euch zu beleidigen ...«

»Ihr habt nichts getan. Gebt mir nur einen Augenblick Zeit, und ich komme mit Euch.«

Die unverhoffte Veränderung war Rem in einer gewissen, in ihm selbst begründeten Hinsicht willkommen gewesen, denn sie diente ihm als Schutz vor allem, was geschehen war.

Er fühlte sich leer. Selbst die Gegenwart des Knaben bedeutete ihm jetzt nicht mehr viel, denn es galt, mit etwas anderem fertigzuwerden.

Er kehrte in die Hütte zurück, vielleicht, um den Leuten wie ein beliebiger anderer Wanderer Lebewohl zu sagen. Aber sie hatten ihn bereits aus dem Rhythmus ihres täglichen Lebens entlassen. Das größere Mädchen spielte mit den Haaren seiner Mutter; die übrigen Kinder, das Baby und der Mann waren eingeschlafen.

Rem verließ sie, bestieg sein Zeeba und ritt neben Yannuls außerordentlich höflichem und außerordentlich ärgerlichem Sohn den Hang hinauf.

Alles war zu Ende. Es gab zwar noch immer keine endgültige Gewißheit über den Tod des Kindes, aber in Hinsicht auf den Mythos war es verloren. Das Kind mochte am Leben sein. Auch jetzt noch bestand diese Möglichkeit. Aber er hatte hier von *Wolfskindern* gehört. Es hatte Gerüchte über ähnliche Wunder in Karmiss gegeben; es gab sie wohl überall. Waisenkinder, die von Wolfsrudeln adoptiert wurden, wie Wölfe aufwuchsen und sich der wölfischen Lebensweise anpaßten.

Und daher würde auch sie, falls sie noch lebte, auf diese Art leben. Noch wahrscheinlicher war, daß abergläubische

Jäger sie gefunden hatten, die auf der Jagd nach Orynxen oder Männern gewesen waren. Und sie getötet hatten. Schon vor langer Zeit.

Er konnte natürlich in seiner Suche nach ihr fortfahren. Aber wenn er sie tatsächlich fände, würde sie eine Wölfin sein.

Acht Jahre lang hatte er blinde Spuren verfolgt. Und jetzt stand er vor der letzten blinden Spur.

Es war zu Ende.

Sie schlugen irgendwo in den Bergen ein behelfsmäßiges Lager auf, schliefen ein paar Stunden und ritten weiter. Außer knappen Höflichkeiten tauschten Lur Raldnor und er nicht ein Wort aus. Es gab nichts zu sagen. Rems Suche war persönlicher Art gewesen, und ihre Beendigung war ebenso privat.

Als die Landvilla in der Morgendämmerung sichtbar wurde, vergegenwärtigte sich Rem, was als nächstes folgen würde. Es war der einzige Schritt, der folgerichtig und vorgezeichnet war.

»Vielleicht ist man beunruhigt«, sagte Rem zu Raldnor. »Man hat uns vermutlich gestern abend zurückerwartet.«

»Wahrscheinlich.«

»Es ist meine Schuld. Es tut mir leid. Ich werde mit Eurem Vater sprechen.«

»Glaubt Ihr nicht, daß ich ebensogut mit ihm reden kann?« erwiderte Lur Raldnor, und zum ersten Mal war seiner Stimme und seinem Blick eine äußerste Schärfe anzumerken.

Rem zuckte mit den Schultern.

»Wenn es Euch lieber ist.«

»Er kann von mir nichts mehr lernen«, sagte er später zu Yannul. »Ihr habt ihm bereits so viel beigebracht, daß er gut zurechtkommen wird. Zudem ist er geistesgegenwärtig und hat einen klugen Kopf. Wenn Raldanash ihm ein Kommando übergibt, was Ihr, wie ich vermute, voraussetzt, wird er damit fertigwerden. Besser als die meisten übrigen.«

»Und das ist Euch ganz unvermittelt klargeworden, auf der ergebnislosen Wolfsjagd?« erkundigte sich Yannul. Er brachte eben einen Becher Wein zu Rem, der ihm dankte, und setzte sich, ohne erkennen zu lassen, ob er den Dank gehört hatte.

»Ihr habt mich großzügig bezahlt. Gebt Euer Geld nicht unnütz aus, wenn es nicht erforderlich ist. Er kann weiter mit dem jungen Bediensteten trainieren ... Ich vergesse immer seinen Namen.«

»Ihr habt Zuneigung zu meinem Sohn gefaßt«, sagte Yannul. Er wirkte ernst, aber gelassen.

Rem erwiderte nichts und starrte die Tür an.

»Ich bin beunruhigt«, sagte Yannul, der nicht beunruhigt aussah, »ich glaube, wir hätten ihn soweit bekommen, daß er uns Ehre machen könnte.«

»Sir«, sagte Rem, »er wird Euren Ruhm wie eine Fackel nach Dorthar tragen. Aber ich habe persönliche Dinge in Amlan zu erledigen ...«

»Ich vertraue Euch«, sagte Yannul. »Weshalb wollt Ihr Euch selbst nicht vertrauen?«

Rem erstarrte plötzlich. Alle Dinge erstarrten.

»Ich bitte Euch um Verzeihung«, sagte er. Er starrte Yannul an, der sein Starren erwiderte.

»Ist es vielleicht so«, sagte Yannul, »daß Ihr glaubt, er wäre als wohlerzogener Bursche nicht fähig, deutlich genug ›nein‹ zu sagen? Er würde es tun, Rem. Mein Sohn hat keine Spur Ommos-Blut in den Adern.«

Rem fühlte einen beinahe körperlichen Schmerz, als hätte Yannul ihn mit der Peitsche geschlagen.

Das Land Ommos, das in der Ausdehnung so beschränkt wie die Herzen seiner Bewohner war, die grausame Überfälle auf die Tiefländer verübten, wann immer sie eine Chance für sich sahen, hatte mittlerweile den denkbar übelsten Ruf. Zugleich war der Name dieses Landes, in dem die sexuelle Vereinigung von Männern die Regel war, zum Synonym für Männer wie Rem geworden. Es war logisch und unlogisch zugleich.

Die Tiefländer haßten Ommos. Yannul würde es ebenfalls hassen. Für Yannul war Homosexualität gleichbedeutend mit Perversion und Schmutz. Alles, was damit zu tun hatte.

»Ich spreche aus, was ich denke«, sagte Yannul. »Aber bedenkt, daß Ihr in meinem Hause geweilt habt. Mit meinem Sohn. Und ich wußte bereits am ersten Tag über Eure Neigung Bescheid.«

Etwas in Rems Denken geriet aus der Bahn. Er verlor seine

Beherrschung. Die Wahrheit veranlaßte ihn, sich aufzulehnen.

»Ja«, sagte er. »Es war sehr großzügig von Euch. Nun, Ihr werdet über meinen Abschied froh sein.«

»Ich würde es als einen Sieg begrüßen, wenn Ihr bliebet.«

»Weshalb, im Namen der Götter?«

»Ich kenne selbst nicht den Grund. Ihr erinnert mich an etwas. An meine Jugend möglicherweise; in der besten wie auch in der schlechtesten Hinsicht.«

Rem tappte fast blind zur Tür.

»Nein«, sagte er. »Nein, das werde ich nicht schlucken. Ich habe alles bisher geschluckt; jetzt ist es genug.« Er wollte weiterreden, aber die Stimme versagte ihm den Dienst. Er dachte an die Auspeitschung in Istris, an Lykis Haus und daran, wie er sich vor ihren Füßen erbrochen hatte, ehe er es zu verhindern vermocht hatte. Was ihm jetzt geschah, war auch von dieser Art. Und sonst hatte er nichts vorzuweisen. Die Karawanen und das Abschlachten halbverhungerter Räuber, die Nächte unter Zastis in den Bordellen.

Nicht einmal der Morgenstern des Kindes blieb, um ihn zu leiten; Hoffnungslosigkeit und Selbstmitleid übermannten ihn, sein ganzes Leben war sinnlos geworden.

»Rem«, sagte Yannul.

»Ich habe Eure Prügel erhalten«, erwiderte Rem. »Sie waren denen gleich, die Kesarh mir verabreichen ließ. Und die Interessenverwalter der Göttin mit ihren fetten Händen. Oder die blutverschmierten Knüppel Lykis und ihre Kübel mit heißem Wasser.«

»Was habt Ihr da gesagt?« fragte Yannul.

Rem schwieg eine Weile. Endlich sagte er, in das durch die Tür einfallende Licht gehüllt: »Nichts.«

»Ich hörte Euch einen Namen nennen. Lyki.«

Weshalb sollte er nicht darüber sprechen? Er hatte sonst noch nie von ihr erzählt, aber jetzt hatte er schon so viel darüber angedeutet, daß ein wenig mehr nicht schaden konnte.

»Sie war meine Mutter. Als ich ein Kind war, pflegte sie mich zu verprügeln, wenn sie nicht gerade ihren Tagen am Hof von Koramvis nachtrauerte, als sie die Geliebte eines der Drachenlords gewesen war. Oder ihre feinen Freunde besorgten das Prügeln für sie, damit sie ihre zarten Hände

schonte.« Er schwieg erneut. »Mein Vater ist ihr offenbar davongelaufen«, fuhr er schließlich fort. »Ich kann ihn sehr gut verstehen. Ich habe ihn nie kennengelernt. Es wird mir als Schande angerechnet.«

Er wandte sich heftig ab, und war schon im Hof, als er Yannul rufen hörte: »Bei Aarl! Wartet!«

Aus irgendeinem Anlaß blickte Rem nochmals durch die Tür in den Raum.

Yannul war grau im Gesicht, das war selbst durch seine dunkle Haut zu sehen. Rem stutzte. War der Mann krank?

Ruhiger, als es seine Absicht gewesen war, sagte Rem: »Gebt Euch zufrieden, Sir. Es gibt jetzt nichts mehr, was Ihr sagen könntet, um mich zum Hierbleiben zu bewegen.«

»Wirklich nicht?« erwiderte Yannul. »Was, wenn ich sagen würde, Ihr seid der Sohn Raldnors Am Anackire; des Gottes und Helden; des vormaligen Herrn der Stürme von Vis?« Yannul grinste gespenstisch durch seine Blässe. »Würdet Ihr dann bleiben?«

Feuerfliegen hingen in Ketten in dem Strauchwerk an der Terrasse. Und Rem, der Rarmon war, Sohn Raldnors, des Sohnes Rehdons, stand dort und betrachtete sie.

Den ganzen Tag über war geredet worden. Er war vom Reden so betäubt, als wäre er wieder einmal ausgepeitscht worden. Diese Taubheit, bevor die Schmerzen einsetzten.

Sie hatten ihm alles erzählt, was sie wußten. Es war zuviel gewesen. Er war vollgestopft mit Neuigkeiten. Erst gar nichts in Händen zu haben, und dann dies.

Die Götter mußten trotz allem doch irgendwo existieren und ihre Spiele mit den Menschen treiben, wie es die Legenden behaupteten.

Lyki. Wie oft hatte sie von ihrer leidenschaftlichen Liebesaffäre mit einer königlichen Person gefaselt. Sie als Geliebte des Helden Raldnor, derer der Held überdrüssig geworden war. Er hatte die Verlobte des Königs vorgezogen. Ein Jahr später war Lyki an einem mißlungenen Anschlag auf sein Leben beteiligt gewesen – wie mußte sie demnach Raldnor Am Anackire, den Vater ihres Sohnes, gehaßt haben.

Warum hatte sie es ihm niemals erzählt, diese Hure? Aus reiner Boshaftigkeit, oder war sie zu sehr verletzt gewesen?

Es mußte sie verletzt haben; eine Frau von der Veranlagung und mit dem Schicksal seiner Mutter. So in die Schranken verwiesen zu werden, wie es ihr widerfahren war.

Und nachdem alles gesagt und veranlaßt worden war, hatte Raldnor eingewilligt, daß sein Sohn von ihm getrennt wurde. Sein unerwünschter Sohn, den er mit der Frau gezeugt hatte.

Es war vorstellbar, wie Yannul es ausgedrückt hatte, daß Raldnor damals von seiner Göttin besessen gewesen war, die ihm die Menschlichkeit ausgetrieben hatte, um ihren Willen zu erfüllen. Aber selbst wenn es so gewesen war, hatte er Raldanash in Vathcri mit Sinn und Zweck gegründet.

Lykis Bastard hatte ihm nichts bedeutet.

Auf den Steinplatten erklang ein Schritt. Rem erkannte, von wem er stammte. Sein ganzer Körper verkrampfte sich, dann ließ die Spannung wieder nach. Er hatte eine Weile seine Kampfübungen vernachlässigt.

»Ich brauche nur eine Sekunde, um die Terrasse wieder zu verlassen«, sagte Lur Raldnor.

»Es ist nicht nötig.«

»Wenn Ihr allein sein wollt.«

»Wir alle sind stets allein.«

Lur Raldnor – *(ein Namensvetter meines Vaters)* – lachte sein goldenes Lachen.

»Noch immer der alte Rem, trotz allem.« Er trat vor und stellte sich neben Rem, aber ein Stück von ihm fort. »Soll ich Euch als ›mein Lord‹ titulieren?«

Rem erwiderte nichts auf diesen Einfall.

Raldnor sagte: »Was wollt Ihr tun?«

»Nichts. Es hat sich sehr wenig geändert.«

»Alles hat sich geändert, und Ihr wißt das.«

»Aber nur ich weiß es, und Ihr und Eure Familie.«

»Ich denke, mein Vater hat es von Anfang an gewußt«, sagte Lur Raldnor. »Am ersten Abend, als wir auf dem Rückweg hierher waren, sagte er zu mir: *Dieser Mann ist wie Raldnor. Er erinnert mich an ihn, wie er war, bevor Anack die Hand auf ihn legte.* Ich glaube, er hat abgewartet, daß Ihr ihm die Schlüssel dazu liefern würdet, ohne in Wirklichkeit zu ahnen, daß es tatsächlich einen solchen Schlüssel gab.«

Rem betrachtete die Feuerfliegen. Er fühlte sich wie ein

furchtsames Kind. Fünfzehn Jahre alt. Und jetzt war es zu spät für diese Offenbarung. Er hätte es von Anfang an wissen müssen; oder nie erfahren sollen.

»Von rechts wegen«, sagte Lur Raldnor, »solltet Ihr mit mir nach Dorthar gehen. Ihr solltet Euch dem Herrn der Stürme unter dem Befehl meines Vaters vorstellen, mit mir als Zeuge. Raldanash ist Euer Halbbruder. *Versteht* Ihr das überhaupt?«

»Vielleicht nicht«, erwiderte Rem.

Er wanderte ein Stück die Terrasse entlang, und Yannuls Sohn folgte ihm.

»Kommt mit nach Anackyra, Rem«, sagte Lur Raldnor. »Es wäre nicht nur wegen des Krieges. Da ist noch all das andere. Diese Stadt ist ... wie kein anderer Ort auf der Erde, wegen all dessen, was er ist und was dort geschehen ist. Ihr müßt es selbst sehen. Durchstreift ihn. Ihr wart der Erstgeborene, nach den Gesetzen Dorthars stellt Ihr keine Bedrohung für Raldanash dar. Es war nicht einmal legal ... Vergebt mir. Aber Ihr seid Teil jener Legende, die immer noch lebendig ist, ebenso wie er es ist.«

Rem verfluchte die Legende lebhaft.

»Auf jeden Fall«, sagte Lur Raldnor, »habe ich noch nie den Kampf Messer gegen Schwert richtig geübt.«

»Die Reise nach Hliha dürfte ein Viertel eines Monats in Anspruch nehmen. Die Überfahrt nach Xarabiss dauert sechs Tage. Die Landreise bis Dorthar ist noch ein gut Teil weiter als die beiden Abschnittc davor.« Rem drehte sich um und sah den Knaben an. »Diese ganze Zeit, glaubt Ihr, könnte ich meine Hände von Euch lassen? Wir könnten die erbittertsten Feinde werden.«

Lur Raldnor sah spöttisch aus.

»Ich dachte, es sei vorausgesetzt worden, daß ich nichts davon wüßte?«

»Da Euer Vater es wußte, hat er bestimmt dafür gesorgt, daß auch Ihr es wußtet. So daß Ihr darauf vorbereitet wart – wie hat er es ausgedrückt? –, laut und deutlich ›nein‹ zu sagen.«

»Ich liebe meinen Vater«, sagte Raldnor, »und ich verehre ihn. Er kann fast immer für mich sprechen. Aber er kann nicht in jedem Fall für mich sprechen.«

»Ihr wollt damit ausdrücken, daß Ihr ihn anlügen würdet, wie ein Straßenjunge?«

»Nein. Das wollte ich nicht damit sagen.«

Gedemütigt durch seine eigene Erklärung sah Rem zur Seite.

Der Knabe sagte: »Als meine Mutter noch jünger war, als ich jetzt bin, hat sie einen Mann getötet. Er – es war Euer Vater – hat sie dazu gebracht. Sie tat es durch Telepathie, durch Willenskraft. Es war, als sie Amreks Besetzung der zerstörten Stadt in den Ebenen aufgebrochen haben. Sie hat es niemals vergessen.«

»Hat das einen Bezug zu unserem Gespräch?«

»Nur soviel: Niemand von uns ahnt, welche Fähigkeiten in seinem Blut schlummern, oder in seiner Seele, oder in seinem Denken. Aber das, was wir sind und was wir vermögen – oder nicht vermögen – und was wir tun, das alles *geschieht* mit uns. Wir brauchen nicht dafür zu kämpfen. Oder dagegen. Es ist wie mit dem Atmen, Rem. Wenn wir es nötig haben, tun wir es; es geschieht uns; ohne daß wir darüber nachdenken. Und es ist auch besser so.«

Die Feuerfliegen hingen leuchtend im Gebüsch.

Wie aus weiter Ferne hörte er, wie der Junge zu ihm sagte: »Kommt mit nach Anackyra, Rem.«

Der Wolf, der seine Spuren um den Bis-Teich hinterlassen und sie so an jenem Tag in die Berge gelockt hatte, kehrte nie zurück. Sie erwähnten ihn nie. In den Jahren danach, wenn sie über ihn sprachen, nannten sie ihn ein Werkzeug des Willens der Göttin Anackire. Ihren Boten.

Nur Rem würde ihn, dessen war er sicher, niemals so sehen.

Es stellte sich heraus, daß noch immer Zastis' Zeit war, als die kleine Gesellschaft zu ihrer Reise nach Dorthar das Landhaus in der Nähe von Amlan verließ.

Eine Szene hatte auf dem Berg zwischen Lur Raldnor und seinem Mädchen stattgefunden, das gewisse Anschuldigungen vorgebracht hatte. Die üblichen Vorwürfe waren ausgetauscht worden.

Sie hatten sich getrennt, nachdem es sich als unmöglich erwiesen hatte, die Meinungsverschiedenheiten durch körperliche Liebe zu beschwichtigen.

Medaci war sanfter. Sie weinte nicht, obwohl ihre Augen von Tränen erfüllt waren. Yannul aber weinte.

Rem wußte nichts von all dem. Er hatte in der Stadt auf seine Reisebegleiter gewartet. Er war sowohl räumlich als auch seelisch entrückt.

ZEHN

In Amlan jagten sich die Gerüchte und Neuigkeiten, als sie es verließen. Die Nachrichten schienen sich in Windeseile zu verbreiten, da sie unmittelbar über den Seeweg mit denjenigen Verkehrsschiffen ankamen, die es noch wagten, den Hafen anzulaufen.

Der Schwarze Leopard von Zakoris-In-Thaddra hatte die Küsten von Karmiss und Ommos unsicher gemacht. Kesahr Am Xai hatte seine Flotte in Istris versammelt und war darauf vorbereitet, mit dem Schwarm der Freien Zakorianer zusammenzutreffen.

Jetzt lag ein mächtiger Verband der Zakorianer selbst vor Ufer, die Flotte der Piraten war auf eine Stärke von fast fünfzig Schiffen angewachsen. Sie lagen vor der südwestlichen Küste von Karmiss, sonnten sich bei der Meerenge des ommischen Karith, jener Stadt, die Vathcri einst erfolglos einzunehmen versucht hatte.

Kesarhs Seemacht, die nach alter visianischer Tradition und entsprechend der shansarianischen Kenntnisse des Meeres und der Seefahrt aufgebaut war, hatte ebenfalls an Größe und Kampfkraft zugenommen. Es schien, als hätte sich Kesarh in den letzten sieben Jahren auf ein derartiges Zusammentreffen vorbereitet, während Dorthar im Mittelpunkt des von den Tiefländern eroberten Vis die Zeit verträumt hatte.

Allgemein wurden diese Nachrichten, dem Temperament der Leute dort entsprechend, so aufgenommen, als hätten sie für das Leben von Lan keine Bedeutung; im anderen Fall beschworen sie schreckliche Vorahnungen herauf. Eine Seeschlacht dieses Ausmaßes, wie sie sich jetzt abzeichnete, schien beinahe einem Krieg gleichzukommen. Auch in anderer Hinsicht würde sie einem Krieg gleichen.

Es gab schlimme Voraussagen über die mutmaßlichen Fol-

gen. Karmiss, Ommos, selbst das weiter östlich gelegene Dorthar würden die hauptsächliche Wucht zu spüren bekommen, aber konnten sich die zakorianischen Streuner nicht vielleicht auch übers Wasser nach Lan verziehen? Ihre Gewässer waren lange genug unsicher gewesen. Aufgeputscht durch ihren Sieg oder in dem Verlangen nach Rache für die erfolgreiche Verteidigung der Gegner mochte sich der Hafen von Amlan als ein verlockender Leckerbissen erweisen, den sich die Piraten nach ihrem Fest einverleiben konnten.

Es war eine Tatsache, daß eine Eskorte der königlichen Wache in der Morgendämmerung aus der Stadt marschiert war, in Richtung auf den Hafen, eher als Beobachter denn als Kämpfer. Der Hafen und die zu ihm führende Straße waren gegen Mittag abgeriegelt worden.

Rem schnappte die meisten dieser Spekulationen in der Gaststätte auf, bevor er abreiste. Er verlor höchstens gelegentlich einen Satz darüber Raldnor gegenüber, wenn sie sich trafen. Der Knabe schien informiert zu sein, und anscheinend kaum beunruhigt darüber, in ein Gebiet zu reisen, in dem die Vorboten eines Sturmes sichtbar waren.

Er und sogar der Diener, der mit ihnen ritt, gaben vor, Rems Meinung zu teilen, daß die Schlachtflotte von Istris ihre Aufgabe überlegen meistern und die geschlagenen Freien Zakorianer auf ihrer langen Flucht heimwärts mit größerer Wahrscheinlichkeit an der östlichen Landspitze von Dorthar zuschlagen würden; falls sie überhaupt noch in der Lage dazu wären.

Rems Überzeugung war, daß Kesarh Am Xai keine derartige Aufgabe auf sich nähme, wäre er nicht seines Erfolges sicher.

Das Gerücht behauptete, daß der König selbst seine Flotte befehligen würde.

Er hatte gewisse Qualifikationen dafür.

Die Sturmschatten des Krieges schienen in diesen von Sonne durchfluteten Tagen Menschenalter entfernt; in diesen Nächten unter hohem Himmel auf der Reise in den Süden. Als die Reisenden eine gewisse Strecke zurückgelegt hatten, verblaßten die Schatten ganz und gar. Als sie in Lanelyr eintrafen,

war es allein ihre eigene Karawane, die diese Nachricht von einer bevorstehenden Schlacht überbrachte, und sie erschien ihnen jetzt unwirklicher und phantastischer als je zuvor, und daher auch unglaubwürdiger.

Ein neues, unvorhergesehenes Ärgernis machte ihnen zu schaffen, als sie die Reise in Olm unterbrachen.

Rems Pflichten als Vorreiter hatten ihn bereits früher aus zwei verschiedenen Anlässen in diese kleine Stadt geführt. Vor fünf Jahren hatte er einige Tage damit verbracht, in der Umgebung der Bergausläufer umherzureiten. Er war einem Hinweis bezüglich einer der falschen Berindas nachgegangen, die angeblich in dieser Gegend lebte. Als er sie gefunden hatte, entpuppte sie sich als Mischling, ebenso wie ihr Kind. In diesen Hügeln hatte ihn das akute Gefühl der Gegenwart von Zor bedrückt, jenes alten untergegangenen Königreiches, dessen Untertanen von der schwarzhaarigen visianischen Rasse der Ashara-Anackire waren.

Olm hatte er kaum wahrgenommen. Auch jetzt hätte er der Stadt keine sonderliche Aufmerksamkeit geschenkt, wenn nicht die Nachricht von der Ankunft des Sohnes Yannuls auf mysteriöse Weise hierhergelangt wäre.

Noch bevor sie sich in der Gaststätte einrichten konnten, kam ein Bote zu ihnen, und sie mußten in den mehr als bescheidenen Palast des Stadtwächters übersiedeln.

Es war eine samtig-schwüle, gewittrige Nacht; die Sterne funkelten, der Mond Zastis war erblüht wie eine Rose.

Sie aßen in der Palasthalle, die im Dach eingelassenen Ventilatoren waren ruhiggestellt, um den Blick auf den nächtlichen Himmel zu ermöglichen und die um keinen Deut frischere Luft einzulassen.

Rem stellte mit gelinder Verwunderung fest, daß ihm seine wahre Identität bewußt zu werden schien, denn es berührte ihn seltsam, daß sein Platz viel weiter unterhalb am Tisch war als der Lur Raldnors. Die Frau, der man einen Platz neben seinem zugewiesen hatte, war die jüngere, nicht ganz legitime Tochter des Wächters. Sie war ein merkwürdiges Geschöpf, stocksteif und dann wieder erstaunlich beweglich, als befände sie sich in einer unbegreiflichen ästhetischen Gesetzen gehorchenden Wandlung.

Jemand hatte ihm zugeflüstert, sie habe aristokratisches

dortharianisches Blut in den Adern, ihre Mutter hingegen sei von niederer Abkunft gewesen; eine lanelyrianische Freigelassene.

Sie schien mit ihren Gedanken lieber an einem anderen, schöneren Ort zu verweilen, und Rem war froh, sie nicht stören zu müssen.

Während er damit beschäftigt war zu verarbeiten, was man ihm auf der von Feuerfliegen beleuchteten Terrasse Yannuls mitgeteilt hatte und durch das Gehörte zu dem Versuch einer Selbstbesinnung angeregt, fühlte er sich zunehmend unbehaglicher, obwohl er sich bemühte, sich zu entspannen.

Man hatte ihm erzählt, was die Bezeichnung dieses Landes nicht ausdrückte. Man hatte ihm erzählt, daß es zur Zeit noch keinen Namen habe, daß es jedoch sehr wohl einen erhalten könne, vielleicht unerwartet. Man hatte ihm erzählt, daß man ihn und Yannuls Sohn als Freunde einschätzte.

Zudem lag das Ziel Dorthar vor ihm und erfüllte den leeren Horizont dort, wo zuvor das indirekte und vage Versprechen seiner Suche nach Kesarhs Kind gewesen war.

Dorthar beunruhigte ihn; aber es verhieß auch etwas; wenn auch nur eine Entschädigung für seinen Ärger.

Er wog seine Möglichkeiten sorgfältig ab. Das langweilige Essen und die wenig mitteilsame Lady Safca waren ihm im Augenblick höchst willkommen.

Bevor man ihnen die Gästezimmer zeigte, wurde noch eine Unterhaltung geboten.

Sie bestand in einer peinlichen und willkürlich zusammengestückelten, allegorischen Neuinszenierung vom Sieg Raldnor Am Anackires über den Herrn der Stürme Amrek; ein Stück, in dem haufenweise Götter und Geschicke vorkamen, die nicht so recht wußten, was sie darin zu suchen hatten.

Der Sohn Yannuls saß neben der attraktiven, legitimen Tochter des Wächters. Die beiden beschäftigten sich intensiv miteinander, waren offensichtlich entzückt voneinander und zollten der schrecklichen Aufführung wenig Aufmerksamkeit. Lady Safca dagegen beobachtete die Vorgänge auf der Bühne zu seiner Verwunderung aufmerksam.

Mit einemmal fiel ihm auf, daß ihr Interesse sich auf eine Person beschränkte; ein Mischlingsmädchen, das ungefähr elf Jahre alt sein mochte.

Es wurde allgemein als blasphemisch angesehen, die Anackire selbst darzustellen, daher repräsentierte das Mädchen nur die *idea* der Göttin, indem sie die ganze Vorstellung über auf einem kleinen vergoldeten Thron saß, auf dem sie umhergetragen wurde. Sie war als lanische Priesterin gekleidet, in weißes, durchsichtiges Tuch gehüllt, das nur ihre hohe Stirn freiließ und die stark umrandeten Augen.

Rem saß zu weit von ihr entfernt, um erkennen zu können, ob diese Augen hell oder dunkel waren, aber die Haare, die unter ihrem Hauptschleier hervorkamen, waren dunkel. Das Interessanteste an der Aufführung war der Umstand, daß man zwei Schlangen auf die Bühne gebracht hatte; sie ringelten sich um die nackten weißen Arme des Mädchens; zwei lebende Schlangen, die sich wanden und verknoteten; und weder sie noch das Mädchen wirkten so, als wollten sie voneinander ablassen.

Die Leute von Vis, selbst Mischlinge, selbst diejenigen, die Schlangen verehrten, waren üblicherweise allergisch gegen die Berührung von Schlangen. Es war offensichtlich, weshalb man dieses Mädchen für die Rolle ausgesucht hatte.

Möglicherweise war es dies, was Safca so faszinierte. Das Mädchen mußte ihre Favoritin sein, was immer das bedeuten mochte. Rem hatte auch einen Ring bemerkt, der am Daumen des Schlangenmädchens blinkte, aus Gold oder Bernstein.

Nachdem es sich übermäßig lange dahingeschleppt hatte, war das Schauspiel zu Ende. Bald darauf gestattete man ihnen, zu Bett zu gehen.

Rem wünschte seiner ungeselligen Tischnachbarin eine angenehme Nacht. Er benahm sich, wie er hoffte, unauffällig genug, um nicht mit einer Bettgenossin beglückt zu werden.

Als er jedoch auf dem Weg zu seiner Schlafkammer war und der Diener ihm auf dem lichtlosen Korridor mit einer Fackel vorausging, war sich Rem dessen nicht mehr ganz so sicher.

Denn plötzlich näherte sich aus einem Nebenkorridor ein zweites, gedämpfteres Licht. Er erkannte eine Hand, die eine bronzene Lampe hielt, deren Schein die untere Partie eines schmalen, weißen Gesichtes beleuchtete, dessen Augen niedergeschlagen, aber doch sichtbar noch mit Schminke bemalt waren.

Sie hatte die Schlangen nicht mehr um sich, ihre Arme und Füße waren unbedeckt, und ihr Gesicht und die Haare waren jetzt auch vom Schleier befreit.

Sie ist eine Magd, die irgend jemandem eine Botschaft überbringt, dachte er und schenkte ihr keinen zweiten Blick. Dann jedoch, als sie in gleicher Höhe waren, fühlte er ihre Finger flüchtig in seiner Hand. Unwillkürlich schloß er die Hand um einen kleinen Gegenstand.

Ohne ein Wort zu sagen, war sie wieder verschwunden. Er hütete sich davor, sich nach ihr umzuschauen.

Erst als er in seinem Zimmer allein war, öffnete er die Hand, um zu sehen, was sich in ihr befand. Es war der Ring, den er an ihr gesehen hatte.

Er bestand aus Bernstein, klar wie Tieflandwein, glatt wie Rahm, und Rem spürte noch die Körperwärme von der, die ihn getragen hatte. Aber noch eine Merkwürdigkeit war dem Ring zueigen: eine Art unmerklicher innerer Vibration. Er schien lebendig zu sein.

Im nächsten Augenblick hatte Rem den Ring zu Boden geschleudert, als hätte er statt seiner eine der Schlangen des Mädchens berührt.

Ein wenig später ging ihm die Wahrheit auf. Lady Safca hatte ihm einen Antrag gestellt. Der Ring, den sie ihrer Magd für das Theaterstück geliehen hatte, war zum Symbol Zastis' geworden.

Er hätte gerne einen Einfall gehabt, wie er diese Falle umgehen konnte. Er konnte den Ring kaum persönlich zurückbringen und die Wächterstochter beleidigen. Es würde am besten sein, wenn er den Ring irgendwo verlöre; vielleicht im Hof. Da er wertvoll war, würden die Palastdiener, die es fanden, kaum wagen, solch ein Kleinod nicht zurückzugeben.

Das Kribbeln des Rings war einfach Magnetismus gewesen, denn Bernstein war für seine statische Elektrizität bekannt. Oder Der Stern hatte ihm diese Kraft verliehen.

Rem zog seine Kleider aus und legte sich aufs Bett.

In seinem Schädel war eine Leere. Safca ...

Eine Offenbarung, die sich auf sie bezog, oder zumindest mit ihr zu tun hatte, war fast greifbar vorhanden; aber sie war unzugänglich, eher durch Licht verborgen als durch Schatten.

Rem träumte von weißen Wölfen, die durch die Landschaft liefen, von bernsteinfarbenen Aureolen umgeben. Hinter ihnen fuhr ein Mann in einem Wagen. Er trug Schwarz. Die Zügel lagen in seiner rechten Hand, und in der linken hielt er eine Peitsche mit goldenem Griff, die sich nach und nach in eine Schlange verwandelte.

»Wo warst du?« fragte die jüngere Tochter des Stadtwächters, als das Tieflandmädchen in ihre Kammer trat.

Das Mädchen sah sie an und schüttelte langsam den Kopf. Das bedeutete in der Zeichensprache offenbar, daß diese Frage keiner Antwort bedurfte.

»Ich wünschte, du hättest dich nicht in der Halle blicken lassen«, sagte Safca.

Einer ihrer Brüder war dafür verantwortlich. Er war in Safcas unverschlossenes Apartment gekommen und hatte das Mädchen sogleich erblickt.

Er hatte sie sich in seinem Bett vorgestellt, soviel war offensichtlich. Yalef mochte es, wenn die Frauen jung waren. Seine beiden Ehefrauen waren erst dreizehn Jahre alt. Und dieses Kind war von so großer natürlicher Vornehmheit, daß es schon ging und sich bewegte wie eine Hofdame. Die Kleine war anmutiger als Safca oder ihre Schwester, anmutiger auch als die beiden Frauen Yalefs.

Safca wußte nicht, wie alt das Mädchen war, aber sie war sicher, daß es noch nicht mannbar war. Als dieses Argument bei Yalef auf unfruchtbaren Boden gefallen war, hatte sie versucht, ihn von ihr fernzuhalten, indem sie ihn daran erinnerte, daß blasse Haut und Augen kaltes, amanackirisches Blut bedeuteten. Sie hatte ihn auch darüber aufgeklärt, daß das Mädchen stumm war, zurückgeblieben, und daß es zudem die Angewohnheit hatte, sich Schlangen ins Bett zu holen. Yalef hatte auch wunschgemäß von seinem Plan Abstand genommen.

Als jedoch die Nachricht von Yannuls Sohn gekommen war und man die Vorstellung geplant hatte, war Yalef wiedergekommen und hatte das Mädchen für den Schlangenpart angefordert.

Safca hatte es ihm schlecht abschlagen können.

Schließlich hatte das blonde Haar des Mädchens wieder die Schwärze von Holzkohle angenommen. Das war auf seinen

eigenen Wunsch hin geschehen. Sie hatte es aufgeschrieben, so daß kein Zweifel daran bestehen konnte. Die Kunst des Schreibens war etwas, das sie Safca verdankte. Vielleicht. Die Frau, die das Mädchen lehrte, hatte gesagt, daß sie die Buchstaben ungewöhnlich rasch gelernt hatte. Safca, die während der zweiten Unterrichtsstunde zugesehen hatte – zugleich die letzte erforderliche –, hatte Ehrfurcht verspürt. Es war ihr so vorgekommen, als hätte das Mädchen schon alles vorher gekonnt und als wäre es nur noch nötig gewesen, ihr Wissen aufzufrischen ...

Jetzt trat das Mädchen zu ihr und begann, ihr das Haar zu bürsten.

Sofort war Safca besänftigt, und ihre verspannten Muskeln lockerten sich. Sie schloß die Augen halb und beobachtete die fließenden Bewegungen der Hände und ihrer Haare im Spiegel.

Die Entspannung hielt nicht an. Unvermittelt bemerkte Safca, daß der Bernsteinring vom Daumen der Tiefländerin verschwunden war. Er war ein Geschenk Safcas gewesen, das aus ihrem Privatbesitz stammte, obwohl es ihr nicht zustand, derart feinen Schmuck zu tragen.

Jetzt war er verloren oder entwendet ... Safca öffnete den Mund, um zu erfragen, was aus dem Ring geworden war ... *oder er ist gegen einen anderen eingetauscht worden,* dachte sie. Sie machte den Mund wieder zu und preßte ihn zu einer dünnen Linie zusammen.

Hatte sie das Kind nur deshalb vor Yalef bewahrt, damit es selbst andere Verabredungen traf?

Eifersüchtig und durch ihre Eifersucht aus ihrer Ruhe gebracht, versteifte sie sich unter dem sanften Streicheln der Haarbürste.

Am nächsten Morgen verabschiedete sich der junge, aber hochgestellte Besucher und ließ die glatthäutige ältere Tochter des Wächters im Bett zurück. Möglicherweise würde ein Kind die Folge sein, der Stolz von Olm.

Safca, die immer Temperament gehabt hatte, wenn auch nichts sonst, schleuderte ein irdenes Gefäß durch den Raum, lauschte dem Geräusch des Zerschellens und rief dann nach ihrer Sänfte.

Der andere Mann, der Freund von Yannuls Sohn, war an ihr so desinteressiert gewesen, wie sie es vorausgesehen hatte. In ihr siedete und brodelte es. Sie vergaß die Nacht, in der die Schlange sich um ihren Leib gewunden hatte. Statt dessen gedachte sie des Totenlagers ihrer Mutter, des Mangels an Trauernden und des Mangels an Worten. So wenig Worte waren gesprochen worden. Safca spielte ungeduldig an ihrem Armband und befahl den Sänftenträgern eine schnellere Gangart, bis sie wie die Kalinxe rannten.

Als sie zurückkehrte, begegnete ihr Yalef in einer Ecke des äußeren Hofes. Ein großer, blonder Mann war bei ihm. Von Schrecken erfüllt, konnte ihn Safca nicht gleich einordnen. Dann erkannte sie ihn. Ihr Herz erbebte.

»Dieser Herr aus Vardath sagte, du hättest ein Mädchen, das er gerne erstehen möchte.«

»Nein«, erwiderte sie.

»Ach«, sagte Yalef, »ich habe sie ihm bereits gebracht und übergeben. Sein Diener hat sie mitgenommen. Sie ist schon fort. Sie hatte keinen Nutzen für dich, Safca. Sie war in der Tat für niemanden nützlich.«

Der Vardianer grinste.

»Euer Bruder erhielt das gleiche, was Ihr dafür bezahlt habt, visianische Lady. Zwanzig Stücke aus patriotischem *olmischen* Silber.«

Ihr fehlten die Worte, und die Kraft zu reden hatte sie ebenfalls verlassen. Wer war sie denn schon? Eine illegitime Tochter. Möglicherweise stammte sie nicht einmal vom Wächter ab. Und wenn der Am Vardath die Geschichte von dem Totenlager kannte ... Er würde buchstäblich auf sie speien, nicht nur mit Worten.

Sie bemühte sich darum, nicht zu weinen. Sie vermochte nicht einmal zu sagen, weshalb sie weinen wollte.

War es ihre wütende Eifersucht, die ihr den Verlust von etwas eingebracht hatte, das sie nie so richtig zur Kenntnis genommen hatte und dessen Verlust sie jetzt nur noch zur Kenntnis nehmen konnte? Aber was war das Kind denn überhaupt gewesen? Eine kleine Zauberin, die mit Schlangen reden konnte ...

»Weshalb«, flüsterte sie, durch das höhnische Grinsen des Vardianers beschämt, »wollt ihr sie haben?«

»Ich sah beim letztenmal, daß ihre visianische Bräune Betrug war; eine Tarnung für die Sklavenauktion. Ihre Haut ist weiß, und ihre Augen sind gelb. Sie hat einen großen Teil Tieflandblut in sich. Bleicht ihre Haare, und sie wird als unschuldig durchgehen. Es sind Belohnungen in den Ebenen für Kinder ausgesetzt, die man aus den Händen gewissenloser visianischer Sklavenhalter befreit; aus den Händen gemeiner visianischer Herren. Die Tiefländer sind letztlich doch die überlegene Rasse. Ebenso wie meine Leute, die Auserwählten der Göttin.«

Yalef, zwischen Unbehagen und geheimer Freude an Safcas Kummer hin- und hergerissen, errötete aus beiden Gründen.

Safca beugte den Kopf.

Ich werde sie niemals wiedersehen.

In Hliha war nicht viel zu sehen, außer den Schiffen, die im Hafen ein- und ausliefen, aus Xarabiss, Lanelyr oder Lan.

Das einzige Bauwerk stand auf dem Hochland oberhalb der verstreuten Hütten und Zelte; es war ein schlanker, düsterer Steinturm, einer aus der Vielzahl derer, die Elyr errichtet hatte, damit man von ihnen aus auf die Hafenanlage schauen konnte. Astrologie, Magie, Mystik und der Wunsch, für sich zu bleiben, das war Elyr. Die Elyraner hatten keine Könige. Sie produzierten Emaillegegenstände und handelten damit. Ihre Treue, wenn sie dieses Wort überhaupt kannten, galt Lan.

Ihre Tempel waren seltener als ihre astrologischen Türme, und sehr alt. Und schwarz, ganz im Stil des Tieflandes.

Das Schiff legte vor Sonnenaufgang von Hliha ab und stach in Richtung Xarabiss in See.

Rem stand an Deck und verfolgte den Kurs des Schiffes anhand der Sonnenwanderung, als er den Bernsteinring fand.

Es gab eine Erklärung. Er rief sich ins Gedächtnis zurück, daß er an jenem Abend in Olm seine Kleider auf den Boden geworfen hatte. Am Morgen hatte er den Ring gesucht, auch auf dem Boden, und er hatte ihn nicht gefunden.

Als Erklärung fiel ihm ein, daß der Ring in eine Falte seiner Kleidung gefallen sein mochte, in die Messerscheide, die er

als ehemaliger Dieb im Ärmel trug, wie es bei Dieben üblich ist – aus der der Ring jetzt in seine Hand gerollt war. Er trug noch die geheimen Taschen eines Diebes – und war noch immer ein Dieb, so wie es aussah.

Er betrachtete den Ring. Er fühlte sich nicht mehr ungewöhnlich an. Nichts als ein Ring aus Bernstein.

Er sah zur Zeit keine Möglichkeit, ihn zurück nach Olm zu expedieren. Er würde ihn Raldnor geben, damit er ihn einem Mädchen verehren konnte.

Er dachte an den Bernsteinring, den er Doriyos gegeben hatte.

Die Sonne färbte Schiff und Meer bernsteinfarben.

In dieser Nacht erwachte er, und der Ring brannte wie ein Stück glühender Kohle in seiner Hand. Möglicherweise bildete er sich auch nur ein, erwacht zu sein. In diesem Fall setzte sich der Traum fort.

Es herrschte Lärm und allgegenwärtige Röte, und durch den roten Lärm hindurch erblickte er das friedvolle Deck, die nach dem Wind gestellten Segel, das Sonnensegel, die anderen Schläfer. Am Bug stand die Wache und hielt Ausschau; und durch den Wächter und die von Zastis gefärbte Nacht hindurch fuhren Schwerter nieder und wieder hoch, und große Tore erdröhnten.

»Was ist geschehen?«

Lur Raldnors hellwache Stimme erklang in seinem Kopf.

Er konnte nicht sprechen.

Plötzlich wurden seine Finger aufgebogen. Er hörte Raldnor fluchen, und dann war der Ring fort.

Die Nacht klarte auf. Nur die See blieb, und der Himmel und das Schiff.

»Der Bernstein«, sagte Lur Raldnor, »er ist rotglühend.«

»Ankabek«, sagte Rem.

Allmählich konnte er wieder atmen. Er hörte sich selbst sprechen; und er hörte seine Rede so, als wäre sie die eines anderen.

»Kesarh hat die Schlacht gewonnen. Die Freien Zakorianer sind vernichtend geschlagen.«

Raldnor sagte ruhig: »Woher wißt Ihr das?«

»Ich sah es. Kopfbilder. Sie kommen über mich ... Ich habe

sie ... Etwas Derartiges ... Nicht genau so ... Seit Jahren. Ein Erbe von meines Vaters Seite, vermute ich.«

Rem starrte in die ruhige Nacht ohne Besonderheiten hinaus. Dann sagte er: »Zakoris. Geschlagen; sie wandten sich um wie ein verwundeter Tirr. Nicht in Richtung Lan, Dorthar oder Ommos. Nach *Ankabek.*«

Vodon Am Zakoris hatte die Schlacht verloren, und daher, obwohl er noch lebte, sein Leben.

Die achtunddreißig Schiffe, die auf dem Rückweg nach Hause gewesen waren, schwer mit Beute von der südwestlichen Küste von Karmiss beladen, zu guter Letzt noch mit den Reichtümern Kariths, des kleinen ommischen Hafens, den sie brennend hinterlassen hatten, war auf die Seeflotte des karmianischen Königs gestoßen, die wie eine Stadt unter Segeln auf dem mittäglichen Meer gelegen hatte.

Die Schiffe von Zakoris-In-Thaddra waren nach wie vor von Piraten besetzt, aber sie trugen immer noch das Siegel des Alten Zakoris auf den Segeln. Daß ihnen ein König seine Flotte entgegengesandt hatte, deren Schiffe ihrerseits die Lilien-Siegel der Karmianer trugen, und an deren Spitze ein Schiff segelte, das den roten Salamander – Wahrzeichen des Königs selbst – trug, das war eine Herausforderung zum Angriff.

Kesarh tat ihnen die Ehre an, ihnen den Krieg zu erklären.

Bald waren sie aufeinander getroffen. Die schwarzen Biremen mit eingeschüchterten Sklaven an den Rudern und den Loepard-Bienen von Yl, die auf den Decks bereitstanden. Die karmianischen Leichter, nach shansarianischer Art umgebaute Schiffe, schwammen wie Schwäne umher, die Kesarh schätzte, der sonst beinahe nichts schätzte, was nicht shansarianisch war, und sie waren aufgefahren für Sold und Ehre.

Dreiundfünfzig karmianische Schiffe; eine riesige Anzahl einsatzbereiter Feuerwerfer; die Häfte davon mit gewaltigen Bogen bestückt, die riesenhafte Pfeile aus Eisen bis zu sechzig Längen weit zu schleudern imstande waren – fähig, die Planken zu durchbohren, Masten zu kappen und aus näherer Distanz ein kleineres Schiff in zwei Teile zu zerschießen; außerdem sechs wuchtige Feuerballisten, elf mit Prellböcken ver-

sehene Bombarden*, die Öl verschossen. Und, auf den Decks zusammengedrängt, an die fünftausend kampfbereite Männer.

Bis zu diesem Zeitpunkt waren derartige Waffen in einer derartigen Zusammenballung niemals gegen das Freie Zakoris eingesetzt worden. Tollkühn, wie sie waren, hätten die Zakorianer den Sieg dennoch erringen können, oder wütende Zerstörung anrichten oder sich wenigstens einen Fluchtweg freikämpfen. Aber es war nicht allein Kampfkraft, die gegen sie eingesetzt wurde, es war Strategie und Planung.

Fast im selben Moment, als sie auf den Gegner trafen, waren sie auch schon eingeschlossen. Sobald ihre Waffen Feuer zu speien begannen, erwiderten es die vordersten karmianischen Galeonen, blockten zwei Drittel der Schüsse ab, schleuderten auf die Zakorianer deren eigene Wurfgeschosse zurück. Dabei handelte es sich um einen Trick, der nicht häufig gelang; aber Kesarhs Männer hatten ihn fertiggebracht.

Die Maschinen aus Karmiss funktionierten perfekt, und die Mannschaften daran geschult; und sie hatten gelernt, mit diesen großen Gewichten umzugehen, Stahlsehnen so exakt zu spannen, daß die Pfeile mit derselben Zielgenauigkeit trafen wie von geübter Hand geschleuderte Speere. Der erste Regen aus Feuerbränden wurde ebenfalls versprengt, und dann kam der Feuerregen von der karmianischen Seite.

Als sich der Rauch erhob und die gezogenen Schwerter von Karmiss wieder und wieder herniedersausten, lenkte Vodon sein Schiff auf das in nördliche Richtung treibende königliche Schiff mit dem prangenden Salamander zu, um sich mit ihm zu befassen.

Ihren König zu töten, würde einen großen Fortschritt bedeuten und einen großen Teil des eigenen erlittenen Schadens ausgleichen.

Vodon erreichte den Salamander nicht rechtzeitig. Zwei zakorianische Biremen bedrängten ihn. Er sah, wie sie bei ihm anlegten, und wußte sogleich, daß es zu leicht gewesen war. Die Gestalten an Deck des Salamanders waren aus Stroh, das in Männerkleidern steckte.

Es war ein Scherz inmitten eines Blutbades. Es gab noch

---

* Bombarde: lat. tormentum murale, Schleudermaschine für Steine etc.; auch vor Erfindung des Pulvers. – *Anm. d. Übers.*

einen weiteren Scherz, eine Erinnerung an ein Ereignis, das achtundzwanzig Jahre zurücklag. Die Angreifer hatten noch angelegt und wollten sich eben davonmachen, da explodierte der Salamander. Das Schiff war mit Öl gefüllt und mit einer langsam brennenden Lunte scharfgemacht worden.

Auf ähnliche Weise war im Tieflandkrieg die See bei Karith entflammt worden, um die Flotten von Vathcri, Vardath und Shansar zurückzuschlagen.

Wrackteile und prasselnde Flammen fielen in einem Schauer auf Vodons Galeone, als er davonrudern ließ. Die beiden anderen, ganz Panik und Feuer, gingen zugleich mit dem Salamander unter.

Vodon schloß daraus, daß Kesarh gar nicht persönlich in der Schlacht zugegen war. Das entmutigte ihn; er verzweifelte völlig.

Bei Sonnenuntergang loderte nicht nur die Sonne auf.

Im Dunst schaukelten fünf Schiffe der Freien Zakorianer aus dem Labyrinth aus Qualm und Dampf, angeschlagen und versengt. Sie flohen. Es gab kein anderes Wort dafür. Das Schiff Vodons, dem durch das Los das Kommando während der Schlacht zugefallen war, war das dritte der Fliehenden. Es war nackte Angst, die sie fliehen ließ. Denn sie hatten versagt, hatten Schwächen gezeigt, und es gab keinen Ort für sie, an den sie hätten fliehen können.

Als sich die Schiffe waidwund durch die Nacht schleppten, wurden sie nicht verfolgt, aber einige waren in schlechter Verfassung, und das Meer nahm zwei von ihnen in sich auf. Die restlichen drei nahmen die Männer auf, die in den Fluten zappelten, ebenso unüberlegt, wie sie geflohen waren.

Derweil warfen sie andere Männer, die während der Flucht ihren Verletzungen erlagen, hinab in die Gefilde Rorns.

Aber die Statuen des Gottes Rorn in den Vorderteilen der Schiffe, denen sie nach Karith großzügige Opfer versprochen hatten, gingen jetzt hungrig aus.

Als der Morgen anbrach, warfen sie die Anker aus und gönnten den Sklaven eine Rast, nicht aus Mitleid, sondern aus Notwendigkeit. Mehrere von ihnen waren tot, und ihre Leichen wurden losgebunden und hinter ihren Vorgängern über Bord geworfen.

Thaddrianische Leichen und alisaarianische, ottische, is-

caianische und corhlische wurden unter dem Pfad der Sonne dem Wasser übergeben. Es war sogar eine blonde Leiche darunter, die eines Mischlings des Alten Königreichs, das jetzt das vardianische Zakoris war.

Vodon stand bei seinen beiden Offizieren, dem Deckoffizier und dem Ruderoffizier, und ihren beiden Sekundanten.

Ihre Gesichter waren verdüstert vom Wissen um das, was ihnen bevorstand. Nach Zakoris-In-Thaddra zurückzukehren hätte den Tod zufolge gehabt, einen entsetzlichen Tod, die Vergeltung für ihr Versagen. Ihre andere Wahlfreiheit bestand in der traditionellen Selbstmordklausel, einem anerkannten Akt für den Fall, daß sich Widrigkeiten als unüberwindlich erwiesen hatten.

Vodon, der Schiffslord, mußte diese vier Männer töten, auf denen die Verantwortung für die Schlacht gelegen hatte. Dann mußte er sich selbst entleiben, als die Galionsfigur. Auf diese Weise würde man sicherstellen, daß zumindest ihre Familien unbehelligt und am Leben blieben und daß ihnen das wenige, das sie besaßen, nicht genommen wurde. Man würde nicht ausspucken, wenn ihre Namen fielen.

Sie waren nicht weit gekommen während der Nacht. Ihre Schiffe schaukelten auf der reißenden und schwellenden Strömung in der Meerenge zwischen Dorthar und Karmiss.

Die dunklen Männer standen dort und starrten auf die Wogen. Ihre Haare waren schwarz, was nicht der Fall gewesen wäre, wenn sie im westlichen oder östlichen Ozean gesegelt wären. Das Salz jener Meere bleichte alles aus, vielleicht als Folge ihrer Nachbarschaft zum großen Meer von Aarl, in dem Vulkane Feuersglut ausbliesen, so, wie Fische Wasser ausblasen.

Vodon konzentrierte sich wieder auf das Bevorstehende. Er bedeutete den anderen mit einer Geste, unter Deck zu gehen.

Sein Deckoffizier ergriff seinen Arm.

»Wartet!«

»Auf eine öffentliche Auspeitschung über Brust und Lenden; auf eine stückweise Verstümmelung; auf die Ausweidung? Nein.«

»Ihr mißversteht mich. Ich möchte nur noch eine Tat vor der letzten vorschlagen.«

»Welche?«

Der Deckmeister wies nach vorn, auf die Meerenge.

»Wir müssen zu Zarduk segeln, oder zu Rorn. Laßt uns ihnen ein Geschenk machen. Laßt uns eine Manifestation der Göttin der gelben Menschen zerstören.«

Die finsteren Gesichter hellten sich auf, belebten sich.

»Der Tempel der Anack.«

»Wird ihr König Kesr ihn nicht beschützen?«

»Ich habe nie davon gehört. Kesr hat die männlichen Götter von Karmiss zurückgebracht. Er läßt Anack nur Abfall von den Festen zukommen.«

Sie lachten.

Das Horn im Ausguck benachrichtigte die beiden anderen Schiffe.

Mit der Ebbe segelten sie in die Meerenge ein und nahmen Richtung auf Ankabek.

Die drei Schiffe wurden bei Sonnenuntergang gesehen, wie sie dunkel als Vorboten einer kommenden Nacht dahinglitten. Für eine gewisse Zeit hatte es auf der Insel der Göttin die Einsicht gegeben, daß die religiöse Immunität unter gewissen Umständen verletzt werden könnte. Eine Reihe von Maßnahmen waren vorbereitet worden. Diese Maßnahmen wurden jetzt ergriffen.

Das Dorf am Landeplatz wurde heimlich evakuiert. Die anderen bewohnten Orte wurden durch Signalfeuer entlang der felsigen Böschung gewarnt, die von den ersten Flüchtlingen zum Tempel entzündet wurden, die dort vorbeikamen.

Die Freien Zakorianer erblickten diese Leuchtfeuer durch die zunehmende Dunkelheit, als sie am Ufer beidrehten, aber Feuer, das so häufig das Anzeichen einer Katastrophe war, stachelte sie nur an.

Die Landebucht der Insel Ankabek wies kein ausreichend tiefes Wasser auf, um ihren Biremen eine große Annäherung zu gestatten. So ankerten sie eine Meile vom Ufer entfernt und ruderten in Beibooten in die Bucht.

Lange bevor sie gelandet waren, hatten sich alle Lebewesen der Insel innerhalb des zentralen Tempelbezirkes versammelt; Männer, Frauen und Kinder, dazu die Tiere und ihre Nahrung.

Die Freien Zakorianer durchstöberten das Dorf in einem selbstverständlichen Akt und setzten es in Brand, ehe sie den Hang hinaufstürmten.

Die Priesterin Eraz kleidete sich in ihr goldenes Gewand und schritt durch die unterirdischen Korridore in Richtung auf das Allerheiligste zu.

Jahre waren vergangen, seit derartige Gewänder einen gewissen Nimbus gehabt und als unabdingbar gegolten hatten. Mehr als acht Jahre. Und doch waren sie noch so voller Schönheit und schimmernd.

Eraz selbst sah nicht älter aus als zu jener Stunde, da sie in ihrem Gold dem jungen Soldaten des Prinzen Kesarh entgegengetreten war. Rem, der Rarnammon genannt worden war, auf dem Der Traum Der Göttin gelegen hatte wie ein schwach sichtbares Licht. In jener Stunde war er der Bote gewesen. Die Botschaft hatte es erfordert, daß sie sicher überbracht würde. Nicht nur Worte und Bilder, sondern die Ausprägung Der Kraft. Eraz hatte Die Kraft besessen mitzuteilen, und er die zu empfangen.

Die Zukunft seines körperlichen Lebens setzt sich jetzt fort; entlang der Linien unsichtbarer Brillanz; entlang der Straßen der dem Planeten eigenen Kraft. Das Leben ihres Leibes würde heute nacht enden. Sie war betrübt, denn sie hatte ihren Körper geliebt, auf die rechte Weise, indem sie die Form liebte, die ihre Seele in diesem Leib angenommen hatte. Sich vorzustellen, daß sie ihr Fleisch verlassen und wiederum ihrer Seele begegnen würde, wie sie wahrhaftig war, schüchterte sie ein wie die Wiedervereinigung mit einem geliebten Fremdgewordenen.

Aber das war allein die Furcht, die von den vergessenen Dingen herrührte. Nach dem Tode würde diese Erinnerung wiederkehren. Sie würde sich danach nicht länger ängstigen und sich selbst gegenüber keine Fremde mehr sein.

Sie stieg empor und schritt durch die letzte unversiegelte Tür in das Sanctum. Sie war die letzte, die ankam. Die Tür wurde sofort hinter ihr geschlossen und verriegelt.

Der goldene Vorhang vor der Göttin war noch nicht erhoben worden.

Der restliche Raum war nicht übermäßig angefüllt, obwohl

alle versammelt waren: die Männer und Frauen der Insel und des Tempels; Novizen, Akolythen, Priester und Priesterinnen. Und die Tiere. Kühe muhten, ihre Füße verdeckten die Leiber von Heroen im Mosaikboden. Ein domestizierter Nager tollte umher, von einem Kind im Spiel hin und her gejagt.

Die Leere stimmte Eraz ebenfalls traurig. Aber die Seelen von Tieren und Menschen konnten nicht sterben. Es würde ein neues Leben für jedes und jeden von ihnen geben, in dieser Welt oder in anderen Welten. Nichts war vergebens.

Sie sahen sie an, und sie fühlte die Kraft ihrer Aura sie berühren, ergreifen und einhüllen. Sie konnten nicht alle über diese Dinge Bescheid wissen. Und es konnten nicht alle darauf vertrauen. Sie mußte ihnen jetzt Halt geben, als ihrer aller Mutter; so, wie Anackire der Erde Halt bot; oder wie Das Prinzip, das sie Anackire nannten, ihr Halt bot.

Eraz gestattete sich ein leises Lächeln. Es war keine Hybris.

Und draußen stürmten die Schwarzen Leoparden auf sie zu.

Eraz spürte auch ihre Auren, die Freien Zakorianer, eine Gewitterwolke. Tod und Leid des Geistes, und Sucht nach dem Leid der anderen.

Hätte sie, Eraz, Die Kraft eines Sohnes Raldnor Rehdons besessen, wäre dieser Saal mit Tiefländern gefüllt gewesen, die Die Kraft besaßen, dann würden sie zweifellos nicht die Opfer werden. Noch dazu hatte der Ort, an dem der Held seine Magie bewirkt hatte – das Erdbeben, den Fall Koramvis'–, neben einer der großen Quellen Der Kraft gelegen, dem verborgenen Höhlentempel, der den fernen Vorfahren der Leute Eraz' bekannt gewesen war, die dort die kolossale Statue der Göttin errichtet hatten. Ein solches Reservoir im Verein mit der Lebenskraft Raldnors ... Ankabek war keine Quelle Der Kraft, obwohl die Insel über einer dieser Linien psychischer Energie lag, die den Planeten durchfurchten; es war jene Linie, die nach Koramvis führte und von dem geheimnisvollen Königreich der Zor auging.

Aber nein, sie durfte keinen müßigen Gedanken nachhängen, nicht über diese okkulte Mathematik nachsinnen. Sie hatten nicht die Stärke, gegen ihre Feinde zu bestehen, weder körperlich noch psychisch. Die Kraft war einst vorhanden gewesen, und sie würde wiederkehren.

Als sie den Kopf hob, gab es ein schreckliches Dröhnen.

Frauen in der geringen Menge schrien auf. Und es war nicht einer unter ihnen, der nicht wußte, was der Lärm bedeutete. Die Freien Zakorianer hatten die äußeren Tore des Tempels erreicht und angefangen, durch sie hindurchzubrechen. Da sie gewisse Kenntnisse über Ankabek hatten, hatten sie sicher von ihren Schiffen notdürftig konstruierte Rammen mitgebracht, mit deren Hilfe sie ihr Vorhaben verwirklichen konnten.

Doch noch schien das Geräusch weit entfernt zu sein.

Eraz begann zu reden.

»Wir sind gut gesichert«, sagte sie. »Die äußeren Tore sind sehr schwer zu durchdringen, wenn sie einmal verschlossen sind; aber sie werden es schließlich schaffen. Das Heiligtum ist abgeriegelt, und es ist unwahrscheinlich, daß die Zakorianer die Anordnungen der Steine durchbrechen, selbst mit Hilfe des Zufalls.« Sie sah die Gesichter ihrer Zuhörer und erkannte, daß sie nicht länger ihrer unbegründeten Hoffnung nachhängen durfte. »Jedoch«, fuhr sie fort, »sie werden auch Zugang zum Bezirk der Unterkünfte der Novizen erlangen. Die Gänge führen dort abwärts, unter dem Tempel her und vereinigen sich dann mit den Treppen, die zwischen den inneren und äußeren Wänden dieser Kammern münden. Hier sind sämtliche Türen aus Metall, und auch ihre Riegel sind metallen. Durch eine solche Tür habt ihr mich eben eintreten sehen.« Sie hielt einen Moment inne und sah die Entmutigung ihres Herzens auf ihren Gesichtern widergespiegelt. Sie fuhr fort: »Wären sie nicht die Freien Zakorianer, würden sie den Innentempel ungeschoren lassen. Die inneren Gänge, die zu ihm führen, sind sehr kompliziert. Andere würden sie nicht ausprobieren, nicht einmal finden. Zakorianer sind anders. Sie sind schlimmer als Schande und Tod. Andererseits sind sie verrückt darauf, zu verderben und zu töten. Aufgrund dieser zwanghaften Raserei werden sie den Weg zu uns entdecken. Stunden mögen bis dahin vergehen, aber schließlich werdet ihr sie an den inneren Türen vernehmen, die sie auch nicht für immer abzuhalten vermögen.«

Frauen weinten, Kinder, von Angst gepackt, weinten ebenfalls. Die Tiere wurden unruhig. Furcht und Schrecken breiteten sich aus. Eraz mußte fortfahren.

»Wir kennen die Unbarmherzigkeit des Freien Zakoris«, sagte sie. »Selbst ihrer eigenen Art gegenüber sind sie mitleidlos. Für uns werden sie unaussprechliche Qualen bereithalten. Ich will keine einzige davon beschreiben. Ich möchte euch nur in Erinnerung rufen, was ihr über sie wißt. Sie werden keinen einzigen am Leben lassen, für viele aber wird der Tod sehr langsam kommen. Sie werden auch eure Kinder auf abscheuliche Art töten, und eure Tiere. Sie werden Blut mit gestohlenem Wein mischen und trinken. Dann werden sie verbrennen, was noch übriggeblieben ist.« Sie hielt inne. Dann fuhr sie fort: »Die Statue der Anackire werden sie vom Sockel heben und fortschleppen und ins Meer werfen; zuvor werden sie die Edelsteine herausreißen und ihr die Augen ausschlagen, und den Vorhang als Beute abreißen. Und dieses Frevels wird sich Zakoris-In-Thaddra auch noch brüsten. Sie werden sagen, sie hätten eines Ihrer Leben gemordet.«

Sie wartete erneut, bis sich nach dem entsetzten Weinen und angstvollen Wimmern das Schweigen der Hoffnungslosigkeit wie Schnee herniedersenkte. Und zugleich hörte sie jenseits der Mauern, wie die äußeren Tore nachgaben.

Der Lärm war entsetzlich. Sogar Eraz erstarrte.

Und selbst wenn sie nicht geglaubt hätte, daß sich ihrer aller Leben jenseits des Lebens fortsetzte, hätte sie nicht wünschen können, noch zu leben, um die anderen Türen bersten zu hören, was unvermeidlich bevorstand.

Sie blickte zu ihnen hin und ließ die Kraft durch sich hindurch fließen, und von ihr weg, und in jede der Türen.

»Die Seele stirbt niemals«, sagte sie. »Der Tod ist nicht der Tod. So haben es uns die Rituale der Göttin gelehrt. Sterben ist nichts als ein Wandel. Das Fleisch bleibt auf der Erde zurück. Der Geist wird neu aus der Hülle geboren. Dies hat sie uns gelehrt, durch ihr Symbol und ihr Abbild, die Schlange, die ihre alte Haut abstreift und aus der Hülle lebendig hervorgeht, auf daß wir wissen sollen, daß auch wir leben werden, wenn wir unsere Hülle abgeworfen haben; daß wir lebendig und voller Anmut sein werden wie die Sterne.«

Sie konnte sie jetzt spüren. Jeder Geist eine Flamme, die sie entfacht hatte und erhalten konnte. Ihre Gesichter waren frei von Furcht.

Sie machte eine Handbewegung, und der Vorhang flog

hoch, und das Standbild der Göttin ragte hinter ihr empor, für alle sichtbar.

Sie ließ sie die Göttin eine Weile ansehen. Die Schlangen waren aus ihrer Mulde im Boden verschwunden. Sie würden in ihrem weitläufigen Labyrinth enger Gänge in Sicherheit sein, wie nichts und niemand sonst auf Ankabek.

Draußen hatte sich dem Dröhnen der Türen ein gedämpftes Brüllen beigesellt, das sich allmählich steigerte. Nichts sonst war vernehmbar. Das Brüllen hörte sich archaisch und unmenschlich an.

Ruhig gab Eraz ein neues Zeichen, und ein Priester trat zu ihr, der die große Schale in Händen hielt.

Sie nahm sie entgegen, und eines nach dem anderen, ein Dutzend nach dem anderen, wandten sich ihr die Gesichter und Augenpaare wieder zu.

Sie sagte ihnen, was es mit der Schale für eine Bewandtnis hatte.

Die Droge war thaddrianischen Ursprungs, außerdem jedoch allumfassend. Sie führte zu Unbeweglichkeit und äußerlicher Verhärtung; verwandelte Menschen auch inwendig zu Stein, bis sie ohne Schmerz starben. Die visianischen Krieger, die für alle Zeiten in den Grabmälern der Könige Wache standen, hatten möglicherweise von dieser Substanz eingenommen. Jetzt war sie destilliert und vermischt worden. Der Tod, den sie brachte, kam rasch, und dabei schmerzlos. Ein Tod, sanft wie der Schlaf, herbeigeführt durch einen kleinen Schluck aus der Fülle der großen Schale.

»Falls jemand nicht möchte«, sagte sie zu ihnen, »mag er es jetzt sagen. Es bleibt Zeit genug, sich in den unteren Gängen zu verbergen. Die Zakorianer haben sie noch nicht erreicht. Es mag sehr wenigen möglich sein, ein Versteck zu finden, das sie übersehen, und zu entkommen. Ich verspreche es nicht. Ich biete nur die Wahl an.«

Gemurmel setzte ein. Dann Stille. Niemand ging zu den Türen.

»Dann«, sagte sie, »wenn ihr einverstanden seid, tretet näher, zu der Göttin. Wenn ihr trinkt, gebt auch euren Tieren davon. Fürchtet nichts. Wir werden alle gemeinsam abtreten; ein Schwarm von Seelen, der wie ein Schwarm von Pfeilen ist, die alle vom selben Bogen schnellen.«

Der Tieflandpriester trank als erster aus der Schale, wie er es vorgeschlagen hatte, um ihre Einheit zu demonstrieren und um zu zeigen, daß nichts an dem Trank war, das man fürchten mußte. Nachdem er getrunken hatte, lächelte er sie an und gab die Schale an den nächsten weiter.

Eine Zeitlang beobachteten sie ihn. Seine Miene – die zu dem Gesicht eines jungen und attraktiven Mannes gehörte – war ernst, gesammelt und ohne Pein; seine Augen waren voll von innerem Licht.

Die Schale wanderte weiter. Hände streckten sich ihr entgegen. Sie tranken alle, Tiefländer, Visianer; Priester, Priesterinnen und Dörfler. Die Kinder nippten. Den kleinen Haustieren wurde der Trunk gereicht, und den Rindern.

Niemand wies ihn zurück, als hätten alle begriffen. Ihre Lippen mischten sich an dem Gefäß mit dem Hauch der Lippen der anderen; ein Kuß, der zugleich ein Kuß des Todes war.

Die Mixtur hatte keinen Geschmack. Nicht einmal den des klaren Wassers.

Die letzte, die die Schale entgegennahm, eine Priesterin, trat damit vor Eraz und hielt sie ihr hin.

Sie war ein junges Mädchen, schwarzhaarig, es weinte. Es war nur noch ein Rest in der Schale, der für eine Person reichte.

»Trink es«, sagte Eraz, »dann berühre meine Lippen mit deinen. Ja, es ist so wirksam. Ich lüge dich nicht an.«

Also trank das Mädchen das letzte Schlückchen der Droge und berührte danach Eraz' Lippen mit seinen.

Draußen war das Geschrei verstummt. An seine Stelle trat ein vulkanisches Dröhnen wie aus großer Tiefe. Die Freien Zakorianer hatten die unterirdischen Gänge entdeckt. Bald würden sie bei den inneren Türen angelangt sein.

Mittlerweile war die Stille gespannt, obwohl sie sanft wie Puder schien. Da sie sich aller Geister bewußt war, wurde Eraz deutlich, wie in allen Geistern das Licht erlosch. In der Halle ihres Geistes flackerten die winzigen Lichter; erstarben und schwanden.

Der junge Tieflandpriester war längst tot. Sie konnte ihren Kopf nicht bewegen, um ihn anzuschauen.

Süß wie der Schlaf. Sie hatten ihr vertraut; sie hatten dem

Vermögen vertraut, das in ihnen selbst gelegen hatte. Eraz' Traurigkeit hatte ein Ende. Ihr Herz war voller Freude.

Die kleinen Lichter waren ausgegangen.

Und Eraz versank in den Augenblick; in das Zeitalter der Vergessenheit, jenseits dessen sie das Leben erwartete.

Als die Männer Vodons durch die letzte Tür brachen, war ihr Blutdurst, der so lange gewachsen und so lange unbefriedigt gewesen war, wie ein einziges Ding, einmütig. Jeder einzelne der Männer war beinahe geisteskrank.

Sie ergossen sich durch die Tür hinein, schreiend und brüllend, und andere sprangen hinter ihnen her. Alle verharrten plötzlich.

Was immer sie erwartet hatten, was Dörfer und Städte voll von kreischenden Frauen und entsetzten Männern sie zu erwarten gelehrt hatten, es war nicht hier.

Die Bodenfackeln brannten.

Jenseits des Mosaiks erhob sich in ihrem Schein die große Statue der Dämonin der gelben Menschen, auf ihrem Schwanz aufgerichtet, die schlangenhaften Arme erhoben. Unterhalb von ihr standen die Leute von Ankabek. Die meisten von ihnen schienen in die Gesichter der Männer zu blikken, die durch die Tür gebrochen waren. Ihre eigenen Gesichter waren ruhig, beinahe lächelnd, die Augen waren weit geöffnet und glänzend und blickten ohne zu blinzeln.

Und da waren die Tiere; auch sie standen wie die Menschen oder wurden in den Armen der Kinder gehalten. Die Tiere, die Kinder ... alle gleich ...

Eine weitere Tür schlug krachend nach innen auf den Boden.

Eine neue Rotte Männer strömte brüllend in den Saal.

Und verharrte plötzlich.

Eine Minute verstrich.

Die Freien Zakorianer begannen zu schreien. Speere wurden geschleudert, absichtlich kurz, damit sie vor die Füße der Ankabeker fuhren. Aber nicht einer von ihnen rührte sich oder blinzelte. Nur die Falten ihrer Kleider bewegten sich, wenn der Luftzug eines geschleuderten Speeres sie mitriß, oder die Haare einer Frau.

»Was bedeutet das?«

»Bei Zarduk, ich weiß es nicht ...« Vodon bewegte sich ansatzweise nach vorn. »Eine Trance vielleicht ...«

Plötzlich rannte einer der jüngeren Zakorianer durch den Tempel. Er lief geradewegs durch die reglose Versammlung dorthin, wo eine große Frau stand, die ein Gewand trug, das so golden wie der Schwanz der Göttin war. Brüllend trieb der Zakorianer sein Messer bis zum Heft in die rechte Brust der Frau. Jedenfalls war dies seine Absicht gewesen. Die Klinge rutschte von ihrer Brust ab, als wäre sie aus Marmor, und brach schließlich ab.

Der Zakorianer stieß einen Schrei des Entsetzens aus. Er trat von der Frau zurück; von den beinahe lächelnden Statuen mit ihren glimmenden Augen, der gescheckten Kuh, der seidig schimmernden Ratte auf der Schulter des Mädchens; von diesem Fleisch, das kein Fleisch war. Dann eilte er noch immer schreiend aus dem Tempel.

»Hexerei!«

Vodon würgte; er hatte das Gefühl, als stiege ihm Blut in der Kehle hoch.

»Vielleicht war es Hexerei, aber sie haben sie gegen sich selbst gerichtet. Nehmt die Juwelen. Nehmt die große Statue und werft sie ins Meer. Legt Feuer an diesen Ort. Zündet die Bäume draußen an. Laßt nichts unversehrt, das man verbrennen kann.« Er wandte sich um und spie aus.

Während ihn die fühllosen Statuen mit ihren schimmernden Augen beobachteten, stach er seine Offiziere nieder, dann ihre Sekundanten, dann trieb er das Messer in seine eigene Kehle.

Im nächsten Augenblick liefen die Männer über seinen Leichnam.

Die Nacht entflammte röter, als es Der Stern verursacht haben könnte. Die feurigen Zweige verbrannten zu schwarzer Asche.

Als sie die umgekippte Anackire zum Rand des Abhangs schleppten, priesen sie ihre Götter. Sie stießen sie hinab zu Rorn, ihrer Reichtümer beraubt und blind, denn sie hatten ihr die Augen aus Topas ausgerissen.

Sie tranken oberhalb der blutenden, rauchenden Haine die Weine des Tempels.

Wind kam mit der Dämmerung auf. Er blies das verbrannte Laub und den Kohlenstaub von den geschwärzten Bäumen.

Einigen der Freien Zakorianer gefiel dieser Wind nicht. Sie beklagten sich darüber, daß sie wirbelnde Gestalten in ihm sähen, daß er von fliegenden Geistern erfüllt sei, die alle wie von einem Bogen abgeschossene Pfeile dahinrasten.

Das Schiff des toten Vodon sank, als sie nach Norden segelten.

Nur eines der gelben Augen der Göttin erreichte je das Freie Zakoris.

Gegen Mittag hatte der vardianische Händler in Elyr eine Rast ausgerufen. Eine Meile weiter weg erhoben sich Felsen in den dunstigen Himmel, und auf den Felsen ragten zwei der allgegenwärtigen Türme empor, die für die Beobachtung der Sterne erbaut worden waren. Hier stürzte von einem mächtigen Felsblock ein Wasserfall in einen See.

Die beiden Diener des Vardianers und der Viehhändler setzten sich ein Stück von den anderen entfernt zum Essen nieder. Die Herde wilder, lanischer Schafe fraß und zupfte am trockenen Gras, und in ihrer Nähe saßen die beiden Hüte-Kalinxe kerzengerade aufrecht, schwarz wie Basalt. Solche Schäfergehilfen wurden von Kindheit an trainiert, die Lämmer wurden zusammen mit den Kleinen der Kalinxe von den Großkatzenweibchen gesäugt. Solche Tiere gab es in Vardath nicht.

Der Rote Stern flammte dort ebenfalls nicht. Er war auf dem ganzen Schwesterkontinent nicht am Himmel zu sehen.

Die Tiefland-Amanackirer waren von der sexuellen Stimulation Des Sternes unberührt. Die Rasse des zweiten Kontinents beanspruchte dies für sich.

Der vardianische Händler war schon seit langer Zeit zu der Überzeugung gelangt, daß sie nur so lange frei von diesem Einfluß waren, wie sie ihn vermieden.

Er saß draußen vor dem provisorischen Zelt, das er für sich selbst hatte errichten lassen, und betrachtete das Mischlingsmädchen.

Sie gab Wein an die Diener und den Händler aus, wie er es befohlen hatte. Sie bewegte sich nicht wie ein Weinmädchen.

Sie war bestimmt schon dreizehn Jahre alt. Sie hatte eine schmale, biegsame Taille, anmutig geschwungene Hüften und kleine, runde Brüste. Und sanfte, weiße Haut, die niemals in der Sonne bräunte.

Sie brachte den Weinkrug zu ihm. Sie hatte die Augen niedergeschlagen. Er hatte nie in sie hineingesehen. Es waren natürlich gelbe Augen. Das hatte er gleich am Anfang festgestellt.

»Es ist zu heiß, um heute noch weiterzuziehen«, sprach er sie an. »Wir werden hier bleiben, bis morgen früh die Sonne aufgeht.«

Er wußte, daß sie stumm war. Das versprach ein Abenteuer zu werden.

Sie hatte seinen Becher gefüllt und verharrte in demütiger Haltung, den Blick gesenkt.

»Du fürchtest dich doch nicht vor mir, oder?« erkundigte er sich. »Natürlich nicht. Ich bin dir behilflich, zu deinen eigenen Leuten zu kommen. Ich schütze dich vor den gierigen Visianern. Vielleicht würde es dir gefallen, mir etwas zum Dank dafür zu geben.« Er hielt inne. Sie rührte sich nicht. »Leg dich zu mir.«

Sie reagierte nicht. Sie schien nicht erfreut.

»Hab keine Angst«, sagte er, »ich weiß, daß du noch jung bist. Ich werde rücksichtsvoll sein. Bin ich der erste?« Sie erwiderte nichts. Er fragte sich, ob er Gewalt anwenden mußte, damit sie gehorchte. Er zog es vor, keine Gewalt anzuwenden. »Geh hinüber ans Wasser und wasch dich; geh um den Felsen herum, damit dich die anderen nicht sehen. Dann komm in mein Zelt!«

Sehr zu seiner Erleichterung wandte sie sich sofort um und ging auf den Wasserfall zu. Wahrscheinlich war sie keine Jungfrau und daran gewöhnt, genommen zu werden. Ihre Ruhe war Unterwürfigkeit, kein Abscheu.

Es war dunkelrot im Zelt von der durchscheinenden Sonne. Als sie eintrat, kam Licht mit ihr herein und verblieb.

Für einen Augenblick konnte er sich nicht denken, woher es rührte, dann setzte er sich mit einem erstaunten Ausruf auf. Er ging langsam auf sie zu.

»Bei Ashkar! Die Bestien in dieser Stadt voller Kot haben dir die Haare gefärbt!«

Denn sie war goldblond. Sie war von reinem Tieflandgeblüt.

Und sie war schön, über die Maßen schön. So weiß, so golden. Ihre Augen – golden. Sie weiteten sich, als füllten sie sich mit Tränen, aber es war purer Glanz.

Der Vardianer zitterte vor Verlangen. Er ergriff den Saum ihres Gewandes. Die Verschlüsse waren einfach zu öffnen. Sie stand nackt vor ihm.

Ihre außergewöhnlich hochstehenden Brüste trugen Kappen aus getriebenem Gold. Ihren Nabel zierte ein Bernsteintropfen. Die Haare ihres Schoßes glichen gesponnenem Metall.

»Hab keine Angst vor mir«, murmelte er.

»Es ist an dir, dich zu fürchten.«

Er sprang auf bei dieser Stimme. Sie konnte nicht sprechen – hatte nie gesprochen. Die Worte waren im Inneren seines Kopfes erklungen. Der Vardianer war mit dem Phänomen der Telepathie vertraut, er hatte innerhalb seiner eigenen Verwandtschaft damit experimentiert, wenn auch hauptsächlich als Kind. Nach seinem anfänglichen Erstaunen war er nicht durch die simple Tatsache der mentalen Sprache verunsichert.

Diese Geistsprache glich jedoch keiner anderen.

Er schauderte. Ihre Augen ließen die übrige Welt verblassen.

Er fiel auf die Knie. Es geschah einfach, eine Reaktion seines Körpers, ehe er wußte, was ihm widerfuhr. Und erst jetzt, auf den Knien, wurden ihm die Augen geöffnet.

Ein Schatten, den der Glanz hervorrief, wuchs hinter dem Mädchen an der glühendroten Wand empor. Es war der Schatten eines Wesens, das viel größer als das Mädchen war, obwohl ebenfalls langhaarig und hochbrüstig; mit seinen zahlreichen ausgestreckten Armen pendelte es emporgereckt auf dem gebogenen Schwanz, der den unteren Teil seines Körpers bildete.

»Ashkar!« sagte der Vardianer.

Er senkte den Kopf, als Woge auf Woge eines ekstatischen und wundersamen Schreckens über ihn hereinbrachen, bis er endlich ermattete.

Drittes Buch

Städte in Rost und Feuer

ELF

Das xarabische Schiff erreichte den Heimathafen ohne Zwischenfälle bei einer glatten Abendsee. Am nächsten Morgen ritten Rem und Lur Raldnor ins Landesinnere zur Hauptstadt.

Lin Abissa war die erste wirkliche Stadt, die Rem seit über acht Jahren zu Gesicht bekam, und für Raldnor war es die erste überhaupt. Amlan konnte man nicht mitzählen, dessen Charme allein in seiner Kleinheit bestand, in dem Eindruck einer mit kräftigen Farben gemalten Kleinstadt, den sie vermittelte.

Die hohen, schlanken Türme glitzerten kristallen in der Sonne, die hohen Mauern mit ihren Brustwehren, Zinnen und Bollwerken; diese Kombination aus ausgeklügelter Feinheit und unvergänglicher Stärke – das hier war Vis, visianische Überlegenheit und Anmut, unwandelbar in einer gewandelten Welt.

Sie betraten die Stadt durch das Tor der Kalebassen. Darüber wehte das Banner, Die Drachenfrau von Xarabiss. Es gab eine Erzählung, die während des Tieflandkrieges spielte, derzufolge der Tyrann Amrek Xarabiss angeklagt hatte, es habe die Anackire als Vorbild für sein Wappen benutzt. Tatsächlich bestand eine gewisse Ähnlichkeit.

In dieser Zeit der politischen Uneinigkeit in bezug auf die Meere vermutete man offensichtlich überall zakorianische Spione. Am Tor mußten Papiere vorgezeigt werden. Nicht jeder war im Besitz von Papieren. Die Begeisterung, die sich beim ersten Anblick der visianischen Stadt eingestellt hatte, wich allmählich während des langen Wartens.

Dann, als Lur Raldnors eindrucksvolle Empfehlungsschreiben vorgelegt wurden – Yannuls Brief, der mit dem Ratssiegel des Nachkriegs-Koramvis versehen war –, stellte man ihnen eine Eskorte Soldaten zur Verfügung, die sie zum Palast des Königs geleiten sollte.

Sie hatten mit dieser Behandlung gerechnet (der Diener hatte darauf gebaut), und Lur Raldnor hatte aus Scherz einen Entwurf mit falschem Namen verlangt.

Die Leute auf den großzügig angelegten Straßen wandten sich um und schauten ihnen nach. Wagen rasselten an ihnen

vorbei, gezogen von den windschnellen Zugtieren der Mittleren Länder.

Aber als sie eine Ecke des Roten Marktes von Lin Abiss überquerten, gewannen sie auch hier den Eindruck, als habe sich das ursprüngliche Erscheinungsbild gewandelt.

Angehörige der blassen Rasse konnte man überall in Amlan ebenso wie Mischlinge antreffen. Aber sie waren Vardianer oder Shansarianer. In Xarabiss hatten sie bis jetzt nur einen Händler aus Tarabine erblickt, der sich in einer Sänfte durch die Hafengegend hatte tragen lassen, deren Vorhänge zurückgeschlagen gewesen waren, so daß sie sehen konnten, wie er lachte und mit seiner visianischen Hetäre Süßigkeiten naschte.

Bis jetzt hatten weder die Lanier noch Rem selbst einen reinblütigen Tiefländer zu Gesicht bekommen, außer der sanftmütigen Medaci.

Der Rote Markt war an diesem heißen Nachmittag von träger Betriebsamkeit erfüllt. Unter den aufgespannten Planen wurden alle nur vorstellbaren Warenarten feilgeboten; selbst mit Preisen ausgezeichnete Rudersklaven in blumenumkränzten Käfigen. Die zehn Wächter ihrer Eskorte verteilten harmlose Speerstöße und gutmütige Flüche gegen die drängende Menge, um sich einen Weg zu bahnen, als plötzlich alle Aktivitäten zu erstarren schienen.

Nur eine Herde Rindviecher bewegte sich mit einemmal rascher, die Tiere brüllten und stampften auf den Boden und drängten sich wild in einen Seitengang zwischen den Ständen.

Der Kapitän der Eskorte hatte die gepanzerte Hand erhoben, um die Soldaten zum Stehenbleiben zu bringen; jetzt hielt er die Hand so starr in die Höhe, als wäre sie in der Luft festgefroren.

Offensichtlich war ein Jemand von außergewöhnlichem Rang im Begriff, den Markt zu betreten.

»Wer ist es?« fragte Lur Raldnor den Kapitän.

Der Angesprochene ließ die Hand sinken. »Ein Tiefländer«, sagte er.

Lur Raldnor hob eine Augenbraue. »Aber *wer?*«

»Das ist ohne Bedeutung«, erwiderte der Kapitän. Seine Stimme war ausdruckslos.

»Ihr wollt sagen, ihr haltet den ganzen Verkehr auf und ebnet alle Wege für einen beliebigen ...«

»Für jeden, der vom reinen Blut der Göttin ist. So ist es.«

Lur Raldnor starrte Rem an, zuckte mit den Schultern, grinste und fragte: »Seid Ihr jetzt stolz?«

Rem lachte.

Sein Lachen war nahezu das einzige Geräusch weit und breit.

Rem besah sich die Umgebung; die Sänfte, Vorreiter, Träger von Fächern und Sonnenschirmen; alles durchaus karmianisch.

Dann betrat der Tiefländer die Szene und schritt überaus gemächlich durch die aus Menschen gebildete Gasse. Es war nur ein einziger, und es war eine Frau. Sie hatte keine Dienstleute bei sich; überhaupt kein Beiwerk.

Sie war schlicht gekleidet, aber ihr Gewand war aus Seide. Ihr Haar war vom hellsten Blond, das Rem je gesehen hatte, es war schneefarben; und ihre Haut war ebenso weiß. An den Armen trug sie fast als einzigen Schmuck Reifen aus Bernstein, es waren so viele, daß sie beinahe bis zu den Ellbogen reichten. Um den Hals trug sie einen Schlangenreif, dessen Material Rem für poliertes weißes Emaille hielt ... Bis es sich bewegte und er erkannte, daß eine lebende Schlange den Reif bildete.

Die Amanackirerin schien die Menge kaum wahrzunehmen. Sie bedachte sie mit keinem einzigen Blick. Nur einmal glitt ihr Blick zur Seite, dorthin, wo die berittene Eskorte und die anderen warteten. Ihre Augen waren nicht golden, aber wie es auch bei ihrem Haar der Fall war, hatten sie gewissermaßen gar keine Farbe; sie waren fast weiß ... wie die Augen einer albinösen Schlange.

Die Härchen auf Rems Haut an Schultern und Hals richteten sich auf. Der Kapitän verneigte sich.

Einen Augenblick später hielt die Frau an. Sie winkte einen Obstverkäufer zu sich. Sogleich liefen er und sein Gehilfe zu ihr und legten Körbe mit Zitrusfrüchten und Trauben vor ihr aus. Sie traf eine Auswahl, indem sie auf das Gewünschte zeigte; eine einzelne Frucht. Sie wurde ihr gereicht. Ohne Dank oder Bezahlung setzte die Frau ihren Weg fort.

Als sie auf die gewundenen Metallpfeiler zuritten, die das

Tor zum Palast flankierten, sagte Lur Raldnor zu Rem: »Ich beginne zu verstehen, weshalb mein Vater Dorthar verlassen hat.«

Thann Xa'ath war derzeit König von Xarabiss, der älteste der elf Söhne Thann Rasheks.

Man gewährte ihnen zwar eine Audienz, ließ sie aber zwei Stunden lang warten, während sie ungeduldig mit den Füßen über den Boden eines hübsch eingerichteten Raumes mit einem Brunnen scharrten. Dies war offensichtlich nicht Olm.

Endlich kam ein Diener und geleitete sie in einen größeren Raum, in dem sich auch ein größerer Springbrunnen befand.

Der König saß dort sehr behaglich, umgeben von einer Menge Wächter, einer Menge Gespielinnen und einer Gruppe Höflinge. Es waren zwei Tiefländer zugegen. Sie waren nicht schneeweiß wie die Frau auf dem Markt gewesen war, saßen aber abseits unter einem herrlichen Zimmerbaum und beobachteten alles mit scheinbarer Teilnahmslosigkeit.

Der König hieß den Sohn Yannuls, des Laniers, und seine Reisegesellschaft willkommen.

Die Höflinge klatschten Beifall.

Der König erhob sich und nahm Lur Raldnor mit sich zu den Tiefland-Männern. Mit wohlbemessener Bedächtigkeit, um für jedermann sichtbar zu demonstrieren, daß sie es eigentlich nicht nötig hatten, standen die beiden Tiefländer auf und begrüßten Lur Raldnor.

Einer von ihnen sagte: »Wir erinnern uns sehr gut all unserer Verbündeter, die Seite an Seite mit uns gekämpft haben. Eures Vaters Namen bleibt uns unvergeßlich.«

Thann Xa'ath nahm diese Worte ohne Kommentar zur Kenntnis. Ihr unausgesprochener Inhalt war klar. Xarabiss, das sich selbst als Verbündete der Ebenen bezeichnete, war damals tatsächlich neutral geblieben.

»Ihr kommt zu einer günstigen Zeit an«, sagte Thann Xa'ath zu Yannuls Sohn. »Der Sohn des zweitbedeutendsten Kapitäns von Raldnor Am Anackire – unseres Xaros – hält sich am Hofe auf.«

Auch diese Bemerkung hatte einen deutlich herauszuhörenden Nebensinn. Der König hatte die Gelegenheit wahr-

genommen, die Tiefländer daran zu erinnern, daß sich nicht alle Xarabisser zu Hause versteckt hatten.

Thann Xa'ath begann, im Raum umherzuwandern, seine Hand lag auf Lur Raldnors Schulter. Einer der Wächter schritt unauffällig, wie unabsichtlich hinter ihnen her.

Eine Frau sagte zu Rem: »Geht Ihr auch nach Dorthar?«

Er bejahte ihre Frage.

Sie lächelte und erwiderte: »Ich ebenfalls. Im Zug der Prinzessin. Es ist eine ermüdende und lange Reise. Habt Ihr das gewußt? Wo seid Ihr bereits gewesen? Kennt Ihr Lan? Oh, natürlich, es gibt niemals Neuigkeiten in Lan. Die Tochter des Königs soll eben jetzt zum Herrn der Stürme geschickt werden. Die Etikette schreibt im allgemeinen vor, daß selbst ein Hoher König persönlich ins Haus des Brautvaters kommen und um die Hand der Tochter anhalten sollte. Aber Raldanash muß in Anackyra bleiben, wegen dieses Geredes vom Krieg ...« Ihr herablassendes Lächeln verstärkte sich; ihre schwarzen Augen weiteten sich, als sie ihn ansah. »Zastis wird ihnen zu ihrer Erfüllung gefehlt haben. Aber ich glaube, das hätte auch keinen Unterschied gemacht. Raldanash ist gefühlskalt, wie man sagt. Der Sohn des Helden Raldnor! Glaubt Ihr, daß es stimmen könnte?«

»Wie Ihr schon sagtet«, erwiderte Rem, »wir erfahren nicht das geringste in Lan.«

Er entschuldigte sich und ging, um einen Mundschenk an seine Existenz zu erinnern.

Wie sich herausstellte, wurde jetzt tatsächlich von ihnen erwartet, daß sie sich der beschwerlichen Brautkarawane nach Dorthar anschlossen, die in fünf Tagen aufbrechen würde.

Xa'aths Tochter war dem Herrn der Stürme für sechs Jahre verlobt worden. Das war bindend. Raldanash, der im Alter von dreizehn Jahren in Dorthar angekommen war und seine ersten drei Königinnen ein Jahr darauf genommen hatte, konnte bereits eine Schar von Frauen vorweisen, die aus nahezu sämtlichen Ländern von Vis stammten, auch aus Shansar und Vardath. Xarabiss, das einen Mangel an Töchtern hatte, die alt genug waren, um das Bett eines Mannes zu teilen, und jung genug zum Heiraten waren, hatte bisher das Nachsehen gehabt.

Aber es schien, als hätte es sich gelohnt, auf Ulis Anet Am

Xarabiss zu warten. Sie hatte karmianisches Blut von der mütterlichen Seite her in sich und stellte jene sagenhafte halb xarabische und halb karmianische Mischung dar, die den legendären Astaris hervorgebracht hatte.

»Nun, zumindest ist sie rothaarig«, sagte Lur Raldnor zwei Abende darauf, an die Brustwehr gelehnt. »Und sie hat eine sehr helle Haut. Soviel habe ich von ihrer Hausdame gehört. Ihr wißt schon, diese junge, mit der ich ...«

»Ja, ich weiß.«

»Ich habe noch mehr erfahren.«

»Ihr fangt an zu tratschen, wie ein Xarabisser«, sagte Rem amüsiert.

»Was kann man denn hier sonst tun, mit Ausnahme jener anderen Beschäftigung? Es geht um diesen Iros, Sohn des Xaros, den wir bisher noch nicht getroffen haben. Man hat ihm das Kommando über Ulis' persönliche Wache gegeben. Er ist für sie auf dem Weg nach Dorthar und in Dorthar selbst verantwortlich. Das könnte eine unkluge Entscheidung sein.«

»Weil?«

»Weil Iros ihr Liebhaber ist.«

»Ich dachte, die Sitte verlangt, daß die Braut des Königs ein unerbrochenes Siegel vorweisen muß?«

»Er muß sie nicht defloriert haben, als er ihr Bettgenosse war.«

»Wenn er so maßvoll ist«, sagte Rem, »wird er vermutlich auch fähig sein, seine rasende Eifersucht in Dorthar zu zügeln.«

»Oder er hat sie doch besessen. Sie ist nur eine Nebenfrau, sie wurde nicht von der Hohen Königin ausgewählt. Solange sie nicht schwanger ist, ist sie annehmbar.«

Iros zeigte sich an diesem Abend. Er saß während des Mahles an der Seite des Königs, und danach wurde er beim freundschaftlichen Würfelspiel mit zweien der Söhne Thann Xa'aths gesehen.

In der zwanglosen Kleidung eines hohen Offiziers wirkte Iros ungewöhnlich attraktiv, wie es sein Vater in seiner Jugend ebenfalls gewesen und, wie verlautet, noch immer war. Die Persönlichkeit des Sohnes war jedoch eigenständig. Xaros' Ruf war der eines wendigen Opportunisten, der eine

entscheidende Schlacht im Tieflandkrieg durch eine geglückte List gewonnen hatte.

Iros, obwohl er gern lachte und scherzte und geistreiche Bemerkungen von sich gab, neigte eher zu Überheblichkeit und einem aufbrausenden Temperament.

Als Iros Raldnor vorgestellt wurde – er war einige Jahre jünger –, ließ der Xarabisser ein Lächeln sehen und sagte: »Erwartet man nun von uns, daß wir einander unseren Vätern zuliebe die ganze Nacht um den Hals fallen, oder kann ich einfach und mit gutem Gewissen zu den Würfeln zurückgehen?«

»Bitte«, erwiderte Lur Raldnor gelassen, »geht zu den Würfeln zurück. Ich würde nicht im Traum daran denken, Euch davon abzuhalten.«

Iros errötete unter seiner xarabischen Haut.

Sein Mund verzog sich, und er sagte: »Ich bin erfreut, zu bemerken, daß Ihr Verständnis für soldatische Vergnügungen habt. Ihr hingegen seid kein Soldat, oder? Ihr erhofft Euch etwas von Dorthar?«

Lur Raldnor sah ihn überlegen aus seinen Tieflandaugen an und sagte: »Wo bleibt Eure Höflichkeit?«

Iros runzelte die Brauen. »Ihr sagt ...«

»Ich sage, daß Euer Würfelspiel auf Euch wartet.«

Iros' Gesicht verzerrte sich, aber es blieb ihm nichts anderes übrig, als zu gehen. Er ging und verlor die nächsten drei Würfe, wie man durch den ganzen Raum hören konnte, trotz der Musik und der tanzenden Mädchen.

Iros hatten sie also gesehen. Rem sah Ulis Anet erst am Abend, bevor die Brautkarawane aufbrechen sollte.

»Was ist geschehen?« fragte Yannuls Sohn und kam auf den Balkon heraus.

»Ich dachte, Ihr wärt bei der Hausdame Eurer Prinzessin«, erwiderte Rem.

»Ich war früher bei ihr. Jetzt ist es nahezu Morgen; es hat keinen Sinn, hier noch zu Bett zu gehen. Wir reisen in wenigen Stunden ab.«

Rem sagte etwas von eigenwilligen Zeitplänen, die mit königlichen Unternehmungen verbunden wären.

»Ihr sagtet mir noch nicht, was geschehen ist. War es ...«

»Nein«, erwiderte Rem. »Zastis' Zeit ist abgelaufen, und

zudem treibt es der halbe Palast wie in einem Quartier in Ommos. Geht zu Bett.«

Lur Raldnor nickte, zögerte noch und verschwand.

Die Luft war kühl und rein in den letzten Stunden der Nacht. Die vollständige Dunkelheit war wie eine perfekte Schiefertafel, die sich anbot, darauf erneut die Bilder abzumalen, und die Gedanken.

Sie lud ihn ein, sich zu erinnern, wann es das allererste Mal geschehen war. Der stechende Schmerz im Kopf und dann das Bild im Kopf, das alles andere ausschloß.

Es war im späten Jünglingsalter gewesen. Er entsann sich genau der Stunde und des Ortes – Istris, hinter den Läden der Weinverkäufer in der Glasstraße; er war betrunken gewesen. Er hatte die Vision als eine Folge des Rausches abgetan; er konnte sich jetzt nicht mehr daran erinnern, was er geschaut hatte. Auch nicht bei den zwei, drei übrigen Gelegenheiten, die sich ihm eingeprägt hatten ... Standen sie in einer bestimmten Beziehung zu seinem Leben oder etwas anderem? Sie mußten es getan haben. Denn letzten Endes hatten sie alle, vorherwissend oder empathisch, wie man sie auch bezeichnen wollte, etwas bedeutet.

Selbst das Trugbild, das ihm vor Kesarhs Tür die Augen verschlossen und die Peitsche eingebracht hatte.

Dieser Vision konnte er sich leicht entsinnen. Er sah erneut die rothaarige Frau, die wie aus Stein dort gestanden hatte. Und das andere Leben, das in ihrem Bauch begonnen hatte.

Und dann Kesarh, der vorbeigegangen war, auf seinem Weg zu einem stürmischen Lebewohl von seiner Schwester – seiner Schwester, die er fleischlich geliebt hatte, Val Nardia, die er auf Ankabek zu seiner Geliebten gemacht hatte. Zu seiner Geliebten und zur Mutter seines Kindes.

Und an Ankabek selbst, an den geheimen, kreisförmigen Gang des Tempels, der jetzt nur noch eine ausgebrannte Ruine war, die zweite Vision. Drei Frauen, weißhaarig, blondhaarig und ebenholzschwarz. Und die drei Embryonen, wie Rauchfahnen aus Silber ...

Da waren noch andere Einzelheiten gewesen. Möglicherweise hatten sie, ebenso wie die jüngsten Visionen, etwas mit seiner Verbindung zu Raldnor Am Anackire zu tun. Mit seinem – Vater.

Aber die innere Schau auf Ankabek hatte ihm bereits aufgezeigt, wer er war. Dort waren ihm die drei Frauen gezeigt worden, die Raldnors Samen getragen hatten. Die weißhaarige Sulvian von Vathcri, die Mutter Raldanashs, des Herrn der Stürme. Die schwarzhaarige Lyki – Rems eigene Mutter – hatte sie sich nicht zweifelssfrei identifiziert *mit einem Schlag?* Und drittens die rothaarige Frau seiner vorhergegangenen Vision: Astaris.

Wie viele mochten davon wissen, daß sie das dritte Kind Raldnors in ihrem Bauch getragen hatte? In allen Mythen war von ihr nie die Rede gewesen.

Selbst Yannul hatte es nicht gewußt.

Das Kind war verloren gewesen, soviel war sicher. Raldnor und Astaris waren dahingegangen. Ihr Sprößling, sollte er überlebt haben, hatte viele Jahre Zeit gehabt, sich zu offenbaren. Dies war nicht geschehen. Und doch hatten die Verehrer der Anackire auf Ankabek über seine Existenz oder den Verlust seiner Existenz Vermutungen angestellt und sich bemüht, das Gleichgewicht wiederherzustellen.

Sie hatten nach einer ähnlichen Verbindung von Fleisch und Rasse gesucht. Vielleicht grotesk und voraussehbar, hatten sie es in Val Nardia und Kesarh gespürt. Blut von Edlen gemischt mit visianischem; das magische Verhältnis der Zwillinge, und noch eine weitere Sache, das Omen der Omen ...

Kein Wunder, daß Ankabek Val Nardias Leichnam in Stasis gehalten und das Kind zur Welt gebracht hatte ...

Glaube ich an irgend etwas von dieser ganzen Geschichte? Messe ich dem Machwerk eines heiligen Mysteriums überhaupt noch Bedeutung bei? Nein. Seine Süße ist bitter geworden und der Schlaflosigkeit gewichen. Wie konnten sie ihre Magie darauf verwenden, daß ein Kind geboren wurde, um als Wolfskind zu enden?

Seit jener Nacht, in der er den Angriff auf Ankabek durch den Rumpf des xarabischen Schiffes schaute, hatte Rem den Bernsteinring in seinem wenigen Gepäck verwahrt, sorgfältig und nicht leicht zu finden. Ihn jetzt herauszunehmen, ihn in der Hand zu halten, am Finger zu tragen, mochte Klarheit in diese Dinge bringen. Aber er wünschte sich nicht, daß sie geklärt wurden.

Schließlich war ihm ein Zeichen zuteil geworden, wenn er diese Verrücktheit mit Beweisen untermauern mußte.

Sie war zu dem Bankett gekommen, an ihrem letzten Abend im Palast ihres Vaters. Schon zuvor hatte er den gesamten Palast darüber tuscheln gehört, wie wunderschön sie wäre, diese letzte Tochter der königlichen Linie. Und wie ähnlich sie Astaris wäre, der schönsten Frau in der ganzen Welt.

Rem hatte sich keine Mühe gegeben, beeindruckt auszusehen. Er mochte grundsätzlich keine Frauen. Wenn sie schön waren, sah er dies mit grimmiger Gleichgültigkeit, oder er nahm es nicht einmal wahr.

Ulis Anet war mit ihren Mädchen in die Halle getreten.

Sie hatte schimmernde rote Haare, wie er bereits gehört hatte, und ihr Gewand war von exakt derselben Farbe gewesen, mit einem rotgoldenen Gürtel. Um ihren Hals lag eine Kette aus geschliffenem Amethysten, eine xarabische Anspielung, denn Amethyst war der Edelstein, der einem Schlangenauge am ähnlichsten sah.

Sie war schlank und anmutig. Da wurde Rem bewußt, daß ihn ihre Figur und ihr Gang an eine andere erinnerte.

Und dann war sie nahe genug, um ihn ihr Gesicht sehen zu lassen.

Ulis Anet, von der man sagte, daß sie der Astaris ähnlich sähe, war auch ein Ebenbild Val Nardias, der Geliebten und Schwester Kesarhs.

Yeiza, deren Haut noch nach dem Gras roch, in dem sie mit Lur Raldnor gelegen hatte, hütete sich, an der Tür des Schlafraumes der Prinzessin ein Geräusch zu machen. Immerhin hielt sie einen Augenblick inne, um zu lauschen.

Sie vernahm zwei Stimmen, aber sie klangen nicht so, als seien ihre Inhaber einander in Liebe zugetan.

Yeiza, selbst in Affären von außerordentlicher Wichtigkeit verstrickt, schüttelte den Kopf, da es ihr nicht gelang, auch nur eine Silbe zu verstehen, und schlich sich davon.

Hinter der Tür stand Iros, vollständig in seinen eleganten Anzug gekleidet. Eine einzelne Leuchte brannte, neben der Ulis Anet saß, angekleidet für das Bett, nach dem sie nicht verlangt hatte.

»Dann werde ich Euch also verlassen, Madam«, sagte er kalt. »Und das ist dann das Ende.«

»Ihr hättet nie herkommen sollen.«

»Der Geheimgang war unverschlossen und unbewacht. Wenn Ihr gewollt hättet, daß ich fernblieb, hättet Ihr Männer dort postieren müssen. Sie hätten mich töten können. Dann wärt Ihr mich für immer losgewesen.«

Das Mädchen seufzte. Der Seufzer bewirkte ein purpurnes Aufleuchten an ihrem Hals, an dem noch immer der Amethyst lag.

»Ihr wißt, daß ich Euch wohlgesonnen bin, Iros. Aber Ihr hättet mehr Verstand haben sollen, als mich heute nacht zu besuchen.«

»Ich hätte warten sollen, bis wir unterwegs gewesen wären? In Euer Zelt stolziert kommen, damit alle es sähen? Oder bis Dorthar warten, bis Euer weißhaariger König Euer überdrüssig wäre? Was nach allem, was ich gehört habe, bald der Fall sein wird. Wenn er Euch überhaupt in sein Bett beordert.«

Ulis Anet legte die Stirn auf die Hand. Sie war erschöpft. Sie führten die Diskussion über dieses Thema bereits seit Monaten.

»Selbst wenn«, sagte sie, »ich als Jungfrau in Dorthar leben muß, kann nichts mehr zwischen uns sein.«

»Ich bin Euch ja so teuer!«

Sein Temperament brach plötzlich aus, und sie erhob sich.

»Seid kein Narr. Denkt Ihr, ich hätte Gefallen an diesem Spiel? Ich habe keine Wahl, und Ihr habt ebenfalls keine Wahl. Ihr habt mir keinen Frieden gelassen ...«

»Welchen Frieden habe ich gehabt ...«

»Was könnte ich denn sonst tun? Mit Euch davonlaufen wie ein Bauernmädchen, das gegen seinen Willen mit irgendeinem Bauernjungen verheiratet werden soll? Ich bin dem Herrn der Stürme versprochen. Ihr habt das und alles, was damit zusammenhängt, gewußt, bevor Ihr mich überhaupt gesehen habt.«

Ihre Augen sprühten Haß.

»Ich liebe Euch!« rief er.

Hätte Yeiza noch an der Tür gelauscht, hätte sie zumindest dies vernommen.

»Liebe! Wohlan, Ihr habt Liebhaberinnen zur Auswahl. Ich habe keinen einzigen.«

»Ihr habt mich einst erwählt«, sagte er besänftigt.

»Ja.« Sie schloß die Augen.

»Und wenn Weißhaar Euch nimmt, wird er es herausfinden.«

»Es sieht so aus, als spiele das keine Rolle«, sagte sie, »vorausgesetzt, es liegt eine angemessene Zeit dazwischen.«

»Er schätzt Euch so hoch ein.«

Ulis Anet wandte sich um. Sie schritt zu einem Spiegel und betrachtete ihr schönes Gesicht in ihm und die lieblichen Linien ihres Körpers.

Und dahinter sah sie den hübschen und leidenschaftlichen Dämon, der in ihre Welt ohne Mitgefühl eingebrochen war. Sie liebte ihn nicht, aber sie war in ihn verliebt und hegte zärtliche Gefühle für ihn. Sie bezweifelte, daß sie ihm je überhaupt so viel bedeutet hatte. Wenn die Verpflichtung Dorthar gegenüber nicht bestände, hätte man sie vielleicht zu Iros' Frau gemacht, um seines Vaters Rang zu entsprechen. Er hätte ihre königliche Abkunft und ihr Aussehen gewürdigt und häufig rücksichtslos anderswo Ehebruch getrieben.

Als er keine Erwiderung bekam, trat er zu dem Vorhang, der die Geheimtür verbarg. Er riß den Stoff von den Ringen und stürzte hinaus in den steinernen Gang.

Aufgerichtet schritt Ulis Anet zur Tür und schloß sie. Dann setzte sie sich ans Fenster und betrachtete den Sonnenaufgang, denn inzwischen war es zu spät, um schlafen zu gehen.

ZWÖLF

Die Karawane der Prinzessin durchzog das glühende Herz des Sommers, gemächlich und wie im Traum. Sie schienen überhaupt nicht weiterzukommen.

Ebenen wechselten mit Bergen ab, und Berge mit Ebenen, unter einem vom Staub der Sterne überpuderten Himmel. Eine eindrucksvolle Stadt umgab sie und entließ sie wieder. Am Abend tauchte eine andere Stadt vor ihnen auf, in weiter Ferne, strahlend im Glanz vieler Lichter.

Für Rem war es eine zeitlose Zeit. Lur Raldnor war nicht oft in seiner Nähe. Nach Einbruch der Dunkelheit war er bei sei-

ner Yeiza, der jungen obersten Hausdame der Prinzessin. Am Tage wurde der Knabe vom königlichen Zirkel beansprucht.

Ulis Anet hatte ihm ihre Beachtung geschenkt und schien ihn zu mögen. Möglicherweise war das ein weiterer Schritt, um ihren Kommandanten Iros zu ärgern, oder besser, um ihn bei der Stange zu halten.

Xaros' Sohn ritt mit steinernem Gesicht an der Spitze seiner Kolonne von Männern. Sein Benehmen seiner königlichen Anvertrauten gegenüber war auffällig korrekt, so untadelig, daß es verdächtig war. Es gab kaum jemanden in der gesamten Begleitung der Karawane, bis hinab zum letzten Pferdeknecht oder Pagen, der nicht verstanden hatte, wie die Beziehung zwischen dem Kommandanten der Wache der Königstochter und der Tochter des Königs selbst tatsächlich beschaffen war.

Eines Tages wurde ein Soldat hundert Yards vom Lager entfernt ausgepeitscht und den ganzen Nachmittag halb tot in der Hitze gelassen. Offenbar hatte Iros zufällig gehört, wie dieser Soldat ein Lied gepfiffen hatte, das anläßlich einer bestimmten Angelegenheit komponiert worden war.

Bei Nacht gab der Kommandant prunkvolle und unzüchtige Gesellschaften in seinem Pavillon, oder er veranstaltete Wagenrennen bei Fackelschein und erfüllte die Dunkelheit mit Lärm.

In den Städten suchte er sich die üppigsten käuflichen Frauen aus und protzte während der ganzen Mahlzeit mit seiner unersättlichen Wollust.

Zuweilen, auf den höhergelegenen Ebenen, hallte der Himmel von Donner wider, er stammte von wilden Zeebaherden, die im letzten Augenblick vor dem Lagerfeuer abbogen.

Rem, der sich in einiger Entfernung von den Zelten am Fuß eines Berges entlang in der Abenddämmerung erging, erspähte einen Mann und eine Frau, umschlungen und selbstvergessen inmitten des Farnkrautes. Es waren Raldnor und sein Mädchen.

Leise und ungesehen schlich er sich davon.

Zastis' Zeit war zu Ende, und vielleicht lag es daran, daß dieser Anblick ihn nur wenig berührte. Die bedrängende

Aussichtslosigkeit, die er in Lan empfunden hatte, kam ihm jetzt wie die Erinnerung eines anderen vor.

Yannuls Sohn schien weit entfernt, ein erfreulicher Anblick, ein liebenswerter Begleiter, hundert Jahre jünger als Rem und kaum wahrgenommen.

Ommos, das berüchtigte Land.

Sie erblickten Uthkat auf der Ebene von Orsh, wo Raldnor Am Anackire die Visianer geschlagen hatte, und später die Ruinen von Goparr, der Stadt, der Raldnor Am Anackire aus Rache übel zugesetzt hatte. Die Geschichte war noch lebendig.

Vor weniger als einem Monat war Karith von der Flotte der Freien Zakorianer niedergebrannt worden, und Truppen zogen durch die Gegend; sie begleiteten die Karawane, sobald sie ihr Ziel erfahren hatten. Die eingeborenen Ommaner waren dunkel, neigten zur Fülle, und ihr Akzent war so ausgeprägt, als hätten sie eine fast völlig neue Sprache aus vertrauten Wörtern geschaffen.

Abgesehen von der Soldateska schien das ganze Land leer und verlassen, und die Städte waren bei Nacht dunkel.

In Hetta Para wurden sie empfangen. Die Hauptstadt war im Krieg niedergeworfen worden. Die neue Stadt bot wieder einen anderen Anblick, sie war mehr als eine Stadt am Rand eines Trümmerhaufens.

Es gab zur Zeit keinen König in Ommos, aber einen Mann, der sich selbst als Gouverneur bezeichnete, einen Tiefländer. Auch der Hof, wenn man ihn so nennen wollte, war tiefländisch.

Die Verlobte Raldanashs wurde dürftig und öffentlich etwa drei oder vier Stunden lang unterhalten, zusammen mit einer Gruppe ihrer Gefolgschaft. Dann wurden ihnen allen beengte Apartments zugewiesen, oder etwas, das in dieser Gegend dafür gehalten wurde.

Einige Leute erforschten die Dürftigkeit des neuen Hetta Para und das Schlachtfeld des alten, und sie kamen zurück mit Erzählungen von einem Tempel der Anackire aus schwarzem Stein, vor dessen Portalen Tieflandwachen patrouillierten; von den unvergeßlichen Feuertänzern in den Tavernen der Ruinen, von Knaben oder Frauen, die sich mit

Fackeln die Kleider vom Leib brannten, und von einem zarokianischen Feuergott, der in eine Grube gestürzt worden war – eine Tat von Tiefländern –; und die Ommaner kamen, um ostentativ und gleichzeitig kriecherisch auf ihn zu urinieren, während sie gelegentlich verstohlene Gesten machten, um den Gott um Vergebung für ihr Tun zu bitten.

Es gab zahllose Verzögerungen zwischen Hetta Para und dem Grenzgebiet.

Es dauerte noch ganze fünf Tage, ehe sie an den Fluß gelangten und die wiederhergestellte, außerhalb gelegene Garnison erblickten, die damals im Krieg zerstört worden war, während der mit einer Kuppel versehene Beobachtungsturm blauroten Qualm ausstieß, um ihnen einen Willkommensgruß zu entbieten.

Dorthar.

Mein Vater kam damals hierher, ohne sein Geschlecht, seine unbestätigten Rechte oder sein Erbe zu kennen, wie ich sie jetzt kenne. Anmaßend, unbequem, ständig in Gefahr, voller Liebe zu seinem Land und voll Haß auf die Symbole und die Finsternis des Landes.

Rem sah sich um: Erde, Berge, Himmel.

Was bedeutet mir dann Dorthar?

Für den Einzug in die Stadt Anackyra war Lur Raldnor ein Wagen zugesagt worden, und ein Gespann reinrassiger Tiere, und er hatte seine besten Kleider aus der Reisetruhe geholt.

»Was habt Ihr vor zu tun?« fragte er Rem.

»Was wir vereinbart haben. Ihr werdet vorgestellt werden. Wenn der Augenblick passend ist, überreicht Ihr ihm Yannuls Briefe. Irgendwann wird er sie lesen.«

»Nach dem, was ich gehört habe, ist das nicht sicher.«

Rem hatte ebenfalls hier und dort abschätzige Urteile über den Herrn der Stürme von Xarabern aufgeschnappt.

»Dann fordert ihn höflich auf, verweist auf das Siegel von Koramvis.«

»Aber Ihr werdet mir ins Audienzzimmer folgen.«

»Wenn man es mir erlaubt.«

»Wo seid Ihr für den Einzug plaziert?«

»Irgendwo hinter den Wagen.«

Lur Raldnor sah ihn prüfend an und sagte schließlich: »Ihr

wißt wohl, daß Eure Gleichgültigkeit keine Bescheidenheit darstellt, nicht wahr? Es ist Stolz. Ihr sagt Euch schon jetzt: *Ich* weiß, wer ich bin. Soll *er* es herausfinden.«

Die Unterhaltung fand an der alten weißen Straße statt, die durch die Ebene unterhalb von Koramvis geführt hatte. Es herrschte Abenddämmerung, und die Zelte waren aufgestellt. Morgen würden sie in die neue Hauptstadt einziehen, und jenseits des Tales hing über dem uralten Beobachtungsturm noch immer die Rauchwolke, einen Ton dunkler als der sich verdunkelnde Himmel.

»Es ist möglich«, sagte Rem, »daß er dann nichts darum gibt, wenn er es herausfindet.«

»Was immer wir über ihn gehört haben – das wird er nicht wagen. Er braucht Euch als Freund, nicht als Feind. Denkt an den Schaden, den Ihr ihm zufügen könntet, wenn er sich Euch entfremdet.«

»Ich habe daran gedacht. Und Raldanash wird daran denken. Er könnte mich eines dezenten Mordes für wert erachten.«

Lur Raldnor grinste.

»Das klingt nicht nach Karmiss.«

Rem war verblüfft. Hatte er so viel über seinen Dienst bei Kesarh angedeutet?

Über den flach abfallenden Hang der Talsohle, dort, wo die Berge aufstrebten, die vor dem Erdbeben eine andere Gestalt gehabt hatten, begannen die Nachtfeuer der neuen Stadt zu entflammen.

Als der andere gegangen war, um den Zelt-Hof der Prinzessin zu besuchen, blieb Rem zurück und betrachtete die Stadt.

Hier hatten Haine von Obst- und Ziba-Bäumen gestanden, die inzwischen längst verbrannt oder gefällt waren. Die letzte Schlacht hatte auf diesem Boden stattgefunden. Den ganzen Tag über hatte er das abergläubische Gemurmel wahrgenommen, als sie angekommen waren.

Er fragte sich plötzlich, ob die Männer, die hier bei Nacht allein waren, sich einbildeten, Schreie des Kampfes und des Schmerzes zu hören, und zu fühlen, wie das Land anfing, sich aufzubäumen. Halb und halb erwartete er, daß ihn eine seiner Visionen überfiele. Aber nichts dergleichen geschah;

nur die entzündeten Lampen von Anackyra leuchteten in zwei Meilen Entfernung; das Leuchten stammte nicht von Geistern.

Die Prinzessin Ulis Anet war in Weiß gekleidet. Rem hatte, nachdem der erste Schreck nachgelassen hatte, festgestellt, daß ihre Haut dunkler als die Val Nardias war. Gekleidet in das Weiß, das Ihre Tauglichkeit für einen Hohen König der hellen Rassen symbolisieren sollte, wirkte sie noch dunkler, aber dadurch interessant, wie eine Ikone aus hellem Gold.

Ihr rubinrot gefärbtes Haar war angemessen verschleiert mit einem weitmaschigen, mit Rubinen besetzten Spitzengewebe.

Vor und hinter ihrem Wagen schritten Iros Mannen in ihren glänzend polierten Metallrüstungen. Die Banner von Xarabiss und das Wappen Thann Xa'aths wehten leuchtend von den Fahnenstangen.

Die Karawane hatte ihr übliches Schaugepränge aufgefahren.

Tanzmädchen, nur in leuchtende Körperfarben gekleidet, die verwirrende Spiegel an den Schößen trugen, Akrobaten und Hexer, die strahlende Kugeln aus der Luft hervorzauberten. Zwölf milchweiße Kalinxe waren aufgetrieben worden – oder gebleicht; sie zogen drei vergoldete Wagen voll Süßigkeiten, Blumen und kleineren Geldmünzen, die in die Menge geworfen werden sollten und zwar von Mädchen in den karminroten Gewänder Yasmis', der xarabischen Liebesgöttin.

Vor der Herrschaft Anackires war die Statue der Yasmis bei jeder Verlobungs- oder Hochzeitsprozession getragen worden, wenn die Familie es sich leisten konnte. Diese Zeiten waren vorbei.

Musiker spielten auf. Die Wagen rollten.

Überall dort, wo die Straße zwischen Feldern und Obstgärten hindurchführte, war sie von Bauern gesäumt, die ihre Kinder hochhielten, damit sie alles sehen konnten; junge Mädchen warfen Blüten und Blicke auf die Soldaten.

Eine Viertelmeile vor dem Stadttor kam ihnen Raldanashs Gesandter mit einer weiteren Eskorte entgegen.

Zum erstenmal sah Rem die weißen Banner der Göttin von Anackyra, und zwischen ihnen das Sinnbild seines Halbbru-

ders – des legitimen Sohnes des Helden Raldnor. Raldanashs Emblem war eine bronzene Schlange, um eine schwarze Gewitterwolke gewunden, deren Kraft sie fest mit ihren nicht zu lösenden Windungen gefangen hielt. Jeder, der Augen hatte zu sehen, verstand die Bedeutung.

Koramvis war als das Wunder des Nordens angesehen worden. Und Anackyra, die nach ihrem Untergang rasch wiedererstand, hatte einiges überbieten müssen.

Yannul hatte die Stadt vor ihrer Vollendung verlassen. Der Nachkriegs-Rat, zusammengewürfelt aus Visianern, Tiefländern und Männern vom Schwesterkontinent, hielt unter Mathon, dem echten koramvisianischen Gouverneur, einigermaßen zusammen. Mathon war damals schon ein alter Mann gewesen, der nur deshalb auf diesen Posten gewählt worden war, weil er alt war und deshalb kein Sicherheitsrisiko darstellte; das Erdbeben hatte ihn verschont, und er hatte weitergemacht und das Wiedererstehen der Stadt auf der Ebene unterhalb der alten Stadt und an den bewaldeten westlichen Berghängen beaufsichtigt.

Er hatte Yannuls Lossagung überlebt, und den Tod eines anderen Mannes, der auf seine Weise ein Freund des Helden Raldnor gewesen war: Kren, der Herr der Drachen. Kren war in dem Jahr gestorben, als der Knabenkönig Anackyra betrat. Obwohl er bereits hundertundzwölf Jahre lang gelebt hatte – welches Alter in Vis gelegentlich vorkam –, berücksichtigte Mathon auf spektakuläre Weise die Umwälzungen seiner Ära. Er hatte gesehen, wie eine Stadt errichtet worden war. Bis zum Ende behielt Mathon seine Klugheit und, wie man sagte, seine Nutzlosigkeit bei.

Der jetzige Gouverneur von Anackyra war ein Vathcianer, ein Cousin des Königs aus dessen Heimat.

Die Mauern waren hoch und dick. Aus gutem Grund. Bis vor wenigen Jahren waren sämtliche Stadtgebiete bis auf die des Königs ohne Mauern gewesen.

Die Stadt bestand aus weißem Stein, gesprenkelt mit weißem Kristall und weißem Gold: weiße Glut. Sie war jung – jünger als Rem. Wunderschön war sie natürlich auch. Sie lag wie im goldenen Glanze des Herbstes. Auf erhöhten Terrassen schimmerten ihre zehn Tempel in der Sonne.

Aber sie fühlte sich nicht jung, oder schön, oder auch nur alt in all ihrer Jugendlichkeit und Schönheit; das antike Vis schrie seinen Zorn über seine Ketten heraus. Sie wirkte – schal.

Und dennoch war da etwas.

Die Hitze war früh gekommen, und die Luft übte eine seltsame Wirkung aus; sie ließ das Blut träger fließen. Rem tätschelte den Nacken des Zeebas, das er ritt, und spürte seine Spannung, die sich möglicherweise von ihm auf das Tier übertragen hatte.

Aber es lag eine Stille über allen Dingen, die eigentlich nicht möglich war, denn die Menge, die seit ihrem Einritt durch das Tor entlang der Straßen versammelt gewesen war, auf Balkonen und Dächern, hatte geschrien und gerufen, und der Lärm und schon allein die Musik ihrer Begleitung hätte durchaus genügt, einen taub werden zu lassen.

Dennoch schien dieser Lärm der Menge, der ihnen anfangs unerträglich laut vorgekommen war, inzwischen gedämpft wie Fledermausschreie in einer riesenhaften Höhle ohne Echo.

In Anackyra gab es ebenso wie in Koramvis eine Avenue Rarnammon, die hiesige war bei weitem länger. Sie war zehn Wagenlängen breit und von massiven Statuen gesäumt, die Drachen, Schlangen und menschliche Riesen darstellten. Dort, wo sich die Avenue zu dem terrassierten Aufgang zum Palast hin zu einem quadratischen Platz öffnete, beherrschte Rarnammon selbst das Bild, ein Gigant unter Giganten in einem Wagen auf einer Säulenplatte. Das Monument war über und über aus Gold und golden schimmernder Bronze; darin befanden sich Sichtöffnungen aus safrangelbem Glas, die den Blick auf die paarweise angeordneten Fackeln ermöglichten, die dahinter entzündet waren.

Im Schatten dieses Monuments würde der Herr der Stürme seine öffentliche Begrüßungsrede für seine xarabische Braut halten.

Die Stille lastete jetzt wie eine greifbare Decke auf dem Platz.

Vorn waren die Wagen, die gepflegten Mannen Iros', die rubinhaarige Frau in ihrem blumenübersäten Wagen.

»Es zieht ein Sturm auf«, sagte jemand dicht hinter Rem. »Seht, wie sich die Bäume biegen.«

Unwillkürlich wandte Rem den Kopf, um sich selbst davon zu überzeugen. Die über den Mauern sichtbaren Baumwipfel rührten sich nicht. Es stand zudem niemand nahe genug bei ihm, als daß er ihn mit so heiserer Stimme hätte sprechen hören können.

»Es ist Magie«, sagte ein anderer unmittelbar vor ihm. Er spürte fast dessen Atem sein Gesicht streifen, und doch war niemand so nahe vor ihm.

»Ihr Götter; was ist das?«

Rem blickte auf und betrachtete die Berge oberhalb der Stadt. Auf ihnen erhoben sich weiße Türme, aber sie waren nur für einen Augenblick sichtbar. Er sah die rote Eruption, die Fontäne pulverisierten Gesteins lautlos jenseits der Mauern von Koramvis explodieren. Dann schoben sich die Berge ineinander, und die Türme wurden wie zum Opfer emporgehoben, dem tintenschwarzen Himmel entgegen.

Selbst während dieser Ereignisse war ihm bewußt, daß sie nicht wirklich geschahen; er spürte das Zeeba unter sich und seine Hand auf seinem Nacken. Seine Augen waren offen, und er wußte, wo er sich befand.

Dann geschah etwas wie ein Zwinkern, und die Berge standen ruhig, und das Licht des Sommervormittags schien zwischen ihnen hindurch.

Er dachte, ohne Panik und völlig nüchtern: *Diesmal ist es eine Prophezeihung. Es steht ein Erdbeben bevor.*

Das Zeeba warf den Kopf und nahm die Zügel ins Maul. Man konnte es jetzt deutlich sehen, entlang der ganzen Strecke wurden die Tiere unruhig. Die Männer ahmten sie unbewußt nach, indem sie sich verzweifelt darum bemühten, sie in einer Reihe zu halten.

Fasziniert von diesen Ankündigungen empfand Rem nur eine ungeheuerliche Unbeteiligtheit und keinerlei Furcht. Er begriff, daß er Zeuge einer Wiederholung würde. Er ritt weiter und hielt das Zeeba in Reih und Glied.

Die Avenue weitete sich zu einem ausgedehnten Platz. Vorn stand die mächtige Statue Rarnammons, hinter ihr erhob sich der Hoheitliche Hügel, die terrassierte Erhebung mit dem Palast, und noch höher, umgeben von Wald, der älteste Tempel der dortharianischen Anackire.

In größerer Nähe war anderes prunkvolles Beiwerk zu be-

wundern; Banner, die kleineren Figuren des Herrn der Stürme und seiner Amtspersonen. Und überall die Menge der Menschen, von denen sich immer mehr zwischen den Gebäuden versammelten. Einige waren sogar auf die Rarnammon-Statue geklettert, um von den Rädern seines Wagens aus besser zusehen zu können.

Im mittleren Teil der Prozession entstand unvermittelt ein Freiraum. Rem mußte sich gefallen lassen, daß er zwischen die Wagen gedrückt wurde, als die Phalanx ausgeweitet wurde, und schließlich zwischen ihnen hindurch.

Noch ehe er ganz durch war, spürte er, wie der Pulsschlag der Erde aufhörte. So fühlte es sich an. Der Puls der Erde, oder sein eigener. Dann erscholl durch die Hochrufe und den Tumult ein langgezogenes, lautes Brüllen. Anfangs glaubten die Versammelten noch, es selbst hervorgebracht zu haben.

Dann fingen Glocken zu läuten an, die seltsam gestimmten und nebeneinander hängenden Glocken, die man aus Koramvis hierhergebracht hatte. Die Glocken kannten die Macht des Erdbebens, es hatte sie schon einmal erklingen lassen. Sie schienen ihre Warnung herauszuschreien. Man erkannte sie wieder.

Sofort wurden aus den Freudenrufen Entsetzensschreie. Die Menge verkeilte sich.

Rem hörte auch Gebetsrufe. »Anack! Anack!«

Die Xarabier in der Begleitmannschaft waren womöglich noch ängstlicher als die Visianer der Stadt. Es war nicht einmal ihre Stadt, in der sie jetzt zu sterben fürchteten. Schon war alles in Aufruhr; Tiere rannten ziellos und brüllend umher, Wagen brachen seitlich aus und mähten die Menschen nieder, die Menge zu beiden Seiten prügelte sich und schrie, keiner war fähig, sich aus der Menge zu befreien.

Der Boden regte sich.

Rems Zeeba tänzelte, um das Gleichgewicht zu behalten. Es beherzigte einen Teil der Kommandos, die Rem ihm zurief; es reichte eben aus, es von seinem ersten Drang, auszuschlagen und kopflos davonzustürmen, abzuhalten.

Rem warf einen Blick in den Himmel. Ein Mann fiel soeben kreischend von der Statue Rarnammons. Er platzte mitten in die Menge. Die große Figur selbst bewegte sich jedenfalls

nicht; sie erbebte nur in ihren Grundfesten, während die Menschenlast an ihr hing.

Rem war zwischen den Wagen hindurch und befand sich jetzt an der Stelle des Platzes, wo die hintere Reihe der Soldaten Iros' den farbenprächtigen mittleren Teil der Prozession flankiert hatte, dessen Herz Ulis Anets Prunkwagen gebildet hatte. Aber etwas war mit der Anordnung der Prozession geschehen.

Einer der Wagen mit der Statue der Yasmis war umgestürzt. Eines der Mädchen der Yasmis lag tot dort, und ein Kalinx, von den Deichseln befreit und mit gerissener Leine, hatte ihr das Herz herausgerissen und stand jetzt in ihrem Blut und den zerdrückten Süßigkeiten, unentschlossen zwischen Furcht und Wildheit hin- und hergerissen. Niemand hatte das Tier getötet. Wenn das Erdbeben nachließ, mochte es erneut angreifen.

Rem stützte sich ab, sah dem Tier in die eisigen Augen und hieb ihm rasch die Kehle durch. Er ritt über den Kadaver hinweg – das Zeeba schnaubte – und in den erregten Haufen der berittenen Männer hinein.

Die Xarabisser brüllten und riefen ihre Götter an. Ein Schwert, das gezogen worden war, um seinem Besitzer einen Durchgang irgendwohin zu verschaffen – vielleicht in eine andere Welt, wo der Boden fester war –, fuhr blindlings über Rems ungepanzerte Schulter und schlug eine blutende Wunde. Rem wandte sich um und schlug den, der die Waffe geführt hatte, bewußtlos. Als der Mann zusammensackte, erblickte Rem hinter ihm den mit Girlanden behängten Wagen der Prinzessin.

Der Lenker war verschwunden, die Banner waren gefallen. Gefangen in dem Mahlstrom, wurde der Wagen einmal in die eine, dann in die andere Richtung gezogen, die vor Angst unsinnigen Zugtiere, auf Geschwindigkeit und sonst wenig gezüchtet, sprangen und ruckten an den Deichseln und schrien wie all die menschlichen Frauen umher. Die Zügel schleiften hinterher, die Prinzessin hätte sie nicht aufheben können, selbst wenn sie genug Kräfte gehabt hätte, das Gespann zu bändigen, was nicht der Fall war.

Hinter dieser Szene sah Rem erneut das Aufblitzen von Metall; Schwerter fuhren überall durch die Luft. Iros und

seine Hauptmänner waren im Begriff, sich ihren Weg durch die Menge zu der Prinzessin zu erkämpfen, und zu ihren eigenen Leuten und den nackten Tanzmädchen.

Das Beben war beinahe vorüber, die Erde erschauerte jetzt nur noch, wie ein Mann, der krank gewesen ist. Es brauchte nur noch wenige Augenblicke bis zum endgültigen Ausbrechen der Panik; die Abnahme der unmittelbaren Gefahr verbunden mit der kalten, selbstsüchtigen Wahrnehmung der Chance, die sich einstellen mußte. Die Tiere würden es als erste spüren.

Aber bevor dieser Ausbruch stattfand, hatte das wahllose Drauflosdreschen der Wache Iros' einen Weg vor dem Wagen der Prinzessin freigehauen. Die Tiere taten sogleich, worauf sie die ganze Zeit über gewartet hatten, sie schossen vorwärts, und ihre Schreie wehten hinter ihnen her wie losgerissene Flaggen.

Dieselben Männer, die sich auf sie zugekämpft hatten, gingen vor den anstürmenden Tieren zu Boden.

Rem sah, wie Iros beiseite geschleudert wurde, sah den langen, vor den Tieren des Gespanns vorbeisausenden Hieb seines Schwertes, der sie noch verrückter machte.

Rem gab seinem Zeeba die Sporen. Das genügte. Das Tier stürmte Hals über Kopf voran, wie es zuvor die Zugtiere getan hatten.

Der Wagen raste weiter, während sich das Mädchen an seinen Seiten festhielt. Als gräßliches Anhängsel wurde eine der Tänzerinnen, die sich mit ihren Haaren in den Speichen eines Rades verfangen hatte, eine Strecke über das Pflaster mitgeschleift. Daß sie keinen Laut von sich gab, konnte als Zeichen gewertet werden, daß sie tot war.

Aber Ulis Anet gab ebenfalls keinen Ton von sich.

Vor ihnen befand sich die Wache des Königs. Sie waren zu Fuß und gegen die erste Stufe des Terrassenhügels gedrängt worden, sie hatten keine Ausweichmöglichkeit. So starrten sie nur, wie Tonfiguren, bis der Wagen in sie hineinraste.

Die Glocken waren verklungen.

Rems Bedarf an blutigen Zwischenspielen war gedeckt. Sie waren ihm vertraut, ihrem Muster nach, so daß er auf Details verzichten konnte. Und er wußte, was zu tun war.

Nur ein einzelner Gedanke ging ihm höhnisch durch den Kopf und störte seine Konzentration:

Kesarh hätte diese Ereignisse geplant.

Dann war er bei dem rasenden Gespann.

Er schwang sich hinüber und stieß sein Schwert einem der Tiere in den Kopf; er legte die ganze Kraft seines Armes in diesen Stoß. Das Zeeba war sofort tot und wand ihm im Fallen das Schwert aus der Hand.

Die übrigen Tiere konnten ihren Lauf nicht anhalten, die Beschleunigung trug sie strauchelnd über ihren toten Artgenossen; der Karren schwankte hinter ihnen her; Rem hielt sich in gleicher Höhe. Er lenkte sein Zeeba dicht an das rasende Gespann, und als die Prinzessin zu sich kam, das lavarote Haar flatternd, hob er sie auf, zog sie über den Rand des Wagens und legte sie über sein Reittier.

Er lenkte das Zeeba beiseite, und gleich darauf stürzte der Wagen um. Die in das Gewirr der Zügel verstrickten Tiere wurden in den Wirrwarr hineingezerrt, und ihre Hälse brachen im Bruchteil einer Sekunde.

Es war gut, daß er sein kriegsmäßiges Training beibehalten hatte, sagte sich Rem sarkastisch. Er starrte voller Mitleid zu den toten Tieren hinüber. Sarkasmus, Mitleid – das war alles, was blieb. Er empfand nicht mehr.

Er brachte sein Tier zum Stehen, glitt sanft von seinem Rücken und hob danach die Frau auf den Boden.

Sie starrte ihn an.

»Ich danke Euch«, sagte sie.

»Es war mir eine Ehre, Madam.«

Die Hohlheit ihrer Worte fiel ihnen beiden auf. Da standen sie auf dem blutverschmierten weißen Pflaster des Platzes, neben ihnen der zertrümmerte Wagen, die Tierkadaver; und sie lachten voller Bitterkeit.

Um sie war eine ungeheure Lautlosigkeit. Dann brach ein zerrissenes Freudengeheul aus.

Die Xarabisser, die ihre Aufgabe verfehlt hatten, dankten einem Ausländer, daß er kostbare xarabische Güter gerettet hatte.

Von der Palastseite des Platzes her kamen Männer auf die Gruppe zu.

»Seid Ihr verletzt?« fragte Rem die Prinzessin.

»Nein. Aber Ihr blutet.«

»Ein Narr, der mit seinem Schwert fuchtelte. Es hat nichts zu bedeuten.«

»Es sieht nach mehr als nichts aus.«

»Ich bin Soldat gewesen, Madam«, sagte er aus einem ihm unbekannten Grund, »und ich weiß, wann ich verletzt bin. Aber Eure Sorge um mich ist großzügig.«

»Das Beben ... ist es vorbei?« fragte sie.

Er war zur Autorität in vielen Dingen geworden; in Wunden, Rettungen und Erdbeben. Er nickte lächelnd.

Widersinnigerweise schien diese private Unterhaltung inmitten der Allgegenwart böser Geister von Bedeutung zu sein. Obwohl sie nichts bedeutete, verschaffte sie ihm die Möglichkeit, ihre Schönheit zu sehen; noch immer von aufrechter Haltung und in ungebrochener Selbstbeherrschung.

Aber ihr Blick irrte zu dem toten Tanzmädchen, und weiter. Ihre Stimme schwankte, dann hatte sie sich wieder im Griff.

»Vielleicht ist es ein Vorzeichen. Ich habe vernommen, daß ein heftiges Beben stattfand, als mein künftiger Gemahl, der König, als Knabe in Anackyra eintraf.«

Etwas geschah mit Rem. Es war unnennbar, unbestimmbar, und es saß tief wie eine tödliche Krankheit.

»Was ist mit Euch?« erkundigte sie sich.

Aber in diesem Augenblick hatte sie die Gruppe der Männer vom Palastende des Platzes erreicht.

Sofort stellten sie sich schützend um Ulis Anet.

Rem sah sich ebenfalls von einer Menge Männer umringt; es waren Visianer und Vathcrianer. Er entdeckte nicht einen einzigen unter ihnen, der zur Rasse der Tiefländer gehörte.

Und dann sah er noch einen weiteren Mann, der unmittelbar vor ihm stand.

Er war in Weiß gekleidet, wie Ulis Anet, und er trug einen weißen Umhang, von einer goldenen Schlange zusammengehalten, deren Schuppen wie Münzen schimmerten. Sein Haar war noch weißer als seine Kleidung, seine Haut aber lohfarben wie junges Holz. Ihm war die Schönheit zueigen, derer man auch Raldnor Am Anackire rühmte; er sah wie ein Gott aus. Sie waren gleich groß, so daß Rem ihm in die auf gleicher Höhe befindlichen Augen sehen konnte, und diese

Augen hatten die Farbe der Sichtfenster in dem Sockel des Standbildes Rarnammons.

Die Männer flüsterten unter sich: »Ein visianischer Held! Wer mag er sein? Wer ist dieser Mann?«

Raldanash, der Herr der Stürme, fragte ihn direkt: »Wer seid Ihr?«

Die Stadt, ob er ihre Erschütterung in der Prophezeiung nun vorausgesehen hatte oder nicht, hatte ihm die Fackel in die Hand gegeben. Er hätte sie jetzt nicht mehr löschen können, auch wenn er fortgegangen wäre.

»Mein Name ist Rarmon«, sagte er. »Ich bin ein Sohn Eures Vaters.«

In der Dunkelheit glommen die Augen der Rarnammon-Statue aus der Ebene empor; und sie waren heller als alle übrigen Lichter der Stadt.

»Aber wie können wir sicher sein, daß sich Lord Yannul nicht geirrt hat?« verlangte Vencrek zu wissen. »Oder ob er irregeführt wurde?« Er sah zu Yannuls Sohn hinüber und lächelte. »Nun, wie denkt Ihr darüber?«

»Ihr wißt es, Sir«, erwiderte Lur Raldnor ruhig. »Denn er teilt Euch durch mich mit, daß er nicht im Irrtum war.«

»Eure Loyalität gehört lobenswerterweise Eurem Vater. Nach so vielen Jahren ...«

»Mein Vater, Sir, ist nicht senil. Er hat eine gewisse Zeit an der Seite Raldnors Am Anackire verbracht. Und er hat Raldnor in diesem Manne, seinem Sohn, wiedererkannt. Wie Ihr Yannuls Brief entnehmen könnt, wußte Ramon über seine eigene Abstammung nicht Bescheid. Die Frau hatte sich ihm niemals offenbart.«

»Ja, die Frau. Sicherlich ist der Name ›Lyki‹ nicht sehr ungebräuchlich im visianischen Karmiss. Es könnte mehr als eine Lyki existieren, die einen – vergebt mir – Bastardsohn vorweisen kann.«

»Sie hat Astaris aufgewartet am Hofe von Koramvis.«

»Das hat sie behauptet. Oder besser, *Lord* Rarmon behauptet, daß sie es gesagt hat.«

Rem, der jetzt Rarmon war, wandte seinen Blick von seinem Namensvetter dort unten ab. Er legte Lur Raldnor kurz die Hand auf die Schulter und sagte zu Vencrek: »Scheint

Euch diese Diskussion nicht ein wenig verfrüht, in Anbetracht der Tatsache, daß der König noch nicht anwesend ist? Es sei denn, der Glaube des Herrn der Stürme an meine Identität ist von geringerer Bedeutung als der Eure.«

Vencreks Lächeln gefror, dann verschwand es völlig. In seiner Eigenschaft als Gouverneur von Anackyra hatte man sich um sein Wohlwollen zu bewerben; man mußte es erringen, oder auch erkaufen. In dieser Hinsicht war er ein perfektes Beispiel für jenen Menschenschlag, den Yannul die ›blonden Visianer‹des zweiten Kontinents genannt hatte.

Ein Vathcrianer mit butterfarbenen Haaren; Rem, der Rarmon war, hatte helle oder dunkle Vertreter seiner Gattung häufig genug in Istris gesehen.

Die übrigen Männer in dem behaglichen kleinen Zimmer gehörten zum Rat. Die Tradition verlangte, daß der Rat von gemischter Zusammensetzung war. Es waren zwei Dorthalianer, jemand von Tarabann, ein Shansarianer und ein weiterer Vathcrianer zugegen. Es sah so aus, als wären die Lanier und Xarabisser, die hier zu Yannuls Zeit ehrenvolle Posten innegehabt hatten, sämtlich nach Hause gegangen. Es waren keine Tiefländer im Raum.

Mit zwei Ausnahmen, dachte Rem-Rarmon ironisch, Yannuls Sohn und ich selbst.

Das altvertraute Geräusch von Speeren, die auf Marmor geschlagen wurden, erklang. Die Tür öffnete sich, und der König kam hindurchgeschritten, hinter ihm zwei Wachen. Der König hatte die altehrwürdige Einrichtung der Erwählten des Sturmlords beibehalten, einer elitären Leibwache. Sie trugen die historischen Schuppenpanzer, aber sie waren vergoldet und mit Raldanashs Wappen verziert, der Schlange, die eine Sturmwolke in ihrer unerbittlichen Umschlingung gefangen hielt.

Raldanash blickte sogleich auf Rem, während sich die übrigen verbeugten. Rarmon grüßte ihn lediglich durch ein betontes Kopfnicken.

Der Herr der Stürme nahm Platz.

Alle übrigen, die Repräsentanten des Rates, setzten sich ebenfalls. Noch bevor Vencrek sich wieder ganz fassen konnte, hob Raldanash die Hand.

»Sohn Yannuls.« Er sprach visianisch, wie schon auf dem

Platz. Diese Sprache mußte hier üblich sein, auch wenn sie es in Karmiss nicht war. Selbst Vencrek hatte sie benutzt.

Lur Raldnor trat vor, verbeugte sich erneut und wurde huldvoll bedacht. Er war beeindruckt, aber sein König war schließlich auch beeindruckend. Allein seine Erscheinung war überwältigend, als wäre er geradewegs aus der Mythologie hervorgetreten. Zudem war er eine Persönlichkeit. Selbst wenn er untätig war, machte sich das bemerkbar. Und er tat nur sehr wenig, seine wenigen Gesten waren knapp, sein Gesicht war beinahe ausdruckslos, seine Schönheit und kraftvolle Gestalt nahmen jedermann für ihn ein. Er war ein Jahr jünger als Rarmon, was ihm in Dorthar jedenfalls unveräußerliche Rechte verschaffte.

Rem, der Rarmon war, bekam die Unvereinbarkeit der ganzen Szene mit. Er hatte sich seit dem Erdbeben beinahe ständig zwingen müssen, seine inneren Bedenken nicht zu beachten.

Die Zerstörungen durch das Beben schienen gering zu sein. Sechs Personen waren getötet worden. In Koramvis waren es Tausende gewesen. Die Horden von Menschen, die den ganzen Tag über in den Tempel der Anackire strömten, um ihr Dank abzustatten oder ihren Beistand gegen weitere Beben zu erflehen, stellten beinahe das einzige Anzeichen dafür dar, daß überhaupt etwas geschehen war.

Aber es mußte einige Folgen im privaten Bereich geben. Gebadet und nach dem Brauch in gemäßigten Staat gekleidet, hatte Rem den Ring aus Tiefland-Bernstein herausgenommen.

Er paßte ihm eben noch bis zum zweiten Gelenk des kleinen Fingers seiner linken Hand. Es war der Finger, der seinem Vater von eben jenem Gelenk an seit seiner Kindheit gefehlt hatte.

Rem hatte den Ring aus keinem bestimmten Grund angezogen. Ein Zeichen, das ihm eine geistig unentwickelte Frau zur Zeit Zastis' übergeben und bei dem sich herausgestellt hatte, daß es psychische Auswirkungen hatte. Der Ring hatte die Temperatur seiner Haut angenommen, so daß er ihn jetzt nicht einmal mehr spürte.

»Ich werde Yannul benachrichtigen«, sagte der König zu Lur Raldnor, »daß mir Euer Eintreffen hier Freude bereitet

hat. Morgen werde ich keine Gelegenheit haben, privat mit Euch zu sprechen. Vorläufig mögt Ihr Euch frei an meinem Hof und in meiner Stadt bewegen. Ich möchte Euch nur um eine Sache ersuchen.«

Rem, der von seinen eigenen Gedanken abgelenkt worden war, betrachtete die beiden Gesprächspartner. Er glaubte, bereits zu wissen, was jetzt kommen würde; oder er vernahm es im Geiste voraus und wappnete sich dagegen.

»Yannul, der Lanier«, sagte Raldanash, »benannte Euch in der besten Absicht nach seinem Lord. Der Name ›Raldnor‹ ist überall gebräuchlich. Aber ich erkenne ihn nicht an, außer als den Namen meines Vaters. Daher werdet Ihr ihn an diesem Ort und an jedem Ort, wo Ihr mir dient, ablegen.«

Lur Raldnors Mund öffnete sich. Er starrte den König an und entschied sich schließlich zu schweigen.

»Ihr mögt«, fuhr der König fort, »statt dessen den Namen Eures Vaters benutzen, der ein ausgezeichneter Name ist und mit dem sich die besten Erinnerungen verbinden. Demnach seid Ihr jetzt Lur Yannul.«

Der junge Mann begriff, daß der König seine Rede beendet hatte. Er verbeugte sich ein drittes Mal und ging ab. Unter seiner Tieflandbräune war er blaß geworden.

Vencrek rührte sich.

Raldanash sah Rarmon direkt ins Gesicht.

»Und was Euch betrifft ...«, sagte er.

Rarmon wartete und blickte ihm erneut in die Augen. Es war zu leicht, diesem Blick zu begegnen. Die Augen Raldanashs waren wie Lichtbrunnen; abgründige Untiefen der Helligkeit, die das Licht zugleich verschlangen und verschwendeten. Es waren die Augen eines Magiers.

»Ihr sagtet«, sprach ihn Raldanash ohne Anrede an, »und Ihr sagtet es vor vielen Zeugen, daß Ihr durch die Verbindung mit einer karmianischen Geliebten der Sohn meines Vaters seid.«

»Sein Bastard«, sagte Rarmon schlicht.

»Ja. Demnach beansprucht Ihr Dorthar nicht für Euch?«

»Ich beanspruche gar nichts, mein Lord. Außer der Wahrheit über meine Herkunft und meine Identität.«

Raldanash trat vor ihn.

»Ihr folgt mir«, sagte er.

Als sie in Richtung der Tür davongingen, der König und seine Wache, trat Vencrek vor, und die übrigen erhoben sich eifrig von ihren Sitzen.

Raldanash sah sie an. »Gouverneur Vencrek, meine Herren. Ich danke Euch für Eure Aufmerksamkeit. Ich werde diese Angelegenheit auf meine eigene Weise handhaben. Gute Nacht.«

Sie gingen durch die Tür, und die draußen postierten Wachen schlossen die Türflügel vor erstaunt starrenden Augenpaaren.

Die Ratsräume lagen an der Flanke des Hoheitlichen Hügels. Eine überdachte Brücke, mit großartigem Schnitzwerk verziert, führte über einen schmalen Abgrund in die Höfe des Palasts.

Bisher hatte Rarmon nur den Gästetrakt des Palastes gesehen. Die Bauweise des königlichen Wohnsitzes war massiv und sehr komplex, mit einer Menge von Türmen und Stockwerken über einer Vielzahl von Schloßhöfen. Der Palast war, wie man berichtete, nach einem vorzeitlichen Bauwerk errichtet worden, das oben in den Bergen gestanden hatte und zu Staub und Asche zerfallen war.

Augenblicklich betraten sie eine langgestreckte Halle. Der Schein der Fackeln auf den Säulen beleuchtete den Anblick, auf den Rarmon die ganze Zeit über gewartet hatte.

Es waren sieben, die aussahen, als wären sie weißglühend, das helle Haar und die Haut, die weiße Kleidung ... In diesem Augenblick erkannte er, daß Weiß zu tragen ihrer Neigung entsprach. Nicht alle waren so ausgebleicht, wie die Frau auf dem xarabischen Markt es gewesen war. Und tatsächlich saß ein dunkelhäutiger Visianer an der Seite, ein untersetzter Mann im gelben Gewand der dortharianischen Anackire. Er wirkte ebenso untätig wie die übrigen. Das schien ihm einige Schwierigkeiten zu bereiten.

Die Wächter verschwanden.

Raldanash schritt in die Halle hinein, Rarmon folgte ihm, zwischen den Kerzenständern vor den Tiefländern hindurch.

Nicht einer von ihnen verbeugte sich, grüßte oder kniete nieder, wie es der visianischen Sitte entsprochen hätte. Sie alle berührten mit einer Hand die Stirn und dann die Brust.

Diese Geste wirkte sehr ehrenvoll. Sie erweckte den Eindruck von ehrwürdigem Alter; von Fremdheit, denn sie war zugleich eine Geste stolzer Menschen; Rarmon kannte ihre Geschichte. Gemieden, angespien, verfolgt, der Vernichtung ausgeliefert und ohne die Neigung zum Widerstand ... Bis Raldnor sie dazu aufforderte.

Und dann sah er ...

Drei von ihnen waren Frauen.

Alle sieben blickten sie den König an, und dann wanderten ihre Blicke zu Rarmon.

Er fühlte etwas, hörte etwas, aber ohne wirklich zu hören. Sie redeten mit ihren Köpfen, und vermutlich tat der König es ihnen gleich. Eine besondere Befähigung, die in den Erbanlagen des Helden-Gottes lag und auf Rarmon übergegangen war. Ihre Blicke wichen nicht von ihm. Augen, deren Tönungen zwischen gelb und Eis lagen; die Augen von Schlangen.

Der König sprach ihn an.

»Diese sind Eure Richter.«

»Welches ist mein Verbrechen?« erkundigte sich Rarmon.

»Wenn Ihr mir die Wahrheit gesagt habt, gibt es kein Verbrechen.«

Rarmon fühlte seine Haut prickeln. *Ein Viertel meines Blutes ist von ihrem. Und bei ihm ist es ebenso; nur ein Viertel.*

»Mein Geist steht ihnen offen«, sagte er.

»Ihr habt eine Menge visianisches Blut«, sagte einer der Tiefländer zu ihm. »Wir können nicht in Eurem Geist lesen.«

Diese Worte, seinen Gedanken so entsprechend und doch so widersprüchlich, ließen ihn erkennen, daß eine nicht von ihm beabsichtigte Verständigung stattgefunden haben mußte.

»Eure Meister können die Gedanken eines Visianers lesen«, sagte Rarmon.

Sein Kommentar wurde nicht beachtet. Mit Raldanash in ihrer Mitte wandten sie sich um und schritten weiter in die Halle hinein. Rarmon war es überlassen, ihnen zu folgen, eine bedeutungslose Demonstration seines freien Willens.

Der visianische Priester ging nicht hinter ihnen her, sondern ließ sich voller Ehrfurcht auf sein Gesicht fallen, als sie an ihm vorbeischritten. Eine thaddrianische Höflichkeitsform.

Jenseits der Flügeltüren der Halle erstreckte sich ein an der Bergflanke gelegener Innengarten allmählich dem Himmel entgegen. Ein Gebäude verdeckte die Sterne, und als sie es erreichten, war Rarmon der Geruch der Bäume vertraut. Es war ein Tempel aus schwarzem Stein in einem Hain.

Der Tempel war nicht größer als die Heiligtümer in einem beliebigen Dorf der Ebenen. Als sie ihn betraten, hing nur eine brennende Lampe über ihnen in der Luft. Es gab kein Standbild, keinen Schmuck ... Nichts als Stein, der sie trotz der Hitze des Tages frösteln ließ.

Die Tür schloß sich.

Raldanash schritt in die Mitte des grabähnlichen Ortes.

»Stellt Euch neben mich.«

Rarmon gehorchte. Eine böse Vorahnung überkam ihn. Alle Religionen hatten Geheimnisse und Methoden der Täuschung. Was würde sich hier abspielen?

Die sieben Tiefländer standen an den Wänden, Gestalten aus Schnee auf schwarzem Hintergrund.

Es gab ein Geräusch. Einen tonlosen Ton, der Rarmon an die unterschwellige Vibration der Luft vor dem Beben erinnerte. Aber es handelte sich nicht um ein so einfaches Phänomen wie Vorauswissen.

Raldanash stand ihm von Angesicht zu Angesicht gegenüber. Ungläubig wurde sich Rarmon dessen bewußt, daß einer des anderen Gesten übernommen hatte, dieselbe Position, mit leicht gespreizten Beinen, die Arme locker an den Seiten. Beinahe die Position von Kämpfern.

Der Bernsteinring begann sanft zu glühen. Demnach war hier Die Kraft vorhanden. Nüchtern nahm er zur Kenntnis, daß ihm das Glühen nicht unangenehm war, aber er war bereit, den Ring vom Finger zu ziehen, falls er sich anschicken sollte, rotglühend zu werden, wie auf dem Schiff von Hliha.

Dann schien ein anderes Licht aus dem Stein aus dem Boden unter ihren Füßen zu kommen, eine sich ringförmig ausbreitende Kraft, ohne Ursprung und Farbe. Sie stieg allmählich wie Wasser an und umschloß sie. Zauberkraft.

Durch das Licht sah er Raldanashs Gesicht, teilweise durchscheinend, aber keine Spur des knöchernen Schädels unter dem Fleisch. Statt dessen sah er auf geisterhafte Art all seine Aspekte ... Sie waren unbenennbar. Raldanash würde

ihn ebenso sehen. Die Aspekte, die Lyki waren, die Aspekte, die Raldnors Teil sein mußten; das Erbe, das dahinter lag, eine Linie von Königen, eine Linie von Priesterinnen. Und seine eigenen, vielen Leben, die in einem enthalten waren; der Dieb und Meuchelmörder, der Heerführer Kesarhs, der Knabenliebhaber.

Der Ring wurde glühend. Er fühlte sich wie schmelzendes Metall an. Es hätte ihn schmerzen müssen, und er hätte den Ring vom Finger zerren müssen, aber aus einem unbekannten Grund brachte die Glut keinen Schmerz; wie das Feuer dem Salamander ...

Dann ging das Licht aus. Der Ring hatte nur die Temperatur seiner Haut.

Raldanash trat von ihm fort.

Jemand sagte hinter ihm: »Ihr seid kein Lügner. Ihr habt einen Teil des Erlösers Raldnor in Euch, und durch ihn auch einen Teil von Ashne. Aber dort ist noch mehr. Die Göttin hat Eurer Seele ihr Zeichen aufgebrannt.«

Rarmon wußte auf diese Worte nichts zu erwidern, oder nur sehr wenig. Er sah den König an.

Die Amanackirer verließen nach und nach den Tempel. Als sich die Kälte der Nacht hereinstahl, erkannte Rarmon, daß der zuvor kalte Raum sehr abgeschlossen und warm geworden war.

»Was geschieht jetzt?« fragte er Raldanash.

»Ihr seid derjenige, der zu sein Ihr angegeben habt«, erwiderte Raldanash. Nichts weiter.

Sie gingen zur Tür, als wäre nichts vorgefallen.

»Was bringt mir das ein, mein Lord?«

»Was immer Ihr wünscht, solange Ihr unter meiner Herrschaft weilt.«

Draußen leuchteten Schuppenpanzer auf. Wachen mit Fackeln standen auf dem Rasen.

»Vielleicht«, sagte Rarmon, »ein kleines Geschenk, um den Anfang zu machen.«

Raldanash hielt in seinem Schritt inne. Rarmon fragte sich, was Ulis Anet gedacht haben mochte, als sie zum ersten Mal dieses unglaublichen Ehemannes ansichtig geworden war.

»Yannuls Sohn«, sagte Rarmon. »Einigen Männern, mein Lord, bedeutet ihr Name sehr viel. Es ist eine magische For-

mel, der Schlüssel zu ihrem Ich. Sein Vater und der Eure waren Freunde. Weshalb laßt Ihr nicht zu, daß der junge Mann seinen erhaltenen Namen beibehält?«

»Er ist«, erwiderte Raldanash, »nicht mehr in Lan.«

»Er hat es bemerkt, Ihr habt ihn beschämt. Eure Anweisung bedeutet, Sir, daß kein Mann fähig genug ist, um den Namen Eures Vaters zu tragen.«

Raldanash, der fast völlig wie ein Tiefländer aussah, schien jetzt sein visianisches Blut zu zeigen. Er blickte zu den Soldaten hin.

»Ihr sagtet zu mir: *Euer Vater*«, sagte er, »und dennoch sprecht Ihr zu mir wie ein Bruder.«

»Ich bitte Euch um eine Gnade. Und zudem haben diejenigen, denen Ihr vertraut, Euch bestätigt, daß ich Euer Bruder bin.«

Eine lange Gesprächspause entstand. Ein würziger Lufthauch brachte entfernten Gesang aus dem öffentlichen Tempel in dem weiter oberhalb gelegenen Wald mit sich; eine nicht näher bestimmbare Hymne, von Zimbeln und Schreien begleitet. Wahrlich, Dorthar hatte Die Göttin zu der ihren gemacht.

Raldanash sagte: »Er kann den Namen Raldnors nicht in meinen Diensten tragen.«

»Angenommen«, sagte Rarmon, »ich hätte ihn für mich in Anspruch genommen?«

»Tut Ihr es?« fragte Raldanash.

»Wenn ich es täte?«

Sie starrten einander an, wie zuvor in dem schwarzen Steinraum. Wieder verstrich die Zeit.

Rarmon gelangte zu der Einsicht, daß der König ihm nicht zu antworten wünschte, und er erkannte, was das bedeutete. Eine Herausforderung jenseits einer bestimmten Grenze konnte weder gestellt noch angenommen werden, denn sie waren keine Gleichgestellten. Und doch, wenn einer untergeordnet war, brauchte der andere nur zu befehlen.

»Ja«, sagte Raldanash da plötzlich, »ich wurde im Tempel einmal angesprochen – im Gegensatz zu Euch – von Geist zu Geist. Meine Seele trägt nicht das Mal der Göttin. Ich bin nur der König.«

»Mein Lord, ich verstehe nicht.«

»Ich fürchte mich nicht vor Euch, Rarmon. Ich habe Kräfte in mir, die Euch fehlen. Ich besitze Rechte, die Ihr nicht habt. Und mir wurde zudem offenbart, daß Ihr ein Dieb wart, der jetzt nichts mehr stiehlt. Aber noch etwas wurde mir offenbart. Ihr werdet größer sein, als ich es sein kann.«

Rarmon neigte den Kopf. »Ich vermag Euch noch immer nicht zu folgen, Sir. Aber muß ich Euch so verstehen, daß Ihr wünscht, daß ich Anackyra verlasse?«

Doch Raldanash schritt nur stumm weiter. Seine Erwählte Wache, in der auch die dunkle Rasse vertreten war, ging in schimmernden Uniformen hinter ihm her.

Rarmon stand noch immer dort, als ein Kammerherr herauskam und ihn fand. Der Mann war begierig, über die Apartments zu verhandeln, die Rarmon zur Verfügung gestellt werden sollten, und über weitere Fragen dieser Art.

Die ganze Zeit über trug der Wind weiterhin Gesang den Hügel hinab. Rarmon ahnte nicht, daß der Gesang ihm zu Ehren stattfand.

»Wünscht Ihr noch Wein?«

Der Thaddrianer verneinte mit ausgesuchter Höflichkeit. Ein Rausch würde Unbehagen in der Nacht verursachen, selbst wenn er eine Folge der edlen Tropfen wäre, die der Keller des Hohen Priesters zu bieten hatte.

Außerhalb des luxuriös eingerichteten Gemachs, der ›Zelle‹ des Hohen Priesters, waren die Gesänge und Schreie aus dem Inneren des Waldtempels endlich verstummt. Es war beinahe Mitternacht.

Der Hohe Priester, der seinen Diener schon vor langer Zeit fortgeschickt hatte, füllte nochmals seinen eigenen Becher.

»Aber«, sagte er unvermittelt, »seid Ihr auch sicher?«

Der Thaddrianer schrak auf. Das war das fünfte Mal, daß ihn der vermaledeite Priester gefragt hatte. Das letzte Mal vor zwei Stunden. Wenigstens wurden die Intervalle länger.

»Ehrwürdiger Vater, Ihr habt mich als Euren Zeugen geschickt, und ich habe in der Halle gewartet. Die Fackeln wurden gebracht. Sie traten ein. Mir blieb weniger als eine halbe Minute, bis sich der König und der Amanackirer aus dem Raum in den privaten Tempel des Herrn der Stürme bega-

ben. Zudem habe ich ihn aus keiner größeren Nähe gesehen als diesen Stehleuchter jetzt; zu keiner Zeit.«

»Wie dem auch sei«, erwiderte der Hohe Priester heftig. Er war natürlich selbst Dortharianer. Einst waren *sie* die herrschende Rasse gewesen. Spuren davon gab es noch immer.

»Wie dem auch sei, ich selbst war davon überzeugt, wie ich Euch bereits sagte und wie Ihr den Gläubigen versichert habt, daß dieser Mann, der sich Rarnamon nennt, in Wahrheit einer der Söhne Raldnors ist.«

»Aber Ihr sagtet auch, daß er ihm unähnlich sei.«

»Wie auch Raldnor es war, als ich ihn erblickte; nur wenige Männer konnten sich mit ihm vergleichen. Wie sich auch nur wenige Frauen mit ihr vergleichen konnten. Trotzdem war die Ähnlichkeit offensichtlich. Dieser Raldnor ist auf seine Art ein ansehnlicher Mann. Seine Züge erinnern von gewissen Gesichtswinkeln aus an die der Rarnammon-Statuen. Auch von Raldnor selbst hieß es, daß er wie diese aussähe.«

Der Hohe Priester stimmte zu und schlürfte seinen Wein.

Der Thaddrianer hatte kein einziges Mal von dem Gedanken in seinem Inneren gesprochen, der ihm gekommen war, als er den König den Raum betreten gesehen hatte und ihm ein viel dunklerer Mann gefolgt war. Es war ein plötzlicher Einfall gewesen, unverfälscht und deutlich. *Offensichtlich wurde es zwischen den beiden aufgeteilt. Der weißhaarige Vathcrianer besitzt die Schönheit. Aber die unerschöpfliche Kraft – die hat der andere mitbekommen.*

Er war noch ein Kind gewesen, als er Raldnor Am Anackire gesehen hatte. Sonnenaufgang in einer thaddrianischen Stadt, in der eben ein Aufstand stattfand, Flammen und Rauch und Sonnenschein hatten einander den Platz am Himmel streitig gemacht.

Und aus dem Chaos war etwas so Einfaches und Gewöhnliches hervorgekommen, der Lastwagen eines Bauern, der auf den Wald zugefahren war. Und in dem Wagen hatten sich zwei Geschöpfe befunden, die ganz und gar nicht gewöhnlich waren. Ein Gott und eine Göttin.

Erst Jahre später erfuhr er, welche Gottheiten sie gewesen sein mußten, Raldnor, der Sohn Rehdons, und Astaris, die Frau, die er geliebt hatte.

Die reine Banalität ihres Auszugs aus der Stadt und die Er-

habenheit ihrer übernatürlichen Erscheinungen zusammen waren entscheidend gewesen, um aus dem Thaddrianer einen Priester zu machen. Und auch, um ihn streitbar zu machen. Gewisse Aspekte der Verehrung seiner Göttin machten ihm zu schaffen. Mythologie sollte nur bis zu einem gewissen Grade die Lebensführung der Menschen bestimmen. Das Leben nach dem Tode sollte sich selbst überlassen bleiben. Religion täte besser daran, die Sterblichen in ihrer Sterblichkeit zu trösten, statt sie mit der Hoffnung auf eine jenseitige Zukunft trunken zu machen. Bestand denn das Leben etwa nur darin, vom Tod zu träumen?

»Auf jeden Fall«, sagte der Heilige Mann und stieß dezent auf, »werden ihn die Amanackirer geprüft haben.«

»Zweifellos, Ehrwürdiger Vater.«

»Und Ihr wart sicher?«

Barmherzige Anack. Die Intervalle wurden wieder kürzer.

»Er war über jeden Zweifel erhaben aufrichtig, soweit ich es beurteilen konnte ...«

»Ja, ja.« Der Hohe Priester ließ Anzeichen von Ungeduld mit ihnen beiden erkennen, mit seinem Thaddrianer und ihm selbst.

Die dem Erdbeben Entronnenen hatten sicher die Schatzkammern des Tempels gefüllt. Vielleicht wünschte er, hinausgehen und die Beute zählen zu können. Die großzügigste Gabe war von einem jungen Xarabiser gekommen, dem Kommandanten der persönlichen Wache der Prinzessin-Braut. Er war von einem zügellos dahinschießenden Wagen angefahren und der Besinnung beraubt worden, hatte sich jedoch hinlänglich davon erholt, um am vergangenen Abend hierherzukommen.

Der Thaddrianer bezweifelte, daß Lord Iros der Anackire für die Rettung seines Lebens gedankt hatte. Er hatte den Eindruck äußersten Zornes erweckt, hatte aber auch geweint. Es gab bereits Gerüchte, denen zufolge er in die Prinzessin verliebt gewesen sein sollte. Das verlieh der Angelegenheit eine unheilvolle Nebenbedeutung. Raldnor Am Anackire war der Liebhaber der seinem Sturmlord Angetrauten gewesen.

»Die Vorzeichen sind günstig«, sagte der Hohe Priester und erhob sich. Anscheinend war es an der Zeit aufzubrechen. »Die Söhne der Helden treffen sich hier, im Zentrum

von Vis. Wenn Krieg ins Haus steht, brauchen wir solche Zeichen.«

Der Thaddrianer warf sich zu Boden und trat dann ab.

Wenn es Krieg gab. Selbst ein Kind konnte es einem sagen – und Kinder sagten es in der Tat, denn ihre Spiele standen im Zeichen der Zwietracht; die unteren Straßen hallten vom Lärm der Kinder wider, die Freie Zakorianer darstellten. Krieg, der Fluch der Menschen.

Und dieser Krieg versprach, der schlimmste von allen zu werden. Zakoris im Exil hatte sich zu einem Raubdämon entwickelt. Letzten Endes würde es versuchen, ganz Vis in seine Rache hineinzuzerren; und wenn es seine Schlachten gewänne, würde nicht ein Stein auf dem anderen bleiben; nicht ein Grashalm würde mehr sein, der nicht von Feuer und Blut verfärbt wäre.

Die Tiefländer drückten sich nicht. Sie hatten schon zuvor triumphiert. Außerdem, lehrte die Göttin nicht, daß die Seele unsterblich sei? Was machte es schon aus, wenn ein Mann in seinem Fleisch verging? Der Tod war nur wie das Abstreifen einer Haut. Diese Philosophie hatte sie vor langer Zeit passiv gemacht; jetzt aber waren sie mutig und ohne Erbarmen.

Als er durch den Tempel schritt, berührte er die goldenen Schuppen der Göttin mit seinen Lippen; er liebte Ihre *idea;* und er war der Menschen überdrüssig und krank von ihnen.

Ein von der Entfernung, die er zurückgelegt hatte, entkräfteter Sturm murmelte leise und kraftlos über die Berge. Die blassen Blitze waren schwächer als verwässerte Milch, aber gelegentlich schlugen sie in die Oberfläche einer Flüssigkeit ein ... Regen, der in einer zerbrochenen Zisterne oder einem aufgestauten Tümpel aufgefangen war. Auch über den Fluß zuckten sie und beleuchteten ihn, wie es einst die Straßenlaternen getan hatten, die Lampen in den Tempeln und auf den Schiffen, und die Lichter in den hohen Fenstern.

Das tote Koramvis, in Atome zertrümmert, lag zu beiden Seiten des Weges.

Er hatte den Wagen vor einer Meile oder mehr zurückgelassen, die Zeebas angebunden – er hatte auf Zeebas für seine Reise bestanden, da er nicht an die schwachen Zugtiere gewöhnt war und ihnen keine anstrengende Strecke zutraute.

Weshalb er hierher gereist war, wußte er selbst nicht ganz genau. Da er alles erledigt hatte, war es möglicherweise sein Trieb, allem zu entfliehen. Seinem Vater waren solche Anwandlungen nicht fremd gewesen, als er hier in seiner ruhmreichen Verkleidung gefangen gewesen war, als Mann Amreks.

Rarmon hatte sich flüchtig gefragt, ob er wohl seinen Weg durch die zerstörten Straßen fände; ob ihn das Erbteil Raldnors führen würde. Aber wenn er den Zustand bedachte, in den das Beben die Stadt versetzt hatte, bezweifelte er, daß selbst Raldnor noch seinen Weg gefunden hätte.

Nur der Fluß Okris war ein sicheres Merkmal, als er gelegentlich im grellen Licht auftauchte.

Eine gewaltige Brücke war in die Fluten gestürzt. Auf dem geborstenen und aufgebrochenen Pflaster hatte die Vegetation länger als achtundzwanzig Jahre Zeit gehabt zu wuchern.

Hier und dort standen noch Gebäudeteile; ein Turm, eine Kolonnade ... Aber Ried, wilder Wein und Bäume hatten auch an ihnen Wurzeln geschlagen. Wildkatzen hausten hier; Rarmon hörte sie schreien.

Als sich der Wind erhob, blies er Staub auf den Weg, der übler als gewöhnlicher Staub war; es handelte sich um den zu scharfkantigen Körnchen zermahlenen Marmor. Moderduft kam über den Fluß herüber. Metall rostete vor sich hin. Die ganze Stadt rostete wie ein zerbrochenes und vergessenes Schwert.

Er schritt eine Weile weiter, dann blieb er stehen und blickte über den Fluß

Als er zu seiner linken Seite eine Bewegung wahrnahm, wandte er sich ohne Hast um, während er sein Messer zog. Er hätte erwartet, daß hier Wegelagerer hausten, ebenso wie wilde Tiere. Aber sein Ring glühte.

Er zögerte. Es lag keine Drohung in der Luft, nur eine Fremdartigkeit. Jenseits eines zerstörten Torbogens aus hellem visianischen Stein erhob sich ein weiterer Bogen, wie ein Schatten; ebenfalls zerstört, aber schwarz. Und unter dem Bogen stand jemand ... Ein Mädchen.

Er ging langsam auf sie zu. Sein Zögern war unangebracht, er hätte das Trugbild wie Spinnengewebe zerreißen können.

Alles umher lag in tiefer Nacht, aber innerhalb des zweiten Bogens war Tag.

Das Mädchen sah ihn nicht an. Sie zog Wasser aus einem Brunnen. Sie war jung, dreizehn oder vierzehn Jahre alt; lieblich strahlte ihre Jugend; aber noch etwas verlieh ihr Anmut. Sie hatte Haare und Haut einer Tiefländerin. Als sie ihren Eimer gefüllt hatte, stützte sie ihn auf der Hüfte ab. Sie hob den Kopf, und den Blick. Und als er ihre Augen in dem Trugbild sah, was sie ihm in den Gängen in Olm nicht erlaubt hatte, erkannte er sie, und er schrie auf, so daß das Herz der leeren Ruine von seiner Stimme widerhallte.

DREIZEHN

Eine Königin hatte einst darüber geherrscht, bevor die überlieferte Geschichte begonnen hatte: Ashnesea, von der solche Namen wie Anici oder Ashne'e abgeleitet waren. Sie fühlte sich so alt wie die Erde. Sie hatte so viele Dinge gesehen. Den Glanz ihrer Legenden, den Untergang ihrer Bewohner, Eroberungen und Niederwerfungen, die Verfolgung der Visianer, die letzte Verfolgung durch Amrek. Sie war eingenommen worden, von Truppen besetzt, die sie selbst und ihre Einwohner haßten und fürchteten. Dann war der Erlöser über ihre schwarzen Steine geschritten, und sie hatte die Anfänge der Niederwerfung der Visianer miterlebt, das Erwachen der Schlange des Tieflandes. Und den ersten Biß der Schlangenfänge.

Sie war noch immer eine Ruine, die Tieflandstadt in den Schattenlosen Ebenen, und sie hatte keinen Namen, wenn sie je einen Namen gehabt hatte.

Obwohl wilde Tiere durch ihre zerstörten Mauern ein- und ausgingen und Reisende nach Belieben hereinkamen und sie wieder verließen. Alles hatte sich gewandelt, aber dies war unverändert. Wenn man durch ihre unbewachten Tore eintrat, wurde man noch immer vom Eindruck unvorstellbaren Alters und uralter Geheimnisse überwältigt.

Haut hatte vorgehabt, sich eine oder zwei oder drei der größeren Tiefland-Städte anzusehen, die jetzt in den Ebenen

aufgeblüht waren; vielleicht sogar Hamos. Dann, während er in seinem Zelt in Elyr gelegen und auf das Mädchen gewartet hatte, das kommen und ihn erfreuen sollte, beschloß er, sie, wenn sie gut wäre, für sich selbst zu behalten. Er würde sie natürlich zunächst befreien, so daß es keine Regelwidrigkeit gäbe, die die Amanackirer erzürnen könnte, und er würde sie allein durch die Liebe an sich binden.

Dann war sie eingetreten, und er hatte ihre Haare gesehen, und ihre Augen, und als nächstes das Schemen der Göttin.

Als er aus seiner Bewußtlosigkeit erwachte, war sie fortgegangen. Er trat aus dem Zelt, fröstelnd, um sich zu vergewissern, daß sie überhaupt wirklich gewesen war. Seine Diener und der Viehtreiber schliefen, sie aber saß bei den Hüte-Kalinxen und beobachtete die Schafe.

Er ging zu ihr hinüber, und als sie ihn nicht zurückwies oder totschlug, kniete er vor ihr nieder und bat sie um Verzeihung.

Danach fuhr sie in einem Wagen mit einer Plane zum Schutz gegen die Sonne, den er im nächsten Dorf erstanden hatte.

Zuweilen fragte er sie nach ihren Wünschen, aber sie lächelte nur. Das Lächeln jedenfalls war bezaubernd, und entschieden besser als ein geschleuderter Donnerkeil.

Jetzt im Dunst unterschied sich ihr Schatten nicht mehr von dem eines Mädchens.

Seine Diener, Vardianer wie er selbst, nahmen einfach stillschweigend zur Kenntnis, daß ihre Blondheit offenbart worden war und nahmen an, daß seine Sorge um sie seiner Klugheit entsprang, und klug ahmten sie es nach.

Avatare waren Haut aus Erzählungen vertraut. Der Tieflandkrieg hatte vor seiner Geburt stattgefunden, aber er war in der Erinnerung der Menschen noch so frisch wie die farbigen Geschichten, die über ihn erzählt wurden.

Es war immer noch ein Zeitalter der Wunder. Der Gedanke, in dieser Zeit zu leben, erregte ihn mehr, als daß er ihn ängstlich gemacht hätte. Auch in Vardath, wo Priesterinnen umhergingen und mit Löwen redeten und wo die Telepathie zwischen nahen Verwandten ziemlich gewöhnlich war, konnte man besser zurecht kommen, wann man die Wunder des Glaubens ruhig hinnahm.

Als sie in die Tiefländer überwechselten, wurde Haut ihre Bestimmung erkennbar. Sie sagte ihm nichts davon, aber er merkte es trotzdem. Er war ein wenig enttäuscht, denn die zerstörte Stadt bot ihm nur ein geringes Betätigungsfeld und, entgegen seinen Erwartungen, noch geringeren Ruhm für sie. Aber alles nahm seinen Lauf, ohne daß man etwas von ihm verlangte.

Er konnte sich nicht für die Stadt erwärmen, deren Ruinen sich dunkel und dräuend in dem kleinen Tal erhoben. Das war keine Überraschung. Aber viele Menschen wohnten noch immer hier, und das war eine Überraschung.

Es gab sogar ein abenteuerliches xarabisches Viertel mit funktionierendem Handel. Sie hatten einen der Marktplätze wieder seiner ursprünglichen Bestimmung zugeführt und ihm auch wieder seinen uralten Tiefland-Namen gegeben: Lepasin. Die ihn umstehenden Häuser waren abgestützt und ausgebessert worden. Es war die fröhlichste Gegend innerhalb der Ruinen; sie vermittelte mehr als den Anschein von Leben, und hier nahm der Vardianer Quartier in einigen Räumen mit Aussicht auf den Markt.

Auf der entlegenen Seite der Terrassen hielten zwei geheimnisvolle Paläste die Erinnerung an den Untergang aufrecht, aber alles übrige war mit Gras bewachsen. Alle Schafe Hauts konnten hier weiden und die Nacht im Schutz der überwachsenen Höfe verbringen.

Mit Tagesanbruch versammelten sich Frauen an den uralten Wasserstellen, sie trugen ihre Eimer bei sich und ließen den Morgen noch normaler wirken.

Es gab noch viele Mischlinge in der Stadt. Vor nicht allzu langer Zeit war sie ihre einzige Zuflucht gewesen, als sie erfahren mußten, daß sie weder den Visianern noch den hellen Rassen angenehm waren. Die meisten echten Tiefländer waren fortgezogen – in Städte der Ebenen wie Hamos oder Moiyah, oder weiter in die visianische Welt, die ihnen insgesamt offenstand. Diejenigen, die hierzubleiben vorgezogen hatten, waren nur äußerlich Tiefländer; reinblütig, aber von sanftem Gemüt.

Es waren eigentlich viele, aber im Verhältnis gesehen wenige. Die Menschen der Tiefländer hatten zu sich selbst ge-

funden. Die meisten von ihnen waren nicht wie die früheren. Oder besser gesagt, sie waren genauso wie die viel früheren ... Die vor Zeitaltern gelebt hatten.

Als das Mädchen auf dem Lepasin erschien, machten ihr die Gruppen der Fleißigen und der Untätigen Platz. Selbst hier wurde den Amanackirern Achtung bezeigt, und sie wies sich durch ihre Farbe als solche aus.

Als sie auf den alten Brunnen zuschritt, eilten zwei oder drei Frauen zu ihr, um sie zu belehren.

»Junge Dame ... Gebt Euch keine Mühe; der Brunnen ist trocken.«

»Kommt mit zu dem Brunnen auf der Südterrasse, Lady. Wir bringen Euch hin.«

Das Mädchen blickte sie an. Sie hatte sie offensichtlich verstanden, denn sie lächelte ein wenig und deutete ein Kopfnicken an. Dann aber setzte sie ihren Weg die Stufen zum alten Brunnen hinauf fort.

Von seinem zerstörten Gewölbebogen unrahmt, stand sie dort wie in einem Tagtraum gefangen.

Die Frauen besprachen sich in dieser Angelegenheit. Sie waren Mischblütige, und sie haßten es, sich zu wiederholen. Sie warteten unten an der kurzen Treppe, daß sich das Mädchen selbst überzeuge und wieder zu ihnen herabsteige, auf daß sie ihr den wasserführenden Brunnen an der anderen Seite des Lepasin-Platzes zeigen konnten.

Der ganze Markt zeigte das lebhafte Bild von Handel und Tausch, aber bei denen, die sich in ihrer Nähe befanden, machte sich bereits ein gewisses Interesse für die junge Amanackirerin an dem ausgetrockneten Brunnen bemerkbar.

Ein junger, halb-xarabischer Mann überließ seinem Bruder die Beaufsichtigung ihres Standes mit bemalter Töpferware und Gemüse. Er drängelte sich durch die dichte Menge der Frauen, die jetzt unterhalb des Brunnens versammelt waren. Das Tieflandmädchen hatte seinen Gefallen erregt. Er stieg zu ihr die Treppe hinauf.

»Hier ist seit der Zeit meines Vaters kein Wasser mehr geschöpft worden. Haben Euch das diese blöden Gänse nicht gesagt? Laßt mich Euch doch an den anderen Brunnen geleiten.«

»Wartet«, sagte sie sanft.

Er setzte eben zu einer Erwiderung an, dann schlug er sich die Hände vor den Kopf, in dem er sie vernommen hatte. Die Tatsache, daß er ein Halbblut war, hatte ihm eine ziemlich dem Zufall unterworfene Fähigkeit der Kopfsprache verliehen. Sie jetzt so stark empfangen zu haben, erregte ihn. Wie es auch dem Helden Raldnor ergangen war, ergriff ihn sogleich eine heftige Liebe zu der Frau, die ihm einen Augenblick reinster Telepathie beschert hatte.

Als sie den Eimer in den Brunnen senkte, machte er keine Anstalten, sie daran zu hindern. Und als der Eimer wieder hochkam, leerte sie ihn in ihr Gefäß.

Er war damit beschäftigt gewesen, sie zu betrachten, und hatte dem Eimer keine Aufmerksamkeit geschenkt, aber ein bestimmtes Geräusch rief ihn zur Besinnung. Er starrte in den Bottich und sah, daß Wasser darin war.

Die Frauen am Fuß der Treppe hatten es ebenfalls bemerkt. Eine von ihnen schrie auf. Sie zeigten auf das Mädchen.

Dann bot sie dem jungen Mann das Gefäß an.

»Trinkt!«

Das Wort – obwohl es kein Wort gewesen war – stand hell wie Glas in seinem Kopf. Er stellte fest, daß er zitterte, als er die Hand ausstreckte, das Gefäß in Empfang nahm und an den Mund führte. Dann ließ das Zittern nach, und er ließ ein Gebrüll erschallen.

Von allen Seiten wandten sich ihnen die Köfpe zu.

Der junge Mann befand sich in der Ekstase eines ungläubigen Entzückens, das beinahe Raserei war.

»Es ist Wein!« schrie er.

Die Menschen kamen herbeigeeilt; sie stellten Fragen und riefen durcheinander.

»Ein Trick!«

»Zauberei!«

Das Mädchen trat beiseite und ließ sie selbst den Eimer hinablassen und wieder hochziehen; probieren, schreien, den Eimer ausschütten, ihn wieder hinunterlassen und wieder hervorziehen; und erneut probieren und wild durcheinander schreien.

Der Lärm wurde zum Tumult.

An seinem Fenster mit Sicht über den Markt stand der Vardianer. Haut bemerkte, daß auch er wieder zu zittern an-

fing. Er hatte gewußt, daß der Brunnen versiegt gewesen war, der xarabische Landherr hatte es ihm erklärt. Haut vernahm die Rufe. Er hatte Verständnis dafür gehabt, daß das Mädchen seine Begleitung nicht gewünscht hatte, aber jetzt fühlte er das Verlangen, auf den Lepasin zu gehen und selbst nachzusehen, was dort vor sich ging.

Es gehörte zum üblichen Repertoire der magisch-religiösen Kunststücke dieses Kontinents, besonders in Shansar. Die symbolische Metamorphose: Ein Stecken oder Schwert in eine Schlange zu verwandeln, Luft in Feuer, die Versteinerung von Bäumen, Wasser aus Steinen hervortreten zu lassen; Flüche, die Wasser in Blut verwandelten, oder Segen, die es zu Wein werden ließen. Wie mit dem übrigen, das sie ihm vorgeführt hatte, war er durch die Kenntnisse seiner Rasse mit derlei Dingen vertraut. Aber jetzt verspürte er den unbestimmten Impuls, den Wein zu probieren, und vielleicht zu weinen.

Als Haut durch die Tür trat, ergriff ihn einer seiner Diener am Arm.

»Ihr wißt, was vorgeht, Sir?«

Haut nickte.

»Man versucht, ihr den Wein *abzukaufen.*«

Haut mußte lachen, sein Sinn für Kommerz war angesprochen.

Man konnte Wunder nicht kaufen.

Das erregte Kommen und Gehen am Weinbrunnen hielt an, bis die Mittagshitze alles erschlaffen ließ. Die Geschäftigkeit auf dem Markt erlahmte völlig oder wurde mit halber Kraft weitergeführt. Wer immer neu ankam, bekam die Geschichte zu hören. Der versiegte Brunnen versiegte nicht.

Das Mädchen saß auf der obersten Stufe der Treppe zum Brunnen, völlig ruhig, und sah den Ankömmlingen ins Gesicht, oder sie sah über alle hinweg ins Weite. Es sah aus, als warte sie auf etwas, aber ob auf ein bestimmtes Zeichen aus der Menge oder etwas, das aus ihr selbst kommen würde oder aus dem Himmel, war nicht klar.

Jene, die wußten oder bemerkt hatten, daß Haut zu ihr gehörte, fragten ihn.

»Spricht sie niemals?«

»Sie spricht nicht laut. Nur innerlich. Sie ist eine Amanakkire.«

»Woher kommt sie? Übers Meer?«

»Aus meinem Land? Nein. Ich habe sie in Lanelyr gefunden.«

Er war eine Sensation, da er Begleiter einer Sensation war. Und er räkelte und sonnte sich darin, ohne daß es ihm bewußt geworden wäre.

Der Wein war golden, sehr klar, Tieflandqualität. Alle hatten von ihm getrunken. Auch er hatte davon getrunken. Vielleicht war er verwandelt worden.

Leicht erstaunt bemerkte er, daß er bequem auf seiner Bank schlief, mit dem Rücken zur Wand. Es war sehr heiß. Etwas sehr Seltsames war geschehen, aber es war leicht zu akzeptieren und wirkte überhaupt nicht überraschend.

Der Lepasin war vollgepackt wie ein Küchenschrank. Auf den oberen Terrassen lagerten die Menschen auf geborstenem Stein und verdorrtem Gras unter notdürftigen Sonnenschirmen. Menschen saßen in Fenstern und Eingängen. Ein halbes Dutzend Waghalsige waren an den zerbröckelnden Fassaden der Paläste hochgeklettert. Haut erblickte sogar die vornehm-bärtigen Gesichter einiger seiner Schafe, die oben zwischen den Säulen standen und hinabspähten.

Die Sonne durchschritt den Zenit.

Das Mädchen erhob sich auf der oberen Stufe am Brunnen.

Sie beobachteten sie, als sie herabschritt und über den Markt ging. Eine große Anzahl Menschen erhob sich ungebeten und folgte ihr.

Sie wanderte durch die zerstörte Stadt, zwischen gesäuberten Ruinen und über staubige Straßen.

Zwanzig oder dreißig Schritte hinter ihr folgte die Menge. An manchen Stellen schien sie eigentlich abschwenken zu wollen, wo Abschnitte des Mauerwerks eingestürzt waren und den Weg blockiert hatten; und junge Männer, gewöhnlich unter der Anführung eines blonden Xarabiers, rannten unter Geschrei und Gelächter und Bildung von Staubwolken voraus, um ihr den Weg zu zeigen.

Sie schien die Geschichte gut zu kennen.

Sie schlug den Weg zu dem Haus ein, das einst einem

Manne als Unterkunft gedient hatte, der Orhvan genannt wurde und der dort wiederum Raldnor Unterschlupf gewährt hatte – und auch, unwissentlich, dem Verräter Ras.

Sie betrat das Haus durch die Tür und durchschritt allein die Halle; kam wieder heraus und setzte ihren Weg fort. Sie wanderte in das höhergelegene Viertel zu dem Haus, das einst einem Mann von Ommos gehört hatte, Yr Dakan, aber dort trat sie nicht ein. Die zarikianischen Säulen vor dem Gebäude waren schon lange mit Hämmern zertrümmert worden.

Sie durchquerte die Stadt und ging zu dem noch stehenden Palast, von dem aus die dortharianische Garnison die Ebenen unsicher gemacht hatte, ihre Abendglocke geläutet hatte, ihre Raubtaten und Grausamkeiten geplant hatten, und wo ihre Angehörigen in der Nacht des Erwachens schreiend im eigenen Blut gestorben waren, auf ein Wort Raldnors hin.

Sie betrat die ausgedehnten kalten Gewölbe des Palastes und verweilte dort. Nur wenige hatten sie hierher begleitet, um sie zu sehen und um sie in Sicherheit zu wissen.

Nur selten gingen Männer in das Gebäude. Es hatte den Ruf einer unheilvollen Stätte, bei Mischlingen und Visianern; es galt als Ort des Schmerzes und Leidens für diese reinen Tiefländer an der Grenze ihrer eigenen Rasse.

Sie besuchte noch einige andere Plätze. Ein weiteres Haus, das Raldnor besetzt hatte. Die provisorische Schmiede, in der das erste dortharianische Schwert mit dem kunstlosen, aber mit hohem Gefühlswert behafteten Emblem der Anackire versehen worden war, das noch immer an seinem Pfosten hing, inzwischen völlig verrostet. Und die Straße, in der Raldnor angeblich einen großen weißen Wolf erschlagen hatte.

Die Sonne sank auf Ketten aus Gold.

Die Menge hatte wunde Füße bekommen; einige der Leute waren gehobener Stimmung und schwatzten, andere waren atemlos und begannen sich zu fragen, weshalb sie dem Mädchen gefolgt waren; wer sie denn war, daß sie sie dazu gebracht hatte; eine kleine, schmächtige Person, ein junges Mädchen, das niemals zu ihnen zurückblickte.

Die Schatten glichen langen Speeren aus Zinnober, als sie die Menschen wieder auf den Lepasin führte.

Die schwarzen, zerbrochenen Säulen der Paläste ragten in einen rosa Himmel, durch den purpurne Vögel schossen.

Diejenigen, die auf dem Markt geblieben waren, hatten ihre Waren für die Nacht verstaut und waren fortgegangen. Nur hier und dort hielt eine brennende Lampe einsame Wache. Auch in den Fenstern ringsum waren Lampen angezündet worden, aus denen Neugierige schauten, um zu sehen, was weiterhin geschah.

Das Mädchen schritt auf die nordöstliche Terrasse zu, und weiter die Stufen zu dem noch tätigen Brunnen hoch. Der Glanz des westlichen Himmels umspielte sie, so daß auch sie vor dem dunklen Stein schimmerte.

Eine große Stille breitete sich zwischen Himmel und Erde aus. Die Vögel hatten sich niedergelassen, und es bewegte sich kein Lufthauch. Die Sonne selbst schien zu zögern, bevor sie endgültig untergehen würde.

Irgendein Ereignis stand bevor; es lag etwas in der Luft. Das teilte sich auch dem Unempfindlichsten mit. Die Visianer auf dem Lepasin verharrten in Furcht und banger Erwartung; es war, als hätte sich ihr Geist auf die Zehenspitzen erhoben. Die Tiefländer verspürten den Schmerz einer alten Wunde in der Herzgegend.

Das Mädchen erhob die Arme.

Haut, der Vardianer, der gelegentlich alle Arten von Fleisch verschacherte, der Lieferant von Schafen ebenso wie Sklavenhändler war, verspürte die wellenförmige Erregung, die ihm von den Gebetstürmen des Schwesterkontinents her vertraut war, wo sich die Seele vom Körper lösen und ihn verlassen konnte.

Rings umher wogte die Menge und gab die geballte Kraft ihres Fühlens in die Luft ab. Dann erhob sich ein Ton, ein unhörbarer Ton, als zupfe jemand wieder und wieder an einer einzelnen, tonlosen Harfensaite.

Das Mädchen schien Feuer in sich zu tragen, eine Lampe aus Alabaster ... Ihr Haar rührte sich, zuckte, reckte sich empor; eine lodernde Flamme im nichtvorhandenen Wind.

Die Menge stöhnte. Aber nicht aus Furcht. Es klang wie ein Brunftschrei.

Was als nächstes geschah, kam überraschend.

Licht schoß in den Himmel empor, ein Turm aus Licht, der

seinen Ursprung dort hatte, wo das Mädchen stand, oder wo es gestanden hatte, denn entweder machte die Helligkeit sie unsichtbar, oder sie selbst hatte sich in dieses Licht verwandelt.

Eine kurze Weile war nichts als das Licht. Dann nahm das Licht Gestalt an.

Die Gestalt, die es annahm, war Anackire.

Sie ragte empor. Ihre Kraft drängte empor. Ihr Fleisch war ein weißer Berg. Ihr Schlangenschwanz war ein Feuerfluß; eine Feuersflut. Ihr goldener Kopf rührte an den Scheitelpunkt des Himmels, und dort in der Höhe fuhren die Schlangen Ihrer Haare wie Blitze durch das Firmament, und Blitze brachen aus ihnen hervor.

So hoch, so entfernt war das unmenschliche Antlitz beinahe verloren, unbestimmt, obwohl es sich zu ihnen niederbeugte. Ein Band aus sonnenbeschienenen Wolken lag um Ihren Hals, Wolken, die sich auflösten und von Ihr wegtrieben, während die Menschen emporstarrten. Ihre Augen waren Zwillingssonnen. Ihr Glanz blendete. Ihre acht Arme, ausgestreckt wie zuvor die des Mädchens, verharrten gewichtslos in der Luft; die Handgelenke, die langen Finger, die sich leise bewegten.

Der überwältigende Schwanz der Schlange krümmte sich.

Sie war lebendig. Sie starrte auf die Menschen hernieder, die, unfähig, Ihren Blick zu erwidern, sich auf den Boden warfen oder hinfielen und das Bewußtsein verloren.

Anackire verblieb vor ihnen für fünf ewige Sekunden. Dann wurde ihr Glanz an allen Stellen unerträglich hell; eine sengende Weißglut, die unvermittelt erlosch und nichts als die schwarzen Nachschatten im ersterbenden Sonnenuntergang hinterließ; dann nicht einmal mehr dies.

Als die Menschen ihr Bewußtsein wiedererlangten, nahm Haut wahr, daß das Mädchen vor dem Brunnen stand, unberührt von der Erscheinung, die sie hervorgebracht hatte. Sie schien eher nur ruhiger geworden zu sein, aber nicht erschöpft. Und endlich sah er ihr Gesicht; es war, was es immer gewesen war: das Gesicht der Anackire.

Als sie ihre Herrin für die Nacht allein ließ, hoffte die schwärmerische Yeiza, daß die Vorzimmer durch die An-

kunft des Herrn der Stürme wachgerüttelt würden. Aber die von flackerndem Kerzenlicht erfüllten Räume blieben still wie stehende Tümpel.

Wie gewöhnlich wurden die Türen nicht aufgerissen, um den ansehnlichen weißhaarigen König einzulassen, der vor Gier bebte.

Er hätte seine Braut sogleich nehmen können, die Verlobung gab ihm das Recht dazu. Aber aufsehenerregende Umstände waren dazwischengekommen – die unerwartete Enthüllung des Prinzen Rarmon, und dann ein Gesandter aus Karmiss, der Geschäfte ankündigte, die bis dahin nicht zur Diskussion gestanden hatten. Morgen jedenfalls würde die Hochzeit stattfinden.

Yeiza hatte Ulis Anets Aufwartemädchen angewiesen, ihre liebreizenden Gewänder herauszulegen, den juwelenbesetzten Haarschmuck, die aus allen Blumen der Liebe gewonnenen Öle. Am morgigen Abend würde die Suite der Prinzessin in einen anderen Trakt des Palastes verlegt werden. Sie würde eine der fünfzehn Nebenfrauen des Königs sein.

War es denn vorstellbar, daß Ulis Anet, die einzigartige Vertreterin des Landes Xarabiss, nicht einmal eine Nacht mit dem König verbringen würde? Es war eine Tatsache, daß alle Frauen Raldanashs, die Nebenfrauen und die höhergestellten, diese blonden Königinnen vom anderen Kontinent, sonderbarer- und unglücklicherweise allesamt unfruchtbar waren.

Einige seiner Konkubinen hatten Kinder bekommen, die aber nicht legitim waren und zudem keine Ähnlichkeit mit dem vathcrianischen König hatten.

Konnte es sein, daß er impotent war? Es war eine weitere Tatsache, daß der König keine Knaben zu seinem Vergnügen hielt.

Die Götter – die Göttin – konnten doch nicht etwa wollen, daß die gesetzliche Linie des Helden Raldnor unterging?

Als Yeiza durch eine Pforte einen der Garten-Höfe betrat, schloß sich eine Männerhand um ihr Handgelenk. Sie schrie auf, aber die Nächte im Palast waren von Liebesschreien erfüllt. Die Wache reagierte nur auf einen bestimmten Ruf. Ehe sie ansetzen konnte, ihn auszustoßen, erkannte sie das hübsche Gesicht in dem Licht, das aus der Pforte brach.

»Lord Iros ...«

»Ist er bei ihr?«

»Ihr sprecht vom König? Er hat das Recht, bei ihr zu sein«, erwiderte Yeiza trotzig.

»Danach habe ich dich nicht gefragt, Dirne.«

»Ich bin keine ...«

»Antworte mir, oder ich breche dir das Handgelenk.«

Yeiza traute ihm diese Tat zu. Sie empfand nichts für Iros, obwohl ihr seine Blicke durchaus gefielen. Doch während sie noch glaubte, nichts für ihn zu empfinden, hatte ihr Interesse an ihm zugenommen.

»Nun gut: Nein. Sie ist allein. Mein Lord ... Ihr könnt nicht hineingehen.«

»Ich habe sieben Männer bestochen, damit es mir gelingt. Wie, glaubst du, bin ich soweit gekommen, ohne aufgehalten zu werden?«

»Wenn jemand Euch bei ihr fände, müßte sie sterben, und Ihr müßtet es ebenfalls.«

»Wer sollte uns entdecken? Er gewiß nicht. Es sei denn, du betrügst mich.«

Yeiza blickte in Iros' funkelnde Augen und wimmerte. Als er sie an sich zog und küßte, wurde sie schwach; schmolz dahin in seiner Glut, obwohl sie wußte, daß eine andere sie entfacht hatte. Als er sie von sich stieß, wäre sie beinahe ins Gras gesunken.

Die Pforte schloß sich. Schmollend und zufrieden bemerkte sie, daß er eine Goldmünze zwischen ihre Brüste hatte fallen lassen, als er sie liebkost hatte.

Das Betragen des Königs anderen gegenüber hatte immer eine gewisse distanzierte Vertraulichkeit beinhaltet, die sich durch nichts änderte. Man ahnte, daß sie unwandelbar war.

»Guten Abend, Rarmon.«

»Guten Abend, mein Lord. Ich bedaure, verhindert gewesen zu sein.«

»Ich nehme an, ich habe Euch direkt von Eurem Wagen weg hergerufen. Seid Ihr in die Berge gefahren?«

»Ich war in der zerstörten Stadt, mein Lord.«

»In Koramvis ... ja. Wir alle sehen es uns gelegentlich an. Aber Ihr seid schon häufiger dort gewesen.«

Rarmon erwiderte nichts. Es war noch nicht erwiesen, daß sein Halbbruder, der König, ihn nicht beobachten ließ.

Rarmons eigener Aufstieg war noch zu frisch, als daß er selbst ähnliche Aufmerksamkeiten hätte arrangieren können. Seine Wächter waren Raldanashs Soldaten. Selbst Männer von der Straße anzuwerben, war zu diesem Zeitpunkt nicht ratsam.

Er hatte seit jener bizarren Nacht des Schiedsspruchs der Anackire nicht mehr das Vergnügen gehabt, dem Herrn der Stürme persönlich zu begegnen. Er hatte Raldanash natürlich gesehen und war in der Öffentlichkeit von ihm wahrgenommen worden, zur Bestürzung des Rates. Vencrek, der Gouverneur, kam ebenfalls dafür in Betracht, insgeheim seine eigenen, mehr routinemäßigen Nachforschungen angestellt zu haben.

Inzwischen jedoch hatten die Mengen Hochrufe ausgestoßen, ein faszinierender Lärm für denjenigen, dem er galt.

Diese Vorladung war jedenfalls nicht völlig unerwartet gekommen. Rarmon hatte zumindest von der Ankunft des Boten aus Karmiss gehört.

Obwohl seine Vergangenheit nicht durchstöbert oder auch nur genau dargelegt worden war, hatte Rarmon sie notwendigerweise in gewissen Umrissen mitgeteilt. Raldanash wußte, daß er beinahe zwei Jahre lang Kesarhs Mann gewesen war.

Tatsächlich sagte Raldanash: »Es sieht so aus, als müßte ich in den Osten gehen. In offizieller Lesart wird es sich als Fortschritt ausnehmen. Der karmianische König hat einen Mann nach Dorthar gesandt, ein ehrenwertes Ratsmitglied; ich beabsichtige, diesen Mann in der Nähe von Kuma persönlich zu treffen. Natürlich geht es um ein Kriegsspiel. Ihr werdet Euch erinnern, wie Karmiss die Schiffe des Freien Zakoris kampfunfähig gemacht hat.«

»Ja, allerdings.«

»Ich würde gerne Eure Meinung über die Strategie hören, die zur Zeit vorgetragen wird; insbesondere, da Ihr einiges über die Absichten und die Denkart Kesarhs wißt. Ihr werdet mit mir kommen.«

Rarmon nickte ergeben. Ihm fiel ein, daß der König, obwohl er seinen Rat wünschen mochte, es auch schätzen wür-

de, den Bastard-Bruder sicher an seiner Seite zu wissen, solange er von Anackyra fort war.

»Es ist wichtig, daß die Angelegenheit geheim bleibt. Die Freien Zakorianer haben Spione in Dorthar. Ich werde morgen aufbrechen. Je größer die Überraschung für die Hauptstadt ist, desto besser.«

Noch etwas anderes bot sich an.

»Ich nehme an, Sir, daß Ihr Euch zuvor die Zeit nehmen werdet, die xarabische Prinzessin zu heiraten.«

»Ja. Ich möchte Xarabiss nicht vor den Kopf stoßen. Ich werde sie mit mir nehmen; es hilft mir, meinen Schritt zu begründen ... Es sieht aus, als hätte ich vor, meiner neuen Braut das Land zu zeigen. Thann Xa'ath sollte geschmeichelt sein. Keine andere Frau erfuhr eine derartige Behandlung.« Raldanash lächelte nicht. Sein Blick schien in die Ferne gerichtet, mit zukünftigen Ereignissen beschäftigt, die weder mit Begehrlichkeit noch mit Krieg zu tun zu haben schienen. »Daher muß ich Euch mit einer weiteren Aufgabe betrauen; mit der des Botschafters bei Ulis Anet. Geht heute abend zu ihren Gemächern und berichtet ihr die Neuigkeiten. Sie mag sich bereithalten abzureisen, sobald die am Morgen stattfindende Zeremonie beendet ist.«

Rarmon ließ sich Zeit mit seiner Antwort. Dann sagte er: »Es ist schon spät. Sie könnte sich bereits zurückgezogen haben.«

»Nehmt zwei Wächter mit, und einen Kammerherrn; das reicht aus, um es offiziell aussehen zu lassen. Wartet, bis die Frau sie geholt hat. Es sollte ihr persönlich von der Reise berichtet werden ... Aber kein Wort von dieser karmianischen Angelegenheit. Ich werde später nach ihr schauen. Und ich werde mich um eine schickliche Erklärung bemühen. Ich hoffe, Ihr versteht, weshalb ich Euch bitte, zu ihr zu gehen?«

Rarmon hatte durchaus Erklärungen. Aber er sagte: »Nein, Sir.«

»Weil die Etikette eine wichtige Persönlichkeit verlangt, und weil es besser ist, wenn so wenige wie möglich in den Plan eingeweiht sind. Macht diesen Gesichtspunkt auch meiner Verlobten deutlich.«

»Ja, mein Lord.« Rarmon ließ wiederum ein paar Sekunden verstreichen, ehe er ruhig fortfuhr: »Und falls sie fragen soll-

te, weshalb Ihr in einer so wichtigen Angelegenheit nicht selbst ...«

Raldanash erwiderte einfach: »Ginge ich selbst, nähme sie an, ich käme, um mein Recht als Verlobter zu beanspruchen, ihr Lager zu teilen.«

Rarmon fand diese Offenheit eher peinlich als komisch.

Raldanash ließ kein Zeichen einer Gemütsbewegung erkennen, er strahlte weder Selbstvertrauen aus, noch Traurigkeit.

Es wäre wohl am höflichsten, nichts zu sagen.

Rarmon schwieg.

Draußen rief er zwei Wächter zu sich und schickte nach dem Kammerherrn, und währenddessen kam ihm ein weiterer Gedanke, der zu den übrigen paßte. Der König würde nicht ausgerechnet nach seiner neuesten Frau verlangen, wenn er überhaupt eine begehrte. Es mochte in seinen Plan passen, sie mit einem Halbbruder von aufregender Wichtigkeit abzuspeisen. Später konnte er sie beide überraschen und hinrichten lassen.

Rarmon glaubte kaum, daß Raldanash von seinem sexuellen Verhältnis mit Ulis Anet erfahren hatte, selbst nach seiner geistigen Befragung durch die Amanackirer. Aber belastende Situationen konnten auf jeden Fall geschaffen werden.

Dann wiederum mochte Rarmon nicht beschwören, daß der König zu derartigen Ränken fähig war. Augenblicklich wagte er überhaupt nicht zu beurteilen, zu was der König fähig war; weder im guten noch im schlechten Sinn. Sein Charisma war durchaus vorhanden, aber wie er es auf dem Schlachtfeld des Lebens und seines Königtums einsetzte, war Rarmon noch nicht klar.

Als er von einem der prachtvoll ausgestatteten Korridore in den anderen einbog, fand der Kammerherr seinen Weg durch den nichtsnutzigen Sohn Yannuls versperrt, der – im Begriff, höflich Platz zu machen – Rarmon erkannte und ihn grüßte.

»Darf ich um die Gunst bitten, ein Wort zu fragen?« Lur Raldnor, jetzt im Palast als Lur Yannul bekannt, bot ein Bild mühsam aufrechterhaltener Selbstbeherrschung. Seine Augen waren auf die Rarmons geheftet, und sie sagten: *Es ist außerordentlich dringend, und es muß jetzt gleich sein.*

Rarmon entfernte sich einige Schritte von der Wache. Er und Raldnor standen in der Nische eines Fensters.

»Wird er heute nacht zu Ulis gehen.?«

»Ihr sprecht von Raldanash. Nein. Ich wurde mit einer Botschaft zu ihr geschickt.«

»Jemand hat ein Gerücht ausgestreut, und der Klatsch hat sich ausgebreitet. Man glaubt, daß der König zu ihr eilt, um sein Recht zu fordern. Yeiza hat das gehört.«

»Muß ich damit rechnen, daß die Prinzessin nicht allein ist?«

»Dieser verdammte Narr Iros hat Leute bestochen, um zu ihr Einlaß zu finden, durch den Garten. Um wieder hinauszukommen, muß er die Vorzimmer durchqueren – die Wache wird abgelöst –, und die Vorzimmer sind, wenn man dem Gerücht glauben darf, inzwischen von Mitgliedern des Hofes überfüllt.«

»Ich verstehe.«

»Wenn es keinen Hinweis darauf gibt, daß jetzt ein Mann bei ihr ist ... Ihr kennt die Gesetze Dorthars in bezug auf Ehebruch. Raldnor ist ihnen eben um Haaresbreite entgangen, stimmt's?«

Yannuls Sohn lächelte, dann lachte er laut. Rarmon war von dieser schauspielerischen Leistung, die geeignet war, die Lauschenden irrezuführen, nicht unbeeindruckt.

»Könnt Ihr etwas unternehmen?« fragte er.

»Möglicherweise. Wenn beide die Ruhe bewahren.«

Sie verbeugten sich voreinander und trennten sich. Rarmon setzte mit seiner Eskorte den Weg fort.

Minuten später standen sie vor der Tür der Suite, und die Wächter salutierten. Im Eingang standen Personen, neugierige Gaffer.

Als die Flügeltür geöffnet wurde, sah Rarmon, daß die angrenzenden Vorräume von Menschen wimmelten. Xarabische Diener, sogar etliche Sekretäre lungerten herum, als warteten sie darauf, benötigt zu werden, um Briefe aufzunehmen.

Sie alle wirkten enttäuscht darüber, daß sie Raldanash nicht auf frischer Tat ertappt hatten. Ulis Anets Damen, jedenfalls die meisten von ihnen, waren ebenfalls unter den Anwesenden. Glücklicherweise hatte Yeiza, obwohl jung

und schüchtern, offenbar den Drang gehabt zurückzukommen.

Der Kammerherr kündigte Rarmon überflüssigerweise an. Der Kammerherr fügte verhängnisvollerweise hinzu, daß der Prinz in einer Angelegenheit des Sturmlords hier war.

Alle behielten ihre harmlose Miene bei. Wenn sie im Theater ausgesprochen worden wären, wären die Ränge bei diesen Worten in schenkelklatschenden Applaus ausgebrochen.

Rarmon gebot dem Kammerherr Einhalt, als er weitersprechen wollte. Er dankte der Versammlung für ihre Aufmerksamkeit und entließ sie. Die günstige Kombination zwischen seiner persönlichen Autorität und seiner Berühmtheit bewirkten, daß sich die Räume in weniger als einer Minute fast vollständig leerten.

Dann sprach Rarmon Yeiza an; er forderte sie auf, das Schlafgemach zu betreten und ihn ihrer Herrin anzukündigen. Es bestand die Chance, daß Iros, triebhaft und theatralisch, wie er war, mit gezücktem Schwert aus dem Raum gestürmt kam, in der Überzeugung, daß die Soldaten Raldanashs seinetwegen gekommen wären.

Aber das Getuschel und Gemurmel hatte ihn bisher drinnen zurückgehalten. Yeizas umsichtige Art einzutreten, indem sie die innere Tür hinter sich schloß, verhinderte das Unglück.

Rarmon erwartete, daß Ulis Anet sich in den Griff bekommen und herauskommen würde, und ihre offensichtliche Schuld hinter sich zurückließe.

Er war daher überrascht, als Yeiza wieder erschien und sagte: »Die Prinzessin ist noch nicht zu Bett gegangen, mein Lord. Als Bruder des Königs und ihr eigener ausgezeichneter Verwandter mögt Ihr eintreten.«

Das Ganze war so absurd, daß Rarmon eine Falle vermutete.

Dann betrat er das Schlafgemach, während er sich fragte, ob Iros in einen Kleiderspind gesteckt worden war, in der Art, wie solche Dinge in Theaterkomödien gehandhabt wurden.

Aber Iros stand offen vor der hinteren Wand des Raumes. Ulis Anet, die trotz der Mitteilung Yeizas ihr Nachtgewand trug, starrte Rarmon entgegen. Yeiza schloß die Tür und lehnte sich gegen sie.

»Wie Ihr seht«, sagte die Prinzessin, »sind wir auf Euer Wohlwollen angewiesen.«

Ihre Stimme war tief, aber nicht unsicher, wie die Yeizas gewesen war.

Unverbindlich sagte Rarmon: »Ich werde Euch die Mitteilung des Königs ausrichten. Dann werde ich gehen. Ihr braucht nicht auf den König selbst zu warten. In fünfzehn Minuten wird es für den Herrn sicher sein, das Zimmer zu verlassen, wenn er die Vorzimmer benutzt, für deren Leerung ich gesorgt haben werde, und den unauffälligen Umhang trägt, den ich ihm durch Yeiza zuschicken werde. Man wird ihn darin für einen der herumlungernden Sekretäre halten.«

Iros gelobte, alles zu tun, und achtete darauf, leise zu sprechen.

Ulis Anet ließ Rarmon nicht aus den Augen.

»Ihr habt mich während jenes Erdbebens vor Verstümmelung und Tod gerettet. Es muß Euch beleidigen, mich ein derart dummes Spiel treiben zu sehen.«

»Die Risiken, die Ihr wissentlich auf Euch nehmt, haben nichts mit mir zu tun.«

»Und diese Angelegenheit, mein Lord, hatte mit *mir* nichts zu tun.«

Sie hob den Kopf, und in ihren Augen und um ihre Lippen lag eine Gespanntheit. Wieder erinnerte sie Rarmon zwingend an Val Nardia, die fast unheimliche körperliche Ähnlichkeit; aber sie waren einander nicht völlig gleich.

»Lord Rarmon, ich fühle, daß ich Euch trauen kann. Ich hoffe, Ihr werdet bezeugen, daß dieser Mann uneingeladen zu mir gekommen ist, und daß er hier nicht erwünscht war.

Tatsächlich, mein Lord, flehe ich Euch an, mich vor ihm zu schützen.«

Iros gab einen Ton von sich, der entschieden zu laut war. Er schickte sich an, zu reden oder zu schreien, und Rarmon trat zu ihm und versetzte ihm einen Fausthieb ins Gesicht. Iros sackte gegen die Wand zusammen. Rarmon packte ihn an der Kehle.

»Seid still. Sie verleugnet Euch. Ihr habt Euer Stückchen ohne ihr Einverständnis gewagt.«

Iros versuchte, sich freizukämpfen, aber seine Wut war kraftlos geworden. Rarmon ließ ihn frei.

»Die Hure kann mich jetzt nur verleugnen, um sich selbst zu schützen.«

»Belegt sie nicht mit Ausdrücken. Sie hätte Euch der Vergewaltigung anklagen können, wenn sie gewollt hätte. Wenn Ihr sie schätztet, hättet Ihr den Anstand gehabt, ihren Worten zuzustimmen.«

Iros rieb sich den Unterkiefer. Er mochte es nicht, wenn seine Schönheit litt.

Rarmon sagte nachdrücklich: »Ich werde im Nordgang auf Euch warten, oberhalb des Fuchsgartens. Solltet Ihr zu spät von hier aufbrechen, bin ich gezwungen zurückzukommen. Dann wird es eine Anklage wegen Vergewaltigung geben, wegen derer Ihr Euch vor meinen eigenen Männern zu verantworten habt.«

»Schmieriger Emporkömmling aus Karmiss, Ihr wagt es …«

Iros verstummte inmitten seines Ausrufs. Rarmon war nicht umsonst bei Kesarh in die Lehre gegangen.

»Versucht, Euch zu erinnern«, sagte Rarmon, »was ich hier geworden bin und was Ihr geblieben seid. Ihr seid ein Prahler und ein Schnorrer, aber Ihr lebt immerhin. Ich bin in der Lage, diesen Zustand abzuändern, und ich werde es tun, wenn Ihr in Eurer Dummheit beharrt.«

Im Nordgang trafen sie sich später erneut zu einem sehr kurzen Gespräch. Es schien so, als hätte sich Iros dessen erinnert, was Rarmon inzwischen darstellte.

Als der Kommandant schließlich durch den Ziergarten davonging, lehnte sich Rarmon an eine Säule und beobachtete den Monduntergang. Endlich ließ die Hitze des Bernsteinringes nach. Er hatte von dem Moment an geglüht, als Yannuls Sohn zu ihm in dem Korridor gesprochen hatte.

Weshalb? Eine neuerliche Warnung? Aber er konnte nicht über diese Dinge nachdenken und auch noch über das Kind.

Acht oder neun Jahre alt, hatte sie sich ihm als Frau von Vierzehn gezeigt, körperlich in Olm, als Geist in den Ruinen von Koramvis.

Wo war sie? Sie befand sich nicht mehr unter Wölfen. Was

verlangte sie von ihm? Sie war verschwunden, als er sich auf sie zu bewegt hatte, der Zauber war gebrochen worden durch seine Annäherung oder einen Aufschrei. Und doch blieb sein Eindruck einer Bitte bestehen. Oder daß er um etwas gebeten werden würde. Und die Verbindung mit dem Ring.

Es war seltsam, denn er glaubte nicht mehr ernsthaft an sie. Er hatte kein Vertrauen in ihre Göttin.

VIERZEHN

Nachdem der König sie verlassen hatte, saß Ulis Anet lange unter den verlöschenden Lampen, und sie war ebenso still wie alle übrigen Gegenstände im Zelt.

Es war eine hügelige Straße nach Kuma, und sie hatte die Reise in ihrem Brautputz angetreten, die Hochzeitsblumen lagen noch frisch an ihren Wangen. Als sie ihre Zelte für die Nacht auf dem Hügelrat aufgeschlagen hatten, eine vom Schein der Fackeln und Sterne erhellte Szenerie, an die sie sich allmählich gewöhnt hatte, war ein Hochzeitsgeschenk angekommen. Ein Halsgeschmeide mit goldenen Vögeln, die einander küßten, und einer Menge unterschiedlicher Früchte aus Rosenquarz und Saphiren, mit dazu passenden schweren Ohrgehängen. Das Geschenk war sehr wertvoll und mehr als großzügig gewesen. Da hatte sie gewußt, daß er gewiß zu ihr kommen würde, und er hatte es getan.

Die Lampen waren heruntergedreht, Parfüm versprüht und die Weinkrüge griffbereit hingestellt worden. Ihre Frauen hatten sie für das Ehelager geschmückt.

Er war mit einer Eskorte eingetroffen. Männer mit Fackeln, die Ehelieder aus Dorthar sangen und vielleicht auch solche aus Vathcri, denn fremde Worte waren mit zotigen gemischt.

Als sie gegangen waren, und die Frauen ebenfalls, war Raldanash zum ersten Mal mit ihr zusammen, in einem abgeschlossenen und duftenden Zelt.

Sie hatte seine Schönheit in jenen ersten verwirrenden Augenblicken auf dem Hoheitlichen Platz wahrgenommen. Instinktiv hatte sie nicht auf diese Schönheit wie auf etwas Positives reagiert. Es war keine Erotik darin gewesen; sie hatte nichts versprochen.

Ulis Anet hatte gewußt, daß der König nicht gekommen war, um sie zu lieben, und sie hatte recht behalten.

»Ich sehe, daß Ihr versteht«, hatte er schließlich gesagt.

Sie hätte ihre Zunge vielleicht hüten können, aber sie war wütend gewesen, nicht eigentlich auf ihn, sondern auf alles; ein kalter, spröder Zorn hatte sich ihrer bemächtigt.

»Nein, mein Lord, ich verstehe es nicht. Aber ich weiß, was von mir verlangt wird.«

»Nichts wird von Euch verlangt.«

»Ja, da habt Ihr recht.«

»Es tut mir leid«, hatte er erwidert, »wenn Euch das erschreckt. Aber es war nicht meine Wahl, Euch zu einer unfruchtbaren Paarung zu nötigen. Wir sind beide Opfer der Politik.« Nach diesen Worten hatte er sich gesetzt und war ohne sichtbare Beunruhigung fortgefahren: »Aus politischen Gründen muß ich heute nacht eine gewisse Zeit mit Euch verbringen, und auch in den meisten übrigen Nächten dieser Reise. Man fände es merkwürdig, wenn ich es nicht täte, und es könnte Euch Schande einbringen. Ich bin mir bewußt, daß ein derartiger Betrug Euch beleidigen könnte, aber ich denke dennoch, daß Ihr die Notwendigkeit dazu erkennt. Sobald wir nach Anackyra zurückgekehrt sind, werdet Ihr die Freiheit haben, nach Eurem Belieben zu handeln. Vorausgesetzt, Ihr laßt Diskretion walten, werde ich keine weitere Forderung an Euch haben.«

»Ihr deutet an, daß ich mir Liebhaber nehmen könnte, mein Lord?«

»Wenn Ihr es wünscht. Das ist nur recht und billig, Ulis, da ich niemals Euer Liebhaber sein werde.«

Sie staunte über seine Kaltblütigkeit, obwohl sie nichts anderes erwartet hatte.

»Ihr verstoßt gegen alle Ehegesetze und die Tradition Dorthars«, sagte sie endlich.

»Vielleicht.«

»Ist der Grund der«, erkundigte sie sich, »daß Ihr Euren lieblichen Frauen treu bleiben wollt, den Königinnen von Shansar und ...«

»Ich bin keiner Frau treu.« Er lächelte fein und fuhr fort: »Und keinem Mann.«

Unwillkürlich erschauerte sie. Sie wußte, daß sie sich auf

unsicherem Grund bewegte; dennoch konnte sie es sich nicht versagen, in dieser Richtung weiterzumachen.

»Ihr werdet mich für aufdringlich halten, mein Lord«, sagte sie, »wenn ich Euch um eine Erklärung bitte.«

»Ihr habt jedes Recht zu fragen. Insbesondere, da ich Euch während dieser Stunde nichts als Konversationen bieten kann. Das mindeste, das ich tun kann, ist, Euch gegenüber aufrichtig zu sein.«

Nach einer Pause fuhr er fort: »Es existiert die Sitte in den Ländern jenseits des Ozeans, die sich üblicherweise auf die Priesterschaft beschränkt, sich der Göttin zu weihen. Sie verlangt körperliche und gefühlsmäßige Keuschheit. Man übt die Liebe nicht aus und man liebt auch nicht; nichts und niemanden; außer der Göttin und der Erde, die Ihr Werk ist. Dies Opfer wurde auch von mir verlangt. Ich will damit nicht sagen, daß man mich dazu aufforderte oder anwies. Ich meine damit vielmehr, daß ich die Überzeugung, dieses Opfer bringen zu müssen, in mir selbst fand.

In Vathcri werden Männer dieser Art Söhne Ashkars genannt. Man hält sie für heilig und sagt ihnen nach, daß sie zuweilen Wunder wirken können.

Absurderweise begriff ich von dem Moment an, als ich vernünftig denken konnte, daß ich meine Heimat verlassen und Hoher König hier im Norden werden mußte. Man lehrte mich die Verantwortlichkeiten des Königtums. Ein wesentlicher Punkt dabei war die Fortführung der von meinem Vater begründeten Dynastie. Aber das war für mich nicht das Entscheidende. Die innere Stimme ist immer stärker als die noch so laute Stimme der Außenwelt. Man muß nur auf sie hören. Raldnors Linie endet mit mir.«

»Ihr könntet«, sagte sie, »Euch niemals dazu bringen ...«

»Ich habe Verlangen verspürt«, erwiderte er. »Zur Zeit Zastis' plagte mich das Verlangen häufig. Aber das gehört der Vergangenheit an. Inzwischen habe ich diese Anfechtungen überwunden.«

Sie vermochte ihr Erstaunen nicht zu verbergen.

»Es kommt mir wie ein Rätsel vor, mein Lord.«

»Es ist kein Rätsel. Die Visianer kennen keinen erklärten Kult des Zölibats als Quelle Der Kraft. Die Tieflandleute, die Amanackirer, besitzen ihn seit jeher. Das trifft bis zu einem

gewissen Grad auch auf meine Leute zu. Die sexuellen Energien zu unterdrücken, ist keine schreckliche und noch dazu fruchtlose Buße, wie sie etwa ein visianischer Priester einem Übeltäter auferlegt. Der Geschlechtstrieb ist eine Kraft, die man umsetzen, speichern und auf andere Weise anwenden kann. Die Amanackirer haben lange in dem Verdacht gestanden, in ihren Tempeln insgeheim Orgien fleischlicher Lust zu feiern. Schon in der vorgeschichtlichen Zeit wußten sie den sexuellen Akt zu ritualisieren und die Verzückung der Lust zu einem Blitz magischer Kraft umzuformen. Derart gezügelt und kanalisiert, ist diese Energie gleichermaßen nutzbar. Ist es verwunderlich, daß die bei der Entstehung des Lebens wirksamen Mechanismen auch auf andere Weise als schöpferische Kraft genutzt werden können?«

Die Unverhülltheit seiner Rede und die Gelassenheit, mit der er sie vorbrachte, störten Ulis Anet. Sie äußerte sich nicht weiter zu diesem Thema, und der König verblüffte sie erneut mit seinen gesellschaftlichen Einsichten, als er zu einer Diskussion über Xarabiss überleitete.

In den zwei Stunden, die er bei ihr verbrachte, erwähnte er auch den wahren Zweck ihrer Reise nach Kuma. Sie hatte geahnt, daß etwas Derartiges existierte.

Als er ging, war sie benommen, aber als die Benommenheit von ihr gewichen war, bemerkte Ulis Anet voller Widerwillen, daß sie erregt und lüstern war, als stünde Zastis am Himmel. Dieselbe sexuelle Kraft, von der der König gesprochen hatte, schien das Zelt zu erfüllen, eine hungrige, unterdrückte, elementare Kraft.

Kuma war im Krieg ebenfalls geplündert worden. Der Ruß alter Brände hing noch an Blumen und Bannern. Die Stadt war beinahe so erfreut, den König und sein Gefolge unvermutet empfangen zu dürfen, wie Anackyra erfreut gewesen war, den Herrn der Stürme ausreiten zu sehen.

Am zweiten Tag wurde eine Jagd in den östlichen Bergen veranstaltet. Der Stadtwächter erhob heftigen Einspruch. Im letzten Jahr war diese Gegend von einer Dürre heimgesucht worden. Das Wild war selten geworden. Aber der Sturmlord erwies sich als unbelehrbar in seiner Überzeugung, daß Wild im Überfluß vorhanden sei, und in seinem Wunsch, es zu jagen.

Ein Drittel der Lastkarren rollte mit der Jagdgesellschaft davon, mit dem königlichen Pavillon, selbst die Königin fuhr mit dem Gewimmel ihrer xarabischen Wache und verschiedener Damen mit. Falls Kuma vermutete, daß es Ausgangspunkt für weitere und bedeutungsvollere Abenteuer war, erhielt der Wächter keine Aufklärung darüber.

Oben im sonnenverbrannten Hochland teilte sich die herrschaftliche Gesellschaft nochmals auf. Der König, sein Bastardbruder und etwa fünfundzwanzig Wächter verließen die Zelte, die wie überdimensionale Blumen neben einem schmalen Fluß erblüht waren, und ritten mit eingelegten Lanzen die Hänge empor, die rasenden Wagen ratterten durch den Staub. Für derart begeisterte Jäger, die zu sein sie vorgegeben hatten, schien ihre Jagdmethode reichlich unerfahren.

Vom Gipfel eines braunen Berges aus bot sich ein Ausblick bis hin zum Meilen entfernten Meer, eine große, schimmernde Fläche, wie eine gigantische Schlange unter kobaltblauem Himmel. Man konnte auch ins Tal hinabsehen und eine weitere Jagdgesellschaft erkennen. Sie bestand aus einem dunklen Zelt und Zeebas und Männern, die umherliefen.

Der König hob die Hand, und das Banner von Anackyra wurde entrollt.

Die zweite Gesellschaft reagierte prompt, indem sie ihrerseits ihr Wappen zeigte. Es war nicht die Lilie von Karmiss. Auf dem schwarzen Tuch prangte eine scharlachfarbene Echse.

Rarmon, der Rem gewesen war, fühlte, wie sich die Muskeln an den Seiten seines Rückgrats spannten. Er drehte sich ein wenig zu Raldanash hin, aber in eben diesem Augenblick wurde das Tuch über dem Zelteingang beiseite geschlagen.

Eine Gestalt trat heraus und sah zu ihnen herauf. Es war Kesarh.

Die Wagen fuhren an.

»Mein Lord«, sagte Rarmon mit größter Bestimmtheit, »es ist kein Ratsmitglied. Es ist ihr König.«

»Ihr erkennt ihn wieder?« Raldanash schien ungerührt. »Ich habe es schon halb vermutet. Anscheinend hat er in seiner Flotte mitgekämpft, als einfacher Soldat verkleidet. Er liebt es, im Mittelpunkt der Ereignisse zu stehen.«

Sie waren inzwischen über den höchsten Punkt des Berges hinaus, und die Wagen rollten den leicht geneigten Abhang hinab.

Hatte Raldanash mehr als eine Vermutung gehabt? Es war möglich, daß er es gewußt hatte.

Rarmon, der keinen Ausweg wußte, bereitete sich wütend und entschlossen auf die Konfrontation vor.

Fünfzig Meter weiter hielten die Wagen an.

Der weiße Bannerträger trat vor, pflanzte seine Standarte in den Boden und rief: »Sir, Ihr befindet Euch in Gegenwart Raldanashs, des Sohnes Raldnors, des Sohnes Rehdons, des Sturmlords von Dorthar, des Drachenkönigs von Vis.«

Die andere Seite verzichtete auf jede Zurschaustellung. Kesarh trat vor und erwiderte das leichte Beugen des Kopfes, mit dem der Herr der Stürme ihn gegrüßt hatte, wie es unter Königen üblich war.

Die angeborene körperliche Kraft des Mannes, an die sich Rarmon erinnerte, hatte sich acht Jahre lang entwickelt und ihm nichts von seiner Vornehmheit genommen. Seine Figur war ebenso wie die Rarmons die eines Kämpfers geblieben; sein Körper war schlank und geschmeidig und die Muskeln eisenhart. Sein Gesicht zierte zwischen der rechten Wange und dem Auge eine kleine Narbe, sie war kaum so lang wie der Fingernagel eines Kindes. Darüber hinaus trug er keinerlei sichtbares Mal.

Aber die acht Jahre waren seinen Augen deutlich anzusehen. Sie lagen tiefer und wirkten schwärzer, und der Blick aus ihnen war weniger durchdringend, obwohl die Stärke und kritische Wachsamkeit in ihnen offenkundig waren. Auch der letzte Rest jugendlicher Sorglosigkeit war verschwunden. Kesarh hatte sich voll und ganz selbst verwirklicht.

Er trug Schwarz, wie immer, und keinen Schmuck. Mit seinen schwarzen Haaren und in der schwarzen Kleidung sah er dem weißhaarigen Raldanash in heller Lederkleidung entgegen. Das war schon wieder eine Szene wie im Theater. Sie wirkten wie zwei Figuren in einem Brettspiel.

Raldanash stieg von seinem Wagen.

»Ich hoffe, daß Karmiss während Eurer Abwesenheit gut regiert wird.«

»Wie ich höre, wurde ich erkannt.«

»Mein Bruder«, sagte Raldanash, »erinnert sich Eurer.«

Rarmon hatte ebenfalls seinen Wagen verlassen. Er näherte sich den beiden langsam. Es schien, als benutze eine der Spielfiguren ihrerseits ihn als Figur.

Kesarhs Blick bewegte sich seitlich vom Herrn der Stürme weg, wanderte zu Rarmon und verharrte auf ihm. Ja, diese Augen gehörten wahrlich zu Kesarh. Sie konnten einen Mann in die Knie zwingen.

Rarmon trat näher. Kesarh hatte ihn erkannt. Rarmon wußte es, obwohl sich Kesarhs Gesichtsausdruck nicht änderte.

Als er bei Raldanash angekommen war, sagte Kesarh ohne die geringste Betonung: »Dies ist Euer Bruder, mein Lord?«

Raldanash erwiderte nichts; er überließ es Rarmon, diesem Hieb zu begegnen.

Rarmon erwiderte, indem er sich darum bemühte, seine Worte nicht erklärend und seine Stimme nicht verletzt klingen zu lassen: »Ich bin ein Bastard Raldnor Am Anackires mit seiner karmianischen Geliebten.«

Kesarh sah ihn unverwandt an. Ihn, Rarmon, der Rem gewesen war, der zehn Hiebe von einer Peitsche mit dem Namen Beißer empfangen hatte, der in Tjis Schlangengift gemolken hatte, der die Nachricht von Val Nardias Tod übermittelt hatte, die zu spät gekommen war, um noch von Nutzen zu sein; der die Tochter Kesarhs mit an Bord von Dhols Schiff genommen hatte.

Und der nicht zurückgekehrt war.

Die schwarzen Augen hielten ihm dies alles vor. Sie sagten ihm, daß sie nichts vergessen hatten.

Dann erschien ein Lächeln auf diesem Gesicht, und es nahm den unverbindlichen charmanten Ausdruck an, den Kesarh für Dienstboten bereithielt.

»Ja«, sagte Kesarh. »Ich wußte, daß es etwas mit Karmiss zu tun hatte.« Und zu Raldnor gewandt fuhr er fort: »Sollten wir nicht ins Zelt gehen und übers Geschäftliche reden, mein Lord?«

Das Vorderteil des Zeltes war zurückgeschlagen worden, und das Licht des Nachmittags fiel herein. Zehn Schritte entfernt

hielten die Wachtposten, weiße und schwarze, ihre Stellungen.

Kesarh hatte einen Adjutanten mit an die Tafel gebracht und einen Sekretär, der ihr Gespräch aufzeichnen sollte. Die beiden Männer Raldanashs saßen oder standen hinter ihrem Herrn.

Rarmon war ein Sitzplatz weiter weg angewiesen worden, wodurch seiner Rolle als Beobachter unausgesprochen Genüge getan wurde.

Der Wein stammte aus Karmiss. Rarmon bemerkte, daß die Trauben veredelt worden waren.

Eine Stunde zog sich die Unterhaltung in die Länge. Der Sieg der Schiffe Kesarhs wurde erörtert und mit sehr viel Beifall bedacht, selbst das Massaker auf Ankabek wurde gestreift.

»Ein ruchloser und gemeiner Akt. Die Göttin wird blutig gerächt werden«, bemerkte Kesahr dazu.

Er machte sich nicht die Mühe, Rarmon anzuschauen, der sehr genau über die Tiefe der Inbrunst Bescheid wußte, mit der Kesarh die Anackire verehrte.

Der Sturmlord seinerseits gestattete seinen Adjutanten, räuberische Akte der Freien Zakorianer an Dorthars Küsten aufzuzählen. Ein Verbund von Verteidigungsstellungen an den nördlichen und östlichen Küsten, der seit Dem Krieg nicht mehr existierte, war wiedererrichtet worden. Das war keine aufsehenerregende Enthüllung.

Das Alte Zakoris, seit nunmehr neunundzwanzig Jahren unter vardianischer Herrschaft, wurde in die Diskussion gebracht und bedacht. Es spielte in diesem Szenarium natürlich nicht die geringste Rolle. Mit Vathcri und Vardath bestand eine feste Allianz, und die Ansprüche Vardaths, das ohne Zweifel den Preis der Schlacht darstellte, belagert und ausgeliefert, konnte man nicht übergehen. Yl Am Zakoris konnte jedenfalls durch zurückerstattete Herrschaftsansprüche jetzt nicht mehr beschwichtigt werden. Alle Anzeichen wiesen darauf hin, daß ihn nach dem ganzen Kontinent gelüstete, wenn er stark genug war, ihn zu unterjochen.

Die zweite Stunde des Gesprächs begann.

Raldanashs Adjutant griff ein Stichwort von Raldanash auf und wollte ungefähr wissen, wie viele Schiffe den Freien Za-

korianern nach ihrer verheerenden Niederlage geblieben sein mochten.

»Ihre Berichte erwähnen zehn Schiffe, die uns entkommen sind«, sagte der istrianische Adjutant. »Das waren die Teufel, die Ankabek gebrandschatzt haben. Da die heilige Insel den militärischen Schutz König Kesarhs genießt, können nicht weniger als zehn Schiffe angegriffen haben.«

Raldanashs Adjutant sagte geistesgegenwärtig: »Ich habe gehört, daß Ankabek keine militärische Verteidigung hatte.« Er fügte mit aufreizend sanfter Stimme hinzu: »Ich hörte, die Ankabeker hätten sie aus religiösen Gründen abgelehnt.«

»Da seid Ihr falsch unterrichtet. Eine Abteilung Soldaten bewachte die Insel, und eine Marine-Garnison war auf einer strategisch günstig gelegenen Erhebung des karmianischen Festlandes stationiert, sie kontrollierten die Meerenge und waren bereit, in See zu stechen, sobald das Signalfeuer der Göttin entzündet worden wäre.«

Kesarhs klingende Stimme schnitt erfolglos durch dieses kleine verbale Zwischenspiel.

»Yl hat übrigens nicht all seine Schiffe in diese Seeschlacht geschickt. Eine gewisse Anzahl wurden in Zakoris-In-Thaddra zurückgehalten. Und die thaddrianischen Wälder sind üppig. Sie bieten Bauholz in Hülle und Fülle.«

»Wir haben aus thaddrianischer Quelle eine Nachricht aufgeschnappt, derzufolge eine zweite Flotte von hundert Schiffen existiert«, bemerkte Raldanashs Adjutant.

Kesarh sagte: »Meine eigenen Quellen besagen, daß Yl zur Zeit zwei Flotten hat, die in Tiefwasserbuchten entlang des nordwestlichen Ufers versteckt liegen. Einhundert Schiffe stellen sicherlich die Zählung der kleineren dieser Flotten dar.«

Das war eine Neuigkeit. Raldanashs Adjutant schaute finster drein, dann sah er den Sturmlord an.

»Eure Quellen sind sicher?« erkundigte sich Raldanash.

»Keine Quelle ist völlig sicher.«

»Welche Nachrichten geben Euch eure Quellen in bezug auf die Südstraße?« fragte Raldanash.

Kesarh lächelte, schenkte dem Sturmlord und sich selbst Wein ein und verwirrte so den lebhaften dortharianischen Adjutanten, dessen Aufgabe dies eigentlich gewesen wäre.

»Ihr bezieht Euch auf die von Yl geliebte Landstraße, die durch den Urwald bis ins vardianische Zakoris geschlagen wurde?«

»Und die daher auf die westliche Grenze Dorthars zuführt.«

»Ah, ja. Yl benutzte sie zur Bestrafung von Übeltätern. Der Urwald leistet auf jedem Zoll zähen Widerstand. In zehn Jahren sind nicht mehr als zehn Meilen der Straße gesichert worden. Selbst dann noch muß das Sklavenheer Tag und Nacht arbeiten, um sie begehbar zu halten, sonst überwuchert sie der Urwald sofort wieder.«

»Vorposten des vardianischen Zakoris haben Rauch und brennende Teile des Waldes gesichtet«, sagte der Adjutant Raldanashs. Er wartete darauf, unterbrochen zu werden, und fuhr, als dies nicht geschah, fort: »Sie warten, bis sich Regen ankündigt, dann zünden sie die Bäume an. Der Regen verhindert, daß sich das Feuer ausbreitet. Aber es treibt die Rodung mit beachtlicher Geschwindigkeit voran.«

Kesahrs Gesicht wurde ausdruckslos. Als er ihn ansah, erkannte Rarmon den Grund dafür: Kesarh war offensichtlich im Besitz überlegenen Wissens.

Kesarh sagte: »Eurer Erhabenheit ist sicher bekannt, daß Karmiss, eines Eurer nächsten Nachbarländer und Euer treuer Vasall, sich sogleich auf die Seite Dorthars schlagen würde.«

»Dorthar dankt Euch«, erwiderte Raldanash.

»Und zugleich mit Karmiss«, fuhr Kesarh höflich fort, »könnt Ihr mit der Unterstützung von Lan und Elyr rechnen.«

Das war unbedacht.

Raldanashs Adjutant warf seinem Herrn einen Blick zu und sagte dann ziemlich laut: »Lan hält keine Armee. Elyr ist eine Wildnis.«

»Jedenfalls gibt es«, sagte Kesarh, »junge Männer in Lan und Elyr, die sämtlich fähig und begierig sind, mit Waffen umzugehen. Eine Streitmacht wird ausgehoben werden.«

»Hat Euch der lanische König dies mitgeteilt?« erkundigte sich Raldanash.

»Der lanische König hat meinen brüderlichen Rat angenommen«, erwiderte Kesarh.

Die Stille in dem Zelt schien gegen seine Wände aus Owarhaut zu drücken, ja selbst gegen die Luft an der offenen Seite.

Kesarh trank aus seinem Becher, dann nickte er dem istrianischen Adjutanten zu.

»Der lanische König«, sagte der Istrianer, »befürchtete einen Einfall der Freien Zakorianer und bat um Beistand. Vierundfünfzig Tage nach dem Sieg über die zakorianischen Schiffe hat mein Herr Kesarh ihnen so großzügige Hilfe gesandt, wie er nur entbehren konnte.«

Da war die Unvorsicht erneut.

Plötzlich sprang Raldanashs Adjutant auf die Füße.

Er war ein Mischblut, dunkler als sein Kamerad, zu gut drei Vierteln Dortharianer.

Er starrte Kesarh direkt ins Gesicht und sagte rauh: »Herr der Stürme … Er sagt, daß Karmiss Lan besetzt hat.«

»Setzt Euch«, sagte Raldanash. Er ließ sich nichts anmerken.

Der Adjutant setzte sich. Seine Hände bebten sichtbar.

Kesarh bot Raldanash den Weinkrug an. Raldanash schob seinen Becher beiseite.

Dann sagte er: »Lord Kesarh, was immer Ihr sagt, wir würden es gerne schlichter hören.«

Rarmon studierte Kesarhs Profil. Es war makellos geformt. Er hätte ein Kaufherr sein können, der über ein Geschäft verhandelte.

»Nun gut, Herr der Stürme. Ich bin in jeder Hinsicht Euer Diener.« Alle Anwesenden warteten atemlos auf seine nächsten Worte, und er ließ sie warten. Endlich fuhr er fort: »Ich bin von Lan, das unverständlicherweise keinen Sinn für seine eigene Verteidigung hat, gebeten worden, diese Verteidigung zu übernehmen. Meine Schiffe patrouillieren jetzt entlang seiner Küste, um sie vor Angriffen vom Meer her zu schützen. Ich habe im Landesinneren Männer stationiert, für den Fall, daß der Seekordon versagen sollte.«

»Wie viele Männer, mein Lord?«

Endlich lächelte Kesarh. »Genügend«, sagte er.

»Dann hat Lan eine Invasion erlebt«, sagte Raldanash.

»Nein, Sturmlord. Ich wurde eingeladen, es zu betreten. Ich bezwecke, daß Lan jetzt seine eigene Armee aufbaut.

Wenn das Land sicher ist, kann Karmiss seinen beschützenden Arm wieder von ihm ziehen.«

Niemand lachte.

»Es geschah«, sagte Kesarh, »in aller Offenheit. Die karmianischen Manöver konnten jederzeit beobachtet werden. Möglicherweise haben einige der Verteidigung dienende Seepatrouillen, die nicht vorgesehen waren und nach dem Grauen auf Ankabek eingesetzt wurden, zufällig anwesende Beobachter verwirrt. Der Einsatz der hilfreichen Mission in Lan mag ebenfalls falsch ausgelegt worden sein. Täuschung ist jedenfalls nicht meine Art. Selbst noch bevor Euch das Gerücht zu Ohren gekommen ist, mein Lord, habe ich Euch die Geschichte persönlich berichtet.«

»Nun?« sagte Raldanash.

Rarmon zögerte. »Es stellte sich heraus, daß Ihr kaum meines Urteiles bedürft.«

Wagen bewegten sich am Hang. Die Sonnenkugel war angewachsen und hing niedrig.

»Nein, ich brauche Eure Beurteilung nicht. Aber vielleicht sollte ich mich für sie interessieren.«

»Er spielt dieses Spiel schon allzu lange; es liegt ihm im Blut ... Bereicherung und Eroberung. Er hat Karmiss begehrt und bekommen. Jetzt will er mehr. Er genießt es zu erobern. Und er macht es gut.«

Rarmon hatte noch nie derart offen über seinen vormaligen Herrn gesprochen. Er besaß keine grundsätzliche Loyalität zu Raldanash und zweifelte selbst, ob er feststellen würde, daß dennoch ein gewisser Hang zu Raldanash übrigblieb.

»Was ist es, wonach er verlangt?«

»Die Welt, in kleinen Happen, einen nach dem anderen. Aber das ist Zukunft. Augenblicklich ist er gefährlich, weil ihm zwei Wege bleiben, die zu beschreiten er die Wahl hat.«

»Dorthar und die Mittleren Länder«, sagte Raldanash. »Oder Zakoris.«

»Ja, mein Lord. Da habt Ihr es. Er kann sich mit Euch verbünden, oder Yl Angebote machen. Er hat inzwischen genug Gewicht, um zu bestimmen, nach welcher Seite hin sich die Waagschale neigt. Dorthar, gefangen zwischen dem Freien Zakoris und einem karmianischen Lan, befände sich in arger

Bedrängnis. Er hat Euch seine Hand geboten. Er hat richtig geschlossen, daß Ihr die Situation erkennen und ihm ein Angebot machen würdet.«

»Ja.«

»Euer Vorteil besteht darin, daß Zakoris augenblicklich nicht viel hat, womit es ihn reizen könnte.«

»Yl hat einen neuen Stadthalter in Thaddra, der ein geschickter Politiker und Stratege ist. Sie könnten etwas finden, das sie Kesarh anbieten können. Zusätzlich zu der endgültigen Zusammenlegung ihrer Streitmächte, um die Welt untereinander aufzuteilen, versteht sich.«

»Ja, das können sie jederzeit anbieten.«

»Ihr haltet ihn für so unersättlich?«

Rarmon erwiderte: »Er hat schon während seiner ganzen Jugend Hunger gehabt. Suthamun warf ihm Brotrinden und Knochen vor, wie einem Hund. Der Hunger ist chronisch bei ihm. Es wird der ganzen Welt bedürfen, um ihn zu stillen.«

»Ihr sprecht mit großer Überzeugung über ihn«, sagte Raldanash, »wie ich es vermutet hatte.«

»Ihr wußtet, daß er heute hier sein würde, und nicht einer der minderen Prinzen.«

»Es kam mir in den Sinn.«

»Nein, mein Lord«, sagte Rarmon. »Ihr wußtet es.« Der königliche Wagenlenker zog die Zügel an, und Raldanashs Wagen setzte sich in Bewegung auf das schwarze Gefährt zu, das sich gegen die von Sturmwolken umtoste Sonne erhob.

Es waren mehr von Kesarhs Mannen versammelt als zuvor. Sie mußten sich in den weiter entfernten Bergen aufgehalten haben. Aber allein die Tatsache, daß sie sich hier aufhielten, wenn sie sich auch nachlässig und zwanglos gaben, war eine bedeutungsvolle Zurschaustellung. Niemand würde es unter diesen Umständen wagen, Hand an Lord Kesarh zu legen; nicht einmal, ihn anläßlich des bukolischen Festmahles zu vergiften, zu dem man ihn als einen königlichen Freund Dorthars eingeladen hatte.

Allein die Sorglosigkeit seines Verhaltens machte deutlich, daß seine Pläne eine sorgsame Absicherung gegen alle schurkischen Zufälle beinhalteten, die eine Nacht bereithalten mochte.

Der Donner setzte ein, als sie über den ersten Berggipfel ritten.

Erst als der Sturm losbrach und der Regen auf den Boden klatschte, drängte sich Rarmons Gedanken ein zusätzlicher Gesichtspunkt auf. Während der Wagen durch rasch entstandene Wassertümpel rollte, fragte Rarmon sich, ob er Raldanash auf irgendeine Weise warnen sollte. Er empfand sogar, als er in sich hineinhorchte, den flüchtigen Impuls, Kesarh darüber zu informieren.

Rarmon unterdrückte beide Antriebe, indem er sich bewußt von ihnen distanzierte.

Acht Jahre und ein halbes waren vergangen. Er stellte fest, daß es ihn inzwischen nicht einmal mehr sonderlich berührte, Val Nardias rothaarige Doppelgängerin gegenüber an der Festtafel sitzen zu sehen.

Noch lange nach Sonnenuntergang fiel der Regen auf das prachtvolle kleine Notlager am Fluß.

Im Pavillon des Königs wurden sechsundfünfzig verschiedene Speisen angeboten. Es gab sogar Tanzmädchen aus Dorthar und kumaianische Mädchen, die den Wein einschenkten. Aber die Offiziere waren ohne ihre Damen, und die Zweitfrau des Herrn der Stürme war ebenfalls abwesend.

Seine Botschaft hatte sie erreicht, als die Lampen entzündet wurden. Raldanash hatte sie darin höflich angewiesen, den Pavillon zu meiden. Der Anlaß war festlich, aber nicht länger gesellschaftlich.

Als die erste Serie geleerter Schüsseln und Platten aus dem großen Zelt getragen und durch frisch gefüllte ersetzt wurden, die Musik lauter und das Licht heller war, hatte sie das Gerücht gehört, da Raldanashs Adjutanten unfähig gewesen waren, es bei sich zu behalten. Unachtsames Geschwätz zählte wohl nicht. Ganz Dorthar mußte es sogleich erfahren.

Politik interessierte Ulis Anet nicht, da sie gezwungen war, eine derart nebensächliche Rolle in ihr zu spielen. Sie hatte keinerlei Neugier verspürt. Kesarh Am Karmiss war ein Name. Daß er einen Tyrann und Feind bezeichnete, machte sie nicht abgeneigter, seine Bekanntschaft zu suchen, der sie jedoch keine tiefere Bedeutung zumaß.

Dennoch war sie ruhelos, und sie fühlte sich unbehaglich

in dem engen Zelt, nachdem sie ihre Frauen entlassen hatte.

Draußen stand einer der Männer Iros' Wache im Regen.

Sie überdachte ihr bisheriges Leben und mußte zu ihrer Verwunderung feststellen, daß sie weinte. Sie hatte nichts erwartet, und es war dumm, darüber zu trauern, daß sie weise gewesen war.

Der Mann stand dort und versuchte, das Wasser von seinem Umhang zu wischen.

»Guten Abend, Biyh«, sagte Rarmon.

»Ihr mächtigen Götter, Rem, ich hätte nie geglaubt, daß Ihr mich noch kennen würdet.«

»Und Ihr glaubt es noch immer nicht, Biyh. Ich werde nicht mehr *Rem* genannt.«

Der Soldat aus Istris zauderte. Er war verstimmt, dann ergeben.

»Ja, Ihr seid weitergekommen in der Welt. Es tut mir leid, mein Lord.«

»Nun«, sagte Rarmon, »Ihr seid hier, weil Kesarh Euch schickte. Was will er?«

»Er möchte Euch sehen.«

»Er hat mich beim Essen gesehen.«

»Privat, Lord Rem ... Rarmon.«

»Nein.«

Biyh stierte ihn ungläubig an. Er war ein weiterer Neuner in Kesarhs geheimer Armee gewesen. Aber im Unterschied zu Rem hatte er es in der Welt nicht besonders weit gebracht; er war noch immer Soldat und Bote.

»Aber, mein Lord ...« platzte er heraus.

»Euer König«, sagte Rarmon, »ist sich gewiß dessen bewußt, wie es aussähe, wenn ich zu oder aus seinem Zelt geschlichen käme. Ich stehe nicht länger in seinem Sold. Seid so gütig, ihn daran zu erinnern.«

Biyh blieb noch eine Weile ungläubig stehen. Dann ging er in den Regen zurück.

Rarmon setzte sich in den Sessel und wartete.

Es bestand die Möglichkeit, daß Kesarh ihn töten wollte, aber es war unwahrscheinlich, daß er hier einen Meuchelmord begehen würde. Dies war ein diplomatisches Treffen,

und die Lage war ohnehin gespannt; zu kritisch, um einen beiläufigen Mord zu erlauben.

Aber die wesentliche Nachricht stand noch aus. Sie war unverzichtbar.

Er wußte, was Kesarh tun würde.

Weniger als eine halbe Stunde später lösten sich zwei helle Fackeln aus der vom Rauschen des Regens erfüllten Nacht. Rufe flogen zwischen Rarmons eigenen Männern draußen hin und her; einer der Männer versuchte hereinzukommen, und wurde aus dem Weg gestoßen.

Statt seiner trat ein Wächter Kesarhs ein, stellte einen großen Weinkrug ab und verschwand wieder.

Dann kam Kesarh herein.

Er schien das ganze Zelt mit seiner elektrisierenden dunklen Präsenz zu erfüllen. Der Eindruck war zwar nicht körperlich, aber dennoch überwältigend.

So hatte Rarmon ihn zuletzt gesehen, in Istris, wie er einen durchnäßten Umhang ausgezogen hatte; der Schein der Lampe und die Schatten.

»Unsere Ankunft war von Licht und Lärmen begleitet«, sagte Kesarh. »Euer König weiß zweifellos bereits über meine Anwesenheit hier Bescheid, und darüber, daß sie nicht vor ihm verheimlicht werden soll.«

Rarmon wies auf den Krug.

»Ist der Wein vergiftet? Oder verdiene ich nur ein Messer in den Rücken?«

Kesarh sah ihn an.

»Steht auf«, sagte er.

Langsam und ohne sonderliche Begeisterung erhob sich Rarmon.

Kesarhs Gesicht war ausdruckslos und gestattete keine Rückschlüsse.

Er sagte: »Und jetzt berichtet mir, wo Ihr das Kind meiner Schwester gelassen habt.«

Rarmon rief sich in Erinnerung, wer er gewesen war und was er wohl jetzt darstellte, brachte diese beiden Personen in Übereinstimmung und begabte sie mit Sprache.

»In Lan, mein Lord.«

»Wo in Lan?«

»Piraten nahmen Dhols Schiff. Ihr werdet davon gehört

haben. Ich habe das Kind mit an Land genommen. Das Mädchen ging mit ihm davon, während ich schlief.«

»Demnach habt Ihr Eure Pflicht versäumt. Habt Ihr das Kind gesucht?«

»Das habe ich.«

Kesarh ließ ihm Zeit weiterzusprechen, und sagte, als Rarmon schwieg: »Und was habt Ihr gefunden?«

»Wölfe.«

Rarmon stieß das verhaßte Wort hervor, und die Klauen eines verhängnisvollen, unerklärlichen Wesens schlossen sich um ihn. Weshalb führte er Kesarh in die Irre? Weil er die andere, übernatürliche Erklärung für unglaubhaft hielt? Weil er Kesarh haßte, oder weil er noch immer mit ihm verbunden war?

Möglicherweise sorgte sich Kesarh nicht darum, und das Kind war für ihn nur ein loses Ende seiner Geschichte, das er losbinden oder abschneiden konnte, nichts mehr. So, wie auch Rarmon ein loses Ende war, das er vernichten oder vergessen konnte. Oder vernichten *und* vergessen.

»Und Ihr wagtet nicht, mir unter die Augen zu treten und mir davon zu berichten«, sagte Kesarh schließlich.

»Es ist, wie Ihr bereits andeutetet: Ich habe versagt.«

»Und dann, nach dieser ganzen Geschichte, entdecktet Ihr Eure Abstammung und wart zudem in der Lage, Raldanash von ihrer Richtigkeit zu überzeugen. Ich habe vernommen, daß er keine Neigung zu Frauen hat; ist das der Punkt?«

Sie waren in Istris. Es war nicht möglich, daß sie sich an einem anderen Ort befanden.

Rarmon erwiderte nichts, und unvermittelt nahm Kesarh einen der goldenen Becher von einem Beistelltisch auf und füllte ihn aus dem Weinkrug. Er trank ohne Durst oder auch nur Appetit.

»Offensichtlich«, sagte er, »soll sich mir der Verdacht aufdrängen, daß Ihr schon in Karmiss gewußt habt, wer Ihr in Wirklichkeit seid. Daß Ihr dort bereits eine bestimmte Art von Informationen gesammelt habt, um sie als Geschenk Eurem vathcrianischen Tieflandkönig darreichen zu können.«

»Nein«, sagte Rarmon.

»Oder es funktioniert anders herum«, sagte Kesarh und reichte ihm den Becher, von dem er getrunken hatte. »Ihr

wärt in Dorthar geblieben und hättet mir Informationen als Geschenk gesandt.«

Der Regen ließ allmählich nach. Eine Serie von Donnern hallte über den Himmel und erstarb zwanzig Berge weiter.

»Lord Kesarh«, sagte Rarmon, »ich habe mich bereits als unzuverlässiger Diener erwiesen. Überseht nicht, was ich sonst noch bin. Er und ich, wir sind Brüder.«

»Ja, Ihr wart immer ein Prinz, mein Rem. Ein Dieb und Halsabschneider und Söldner. Und Prinz.«

»Und der Sohn des Raldnor Am Anackire«, sagte Rarmon.

Kesarh starrte ihn an, und dann streckte der Am Karmiss erneut die Hand aus und nahm den Becher an sich, aus dem Rarmon nicht getrunken hatte. Beiläufig schüttete Kesarh den Wein auf den mit Decken belegten Boden. Dann stellte er den Becher hart auf den Tisch und schritt aus dem Zelt.

Kesarh, Lord von Karmiss und Protektor von Lan, kehrte über die dortharianische Seite des Lagers zurück, zu dem bescheideneren karmianischen Biwak jenseits des Flusses. Der Qualm seiner Fackeln stand hinter ihm in der Luft. Der Regen hatte aufgehört.

Der Pavillon des Herrn der Stürme war in der Nähe einer schmalen Steinbrücke errichtet worden. Dicht dabei war das Zelt der neuesten königlichen Braut aufgeschlagen, für die kein Bedürfnis vorlag. Die Waffen der Xaraber schimmerten im Licht; das Tuch am Eingang des Zeltes war zurückgeschlagen worden, um die Kühle nach dem Regen einzulassen. Umrahmt vom schwachen Kerzenschimmer im Inneren des Zeltes saß eine Frau, die las.

Dieses Bild beunruhigte Kesarh einen Moment lang, dann schob er es beiseite.

In der letzten Stunde dieser Nacht riefen die Tiefländer die Wolfswache aus. Kesarh schrak aus dem Schlaf und lag mit weit geöffneten Augen in der Schwärze.

Er hatte von Val Nardias durch Zauberei geborenem Baby geträumt, oder möglicherweise auch nur von dem toten Prinz-König Emel. Kesarh konnte sich nicht an den Traum erinnern. Er war verschwunden, hatte ihn aber bedrückt und angespannt hinterlassen, wie vor einer gewalttätigen Handlung.

Er stand auf und trank mit Wasser vermischten Wein aus der Kanne.

Und während er trank, malte er in die Schwärze das Gesicht eines sterbenden, blonden Knaben und betrachtete es ohne Reue. Emel hatte Furcht gehabt und – obwohl er erst neun Jahre alt gewesen war – dem Anschein nach vermutet, daß er nicht an der Krankheit starb, sondern an einem geplanten Anschlag.

Unterhalb des Palastes rief die Menge schon nach Kesarh. Als Emel in Koma fiel, verließ sein Regent das Sterbebett. Das nächste, das Kesarh von dem Knaben sah, war der für Gewürze bestimmte Kasten, in den man ihn hastig gelegt hatte. Die Hitze hatte ihren Höchststand erreicht.

Kesarh gestand Suthamuns Sohn widerwillig ein visianisches Grabmal in der karmianischen Halle Der Könige zu, da er es einer shansarianischen Leichenverbrennung vorzog. Auch ein drapierter Sarg war unverzichtbar; die Einbalsamierer, die Raldnor Am Ioli rasch hatte kommen lassen, erklärten, ein merkwürdiger, giftiger Verfall habe den Körper ergriffen, der ihre Arbeit undurchführbar mache. Diese Beschwerden wurden eilig zum Schweigen gebracht. Und als Kesarh die Begräbnisrede hielt, weinte der Pöbel.

Einen Monat später hatte derselbe Pöbel ihn auf den Thron von Istris erhoben.

Die Erinnerung an Emel verblaßte.

Es war ein anderes Kind, das ihn im Schlaf beunruhigt hatte.

Als Kesarh sein Zelt verließ, war die erste Ahnung der Morgendämmerung am Himmel zu erkennen. Die Männer begannen sich bereits zu rühren.

Bei Sonnenaufgang wollten die Karmianer aufbrechen. Die Ziele waren erreicht. Dorthar war eingeschätzt worden, und es hatte zu verstehen gegeben, daß es darauf vorbereitet war, sich anzubiedern.

Kesarh entfernte sich entlang dem Flußufer von den beiden Lagern. Bäume wuchsen dort und hohe, dicke Schilfrohre mit quastenartigen Kolben.

Noch hielt die Nacht die Erde umschlungen. Der Fluß, vom Regen leicht angeschwollen, rann murmelnd über die Steine in seinem Bett.

Kesarh stand zwischen den Bäumen und blickte aufs Wasser hinab.

Die Erinnerung an das Kind wollte nicht weichen. Es war Ironie, daß er sich nicht im mindesten um es gesorgt hatte. Er hatte seinetwegen weniger Schmerzen empfunden als um Emels willen, den er umgebracht hatte. Selbst die Zauberei hatte ihre Bedeutsamkeit verloren, war unwichtig geworden. Als ihm vor Jahren der Untergang des Dholschen Schiffes zu Ohren gekommen war, hatte er geglaubt, das Kind sei tot.

Ein Schimmern in den Schatten des gegenüberliegenden Ufers erregte seine Aufmerksamkeit.

Kesarh sah genauer hin und erblickte im Zwielicht jenseits des eilig rinnenden und sich schlängelnden Wassers Val Nardia; seine Schwester.

Der anfängliche Schock war unbedeutend, wie ein Schlag, denn sie mußte unreal sein, ein Produkt seiner Phantasie. Dann aber erfüllte ihre Wirklichkeit die Leere. Der matte Glanz entsprach ihrer vertrauten Gestalt, der Fluß spiegelte sie wider. Sie war vorhanden.

Der zweite Schock entstand allmählich, eine sich fließend in seinem Inneren ausbreitende Verarmung, wie er sie auch verspürt hatte, als er von ihrem Tod erfuhr. Es verwandelte ihn in eine Hülse, und ausgeleert verließ er das Ufer und stieg in den Fluß.

Es schien, als wich sie einen halben Schritt zurück, als er den Fluß auf sie zu durchquerte. Aber der halbe Schritt war nichts. Der Fluß war ein Symbol, und daß er ihn durchquerte, ein weiteres. Sie war gezwungen zu verweilen, und sie tat es, stand gelassen auf einer flachen Felsplatte und beobachtete ihn, bis er wieder aus dem Fluß stieg und den Fels erklomm, bis er ihr weniger als einen Fuß entfernt gegenüberstand und die Hände auf ihre Arme legte; Seide und Fleisch und die Wärme einer Sterblichen fühlte.

Das Licht fiel durch die Baumwipfel und ihr rotes Haar, das so rot wie jene karmianische Blume war, deren Rot als erste Farbe in die Welt gekommen war, um sie lebendiger zu machen.

»Ulis«, sagte er.

Als sie ihn ihren Namen aussprechen hörte, vermochte Ulis Anet ihn nur noch anzustarren. Sie schien wie gelähmt,

oder gebannt; und sie konnte nicht einmal mehr versuchen, sich aus seinem Griff zu befreien.

Sie hatte die ganze Nacht über wach gelegen, von dem Gefühl geplagt, in ihrem Zelt ersticken zu müssen, zu ermattet, um aufzustehen, und zu nervös, um einschlafen zu können.

Eine Stunde vor Morgengrauen hatte sie ein unbestimmtes Gefühl aus dem Zelt gejagt, und aus dem Lager des Königs. Es war unüberlegt gewesen, die Tat einer Halbwüchsigen. Sie hatte sogar die Wächter zurückgelassen, und da sie glaubten, Ulis wäre zum König unterwegs, hatten sie keine Einwände vorgebracht.

Sie war allein und unbewacht am Ufer dieses sinnbildlichen Flusses angelangt; und dann hatte sich aus dem schwarzen Wald ein Mann in schwarzer Kleidung gelöst. Sie nahm sofort an, daß er einer der karmianischen Offiziere war.

Ihre Situation war entsetzlich. Sie glaubte, sich sogleich entfernen zu müssen; da sah sie, selbst auf diese Entfernung und in dieser Dunkelheit, seine Augen.

Dadurch bannte er sie auf den Fleck, einzig und allein, indem er sie ansah. Die Intensität dieser Augen, diese geballte, ungewöhnliche Kraft seiner Persönlichkeit, die ausschließlich auf sie gerichtet war, lähmte ihren Willen. Sie stand dort wie eine Stumpfsinnige und erwartete ihn, bis er aus dem Wasser kam, und den Fels herauf, und sie an den Armen faßte.

Der körperliche Kontakt war überwältigend. Entsetzt über ihre eigene Bereitwilligkeit gab sie ihren Widerstand auf und ließ es geschehen, daß die von ihm überströmende Kraft sie überflutete.

Sie wußte anfangs nicht, wer er war, aber gestern abend hatte sie Schilderungen gehört, und plötzlich erkannte sie in ihm den karmianischen König. In diesem Augenblick sprach er sie mit ihrem Namen an.

Seine Stimme war ein tiefer, langer Seufzer. Schwach und ohne es belegen zu können erkannte sie, daß sie keine Fremde für ihn war, während er für sie ein Fremder war.

Sie konnte nichts sagen, nichts tun.

»Ihr seid kein Geist«, sagte er, »könnt Ihr mir Eure Anwesenheit hier erklären?«

Seine Stimme hatte sich normalisiert, aber die Intensität

war auch in ihr, wie in seinen schwarzen, verschlingenden Augen.

Kein Geist ... Ich bin jemand, den er für tot gehalten hat, dachte sie. Noch immer weigerte sich ihre Stimme, ihr zu gehorchen. Sie schüttelte den Kopf und fühlte, wie sein Griff fester wurde.

»Sie liegt in einem Mausoleum in Istris«, sagte er, »Ihr könnt nicht sie sein.« Und mit einem eigentümlichen Wechsel zur Sanftmut fuhr er fast zwanglos fort: »Aber wer seid Ihr dann?«

Sie vernahm ihre eigene Stimme, bevor sie bemerkte, daß sie wieder sprechen konnte.

»Ihr habt mich bei meinem Namen genannt.«

»Ulis«, erwiderte er.

Als sie einmal zu reden begonnen hatte, kamen die Worte wie ein Fluß, und sie sprach Titel aus, die bei einer derartigen Gelegenheit ohne Bedeutung waren: »Ulis Anet Am Xarabiss, Tochter des Thann Ya'ath, Gattin des Raldanash.« *Bin ich das wirklich?* dachte sie.

Er hatte wieder sein alltägliches Wesen angenommen. Die Ausstrahlung der Macht blieb, wie die einer dunklen Sonne, aber dieser Blick, der ihr beinahe wie der eines Besessenen vorgekommen war, verschwand.

»Eine der Frauen des Sturmlords«, sagte er. Er ließ sie nicht los, lockerte weder den Griff seiner Hände noch seiner Augen.

»Aber wer war es«, fragte sie, »den Ihr in mir zu erkennen glaubtet?«

»Ich glaubte es nicht. Ihr seid es.«

»Nein«, erwiderte sie, und zum ersten Mal wand sie sich in seinem Griff.

Es sann über sie nach, hielt sie weiterhin fest, bis sie sich fügte.

»Ihr müßt ein Kind gewesen sein«, sagte er schließlich, »als sie starb. Ihr seid jetzt in dem Alter, in dem sie damals gewesen ist, Ulis Anet, Frau Raldanashs von Dorthar.«

»Laßt mich los«, sagte sie, »mein Lord Kesarh.«

Er lächelte ein wenig, und seine Hände ließen sie los. Ein Teil ihres Innersten schien an ihnen hängenzubleiben.

Es strengte sie an, sich von ihm abzuwenden. Sie zwang sich dazu, und dann, durch die Bäume von ihm fortzugehen.

Sie wußte, daß sein Blick ihr folgte, und dieser Blick hypnotisierte sie selbst jetzt, da sie ihm nicht begegnete. Als sie auf dem freien Hügel stand, konnte sie nicht anders, als sich nach ihm umzusehen.

Die Sonne war aufgegangen, er war jetzt dunkler als die Schatten der Bäume. Es kam ihr so vor, als könnte er sie zwingen, zu ihm zurückzukehren, indem er ihre Seele dank einer unsichtbaren Verbindung zu sich befahl.

Erneut mußte sie sich gewaltsam von ihm abwenden.

Die Schritte, die sie dem Lager des Herrn der Stürme zulenkte, waren bleiern und kraftlos.

Stürme begleiteten die Reise nach Anackyra.

Der Leckerbissen, der dem Sturmlord in einem schwarzen Zelt auf den kumaianischen Hügeln angeboten worden war, wurde jetzt in der Hauptstadt heftig diskutiert. Auf der einen Seite drohte Zakoris-In-Thaddra, Karmiss-In-Lan auf der anderen.

Zwei scharfe Schneiden, die sich wie die einer Zange um die Mittleren Länder schließen konnten.

Zwölf Tage nach Raldanashs Ankunft in der Stadt stach ein Verbund von drei Schiffen von Dorthars kleinem westlichen Hafen Thos aus in die Innere See. Ihr Bestimmungsort war der Schwesterkontinent, und der wichtigste Teil ihrer Ladung waren Nachrichten. Aber es sollte ein monatelanges Hin und Her von Botschaften werden. Eine solche Fracht war zumindest gefährlich.

Stürme zerrissen den Himmel über Anackyra, und Stürme wüteten in den Ratssälen von Anackyra.

Yannuls Sohn, der sich in Rarmons prinzlichen Gemächern aufhielt, sagte mit verzweifelter Ruhe: »Er beabsichtigt, Lan seinem Schicksal zu überlassen, unter der Knute von Karmiss im Staub zu liegen.«

»Raldanashs Feind ist das Freie Zakoris«, erwiderte Rarmon. »Dorthar wird seine Macht nicht gegen den Willen von Karmiss ausweiten. Es wagt es nicht. Laßt es Truppen nach Lan in Bewegung setzen, und Yls Seemacht wird gleich darauf in Dorthar einfallen, wie eine Sturmflut.«

»Also bleibt Lan im Besitz von Karmiss. Ihr müßt stolz sein auf Euren vormaligen Herrn, Rarmon.«

Diese spitze Bemerkung wurde nicht aufgegriffen. »Was habt Ihr vor zu tun?« fragte Rarmon nur.

»Ich gehe nach Lan, was sonst? Briefe kommen nicht dort an, immer noch nicht. Meine Familie ist dort, und er hat mir hier wenig genug geboten. Mein Vater hat versucht, mich zu warnen. Ich hätte auf ihn hören sollen.«

»Würdet Ihr auf mich hören?«

»Auf Euch?« Lur Raldnor starrte ihn mit der ganzen furchtbaren Verachtung seiner Jugend an. »Ich weiß nicht einmal mehr, zu wem Ihr haltet, Sir.«

»Zu niemandem.«

»Kesarh hat sich mit großem Aufwand in Euer Zelt begeben.«

»Ich habe ihm keine andere Wahl gelassen, als es auffällig zu machen. Immerhin habt Ihr und der König auf diese Art von dem Handel erfahren.«

»Mag sein. Ihr müßt mir mein ungezogenes Benehmen nachsehen. Ich bin ärgerlich, wie Ihr wohl bemerkt habt. Ich weiß, daß Ihr recht habt. Raldanash kann mir meinen Namen nehmen, aber nicht mein Blut. Ich werde ihn verlassen und nach Hause gehen.«

»Wann?«

»Morgen.« Lur Raldnor tat einen tiefen Atemzug und entspannte sich. »Es tut mir leid«, sagte er. »Ihr würdet Euch nicht einmal in dieser Gegend der Welt befinden, wenn wir nicht darüber geredet hätten.« Seine Augen waren klar, sein Blick ruhte stetig auf Rarmon.

Rarmon erinnerte sich an den letzten Abend zur Zeit Zastis' auf Yannuls Terrasse, die Feuerfliegen und ein gewisses Gefühl, das mittlerweile verschwunden war und nicht wiederkehren würde.

»Rem«, sagte Lur Raldnor, und aller Sarkasmus war aus seiner Stimme verschwunden, »seht Ihr nicht, daß Ihr es seid, der diesen meilenweiten Abstand zwischen uns schafft, und daß nicht ich es bin? Ich habe seit Amlan gewartet. Ihr hättet mich nur rufen müssen. Ihr habt es nie getan.«

»Ihr habt mir nie gesagt, was Ihr mir anbotet. Ich denke, das einzige, was ich angenommen hätte, würdet Ihr mir nicht zugestanden haben.«

»Es gab andere Dinge. Vielleicht wolltet Ihr sie nicht ha-

ben. Etwas ähnliches wie Sexualität, bei dem Ihr mir nicht ins Gesicht zu schauen brauchtet, oder daran hättet denken müssen, daß ich denken kann, oder daß ich lebendig bin, wie Ihr es seid. Ich erinnere mich noch immer daran, als Ihr sagtet, es sei einfacher, einen Mann zu töten als ein wildes Tier.«

Sie sprachen nicht mehr, bis sich Lur Raldnor umwandte und zur Tür ging.

»Ich werde es für immer behalten, wenn ich von Xarabiss fortsegeln muß. Aber es heißt, daß wieder Schiffe von Karith einlaufen.«

FÜNFZEHN

Unter der Knute Karmiss' blitzte Lan vor ungewohnten Waffen. Der ebenfalls ungewohnte Staub, den marschierende Krieger aufwirbelten, vermischte sich mit dem gewohnten Regen.

Die größere Garnison, die in Amlan eingerichtet worden war, hatte kürzlich eines der größeren Vorratshäuser am Hafen beschlagnahmt. Eine zweite Abteilung war hautnah im Palastpark stationiert worden. Darüber hinaus waren offenbar unverzichtbare Truppenteile des karmianischen Militärs in jeder wichtigen Stadt untergebracht. Auf den Landstraßen zwischen den Städten wurde patrouilliert; denn die Freien Zakorianer konnten, falls sie kämen, an jeder beliebigen Stelle und in jeder beliebigen Verkleidung auftauchen.

In den kleineren Ortschaften wurden Männer beraubt und Frauen geschändet, wenn sie mit den Freien Zakorianern sympathisierten. Derartige Übergriffe der Soldaten kamen vereinzelt vor und wurden vom karmianischen Oberkommando hart bestraft, falls sie bewiesen werden konnten. Das kam aber ziemlich selten vor.

Schiffe, die in den Hafen von Amlan einliefen oder ihn verließen, bekamen eine Eskorte zugeteilt, damit sie einen Schutz im Falle eines zakorianischen Angriffs hatten. Die östlichen Häfen des nördlichen Xarabiss und die ommischen waren wieder geöffnet. Bis jetzt verkehrten karmianische Begleitschiffe aus diplomatischen Gründen nicht innerhalb einer Fünf-Meilen-Zone von den Mittleren Ländern.

Es gab noch weitere Beschränkungen.

In Lan war eine Sperrstunde in Kraft getreten, die Verkehr und Handel regeln sollte.

Der Klang der Glocke, die sie einläutete, wehte durch die Abenddämmerung herüber und ließ das Blut Yannuls zu Eis erstarren. Als er dieses Geräusch zum ersten Mal vernommen hatte, war Medaci zu ihm gelaufen gekommen und hatte in seinen Armen geschluchzt wie ein Kind. Der Lärm war noch zu lebendig in ihren Ohren, von den Schattenlosen Ebenen her.

Amreks Sperrstundenglocke hatte bei jedem Sonnenuntergang in der zerstörten Tieflandstadt geläutet, das Symbol einer gepanzerten Faust, die der Vorbote stählerner Waffen gewesen war.

Zur Zeit, es war Mittag, hielt sich Yannul im Audienzsaal des geschmückten Palastes von Lan auf und erinnerte sich mit unbehaglicher Vorahnung an grauenhafte Ereignisse in seinem jüngeren Mannesalter.

Er hatte sich, als er in die Jahre kam, nach Frieden in seinem Haus gesehnt.

Da trat sein Gastgeber ein, Kesarhs Oberbefehlshaber in Lan. Er gehörte zu der Art von Mischlingen, die Raldnor von Sar salonfähig gemacht hatte; er war dunkelhäutig und blond. Er trug ebenfalls den Namen des Helden. Und die ganze Patina von Vis in seiner äußeren Erscheinung.

Wein und Gebäck wurden gebracht. Sie setzten sich vor ein Fenster, das den Ausblick auf ein malerisches Panorama voll triefender Federbäume und durchnäßter Zelte erlaubte, und auf eine karmianische Einheit, die im Schlamm gedrillt wurde.

»Es muß wohl nicht extra gesagt werden«, begann Raldnor Am Ioli, »Ihr seht ja selbst, weshalb man Euch hierher gebeten hat.«

Yannul sah ihn verständnislos an.

»Ihr seid der große Held von Lan«, sagte Raldnor Am Ioli. »Wir hatten gewisse Schwierigkeiten, Euch ausfindig zu machen, obwohl Ihr gar nicht so weit weg wohnt. Aber der König wurde schließlich dazu bewegt, das Geheimnis Eures Aufenthaltes zu lüften.«

»Und wie befindet sich der König augenblicklich?«

»Seine Ärzte haben mir versichert, daß sein Fieber zurückgegangen ist.«

»Da gibt es etwas, das Ihr bereits vermutet haben mögt«, sagte Yannul. »Lan ist in bezug auf seine Könige äußerst barbarisch. Der König und die Königin besitzen für uns eine beinahe magische Bedeutung. Ein plötzlicher Tod würde ... eine gewisse Verwirrung zur Folge haben.«

Der karmianische Raldnor lachte.

»Mein lieber Yannul, vermutet Ihr etwa, mein Lord Kesarh hätte Anweisungen gegeben, Euren König und Eure Königin zu ermorden? Das ist nicht freundlich, Sir, einem Wohltäter gegenüber. Euer König selbst hat den Lord Kesarh eingeladen, Truppen nach Lan zu senden.«

»Unsere Dankbarkeit«, sagte Yannul, »strömt wie der Regen.«

Der karmianische Raldnor war kein Dummkopf. Er erwiderte mit sanfter Stimme: »Aber der Regen hat aufgehört.«

Es war natürlich keinerlei Einladung ausgesprochen worden, außer der Einladung, die ein unbewaffnetes Land immer für Eroberer darstellt. Karmianische Schiffe hatten nach ihrer heldenhaften Seeschlacht im Hafen angedockt und waren gelobt und willkommen geheißen worden. Dann waren sie geblieben, aus Furcht, die lanischen Prophezeiungen bewahrheiteten sich, daß nämlich zakorianische Plünderer auftauchen würden.

Nach einer Weile war eine kleinere Truppe vor die Mauern Amlans marschiert und hatte dem König ihre Hilfe angeboten. Es war nicht klug gewesen, dieses Angebot anzunehmen, aber da sich eine gewisse karmianische Beeinflussung bereits an den Toren auswirkte, wurden sie eingelassen.

Die Menge war in Hochrufe ausgebrochen und hatte Blumen auf ihren Weg gestreut. Zehn Tage später waren tausend Mann karmianischer Infanterie und vierhundert Mann Kavallerie mit Wagen gelandet und auf der Hafenstraße umhergeschwärmt.

Ihre Helfershelfer hatten bereits die Tore besetzt und ließen sie in die Hauptstadt. Sie waren nur die Wegbereiter. Innerhalb eines Tages war Lan nicht mehr Lan.

Kesarh selbst hatte sich nicht die Mühe gemacht, die Überfahrt zu machen. Er hatte anderenorts Angelegenheiten zu

regeln. Die Invasion war nur seinem mitfühlenden Herzen zu verdanken gewesen.

»Nun«, sagte der karmianische Raldnor und füllte Yannuls noch vollen Becher derart auf, daß er überlief, »was wir von Euch verlangen, ist nichts als ein bescheidenes Schaustück.«

»Meine Tage als Akrobat sind längst vorüber.«

»Oh, da wäre ich nicht so sicher.« Sie lächelten einander an. Raldnor Am Ioli fuhr fort: »Es hat Unruhen gegeben. Wir möchten nicht, daß sie sich ausbreiten. Euer König wird zu seinen Untertanen sprechen, sobald er wieder auf dem Damm ist. Ich würde es als Ehre ansehen, Sir, wenn Ihr zugegen wärt und ebenfalls ein paar aufmunternde Worte sagtet.«

»Aufmunternd wozu?«

Raldnor Am Ioli seufzte. »Man respektiert Euch, Ihr seid eine beinahe mythische Gestalt, Yannul. Ihr kennt Euch in der Politik aus. Beschwichtigt die Leute. Erklärt ihnen, daß Karmiss ihr Freund ist. Und daß Ihr selbst davon überzeugt seid.«

Yannul erwiderte: »Ihr habt recht; es hat aufgehört zu regnen.«

Eine längere Gesprächspause entstand.

Dann sagte Raldnor Am Ioli: »Denkt an all die Dinge, die Ihr liebt, Sir. Eure herrschaftliche Villa und das Land. Eure Frau … Sie ist eine Amanackirerin, glaube ich. Eure Söhne. Die Schätze. Es würde Euch leidtun, dies alles zu verlieren.«

»Ihr droht mir?« fragte Yannul.

Der karmianische Raldnor erwiderte nichts.

»Wie Ihr bereits erwähntet«, sagte Yannul, »bin ich so etwas wie ein Held in Lan. Ich sagte Euch, wie wir es mit unseren Königen halten. In gewisser Hinsicht betrifft diese Eigenart auch mich. Wenn Ihr mich unschädlich macht, könntet Ihr Schwierigkeiten auf dem ganzen Weg nach Lanelyr haben. Ich sollte Euch auch anständigerweise darauf hinweisen, daß es Shansarianer, Vardianer und andere Menschen des Zweiten Kontinents in diesem Land gibt, die im Großen Krieg zu Lans Neutralität gestanden haben und seitdem an unserem Land ein lukratives geschäftliches Interesse haben; es würde sie sehr beunruhigen, wenn diese Verbindung abrisse.«

»Lord Kesarh ist selbst zur Hälfte Shansarianer.«

»Lord Kesarh, auch wenn er zur Hälfte Shansarianer ist, tendiert nach meinem Eindruck dazu zu vergessen, daß der Schwesterkontinent nicht aufhört zu existieren, nur weil er von hier aus unsichtbar ist.«

»Inzwischen habe ich den Eindruck, daß Ihr mir droht«, sagte der karmianische Raldnor.

»Nicht im geringsten«, erwiderte Yannul. »Ich teile Euch nur mit, daß ich, wenn der König öffentlich sagt, was zu sagen Ihr ihm aufgetragen habt, indisponiert sein werde.«

Raldnor Am Ioli bekundete eine leichte Irritation, als er in sein gut bewachtes Apartment im Palast zurückkehrte.

Auf lange Sicht würden verstockte und sture Hemmklötze wie Yannul keine Rolle spielen. Aber hier und jetzt konnte man über sie stolpern und sich den Hals brechen. Raldnor war ängstlich darauf bedacht, Kesarh zu beeindrucken, jedoch nicht durch diese von Furcht gefärbte Bewunderung, die der König seinen Soldaten einzuflößen fähig schien. Raldnor hatte die versteckten Hinweise nicht vergessen, die er für sich selbst in jenem Ratsaal in Istris entschlüsselt hatte. War man für ihn erst einmal nutzlos geworden, lieferte er einen dem Tod ans Messer.

Raldnor Am Ioli, der Opportunist, war Kesarhs dunklem Stern während seines ganzen Aufstiegs gefolgt. Er hatte den ganzen Weg über keine Mühe gescheut, sein Glück zu festigen. Außerdem hatte er eine oder zwei Lektionen von Kesarh selbst gelernt; auf diese Art war es ihm gelungen, ein paar mutige Schritte zu unternehmen, ohne die Sicherheitszone verlassen zu müssen.

Als er mit der Mission betraut worden war, Lan und Elyr zu vereinnahmen, hatte Raldnor im Nachhinein feststellen müssen, daß während seiner Abwesenheit von Karmiss gewisse routinemäßige aber erschöpfende Untersuchungen in seinen Angelegenheiten durchgeführt worden waren. Er hatte demnach alles tadellos hinterlassen und das einzige ihn belastende Element mitgenommen, eine Spur äußerster Einfalt, oder auch Genialität.

Als ihm diese Affäre in den Sinn kam, fühlte er sich erleichtert, und er sparte sich Yannul für eine spätere Überlegung auf.

Raldnor trat auf seinen privaten Korridor hinaus und ging zu einem bescheidenen Raum, der von lanischen Polstern erfüllt war. In deren Mitte befand sich ein mürrisches Mädchen, das ein Kalinx-Junges neckte. In ihr langes, blondes Haar waren Bänder geflochten, ihre helle Haut war mit Farbe und Malereien verziert.

»Mella, wenn du diese Katze ärgerst, wird sie dich beißen.«

Das Mädchen sah zu ihm hoch und zog eine Grimasse.

»Weshalb müßt Ihr ...«

»Du weißt, daß ich nur an dein Wohlbefinden denke.«

Mella nagte an ihren Lippen. Sie zog den Kalinx am Schwanz und wurde prompt durch einen Angriff mit scharfen Krallen und Zähnen belohnt. Das Tierbaby ließ sein Opfer kreischend zurück und floh an Raldnor vorbei den Flur hinunter, bis an ein kleines Fenster, das seine Flucht stoppte.

Raldnor sah weiter zu. Das verbleibende, wütende Geschöpf leckte sich seine Kratzer.

Mella war bei seinen Männern als junge Mätresse bekannt, die vom Gut in Ioli hergebracht worden war. Sie war auf ihre Art hübsch, ihre Brüste waren klein und ihre Füße ein wenig zu groß; aber man gestand Raldnor einen persönlichen Geschmack in bezug auf seine Bettgefährtinnen zu.

»Wie lange müssen wir hier bleiben?« erkundigte sich Mella schließlich.

»Du langweilst dich? Meine demütigste Entschuldigung. Du weißt, weshalb ich dich hergebracht habe, und du hast, wie ich hoffe, auch eine gewisse Vorstellung von dem, was ich unternehmen muß, um Kesarhs Pläne sicherzustellen.«

»*Kesarh*«, wiederholte Mella. Ihre quäkende Stimme war von Abscheu durchdrungen.

»Ja. Im Moment Kesarhs Pläne. Du wirst dich in Geduld üben müssen, wie ich dich schon oft gemahnt habe, ehe du deinem Haß auf ihn freien Lauf lassen kannst.«

»Und was ist mit meinem Haß auf Euch?«

»Weshalb solltest du mich hassen?« erkundigte sich Raldnor gelassen. »Ich bin dein Erretter. Du solltest mir dankbar sein.«

»Dankbar, daß Ihr mir *dies* angetan habt?«

Mellas zerkratzte Hände zerrten ohne Vorwarnung ihr Mieder von ihrem Oberkörper. Raldnor sah zur Seite. Er

empfand den Anblick als leicht abstoßend, obwohl er einmal eine Reise durch das frauenfeindliche Ommos gemacht hatte, wo derartige Dinge gewöhnlich waren.

»Ja«, sagte er und starrte die Wandfresken an, »dankbar. Weil es dir das Leben gerettet hat.«

»Wird es mir auch meine Rechte verschaffen?« fragte Mella mit dem ganzen triefenden Hohn, der ihr mit ihren fünfzehn Jahren zur Verfügung stand.

»Sprich nicht so laut. Draußen, unter diesem Fenster, halten sich karmianische Wachtposten auf.«

»Warum antwortet Ihr mir nicht?« schrie Mella und brach gleich darauf in ein widerwärtiges, höhnisches Lachen aus.

»Nochmals; ich habe es dir erzählt, derartige Dinge können arrangiert werden. Aber deine größte Sicherheit besteht zur Zeit in der Zurückhaltung. Oder legst du Wert darauf, deine Zunge und das übrige zu verlieren?«

Mella wurde blaß. Tränen stahlen sich aus ihren Augen, und die Farbe verlief. Sie kauerte wimmernd zu Raldnors Füßen. Wie unberechenbar dieses Geschöpf war!

Medaci kam aus dem kleinen Garten zurück, und die kurzlebige, blasse Sonne flutete, gefangen in ihrem Haar, herein.

»Und es muß sein?«

»Ich denke schon.«

Sie setzte sich neben ihren Ehemann, und Yannul nahm ihre Hand in seine.

»Es kommt einem so merkwürdig vor«, sagte sie.

»Ich habe dir hier Frieden versprochen.«

»Gibt es irgendwo Frieden?«

Sie blieben noch eine Weile still sitzen und tauschten Erinnerungen an die Vergangenheit aus. Yannul begriff den Sinn dieser Litanei. Sie war wie ein Aufschrei: wir haben all das überlebt und können jetzt auch noch das überleben.

Aber es würde schwer sein fortzugehen, das Haus und den Landbesitz aufzugeben, Lan selbst preiszugeben, das er in seiner Jugend voller Zuversicht verlassen hatte, weil er gewußt hatte, daß er jederzeit zurückkehren konnte.

Als er unter Raldnor von Sar gekämpft hatte, war Yannul dessen nicht so sicher gewesen. Dennoch hatte er es überlebt

und zudem schließlich noch dieses goldhaarige Mädchen übers Meer und nach Hause mitgenommen.

Dort hatte sie der erste Schock erwartet. Der alte Bauernhof in den Bergen war verlassen gewesen, der größte Teil des Daches eingefallen, wilde Bis hatten in den Mauern genistet. Und hinter dem Brunnen hatten sie die Gedenktafel des Grabes seiner Mutter entdeckt. Eine seiner Schwestern lebte jetzt in einem anderen Tal, sie war mit einem Fremden verheiratet; er hörte von Krankheit und harten Zeiten. Die beiden anderen Schwestern waren gestorben, eine von ihnen im Kindbett.

Einer seiner Brüder war losgezogen, um der Tieflandarmee beizutreten, aber er war nicht bei ihr eingetroffen, oder wenn doch, lag er tot in Ommos oder Dorthar und hatte sich nie mit seinem Namen vorgestellt. Wahrscheinlicher aber war er Räubern oder einer Schiffskatastrophe zum Opfer gefallen. Die anderen Brüder waren in den Norden gegangen, als Jäger und Sucher des wilden Abenteuers. Yannul hatte sie niemals aufgefunden.

All das hatte ihm Wunden am Herzen beigebracht. Auch als er selbst in großer Gefahr schwebte, hatte er seine Familie immer in Sicherheit gewähnt. In den dunklen, kalten Nächten hatte sie dort in Lan für ihn hell gestrahlt, als Leitstern in der Ferne, der niemals verlöschen konnte; seine Mutter zufrieden und schwanger, wie er sie nicht anders kannte, die Schwestern singend und streitend am Webstuhl; oder wie sie Vögel aufpäppelten, die vor Kälte erstarrt vor der Tür heruntergefallen waren; und seine Brüder, wie sie von dem einen Tag schwärmten, an dem sie an der Tafel des Königs in Amlan speisen würden.

Nun, Yannul hatte genau das getan. Als er sich dieser weit zurückliegenden Erinnerung erinnerte, hatte es ihm damals geschienen, als hätten ihm diese Wunden das Herz gebrochen.

Es war Medaci gewesen, die ihn getröstet hatte. Nicht nur durch ihre Worte oder Berührungen. Durch ihre Gegenwart. Es fiel ihm ein, daß er noch immer eine Verwandte hatte, obwohl er seine Verwandtschaft verlor. Er war von Medaci sexuell besessen gewesen; verrückt nach ihr, ihr Beschützer; aber in jenem Augenblick der Offenbarung hatte er angefangen, sie zu lieben.

Und dann hatte ihn sein Land reich gemacht. Der feudale Landsitz war aus dem Boden gewachsen, von den indigofarbenen Bergen umklammert, die, wie Rem schon lange vorher einmal geäußert hatte, in Lan alles von Bedeutung umklammerten. Es hatte Wohlstand und Liebe gegeben; und dann waren die Knaben gekommen. Das Leben hatte sie reich beschenkt.

Als die Schatten aus dem Freien Zakoris herausgekrochen gekommen waren, hatten sie sie wahrgenommen, denn Schatten müssen wahrgenommen werden, und sie hatten sie beiseitegeschoben, denn man darf den Schatten auch nicht erlauben, daß sie alles Licht vertreiben.

Die karmianische Initiative hatten sie nicht weiter beachtet.

Sie war wie Schnee im Sommer. Das Ende der Welt.

»Basjar ist ein guter Mann«, sagte Yannul jetzt, »halb Xarabier, ein von Geld und Geschäftskniffen Besessener, aber vertrauenswert. Er wird das Gut in untadeligem Zustand erhalten, wenn nichts dazwischen kommt. Wenn das Schlimmste passiert, wird er retten, was zu retten ist, und für uns bewahren.«

Medaci lächelte. Basjar, Yannuls Geschäftsführer, hatte ihr immer höfliche Aufmerksamkeit entgegengebracht, in seiner xarabischen Art. Sie mochte ihn. Er war freundlich und nur für seine Feinde gefährlich.

»Daß wir Vardianer gefunden haben, die mit uns reisen, ist ebenfalls ein günstiger Wink des Schicksals«, sagte Yannul. »Karmiss ist noch immer rücksichtsvoll den gelbhaarigen Rassen gegenüber.«

Er hatte ihre Reisepläne gestern aufgestellt, sobald er seine Einladung in den Palast erhalten hatte. Ihm war sofort klar gewesen, was diese Einladung bedeutete, und er hatte sich nicht geirrt. Die blonden Karmianer würden nicht lange fakkeln, ehe sie entschieden, daß sie Yannul nicht schlagen mußten, weil es andere Möglichkeiten gab, ihn zu zwingen.

Die vardianische Karawane würde morgen bei Sonnenaufgang den Weg in den Süden antreten, und sie alle drei, Yannul Medaci und der Junge, würden sich ihr anschließen.

Sie war Amanackirerin, und ihr jüngerer Sohn, hell bis auf die dunklen Augen, mochte auch als Amanackirer durchgehen. Man würde sie den ganzen Weg über bis Lanelyr vereh-

ren und beschützen. In Elyr war die karmianische Entwicklung noch nicht weit gediehen. Wenn sie erst die Schattenlosen Ebenen erreicht hätten, befänden sie sich in den Mittleren Ländern, wo Karmiss keinen Anspruch erhob. Bis jetzt.

Sie besprachen diese Dinge, und schließlich sagte Medaci: »Was ist, wenn Lur Raldnor zurückkehrt?«

»Der letzte Brief hat ihm einen sicheren Platz in Dorthar verschafft. Der König wird genug Verstand haben, ihn nicht fortzuschicken. Raldanash wird Arbeit für ihn haben.«

»Aber er könnte nicht auf den König hören.«

»Er wird auf ihn hören. Raldnor weiß, daß wir auf uns selbst achten. Er wird bleiben, wo er ist, und auf Nachricht warten. Wenn wir die Ebenen erreichen, können wir ihm eine Botschaft schicken.«

»Du hast recht«, sagte sie.

Sie weinte nicht. Ihre Augen waren jedoch voller Bedauern, der Blick verharrte noch auf ihrem Garten voll wunderschöner Lilien und Sträucher, die nachts zu Feuerfliegen erblühten.

Unvermittelt kam das Bild wieder zu Yannul, das zerstörte Tiefland im Schnee, auf den Straßen Blut und die Leichen der Dortharianer, und die Amanackirer, die lautlos wie Wölfe mit glühenden Augen vorübergingen. Und dann Yr Dakans Haus, auch in ihm Tote, diesmal Ommoner.

In der runden Halle ein unbeschreibliches Ding, das halb im und halb aus dem Brennofen-Bauch des zakorianischen Gottes hing. Und näher, am Tisch zusammengekrümmt, Medaci. Sie hatte ihn angestarrt, war dann auf die Füße gesprungen, zur Tür gelaufen und hatte versucht, ihm zu entkommen. Als Yannul sie bei den Schultern gefaßt hatte, war sie in einen Schrei ausgebrochen.

Und dann hatte sie sich ihm entgegengeworfen.

»Warum habe ich ihn töten müssen?« hatte sie entsetzt geschrien, und ihre Tränen hatten durch die Kleider auf seiner Haut gebrannt.

Mit ihrem Zweifel hatte sie in dieser Nacht seine geistige Gesundheit gerettet, und vielleicht auch ihre eigene.

Aber er wußte, daß sie sich auf der Flucht vor ihren neuen Unterdrückern davor fürchtete, in die Tiefländer zurückzukehren.

Die Armee von Lan bildete sich bereits.

Jeder Visianer oder Mann, dessen Haut eine ausreichend dunkle Färbung aufwies, war von seinem zwölften Lebensjahr an geeignet. Und verwundbar. Die Soldaten wurden durch Aufforderung rekrutiert, notfalls mit Gewalt.

In Amlan und den Städten wurden öffentliche Aufforderungen verlautbart. Alle annehmbaren Kandidaten wurden angewiesen, sich bei dem lokalen karmianischen Posten zu melden. Wer seine Söhne oder sich selbst nicht angab, mußte mit einem Besuch karmianischer Soldaten rechnen.

Ein Posten Webstühle des Zimmermanns wurde auf den Pflastersteinen zerschlagen, ungefähr ein Zug zusätzliche Zeebas vom Militär konfisziert, einige Dutzend Bierkrüge wurden zerschmettert. Das war alltäglich genug, um als abschreckendes Beispiel zu dienen. Jugendliche und Männer tauchten in den Rekrutierungsbüros auf und wurden Angehörige der lanischen Armee. Das Emblem von Lan, die Entzündete Fackel, erschien über sämtlichen behelfsmäßigen Baracken, unter dem großen, scharlachfarbenen Salamander.

Zu den Außenposten der Zivilisation – den kleinen, wilden Dörfern, die sich über das Hochland verteilten und in den Tälern verstreut lagen – kamen Kesarhs Truppen und nahmen sich nur, was ihnen beliebte. Männer wurden von den Feldern geholt, aus den Betten gezerrt und verschleppt, überwältigt und gefesselt, dem Soldatenleben zugeführt, während sie ihre Frauen und Kinder zurücklassen mußten, die weinten und vielleicht verhungerten.

Man wurde auf dem Weg in den Süden Zeuge solcher Szenen. Im Norden, so besagte das Gerücht, sollte es noch schlimmer sein.

Als die vardische Karawane in das Grenzgebiet von Lanelyr hinabstieg, kamen sie an einem brennenden Dorf vorbei. Auf dem Berg außerhalb des Dorfes fanden sie eine Gruppe Frauen vor, die zu Tode mißbraucht worden waren. Mehrere Männer, die zu alt waren, um die Anwerber zu interessieren, lagen mit gebrochenen Gliedern umher. Andere Frauen und Vieh waren zusammengetrieben worden, um die karmianischen Krieger zu ergötzen und ihnen ein Festmahl zu bereiten.

Die Vardianer weigerten sich einzugreifen. Auf jeden Fall

konnte nicht viel getan werden. Es waren viele Karmianer. Und die Toten waren tot.

Hinter der Szenerie ragten die blinden Berge gegen den Himmel empor, die das Rückgrat von Lan bildeten.

In Lanelyr, im Haus des Stadtwächters von Olm, träumte Safca.

In ihrem Traum stand ein Tieflandmädchen an ihrem Fenster; und hinter ihrem Kopf leuchtete ein goldener Mond.

Komm und sieh, sagte das Mädchen, aber ohne Worte.

Safca näherte sich eingeschüchtert dem Fenster. Sie hatte nie geglaubt, daß sie die Tiefländerin noch einmal treffen würde. Safca blickte dorthin, wohin das Mädchen wies, und stellte fest, daß das Fenster im Traum eine andere Aussicht als in Wirklichkeit bot; es erlaubte den Ausblick auf die großen Berge hinter der Stadt. Eine riesige, schimmernde Schlange wand sich oben von den Bergen her in ihre Richtung. Dann sah sie, daß es keine Schlange war, sondern ein Strom aus Lichtern.

»Wohin gehen sie?« fragte Safca das Tieflandmädchen.

Und das Tieflandmädchen sagte es ihr.

Safca hörte es voller Unglauben.

Dann sah sie, daß der goldene Mond auf den Berggipfeln die Gestalt einer strahlenden Frau mit einem Schlangenschwanz angenommen hatte. Ohne recht den Grund zu kennen, lachte Safca vor Entzücken.

Als sie aufwachte, lachte sie noch immer. Sie stellte fest, daß sie den Namen der Tiefländerin kannte.

In Olm gab es nur fünfzig Soldaten des Königs Kesarh. Zwei Steinhäuser waren ihnen überlassen worden – ihre Bewohner hatten sie verlassen. Ihr Heerführer hatte für sich selbst und die wichtigsten Offiziere Quartiere im Palast gefordert. Die Erhebung begann am nächsten Morgen, und der Stadtwächter selbst begab sich auf den Marktplatz und wies die Olmianer an zu kooperieren. Karmiss half Lan bei der Schaffung einer anständigen Selbstverteidigung, die wahrhaftig erforderlich war. Es gab keine Auflehnung. Die Ankunft der Soldaten war schon seit Tagen erwartet worden, und die Bevölkerung Olms hatte sich durch den Exodus, den diese Er-

wartung zur Folge gehabt hatte, noch mehr vermindert. Die Zurückgebliebenen hatten sich schon damit abgefunden.

Der karmianische Heerführer war mit dem Stadtwächter zufrieden. Der karmianische Truppenführer teilte jetzt das Lager mit der gesetzmäßigen Tochter des Stadtwächters, die zugleich die hübscheste war. Der Mann machte häufig stolze Anspielungen auf seinen Aufstieg zur Macht von niedrigen und ungesunden Anfängen an den Kaianlagen von Istris. Aber die legitime Tochter des Stadtwächters störte das nicht, sie schien sogar geneigt, mit ihrem Liebhaber anzugeben.

Yalef, der älteste Sohn des Stadtwächters, war mit einer Bande von Spielerfreunden und einigen Akrobaten-Mädchen nach Elyr geeilt.

Safca, als ihr der Glanz des Salamanders in die Augen stach, der oben auf dem Palasttor angebracht worden war, gedachte ihres alten Ärgers über die Männer von Shansar und Vardath, ihres unbestimmten Verlangens nach einer Wiederkehr visianischer Tapferkeit. Jetzt hatte sie sich vollzogen. Sie wand sich innerlich vor Scham und Widerwillen.

Es gab noch eine weitere Ursache dafür. Als ihr dritter Bruder diskret ihre höchsteigene Person für unbestimmte Zeit einem der karmianischen Sergeanten angeboten hatte, war dessen Kommentar gewesen: »Diese Hure besteht nur aus Knochen und hat keine Brüste ... und wo habe ich das Gesicht schon einmal gesehen? Jetzt erinnere ich mich: Es war ein Krug ohne Henkel.«

Den ganzen Abend über hatte sie mit offenen Augen davon geträumt, diesen Mann zu töten. Später träumte sie im Schlaf von der Tiefländerin, den Bergen, den Lichtern und von Anackire.

Am Morgen, als sie nichts zu erwarten und nichts zu tun hatte, dachte sie über den Traum nach.

Zugleich mit dem Geschwätz über die karmianische Invasion kursierten weitere unverantwortliche Erzählungen über Tiefland-Zauberwerk in den Ebenen, über blumenbekränzte Volksscharen, die aus der schwarzen, zerstörten Stadt hervorgeströmt waren, über Lichter und Erscheinungen.

Eine Geschichte, die von einem Händler vorgetragen worden war, hatte den Marktplatz von Olm in Atem gehalten. Es war darin die Rede von Wölfen, die mit diesen geheimnisvol-

len Scharen umhersprangen, und die, wie es schien, harmlos und freundlich waren. Und in der Geschichte kamen natürlich auch Schlangen vor, mit denen sie sich wie mit Blumenkränzen umwunden hatten.

Safca, die sich der großen Schlange erinnerte, die ihr das Tieflandmädchen überreicht hatte, um sie sich um den Körper zu winden, war bei der Erzählung erzittert. Bedeutete sie, daß das Mädchen die Schattenlosen Ebenen erreicht hatte und dort diese geheimen Feiern anführte? Bedeutete es, daß ihr das Mädchen, mit Telepathie und Macht begabt, eine Vision geschickt hatte?

Aber weshalb? Es war Irrsinn.

Endlich ließ Safca eine Traumdeuterin zu sich kommen, ein zahnloses altes Weib, das in einer Hütte nahe den Stadttoren hauste, die niemand gegen Karmiss verteidigt hatte. Bereits vor Jahren hatte die Alte Safca einen Traum ausgelegt. Safca war niemals sicher gewesen, ob sie diesen Spruch ernst nehmen sollte. Die Frau hörte alle Arten von Klatsch und war gut im Raten. Jetzt schien es, als hätte sie etwas anderes erraten, das sie zur Flucht veranlaßt hatte, denn sie konnte nicht ausfindig gemacht werden.

Es war ganz offensichtlich gewesen, wohin die Lichter im Traum gegangen waren, selbst wenn das Tieflandmädchen es Safca nicht erzählt hätte. Im tiefsten Inneren dieser Berge lag das uralte Königreich von Zor, selten besucht, schwer über steile Pässe zu erreichen, die in den kalten Monaten unbegehbar waren.

Eine fast perfekte Zuflucht.

Etwas Seltsames geschah mit Safca. Es war wie ein tiefes, sonores Vibrieren ihres Blutes. Sie konnte es sich nicht erklären. Sie entsann sich, etwas Derartiges in der Nähe der Tiefländerin verspürt zu haben.

Jetzt horchte Safca auf das Beben ihrer Seele unter ihrem Fleisch.

Mit einemmal verschwand der Raum, in dem sie saß, um sie herum. Sie fürchtete sich und beschwor ihn zurück. Aber der stimmlose Harfenton vibrierte fort und fort.

Draußen auf dem Platz wurden die Dienstverpflichteten von Olm gedrillt. Ein karmianischer Offizier mit einem Stock schlug sie jedesmal, wenn sie schlappmachten, wie Sklaven.

Vor einigen Tagen war einer von ihnen grausam ausgepeitscht worden.

Unter ihr zwitscherte ihre Schwester und traktierte den karmianischen Truppenführer mit kandierten Früchten. Die beiden corhlischen Affen, die vor ihm Angst hatten, saßen wimmernd in der Ecke.

Safca dämmerte es, daß sie Dinge sah und hörte, die sie in diesem Raum nicht körperlich sehen und hören konnte.

»Ashni«, flüsterte sie. Das war der Name des Tieflandmädchens. Er war ihr geblieben, und diese Fähigkeit war ihr geblieben, obwohl sie keine Ahnung davon gehabt hatte.

Der Raum um sie her schwankte erneut.

Mit einem plötzlichen Anfall ängstlichen Stolzes ließ sie es diesmal zu, daß er verschwand.

Die verschleierte Frau am Eingang zu den Behelfsbaracken wurde sorgfältig nach Waffen durchsucht. Die beiden Wächter, die sie untersuchten, waren sehr gründlich und scherzten; sie genossen es und befahlen ihr, es ebenfalls zu genießen. Wenn die Zeit Zastis' gewesen wäre, hätte sie mehr Genuß von ihnen gehabt. Sie kümmerten sich nicht um ihr verdecktes Gesicht, hätten es aber vermutlich ohnehin nicht erkannt. Ihre Bestechung nahmen sie dankend an.

Sie war nicht so töricht gewesen, Edelsteine bei sich zu tragen, mit Ausnahme des schlichten, kleinen, unerläßlichen Glücksarmbandes an ihrem linken Handgelenk. Hineinzugehen und den Mann für eine Nacht zu unterhalten, schien eine ganz vernünftige Bitte. Solche Dinge geschahen nicht zum erstenmal.

Die niedrige steinerne Halle, in die hinein die Frau ihren Weg nahm und deren Tür hinter ihr sogleich verriegelt wurde, beherbergte zwei Drittel der in Olm rekrutierten lanischen Armee; etwa zweihundert Mann.

Viele von ihnen waren schon ziemlich alt und hätten nicht eingezogen werden sollen; sie dienten der Belustigung für sadistische karmianische Schleifer. Einige waren sehr jung, noch Kinder. Einige waren nichts als sanftmütig, sie waren unglücklich, ein paar von ihnen lagen dort und weinten. Sie alle dienten als Futter für den Krieg. Aber es gab auch einen Kern von Männern – umherziehende Jäger, Wagenführer,

Hausbauer, selbst Angehörige der olmischen Wache – starke Männer, die der Zorn wachhielt.

Safca nahm den Kerzenstumpen an sich, den die Wachen ihr zugestanden, und entzündete ihn. Dann nahm sie einen der leeren Kerzenhalter und steckte den brennenden Stumpen hinein.

Überall um sie her erhoben sich die Männer.

Eben als die Welle der Erregung, die ohne erkannte Ursache und ziellos war, um sich griff, kam ein Karmianer hinter einer Säule hervor; ein letzter Feind, mit dem sie nicht gerechnet hatte. Es gab natürlich Mischlinge in Kesarhs Armee, aber nicht viele blonde Männer in Olm. Dieser hier war es, und das schien die Angelegenheit zu verschlimmern.

»Was treibst du da?« Er ergriff sie am Arm.

Safca, die halb blind vor Furcht war, hob ihren Schleier und lächelte. Sie griff mit der freien Hand in ihre Haare und löste die Nadeln aus ihnen.

»Der Lord Hauptmann hat mich gesandt, daß ich Euch die Nacht versüße.«

Ihre Stimme bebte sehr, und es war ein Wunder, daß er sie überhaupt verstehen konnte. Sie fürchtete, selbst in dieser äußersten Not, daß er sie zu unattraktiv fände, um ihm zu gefallen; aber er grunzte und begann, sie hinter die Säule zu zerren.

»In Ordnung. Aber weshalb habt Ihr die Lampe entzündet, hirnlose Stute?«

Er war bereits eifrig dabei, ihren Schoß zu betätscheln, als sie sich überwand, das zu tun, von dem sie gewußt hatte, daß sie es würde tun müssen; sie trieb ihm eine der Haarnadeln tief ins Ohr. Die Geräusche, die er machte, waren gedämpft, aber grauenerregend. Sie hielten nicht lange an. Es war ein Trick im Nahkampf, den Yalef ihr gegenüber vor Jahren erwähnt hatte.

Endlich fiel der Mann zu Boden; Safca fiel neben ihm nieder und übergab sich, versuchte, ihr Herz auszukotzen.

Als sie wieder zu sich kam, hielt einer der lanischen Rekruten ihren Kopf fest.

Sie kämpfte sich frei, und er sagte: »Lady, wir haben gesehen, was Ihr getan habt. Schickte Euch der Wächter, daß Ihr Euch derart erniedrigtet; daß Ihr eine Hure in unserem Ge-

fängnis abgabt? Ängstigt Euch nicht. Einer von uns wird sagen, daß er es tat.«

Ein gedämpftes Murmeln der Zustimmung kam auf. Sie sah auf, der Schleier legte sich ihr über den Mund, und sie erblickte etwa dreißig Mann, die sich um sie versammelt hatten.

»Sie schicken uns doch nur, damit wir die Freien Zakorianer füttern«, sagte der Lanier. »Da ist es besser, hier zu sterben.«

Über seinen Schultern sah sie die eingekerbten Male von Peitschenenden, und da wußte sie, daß er zu fiebrig war, um schlafen zu können, und zu mutlos, um weiterleben zu wollen.

Safca zog sich an der Säule auf die Füße. Sie reichten ihr Wasser, und sie trank es.

»Es ist nicht nötig zu sterben«, sagte sie.

Sie starrten sie argwöhnisch an; ehe sie es ihnen sagen konnte, wußten sie in der Hellsichtigkeit, die Verzweifelten manchmal zueigen ist, daß sie eine Botin der Befreiung war.

»Wenn ihr genügend Mut dazu habt, könnt ihr die Karmianer unbemerkt überfallen und niedermetzeln.«

»Aber, Lady, bedenkt, wenn wir uns ihrer entledigen, werden andere kommen. Wir würden gejagt und gestellt. Und unsere Familien würden erbarmungslos umgebracht.«

»Es gibt einen Ort, an dem sie uns nicht jagen können«, erwiderte sie.

Die Männer warteten.

»Zor.«

Lange Zeit sagte niemand etwas.

Schließlich sagte der Sohn eines Händlers: »Dort hinaufzugelangen ist schwierig; unmöglich. Wie viele würden diesen Marsch überleben? Und was erwartet die Überlebenden? Ruinen. Die kalten Monate stehen bevor. Wir würden zugrundegehen. Wir verlören alles.«

»Ihr habt bereits alles verloren«, erwiderte sie, um sich mit ihrer eigenen Schärfe aufzurütteln. »Kesarh Am Karmiss hat es euch genommen. Laßt uns versuchen, die Freiheit zu erlangen. Oder würdet ihr lieber im Kampf sterben ... im Kampf gegen den Leoparden Zakoris, oder gegen Dorthar,

oder gegen ein anderes Land, das der schwarze Kesarh glaubt, an sich binden zu können?«

Das brummende Geräusch kam wieder, stärker.

Der fiebrige Mann sagte: »Sie hat ihr Leben riskiert, um uns dies zu sagen.«

Safca sprach bedächtig, mit tiefer gewordener Stimme, die sie selbst und ihre Zuhörer berührte. »Ich habe eine Vision gehabt. Die Göttin Anack wies mich zu dieser Tat an.«

In diesem Augenblick hatte sie gewonnen. Sie sah sich umgeben von Männern, von denen einige jung und vornehm waren, und ihre Gesichter waren erfüllt von dem Licht, das von ihr ausstrahlte. Sie hatte nie zuvor einen Mann dazu veranlaßt, sie auf diese Art anzuschauen.

Der Gefängnisaufseher war bereits tot, und einer der Männer nahm sein Schwert an sich. Minuten später brachten Safcas rasende Schreie die Wächter dazu, herunterzukommen und die Tür zu entriegeln, und sie hatte das zweifelhafte Vergnügen, zuzusehen, wie sie niedergemacht wurden.

Ungehindert schwärmten die Lanier durch das Steingebäude. In einem der oberen Räume fanden sie Gestelle mit Schwertern vor. Sie erschlugen jeden Karmianer, den sie vorfanden, dann liefen sie auf die Straße hinaus und erschlugen noch mehr. In dem Gebäude jenseits der Straße hatten die karmianischen Soldaten Wind von dem gewaltsamen Ausbruch bekommen und sich verbarrikadiert. Noch während die Lanier von draußen die Barrikaden zerstörten, fielen die darinnen befindlichen Lanier – die auch mitbekommen hatten, was vor sich ging; möglicherweise durch eine Art Telepathie – den Invasoren in den Rücken.

So muß es auch in den Tiefländern gewesen sein, dachte Safca, als die Nacht um sie von Flammen erhellt wurde und von Rufen und Schreien widerhallte. Aber noch ehe sie über diesen seltsamen Einfall nachdenken konnte, der die Lanier mit den Amanackirern gleichsetzte, wurde sie aufgehoben und von blutbespritzten Männern auf den Marktplatz mitten unter die Fackeln getragen.

Jemand läutete die Glocke der Sperrstunde. Ringsum versank Olm tiefer in die Nacht.

Als das karmianische Kommando vom Palast her ankam, wurden die Soldaten bis auf den letzten Mann ermordet.

Hoch auf einem aufrecht gestellten Wagen mußte Safca dann eine Rede zu der Horde halten; sie sah furchtsame Gesichter und die siegestrunkenen derjenigen, die sich bereits befreit hatten.

Was soll ich ihnen sagen?

Aber da wußte sie es schon. Sie streckte ihnen die Hände entgegen und empfand einen unerträglichen Gefühlsaufruhr, den die Nacht, die Feuer und die Tiefe dessen, was von ihr übergesprungen war, in ihr hervorriefen.

»Anackire«, sagte sie, und ein eigenartiges Seufzen erhob sich aus der Menge, »Anackire ist zu uns gekommen, wie sie vor langer Zeit zu uns gekommen ist, und zu all denen, die Unterdrückung erleiden müssen. Anackire ist in den Bergen, die schwarzhaarige Schlangengöttin von Lan.«

Innerhalb von fünf Tagen hatten sie ihre Vorbereitungen abgeschlossen und die Reise angetreten. Verpflegung und Menschen waren aus mehreren olmischen Dörfern der Umgebung gekommen; aus Dörfern, die bei der Ankunft der Karmianer einen verlassenen und öden Eindruck gemacht hatten. Der größte Teil Olms bewegte sich auf die Berge zu. Sie hatten sogar ein zorisches Mädchen, eine Schlagentänzerin, als Führerin bei sich.

Diejenigen, die sich ihnen nicht anschließen wollten, hatten sie mit Verletzungen zurückgelassen, so daß die Karmianer ihnen später keine Schuld geben konnten. Der Stadtwächter gehörte zu ihnen. Selbst dann noch, als sich die Stadtleute zusammenrotteten, war er damit beschäftigt, linkshändig Berichte an Kesarhs Oberstes Kommando in Amlan zu kritzeln; den anderen Arm trug er in einer Schlinge. Er hatte den Lanier mit dem Schwert darum gebeten, ihm einen tiefen Schnitt beizubringen. Jetzt eiterte die Wunde stark. Niemand würde ihm einen Vorwurf machen, seine Aufgabe als Wächter vernachlässigt zu haben.

Die Landstraßen, die in die vorgelagerten Hügel führten, waren leicht passierbar. Der Regen blieb anfangs aus. Die Freien Lanier pflückten Herbstblumen und wanden Girlanden daraus, und zuweilen sangen sie, während sie in Richtung auf Zor wanderten.

Der Regen, der nicht unbedingt ein Beweis für lanische Dankbarkeit war, fiel wieder, als die vardische Karawane ihr Lager in den Bergen aufschlug. Ein kalter Wind blies noch dazu; der Sommer endete; ebenso wie die vertraute Welt.

Es hatte Schwierigkeiten in Olm gegeben, das war ihnen schon vorher berichtet worden. Kurz vor Sonnenuntergang klapperte eine Abteilung der karmianischen Reiterei vorüber, die dieselbe Richtung hatte. Die Karawane übte Vorsicht und strich Olm aus der Liste ihrer geplanten Aufenthalte.

Es wurde eine scheußliche Nacht.

Auf dem Viertel des Wagens zusammengekauert, das ihnen mitsamt ihren minimalen Besitztümern zugeteilt worden war, hockte Yannul und betrachtete Medaci, die mit einer dünnen Knochennadel eine wundervolle Perlenstickerei verfertigte. Ihr jüngerer Sohn hielt sich unten bei dem Feuer unter der Plane auf und spielte Würfel mit einem vardianischen Jungen.

Plötzlich erscholl neuerliches Geklapper und Lärmen. Drei Reiter preschten in das Wagenlager, ihre Fackeln loderten wie in einem Schauspiel durch den Bindfadenregen.

Yannul dachte einen Moment lang, sie wären karmianische Verfolger, und er griff nach seinem Messer.

Da brüllte ein Mann: »Wir haben nichts Böses vor. Ich habe eine Botschaft für alle Lanier, die sich hier aufhalten mögen.«

Es waren keine Lanier in seinem Gesichtsfeld, aber das schien ihn nicht zu stören, denn er brüllte erneut los: »Die Botschaft lautet wie folgt: Ein Teil Lans bleibt frei. Alle, die sich dem Freien Lan anschließen wollen, sollen sich eine Meile in östliche Richtung begeben, zu dem Felsen, auf dem vier Bäume stehen. Wir werden dort eine Stunde lang warten. Eine Warnung. Diejenigen, die uns aufsuchen, werden als Freunde behandelt. Dies ...« Der Mann hieb mit seinem Schwert in den Regen, »... erwartet den Neuling von Karmiss und jeden Verräter.«

Dann schwenkte sein Zeeba um. Die Männer entfernten sich und überließen die Vardianer ihren Mutmaßungen.

Yannuls jüngerer Sohn lief vom Feuer weg zu den Wagen.

Yannul sagte: »Das war ein karmianisches Schwert. Und er trug eine karmianische Rüstung.«

»Was hat das zu bedeuten?«, fragte Medaci.

»Ich habe keine Ahnung. Ein kleiner Aufstand. Vielleicht in Olm.«

Sie sah ihn an, in ihren herrlichen Augen spiegelten sich die Flammen und der Regen.

»Dann geh und sieh nach«, sagte sie.

Ihre Telepathie war unberechenbar und überraschte ihn jedesmal. Er küßte sie, überließ es ihr, ihrem Sohn Auskunft zu geben, und ging, um sich ein Reittier zu holen.

Er folgte den drei Laniern so dicht, daß sie seinetwegen eine Viertelmeile vom Lager entfernt stehenblieben, die Schwerter gezogen, die Stirnen in Falten gelegt.

Als Yannul auf sie zuritt, mußte er unmotiviert lachen, als er dachte: *Diese Zeit ist wieder einmal Raldnors Zeit.*

»Halt. Wer seid Ihr?«

»Mein Name ist Yannul. Ich bin Lanier, wie Ihr.«

»Yannul?«

Sie sahen einander an.

Einer sagte: »Er hätte das richtige Alter. Sein Haar ist lang. Man sagt, daß er es so trägt. Aber er ist in Dorthar.«

Ein anderer sagte: »Sei kein Narr. Natürlich ist er es. Ich habe seinen Sohn in der Zeit Zastis' gesehen, in Olm. Ich habe mit ihm gesprochen. Dieser Mann *ist* Yannul.«

Sie wandten sich ihm zu und fragten ihn selbst.

»Ja«, sagte er, »ich habe zusammen mit Raldnor, dem Sohn des Rehdon, gestritten.«

Sie saßen sichtbar angespannt auf ihren Reittieren und starrten ihn durch die regenrauschende Nacht an.

»Nun«, sagte Yannul, »würde ich gerne *Eure* Geschichte hören.«

Nach einer Weile drängten sie sich unter einem Überhang zusammen. Er hörte sie dort besser, als sie ihm erzählten, was in Olm geschehen war, und von der Prinzessin, die eine Priesterin war und der Anackire einen Traum gesandt hatte. Sie waren nach Zor unterwegs. Die meisten von ihnen waren oben in den Vorbergen. Aber noch immer streiften olmische Reiter durch die Dörfer und versuchten, andere zu bewegen, daß sie ihnen folgten.

Etwas an ihrem Eifer riß Yannul mit sich; dann verblaßte es wieder. Sie waren bemüht, ihn anzustiften, daß er ihrer Bewegung das Gewicht seiner berühmten Persönlichkeit ver-

lieh, als er fühlte, daß er sich innerlich bereits von ihnen distanzierte.

Ich bin aus all dem herausgewachsen. Helden und Wunder. Ich sehne mich nach dem Süden und nach Sicherheit für sie und den Jungen, und nach Ruhe.

»Und Eure Gattin«, sagte einer, »Eure Frau ... Sie ist eine Amanackirerin.«

Er erwiderte etwas, an das er sich später nicht mehr erinnerte, aber es ernüchterte sie. Er erklärte, er wünsche ihnen alles Gute. Er sagte, er sei in die Mittleren Länder unterwegs.

Einer von ihnen murrte: »Raldanash wird ihn brauchen können. Der Schwarze Leopard des Freien Zakoris auf der einen Seite, der blutige Salamander auf der anderen.«

Ein paar ausgesuchte, verlegene Höflichkeiten wurden ausgetauscht.

Nicht lange darauf ritt er fort, zu den vardischen Wagen zurück.

Medaci saß jetzt unter der Plane am Feuer, mit ihrem jüngeren Sohn, dessen dunkle Augen im Widerschein der Flammen schimmerten.

Yannul bewegte verneinend den Kopf, als sie ihn ansahen. Als er sich zu ihnen gesetzt hatte, berichtete er leise, was er erfahren hatte, und fügte hinzu, was er davon hielt.

Keiner der Vardianer kam, um seine Neugier zu befriedigen. Händler waren neugierig, aber auch nicht interessiert daran, zuviel über eine Sache zu wissen. Zudem war die Hauptmacht von Vardath schließlich an einem anderen Ort.

»Es sind knapp Tausend, die meisten Frauen und Kinder, wie ich schätze. Wenn der Schnee früh fällt, während sie in die Berge hinaufklettern, werden sie sterben. Möglicherweise ist das ehrenvoller, als für Karmiss zu sterben. Aber Tod bleibt Tod.«

»Aber Yannul«, sagte Medaci, »Yannul, Yannul.«

»Was meinst du?«

»Dein Land«, erwiderte sie.

»Mein Land ist dieses hier, nicht jene traurige kleine Gruppe von Rebellen, die sich die Hänge hinauf bemüht.«

»Dein Land«, wiederholte sie, »ist alles, was du bist. Es ist beinahe deine Seele, Yannul.«

»O ja. Deshalb habe ich es verlassen. Deshalb habe ich mit

Raldnor für *deine* Leute gekämpft, als meine nicht das Schwert erheben wollten.«

»Und wie deine Seele«, sagte sie, »war es ein Teil von dir, wo immer du hingegangen bist, wo immer du auch gekämpft hast.«

»Dann wird es auch in den Ebenen bei mir sein. Oder in Xarabiss. Oder wo immer.«

»Nein«, erwiderte sie. »An dem Tag, als in Amlan zur Sperrstunde geläutet wurde, hast du mich gehalten. Du sagtest, Lan wäre nicht länger Lan.«

Yannul sah zur Seite. Seine Augen standen voller Tränen, und er schalt sich selbst.

»Aber das Herz von Lan bleibt frei«, sagte sie. Etwas in ihrer Art zu sprechen, ließ ihn sie wieder anschauen. »Wir haben kein Land«, fuhr sie fort. »Die Amanackirer, die Tiefländer, wir sind eine Rasse, aber das Land ist Vis ... Wir haben keine Wurzeln, keine eigenständige Seele außer dem Wandertrieb unserer Menschen und dem Leitstern der Göttin.«

Yannul wartete beinahe atemlos. Niemals zuvor hatte sie so gesprochen, in all den Jahren nicht, die er zusammen mit ihr verbracht hatte, bei ihr gelegen hatte, gesehen hatte, wie sie ihren Sohn getragen und geboren hatte, und sie geliebt hatte.

»Du aber hast meine Leute zu deinen gemacht, Yannul«, sagte sie. »Du hast mich zu deiner Schwester und zu deiner Frau gemacht. Und dein Land ist zu meinem Land geworden. Yannul, Zor, das Freie Lan, die Berge ... Laß uns zu ihnen gehen.«

Sie sah wieder wie ein Mädchen aus, keinen Tag älter als an dem Tag, da er sie zum erstenmal im Hause Dakans gesehen hatte.

Er starrte sie noch immer verwundert an, als ihr Sohn sagte: »Wenn Anackire sie gerufen hat, wird sie sie nicht sterben lassen. Kannst du das nicht begreifen, Vater?«

»Doch«, erwiderte Yannul zerstreut. »Ich denke schon, daß ich es kann.«

Sie ritten den Rest der Nacht und den ganzen folgenden Tag hindurch. Yannul meisterte die Wege in die höheren Regionen des Vorgebirges, auf denen sich Zeebas bewegen konn-

ten, und die Nebenpfade, wo sie absteigen und die Zeebas führen mußten. Er hatte diese Route selbst nie beschritten, aber er war in der Jugend ein Wanderer gewesen, war geschult und hatte nichts vergessen.

Von ihrem Gepäck hatten sie nur mitgenommen, was wertvoll war und worauf sie aus Gefühlsgründen nicht verzichten wollten; trafen eine Auswahl aus der Auswahl, die sie schon in der Villa getroffen hatten. Das Übriggebliebene hatten sie verkauft und von dem Erlös unverderbliche Nahrungsmittel erworben.

Eine Gruppe Vardianer hatte ihnen zu verstehen gegeben, daß sie sie zu begleiten wünschten, aber ihre Gefährten hatten ihnen abgeraten. Abschiedsgrüße und gute Wünsche waren geäußert worden. *Ashkar möge euch begleiten!* hatten einige gerufen.

Da er sich anläßlich seines früheren dortigen Aufenthaltes die Sprache des anderen Kontinents angeeignet hatte, war Yannul in der Lage gewesen, mit den Teilnehmern der Karawane die ganze Zeit über in deren Muttersprache zu reden, was ihm große Achtung eingebracht hatte.

In der zweiten Nacht liefen sie jenen drei lanischen Reitern über den Weg, die zu dem Wagenlager gekommen waren. Sie hatten jetzt eine eigene Unterkunft in einer kleinen Höhle. Bei ihnen waren fünf oder sechs Dörfler und sieben Frauen sowie ein streitsüchtiges Schwein.

Alle außer dem Schwein hießen ihn herzlich willkommen, und Erklärungen waren nicht nötig.

Sie brachen vor Sonnenaufgang auf. Der Regen und der stürmische Wind würden zwar ihren Weg gefährlich gestalten, aber sie würden auch Jäger abschrecken. Offenbar befanden sich die Karmianer weiter weg in den niedrigeren Hügeln auf der Suche nach ihnen.

Der Stadtwächter von Olm war auf dem Marktplatz bis auf seine Unterhose entkleidet worden und hatte vier Schläge mit einer Rute empfangen. Es war ihm nicht gut bekommen.

Der erste Berghang erstreckte sich entmutigend lang vor ihnen, blaugrau wie die Haut eines urzeitlichen Tieres. Dahinter erhoben sich weitere Berge, eine Mauer gegen den Horizont.

Sie fanden dort einen Paß vor, der so alt wie die Berge selbst war, teilweise unpassierbar durch Steinrutsch. Noch höher hinauf war ein beinahe legendärer Pfad, von der Natur hunderte Fuß tief eingegraben und von Menschen geglättet.

Es war möglich, nach Zor und wieder hinaus zu gelangen. Die Zorer selbst praktizierten es, wenn auch nicht oft, und Händler mit Tand, Magier, Schlangentänzer, Schlangen.

Sie mühten sich den ganzen Tag über ab, Männer, Frauen und Zeebas, um diesen ersten Berghang zu bewältigen. Das Schwein bemühte sich nur darum, nicht klettern zu müssen. Endlich ließen es die sieben Dorffrauen lamentierend frei laufen. Es rülpste vor Aufregung und sprang in einer kleinen Lawine aus zu Tal kollernden Steinen davon.

Sie überquerten den Hügelkamm bei Sonnenuntergang. Der Regen hatte aufgehört. Die Sonne sank hinter ihnen lodernd und blutrot zu Tal und badete die Berge vor ihnen in ihrem Schein.

Als die Sonne verschwunden war, konnten sie noch Splitter von ihr sehen, die oben in Felsspalten und an Vorsprüngen eingefangen schienen.

Sie hatten den tieferen Paß erreicht und das ausgedehnte Lager des Freien Lan gefunden.

Safca brach auf, nervös und trotzig, um Yannul, dem Helden, zu begegnen. Eben hatte sie eine vorübergehende, unwürdige Eifersucht erfüllt, denn bisher war sie die Glücksbringerin und zugleich die Kommandantin gewesen. Diese beiden Teile ihrer Person waren voll Zorn auf sie selbst – daß sie so unbedeutend war. Sie schien zwei Personen, die in stetem Kampf miteinander lagen. Aber schließlich hatte sie gelernt, sich mit ihrem anderen Ich zu verständigen, vernünftig mit ihm zu argumentieren und ihm zu befehlen, daß es stillschwieg.

Und Yannul war ein eindrucksvoller Mann. Die Amanackirerin hatte die olmischen Flüchtlinge beglückt, die ihr sogleich Verehrung erwiesen hatten. Safca gelang es leichter, dies für sich selbst zu akzeptieren. Medaci erinnerte sie in gewisser Weise an die Tiefländer, die sie gekannt hatte, obwohl sie ihr in allen Details sehr unähnlich gewesen waren, außer in der Hautfarbe, und selbst sie war nicht genau diesel-

be. Die Tochter des Stadtwächters erwähnte jene Ashni nicht. Dafür schien ihr die Zeit noch nicht gekommen zu sein.

Als Yannul schließlich sagte: »Ihr vollbrachtet so vieles, riskiertet soviel wegen der Macht, die ein Traum über Euch hatte?« – warf Safca ihm übers Feuer hinweg die Erwiderung entgegen: »Lord Yannul, auch Ihr habt so gehandelt.«

Er senkte den Blick aus seinen schönen Augen. Er sah müde aus und faltig unter der Patina seines Ruhms.

»Und ich scheine es noch immer zu tun.«

Er spürte ein leises Mißtrauen, das Safca ihm entgegenbrachte, eine gewisse Feindschaft. Er konnte es sich nicht erklären. Sie schien aufrichtig, wenn auch leidenschaftlich, und hatte ihm so viel Ehre erwiesen, daß es ihn freute.

Später, als er sich mit Medaci in einem notdürftigen Zelt zusammengerollt hatte, sagte er: »Anackire war vordem eine Göttin des Friedens. Dann war Sie eine Kriegsgöttin. Jetzt bringt Sie Frauen bei, Haarnadeln und Messer zum Töten zu benutzen.«

Medaci erschauerte, und er bedauerte seine Worte. Er war sich nur allzu sicher, daß sie, indem sie die Phantome der Schattenlosen Ebenen vermieden hatten, in eine ähnlich unheimliche Situation geraten waren. Olm hatte ebenfalls die Soldaten der Besatzungsgarnison erschlagen und suchte sich jetzt in Ruinen zu verstecken.

Aber da sagte Medaci: »Es war Safcas Darstellung. So hat es uns auch Raldnor dargestellt, in der Vergangenheit. Dem Schwert mit dem Schwerte zu begegnen. Vielleicht haben wir es falsch gemacht. Vielleicht weist uns Anackire eine andere Möglichkeit auf, und wir sehen sie nur nicht.«

Er hatte geglaubt, daß sie danach eingeschlafen sei, aber nach einer Weile sagte sie: »Meine Großmutter hat mir einmal erzählt, weshalb die Göttin mit acht Armen statt mit zweien dargestellt wird.«

»Ich habe gehört, daß es von den Spinnen hergeleitet ist, weil die Spinnenweibchen größer als die Männchen sind.«

»Nein«, erwiderte Medaci und lachte ein wenig. Er war froh, sie lachen zu hören. »Die Geschichte lautet so: Ein Schuldloser verirrte sich zufällig in eine Höhle auf den Ebenen und fand dort Anackire sitzend vor. Da er schuldlos war,

fürchtete er sich nicht, und die Göttin war freundlich zu ihm. Sie unterhielten sich miteinander; und unvermittelt fragte er Sie, weshalb Sie bei ihren Standbildern mit acht Armen dargestellt würde, da er Sie hier in der Höhle vor sich sitzen sähe, und Sie offenkundig nur zwei Arme habe. Und die Göttin erwiderte: ›Das ist so, weil du schuldlos bist, daher siehst du mich so. Aber die Statuen wurden von Männern geformt, die mich mit anderen Augen gesehen haben.‹ Da entschuldigte sich der Schuldlose und sagte, daß er sie nicht verstünde. Anackire erwiderte: ›Meine Worte verstehst du nicht. Mein Wesen aber verstehst du sehr wohl.‹«

Yannul lag lange wach, hielt Medaci umarmt und lauschte den leisen Geräuschen des erschöpften Lagers. Was sie ihm gesagt hatte, nahm Bedeutung an und entschwand wieder.

Wieder glaubte er, daß sie schliefe, bis sie murmelte: »Lur Raldnor.«

Aber dann schlief sie, und bald darauf schlief auch er und vergaß.

Fünf Tage waren sie dem Paß gefolgt, hatten herabgestürzte Felsblöcke überwunden, waren durch Felsspalten gekrochen, über kolossale Steinhaufen geklettert, hatten mit sanften Worten die Zeebas und das übrige Getier zum Weitergehen zu überreden versucht oder es gewaltsam weitergezerrt; da gelangten sie auf ein Felsplateau, das ihnen gestattete, einen Blick auf den langen, mühseligen Weg zu werfen, den sie bereits zurückgelegt hatte.

Es war kein glücklicher Tag gewesen. Eine der unstabilen Geröllhalden, die sie überqueren mußten, hatte sich in Bewegung gesetzt. Ein Mann war in die Schlucht seitlich des Passes geschleudert worden. Zwar war es ihnen gelungen, die Zeebas rechtzeitig zu befreien, aber der Wagen war hinter dem Unglücklichen hergeschliddert; er war mit Mehlsäcken und gesalzenem Fleisch beladen gewesen. Wenigstens hatten sie nicht geschrien, als das Unglück geschah.

Die Ehefrau des Mannes hatte über mehrere Meilen den hohen, trostlosen Gesang der Totenklage beibehalten, die angebracht sein mochte, um den Tod zu verkünden, bis Safca auf ihren blasenbedeckten Füßen zu ihr zurückgegangen war und sie gebeten hatte, ihren Schmerz stumm zu ertragen.

Als in der Abenddämmerung auf der Felsplatte ein Feuer entzündet wurde, blickten einige Olmianer über den Rand der Plattform ins Tal hinab. Sie waren sogar in der Lage, die Flanke des ersten Berges auszumachen, den sie erklommen hatten. Nach einer Weile waren sie auch fähig, die vielen Lagerfeuer zu entdecken, die sich entlang des Paßanfangs erstreckten.

»Karmianer«, sagte Yannul.

Der Lanier, der Offizier in der olmischen Palastwache gewesen war, danach als Rekrut ausgehoben wurde und jetzt zum Hauptmann dieser unmilitärischen Marschordnung avanciert war, bemerkte: »Sie sind fünf Tage hinter uns.«

»Aber sie sind beweglicher. Wir führen Kinder, Frauen, Tiere und Bagage mit. Ich habe Beziehungen zu einem Mann gehabt, der Kesarh Am Karmiss diente. Er sprach nicht viel, aber seine Reaktionen waren beredt. Wenn ich in Kesarhs Armee wäre, würde ich jedenfals nicht wünschen, ihn zu enttäuschen.«

Zwei Stunden vor der Morgendämmerung brachen sie wieder auf.

Yannul befragte das zorische Mädchen, das sie führte. Sie war eine seltsame Erscheinung, mit struppigen schwarzen Haaren – schlangengleichen Haaren, wie auch ihre Bewegungen schlangengleich waren. Die Karmianer hatten ihre Schlange in Olm aus abergläubischer Furcht umgebracht. Einer hatte gehört, die Schlangengruben in den Tempeln von Istris wären abgeschafft worden.

Über die Beziehung einer zorischen Schlangentänzerin zu ihrer Partner-Schlange war sehr wenig bekannt, aber sie war von Gelehrten lange Zeit für spirituell gehalten worden. Die Schlange konnte eine Vertraute sein, möglicherweise sogar eine Freundin. Das Mädchen war von wortlosem Zorn und Kummer erfüllt, und dazu kamen die Komplikationen einer hochentwickelten Sprache. Die Zorianer sprachen ein Visianisch, das mit einer älteren oder fremden Sprache vermischt war und dessen Akzent zwar reizvoller, aber auch schwerer verständlich war als die gutturale und verwischte Sprechweise von Ommos, Zakoris oder Alisaar. Um die Sache noch schlimmer zu machen, hatte das Mädchen niemals sein Heimatland erblickt. Ihre Mutter hatte sie in Lan geboren und ihr

dort auch den Schlangentanz beigebracht. Obwohl sie die Pässe kannte, hatte Vashtuh sie vorher noch nie beschritten.

»Der obere Paß, erinnerst du dich, wie weit er noch sein könnte, Vashtuh?«

»Zehn Tage, und dann zehn Tage«, erwiderte sie. Oder er glaubte, daß sie es gesagt hätte.

»Wie finden wir ihn?«

»Eine Höhle. Durch den Berg.«

Es regnete. Der Regen verwandelte sich in Hagel, Dolche blitzten durch die Luft, die sich im Aufprall in kleine explodierende Sterne farblosen Feuers an den Flanken der Berge verwandelten, die jetzt lotrecht zu beiden Seiten aufragten. Zuweilen lösten sich Steine und riefen kleinere Hautabschürfungen und wachsende Panik hervor.

Sie wußten, daß die karmianische Abteilung hinter ihnen war, wußten, daß sie einen Vorsprung hatten, obwohl sich der Weg schlängelte – es war nicht mehr möglich, daß die eine Gruppe die andere sehen konnte.

Auch wenn sie sich jetzt beinahe ständig bewegten, wurde ihnen klar, daß die Karmianer die sie noch trennende Distanz verringerten.

Der lanische Offizier ernannte fünfzig Mann, die bereit waren, den Paß abzuschneiden, die Verfolger aufzuhalten und, wenn möglich, zu vernichten. Sie unterbreiteten diesen Plan Yannul, der seinerseits diplomatisch genug war, ihn Safca zu unterbreiten.

»Wir haben die karmianischen Lagerfeuer gesehen«, sagte er zu ihr, »das *konnten* wir sehen. Einundfünfzig Männer werden den Paß fünfzehn Minuten lang halten können. Und es werden einundfünfzig Männer sein, die wir verloren haben.«

Sie erkannte ihn als Berater an, und mit der Unterstützung seiner Persönlichkeit im Rücken verweigerte sie den anderen die Erlaubnis für ihr Vorhaben.

Am dreiundzwanzigsten Tag – alle waren erschöpft, einige krank, alle krank am Herzen, und der Hagel prasselte wieder einmal auf sie hernieder – war noch kein Anzeichen der Höhle zu sehen, von der Vashtuh gesagt hatte, daß sie den Eingang zum höheren Paß darstelle. Nur die Felswände ragten nach wie vor steil empor, die trüb verhangenen Gipfel

dahinter, die nicht länger blau waren, und die Bedrohung der Männer Kesarhs hinter ihnen.

Kurz nach der Morgendämmerung des vierundzwanzigsten Tages erblickten sie einen weiteren Berg, der sich unmittelbar vor ihnen erhob. Ein Steinrutsch war hier niedergegangen, den der Schnee vermutlich im Vorjahr ausgelöst hatte. Kein Weg führte um ihn herum, und ihn zu überqueren war unmöglich. Der einzige Nutzen des Gerölls war der Rükkenschutz, den es ihnen gewähren mochte, wenn die Karmianer ankamen.

»Ich hatte einen Traum«, sagte Yannuls jüngerer Sohn. »Ich sah darin die andere Seite des Berges. Dort befand sich ein ungeheures Tal. Es muß Zor gewesen sein. Der Traum könnte bedeuten, daß wir einen Weg hindurch finden werden.«

Yannul erwiderte nichts. Er hätte nur sagen können: »Du wirst Zor niemals näher kommen.« Er hatte andere Dinge im Kopf.

Er fragte sich, ob er sie in der äußersten Bedrängnis töten sollte, seine Frau und seinen Sohn, um sie vor den Scheußlichkeiten zu bewahren, die ihnen die Karmianer zufügen mochten. Man hörte nicht allzuoft von solchen Scheußlichkeiten, außer im Zusammenhang mit den Freien Zakorianern.

Die Amanackirer waren geheiligt. Aber vielleicht nicht hier, wo niemand außer den Karmianern überleben würde, um darüber zu berichten. Kesarh hatte die Bedeutung der Ashara-Anack in den Tempeln von Istris beendet. Außerdem rief sich Yannul das brennende Dorf in Erinnerung, das die Karawane erblickt hatte. Nein, die Amanackirer waren hier vielleicht nicht geheiligt.

Aber sie zu töten, den Jungen zu töten ... In Yannuls Kehle war Bitterkeit wie von Galle. Er konnte nicht entscheiden, was richtig war, daher hörte er seinem Sohn weiter zu.

»Dort *ist* eine Stadt, du kannst sie in weiter Ferne erblicken. Sie ist groß, wurde aber geschunden. Sie ist aus schwarzem Stein erbaut, wie in den Tiefländern. Du sagtest doch, daß die Tiefland-Stadt schwarz gewesen sei, nicht wahr, Vater?«

»Ja«, erwiderte Yannul.

»Aber das Tal war fruchtbar. Früchte gediehen dort, und ich habe Schafe gesehen, und Orynxe. Und einen Fluß.«

»Man sagt, eine aufgegebene Stadt sei wie ein zerbrochenes Schwert«, sagte der olmische Offizier. Yannul hatte ihn nicht kommen sehen. »Es rostet, zerfällt schließlich ganz. Aber so war es nicht. Ich fühlte Leben. Ein Licht war dort. Habt Ihr das auch gesehen?«

»Ja«, erwiderte Yannuls jüngerer Sohn. »Eine merkwürdige Flamme über den Ruinen, als es dunkel wurde.«

»Dann ist sie eine Stadt des Feuers«, sagte ein anderer. »Nicht des Rostes.«

Yannuls Magen verkrampfte sich.

»Ihr wollt behaupten, daß ihr beide denselben Traum gehabt habt; ihr ... und mein Sohn?«

»Es mag so sein. Wie steht es mit Euch, Lord Yannul?«

Yannul horchte in sich hinein. Im Hintergrund seines Denkens meldete sich etwas. Im Schlaf hatte er geglaubt, sich in der Tieflandstadt zu befinden, und er war erstaunt gewesen, weil ... weil *sich ein Fluß durch die Ebene gewunden hatte* ...

Dreißig Meter weiter stand Medaci mit Safca zusammen. Hinter ihnen kam von unten ein Mann den Paß hochgelaufen.

Yannul erhob sich und ging hinüber.

Der Mann rang um Atem und sagte: »Mein Zeeba ist gestürzt. Tot. Ich bin meilenweit gelaufen. Sie sind beinahe hier. Es sind hundert oder mehr. Sie haben meinen Gefährten gesehen. Ein Speer hat ihn erledigt. Mich sahen sie nicht. Nicht, daß es wichtig wäre, Lady. Ich habe letzte Nacht davon geträumt, als ich schlafend im Sattel hing, hab' das Tal gesehen. Aber wir werden jetzt nicht mehr hinkommen.«

Vielstimmiges Gemurmel setzte ein. Alle hatten offenbar denselben Traum gehabt, aber viele entsannen sich seiner erst jetzt. Die Kopfsprache wurde in Lan nicht anerkannt. Ein geistiges Band von solcher Mächtigkeit war nicht vorstellbar und daher zauberisch, und daher auf einer gewissen Ebene widersinnigerweise akzeptabel und auch akzeptiert.

Safca erklomm einen der abgestürzten Felsen. Als sie höher stand als alle übrigen, hob sie die Arme.

Yannul sah ihr zu, der nachdenkliche Teil seines Wesens war voller Ehrfurcht, er selbst war amüsiert.

Wenn sie zur Priesterin wurde, diese unattraktive Frau, wandelte sie sich. Eine Sonne schien hinter ihrem Gesicht aufzugehen, hinter dem Fleisch ihres ganzen Körpers, deren Leuchten sie alle zu ergreifen schien. Wie jetzt mußte sie auch in jener Nacht ausgesehen haben, als sie die Karmianer in Olm getötet hatten. Verklärt.

Plötzlich hörte er eine Frau aus seiner Vergangenheit in seinem Kopf sprechen. »Keiner von uns könnte ihm etwas zuleide tun. Er gehört seinen Göttern. Und die Götter beschützen die Ihrigen.«

Sie hatte von Raldnor gesprochen. Raldnor, der aus dem Wald auf dem zweiten Kontinent zurückgekehrt war, geprägt von Anackire.

Safca fing an, auf sie einzuschreien. Sie verkündete ihnen, die Göttin sei nahe und werde sie beschützen.

Wind, Hagel und Regen hatten aufgehört, und sie war klar zu sehen und zu verstehen. Es war keine Trance, sie rollte nicht mit den Augen, wand sich nicht, hatte keinen Schaum vor dem Mund und heulte nicht. Sie war bei Sinnen, sammelte sich instinktiv, daß die wunderbare Kraft durch sie und zu ihnen fließen konnte, unbefleckt.

Es war nicht ihre Kraft. Jemand hatte sie ausgebildet. Oder sie begabt …

Es war wie eine Gabe Raldnors. Etwas, das er seinen Söhnen hätte vermacht haben können. Aber Rem war der Sohn Raldnors gewesen.

Außer diesem prinzlichen und durchaus bemerkenswerten, aber gänzlich menschlichen Nimbus', den häufig beachtlichen, nicht immer gänzlich menschlichen Glücksfällen, hatte Rem nichts von alledem besessen; oder aber es war nicht bemerkt worden. Raldanash, als er noch ein Knabe gewesen war, hatte mehr von der Art Raldnors gehabt, obwohl er wie ausgeglühte, tote Kohle war. Raldnor, selbst Raldnor als Gott, war nie so gewesen.

Yannul hatte Raldnor als einen Bruder geliebt, aber mit mehr Liebe, als er je für einen der geliebten Brüder von seinem Fleisch empfunden hatte.

Diese Liebe war nie versiegt, obwohl Raldnor aus ihrer aller Leben verschwunden war, vor einer Generation.

Weshalb mußte er jetzt daran denken?

Die Olmianer waren von Safca tief aufgerührt, begeistert. Aber Yannul hörte sie nicht einmal. Doch er hörte etwas anderes. Etwas, das keinen Ton erzeugte.

Er hörte es voraus. Auf der Ebene unterhalb von Koramvis, in der Nacht vor der letzten Schlacht. Das stumme Vibrieren der Luft, des Bodens, unablässig.

Die Kraft.

Er fühlte sich plötzlich so jung, wie er damals gewesen war, furchtsam wie damals, und dann eine neue Furcht, die die alte überlagerte. Etwas würde geschehen. Er hätte nicht zu sagen gewußt, wieso es so war, aber es würde geschehen.

Energie, Kraft ... und Tod. Eine Lawine möglicherweise; die Berge würden sich vielleicht aus dem Grund losreißen und die karmianischen Soldaten unter sich begraben, die sie jagten, einfach weil es ihnen befohlen worden war, und die ihnen Scheußlichkeiten zufügten, weil sie sich fürchteten, und weil Feigheit Übles heraufbeschwor.

Yannul drehte sich halb um. Sie alle waren dabei, sich umzuwenden, um den unteren Teil des Passes im Auge zu behalten, von woher die Karmianer kommen würden.

Yannul sah zu seinem Sohn hinüber. Sein hübsches junges Gesicht war offen und grausam, von Stärke gezeichnet; das Gesicht eines Mannes, eines Dämons. Yannul verspürte das Verlangen zu schreien. Was immer ihnen bevorstand, dies war keine Antwort. Dem Schwert mit dem Schwert zu begegnen, den Tod durch den Tod abzuwenden. Sie hatten Koramvis getötet und die Macht der Visianer; die Welt hatte sich gewandelt und hatte dies gebracht: mehr Töten, mehr Schmerzen. Ohne Ende. Ein Kreis aus Feuer.

»Nein«, sagte er. Wer war das? Die Hand schlüpfte in seine, und ihr Griff war kühl und fest. »In der Tieflandstadt brachte Raldnor uns dazu zu töten. Ich erinnere mich sehr gut daran. In meinen Träumen habe ich es wieder und immer wieder erlebt. Aber jetzt ist es anders.«

Medaci.

Er selbst war jetzt wie ein Kind, das sich an ihre Hand klammerte.

Da erhob sich der Wind.

Und um die sanfte Krümmung des Gebirgspasses erschienen die Karmianer.

Die Karmianer hatten eine beschwerliche Reise vom Fuße der Berge hinter sich, waren aber nicht von Verlusten betroffen worden. Sie wußten, daß man eine Vorentscheidung von ihnen erwartete.

Ihr Anführer, dem dieser Posten vor Monaten von Kesarh selbst zugewiesen worden war, war dennoch erregt wegen der bevorstehenden Begegnung und hatte seinen Soldaten einiges von seiner Hingabe mitgeteilt.

Der Plan sah vor, alle männlichen Olmianer umzubringen. Die Frauen würden als Sklavinnen nach Karmiss verschickt oder für vergleichbare Arbeiten bei der Besetzungsarmee verwendet.

Als sie den Fels umrundeten und den Menschenhaufen vor sich sahen, mit den Rücken im wörtlichen Sinne gegen die Wand, zügelte der Anführer sein Zeeba zu einem gemäßigten Paßgang und gab der ganzen karmianischen Truppe Gelegenheit, den Paß und somit das Gesichtsfeld der Olmianer auszufüllen.

Von hier aus würde er dann sogleich seine Speerträger auf ihre Posten befehlen. Sie konnten eine zufällige Auswahl aus den Rebellen als Vorgeschmack erledigen, bevor die Abteilung zu einer ordentlicheren Exekution schritt.

Ehe der Anführer diese Anordnungen noch treffen konnte, nahm er einen Mann wahr, der auf dem Steinweg stand, genau in der Mitte zwischen den Rebellen und den Soldaten.

Das war merkwürdig, denn der Mann schien ihm nicht von der Seite der Rebellen vorgetreten zu sein, und bestimmt konnte er nicht ungesehen von der steilen Bergwand herabgeklettert sein. Vielleicht kam er aus einer Höhle.

Der Anführer hob die Hand, um die Kolonne anzuhalten.

Es gab ein Problem. Der Mann war ein Visianermischling, fast schwarz, aber seine Haarmähne war weißblond, und selbst von hier aus waren seine hellen und eigentümlich leuchtenden Augen zu erkennen.

Zu seinem Ärger wurde dem Anführer bewußt, daß hinter ihm gedämpfte Rufe und Flüche laut wurden. Er bildete sich sogar ein, Teile eines erschrockenen Gebetes verstanden zu haben. Als diese Entwicklung weiterging, fing seine Haut im Nacken an zu kribbeln.

Und plötzlich wußte er, weshalb. Der Mann auf dem Paß

trug die Drachenrüstung des Alten Koramvis. Er war groß, hatte den Blick eines Königs, das Gesicht eines Gottes ...

Hinter dem Anführer knieten jetzt einige nieder. Zeebas scheuten, Offiziere bellten Befehle, die Stimmen brüchig vor Angst.

Der Mann auf dem Weg war Raldnor Am Anackire.

Der Anführer war bestrebt, sein Reittier stillzuhalten. Er würde sich etwas einfallen lassen müssen ... Aber was?

Dann wurde ihm jede Entscheidung aus der Hand genommen.

Hinter der Gestalt des Gott-Helden begann ein Glanz die Luft zu erfüllen. Allmählich verblaßte die Welt, und allein der Glanz blieb, der bis in den Himmel reichte.

Eine zweite Gestalt formte sich in dem Glanz. Es war die Gestalt der Schlangengöttin, Ashara-Ashkar-Anackire, Herrin der Schlangen.

Statt zu schreien, waren die Männer von Karmiss außerordentlich still geworden, und sie rührten sich nicht. Ihr Anführer war in demselben sonderbaren Bann gefangen. Er fühlte keine Angst. Er fühlte einen Schrecken, aber der Schrecken war fast ekstatisch.

Die kolossale Erscheinung hatte sich nicht vollständig verfestigt. Sie war durchscheinend. Ungeachtet dessen war sie nicht so, wie sie von ihr gehört oder wie sie ihnen je gezeigt worden war. Ihre Haut war dunkel, es war eine lanische, kupferfarbene Haut. Ihr Haar war schwarz, und der mächtige Schwanz schwarzgeschuppt, mit einer wellenförmigen Goldzeichnung, schimmernd und lebendig. Ihre Augen jedoch waren bernsteinfarben und auf sie gerichtet, vom Himmel hoch oben.

Ihre Augen vernichteten sie nicht. Ihre Augen zwangen sie zur Umkehr.

Jetzt war es ganz vergnüglich, einfach und leicht.

Sie wandten sich um, und diejenigen, die beritten gekommen waren, bestiegen wieder ihre Reittiere, die fügsam geworden waren. Sie ritten davon.

Sie waren drei Meilen auf ihrer alten Route mit gelassener und gemächlicher Geschwindigkeit zurückgegangen, bevor der Anführer, der jetzt hinter seiner Reiterei herritt, mit einem heftigen Schreck zu sich kam.

Erst da vernahm er das ersterbende Poltern der Lawine, die den Paß blockiert hatte, zwischen den Rebellen und ihnen.

SECHZEHN

Als die Gestalt von der Kolonnade her auf ihn zugelaufen kam, reagierte Rarmon rascher als sein Leibwächter. Aber der Mann fiel auf die Knie und verbeugte sich; eine Geste der Verehrung, die im visianischen Karmiss üblich war.

Rarmons Wächter trat herbei, die Hand am Schwertgriff. Er stieß den Mann an.

»Steht auf«, herrschte er ihn an.

»Ich werde aufstehen«, erwiderte der Mann, »wenn Lord Rarmon es mir befiehlt.«

Der Wächter warf Rarmon einen fragenden Blick zu.

Rarmon sagte: »Steht also auf. Und sagt, was Ihr wünscht.«

Der Mann erhob sich. Er war Visianer und sehr dunkel. Fast schwarz. Obwohl seine Rede nicht deren Akzent aufwies, hatte er das Aussehen eines Zakorianers.

»Was ich wünsche, mein Lord? Ein Wort unter vier Augen mit Euch.«

Rarmon kam eben vom Exerzieren, von den drüben gelegenen Höfen des Sturmpalastes in Anackyra. Der Ort, an dem er sich zur Zeit aufhielt, war eine Durchfahrt, ein Hauptknotenpunkt für einen Großteil des Palastverkehrs. Der Brunnen und die duftenden Weinranken boten den aristokratischen Nichtstuern zusätzlichen Schutz.

Für ein zufälliges Treffen privater Natur war der Platz allerdings denkbar ungeeignet. Ohne sich umsehen zu müssen, war sich Rarmon dessen bewußt, daß die Szene bereits Gegenstand ausgiebiger Beobachtung war.

Er wies seinen Wächter an zurückzutreten.

Zu dem Mann sagte er: »Aus welchem Land kommt Ihr?«

»Ich will es Euch sagen, Lord Prinz. Ich habe zakorianisches Blut in mir. Aber ich bin zur Hälfte Dortharianer; das wetzt diese Scharte wieder aus. Ich spüre, daß sich der Herr der Stürme mit Kriegsabsichten trägt. Ich bin ein bezahlter Informant gegen Yl.«

»Ein Verräter, mit anderen Worten.«

»Nein, Lord Prinz. Ich bin im *vardianischen* Zakoris zur Welt gekommen. Mein König ist Sorm von Vardath, der Dorthars Verbündeter ist. Und ich diene Dorthar.«

»Wer schickte Euch zu mir?«

»Jemand den Ihr, Lord Prinz, verrietet.«

Rarmon starrt den Mann an. Sein Blick wich ihm aus, kehrte dann aber zurück.

»Wer sollte das sein?« fragte er.

»Ein mächtiger Herr, der Eure Verdienste nicht vergaß, obwohl Ihr seine Großzügigkeit vergessen habt.«

»Ich verstehe. Dann seid Ihr ein vardianischer Zakorianer, der Dorthar die Treue geschworen hat und der für Kesarh Am Karmiss tätig ist. Findet Ihr Euch denn in all dem selbst noch zurecht?«

»Mein Lord, ich überbringe die Botschaft derer, die mich bezahlen.«

»Wie lautet diese Botschaft?«

»Es handelt sich um keine Botschaft im eigentlichen Sinn. Ich soll Euch befragen. Würde es Euch gefallen, einen Botschafter von Lord Kesarh zu empfangen?«

»Er weiß, daß es das nicht würde. Ich habe es ihm gesagt. Also weshalb seid Ihr dann hier? Um den Bastard-Bruder den Blicken der Neugierigen auszusetzen, während er sich mit einem zakorianischen Spion unterhält?«

Der Mann trat einen ganz perfekt bemessenen Schritt zurück.

»Wartet einen Augenblick«, sagte Rarmon. Der Mann zögerte. »Da diese Affäre in die Annalen des Hofklatsches eingehen wird, muß ich versuchen, mit einem unbeschadeten Ruf aus ihr hervorzugehen. Wendet Euch an Kesarh wegen der Entschädigung für die Zähne, die ich Euch lockern werde.«

Er bewegte sich mit der Gewandtheit einer Katze vorwärts und versetzte dem Mann einen Fausthieb, der ihn taumeln ließ. Er erhob die Stimme, um die Verkehrsgeräusche zu übertönen, und rief: »Das ist meine Antwort an Zakoris.«

Ohne sich noch einmal umzusehen, setzte Rarmon seinen Weg durch die Kolonnade zu seinem Apartment fort.

Vencrek, der mißtrauische und lieblose Gouverneur, hätte

den Mann vermutlich betrunken gemacht. Er hätte ihn auf Herz und Nieren geprüft – seine neue Loyalität zu Dorthar, die vergangene Loyalität zu Karmiss. Man hielt es für eine Prüfung, und nicht für das Werk des Mißtrauens.

Die Diskussion über den Krieg war den ganzen Monat über nicht verstummt. Kesarh, der Lan und Elyr bereits besaß, hatte diplomatische Angebote erhalten, auf die er nicht reagiert hatte, außer daß er höfliche und nichtssagende Mitteilungen schickte. Er schien demnach eine plötzliche Abneigung dagegen entwickelt zu haben, hofiert zu werden. Dorthar versuchte schon, seine Umtriebe wiederaufzunehmen, in der Annahme, daß man sich jetzt wahrscheinlich auch noch mit dem Osten befassen mußte. Sowohl die Reden dort als auch die militärischen Aufmärsche hatten einen verworrenen und bombastischen Beiklang bekommen. Raldanashs Gelassenheit fing an, wie Unentschlossenheit auszusehen; wie die alte Trägheit der Tiefländer.

Was die Tiefländer selbst betraf, so sah man sie zuweilen durch den Palast oder in den Straßen umhergehen, mit der bekannten blutlosen Gleichgültigkeit gegen alles. Die Männer traten zur Seite, verbeugten sich und hielten Abstand. In den Vororten wurden die Kinder davon abgehalten, vor den Häusern der Amanackirer zu spielen. Sie wurden nicht nur respektiert, sondern offensichtlich gefürchtet. Ob mehr oder weniger als der Schwarze Leopard des Freien Zakoris, konnte Rarmon nicht genau sagen.

Es regnete. Das Laub verrottete an den Bäumen. Anackyra war voller düsterer Vorahnungen und idiotischer Wettkämpfe.

Im letzten Jahr, am Ende der heißen Monate, war Rarmon Rem gewesen, war über Berge geritten, die damals noch Lan gehört hatten, auf der Suche nach Kesarhs Kind …

Dorthar hatte Rem persönlich sehr wenig gegeben. Der Luxus, der Titel und die zur Schau getragene Macht waren letztlich wertlos und ohne Bedeutung. Im Krieg würde er ein ehrenvolles und gehobenes Kommando erhalten und vielleicht sterben. Wiederum nichts. Dorthar hatte ihm nichts gegeben.

Ein- oder zweimal fragte er sich, ob Yannuls Sohn wohl zu Hause angekommen sein mochte. Aber Yannul und damit

auch Lur Raldnor lebten in einem Land, das der Vergangenheit angehörte.

Der Mann, der Yeiza auflauerte, der obersten Hausdame Ulis Anets, war kein Zakorianer.

Er stahl sich zu ihr, als sie zusammen mit anderen Frauen der höfischen Ehegemeinschaft vom Anackiretempel kommend den Hoheitlichen Hügel hinabeilte. Es war zu Beginn der Morgendämmerung und trocken, obwohl ein frischer Wind von den Bergen im Norden her wehte und die Blätter der oberhalb stehenden Waldbäume rauschen ließ.

Der Mann flüsterte Yeiza, deren Herz für die Romantik schlug, Worte ins Ohr, und rasch wurde sie vom Weg gezogen. Die übrigen, die den Vorfall für ein geplantes Stelldichein hielten, gingen arglos weiter.

Einige Stunden später, als sie ihre Herrin für die Nacht vorbereitete, schnitt ihr Yeiza eine dünne Locke aus dem blutroten Haar, unter dem Vorwand, es wüchse unregelmäßig.

Wiederum später, als sich die Königin in ihre Gemächer zurückzog, war Yeiza endlich in der Lage, sich eines der Silberbänder anzueignen, die zum Dinner in die roten Haare geflochten worden waren.

Anfangs war das Mädchen von der Idee, etwas von ihrer Herrin zu stehlen, schockiert gewesen. Aber jedenfalls war der Mittelsmann sehr charmant und überzeugend. Schließlich konnte man erwarten, daß sein Herr, der ihn mit dem Auftrag losgeschickt hatte, das Schmuckstück mit Zins zurückgeben würde. Außerdem war es von geringer Bedeutung, solange das Andenken als Eigentum der Königin erkennbar war.

Das Band war eine passende und Kunstverständnis verratende Wahl, wie Yeiza dachte. Selbst wenn ihr der Mittelsmann keine Bezahlung dafür aufgedrängt hätte, daß sie ihrer armen, vernachlässigten Herrin einen Dienst erwies und dem vornehmen Lord Prinz Rarmon einen Gefallen tat.

Seit Lur Raldnors Abreise langweilte sich Yeiza maßlos. Ihre Laune wurde noch mehr verdorben durch die zunehmende Trostlosigkeit, die darin bestand, daß sich Iros jetzt nur noch selten persönlich unter Ulis Anets Hofstaat blicken ließ.

Yeiza hatte beschlossen – mit großem Nachdruck beschlossen – daß sie in Lord Iros verliebt war. Sie war sicher, ihn für sich gewinnen zu können – hatte er nicht oft genug gezeigt, daß er von ihr angetan war? Aber es würde nicht klappen, wenn sie die Königin zur Rivalin hatte.

Auf der anderen Seite war da noch Ulis Anet, die sich nach Aufmerksamkeit sehnte. Yeiza, die Zeugin jener Berufungen ins Schlafzimmer geworden war, wußte sehr wohl, daß Raldanash, obwohl er eine vertrauliche Unterredung mit seiner neuen Ehefrau geführt hatte, nicht mit ihr intim geworden war. Nach der Jagd in Kuma war Ulis Anet verschlossen, zurückgezogen und lustlos. Sie schien sich selbst nicht zu kennen und nicht zu wissen, was geschah; sie bewahrte die Form, aber mehr auch nicht. Sie machte den Eindruck eines Menschen, der allmählich von einer entkräftenden Krankheit genas.

Mit dem Unterschied, daß sie nicht genas.

Seit jener Nacht, in der Lord Rarmon ihre Herrin vor Schande bewahrt hatte, war in der schlauen Yeiza die Vermutung aufgekommen, daß er Ulis Anet liebte. Hatte er sie nicht bereits nach dem Erdbeben heldenhaft aus einem dahinrasenden Wagen errettet? Hatte er nicht Iros aus ihrer Nähe verbannt? Was Ulis Anet selbst betraf, war es offenbar, daß sie in gleicher Weise in Liebe zu Rarmon entbrannt war. Sie hatte ihm ihr Leben anvertraut, als sie ihm ermöglichte, Iros in ihrem Schlafgemach zu überraschen. Sie war aus Kuma, wo sie ihn oft gesehen hatte, wie ein Geschöpf ohne Seele zurückgekommen.

Der Mann in der Dämmerung hatte Yeizas kluge Schlußfolgerungen bestätigt. Sein Herr, Rarmon, verlangte nach einem Andenken an die Königin. Sie hatte sich so weit von ihrer Treue zu Raldanash entfernt, wie der Mittelsmann betonte, daß Rarmon der einzige Liebhaber war, der sie beschützen und ihr die Ehre anbieten konnte, die sie verdiente.

An diesem Punkt hatte die Verschwörung eine persönliche Note angenommen.

Angenommen, das Andenken konnte ohne Ulis Anets Wissen genommen werden? Es würde verhindern, daß sie sich schuldig fühlte, aber Lord Rarmon hätte einen geeigneten Vorwand, zu ihr zu kommen. Waren zwei Menschen, die

etwas füreinander empfanden, erst einmal mit sich und einem Bett allein, wer mochte dann daran zweifeln, daß die Natur ihren Lauf nehmen würde?

Yeiza zweifelte nicht im geringsten daran. Sie vermutete sogar, daß der Sturmlord selbst von dieser Affäre wußte und sie stillschweigend duldete. Sie hatte inzwischen erzählen gehört, daß er alle seine Frauen in den Nächten allein ließ und sie ermutigte, in dieser Angelegenheit nach Belieben zu verfahren.

Sie hatte ebenfalls bemerkt, wie dieses Apartment über einen Gartenweg mit einer Anzahl verlassener Innenhöfe in Verbindung stand, ehe der Weg zu den äußeren Nebengebäuden des Palastes zurückführte. Für heimliche Besucher war dieser Weg günstig.

Yeiza vergaß auch nicht, als sie hinausging, um Rarmons Diener das Liebespfand zu übergeben, die auf diesen Weg hinausgehende Tür unverschlossen zu lassen.

Iros Am Xarabiss, Kommandant einer Xaraber-Wache, die einer der geringeren Königinnen diente, blieb betrunken und schlecht gelaunt am Fuß des Hoheitlichen Hügels stehen. Er hatte heute nacht versucht, sich, wie es seine Art war, in die Position eines Kriegsbefehlshabers einzukaufen, von der Gier erfüllt, Freie Zakorianer zu töten, welche Gier günstigerweise die ätzende Schmach überdeckte, die er in Ulis Anets Gegenwart hatte hinnehmen müssen.

Aber der Bestechungsversuch war fehlgeschlagen. Er fühlte sich beleidigt. Er fühlte sich durchschaut. Er, der Sohn Xaros', des Helden im Tieflandkrieg.

Der Ärger hatte in einem teuren Lokal den Wein fließen lassen.

Hoch oben in der Luft glosten die Feueraugen der Statue des Rarnammon.

Unten stand ein Mann, der sich im Schatten des Standbildes verborgen hielt.

Der Mann streckte die Hand aus und ließ etwas in Iros' Hand gleiten.

»Kennt Ihr das Haar, aus dem diese Locke stammt, mein Lord?«

Iros starrte auf das, was er in der Hand hielt. Die auf Pfähle

aufgesteckten Fackeln der Stadt sorgten für eine gute Beleuchtung.

»Und das Band«, sagte der Mann. »Ihr werdet gesehen haben, daß sie es beim Abendessen trug.«

»Wie seid ihr darangekommen?«

»Es besteht kein Grund zur Aufregung, mein Lord. Meine Herrin könnte Euch das bestätigen. Sie läßt Euch bitten, ihr heute abend Eure Aufwartung zu machen.«

Iros torkelte auf den Mann zu, der zurückwich.

»Ulis ...« begann Iros. Seine Zunge war dick und sein Kopf benommen. Sein Herz raste jetzt, um ihn zu klären.

»Ihr müßt den Weg nehmen, der auf dem Papier aufgezeichnet ist. Seid um Mitternacht dort, mein Lord.«

Iros warf nicht einmal einen Blick auf das Papier, bis der Mann über den Platz davonhuschte. Die Wellen seiner inneren Erregung schlugen hoch und ließen den Kommandanten erbeben. Jetzt würde sie seine verletzten Gefühle durch ihre Liebe heilen.

Er hatte niemals wirklich bezweifelt, daß sie zu ihm zurückkehren würde, sobald es ihr möglich war. Er führte die Locke von ihrem Haar an seine Lippen, atmete tief ihren Wohlgeruch ein; ein Gefühl überkam ihn, als wäre die Zeit Zastis'; schon machte er Pläne, was er ihr alles sagen, was er alles mit ihr anstellen wollte.

Nur, als er sich das Papier ansah, war er ziemlich verärgert. Es schien sich um einen zu langen und zu merkwürdigen Weg zu handeln, als daß man ihn vernünftigerweise gehen würde.

Ulis Anet erwachte und fühlte ein gelindes, unbestimmtes Entsetzen, für das sie keinen Grund anzugeben wußte. Die Nacht ringsum war still. Die aromatisierten Lampen brannten niedrig und flackernd. Ein Vogel schlug mit seinen Schwingen an die Stäbe seines kostbaren Käfigs.

Sie hatte von einem Boot mit Segeln geträumt, schwarz auf dem im Dämmer des Sonnenuntergangs daliegenden Meer, das an einen schneebedeckten Strand gerudert worden war. Ein Mann hatte hinter dem Segel gesessen. Sie hatte sein Gesicht nicht erkennen können.

Er hatte sie in den Armen gehalten.

Sie verließ ihr Bett. Sie fühlte sich unbehaglich ... Hatte sie Angst?

Da erklang eine männliche Stimme von der Tür her und erschreckte sie derart, daß sie sich nur langsam in die Richtung wenden konnte, beinahe wie gelähmt.

Zwei Männer standen dort, mit den weißen Umhängen, die Raldanashs Elite-Wache trug.

»Verzeiht mir, Lady«, sagte der eine der beiden erneut, »Ihr müßt mit uns kommen. Kleidet Euch rasch an. Es bleibt nicht viel Zeit.«

Sie rührte sich nicht. Der Schock hatte sie noch nicht losgelassen.

»Um was geht es?«

»Der Herr der Stürme hat Kunde erhalten, daß Meuchelmörder der Freien Zakorianer in dieses Gebiet eingedrungen sind. Diese Höfe sind nicht sicher. Die königlichen Ehefrauen werden an einen sicheren Ort geleitet.«

»Ausgezeichnet«, sagte sie.

Sie traten zurück, und der Vorhang schloß sich hinter ihnen.

Ihr Puls raste jetzt. Noch war es keine Furcht, und noch hatte sie die Stimmung des Traumes nicht ganz verlassen. Trotzdem zog sie sich rasch an, nahm einen Mantel und ging zu den beiden Wächtern in den Vorraum hinaus.

Als sie die Räume verließen, lagen die Höfe in schweigender Dunkelheit, wie es in diesem Teil des Palastes gewöhnlich zu sein pflegte. Die Männer gingen zu beiden Seiten neben ihr her, sie waren angespannt und wachsam. Es war möglich, in jedem Strauch, hinter jeder Säule einen Mörder zu sehen.

Sie erreichten eine Mauer, und eine Tür wurde geöffnet. Unter einem Torbogen wartete eine verdeckte Kutsche. Hier waren keine Wachen zu sehen, obwohl dies einer der Ausgänge aus der Palastanlage war.

»Wohin soll ich gebracht werden?« fragte Ulis Anet.

»Steigt einfach ein, Lady. Es ist zu Eurer Sicherheit.«

Sie gehorchte. Die beiden blieben draußen stehen. Die Tür wurde fest verschlossen, und die Kutsche setzte sich sofort in Bewegung.

Sie fuhren in halsbrecherischem Galopp bergauf ... Ging es zum Tempel der Anackire?

In diesem Moment entdeckte sie, daß sie die Vorhänge vor den Fenstern der Kutsche ebenfalls nicht öffnen konnte, so daß ihr der Blick nach draußen verwehrt war.

Sie war eine Gefangene, die einem unbekannten Schicksal entgegenraste.

Plötzlich dachte sie: *Könnte Raldanash beabsichtigen, mich ermorden zu lassen?*

Die Ruinen von Koramvis waren bei Nacht unheimlich und verlassen. Iros verließ seinen Wagen und ging hinab ans Ufer des Flusses Okris. Die Richtungen waren auf dem Papier klar angegeben, das Haus mit den hohen Bäumen im Garten war rasch zu ermitteln. Er stieg die Flußterrasse hinauf, stolperte auf den verschobenen Steinplatten und stieß morsche Türen auf.

Eine Treppe war vorhanden, und an ihrem oberen Ende war der schwache topasene Schein einer Lampe zu sehen.

Er grinste vor Erleichterung, und die Erregung flutete in ihn zurück und erwärmte ihn.

Iros stieg die Treppe hinauf, durchschritt die Schatten und gelangte schließlich in einen Salon.

Er stellte im Licht des einzigen Bronzeleuchters fest, daß er von Männern in pechschwarzen Rüstungen umringt war. Männer, die ihre Zähne zeigten.

Einer von ihnen sagte: »Das ist wohl nicht ganz die Feier, auf der Ihr tanzen wolltet, was, Xaraber?«

Er versuchte, sein Schwert zu ziehen, aber jemand gebot ihm Einhalt. Iros selbst trug keine Rüstung, und ein anderer der Männer trieb ihm ein Messer zwischen die Rippen ins Herz.

Er war noch nicht ganz tot, als sie ihn die Treppe hinab schleiften, aber er war kein arroganter Offizier, kein stolzer Gockel mehr. Er war ein Junge, der in seiner Seele nach Xarabiss schluchzte, und nach dem lachenden Vater, der ihn auf seinen Schultern getragen hatte, und nach Licht, und nach dem Leben.

Aber als er in der Luft schwebte, sah er nichts außer den mitleidlosen Stern von Dorthar und dem schwarzen Fluß Dorthars, der sich für ihn öffnete, ehe er in ihn eintauchte.

Die hüpfende, holpernde Fahrt schien ewig zu dauern, die Zeebas galoppierten und verfielen abwechselnd in Trab, wie sie es gewohnt waren.

Als die Kutsche anhielt und die Tür geöffnet wurde, sah Ulis Anet, daß das Vorgebirge der dortharianischen Berge nähergerückt war. Labyrinthisches Mauerwerk lieferte ihr weitere Anhaltspunkte. Sie befand sich in den Außenbezirken von Koramvis, hoch über der Ebene von Anackyra.

Dort schienen die Überreste eines Kais zu sein, und dahinter lag der vorgeschichtliche Fluß.

Neben ihr waren Soldaten. Zwei andere, die voranritten, waren jene, die sie aus ihrem Apartment geholt hatten; sie waren nicht mehr in die Tracht mit den Wappen der Erwählten Wache Raldanashs gekleidet.

Sie stand dort und betrachtete die Männer. Sie empfand keine Furcht, nur große Kälte, und die geheime Ehrfurcht vor diesen Männern, wie sie ein Kind manchmal vor Erwachsenen verspüren mag.

Einer der Männer näherte sich ihr und bot ihr Wein dar.

Das war unpassend.

Sie nahm den Becher nicht entgegen, sondern fragte: »Ist er vergiftet?«

»Nein, Lady. Wir haben keine Anweisung erhalten, Euch Schaden zuzufügen, sondern Euch willkommen zu heißen. Aber wir müssen eine Strecke auf dem Fluß zurücklegen. Dies hier wird Euch Schlaf bringen.«

»Ich will nicht schlafen.«

»Ihr solltet es aber, Lady. Es würde sonst langweilig für Euch. Und zudem könntet Ihr Euch aufregen.«

»Ihr seid keine Männer des Sturmlordes. Wohin bringt ihr mich?«

»Keine Fragen jetzt, Lady. Trinkt.«

Einer sagte hinter ihr: »Oder wir müssen Euch auf andere Art in Schlummer versenken.«

»Ihr habt Befehl, mich nicht zu verletzen«, erwiderte sie furchtsam, während sie sich fragte, wie sie überhaupt reden konnte.

»Es würde Euch nicht verletzen. Nur ein leichter Druck seitlich der Kehle. Aber es ist nicht angenehm. Es wäre besser, wenn Ihr trinken würdet.«

Sie tat einen Schritt von ihm weg. Sie hätte nirgendwohin laufen können.

Sie nahm den Becher von dem anderen Mann entgegen.

Der Wein roch nach Kräutern, das war alles. Gift würde sicherlich anders riechen. Zudem hatte sie keine andere Wahl.

Als sie getrunken hatte, ließ sie den Becher fallen. Ein Mann hob ihn wieder auf. Ein anderer hob sie auf. Die Droge war äußerst wirksam; schon war Ulis Anet willenlos und hilflos. Sie erinnerte sich, wann sie zuletzt ein derartiges Gefühl gehabt hatte.

Da wußte sie, wohin sie gebracht werden würde, und sie verspürte ein seltsames Schamgefühl.

Als die Männer sie ins Boot niederlegten, war die Frau bewußtlos. Sie wagten nicht, sich an ihr zu vergehen, obwohl sie verlockend war, schön und jung.

Sie ruderten flußaufwärts.

Als der Morgen aufdämmerte, waren sie schon Meilen weiter fort.

Raldanash saß still und hörte zu.

»Die Ereignisse schreien zum Himmel, Sturmlord«, stellte Vencrek fest. »Wächter, die behaupten, nichts gesehen zu haben ... Sie wurden vermutlich bestochen, sich anderswo aufzuhalten. Zwei Männer aus Eurer Lordschaft persönlicher Garde getötet und nackt ausgezogen, im Gebüsch versteckt. Ihre Kleidung wurde offenkundig von den Xarabern als Verkleidung benutzt. Die Wagenspuren wurden gefunden; sie führen bergauf in Richtung der zerstörten Stadt ... meine eigenen Männer haben die Gegend erfolglos durchsucht ... eine falsche Spur, vielleicht. Andere haben den entgegengesetzten Weg eingeschlagen, um auf den südlichen Straßen nach Ommos und Xarabiss zu suchen.«

Raldanash sagte: »Und wie lautet Eure Schlußfolgerung, Lord Gouverneur?«

Vencrek starrte ihn an. Sie hatten sich schon als Kinder in Vathcri gekannt. Einige Atemzüge lang war Vencrek zu verärgert, um höflich zu bleiben.

»Raldanash ... Diese visianische Hure hat aus Euch eine Spottfigur gemacht ...«

Raldanash erwiderte nichts. Es war ihm nichts anzumer-

ken, kein rasender Zorn, keine Leidenschaftlichkeit, nicht einmal Verlegenheit.

»Vergebt mir, mein Lord«, sagte Vencrek. »Eure Ehre ist mir teuer. Ihr fragtet nach meinen Folgerungen. Gut. Es ist nur eine möglich. Eure Königin Ulis Anet hat den Ehebruch vollzogen und ist mit ihrem Kommandanten, Iros, entflohen. Es ist weithin bekannt, daß die beiden vor Ulis Anets Ehe ein Liebespaar waren. Iros prahlte damit und tobte wegen ihres Verlustes in der Hälfte sämtlicher Weinlokale und Bordelle von Anackira.«

Die begrenzte Anzahl der Räte, die zu dieser Besprechung geladen worden waren, murmelten empört.

Einer von ihnen, ein Visianer, sagte: »Eure Lordschaft sollte sich damit trösten, daß sie nirgendwo eine sichere Zuflucht finden werden und man sie auffinden wird. Dorthars alte Gesetze sollten meiner Empfehlung nach in diesem Fall angewandt werden. Dieser Iros sollte öffentlich entmannt und danach gehängt werden. Die Frau ...«

»Ja«, sagte Raldanash. »Ich kenne die Strafen für eine fortgelaufene Ehefrau. Spieße und Flammen.«

»Milde wäre ein Fehler«, sagte Vencrek. »Wenn sie von der Rasse der Göttin wäre ... Aus den Ländern Eurer Herkunft oder den Tiefländern, dann vielleicht. Aber sie ist Visianerin.«

Die visianischen Ratsherren zogen unbehagliche Gesichter.

Raldanash sagte: »Ihr habt sie noch nicht gefunden.« Das schöne königliche Antliz wandte sich zur Seite. Er sah durch den Raum zu seinem Halbbruder. »Was sagt Ihr dazu, Rarmon?«

»Wollt Ihr meine Zustimmung hören, oder meine Meinung, mein Lord?«

»Was immer Euch nützlicher dünkt.«

»Herr der Stürme«, unterbrach sie Vencrek, »der Lord Rarmon hat dem Rat selbst einige Fragen zu beantworten.«

Rarmon sah ihn an. »In welcher Angelegenheit?«

»Wegen Eurer Unterhaltungen mit Freien Zakorianern.«

»Welche Unterhaltungen sollten das sein?«

»Herr der Stürme«, sagte Vencrek, »dies ist nicht der Augenblick ...«

»Wenn Ihr mich einer Sache anklagt, Lord Vencrek«, sagte Rarmon, »ist jeder Augenblick der rechte, um es zu klären.«

Raldanash erhob sich. Alle Versammelten sahen ihn an.

»Lord Gouverneur, Ihr mögt den gesamten Rat für zwei Stunden nach Mittag einberufen. Bis dahin danke ich Euch für Eure Mühen in meinen Angelegenheiten. Guten Tag, meine Herren.«

Dann, als er schon in der Tür stand, fügte er beinahe gelangweilt hinzu: »Rarmon, Ihr begleitet mich.«

In einem der prächtigen Säle des Palastes setzte sich der Sturmlord wieder hin und bedeutete Rarmon, in einem anderen Sessel Platz zu nehmen.

»Und was jetzt?« fragte Raldanash.

»Eure Lordschaft haben, wie ich glaube, Kenntnis von der Stellungnahme erhalten, die ich Euch gesandt habe.«

»Der zakorianische Informant, der Euch am Brunnenweg aufgelauert hat? Ja, ich kenne ihn; er gibt vor, unser Mann zu sein. Aber offenbar sind noch andere Dinge vorgefallen. Briefe von Freien Zakorianern sind Euch zugegangen. In den Gängen wurden Signale ausgetauscht. Der Bericht eines Spions wurde abgefangen, in dem Ihr, wenn auch versteckt, erwähnt wart.«

»Und Ihr glaubt, ich wäre ein solcher Narr, hier, in Eurer unmittelbaren Nähe, solche Dinge zu treiben?«

»Vielleicht«, erwiderte Raldanash. »Aber ich bezweifle es. Möglicherweise ist es ein anderer Mann.«

»Ihr vertraut mir noch immer«, sagte Rarmon.

»Ich nehme mächtige Kräfte wahr, die hier gegen Euch tätig sind.«

»Habe ich Eure Erlaubnis, sie zu zerschlagen?«

»Wenn Ihr das vermögt. Aber es kann sich nicht nur um die Kräfte eines Mannes allein handeln.«

Rarmon schien zu zögern.

Er versagte sich, nach dem Bernsteinring zu greifen, das heftige und doch schmerzlose Glühen zu berühren.

Raldanash sagte mild: »Und was ist mit Ulis Anet?«

Rarmon rief sich selbst zur Besinnung. Er sagte: »Die Flucht der xarabischen Königin anzunehmen, scheint mir ein wenig zu einfach.«

»Dieser Meinung bin ich ebenfalls. Außerdem wäre es eine Parallele zu der Sage von Raldnor und Astaris.«

»Ein derartiges Ideal könnte Iros natürlich vorgeschwebt haben. Aber sie mochte ihn nicht.«

»Sie wurde davon in Kenntnis gesetzt, daß sie jeden Mann empfangen könnte, der ihr beliebte, vorausgesetzt, daß sie die nötige Diskretion beachtete.«

Raldanash ließ bei diesem Geständnis keine Gefühlsregung erkennen.

Rarmon gab seinem Trieb nach und schloß die rechte Hand mit starkem Druck um den Ring. Und ließ ihn überstürzt wieder los. Obwohl der Ring den Finger, an dem er steckte, keinen Schaden zufügte, schien er soeben die andere Hand verbrannt zu haben.

Raldanash war Zeuge der Szene geworden, aber er enthielt sich jeglichen Kommentars.

»Es ist eine Tatsache«, sagte Rarmon, »daß jedermann über Iros' Besessenheit in bezug auf Eure Gattin Bescheid wußte. Und alle haben es mit eigenen Augen sehen können. Jemand hat sie aus diesem Grund entführt; vermutlich gegen ihren Willen. Das mit dieser Entführung zusammenfallende Verschwinden des Kommandanten wurde arrangiert, um den Verdacht zu erregen, daß sie zusammen geflohen seien. Ich stelle mir vor, daß sich aasfressende Vögel an seiner Leiche gütlich tun, oben in den Bergen. Oder Fische im Fluß.«

»Wer ist so sehr hinter ihr her?«

»Es gibt jemanden. Meines Wissen hat er sie nie gesehen. Aber es ist denkbar. Ich spreche von Kesarh Am Karmiss.«

Raldanash machte keinen Einwand; er hinterfragte diese Vermutung nicht einmal.

»In diesem Fall wird er sich nicht länger darum bemühen, Freundschaft zu Dorthar vorzutäuschen.«

»Nur, um Euch eine andere Geschichte vorzugaukeln, an die Ihr glauben könntet, falls Ihr es wünscht. Daß Iros sie entführt hat.«

»Ich verstehe.«

»Ich kann eine private Suche nach Iros' Leichnam starten, und nach allen Indizien, die dort zu finden sein mögen. Und Ihr könntet schnelle Kutschen schicken, um sie zu ergreifen. Sie werden den Okris benutzt haben, denke ich mir, um nach

Osten zu fliehen. Kesarh muß noch ein Schiff in der Nähe von Dorthar vor Anker liegen haben, das bereit ist, sie an Bord zu nehmen. Falls Ihr sie ergreift, habt Ihr natürlich keine andere Wahl, als alle Beziehungen zu Karmiss abzubrechen. Für diesen Fall könnte er ebenfalls vorgesorgt haben.«

In der Stunde vor Sonnenuntergang war der Anackire-Tempel in sattes goldenes Licht gebadet.

Der Prinz Rarmon war bisher zu zwei offiziellen religiösen Anlässen hierhergekommen, umringt von den Leuten des Herrn der Stürme. Die Zeremonien waren der visianischen Tradition entsprechend lärmend und exotisch gewesen, und selbst die mystische Überladenheit der Ashara hatte keine derartigen Ausmaße angenommen.

Aber jetzt war der Ort von unheimlicher Stille erfüllt, es roch nach Weihrauch und Zibba-Holz, und nur die Flamme in der Schale unterhalb des großen Standbildes brannte.

Als er die gepflasterten Wege auf den bewaldeten Hügel hinaufgekommen war, war er ein wenig an Ankabek erinnert worden. Aber dieser Ort hatte nichts von Ankabek an sich. Obwohl die äußersten Rituale in so großer Nachbarschaft des Palastes nicht vollzogen wurden und Prostitution zu Ehren der Götter anderen Tempeln vorbehalten blieb, beeindruckte dieser Ort schon allein durch die hier zur Schau gestellten Kunstwerke von Menschenhand. Das wundervolle Standbild, aus Gold und kostbaren Edelsteinen, war größer als die Anackire von Ankabek. Es sprach den Intellekt und den Trieb an, und nicht das Herz.

Ein in ein gelbes Gewand gekleideter Priester trat hinter einem Schirm hervor und verbeugte sich so tief, wie es ein Priester der Ashara niemals getan hätte.

»Ich bedaure, daß die junge Frau tot ist, Lord Rarmon. Es handelte sich um ein schleichendes Gift. Wir konnten ihre Schmerzen lindern und ihr Mut zusprechen; aber ihr Leben vermochten wir nicht zu retten.«

Arme Yeiza. Sie war ein Opfer der Verschwörung geworden, hatte sich zu weit vom Ufer fortgewagt und mußte untergehen. Daß sie im Tempel Zuflucht suchte, als sie merkte, was vor sich ging, war ihre klügste Entscheidung. Er konnte sich den Rest zusammenreimen: Ein Zeichen von Ulis Anet

war entwendet worden, um Iros zu dem Treffen zu überreden. Ohne Zweifel hatten sie Yeiza bezahlt. Vielleicht eine alisaarianische List; eine Münze mit scharfem Rand, der mit Gift bestrichen war. Sie hatte der unbedeutenden Verletzung keine Beachtung geschenkt, bis es zu spät war.

»Es tut mir ebenfalls leid«, sagte Rarmon. Aber ihr Tod war eine Tatsache; ebensosehr wie alles, was sie ihm hätte berichten können. »Ihr habt jedenfalls richtig gehandelt, indem Ihr mich rufen ließet. Ich werde dafür sorgen, daß der Anackire ein großzügiges Opfer zuteil wird.«

»Ich danke Euch, Prinz Rarmon.«

Unversehens erkannte Rarmon den dunkelhäutigen kleinen Mann. Es war jener Thaddrianer, der am Abend seiner Prüfung unter den Amanackirern gewesen war; jener Thaddrianer, der vermutlich in seiner Kindheit Zeuge gewesen war, wie Raldnor und Astaris in die wilden Wälder geritten waren.

»Ich habe auch schon eine Gabe für die Göttin bei mir«, sagte Rarmon. »Oder für Euch.«

Er zog den Bernsteinring vom Finger, der augenblicklich kühl war, und reichte ihn dar.

»Nein, mein Lord«, sagte der Thaddrianer. »Ich kann das nicht annehmen.«

»Weshalb nicht? Bernstein aus den Tiefländern ist kostbar und wird für heilig gehalten.«

»Ihr könnt es nicht hergeben, mein Lord.« Trotz seines untersetzten Körpers wirkte der Priester würdig, beinahe vornehm. »Es gehört der Gäa, Prinz Rarmon. Ihr könnt es nicht veräußern. Nur derjenige, der es Euch gab, kann es Euch wieder abnehmen, niemand sonst.«

»Es ist nur ein Ring.«

»Das ist es nicht. Es besitzt Kraft. Es wurde Euch gegeben und ist nur für Euch bestimmt.«

»Und ich habe gedacht, Ihr glaubtet nur an die praktischen Seiten der Anbetung.«

»Das ist richtig, mein Lord. Doch auch Magie kann sehr praktisch sein.«

»Dann werde ich den Ring einfach auf Euren Altar legen.«

»Nein«, erwiderte der Thaddrianer. »Es ist nicht der Ring,

den Ihr versucht loszuwerden. Es ist Euer Schicksal. Aber Ihr könnt ihm nicht entgehen.«

Rarmon stellte fest, daß er den Ring wieder auf seinen Finger gesteckt hatte.

Er sagte, stockend und zwischen den Worten nach Atem ringend: »Ist es das, was ich fühle; das in der Luft rings um mich wie eine Sturmdrohung hängt? Ich glaube nicht an Anackire. Ich glaube überhaupt nicht an Götter.«

»Mein Lord«, sagte der Thaddrianer, »Anackire ist das Symbol. Die Verlegung der Kraft, die wir alle in uns haben, ins Außerhalb. Ein Gesicht, das wir der Schönheit und Kraft, der Liebe und Harmonie verliehen haben. So, wie die Schrift Chiffren für einen Klang ist, den wir nur hören können.«

»Ihr steht unter Ihrem Abbild und wagt es, so zu reden?«

»Und wie Ihr seht«, sagte der Thaddrianer mit einem Grinsen, das ihn einem Affen ähnlich machte, »streckt Sie mich nicht zu Boden. Die Wahrheit stellt keine Blasphemie dar, wenn der Gott die Inkarnation der Wahrheit ist.«

Rarmon wandte sich um und ging zwischen den Säulen hindurch in den Wald.

Die Sturmwarnung des Schicksals verfolgte ihn.

Es hatte geregnet, und die Spuren, die der Wagen auf seinem Weg durch den unebenen Untergrund und wieder hinaus hinterlassen hatten, waren fortgewaschen.

Rarmon schickte seine fünf Männer das in zunehmender Dämmerung liegende südliche Ufer des Flusses entlang. Sie fanden Gegenstände, Zeugnisse für Banditenlager, das Nest eines Liebespaares – aber nicht desjenigen, das sie suchten – und überraschten eine Wildkatzenmutter mit ihren Jungen. Fackeln wurden entzündet und tauchten hier und da zwischen den Ruinen auf.

Die Ratsversammlung hatte Rarmon den ganzen Nachmittag über aufgehalten. Es hatte sich als nötig erwiesen, daß er den von Vencrek vorgebrachten Verdacht, er habe Freunde unter den Freien Zakorianern, persönlich widerlegte. Aber wenn er diese Spur erst am nächsten Morgen verfolgen würde, wäre sie noch mehr verwischt, als sie es jetzt schon war.

Endlich, bei einem alten Haus, kam einer von Rarmons Männer an einen Wagen mit einem Gespann übelgelaunter

Tiere. Am Vorderteil des Wagens war das Abzeichen von Xarabiss angebracht.

Im Haus entdeckten sie am oberen Treppenabsatz eine Lampe mit einen Bodensatz Öl darin. Auf dem Boden war ein schwärzlicher Flecken, wie eingetrocknetes Blut.

Sie gingen auf die Terrasse hinaus.

»Er wurde in den Fluß geworfen, mein Lord.«

»Ja, das glaube ich auch.«

»Ein glückloser Bastard.«

Rarmon schickte die Kutsche mit zwei Männern zu der Stadt. Einer der übrigen drei Männer ging in den Garten zum Baum, um sein Wasser abzuschlagen. Er kam nicht zurück.

Rarmon hielt die anderen beiden auf, die dorthineilen wollten, um nach ihm zu suchen. Vom Rand der Terrasse aus erblickten sie hinter dem dicken Baumstamm ein Bein, das in einem Stiefel steckte und offensichtlich im Tode erschlafft war.

»Verdammte Räuber ...«

»Räuber würden es nicht wagen, so nahe der Stadt einen Angehörigen der Palastwache zu töten.«

Da hörte Rarmon über sich ein Keuchen, wie von einem Mann, der unwillkürlich tief Luft holte, um sich auf einen Sprung vorzubereiten, und er sprang zur Seite.

Eine Gestalt schlug auf den Steinboden der Terrasse; jemand schrie auf, als er gegen die Umfassung krachte, aber er nahm einen der Dortharianer mit sich in die Tiefe.

Der zweite Dortharianer sprang hinzu und stieß mit seiner Fackel nach einer zweiten, rennenden Gestalt, während er sein Schwert herauszerrte. Der Angreifer lief mit brennenden Haaren schreiend fort. Aber schon waren zwei weitere Männer auf der Szene erschienen, die rückten dem Dortharianer mit gezogenen Schwertern zuleibe.

Jemand mußte den Schreienden bewußtlos geschlagen haben. Sein Brüllen verstummte gerade rechtzeitig, daß Rarmon noch hören konnte, wie der Hals seines zweiten Wächters durchgehauen wurde.

Hinter ihm hatte der erste ebenfalls seine Gegenwehr eingestellt.

»Werft Euer Schwert zu Boden, Prinz«, sagte jemand. »Ihr seht ja, daß es sinnlos ist.«

Die Fackel wurde vom Boden aufgehoben. Sie spendete

genug Licht, um das runde Dutzend Männer zu beleuchten, das sich versammelt hatte. Sie trugen die schwarzen Rüstungen von Karmiss, aber ohne Wappen.

»Wir wußten, daß Ihr kommen würdet«, sagte dieselbe Stimme. Rarmon kannte sie. »Euer früherer Herr, Kesarh, kann Eure Gedanken lesen, als wäre er ein Tiefländer.«

Ein Mann trat vorsichtig näher. Er trug keine Rüstung, sondern ein schwarzes Owar-Fell. Es war der Zakorianer, der ihn angesprochen hatte.

»Ja«, sagte er, »ich habe endlich doch noch beschlossen, überzulaufen und meine Treue meinem alten Herrn zu schenken, König Yl Am Zakoris. Euer Kesarh half mir bei dem Entschluß. Seid Ihr nicht schockiert, Lord Rarmon?« Er deutete auf die Karmanier. »Nehmt ihm sein Schwert, das Messer, alle Waffen ab. Gebt mir alle Edelsteine, die er bei sich trägt. Ich möchte diesen Ring haben, um einen Anfang zu machen.«

Es würde keine Hilfe kommen. Auch die anderen Wächter waren inzwischen sicher eingefangen und getötet worden.

Rarmon liefert ihnen keine Schlacht. Es hätte seinen Tod bedeutet, und er war noch nicht bereit zu sterben. Obwohl er sich nicht wehrte, stießen sie ihn auf die Knie, ehe sie ihm den Waffengürtel abnahmen.

Jemand trat ihn äußerst schmerzhaft in den Rücken. Er fiel in eine Grube schwärzester Übelkeit, und während er hilflos auf dem Steinboden lag, bemerkte er, wie ihm das Schwert aus der einen Hand genommen und der Ring der Gäa vom Finger der anderen zu zerren versucht wurde. Dann erscholl ein Schrei. Natürlich, der Ring hatte geglüht.

Er hörte irgendwo etwas auf dem Stein aufschlagen und ein Klirren wie von zerbrechendem Glas.

Der Freie Zakorianer fluchte.

Vencrek war diesmal nicht der erste, ihn anzuklagen. Ein Pergament war am Tor der Ratshalle angeschlagen worden, darauf stand zu lesen:

Vornehme von Dorthar, man sollte niemals einen Wolf herausfordern. Er ist zu seinen Brüdern im Freien Zakoris gelaufen, mit all seinem Wissen über Eure Kriegspläne. Und er hat, während er überlief, über euch gelacht.

Als sie den Fluß hinter sich gelassen hatten, stand dort ein Reisewagen bereit. Auch ihn verließen sie, um in ein weiteres Ruderboot umzusteigen, und danach in eine Galeere, die schwarz wie die Nacht von der morgendlichen See abstach. Sie hielten sie noch immer unter Drogen, so daß sie alles nur verschwommen mitbekam.

Auf dem Schiff gaben sie ihr ebenfalls Drogen, und jetzt war sie dankbar dafür, denn die Überfahrt war stürmisch.

Als sie diesmal zu sich kam, befand sie sich wieder an Land. Sie stellte Vermutungen an, um welches Land es sich handeln mochte.

Aber dieses letzte Erwachen war wie ein Traum. Sie war in einem Haus, in überladenem Stil erbaut, von vernachlässigten Gärten voll wilder und beunruhigender Schönheit umgeben. Dahinter erstreckte sich ein kultiviertes Tal, das sich bis zum Horizont schlängelte.

Als die körperliche Ermattung von ihr wich, die eine Folge der Drogen war, fing sie an, ihre Umgebung wahrzunehmen. Sie wurde mit jedem Gegenstand des täglichen Gebrauchs und des Luxus, mit allem, was sie ihrer hohen Stellung entsprechend gewöhnt war, großzügig versorgt; mit Nahrungsmitteln, sogar mit Näschereien, mit kostbaren Salben und Schatullen voller Juwelen.

Zwei Gesellschafterinnen standen ihr zur Verfügung. Sie waren ebenso anmutig, wie ihre Gesellschafterinnen es stets gewesen waren, und antworteten frei auf ihre Fragen, außer, wenn sie versuchten, ihnen den Namen des Ortes zu entlokken, an dem sie sich unfreiwillig aufhielt, oder die Identität dessen, der sie in diesen vergoldeten Käfig gesperrt hatte.

»Aber ich befinde mich in Karmiss«, sagte sie.

»Schaut Euch diesen Samt an, Madam. Wie ausgezeichnet er mit diesen Perlen harmoniert.«

Die Perlen waren schwarz, karmianische Kleinode.

Die Frauen gaben nie genaue Antwort auf solche Fragen.

Aber eigentlich brauchte sie längst keine Antworten mehr, und nur ein Rest von Stolz ließ sie – Unwissenheit und Angst vortäuschen.

Seine Männer bewachten das Haus, das, nach allem was sie sah, eine herrschaftliche Villa war. Obwohl sie in dem Turm, in dem sie erwacht war, überallhin gehen durfte, er-

wies sich die übrige Villa als unzugänglich. Am Garten konnte sie sich ebenfalls nur vom Balkon aus erfreuen.

Sie sah entfernte Gestalten in den Feldern, aber sonst keine Dienstboten. Es war eine Erleichterung. Wenn jemand dagewesen wäre, der sie hätte hören können, hätte sie sich verpflichtet gefühlt, zu schreien.

Vier Tage vergingen. Sie schienen ihr doppelt so lange zu dauern wie üblich. Ihr Schlaf in den Nächten war fiebrig. Ihr Körper schmerzte, aber nicht aufgrund einer Krankheit. Manchmal, wenn sie versuchte, in einem Buch zu lesen, oder im Turm umherwanderte, oder auf dem Balkon saß, kam es ihr so vor, als höre sie etwas im Haus sich regen – kaum hörbare Worte, deutliche Schritte im Parterre –, und ihr Herz krampfte sich heftig zusammen, da sie dachte, daß er angekommen wäre. Aber ihre Erwartung wurde stets enttäuscht.

Am fünften Tag jedoch, kurz vor Sonnenuntergang, wies alles darauf hin, daß er sich in der Tat angekündigt hatte.

Die Frauen brachten ihr frische und festliche Kleidung und raffinierten Schmuck. Sie waren aufgeregt, als sie Frisuren für ihr Haar entwarfen. In dem Raum, in dem sie aßen, hatten die Kohlenpfannen entzündet werden müssen, in die man Parfüm gegeben hatte. Zusätzliche Kerzenleuchter wurden gebracht und angezündet.

»Bleibt nur zu hoffen«, sagte sie mit beißendem Spott zu den Frauen, »daß Lord Kesarh nicht allzu spät kommt.«

Als sie gegangen waren, schritt sie in das glühende und beunruhigende Abendrot hinaus.

Als Gefangene, die sie war, blieb ihr keine andere Wahl, als ihn zu empfangen. Aber nein, es war falsch, es so leicht zu nehmen. Alles war ihr leichtgemacht worden, aber sie fand mittlerweile, daß sie sich nicht selbst belügen konnte.

Seit ihrer Kindheit hatten andere ihr Leben geformt. Wenn sie dem Sturmlord vor sechs Jahren zur Frau gegeben worden wäre, hätte sie auf nichts anderes geachtet, als auf diese Dinge, über die man ihr beigebracht hatte, daß sie ihr von rechts wegen zustünden.

Aber Raldanash hatte sie nicht haben wollen. Sie hatte einige Warnungen erhalten. Sie hatte versuchte, gelassen zu sein. Und so zu bleiben, ein Leben voller Gelassenheit zu führen.

Dann, in der Finsternis des Tagesanbruchs in der Nähe von Kuma, hatte Kesarh den schwarzen, mystischen Fluß überquert, der das Leben von den Schatten schied, und hatte sie durch seinen Schatten auf ihrem Gesicht an sich gebunden; durch den Griff seiner Hände; durch den Willen, der sich in seinen Augen gezeigt hatte.

Kesarh hatte sie, anders als Raldanash, gewollt. Und sie selbst ... Ja, sie hatte zugestimmt, von Kesarh begehrt zu werden.

Und ihre Moral hatte sich aufgelehnt.

Sehr gut, sie mußte ihn empfangen. Aber mußte sie es auf diese Art tun? Gekleidet und geschmückt für ihn wie eine Speise auf seinem Tisch ...

Sie lief zum Spiegel und wischte sich die Schminke aus dem Gesicht. Sie zerstörte das Kunstwerk ihrer Frisur und löste ihre Haare. Sie warf Schmuck und Samt von sich und zog die Kleider an, die sie auf der Reise getragen hatte, die man gesäubert und ihr zurückgebracht hatte, als sie danach verlangte – damals hatte sie nicht gewußt, weshalb –; doch die Kleider waren noch von der Reise zerknautscht, unansehnlich, an einigen Stellen sogar abgetragen.

Sie war gerade noch rechtzeitig fertig geworden.

Als sie ihre Verwandlung im Spiegel begutachtete, wurde die äußere Tür geöffnet und gleich darauf heftig wieder zugeschlagen.

Sie bemerkte, daß sie sich nicht rühren konnte.

Also war es der Spiegel, in dem sie ihn durch den Raum mit den Leuchtern, Kohlenbecken und dem festlichen Tisch kommen sah, und dann umrahmt von der Tür dieses Raums.

Du hast ihn gesehen, dachte sie, *dreh dich um, damit du ihm entgegensiehst. Er ist nicht mehr, als du in dem Spiegel gesehen hast.*

Aber selbst im Spiegel benahm er ihr den Atem. Irgendwie schaffte sie es, sich umzudrehen. Sie vermied es, ihm in die Augen zu sehen, und blickte durch ihn hindurch.

Er sagte: »Ich dachte, die Frauen hätten Euch angekleidet.«

Sie konnte die Tränen nicht zurückhalten. Seine Stimme ließ sie versiegen.

»Sie haben alles getan, was Ihr ihnen aufgetragen habt«, sagte sie. »Und jetzt habe ich getan, was ich für angemessen hielt.«

»Das sehe ich«, sagte er.

Seine Stimme verriet keine Verunsicherung, und keine Heiterkeit. Sie verriet überhaupt nichts.

Er ging in den anderen Raum zurück, und sie fühlte sich angetrieben, ihm zu folgen und zu sagen: »Darf ich zumindest um eine Erklärung bitten, weshalb Ihr derart ungeheuerlich an mir gehandelt habt?«

Er trug Schwarz. In Dorthar hatte es geheißen, daß er ständig Schwarz trüge. Er schien die Finsternis selbst zu sein, vor dem Hintergrund des Kerzenlichts. Er schenkte Wein ein und bot ihn ihr an.

»Nein.«

Er trank den Wein selbst, alles in einem Zuge.

»Ihr befindet Euch«, sagte er, »auf dem Besitz meines Ratgebers, Raldnor. In Ioli. Bald wird es zweckmäßig sein, Euch an einen anderen Ort zu verlegen. Ich entschuldige mich dafür, daß ich Euch zur Zeit nicht in meiner Hauptpstadt, in Istris, empfangen kann.«

»Ich bin Eure Geisel gegen Dorthar«, sagte sie.

»Nein«, erwiderte er, »Ihr seid meine persönliche Geisel.«

»Dieser Affront gegen den Herrn der Stürme könnte Krieg bedeuten.«

»Es wird auf jeden Fall Krieg geben. Kein Vorkommnis dieser Art hat je zu einen Kampf geführt, der sich nicht bereits angekündigt hätte.«

»Weshalb«, fragte sie, »habt Ihr ...«

»Ihr kennt den Grund.«

Ohne es zu wollen, begegnete sie seinem Blick. Sie standen wenige Meter auseinander. Sie wandte ihren Blick ab, und ihr Blut schien zu Wasser zu werden.

»Ich erinnere Euch an eine Frau, die gestorben ist.«

Er erwiderte nichts.

Ich hätte ebenfalls sterben müssen, dachte sie, *um dies nicht erleben zu müssen.*

Aber diese Idee war unsinnig, eine trügerische Reaktion. Sogar ihr selbst erschien sie als widerliche Heuchelei.

Draußen bat jemand darum, eintreten zu dürfen, und er rief ihn herein. Unbekannte Diener erschienen; ein üppiges Mahl wurde aufgetragen.

Sobald fertig serviert war, schickte Kesarh die Diener fort.

Er bedeutete ihr, sich zu setzen.

»Ich soll eine neuerliche Vergiftung riskieren, eine neue Droge? Nein, mein Lord.«

»Ihr wollt sagen, daß Ihr für die Tugend zu verhungern bereit seid.«

Ihre Blicke trafen sich erneut.

»Bildet Euch nicht ein«, sagte sie, »daß ich freiwillig etwas von Euch anzunehmen bereit bin.«

Da kam er zu ihr, durchquerte den hellen Raum wie den dunklen Fluß. Er rührte sie nicht an.

Er sagte: »Verhungern dauert lange, und es ist eine entsagungsvolle Methode.« Er zog seinen Dolch aus dem Gürtel und bot ihn ihr so höflich dar, wie er ihr zuvor den Wein angeboten hatte.

»Sie hat sich selbst entleibt«, sagte er, »wollt Ihr es ihr gleichtun?«

Ulis Anet beachtete den Dolch mit keinem Blick. Er hatte keinen Wert für sie. Sie wußte, daß sie nie den Tod wählen konnte. Die Worte bedeuteten mehr.

»Wer war sie?« fragte sie.

»Meine Schwester.«

Sie versuchte, vor ihm zurückzuweichen.

»Ihr drohtet, Eure Schwester zu vergewaltigen? Sie zog den Selbstmord vor.«

»Was sonst?«

Sie starrte ihn an, bemühte sich, hinter seinen Hohn zu sehen, hinter seinen Zorn oder seinen Schmerz. Aber es gelang ihr nicht; es war in dieser Beziehung wie bei Raldanash.

Nur die Glut unter seiner frostigen Dunkelheit unterschied die beiden.

Sie durfte nicht versuchen, seine Hand herauszufordern, indem sie ihre gegen ihn erhob; es würde ihn zur Heftigkeit verleiten, oder zu einer Vergewaltigung, die sie erwähnt hatte, wie eine Anrufung. Auch das wäre zu leicht. Sie konnte der überlegenen Kraft nachgeben und brauchte sich keine Schuld zu geben.

»Erlaubt mir, mich zu entfernen«, sagte sie.

Selbst das mochte ihn reizen. Sie hatte ihre Stimme kühl und bescheiden klingen lassen, farblos ... Sie senkte ihren Blick. Es fiel ihr schwer.

»Das ist nicht nötig«, sagte er. Er war jetzt gefährlich höflich. »Ich werde woanders speisen.«

Er ging zur Tür.

Sie sah nicht auf.

Sie wußte nicht, daß sie in dem bescheidenen Gewand, das lange gelöste Haar bis über den Rücken wallend, das Gesicht ungeschminkt, mehr als je zuvor dem Bildnis der Val Nardia entsprach, wie sie an jenem Morgen ausgesehen hatte, als sie nach Ankabek aufgebrochen war.

An der Tür sagte er: »Morgen werde ich Euch in ein Haus bringen lassen, das näher bei der Hauptstadt liegt. Es ist hübsch, und eine annehmbare Straße führt daran vorbei. Alles, wonach Euch gelüstet, wird Euch beschafft werden.«

»Dann ermöglicht mir die Rückreise nach Dorthar«, sagte sie zu Raldnor Am Iolis Mosaikfußboden.

»Vergeßt Dorthar. Wenn der Krieg vorbei ist, werde ich Euch Karmiss zu Füßen legen.«

Die Verblüffung darüber – nach allem, was vorher geschehen war – ließ sie ihn anstarren.

»Ja«, sagte er. »Als meine erste Gemahlin, Oberste Königin von Karmiss, Lan, Elyr, und von jedem anderen Land, das dann in meinem Besitz sein wird. Habt Ihr geglaubt, ich hätte Euch den ganzen weiten Weg herschaffen lassen, um Euch Wein anzubieten?«

Die Tür wurde geöffnet und ein weiteres Mal energisch geschlossen.

Kesarh hatte sie mit dem Essen allein gelassen, und mit ihren Gedanken.

Weit von seinem Besitz entfernt, stand Raldnor Am Ioli in dieser Nacht in seinem Schlafzimmer in Amlan und las Eilmeldungen, während ein nervöses lanisches Mädchen unter die Bettdecke kroch.

Es hatte Berichte von Rebellen in Lanelyr gegeben, die Besatzungssoldaten getötet hatten, auf irgendeinen Berg entkommen und inzwischen hinter einem willkommenen Felsrutsch in Sicherheit waren. Seltsame Ereignisse hatten offenbar dieses Phänomen begleitet. Er vermutete, daß er gezwungen war, sich mit ihnen zu beschäftigen, zu einem passenden Zeitpunkt.

Er begann, träge zu werden, ganz Raldnor.

Ein Gebiet jedenfalls, auf dem er vorsichtig geblieben war, war die Besonnenheit, mit der er Mädchen für sein Bett auswählte. Diese hier war hereingeschmuggelt worden und würde vor Sonnenaufgang wieder hinausgeschmuggelt werden. Es wäre nicht gut, wenn Raldnors Soldaten Wind davon bekämen; obwohl er eine bevorzugte Geliebte den ganzen weiten Weg von zu Hause hergeholt hatte, teilte er niemals das Lager mit ihr.

Einige Männer hätten natürlich etwas darum gegeben, eben dies zu dürfen. Einige Männer sprach Mellas Typ stets an.

Während er über seine Sicherheitsvorkehrungen nachdachte, dieses brillante Wagnis seines Lebens, legte Raldnor die Eilbotschaften beiseite.

Mella.

Die Zeit würde unausweichlich kommen, da Kesarh ihn überraschte und der Himmel einstürzte. Und das würde die Gelegenheit sein, bei der Raldnor, der König-Macher, sein Kleinod aus der Versenkung holen würde.

Die Balsamierer, die keine Balsamierer waren, hatten ihr Geschäft in Ommos erhalten und waren befriedigt. Ihre zur Absicherung dienenden Maßnahmen in Form von Korruption und Giftanschlägen hatten selbst Kesarh zum Schweigen gebracht.

Das Kind, mit Drogen in einem Dämmerzustand gehalten, die nicht ganz den von Kesarh genehmigten entsprachen, war in ein Koma verfallen, das keine unmittelbare Gefahr für sein Leben darstellte. Es war eine leere Hülle gewesen, die Kesarh zu Gesicht bekommen hatte, die einen ausreichenden Fäulnisgeruch ausgeströmt hatte, um glaubhaft zu machen, daß sie kürzlich einer Seuche zum Opfer gefallen war; so echt, daß Kesarh auf weitere Nachprüfungen verzichtet hatte. Warum hätte er sich dieser Mühe auch unterziehen sollen? Raldnor war schon häufig von ihm mit der Aufgabe betraut worden, einen Mord auszuführen, und er hatte sich dieser Aufgaben bisher stets untadelig entledigt. Ein leerer, beschwerter Sarg war in der Halle der Könige versenkt worden.

Nach einem sauber und sorgfältig ausgeführten Schnitt war der Junge als Eunuch wieder zu sich gekommen. Er war

im Hinterland von Ioli aufgewachsen und hatte bald ein genügend weibliches Aussehen angenommen, um als Frau durchzugehen, außer bei intimen Gelegenheiten.

Bei intelligenter Anleitung mochte der Prinz-König Emel eines Tages den Thron von Istris zurückgewinnen.

Obwohl es in Anbetracht seiner besonderen Beschaffenheit unwahrscheinlich war, daß er ihn behalten konnte.

Die schreckliche Wahrheit würde ans Tageslicht kommen, und Raldnor, der so lange im Hintergrund gewartet hatte, würde über ihn hinwegschreiten können und den Ruhm ernten.

Kesarh hatte Raldnor politische Rechte verschafft. Raldnor achtete ihrer nicht, aber er war nicht mehr derselbe Mann, der ehrlich entsetzt gewesen war, als er die Sklaven in den brennenden Schiffen bei Tjis schreien gehört hatte. Als er gemerkt hatte, daß diese grausame Tat ungesühnt blieb, hatte bei Raldnor eine gewisse schon latent vorhandene Brutalität die Überhand gewonnen. Er war jetzt in der Lage, dieser Neigung nachzugeben, und verdankte ihr ein Gefühl der Macht, die ihm Kesarh bildhaft vor Augen geführt hatte; die Fühllosigkeit und die Zufügung von Schmerz; für Kesarh ein Werkzeug, aber kein Spielzeug.

Was Raldnor betraf, so genoß er seine Grausamkeit, wie das lanische Mädchen in seinem Bett bald genug erfahren würde.

Viertes Buch

Der Schwarze Leopard

SIEBZEHN

Es würde bald Schnee geben in Dorthar. Hier würde es nicht schneien. Der Sommer dauerte hier länger. Und der Winter kam nie.

Sie hatten die Berge über einen uralten Paß überquert. Die dortharianische Seite war gut bewacht, die vielzähligen aus dem Fels gehauenen oder auf ihn erbauten Aussichtstürme starrten vor Speeren. Selbst noch, wenn man nach Thaddra hereinkam, stieß man auf dortharianische Vorposten.

Caal, der Zakorianer, kannte sich jedenfalls aus; er hatte diesen Weg schon einmal gemacht, mit dem Ratssiegel von Anackyra und allen gültigen Losungsworten versehen. Es stimmte tatsächlich, daß er ein Spion für den Herrn der Stürme war. Im Freien Zakoris war er als Spion für König Yl bekannt. Auf diese Weise kam er ganz schön herum, manchmal allein, manchmal mit Dienern. Diesmal hatte er zwei Wächter bei sich und einen Sklaven.

Die persönlichen Wachen waren von der gemäßigt dunklen Hautfarbe, die in Xarabiss und Karmiss häufig vorkam. Der Sklave war ein wenig dunkler, vielleicht ein Dortharianer. Er war auch ungehorsam, träge und achtlos, denn er war kürzlich geschlagen worden. Sein Gesicht war durch Platzwunden und geronnenes Blut unkenntlich, und sein starker Rücken wies vernarbte Peitschenstriemen auf, wo seine zerschlissene Kleidung ihn freigab. An den Knöcheln trug er eine Kette, die ihm eben genug Freiraum ließ, zwischen den scheuernden Eisenbändern dahinzuschlurfen.

Er trug das Gepäck, und der erste Wächter ritt voran. Der zweite Wächter und Caal ritten hinter dem Sklaven her, und gelegentlich schlug Caal mit der Klatsche aus steifem Leder nach ihm, die hauptsächlich für die Fliegen gedacht war.

Sie ließen den Paß hinter sich und erreichten Tumesh, dann schlugen sie einen holprigen Weg ein, der westwärts führte. Die beste Art, durch die Urwälder Thaddras zu gelangen, war, sich eine Route über die zahlreichen Flüsse des Landes zurechtzulegen und sie auf Flößen zurückzulegen, denn die vorhandenen Straßen waren sämtlich von Pflanzen überwuchert. Bevor Yl und seine Armeen sich dieses Landes bemächtigt hatten, waren die Straßen sorgfältiger gepflegt

worden, aber seit mehreren Jahrzehnten hatten sich Unzulänglichkeiten zahlreicher Art ergeben.

Mit Hilfe der Flöße kämpfte sich Caals Gesellschaft mühsam voran.

Das Sonnenlicht wurde durch die hohen Bäume, das Gewirr der Schlingpflanzen und die riesenhaften Farne in Schwärze verwandelt. Das Wasser war sirupartig, zu giftig zum Trinken und wimmelte von Reptilien. Hinter ihnen wichen die zuweilen durch Lücken in der Vegetation schwach sichtbaren nördlichen visianischen Berge allmählich zurück.

Bei Tage war die Hitze unerträglich. Die Nächte waren kühler und brodelten von tierischem Leben.

In Dorthar aber war es jetzt kalt, und es schneite.

Anfangs waren die Schläge aus Gründen der Tarnung erfolgt.

»Seht Ihr, mein Lord«, sagte Caal, als sie die Vorberge oberhalb von Koramvis erreicht hatten, »jemand hätte Euch erkennen können. Aber jetzt, mit diesem angeschwollenen Gesicht, und voller Blut am ganzen Leib ... Nun, selbst Euer eigener Bruder hätte Schwierigkeiten.«

Obwohl er die Ketten trug, hielten ihn zur Sicherheit noch fünf Karmianer fest. Ihm standen noch immer zahlreiche Tricks zur Verfügung, mit denen er sie überraschen konnte. Einer seiner Peiniger war mit zerschmetterter Kniescheibe schreiend zu Boden gegangen. Aber die Eisenringe um die Beine geboten ihm Einhalt. Endlich gab Rarmon nach und ließ Caal mit seinen Schlägen fortfahren. Es war witzlos, es vor sich herzuschieben und so das Unvermeidliche hinauszuzögern.

Caal erinnerte Rarmon, als er ihn mit Faustschlägen und Hieben traktierte, an den Schlag, den er ihm im Palast versetzt hatte.

Als die Tarnung zu verblassen begann, wurden die Schläge wiederholt. Später gab es weitere Belustigungen. Jede Nacht, wenn sie ihr Lager aufschlugen, banden sie Rarmon in einiger Entfernung vom Feuer fest. Caal brachte ihm einen Anteil am Essen und deponierte ihn knapp außerhalb seiner Reichweite. Nach seinen ersten Versuchen, es zu erreichen, verzichtete Rarmon und kümmerte sich nicht weiter darum.

Da ihm Caal gesagt hatte, daß er dafür bezahlt worden war, seinen Gefangenen im Freien Zakoris abzuliefern als Geschenk Kesarhs an Yl, und da Karmianer bei ihnen waren, um dafür zu sorgen, daß es so geschah, würde Caal ihm irgendwann Essen geben müssen; und er tat es.

Caal zeigte sich über Rarmon enttäuscht. Er griff also auf andere, weniger subtile Methoden der Folter zurück. Er mußte sich auch hierhin zurückhalten, weil er verpflichtet war, den ihm Anvertrauten im wesentlichen unbeschadet anzuliefern. Er verfiel auf die Idee, Rarmon in die Schenkel oder den Arm zu schneiden und das Blut mit Salz zu stillen. Wenn der Schnitt beinahe verheilt war, öffnete er ihn erneut, exakt an den alten Rändern. Manchmal nahm er Weingeist statt Salz.

Die Karmianer, Männer, die Rarmon nie zuvor gesehen hatte, saßen beim Würfelspiel am Feuer und ließen Caal gewähren. Sie hatten keinerlei Interesse an dessen Liebhaberei, und auch kein Mißfallen. Sie waren dabei, ihr Leben aufs Spiel zu setzen, indem sie Yls Königreich betraten; aber Kesarh hatte es so angeordnet.

»Ihr wünscht, losgebunden zu werden, nehme ich an. Ihr würdet mich gern umbringen, nehme ich an«, sagte Caal. Seit sie das Freie Zakoris erreicht hatten, machte sich sein zakorianischer Dialekt zunehmend bemerkbar. Er nannte seinen Sklaven nicht länger Rarmon, sondern Raurm. »Ihr würdet es schätzen, mich langsam umzubringen; ist es nicht so, Raurm? Stück für Stück.«

Aber Rarmon trug kein Verlangen danach, seinen Peiniger zu töten. Er fühlte nichts als den vertrauten, düsteren Haß und die Abscheu, und diese furchtbare Bereitschaft, beides und den Schmerz dazu hinzunehmen, die Lyki ihm beigebracht zu haben schien. Er widerstand nicht länger, selbst in seinen Gedanken nicht. Denn wie er festgestellt hatte, endeten die Prügel stets früher, wenn er den Schmerz leugnete.

Es war alles gleichförmig, das verschattete Sonnenlicht, die üppige, feuchtschimmernde Vegetation – die seltener und seltener von flachen Baracken und brachliegenden Feldern unterbrochen wurde – die Flüsse und Waldwege, auf denen er und die Wächter und Caal selbst ihre Messer benutzen

mußten, um sich hindurchzukämpfen; sogar die Torturen wiederholten sich gleichförmig.

Rarmon hatte sein Zeitgefühl längst verloren. Er wußte nur, daß er in den Mittleren Ländern und im Osten der Winter eingezogen sein mußte. Sie waren vielleicht seit zwei Monaten unterwegs.

Dann öffnete sich eine abgebrannte Lichtung im Dschungel, mit Wächtern besetzte Holztürme erhoben sich, Patrouillen, die an den Flußfurten auf und ab marschierten, und enge und schmutzige Wege, die jedoch passierbar waren.

Dann wurden Losungen verlangt. Die Männer, die nach ihnen fragten, waren schwarz oder bronzehäutig, größtenteils von kräftiger Gestalt und mit dünnen Lippen. Caals Gesellschaft hatte die Außenbezirke des Freien Zakoris erreicht.

Yl, der Sohn Igurs, hatte sich die Königswürde auf die in Zakoris übliche Art angeeignet, indem er gegen die anderen älteren Söhne Igurs gekämpft hatte. Yl hatte den Wettkampf gewonnen, indem er seinem Bruder das Rückgrat brach. Er hatte dreihundert Frauen mit auf seinem Thron versammelt und seine erste Königin deswegen gekrönt, weil sie einem Sumpfleopard die Kehle durchgeschnitten hatte, während sie schwanger war.

So war Zakoris gewesen, und so war es hier im Nordwesten noch immer.

Als sich Hanassor Sorm von Vadath ergeben hatte, war Yl mit neuntausend Mann, deren Frauen mitsamt ihrer Brut im Gefolge, durch das zakorianische Sumpfland gestürmt und über die niedrigen Berge, die das südliche Thaddra säumten, dann in den Dschungel hinab. Er hatte auf dem Marsch dreitausend Mann in Kämpfen gegen die Nachhut der plündernden Truppen Sorms verloren; viele wurden auch vom Sumpffieber dahingerafft oder von der trügerischen Landschaft verschlungen. Zahllose Frauen und Kinder überlebten die Reise ebenfalls nicht. In Übereinstimmung mit der zakorianischen Denkweise wurden die Kranken und Schwachen von ihren Artgenossen zurückgelassen.

Thaddra war ein gesetzloses Land. Für Jahrhunderte hatte es Lippenbekenntnisse seiner Treue zu Dorthar und Zakoris abgelegt. Was ihm Sicherheit verschaffte, war sein Fehlen an Reichtümern; das Land hatte Invasoren nichts zu bieten ge-

habt. Inzwischen jedoch hatte es andere Werte aufzuweisen. Die Vielzahl unbedeutender Könige, mit denen das Land geschlagen gewesen war, hatten sich allesamt als zu klein im Format und zu beschränkt erwiesen, um Yl entgegenzutreten.

Er hatte die Küstenregion besetzt und die anschließenden großen Wälder, in Verfolgung seiner Zukunftspläne, die darin bestanden, Timber, den Zugang zu den Meeresufern Dorthars und jenen Ländern weiter im Osten und Süden einzunehmen. Zakoris war immer ein Land gewesen, in dem die Schiffahrt eine wichtige Rolle spielte. Seeschlachten und Piraterei waren ein altes Erbe dieses Landes; die späteren Zakorianer setzten beides sogar in Friedenszeiten fort.

Zwischen der Tätigkeit, ihre Schiffe zu bauen und in alle Richtungen Raubzüge nach all den Dingen zu veranstalten, an denen sie Mangel hatten, etwa nach Rudersklaven für ihre Schiffe, lagen sie bei ihren Frauen und zeugten Söhne. In Zakoris mußte jeder Mann kämpfen. Vom zehnten Lebensjahr an wurden sie darin geschult.

Die Töchter, die sie produzierten, hatten ebenfalls eine Aufgabe, die darin bestand, mehr Söhne zur Welt zu bringen. Sie kämpften heutzutage nicht mehr in den Schlachten mit und dienten auch nicht auf Schiffen. Sie waren jetzt kostbare Gefäße.

In der zakorianischen Tradition wurde Homosexualität, weil sie die Vermehrung gefährdete, mit einer Menge entsetzlicher Bestrafungen bedroht. Im Freien Zakoris wurden zur Zeit die Krüppel erschlagen, es sei denn, sie wiesen eine besondere Befähigung auf, und kranke Kleinkinder wurden im Dschungel ausgesetzt, damit die wilden Tiere sie fraßen. Unfruchtbare Frauen wurden an den Feuer-Altären Zarduks ausgepeitscht, um ihn zu beschwichtigen, bis sie das Leben zugleich mit ihrem Blut verließ. Aber vor größeren Unternehmungen wurden auf Zarduks Altären Knaben ohne körperliche Fehler verbrannt, um ihm die Dringlichkeit ihres Anliegens aufzuzeigen.

Das Herz von Zakoris-In-Thaddra war eine Stadt aus Holz, Steinen und Lehmziegeln, im Westen an der nördlichen Küste gelegen. Ylmeshd hatte nichts von der reinen Erhabenheit von Hanassor. Es lag auf einer Erhöhung im Dschungel, der

Rauch aus seinen Kaminen trübte den Sonnenuntergang. Unterhalb der Stadt erstreckte sich meilenweit ein zweiter Wald aus Masten über den drei Tiefwasserbuchten Ylmeshds, deren Spitzen die sterbende Sonne aufzuspießen schienen.

Caal holte die Kleidung eines Prinzen von Dorthar aus dem Gepäck und verlangte von Rarmon, daß er sie anläßlich ihres Einzugs in Ylmeshd anzog. Dies erforderte die Entfernung der eisernen Beinfesseln, aber an ein Entkommen war trotzdem nicht zu denken. Rarmon machte keinen Versuch dieser Art. Als er angekleidet war, wurden die Eisen wieder befestigt; sie verliehen seinem Gewand eine besonders elegante Note.

Fackeln loderten am Torbogen, der ebenso wie die Mauern aus aufeinandergeschichteten und mit Lehm verfugten Steinen bestand. Das Tor war aus ganzen Baumstämmen gefertigt.

Abgesehen von der Größe erinnerte Ylmeshd in nichts an eine Stadt. Hütte reihte sich an Hütte, wie die Zellen in einem Ameisenhügel. Soldatenhaufen marschierten hin und her; sie trugen gehärtetes Leder – Metallrüstungen waren selten. Schmieden lärmten und glühten an allen Kreuzungen. Man sah draußen keine Frauen und Kinder, aber hinter den mit Fellen verhangenen Türen schrien Babys.

In seiner Eigenschaft als Fremdenführer hatte Caal die Aufmerksamkeit der beiden Karmianer auf den Tempel Zarduks und den Rorns, des Meeresgottes, gelenkt. Beide Tempel waren nicht mehr als Höhlen in der Landspitze, die durch massive Türen verschlossen waren.

Der Palast thronte auf einer felsigen Erhebung, hinter ihm die Dunkelheit und das Meer. Er wies einen Steinturm auf und Mauern aus Stein, wie auch die Stadt selbst. In dieser Mauer gab es keine Öffnung; für die Ankömmlinge wurde eine Leiter herabgelassen, nachdem die Wachen endlich den Grund ihres Besuchs begriffen hatten.

Vom Palast wehten die Banner des Alten Zakoris mit dem Doppelmond und dem Drachen. Aber vor dem Eingang stand ein hölzerner Pfosten, auf dem die kunstlose Darstellung eines Leoparden aus schwarzem Metall angebracht war, der

eben zum Sprung ansetzt; Symbol der neuen Herrscher. Das Standbild schepperte blechern in der Brise, die vom Meer her wehte.

Innen war der Palast dunkel; die Finsternis wurde nur vom spärlichen Schein vereinzelter Fackeln erleuchtet.

Sie betraten die Königshalle. Unbearbeitete Baumstämme stützten das hölzerne Dach ab. Der Erdboden war mit Fellen belegt.

Am entferntesten Ende der Halle befand sich ein Podest mit einem mächtigen Ebenholzsessel, von dem es hieß, daß Yl ihn auf seiner Flucht von Hanassor mitgebracht hatte.

Die Statue stammte möglicherweise auch anderswoher. Rarmon hatte flüchtig eine Darstellung des Feuergottes in Ommos gesehen, und die hiesige war ihr im Prinzip gleich. Das Idol besaß keinen Körper, sondern es war ein formloser Holzklotz, an dessen oberem Ende ein Gesicht mit verzerrten Zügen und gefletschten Zähnen dargestellt war ... Eine Maske, die Wut, Verzückung oder Todesqual ausdrücken mochte.

Im offenen Bauch der Gottheit loderte ein Feuerbrand, dessen Heftigkeit im Verein mit dem Geruch von verbranntem Fell vermuten ließ, daß hier vor nicht allzu langer Zeit ein Opfer dargebracht worden war.

Sie warteten, bis Yl Am Zakoris hinter dem Ebenholzthron den Saal betrat und die Stufen herabgeschritten kam.

Für einen Zakorianer war er hellhäutig, bronzefarben, aber er besaß die typischen strichdünnen Lippen und die verbogene flache Nase. Vom rechten Nasenflügel aus hing eine goldene Kette im Bogen bis an sein rechtes Ohrläppchen.

Er war ein schwergewichtiger Mann, häßlich und alt, aber er sah weder erschöpft noch kraftlos aus. Er grinste. Es wirkte verblüffend. Seine Zähne waren voller Edelsteine.

Hinter ihm im Schatten stand eine Gruppe von Männern. Und selbst in dem schlechten Licht war zu erkennen, daß einer dieser Schatten nicht wie die anderen war.

Caal, jetzt ganz Zakorianer, hatte sich auf sein Gesicht fallen lassen. Die beiden Karmianer knieten nieder. Rarmon blieb stehen. Niemand hatte daran geacht, ihn auf den Boden zu zwingen.

Als die Wächter, die mit ihnen hereingekommen waren, Anstalten machten, dies nachzuholen, rief Yl: »Nein, laßt ihn

stehen. Laßt mich ihn anschauen. Ist dies eines Königs Sohn? Der Sohn Raldnars, dieses Auswurfs der Schlangenfrau.«

Yl spie auf den Boden.

Er kam langsam auf Rarmon zu, um ihn näher in Augenschein zu nehmen. Er war groß, aber nicht größer als Rarmon. Raldnor, dieser Auswurf der Schlangenfrau, hatte seinen Söhnen zumindest körperliche Größe vererbt.

»Wißt Ihr, wer Euch hergeschickt hat?« fragte Yl Rarmon.

Rarmon erwiderte: »Man sagte mir, daß Kesarh Am Karmiss es gewesen sei.«

»Das ist richtig. Die Botschaft, die ich erhielt, besagt ebenfalls, daß Kesr Euch gesandt hat. Als Freundschaftsgabe, bevor wir Dorthar zwischen uns zermalmen. Und ich erfuhr, daß Ihr in der Lage wärt, dem Freien Zakoris die Kriegspläne Eures Königs zu verraten. Dieser dort auf dem Boden«, fügte Yl zuversichtlich hinzu, indem er auf den hingestreckten Caal wies, »wird nur soviel erfahren haben dürfen. Aber Ihr, Ihr habt den Sturmlord beraten, standet seinem Herzen nahe. Wenn Ihr sein Bruder seid, wie Kesr in dem Brief an mich behauptet.«

Yl stand jetzt so nahe vor Rarmon, daß er ihm seinen Atem ins Gesicht blies. Dann fuhr er fort: »Ich nehme an, daß wir unsere zakorianischen Künste an Euch ausprobieren müssen, um Euch dazu zu bewegen, daß Ihr uns in die Strategie Dorthars einweiht?«

»Aber keineswegs«, erwiderte Rarmon. »Ich werde Euch alles erzählen. Der Herr der Stürme wird sehr genau wissen, wohin ich gegangen bin beziehungsweise entführt wurde, und seine militärischen Pläne entsprechend ändern. Daher wird alles, was Ihr von mir erfahrt, wertlos sein.«

In der Schattenversammlung beim Thron brach der den übrigen unähnliche Schatten in Lachen aus.

»Ja«, sagte Yl, »kommt her, Kathus. Kommt und seht ihn Euch an. Ihr kanntet den Verfluchten der Tiefländer. Ist er dessen Werk?«

Der Mann kam von dem Podest herunter. Er war, wie der König, über die besten Jahre hinaus; aber schlank, dezent gekleidet, und er wirkte klug. Seine Gesichtsfarbe war weit heller. Am meisten unterschied er sich in den Bewegungen, im Gang vor allem, von der übrigen Clique Yls.

Er sah Rarmon an. Sein Blick war ganz unzakorianisch.

Aber er sagte: »Es wäre gut möglich. Gewiß hat Dorthar ihn dafür gehalten.«

Die Stimme Kathus' war eine Überraschung. Sie hatte eine Spur des verschleifenden Akzents. Demnach war ihm doch etwas Zakorianisches zueigen.

Die beiden Karmianer fingen an, sich bei den Höflichkeiten zu langweilen; sie standen auf und versuchten, Yl ihre Briefe zu übergeben. Caal blieb, wo er war.

Die zakorianischen Wächter nahmen Rarmon auf Anweisung Yls mit sich fort.

»Trinkt, Kathus, trinkt reichlich.«

»Ich danke Euch, mein Lord.«

Yl tat einen tiefen Zug, Kathus nicht.

»Denkt Ihr an Dorthar, Kathus? An sein Blut, seine Eingeweide und seine Asche?«

»Ich denke an Vergeltung«, sagte Kathus unerschütterlich. Sein Gesicht war kaum gefurcht, denn er hatte seit seinen frühen Jahren gelernt, keinen Ausdruck zu zeigen. »Und ich denke natürlich an Euer Versprechen, daß ich Dorthar in Eurem Namen beherrschen werde. Was soll da von dieser Stadt übrigbleiben?«

»Und jetzt glaubt Ihr, daß Kesr von den Karmianern Dorthar von mir bekommt, sobald er und ich das weißhaarige Halbblut in den Dreck gezwungen haben?«

»Ich denke, daß Kesarh zu nützlich ist, als daß Ihr seinen Wünschen nicht entsprechen solltet.«

»Und dann soll ich ihn umbringen und Euch Dorthar geben?«

»Mein Lord«, sagte Kathus, »ich kann geduldig warten. Wir beide kennen dieses Geschäft inzwischen. Kesarh ist jung und hat es eilig. Er könnte stolpern.«

Yl mochte Kathus Am Alisaar, der einst ein Prinz gewesen war und sich in Dorthar eingelebt hatte. Er mochte ihn, wie er eine neue Waffe mochte, oder eine Frau, oder ein Tier, das hübsche Tricks vorführen konnte. Kathus war klug. Er war hilfreich, geschickt in der schriftlichen Formulierung einer Diplomatie, für die Yl keine Geduld zu haben vorgab. Kathus hatte ein kompliziertes Netzwerk von Spionen errichtet. Yls

stumpfsinnige zakorianische Statthalter hatten die Flucht aus Thaddra nicht überlebt. Kathus war die kultivierteste Persönlichkeit in seinem Königreich.

»Dann beratet mich«, sagte Yl.

»Sendet Kesarhs Botschafter zurück. Wiederholt dieses falsche Versprechen, daß Ihr Ankabek wieder aufbauen wollt – er gibt nicht das gerinste um Ankabek oder Anack, wir alle wissen das; aber er verzeiht Euren Männern, daß sie diese Insel verwüstet haben; also müßt Ihr das Spiel mitmachen und das Vergehen bedauern. Er hat Euch die Zähne gezeigt, indem er Eure Flotte vor Karmiss vernichtete; erinnert Euch daran. Dankt ihm auch für das Geschenk, Raldnors Bastard. Soweit der Brief.

Der militärische Bericht geht gesondert ab; darüber haben wir bereits gesprochen. Was habt Ihr übrigens mit Rarmon vor, dem Sohn Raldnors?«

»Er hätte ein gutes Brandopfer für Zarduk abgegeben«, sagte Yl. »Aber Kesr erwähnt, daß Raurm früher bei Männern gelegen hat. Ich kann dem Gott keinen solchen Abschaum anbieten.«

»Wie ärgerlich.«

Yl grunzte.

Sie hatten sich in des Königs Gemächer neben dem Thronsaal begeben. Yls Blick irrte durch den Raum hin zu der Nische, in der ein riesiger Topas lag. Der Stein war das Auge einer Göttin gewesen, auf Ankabek.

»Die Hure hält Ausschau«, bemerkte er. »Zarduk trägt dein Gold«, sagte er zu dem Auge, »es hat keinen Sinn, danach zu suchen.« Er starrte zu dem Topas und schien das derzeitige Gespräch vergessen zu haben.

Kathus rief ihn in die Gegenwart zurück.

»Mein Lord, wenn ich einen Vorschlag machen dürfte: Es geht um Rarmon. Da Ihr ihn nicht lebendig verbrennen könnt, mag er in anderer Hinsicht nützlich sein. Er könnte zu einer größeren Begeisterung Eurer Soldaten beitragen; zur Warnung Eurer Sklaven und derer, die uns beobachten, dienen.

Es sollte der Öffentlichkeit bekannt werden, wer er ist. Er sollte öffentlich mißbraucht werden. Behaltet ihn als Gegenstand der Schmähung. Unbeschadet der Informationen, die er uns geben kann.«

»Seine Informationen sind nutzlos. Das Weißhaar wird seine Pläne ändern.«

»Mein Lord«, sagte Kathus, »natürlich wird er das. Aber seine Originalpläne zu kennen, wird uns Hinweise auf die möglichen Abänderungen verschaffen.«

»Aha. Scharfsinnig, scharfsinnig. Raurm wird heute abend befragt.«

»Überlaßt ihn mir.«

»Ihr haltet meine Hauptmänner für zu rauh?« fragte Yl amüsiert.

»Ich bin nicht sicher, ob er irgend jemandem gegenüber loyal ist; selbst in bezug auf Raldanash habe ich Zweifel. Aber er hat sich geweigert, Kesarh zu helfen – anderenfalls hätte er ihn für sich behalten. Er braucht einen Anreiz. Er darf nicht unbrauchbar gemacht werden.«

»Was bedeutet das?« Yl war unmenschlich neugierig geworden. Grausamkeit erregte ihn zwar nicht sonderlich, aber sie half ihm zuweilen beim Denken.

»Er ist bereits früher ausgepeitscht worden, und man hat ihn den ganzen Weg hierher geschlagen. Bei ihm funktionieren die bewährten Methoden nicht; es braucht etwas Neues. Wir müssen auch berücksichtigen, daß Kesarh sich nicht die Mühe gemacht hat, ihn zu überzeugen zu versuchen. Er scheint der Ansicht gewesen zu sein, daß Rarmon nicht gebrochen werden kann.«

Kathus, der Königsmörder, wandelte gemächlich durch die verschlungenen Höhlengänge unterhalb Yls Palast abwärts. Es war eine interessante Erfahrung für ihn, daß der König des Freien Zakoris sein Haus besser geschützt hatte als seine Stadt mit ihrer hohen, torlosen Mauer, wohingegen er das natürliche Höhlensystem im Felsen darunter nutzte, das an Hanassor erinnerte. Und die Schiffe, die in Höhlen unter Hanassor gelegen hatten, waren ebenfalls besser geschützt gewesen. Obwohl es unwahrscheinlich schien, daß den beiden Flotten etwas zustoßen konnte, über die Yl augenblicklich verfügte und deren zweihundertunddreißig Schiffe verborgen lagen, bevor der Sommer den Krieg eröffnen würde. So nahe stand er Krieg bevor.

Vor langer Zeit war Kathus durch die Welt gereist und

hatte gesehen, wie sehr sie sich seit dem Tieflandkrieg verändert hatte. Im Verlauf dieser Reise hatte er alles Geld in den geheimen Verstecken verbraucht, die er zuvor an vielen Orten für den Fall einer Katastrophe eingerichtet hatte. Er war nach Alisaar zurückgekehrt, über das Shansar herrschte, und hatte sich wieder fortbegeben. Eine Zeitlang hatte er Intrigen in Ascah und Corhl gesponnen und ein gewisses Prestige in der winzigen Stadt Ottamet gewonnen. Das alles waren kleinere Vorübungen gewesen. In seinen Adern floß zakorianisches Blut.

Schließlich war er nach Thaddra und Zakoris-In-Thaddra gegangen. Er hatte Yl nicht viel über sich erzählt, nur eben genug, um sich ihm unentbehrlich zu machen. Er hatte niemals erwähnt, daß er den Sturmlord Amrek ermordet hatte, wenn auch auf dem Schlachtfeld. Die Toten erschienen Kathus wie ein Zug von Phantomen, besonders in der Rückschau beinahe poetisch. Es hatte ihm persönlich nichts eingebracht.

Er war jünger gewesen, und vielleicht hatte er trotz der privaten Vorkehrungen, die ihn absichern sollten, in jenen chaotischen Zuständen nach dem Erdbeben und der Niederlage, während die Fanfaren der Geschichte laut über die im Dämmer versinkende Ebene erschollen waren, gewünscht, sein eigenes Siegel für immer der Namensrolle des Geschicks aufzuprägen.

Aber Kathus war kein Poet. Yls spöttische Annahme, daß er nach Vergeltung gegen Dorthar verlange, war selbst poetisch und deshalb falsch. Kathus wünschte sich nichts anderes als Besitz. Er hatte nie etwas anderes gewünscht.

Er hatte jetzt die Reihe von Höhlen erreicht, die als Kerker abgeteilt waren.

Er sprach mit der Wache. Als der Mann einen beweglichen Stein entfernt hatte, war Kathus fähig, in einen engen Kamin zu schauen. In einer Tiefe von etwa sieben Fuß erblickte er Kopf und Schulter eines Mannes; des Mannes, der hier Raurm genannt wurde.

Der Schacht war nicht weit genug, um dem Gefangenen das Sitzen zu gestatten; selbst, sich mit den Knien und dem Rücken abzustützen und derart die Beine zu entlasten, war für einen erwachsenen Mann ganz unmöglich; nur ein Kind oder eine kleine Frau hätte das geschafft.

Der Prinz von Alisaar trat beiseite, und der Stein wurde an seinen alten Platz zurückbewegt. Das einzige Licht fiel von oben durch einen Rost, wenn der Stein entfernt war. Der Schacht lag jetzt wieder im Dunkeln. Um den Häftling in ihn hinabzulassen, hatte man Haken durch die Seile gezogen, die seinen Körper banden; der Rost konnte ebenso wie der Stein entfernt werden.

Nahrung und Wasser konnten auf dieselbe Weise hinabgelassen werden. Bis jetzt war dies nicht geschehen.

Raurm befand sich inzwischen seit einer Nacht, einem Tag und dem Teil einer zweiten Nacht in dem Felskamin. Ihm kam es weit länger vor, obwohl noch nicht wie die Ewigkeit.

Kathus war fasziniert. In diesem Zustand pflegten die Gefangenen üblicherweise zu schreien und zu betteln, wenn der Stein weggezogen wurde; sie pflegten zu starren und sich heftig zu bewegen, in der nutzlosen Hoffnung auf ein wenig Licht und Raum. Aber Raurm hatte nicht einmal hochgeschaut.

»Morgen mittag«, sagte Kathus zu der Wache. »Wie man es Euch gesagt hat. Habt Ihr verstanden?«

»Ja, Berater.«

Sinnend ging Kathus fort, um schlechten thaddrianischen Wein zu trinken. Und um zu warten.

Nach der Finsternis der Kellergänge schmerzte ihn das Tageslicht in den Augen. Seine Wächter hatten ihn in einem kleinen, hellen Raum alleingelassen, ohne Fesseln, und sogleich trat Kathus ein.

Rarmon war sich darüber im klaren, daß dies keine Begnadigung bedeutete. Man hatte ihm erlaubt, in den dunklen Höhlen des Untergrunds ein behelfsmäßiges Bad zu nehmen, und man hatte saubere Kleidung auf dem Boden vor ihm geworfen.

Er widerstand dem Verlangen, wegen dieser Vergünstigungen in seiner Wachsamkeit nachzulassen, denn er wußte, daß sie nicht anhalten würden.

In dem Schacht war es schwerer, zu widerstehen. Er besaß körperliche Ausdauer. Dieser Qual jedoch, die von Minute zu Minute und Stunde für Stunde größer wurde und sich zu immer unerträglicherer Pein steigerte, hatte er nachgegeben.

Aber in einer derartigen Beengtheit wurde ein Mann sein eigener Folterknecht. Gedanken, Erinnerungen ... Kopf-Teufel. Sie waren vor ihm hergetanzt, auf einem Fleckchen Erde, das ihm kaum Platz genug ließ, um sein Gewicht von einem Fuß auf den anderen zu verlagern. Rarmon wußte nicht, wie lange er diese anderen Aspekte seiner Persönlichkeit unter Kontrolle halten konnte. Oder, anders ausgedrückt, wie lange es dauerte, bis er verrückt würde.

Kathus hatte sich hingesetzt und beobachtete Rarmon jetzt mit undurchdringlichem Gesicht. Er gab ihm durch eine Geste zu verstehen, daß er in einem Sessel Platz nehmen sollte.

»Ich danke Euch, nein.«

Kathus nickte.

»Weil Eure Beine kräftiger werden, je länger sie gezwungen sind, Euch zu tragen, und je weniger Ruhe Ihr ihnen gönnt. Ich sehe, daß Ihr glaubt, zurückgeschickt zu werden.«

Rarmon erwiderte nichts.

Kathus wies auf eine Schale mit Früchten und einen Krug mit Wein.

»Essen würde Euch ebenfalls kräftigen.«

Rarmon rührte sich nicht.

»Euer Niedergang?«

»Er scheint ziemlich sinnlos.«

»Ihr hättet Mittel finden können, Euch auf dem Weg hierher selbst umzubringen, aber Ihr habt es nicht getan.«

»Es war ein Versehen.«

Kathus lächelte.

»Man hat mir einst Euren Vater vorgeführt; er hatte sich in einer vergleichbaren Lage befunden, mein Gefangener. Ihr werdet erfreut sein zu hören, daß er weniger schlagfertig war, als Ihr es seid. Aber andererseits war er auch jünger.«

Kathus klatschte in die Hände. Zakorianer benutzten keine leblosen Glocken, um jemanden zu rufen.

Ein Mann trat ein, lieferte Schreibmaterial ab und verschwand wieder.

»Ihr werdet«, sagte Kathus, »die beabsichtigten Feldzüge des Sturmlords für uns aufzeichnen. Ein allgemeiner Plan reicht aus. Detailfragen können später geklärt werden.«

Rarmon durchquerte den Raum und trat an den Tisch. Er tauchte den Stift ein und schrieb eine kurze Zeile.

Kathus erhob sich und nahm das Papier an sich.

Rarmon hatte geschrieben: *Wie bei jeder anderen Gelegenheit wird auch diesmal nichts von dem, was ich erzähle, geglaubt werden.*

»Ihr seid daran gewöhnt«, sagte Kathus, »übel behandelt zu werden. Es begann zweifellos mit Eurer Mutter. Ich habe Euch in der Wiege gesehen, als Euch die Frau Rarnammon zu nennen pflegte. Tatsächlich seid Ihr unter meinem Dach geboren, und Ihr habt ziemlich viel Geschrei von Euch gegeben. Wache.«

Sie traten durch die offene Tür ein und geleiteten Rarmon in den Schacht zurück.

Ein wenig später wurden die Früchte und der Wein zu ihm herabgelassen, und es wurde dafür gesorgt, daß beides vor seinen Augen hängen blieb.

Die Versuchung war zu groß – nicht so sehr die Versuchung zu essen, als vielmehr, eine Beschäftigung zu haben. Als er ihr nachgab, überkam ihn eine furchtbare Verzweiflung, wie er sie bisher nie kennengelernt hatte.

Aber nachdem er gegessen hatte, schlief er ein, und obwohl er träumte, waren es doch nur Träume, und indem er einen beständigen Zustand des Halbschlafs erreichte, entrann er auch ihnen.

Als seine Beine erneut taub geworden waren und wie Dornen in sein Rückgrat stachen und der Schmerz erneut in seinem Kopf tobte, wurde er wieder hinausgehoben. Wieder gab es ein Bad und die frischen Kleider.

Ihm fiel ein, daß Kathus, dessen Räume sicherlich mit nicht-zakorianischen Raffinessen ausgestattet waren, seine Säuberung nur deshalb wünschte, damit er seine Möbel nicht beschmutzte.

Rarmon hinkte die Treppe hoch.

Als Kathus erschien, war der Austausch von Worten nur kurz, und Papier und Tinte waren bereits parat. Sich zu setzen war inzwischen schmerzhafter, als stehenzubleiben, aber Rarmon mußte den Sessel dennoch benutzen, sonst wäre er gefallen, als er sich über das Papier beugte.

Er hatte eine einleuchtende Version der dortharianischen Marschpläne entworfen, eine Täuschung. Möglicherweise nahm man sie ihm nicht ab, und er mußte sie zudem im Ge-

dächtnis behalten, da er vermutlich aufgefordert werden würde, sie mehrmals zu wiederholen.

Er hatte niemals vorgehabt, ihnen die wahren Kriegspläne Dorthars mitzuteilen; denn wenn sie ihnen bekannt gewesen wären, hätten sie die Abänderungen leichter erraten können. Rarmon empfand keine Loyalität gegenüber Dorthar; die Stadt hatte ihn anscheinend nicht berührt. Auch hatte er nicht das Gefühl der Verwandtschaft mit dem Mann, der sein Bruder war.

Trotzdem war das Freie Zakoris ein Greuel. Selbst durch den Schleier der Erschöpfung und Blut hatte er die Skelette einer Reihe ausgesetzter Kleinkinder gesehen, die dicht an der Straße gelegen hatten, ein kleiner Berg ausrangierten Abfalls. Die Vorstellung, daß das Freie Zakoris über Vis herrschen könnte, ekelte ihn.

Es reichte tiefer und zugleich weniger tief als dies. Bei diesem Drama hätte es ihm entsprochen, allem zu widerstehen. Die Besessenheit von der Abscheu hatte ihn vor der geistigen Verwirrung gerettet.

Als er erneut in den Kamin hinabgelassen wurde, zwang er sich zu dem Versuch, auf halbem Weg innezuhalten, indem er sich am Seil wand und sich bemühte, das unvermeidliche völlige Absinken zu verhindern. Dann widerrief er seine nutzlose Eingebung und ließ sich die restliche Strecke fallen.

Viel später, oder vielleicht schon nach wenigen Minuten, kamen das Obst und der Wein herunter, und ein Stück Braten. Er nahm alles an, indem er die Näpfe so lange mit dem Gesicht anstupste, bis sie sich neigten und ihr Inhalt ihm in den Mund rutschte.

Bald danach erbrach er sich. Selbst während er kotzte – verzweifelt, schmerzvoll, denn seine aufrechte Stellung war sehr hinderlich – erkannte er, daß eine Erbrechen erzeugende Droge in den Wein oder die Suppe gegeben worden war.

Als der Krampf verebbte, stand er in seinem Erbrochenen, das sich mit seinen Fäkalien mischte, und er begann sich zu wünschen, daß er tot wäre. Es war ein leidenschaftlicher Wunsch.

Für eine Weile erfüllte er sein Denken äußerst lebendig und verscheuchte sogar die Geister, die ihn verfolgten, und die Schrecken seines eigenen Geistes.

Dann erlosch diese Flamme ebenfalls, wurde durch ein anderes, weniger verstandesmäßiges Bedürfnis erstickt, das gleichermaßen intensiv war.

Durst.

Er wehrte den Durst ab, wie er es bei seinem Wunsch nach dem Tod nicht getan hatte. Er rappelte sich auf, um sich die entsetzlichen Erinnerungen ins Gedächtnis zurückzurufen, die ihn zuvor besessen hatten. Er ließ sie gegen die Tortur des Durstes aufmarschieren.

Aber der Durst gewann.

Er begann, sich einzubilden, daß die Wächter über dem Gitterrost ihm Wasser ohne Drogen herablassen würden, wenn er sie darum bäte. Zugleich wußte er, daß es nicht so sein würde. Aber seine Stimme fing von selbst an, ein heiseres Krächzen zu produzieren; offensichtlich nicht bereit, seiner Vernunft zu gehorchen.

Dann verschwand der Durst mit einem Male.

Er war nicht länger durstig.

Sie hievten ihn wieder in die Höhe. Als sie ihn oberhalb des Kamins auf den Steinboden stellten, schlug er der Länge nach hin, steif wie ein Brett. Sie schleiften ihn mit sich. Diesmal gab es kein Bad; er würde Kathus nicht vorgeführt werden.

Ein Mann zeichnete sich im Schein der Fackeln ab und teilte Rarmon mit, daß das Gespenst seiner Lügen, die er aufgezeichnet hatte, durchschaut worden sei, ihm der Lord Kathus jedoch großmütig eine Chance der Wiedergutmachung gewähre. Diesmal müsse es aber die Wahrheit sein.

Rarmon schrieb: *Ihr haltet die Wahrheit bereits in Händen.* Seine Schreibhand schien ihm Meilen von den Augen, mit denen er sie betrachtete, entfernt zu sein.

»Nein«, sagte der Mann. »Das wird nicht ausreichen.«

Man bot Rarmon Wein an. Er beachtete ihn nicht.

Sie geleiteten ihn an den Schacht zurück und ließen ihn hinab. Es geschah wie stets gänzlich ohne unnötige Gewalt, beinahe sanft.

Als seine Füße in dem stinkenden Pfuhl seiner Exkremente versanken, der die Grube anfüllte, dachte Rarmon: *Ich muß nur weiterhin fest bleiben und mich an die Pläne erinnern, wie ich sie aufgezeichnet habe. Sie machen einen sehr klaren Eindruck.*

Dann könnte ich es schaffen. Letzten Endes werden sie meine Behauptung akzeptieren. Oder, dachte er, *ich könnte jedesmal eine andere Version der Pläne aufzeichnen. Zur Irreführung. Dann würden sie mich wohl umbringen.*

Aber der Wunschtraum seines Todes kehrte nicht wieder.

Unvermittelt wurde eine Schale mit Milch herabgelassen. Er hatte die Kraft, die Schale derart mit dem Kopf anzustoßen, daß sie an der Felswand des Schachts zerbrach und die Milch verschüttet wurde, bevor er davon trinken konnte. Sie konnte natürlich unvergiftet gewesen sein. Vielleicht war sie es gewesen. Vielleicht ...

Der Durst kehrte mit verdoppelter Pein wieder. Rarmon mußte sich beherrschen, um nicht zu brüllen. Er wand sich in dem Schacht. Er stieß den Kopf gegen den Fels, in dem Versuch, ihn wie die Schale zu zerschmettern.

Aber es war der Stein, der nachgab. Verblüfft hielt Rarmon inne.

Er starrte in ein schwarzes Loch. Und in dieser Schwärze sah er in weiter Entfernung einen winzigen Fleck Licht.

Rarmon wich zurück, soweit es der enge Schacht zulassen wollte. Er starrte ungläubig in die Höhlung, auf das winzige Licht. Es war eine Halluzination. Allein der Durst war real.

Dennoch kam das Licht ganz allmählich näher. Rarmon konnte seinen Blick nicht davon abwenden. Die Schwärze widerstand dem geringen Licht, das Innere des Schachts blieb ebenfalls völlig finster.

Dann entdeckte Rarmon, weshalb das so war. Es handelte sich nicht um Licht, sondern um Weiße. Und da nahm diese Weiße Gestalt an. Und dann ward sie zu einem Mädchen.

Sie trat rasch aus dem Stein, in dem sie nicht sein konnte, hervor auf ihn zu und wurde währenddessen ständig größer. Ihr helles Haar wehte bei jedem Schritt, ebenso wie der Saum des Gewandes an ihren Knöcheln.

Unversehens war sie nur noch wenige Fuß von ihm entfernt, und sie hielt ihm eine Schale mit Wasser entgegen.

Sie war nicht groß, ein junges Mädchen noch, sechzehn oder siebzehn Jahre alt. Ihr Gesicht war ernst. Ihre Augen waren Sonnen. Sie ... Aber sie schüttelte sanft den Kopf und hob die Schale ein wenig höher.

Rarmon gedachte des Unrats und Gestanks, als befände sie

sich wirklich hier und könnte es wahrnehmen. Er lächelte sie an und schüttelte seinerseits den Kopf. Es hätte wenig Sinn, süßes Wasser zu trinken, das nur ein Trugbild war.

Aber sie wollte nicht weichen, und sie fuhr fort, ihm die Schale entgegenzuhalten. Ihre Arme mußten bereits schmerzen. Zögernd beugte er seinen Kopf über das Gefäß; er hatte genug Platz dazu, seit diese Höhlung im Fels aufgetreten war. Dann berührte sein Mund das Wasser; es war kühl und frisch, und es schmeckte, als entstamme es den kleinen Wasserfällen in den Bergen oberhalb Istris.

Indem er sich selbst einen Narren schalt, trank er.

Er fühlte das Wasser seine Kehle hinabrinnen, rein und klar, läuternd. Die Schale war geleert. Er war nicht mehr durstig ...

»Rarnammon«, sagte Kesarhs Tochter, das seit Ankabek gesuchte Kind.

»Ich kenne dich«, sagte er, »aber du bist erst neun Jahre alt.«

»Nein«, erwiderte sie. »Erinnert Euch, wie lange ich in Astaris Mutterleib gelegen habe und wie lange ich danach warten mußte, der Welt entsprungen, zu lange, um rechtzeitig in den Leib Val Nardias zu gelangen. Ich bin älter als Ihr, Rarnammon.«

»Du bist neun Jahre«, sagte er, »und nicht einmal wirklich hier.«

»Hier bin ich der Ausdruck Eures Willens. Ihr habt die Kraft in Euch, all dies zu überleben, und Ihr habt dieser Kraft meine Gestalt verliehen. Wie andere ihrer Kraft der Gestalt der Anackire verleihen. Aber es könnte ebensogut ein anderer Gott sein. Jeder, an den man glaubt ... Wenn nur die Kraft vorhanden ist, diesen Gott zu erschaffen.«

»Du sagst, daß die Götter Geschöpfe der Menschen sind?«

»Nein. Die Menschen selbst sind Götter. Aber da sie ihre eigene Größe fürchten, lösen sie diese Größe von sich, distanzieren sich von ihr und geben ihr andere Namen.«

Er stand in einem Schacht der Qual im Freien Zakoris, hatte auf den Tod gewartet, und führte ein philosophisches Gespräch mit einer Fee, die er sich einbildete; und sie benutzten auch keine Worte, um zu sprechen. Aber ihre Augen – Flammen und Meer und Licht und Schatten; und alle übrigen Dinge zugleich; und doch kein Ding.

»Ashni«, sagte er.

»Ich bin hier.«

Da zweifelte er nicht länger an ihr.

»Was geschieht jetzt?«

»Laßt es geschehen«, erwiderte sie. »Vertraut auf Euch selbst.«

»Das will ich tun«, sagte er.

Er schloß die Augen, um sie ausruhen zu lassen, und sah sie immer noch, wie er es erwartet hatte, hinter den Lidern.

»Aber was sonst?« fragte er.

»Ansonsten werdet Ihr zu Euch selbst zurückfinden; zu gegebener Stunde.«

»Kann ich mehr Wasser bekommen?« fragte er, jedoch nicht, weil er es gebraucht hätte. Aber sie war verschwunden.

Er öffnete die Augen. Die Schachtwände waren glatt und ohne Unterbrechung. Der Gestank nach Fäkalien und Krankheit und Angst war übermächtig. Aber Rarmon litt keinen Durst. Er war ruhig. Er überlegte.

Raldnor und Astaris. Sie waren in einem seelischen Inferno aus der Welt geschieden, waren verglüht und vergangen. Das Kind im Mutterleib jedoch hatte nicht an diesem Vergehen teilgenommen; oder es hatte es nicht gewünscht.

Anackire.

Anackire. Auf der Insel Ankabak hatte man es gewußt. Sie hatten nicht nach einem anderen Kind gesucht, nach einem Ebenbild, sondern nach demselben Kind.

Wie hatte dieser Ausspruch gelautet, den Berinda in ihrer Hütte auf dem Hügel getan hatte?

»Wann«, hatte ihre Tochter gefragt, »hast du mich wiedergefunden?« »Als mein Bauch anschwoll.« »Aber wo bin ich bis dahin gewesen?« »Du bist durch die Luft geritten«, hatte Berinda geantwortet.

Durch die Luft geritten. Das dritte Kind Raldnor Am Anackires war nicht aus Astaris' Mutterleib geboren worden. Es war – befreit worden. Und dann hatte der Geist des Kindes fortgelebt, war durch die Luft geritten, in einer Dimension der Erde und doch nicht der Erde. Bis die richtige Verbindung von Rasse und Fleisch und der physischen Seele zustandekommen würde ... Zwei Menschen, die zugleich einer waren.

Dies alles konnte er erkennen, denn die Beschränkungen der Normalität galten für ihn nicht länger.

»Was geschieht jetzt?« hatte er gefragt. Sie hatte klar geantwortet.

Er dachte nicht an sie wie an eine Frau, denn einer Frau hätte er nicht vertraut. Er dachte nicht einmal, daß sie, seltsamerweise, seine Schwester war.

Das Wasser in der Illusion oder magischen Erscheinung hatte seiner Kehle genügend Feuchtigkeit verliehen, daß er schreien konnte. Zu Anfang war es schwer, sich aufzugeben. Die Schreie waren unecht. Aber selbst, als er hörte, wie sich die Wächter dort oben rührten und zurückschrien, fand er den Mut zuzulassen, daß ihn die Vernunft im Stich ließ und die Verrücktheit, die der Gott war, Einzug hielt.

Und Licht erfüllte sein Herz wie eine Sonne.

»Eure alisaarischen *Arzneien* waren vielleicht zu radikal«, sagte Yl.

»Es war ein Abführmittel, sonst nichts.« Kathus zeigte seine Erbitterung nicht. Aber Yl spürte solche Dinge, wie ein wildes Tier.

»Wie dem auch sei, Lord König, er wird noch immer für die Schaustellung tauglich sein, die ich empfohlen habe.«

»In Ylmeshd herumgeführt und gesteinigt zu werden«, Yl stocherte mit dem Fingernagel in seinen edelsteinbesetzten Zähnen herum. »Ihr haßt ihn.«

»Überhaupt nicht. Ich bedaure, daß er verrückt geworden ist. Ich hätte es nie erwartet ... Aber es ist kein Schwindel. Er ist auf Herz und Nieren geprüft worden; sein Wahnsinn ist eine Tatsache. Ich fange an zu glauben, daß sich Kesarh mehr auf den Punkt versteht, an dem ein Mann zerbricht, als auf das Erkennen, wenn ein solcher Punkt fehlt.«

»Aha.« Yl ließ die Hand, mit der er eben noch in den Zähnen gepuhlt hatte, auf der nackten Brust einer Konkubine ruhen, die neben seinem Ruhebett kniete. »Aber er wird hier nicht sterben?«

»Je länger er seine Erbärmlichkeit überlebt, ein desto besseres Beispiel gibt er ab.«

Yl, dessen Hand jetzt zwischen den Beinen des Mädchens lag, sagte hinterhältig: »Und Ihr haßt ihn nicht? Oder haßt

Ihr vielleicht nur den Vater, wie es das Freie Zakoris ebenfalls tut?«

Kathus verbeugte sich wortlos und trat ab.

Im hinteren Teil des Palastes, in einem Hof, konnte er die schrecklichen Laute vernehmen, die der Verrückte ausstieß. Der Wahnsinn war erwiesen. Mit Gewichten beschwerte Ketten waren jetzt vonnöten. Yl hatte einen Plan gefordert. Raurm konnte zu Yls geliebter Südstraße geführt werden, dieser endlosen Spur, die durch das vardianische Zakoris und Dorthar gebrannt und gehauen worden war. In einem Karren gefesselt konnte Raldnors Sohn die Sklaven anheulen, sie einschüchtern und so zu besseren Leistungen anspornen.

Während er dies alles vorschlug, hatte Yl das Gesicht seines Beraters mit träger Gier beobachtet: Ihr haßt ihn nicht? Wie sehr haßt Ihr ihn nicht?

Kathus zögerte und lauschte dem Lärm, den der Verrückte machte. Amrek war nicht lohnend gewesen. Raldnor hatte Kathus noch und noch betrogen. Jetzt betrog ihn Rarmon. Nur Raldanash war noch übrig.

Hassen? Es entsprach nicht seiner Würde, diesen Burschen zu hassen. Er hatte einen besseren Geschmack. Aber als er älter geworden war, hatte er sich tief in ihm festgesetzt, zum Teil nicht wahrgenommen, zum Teil nicht erkannt; der ohnmächtige Haß, der sein endloses, unvollendetes Spiel ausmachte.

ACHTZEHN

In den kalten Monaten lag Istris in der Morgendämmerung bis zur Bucht hinunter unter Schnee. Aber unter der weißen Maske schlug der Puls der Stadt laut, denn sie schlief nicht. Unter Kesarhs Regime waren diese Monate schon immer zu Instandsetzungen und Vorbereitungen genutzt worden. In diesem Jahr gesellte sich Nervosität hinzu.

Der Pöbel konnte umgestimmt werden wie ein Wetterhahn, indem man Gerüchte ausstreute, Reden hielt oder unerwartet großzügige Gaben verteilte. Die Klasse der Kaufleute konnte bestochen werden. Aber da gab es noch die Narren, denen kein Reichtum groß genug war, und die ehren-

werten Männer, die in dem merkwürdigen Kurs der *Lilie* in Richtung Zakoris etwas sahen, das sie schaudern machte.

Es war nur ein Gerücht außerhalb der Palastmauern, denn das eigentliche Gerücht kursierte in der Hauptstadt und war von der bezahlten Art. Aber selbst die Ignoranten unter den Verbündeten oder Feinden ahnten, daß, sobald das östliche Meer im Frühjahr eisfrei wäre, Leib und Wesen des *Schwarzen Leoparden* über sie kommen würde.

Die Nachrichten aus Lan kamen, wie erwartet, spät. Aller Wahrscheinlichkeit nach würde bis zur Schneeschmelze keine Botschaft durchkommen, denn Raldnor Am Ioli hatte sich als nachlässiger und unfähiger Verwalter erwiesen.

Raldnor zu einer Führergestalt bei der Unterwerfung Lans und Elyrs zu machen, hatte einen zweifachen Zweck erfüllt. Zum ersten mußte den östlichen Ländern die Knute gezeigt werden. Das zumindest würde Raldnor erledigen.

Tatsächlich hatte sich seine Vorgehensweise als ebenso rüde, ungerecht und blindwütig erwiesen, wie vorausgesagt. Jetzt konnte ein neuer, milderer Vormund eingeführt werden. Die eroberten Länder würden sich beschwichtigen lassen – und einlullen –, indem man Salbe auf ihre Wunden verteilte.

Inzwischen unternahm man die ersten Züge, die Raldnor aus Karmiss hinauskomplimentieren würden, wo er bei weitem zu sehr auf sein Glück gebaut hatte. An Raldnors Stelle einen Interims-Gouverneur zu ernennen, entsprach der vernünftigen Tradition, nicht mehr. Eine dafür geignete Autorität mußte jederzeit in Istris aufzutreiben sein. Raldnors Verhältnisse während seiner Abwesenheit zu überprüfen, entsprach ebenso der Tradition, und Raldnor selbst würde es erwarten. Kesarh hatte alles in gewissenhafter Ordnung vorgefunden, und das war seltsam. Man wußte, daß Männer wie Raldnor dazu neigten, ihre Vorstellungen mit Gewalt durchzusetzen. Aber daß nicht die geringste Indiskretion aufgedeckt worden war, ließ in Kesarh den Verdacht aufkommen, daß Raldnor den ganzen Garten säuberlich umgegraben hatte, um einen größeren Makel zu vertuschen.

Die Maßregelung war eine beschlossene Sache und stand kurz bevor. Der Gebrauch gewisser Werkzeuge bedingte von Anfang an, daß man sie nicht unbegrenzt benutzen durfte.

Raldnor war, wie viele andere, während der Schneefälle gezwungen, eine Art Winterschlaf zu halten. Und das Meer lag zwischen ihnen. Er würde ahnungslos sein.

Kesarh verbrachte eine Stunde mit seinem Rat, in deren Verlauf er die Demission Raldnors von seinem Posten in Lan perfekt machte. Es gab keine Debatte darüber. Und keiner der Ratsherren hatte den lanisch wirkenden Abenteurer auf der Hintertreppe zu den königlichen Gemächern bemerkt. Kesarh hatte den Nutzen derartiger geheimer Aufgänge stets im Auge behalten.

Er vergaß überhaupt sehr wenig. Er hatte sich das Aussehen des Ausländers zum Beispiel weit besser als Suthamun das Aussehen seines visianischen Erbteils bewahrt. Aber die Shansarianer, Vardianer und Vathcrianer, die in Kesarhs Armee, Rat und Hof Schlüsselstellungen innehatten, waren sorgfältig ausgesucht worden. Auf einen Mann vereidigt, waren sie jederzeit bereit, sich ins Gedächtnis zu rufen, daß der König ebenfalls zur Hälfte von ihrem Blut war.

Selbst die Göttin war nicht entmachtet worden, trotz der Erzählungen, mit denen man das die Freien Zakorianer glauben machte. In den Tagen seiner Regentschaft hatte Kesarh sie und jenes Haus, das sie selbst in ihrem Zorn gegen die Linie Suthamuns vernichtet hatte, wieder instandgesetzt.

Die zweite Statue glich fast aufs Haar derjenigen, die die Shansarianer errichtet hatten. Sie war nur eine Spur kleiner und trug offensichtlichere weibliche Merkmale. Da sie eine weibliche Gottheit war, verwunderte es sicherlich nicht, daß sie mehr von einer Göttin für Frauen angenommen hatte. Ihre nackten Brüste suggerierten fleischliche Vergnügungen und hatten sie schließlich mit Yasmais versöhnt, deren Tempel sie so lange bewohnt hatte; das nahm niemanden wunder. Im dritten Jahr der Regierung Kesarhs hatte sich die Unterstadt angewöhnt, sie Ashyasmai zu nennen. Derart ermutigt, hatten auch andere Götter wieder Wohnungen in Istris beansprucht.

Kesarh, der an keinen von ihnen glaubte, brachte allen Gaben dar. Ashara-Ashkar-Anackire-Ashyasmai stiftete er schwarze Perlen. Sie waren so dicht in ihre goldenen Haare verwoben, daß es von unten her gesehen wirkte, als sei sie brünett.

Obwohl Lan träge war, trafen gegen Mittag Nachrichten

von jenen ein, die den Westen überprüften. Über Yl hatten sie weniger zu berichten, der in den Eingeweiden des Leoparden saß, als von dessen Haupt, Alisaar. Mit dem Freien Zakoris zu unterhandeln, war nur bis zum Auftauchen Kathus' möglich gewesen.

Aus Dorthar war nichts Wichtiges zu berichten gewesen. Die Schiffe, die von Thos aus zum Schwesterkontinent ausgelaufen waren, konnten gut vor der Schneeschmelze zurückkehren, denn die nördlichen Meere waren milder. *Dann* würde es Neuigkeiten geben.

Kesarh hatte seinen eigenen Botschafter auf denselben Weg gesandt, da er seit Jahren eine unaufrichtige Brüderschaft mit Shansar unterhielt.

Unter den Botschaften befand sich ein verschlossener Brief ohne Siegel.

Sie hatte ihm schon zuvor geschrieben, vor einem halben Monat. Ihre Schrift war nicht wie die seiner Schwester gewesen, aber steil und kühn; gegen Ende des Schreibens wurde sie hastiger. Sie hatte ihn wieder darum gebeten, sie Raldanash zurückzugeben. Als ob Raldanash sie jetzt noch angenommen hätte.

Kesarh nahm den Brief auf. Er war älter und hatte gelernt. Er hatte ihr nie geantwortet.

Nie hatte er sich gefragt, weshalb er sie besitzen mußte. Sie gehörte ihm, und sie war hier. Alles übrige war nur ein Zwischenspiel.

Er schnitt das Wachs auf und las.

Dann schien er einen Augenblick lang beinahe in sein Inneres zu lauschen, als versuche er, sich eine weit zurückliegende Erinnerung ins Gedächtnis zu rufen; eine Erinnerung an etwas, das er gefühlt hatte oder zu fühlen geglaubt hatte. Aber entweder war es ihm entfallen, oder es hatte niemals stattgefunden. Soviel hätte man seinem Gesicht entnehmen können; aber er war allein.

Es dauerte zwei Drittel eines Wintertages, um das Dorf zu erreichen, und eine weitere Stunde, um das Haus zu finden. Es war eine Villa, mit hohen Mauern und gut eingerichtet, mit einem Garten im Hof. Hier war einer der zahlreichen Landsitze des Prinzen Jornil gewesen.

Man hatte die Straße freigemacht, aber der Schnee fiel wieder, und Wind hatte sich erhoben.

Als er die Zeebas und seine Männer zurückließ und zum Haus emporging, mußte er doch an Ankabek denken; das flackernde Licht über der Tür, die finsteren, tiefgelegenen Gänge. Und plötzlich erinnerte er sich an die verwelkende Blume, die er ihr überreicht hatte, wie sie auf dem Kissen gelegen und den Wohlgeruch des Mädchens statt des eigenen Duftes angenommen hatte.

Er wartete im Salon, während der Diener eilte, um sie zu verständigen.

Nach weniger als drei Minuten kam sie herunter.

Er rief sich in Erinnerung, wie sie damals ausgesehen hatte, in zerschlissener Kleidung und mit ungeschminktem Gesicht. Jetzt war sie zurechtgemacht, hatte sogar ihre Fingernägel farbig lackiert und den Diamantstern im Haar.

Sie waren nahezu identisch ... aber nicht ganz. Je mehr sie Val Nardia ähnelte, desto weniger war sie Val Nardia. Die Blume von Ankabek verwelkte.

Der Wein wurde hereingebracht, bevor sie das Wort an ihn richtete. Sie begrüßte ihn überhaupt nicht, sondern sagte: »Ist Euch der Raum warm genug, mein Lord?«

Er erwiderte: »Wir werden uns in Eurem Bett aufhalten.«

Sie sah ihn zum ersten Mal an, in ihrem Blick war Furcht, und sie sagte: »Wartet. Bitte, wartet!«

»Ich habe gewartet. Ihr habt mich benachrichtigt, daß die Wartezeit vorüber sei.«

Er nahm den Weinkrug vom Tisch und ging zu ihr. Sie stand zwischen ihm und der Treppe.

Er ergriff fast im Vorbeigehen ihren Ellbogen und führte sie mit sich. Sie widerstand nicht, ergriff aber seinen Arm mit der anderen Hand.

»Laßt mir Zeit!«

Er hielt inne, einen Fuß auf der untersten Stufe der Treppe, die aus ausgesuchtem, geädertem Marmor bestand. Er war noch nie in ihrem Haus gewesen. Er wandte sich ihr zu, die er beinahe während seines ganzen Lebens gesehen hatte, auf die eine oder andere Weise.

»Was war der Inhalt Eurer Botschaft an mich?«

»Daß ... ich hier allein sei.«

»Ein einziger Satz. Wie von einer schmachtenden Dirne.«

»Ja«, sagte sie. »Ich schäme mich dessen.«

»Aber Ihr habt es mit Tinte niedergeschrieben.«

»Ich fürchte mich«, sagte sie. Sie wandte den Blick ab und starrte auf einen Punkt hinter ihm. »Laßt es mich Euch erklären«, sagte sie. »Laßt mich mit Euch reden.«

»Nein.«

Er ging die Treppe hinauf, und sie begleitete ihn. Kein Diener ließ sich blicken. Sie betrat vor ihm einen elegant eingerichteten Raum und hörte, wie die Tür hinter ihnen heftig zufiel.

Er hatte das Haus für sie ausgewählt, zweifellos zufällig, dennoch war es so passend – abgelegen und reizend –, daß sie besänftigt gewesen war. Anfangs war sie nicht müde geworden, Briefe an ihn zu entwerfen, in denen sie ihn bat, sie gehen zu lassen; sie schwor auch, auf den Ruhm der Teilhaberschaft an der Regierung zu verzichten, die er, wie sie schriftlich darlegte, wohl nur erwähnt hatte, um sie zu beschwichtigen und zu unterhalten, und die er nicht ernst gemeint hatte.

Nur einen dieser Briefe hatte sie abgeschickt. Und es gleich danach bedauert. Raldanash würde kein Verlangen mehr nach ihr haben. Und es würde ihr auch nicht gelingen, nach Xarabiss zu entkommen. Ihr Vater, an den sie sich kaum erinnerte, würde sie nicht empfangen.

Während dieser Zeit gewann sie jedoch ihre Selbstachtung wieder. Sie mußte nur ihren Entführer von sich fernhalten, bis er seiner Annäherungsversuche müde wurde und sie endlich vergaß.

Aber sie fühlte, daß dies niemals der Fall sein würde, und daß sie es daher getrost annehmen konnte.

Sie wußte nur, daß sie niemals nachgeben durfte, und so gab sie schließlich nach.

Es kam ein Abend, an dem ihr war, als läge der Schnee schon seit einem ganzen Jahr. Sie hatte einen zusätzlichen Pokal von dem weißen Weinbrand getrunken, den sie auf dem Landgut destillierten, und sie hatte einen weiteren Brief geschrieben – *Ich bin allein hier* – und man hatte ihn Kesarh überbracht.

Warum sollte sie sich vor ihm fürchten? Sie verlangte heftig nach ihm. Es war, als stünde Zastis am Himmel. *Was* also

fürchtete sie? Daß seine Toten wiederkämen und sie jagten? Aber sie hatte keine Angst vor Geistern.

Als es zu spät war, der Brief in Istris angekommen, fuhr ihr nachträglich der Schrecken in die Glieder, wie sie es vorausgesehen hatte ... Da verspottete sie sich selbst. Sie dachte, daß er die Hauptstadt vielleicht nicht verlassen würde. Aber sie bereitete sich jeden Tag auf seine Ankunft vor. Und an jedem Tag, an dem er nicht kam, verzehrte sie sich vor Sehnsucht nach ihm. Und als er endlich gekommen war, schüttelte sie das Entsetzen.

Eine Möglichkeit der Verteidigung war ihr noch geblieben – hatte immer bestanden –, und sie nutzte sie. Sie löste die Kleider, die sie erst vor zwei Stunden angelegt hatte, ließ sie zu Boden fallen, knüpfte die Bänder ihrer Sandalen auf und schlüpfte heraus. Nur noch in Edelsteinen gekleidet, ging sie ans Bett und legte sich darauf.

Sie starrte zur Decke empor, deren Anblick ihr in all den schlaflosen Nächten vertraut geworden war.

Sie sagte: »Dann bin ich verdammt, zu schweigen und nur noch einen Zweck zu erfüllen; ich bin Eure Dirne, mein Lord, wie Ihr es verlangt. Eure Hure. Der Preis, den Ihr für mich bezahlt habt, ziert meine Handgelenke und ist in meine Haare geflochten. Der Handel ist abgeschlossen. Verfahrt mit mir, wie Ihr wünscht.«

Aber noch während sie dies sagte, verspürte sie durch den Panzer ihrer Abwehr eine heftige, unbezähmbare Erregung in ihren Lenden. Sie schloß die Augen und öffnete sie nicht eher wieder, als bis sie seinen erhitzten Körper neben ihrem fühlte.

Auch er war jetzt nackt, seine gebräunte Nacktheit war von jettschwarzen Haaren unterbrochen, die ein Merkmal seiner Rassenmischung waren. Sein ansonsten makelloser Leib wies nur wenige Narben auf. Er hatte zu gut gefochten und war zu geschickt gewesen, um viele Verletzungen zu empfangen.

Sie hatte zuvor viele Männer gesehen, die sie begehrt hatten, aber von seiner Bereitschaft wandten sich ihre Augen wie unter einem Zwang ab. Ihr Blick irrte zu seinem Gesicht, und sie sah anstelle der Bereitschaft nur die Absicht, die ihn ganz beherrschte, selbst die Glut der geschlechtlichen Lust.

Ohne Übergang wurde alles Vorangegangene bedeutungslos. Sie konnte es vergessen, wie auch er es vergaß; es nicht länger beachten, als hätte sie es zusammen mit ihrem Gewand auf dem Boden liegenlassen.

Sie fragte ihn nicht, ob sie auch in der Nacktheit wie Val Nardia war. Sie wußte, daß es so war.

Die schlanke Gestalt dieses Mädchens – dessen Haut den zartesten Goldton aufwies, wie ihn Val Nardia nicht gehabt hatte, deren Augen dunkler und Haare schwärzer, aber ebenso füllig waren – war Val Nardia, gesehen durch eine Scheibe aus blassem Bernstein.

Ihre Arme umschlossen ihn, streichelten, verlangten, baten.

Er fand ihren Mund, und die Höhlungen ihrer Ohren und an ihrem Hals und an den Händen. Die wundervollen Brüste waren straff und makellos, wie er sich ihrer erinnerte, die Warzen prall und hart wie Perlen.

Er hatte viele Frauen in mancherlei Variationen besessen. Aber der Duft dieses Mädchens war *ihr* Duft. Ihre Art zu streicheln, die Glätte ihrer Haut ... *ihr* Streicheln; *ihre* Weichheit. Der kräftige, verborgene Mund; *ihr* geheimer Mund; nehmend, erfüllt. *Ihrer*.

Er stemmte seinen Oberkörper hoch und sah, wie sich die ersten, langen Spasmen wie Wellen unter der Oberfläche ihres Fleisches zu erregen begannen, wie sich ihre Augen leerten und schlossen und sie die bewimperten Lider zusammenpreßte (wie Val Nardia), und wie sich der Hals blähte ... wie *ihr* Hals es getan hatte. Erneut spürte er die wilde Umklammerung ihrer Glieder und Hände, diese Geste einer Ertrinkenden, den Trommelschlag des Pulses in ihren Flanken. Ihre todesnahen Schreie waren ihm vertraut.

Als ihr Verlangen gestillt war, stillte er seine Lust und sah auf sie hinab. Aber als er sie wieder zu erregen suchte, war sie träge, fast widerstrebend, wie Val Nardia es gewesen war. Aber dann steigerte sie sich rasch in eine noch wildere Raserei als zuvor, und der Höhepunkt war da; die Steigerung, die ein Fall war.

Von allen Besessenheiten Kesarhs war der Sex vermutlich die unwichtigste. Er verlangte nach Besitz. Diese Nacht war ihm ein Bedürfnis gewesen, und er würde noch häufig dieses

Bedürfnis haben, seine Lust zu befriedigen, und gewiß auch nach dieser Ähnlichkeit.

Diesem Mädchen den Anteil einer Hohen Königin an dem Reich zuzugestehen, das zu errichten er beabsichtigte, würde sie einfügen, das Kleinod dem Kleinod. Er würde sie anschauen, seine beiden Liebschaften, die Welt seines Besitzes, und er würde sich so vergewissern, daß er gut gefahren war.

Um Ulis Anet aber kümmerte er sich nicht. Ihre Worte, ihre Gedanken, ihr Leben waren ohne Interesse für ihn.

Bei Tagesanbruch verließ er sie.

Ulis Anet, die ohne seine Hitze fror, stand vor einem von Eis überzogenen Fenster und beobachtete Männer und Zeebas, die sich schwarz vom Schnee und dem Schein des Sonnenaufgangs abhoben.

Sie begriff jetzt, weshalb sie sich gefürchtet hatte. Sie hatte die Begrenztheit des Bedürfnisses erfahren, das Kesarh nach ihr hatte, selbst als sie ihm geholfen hatte, ihren Körper zu versklaven. Diese Dinge hätten weiter keine Rolle gespielt, wenn er ein anderer Mann gewesen wäre. Aber er hatte die vernichtende Macht seiner Persönlichkeit gegen sie eingesetzt, wie er es bei allen tat, die er zu benutzen wünschte.

Sie sah nicht einmal die aufgehende Sonne. Seine Finsternis löschte ihren Himmel aus.

Sie verachtete ihre Gefühle zutiefst. Sie erinnerten sie an gewisse Lieder, die in Schenken vorgetragen wurden.

Karmianische Lieder waren in Amlan erklungen, mit heiseren Stimmen aus den Salamander-Baracken, die jetzt eine Seite des Palastplatzes einnahmen. Tagsüber hielt man sich von ihnen fern. Bei Nacht sorgte das Ausgehverbot dafür, daß die Straßen von Menschen leer waren, außer von Patrouillen.

Der Reisende, der eben erfolgreich einer solchen Streife entgangen war, kratzte an der Tür eines Gasthauses.

Eine Klappe in der Tür wurde geöffnet.

»Hier werden keine Gäste mehr eingelassen. Geht nach Hause, ehe Euch der Am Aarl erwischt.«

»Ich möchte Basjar sprechen.«

»Er ist hier. Wer seid Ihr?«

»Raldnor, Yannuls Sohn.«

»Bei allen Göttinnen! Wartet. Wir machen Euch auf.«

Nachdem er in die Gaststube gezerrt und von ihrem Inhaber in Augenschein genommen worden war, der ihn erkannt hatte und mit seinen vielen Fragen nach Dorthar halb taub gemacht hatte, wurde er endlich in einen Privatraum geführt.

Eine Handvoll Männer tranken dort unter dem radförmigen Kerzenleuchter mit seinen dreißig Dornen, von denen jedoch, einem Rationierungserlaß der Karmianer folgend, nur vier mit Kerzen bestückt waren.

Der größte der Zechenden war Basjar, der Xarabier.

Er nahm ihn mit sich beiseite in einen Alkoven.

»Ihr habt meine Botschaft unter dem Herdstein gefunden.«

»Ja. Dort, wo auch Medaci sie zu verbergen pflegte. Im Namen Anacks ...«

Lur Raldnor hatte eine tiefländische Blässe angenommen, die wirkte, als hätte er einen Blutverlust erlitten. Er sah aus, als wäre er wieder fünfzehn Jahre alt, und zugleich unnatürlich gealtert.

»Nein«, sagte Basjar, »sie sind am Leben, alle drei. Yannul hielt es für klug zu verreisen. Wenn Ihr seht, wie das karmianische Gesindel Euer Landgut zugerichtet hat, werdet Ihr zustimmen, daß er das Richtige getan hat. Ich habe einen großen Teil der Tiere von dort verkauft, bevor sie ihre Mörderhände darauflegen konnten. Das ganze Geld und der größte Teil der Wertsachen befinden sich in Sicherheit, in Xarabiss ſestgelegt, wo Kesarhs Sippschaft nicht an es herankommt. Euer Vater hat nur sein Land verloren.«

»Er liebte das Land.«

Basjar zuckte bedauernd mit den Schultern, eine sehr xarabische Geste.

Lur Raldnor hatte sich schon seit geraumer Zeit bemüht, nach Hause zu gelangen. Er hatte dem Diener befohlen, in Dorthar zu bleiben. Der Mann besaß keine Familie und hatte keine Vorstellung von den Gefahren, die augenblicklich in Lan lauerten.

Seine Reise hätte dadurch unbeschwerter werden sollen, aber sie tat es nicht. In Ommos war die Schiffahrt nur ein Mythos. Raldnor hatte seine diesbezüglichen Pläne aufgegeben und war den ganzen Weg bis an die xarabische Küste gerit-

ten. In der Nähe seines Zieles war er auf sieben Männer gestoßen, die ihn ausgeraubt hatten.

Nachdem er den ersten Hafen ohne weitere Mißhelligkeiten erreicht hatte, waren ihm weitere Tage verlorengegangen, in denen er sich als Arbeiter verdungen hatte, um das Geld für die Überfahrt zusammenzubekommen. Schließlich, als er schon zu einem Mord bereit gewesen war, um das Geld zu bekommen, hatte jemand Mitleid mit ihm gezeigt und ihn die Passage auf einem flachen Boot abarbeiten lassen, das sich nach Lan wagte, um Dirnen für die Soldaten zu liefern.

Auf der Überfahrt war die See rauh gewesen. Die Mädchen hatten seekrank entlang der Reeling gelegen und sich den Tod gewünscht. Lur Raldnor hatte die Segel bedient oder Wasser ausgeschöpft, ebenfalls seekrank und taub vor Kälte, und dem Ozean den Tod gewünscht.

Als sie die Küste erreicht hatten und er sich zu dem Landgut begeben hatte, war er zu lange in einem Alptraum umhergegangen. Die Mauern standen noch. Aber sie hatten das Dach abgebrannt, in die Ecken uriniert, die Orynxe im Garten getötet. Der Schnee verdeckte nichts. Selbst Lur Raldnors liebste Erinnerung an seine Kindheit, ein Modell der Farm und des Landhauses in einem Kristall, lag zerbrochen auf dem Boden. Und er hatte aus allem geschlossen, daß seine Mutter, sein Vater und sein Bruder umgebracht worden waren. Er hätte beinahe nicht daran gedacht, unter dem Stein nachzusehen.

Basjar saß still, solange Raldnor brauchte, um lautlos und in der Würde der Trauer zu weinen.

Dann wischte er sich die Tränen wie ein kleiner Junge mit den Fäusten ab und sagte: »Wo sind sie?«

»Sie haben sich der größeren Sicherheit wegen einer vardischen Karawane angeschlossen. Yannuls Ziel waren die Tiefländer. Am wahrscheinlichsten ist er nach Hamos gereist. Dorthin habe ich meine Briefe an ihn geschickt.«

»Sie wird nicht zu den Ebenen gewollt haben«, sagte Lur Raldnor. »Verdammt sei Karmiss.«

»Darauf trinke ich.«

Sie tranken beide darauf.

Am nächsten Morgen, von Yannuls Bevollmächtigtem mit Geld, hilfreichen Schriftstücken und Siegeln ausgestattet, die

Basjar zu beschaffen gelungen war, eilte Lur Raldnor fort von Amlan und preschte durch den Schnee nach Süden davon, wie Yannul es einst getan hatte. Und so ritt er an Lanelyr, Olm und Zor vorbei in Richtung Elyr und die Schattenlosen Ebenen.

Sein Namensvetter, der karmianische Raldnor, Statthalter von Lan, hatte in dieser Saison keinerlei Reisepläne.

Seit Einsetzen der Schneefälle hielten sich dreitausendfünfhundert Mann karmianischer Splittertruppen zwischen dem Hafen und der Stadt Amlan auf, und obwohl er auf sie keinen Zauber mittels seines Blickes oder der Stimme ausüben konnte, wie Kesarh es vermochte, sagte er ihnen zu. Er ließ sie beinahe immer nach Gutdünken gewähren und schenkte ihnen ›Spenden‹ dafür. Diese Spenden entstammten Erpressungen, die er an anderen Orten vornahm, aber das regte die Mischlinge und Visianer, die unter ihm dienten, nicht auf.

Die Kommandanten in anderen Bereichen Lans und Elyrs hatten ebenfalls eine hohe Meinung von Raldnor Am Ioli. Er konnte schmeicheln und achtete sie. Sie begingen Verbrechen, und er verzieh ihnen. Er ertappte sie bei Lügen und brachte ihnen Verständnis entgegen. Da gab es noch diese Sache mit den karmianischen Rationen. Es sah so aus, als hätte Kesarh seinen Soldaten nicht ausreichend zugeteilt, als bereite er sie darauf vor, daß sie in Lan ganz ohne Rationen auskamen.

Raldnor, der Versorgungsgüter umgeleitet oder einbehalten hatte, gab sie ihnen jetzt als seine eigene Spende weiter. Er achtete darauf, daß Frauen und Getränke vorhanden waren. Und, während in Amlan ein Minimum an Höflichkeit gewahrt wurde, war an anderen Orten in der Nähe ein gelegentlicher Überfall erlaubt.

Schließlich würde die Disziplin wiederhergestellt werden, aber er dafür sollte er Kesarh verantwortlich machen können.

Jemand klopfte laut an.

Raldnor, der sich auf der Couch räkelte, schnippte mit den Fingern. Ein lanischer Page lief, um die Tür zu öffnen.

Indem er den Türvorhang und den Pagen beiseite fegte, kam einer seiner Karmianer hereingestürmt. Er war gestern in der Hafengarnison gewesen; jetzt tauchte er hier auf, Stiefel und Mantel dick mit Schnee bedeckt.

»Ein istrianisches Schiff liegt hinter dem Eis, Statthalter. Ein Boot ist an Land gerudert worden. Ein Päckchen ist für Euch abgegeben worden, Sir.«

Raldnor, der sich eines unbehaglichen Vorgefühles nicht erwehren konnte, erbrach das Siegel Kesarhs.

Der Inhalt des Päckchens war gering, aber Raldnor starrte ihn lange Zeit an. Als er aufsah, war er gelb im Gesicht.

»Ist etwas nicht in Ordnung, Statthalter?«

Er hatte zugelassen, daß sie zu impertinent wurden.

»Ich bin nach Istris zurückbeordert worden.«

Offenkundig hatte weit mehr in dem Brief gestanden, nichts davon war beruhigend gewesen. Der Sergeant fuhr zurück. Ihm, dem Nutznießer der hervorgehobenen Stellung Raldnors hier, behagte diese Wendung der Dinge ebenfalls nicht.

»Der neue Kommandant müßte auf dem Schiff sein.«

»Davon habe ich nichts bemerkt, Sir.«

»Nein, vielleicht nicht. Aber sie sind vermutlich auf der verdammten Straße hinter Euch hergekommen und schon auf dem halben Weg hierher.«

Eine unbehagliche, verlegene Pause entstand.

»Die Burschen werden es bedauern, wenn Ihr fortgeht, Sir.«

Raldnor, der begonnen hatte abzuwägen, gab seine Bedenken auf und brachte mit einem raschen Entschluß sein Leben aus dem Gleichgewicht.

»Verdammt. Ich werde nirgendwohin gehen.«

Als er sieben Jahre alt gewesen war, hatte man Emel einmal mitten in der Nacht geweckt, ihn angezogen und ihm Worte ins Ohr geflüstert, und ihn dann in diesen Kartenraum in Istris gebracht. Der Gouverneur hatte ihm Süßigkeiten gegeben und ihn wieder einschlafen lassen. Aber als Kesarh neben ihm gekniet hatte, war Emel sehr artig aufgestanden. Hinterher hatten ihm die Kindermädchen zugeflüstert, daß er einen guten Eindruck gemacht habe.

Jetzt, in der Dunkelheit, explodierten Lichter in seinem Schlafraum, er wurde geweckt, und Raldnor, sein Beschützer, erschien in der Tür. Er war allein.

Emel mußte aufstehen, sich ankleiden und an einen unbe-

kannten Ort bringen lassen, wo er artig etwas für die Öffentlichkeit würde tun müssen, wie schon einmal, vor langer Zeit. Aber Raldnor war nicht so sanft zu ihm wie die Frauen, und obwohl zuvor strenge Anweisungen erteilt worden waren, schmerzten ihn die Bandagen, und die Männerkleidung fühlte sich entsetzlich falsch an.

Emel fürchtete sich heute nacht in Amlan, wie er sich in Istris nie gefürchtet hatte, obwohl er, wie er wußte, allen Grund dazu gehabt hätte.

Er war neun gewesen, als ihn, in einer anderen Art von Schlaf, die Messer in Ommos beschnitten hatten. Später hatte man ihn verhätschelt. Drogen hatten ihm eine Menge Schmerzen erspart.

Er hatte keine Zeit gehabt, bestimmte sexuelle Wünsche zu entwickeln, und dem Verlust seiner Heterosexualität nicht nachgetrauert. Seitdem hatte er sechs Jahre erlebt, in denen er gewachsen war und sich daran gewöhnt hatte, zu sein, was er war; inzwischen schien es ihm ganz normal zu sein. Nur zur Zeit Zastis' hatte er zuweilen leichtes Unbehagen verspürt.

Emel, der Mella war, erfuhr niemals, daß seine Liebhaber starben; jeder einzelne von ihnen, sobald sie ihn verließen; er fragte sich nur, warum man ihm nie gestattete, sie wiederzusehen.

Es war Raldnor gewesen, der ihn auf dem Weg des Vergleichs soweit gebracht hatte, daß er sich über seinen neuen Körper ärgerte; über den Körper eines Hermaphroditen, zur Impotenz verdammt und mit kleinen, jungfräulichen Brüsten geziert. Raldnor hatte ihm, verstärkt seit Lan, eingeschärft, daß er, wenn er je wieder in seine Rechte eingesetzt würde und sein Königtum erhielte, wieder den Mann darstellen müsse, indem er sich verkleide. Seine Brüste müßten dann fest an den Leib gebunden werden. Es gab Arzneien, die, wenn sie regelmäßig eingenommen wurden, diese Merkmale zurückentwickeln und einen leichten Flaum auf dem bartlosen Gesicht zum Sprossen bringen würden. Und er müsse auf eine bestimmte Art gehen und stehen, sitzen, reden und sich verhalten.

Diese Anweisungen waren endlos wiederholt worden, immer mit einem Unterton von Sadismus. Seine Unzuläng-

lichkeit war Emel anhand praktischer Beispiele vor Augen geführt worden. Der Mädchenname ›Mella‹ ärgerte ihn. Er haßte Raldnor, und er haßte Kesarh; Kesarh um so mehr, da er ihn einst geliebt hatte. Aber dies alles, der Unterricht, der Haß, die Tränke und die Bandagen und Verkleidungen lagen jetzt hinter ihm. Zu Tränen gequält, wünschte sich Emel nur noch, zu Hause in Ioli zu sein. Er wünschte sich eigentlich gar nicht, ein Mann und ein König zu sein.

Und jetzt mußte er offenbar beides sein, lange bevor er damit gerechnet hatte.

Er bekam umgehend einen hysterischen Anfall. Aber da schlug ihn Raldnor, schlug ihn heftig, und Emel wußte, daß ihm keine Wahl blieb.

Schluchzend tat er alles, was von ihm verlangt wurde, und er machte es gut.

Aber Raldnor sagte ihm nicht, daß er es gut gemacht hatte.

Die Häuser am Palastplatz, die militärische Quartiere der Karmianer geworden waren, waren von hektischer Tätigkeit erfüllt. Männer lagerten dicht gedrängt in den Hinterhöfen und auf jedem Fleckchen des freien Landes, das sich dahinter erhob; erklommen Bäume, Mauern und die Dächer behelfsmäßig errichteter Ställe. Geselligkeit war eine shansarianische Sitte. Die großen Hallen in Istris waren dazu eingerichtet, aber bei den hiesigen Verhältnissen verhinderte die riesige Zahl der eingepferchten Soldaten jede Andeutung von Komfort.

Die Kälte zehrte, und die Fackeln brannten. Die Luft war von Flüchen und Funken erfüllt, von Gerüchen und Not. Nach kürzester Frist war die Situation unerträglich, und es mußte etwas geschehen.

Augenblicklich besuchte der Lord Statthalter die Höfe, bewacht und in Begleitung irgendeines Dieners, der einen Umhang trug. Einer oder zwei der Soldaten, denen ein näherer Blick vergönnt war, verspürten einen lustvollen Kitzel, als sie das Gesicht des großfüßigen Mädchens erblickten, das die Geliebte des Statthalters in Ioli gewesen war.

Raldnor war nicht Kesarh, und er bemühte sich auch nicht darum, wie er zu sein. Er wußte, daß die durch Überfüllung hervorgerufene Anspannung zur rechten Stunde das ihre tun

würde. Er war sich auch dessen bewußt, daß er seine Truppen in einen Pöbelhaufen verwandelt hatte und daß ein solcher Haufen manipuliert werden konnte.

Sie spendeten ihm auch erwartungsgemäß Beifall, klatschten und riefen, hieben mit den Fäusten auf ihre Schilde und mit den Speeren auf die Steinkacheln des Bodens. Sie liebten ihn. Er hatte sie sich günstig gestimmt. Er hatte ihnen zu Alkohol, Huren und Geld verholfen, ihnen ihre Übergriffe nachgesehen und ihnen bestätigt, daß sie feine Kerls waren, das Rückgrat ihres Landes. Er sprach zu ihnen, und sie hörten ihm zu. Er hatte es schon immer verstanden, Dinge zu sagen, die sie gerne hörten.

Raldnor Am Ioli kündigte als erstes an, daß Kesarh, der nicht einmal dafür sorgte, daß sie genug zu essen bekamen, jetzt ihren Kommandanten nach Istris zurückbeorderte.

Sie fanden das nicht gut und äußerten ihr Mißfallen lautstark.

Raldnor dankte ihnen dafür und legte ihnen als zweites die Gründe dar, deretwegen er nicht wagte zurückzugehen. Kesarh hatte offensichtlich Raldnors Geheimnis entdeckt. Es hatte ja so kommen müssen. Er hatte sich beinahe sieben Jahre lang über einen schmalen Grat bewegt. Im Namen der Gerechtigkeit.

Er hatte dafür Sorge getragen, daß genügend Wein floß, ›um die Kälte abzuhalten‹.

Jetzt warteten sie alle gespannt, wie die kleinen Kinder, wie die Geschichte sich entwickeln würde.

Raldnor erzählte sie, und wenn es nicht Charisma war, das sie beeindruckte, so war es gewiß sein Einfühlungsvermögen. Er schilderte ihnen die Führerschaft und die Geißel und den Anschlag gegen den Prinz – König Emel. Er schilderte ihnen seine eigene Auflehnung; seine Weigerung, ein kleines Kind abzuschlachten. Er schilderte ihnen, wie er Emel errettet hatte. Er beichtete ihnen sogar, daß er unter den waltenden Umständen gezwungen gewesen war, Emel in Frauenkleider zu stecken, solange er unter seiner Obhut gestanden hatte.

Aber er verschwieg selbstverständlich, daß ein derartiger Trick bald durchschaut worden wäre und daß es zusätzlicher Maßnahmen bedurft hatte, ihn wirken zu lassen. Er überging in seinen Darlegungen die Messer in Ommos.

Daß Emel die überkommene shansarianische Erbfolge des Herrscherhauses verkörperte, war ein Nachteil; war es immer gewesen. Aber Raldnor war selbst gemischten Blutes, und hier in Lan hatte die Liebesaffäre der Truppe mit Kesarh sogar die Visianer verbittert.

Letzten Endes brachte die abergläubische Scheu vor heller Haar-, Haut- und Augenfarbe die Waage zum Ausschlag.

Raldnor war noch immer, was sich auch sonst geändert haben mochte, der Opportunist, der sich aus dem Sumpf Xais herausgearbeitet und seinen Würfel auf Kesarhs Spielbrett geworfen hatte. Er war noch immer ein verwegener, kluger und umsichtiger Mann, den Klugheit und Umsicht gelegentlich im Stich ließen und dessen Verwegenheit ihn zu unklugen und unbedachten Handlungen hinriß.

»Meine Herren«, sagte er jetzt zu den unordentlich auf dem Platz vor ihm zusammengedrängten Vandalen, »ich befinde mich in euren Händen. Und das Schicksal eures wahren Königs hängt ebenfalls von euch ab. Wir sind auf euch angewiesen; und auf euer Empfinden dessen, was rechtens ist; auf eure Liebe zum Vaterland, eure Treue und euer Mitgefühl.«

Und dann wandte er sich dem verhüllten Wesen an seiner Seite zu und fuhr so laut fort, daß alle es hören konnten: »Fürchtet Euch nicht, mein Lord. Diese Männer sind vornehmer Gesinnung. Und sie werden nicht zulassen, daß Euch ein Leid geschieht.«

Auf dieses Stichwort hin warf Emel seinen Umhang ab. Emel war nach wie vor gehorsam. Er wußte zu gut, daß er es sich nicht leisten konnte, eine andere Darstellung zu geben.

Dort stand er, sehr jung, das Gesicht ungeschminkt, das Haar gestutzt und in passender männlicher Kleidung. Sein ständiges Entsetzen wirkte wie Stolz. Im trüben Nebel des Weines und im Qualm der Fackeln hatte er keine Ähnlichkeit mehr mit Mella. Statt dessen erinnerte er jetzt an seinen königlichen Vater. Die Soldaten wurden auch nicht wegen seiner quäkenden Stimme stutzig, da Raldnor klug genug gewesen war, sie ihnen nicht zu Gehör zu bringen.

»Emel, Sohn des Suthamun«, sagte Raldnor zu der Menge. Und dann kniete er, der Sitte des visianischen Karmiss gemäß, zu Füßen Emels nieder.

Ein langes, langes Schweigen setzte ein, während Raldnor den Atem anhielt.

Dann begannen – einer nach dem anderen, Gruppe um Gruppe, Bataillon auf Bataillon, an die zweitausend Mann insgesamt – zu klatschen.

Kesarhs Nachfolge-Statthalter fand, als er mit dreißig Mann in das in nächtlicher Dunkelheit daliegende Amlan einritt, nichts an den Straßen auszusetzen. Die Garnison schien hellwach zu sein und weit besser in Zucht als der verlotterte Haufen am Hafen.

Er wurde höflich begrüßt und in den Palast geführt.

In dem Korridor, der zu den Gemächern des Am Ioli führte, flogen plötzlich die Türen weit auf, und ein Angriff wurde vorgebracht. Die Männer, die bei dem künftigen Protektor von Lan waren, versuchten tapfer zu kämpfen, wurden aber durch die Enge des Ganges behindert; außerdem waren sie durch den Kampf gegen Meer und Eis erschöpft und durch den Schock des unvermittelten Angriffs gelähmt.

Die überstürzte Reaktion Raldnors war nicht vorhergesehen worden. Selbst wenn man mit ihr gerechnet hätte, würde man niemals angenommen haben, daß sich die gesamte Garnison des Landes hinter ihn stellen würde. Wie hatte er das geschafft? fragten sich die Begleiter des Statthalters, und sie starben über dieser Frage.

Endlich zerrte man den Statthalter, der noch lebte, von der Wand, gegen die er sich gedrückt hatte, entwaffnete ihn und führte ihn in einen Raum.

Dort lag eine Botschaft. Sie war abgefaßt, als stamme sie von ihm, und sie informierte Kesarh über den reibungslosen Ablauf des Auftrags, den Statthalter zu ersetzen. Raldnor forderte den Mann auf, das Schriftstück zu unterzeichnen.

»Wie lange glaubt Ihr, den wahren Sachverhalt verheimlichen zu können?«

»Bis zur Schneeschmelze. Lange genug.«

»Wenn ich das unterzeichne, bin ich tot.«

»Das ist richtig. Ihr seid auch tot, wenn Ihr Euch weigert – der Unterschied besteht allein in der Art Eures Todes.«

Kesarhs Ersatz-Statthalter seufzte.

Seinen Körper fand man zwei Nächte später, vollständig entkleidet und leblos, irgendwo in den Bergen.

Inzwischen wurde das karmianische Schiff von den vereisten Ufern Lans gezogen und trat so seine lange, durch das Wetter verlangsamte Rückreise an. Es hatte eine Botschaft an Bord und war um einen Passagier erleichtert worden.

Es folgte eine Reihe von Übergriffen in Amlan. Untätige Soldaten neigten, wie man im Osten bereits erfahren hatte, zu Brandschatzungen, Raubüberfällen und Einbrüchen, und sie machten sich ein Vergnügen daraus, ihre Speere auf alles zu schleudern, das sich bewegte.

Raldnor tat nichts, um diese Ausgelassenheiten zu steuern. Er war mit den Vorbereitungen zu Besuchen beschäftigt, deren Zweck war, den Rest der in Lan stationierten Karmianer auf seine Seite zu bringen.

Zehn Tage nach seinem glänzenden Coup, als er sich in den königlichen Gärten erging, rannte plötzlich ein schreiender Lanier mit gezücktem Messer auf ihn zu. Dem Mann gelang die Flucht, bevor ihn die undisziplinierten Soldaten ergreifen konnten. Sein Eindringen und Entkommen schien sorgfältig vorbereitet worden zu sein, wenn auch der Anschlag selbst ziemlich verzweifelt gewirkt hatte.

Tatsächlich hatte er beabsichtigt, Raldnor zu töten, wie Kesarh es ihm befohlen hatte; während er mit Schmach beladen zum Schiff die Hafenstraße entlangritt. Aber Raldnor hatte ihm den Gefallen nicht getan. Der Meuchelmörder hatte sich etwas anderes einfallen lassen müssen. Auf jeden Fall wirkte der Handstreich wie die Tat eines erbitterten Patrioten, was Kesarhs Wunsch entsprach.

Raldnor Am Ioli lag im Schnee und beäugte die Soldaten, die gekommen waren, um ihn aufzuheben. Zuerst dachten sie, er wollte nicht mehr mit ihnen sprechen. Aber da schlossen sich seine Augen. Er hatte ein für alle Male alles gesagt, was er je sagen würde.

Sie trugen ihn mit der ganzen dramatischen Würde der unwürdigen Ansprüche, die derartige Gelegenheiten erfordern, vom Platz.

In ihnen erwachte der Aufruhr, und sie gingen, um König Emel mit der Neuigkeit vertraut zu machen.

NEUNZEHN

An der lanelyrianischen Grenze zu Elyr hatte sich etwas Seltsames ereignet.

Er hatte während der Nacht Schutz in einer verlassenen Scheune gefunden. Die wasserscheuen karmianischen Patrouillen ließen sich nur sehr vereinzelt blicken, aber er hatte einen großen schwach leuchtenden Stern oben in den Bergen ausgemacht, der von einem brennenden Dorf herrühren mochte; da hatte er es vorgezogen, sein Glück nicht zu versuchen, und war schon vor Sonnenaufgang wieder aufgebrochen.

Kurz vor der Morgendämmerung sah Lur Raldnor zwei Wölfe, die sich mit dampfenden Fängen über ein nicht erkennbares totes Tier hergemacht hatten. Sie starrten mit roten Augen und roten geifernden Mäulern, aber als ihr Speichel in den Schnee tropfte und dampfte, erkannte er in plötzlich veränderter Perspektive, daß es kein Kadaver war, den sie verschlangen, sondern eine blutrote Flamme, die über den Boden lief.

Dann, während er die Szene noch beobachtete – zu verblüfft, um am Zeugnis seiner Augen zu zweifeln –, verschwanden die Wölfe gleichzeitig mit dem Feuer.

Tage und Nächte voller Schnee konnten die Augen verwirren. Sinnestäuschungen waren nicht ungewöhnlich. Aber das Bild blieb im Gedächtnis des Sohnes Yannuls haften: Flammen, die Blütenblättern gleich von den Fängen der Wölfe troffen, sie nicht verletzten und selbst unverletzt blieben.

Einige Berichte sprachen davon, daß Kesarh eben knapp achttausend Mann in den Osten geschickt hatte. Andere besagten, daß es sich eher um zehntausend gehandelt habe. Auf der mäßigen Fläche Elyrs gab es kaum Zeugnisse dafür. Und doch lagen Dörfer verlassen da; Türen schwangen im Wind; ein zerbrochener Topf füllte sich allmählich unter freiem Himmel mit Schnee; alle menschlichen Bewohner hatten sich an versteckte Orte begeben – in Berghöhlen, in vorgeschichtliche Türme.

Einmal hörte er das Surren eines Rades, eines Spinnrades, das zu einem Webstuhl der Art gehörte, die hier und in den

Ebenen in Gebrauch waren. Aber es war nur der Wind, der es drehte.

Wenn er Eßbares vorfand, aß er davon, aber nicht alles, und ließ Geld unter den Herdsteinen zurück, für den Fall, daß die Geschädigten zurückkommen sollten. Jedesmal empfand er Furcht. Die Welt war im Begriff, in Finsternis und Chaos zu taumeln. Wer sollte dies je anhalten? Wer würde je wiederkehren?

Erst im letzten Sommer hatte er davon geträumt, sich dem Schatten in den Weg zu stellen, ihn zu verscheuchen. Sieg, errungen durch Leiden.

Es war Rem – Rarmon – gewesen, der auf gewisse Weise von ihm Entfernte und nicht länger zu ihm Gehörende, der ihm die Sinnlosigkeit dieses Traumes aufgezeigt hatte. Das Schwert konnte nur das Schwert auf den Plan rufen. Und doch; das Schwert aus der Hand zu legen, bedeutete nur den Tod durch andere Mittler.

Es war prosaisch, aber es widerte ihn ebenso an, daß er (nachdem er in die heikle Lage geraten war, sich ein Schiff von Xarabiss nach Lan verschaffen zu müssen) im Begriff war, beinahe einen vollen Kreis zurückzulegen zu den nördlichen Ebenen, bis Hamos und möglicherweise wieder an die Grenze von Xarabiss.

Die Kälte, die endlose Weiße und die Stille begannen sein Herz zu zermürben. Er krankte an der Seele. Er band das geplagte und erschöpfte Zeeba unter dem dunklen Silber des nachmittäglichen Himmels fest und blickte ins Unbestimmte und in die Leere hinaus.

Er hatte sich angewöhnt, laut mit dem Zeeba zu sprechen, und jetzt sagte er: »Ich werde sie niemals finden.«

Und er blieb lange, lange in der großen Leere sitzen, und der Wind schnitt ihm wie mit Klingen ins Gesicht, aber er rührte sich nicht und sagte nur ein übers andere Mal: »Ich werde sie niemals finden.«

Dort wo er sich jetzt befand und wo er sich endgültig nach Nordwesten hätte wenden sollen, mußte er einsehen, daß er die Richtung nicht mit Sicherheit bestimmen konnte. Hamos lag in dieser Richtung, und eine andere Tieflandstadt, deren Namen er vergessen hatte.

Ohne einen Grund dafür angeben zu können, wußte er, daß seine Familie dort nicht war.

Er entdeckte, daß sein Gefühl ihn in südwestliche Richtung leitete. Auch den Grund hierfür vermochte er nicht zu erkennen. Im Süden gab es kaum etwas. Mit Ausnahme natürlich der alten Tieflandstadt. Und dorthin wären sie niemals gegangen. Medaci hätte es nicht ertragen. Und dennoch ...

Yannul hatte diese Route genommen, als er im Tieflandkrieg von Lan zurückgekehrt, durch Schneetreiben und bittere Kälte geritten war, mit der Antwort, daß sein Land weder helfen noch eingreifen würde.

Lur Raldnor wandte sich nach Süden.

Es war, als zöge ihn etwas. Es wäre ihm schwergefallen, eine andere Richtung zu wählen.

Aber die Stadt war ebenfalls eine Sinnestäuschung. Zuweilen sah er sie, eine durchscheinende Schwärze inmitten der Winde und des weißen Bodens.

Die Anzeichen realer Bewohner waren weniger häufig als die durch seine Schneeblindheit hervorgerufenen Phantome.

Einmal kam er an einer Hütte vorbei, in deren Tür eine alte Frau stand. Er bat sie um eine Kleinigkeit zu essen, falls sie etwas entbehren könne. Sie gab ihm zwei Scheiben Brot mit Fleisch dazwischen. Als er versuchte, sie dafür zu bezahlen, schüttelte sie den Kopf. Sie sagte kein Wort. Sie war eine reine Tiefländerin, und er fragte sich, ob sie je auch nur die Kopfsprache benutzt hatte. Er hatte sich so mit seiner Mutter unterhalten, als er noch ein Kind gewesen war; als Heranwachsender – in jenem Alter der Geheimnisse – war die offene Tür teilweise zwischen ihnen verschlossen worden. Nur gelegentliche Ausbrüche der Freude oder ein unerwarteter Schmerz hatten die Tür nochmals für einen Moment aufgestoßen. Zu der fremden Frau konnte er nicht innerlich sprechen.

Er fragte sie nach der Stadt.

Sie wies wortlos nach Südwesten. Dorthin wandte er sich.

Der Schneesturm erhob sich gegen Mittag.

Es gab keinen Schutz.

Anfangs versuchte er hindurchzureiten, aber sein Zeeba weigerte sich, ihm zu gehorchen. Sie hätten sich beide bald

erschöpft, und es war ohnehin unmöglich, etwas zu sehen. Das Zeeba konnte sterben, und er konnte es ebenfalls.

Er stieg ab, band seinem Reittier ein Tuch um den Kopf und bedeckte die eigenen Augen. Dann führte er, ein blinder Mann, das Zeeba behutsam und mit einer auf furchtbare Weise lebenswichtigen Langsamkeit durch das Wüten des eisigen Windes.

Nach einer Weile war aller Schmerz verschwunden. Er fühlte gar nichts mehr. Und dann umhüllte ihn die leichte wohltuende Wärme: Vorbote des Erfrierens, wie er aus Geschichten wußte, die man sich in der Sicherheit des häuslichen Feuers erzählte.

Als das Zeeba zu Boden sank, redete er ihm zu, streichelte es und versuchte vergebens, es hochzuheben. Es lag in seinen Armen. Wenn er über das Tier gekauert verharrte, würde ihn der Schnee bedecken. Und doch brachte er es nicht über sich, es einfach aufzugeben, seine schwindende Körperwärme, sein erlöschendes Leben, das ihm so unentbehrlich war.

Dann starb das Zeeba, sehr still, beinahe friedvoll an ihn gedrückt. Lur Raldnor ließ es sanft zu Boden gleiten, stand auf und taumelte weiter; vergaß sein Gepäck und den Sattel; die Augen verhüllt; seines Weges ungewiß.

Medaci wüßte es, wenn er umkam. Er konnte sie spüren, seine Mutter, irgendwo verborgen und unerreichbar, wie jenseits einer gewaltigen steinernen Mauer. Er konnte sie nicht erreichen, noch konnte sie ihn erreichen; und trotzdem, wenn der Schnee ihn tötete, würde sie es fühlen – wie nannten sie es? Eine Stille, die wie das Verklingen eines tiefen weichen Tones war; ein kleiner Bereich der Finsternis, als würde plötzlich ein Licht erlöschen, das ständig gebrannt hatte, aber nie bewußt wahrgenommen worden war.

Yannul wüßte es ebenfalls. Nicht auf die gleiche Art. Er würde es nach und nach erfahren, vielleicht über den Zeitraum von einigen Monaten hinweg.

Wüßte es Rem? Es hatte niemals eine Andeutung von Kopfsprache zwischen ihnen gegeben. Rem, der so verschlossen war, selbst Kopf und Herz ...

Lur Raldnor hatte Rem-Rarmon geliebt; wie er seine Familie geliebt hatte, aber die Liebe zu ihm war doch von anderer Art. Er hatte sie nie als die Art Liebe mißverstanden, die ein

Mann seinen Verwandten entgegenbringen mochte. Aber es war auch nicht die geschlechtliche Liebe gewesen, die Rarmon erkannt und erwidert hätte.

Auf der Reise nach Dorthar hatte sich Rarmon von ihm abgesondert. In Anackyra selbst hatte Yannuls Sohn gesehen, wie er um einen anderen Mann geworben hatte, der vielleicht nur eine Verkörperung seines eigenen, wahren Ichs gewesen war. Merkwürdigerweise hatte sich Rarmon dem Herrn der Stürme angeglichen, so daß offenkundig geworden war, daß sie trotz aller körperlichen Unterschiede Brüder waren. Dies erinnerte ebenfalls an die Sache, die Yannul über Raldnor Am Anackire erzählt hatte ... Der sterbliche Mann verließ ihn, der Embryo eines Helden (oder eines Gottes) erlebte seinen Anfang.

Yannuls Sohn sah etwas vor den verbundenen Augen. Einen urzeitlichen Wald, dahinter das Glitzern einer Bucht, starr und unbewegt unter einer Eisschicht, und das Meer ebenfalls mit Eis bedeckt. Auch die schwarzen Stämme der Bäume waren vom Eis umschlossen, und das dichte Laub in der Höhe war verrottet und hatte blanke Äste hinterlassen, bedeckt mit Schnee. Diese Szenerie war ihm aus Erzählungen anderer vertraut. Er sah die Wälder am Rand der Welt, den Saum des Südens. Eine Landschaft, deren Klima von dem der Mittleren Länder abwich, die auf irgendeine Weise wider alles Erwarten solche extremen Kältegrade überstand.

Eben, als Lur Raldnor mit seinem inneren Auge hineinsah, schoß ein rotäugiger Tirr über die Weiße, unbegreiflich und ärmlich fürs Überleben ausgerüstet ... Dennoch überlebte er. Ein Symbol.

Der Boden gab nach. Lur Raldnor fiel. Er war in eine Wehe eisigen Schnees geraten. Seine innere Schau versiegte. Er schlug um sich, aber er konnte sich nicht befreien. Es war bald weniger schlimm stillzuhalten.

Er schien von einem unbestimmten Ort zurückzukommen, als er einen Augenblick oder eine Stunde später bemerkte, daß jemand dabei war, ihn auszugraben.

Lur Raldnor bemühte sich, seine Erretter zu begrüßen – es schienen mehr als einer bei der Arbeit zu sein –, aber sein Mund war taub und ließ sich nicht bewegen. Er vermochte

eben, seine Hände zu heben und den Tuchstreifen von seinen Augen zu entfernen.

Der Wind und das Schneetreiben waren vorüber. Ein Abglanz des Tageslichts war noch zu sehen. Daher konnte er ohne Mühe die fünf Wölfe erkennen, die ihn vom Schnee freischarrten.

Er griff nach dem Messer in seinem Gürtel. Es mochte ihm gelingen, sie von sich zu vertreiben, obwohl er sich fühlte, als hätte er keine Knochen und keine Fähigkeit zu gezielten Bewegungen. Er beobachtete die Tiere, eher entmutigt als furchtsam, und wartete.

Sie waren grau, einige nahezu weiß. Die niedrige Temperatur löschte ihren Geruch aus.

Er kam jäh aus der Schneewehe frei, fast als hätte ihn der Boden emporgestoßen; und dann hatten ihn zwei der Wölfe zwischen den Zähnen; er schrie auf und bemühte sich verzweifelt das Messer zu ergreifen. Da senkte sich eine große schmale Pfote auf sein Handgelenk. Es war ganz außergewöhnlich; eine derart menschliche Geste, daß es ihn innehalten ließ.

Er starrte in dunkelgoldene Augen, deren Blick seinen eigenen mit gleicher Eindringlichkeit erwiderte. Die Pfote glitt von ihm. Die beiden Wölfe zogen ihn über den Schnee; jetzt ließ er sie gewähren. Und da trabten sie auf einen kleinen Eishügel, und er erblickte den sechsten Wolf.

Lur Raldnor setzte zu einem Schrei an und konnte ihn nicht zustande bringen, obwohl ihm die Tränen auf den Wangen brannten. Denn der sechste Wolf war schön, und er gehörte der Legende an, und er erkannte ihn.

Er hatte die Größe eines shansarianischen Pferdes und war so weiß, daß er den Schnee überstrahlte.

Die fünf anderen Wölfe drängten sich gegen ihn, zerrten und stießen ihn. Er stellte fest, daß er auf den Füßen stehen konnte. Er verstand, was man von ihm verlangte; und die Wölfe schienen ihrerseits zu begreifen, daß er schwach war und Hilfe brauchte, um ihren Anweisungen nachkommen zu können.

Der große weiße Wolf legte sich flach auf den Boden, und er stieg auf seinen Rücken. Und dann erhob sich das Tier in einer fießenden Bewegung unter ihm, voller Kraft.

Dies war keine Illusion: sein wie Feuer brennender Körper, die rauhe Sanftheit des Fells, der eigentümlich erträgliche, aber strenge Geruch des Wolfsatems.

Dann lief der Wolf.

Er lief meilenweit, und zu irgendeinem Zeitpunkt ging die Sonne unter, und die Nacht brach herein; die Dämmerung ward zum Schatten, und der Schatten zur Finsternis. Dann kam ein Abstieg, es ging in ein flaches Tal hinab.

Hier gab es seltsame Schatten; Bäume, mit Eis überzogen; dahinter etwas anderes; eine Barriere, die sich deutlich vor dem Himmel abzeichnete. Eine Mauer, die eine Spalte aufwies.

Der Mond ging auf, und Lur Raldnor wußte einen Augenblick lang nicht, was es war. Dann fiel es ihm wieder ein, und da nahm er die Ruine eines großen Hauses wie ein Sinnbild vor dem hellen Mond wahr.

Aber er begann Lampenlicht zu erkennen. Er hätte etwas derartiges niemals mit der Tieflandstadt in Zusammenhang gebracht; er hatte sie sich immer so vorgestellt, wie die Geschichten sie darstellten: daß sie ihre Lichter ängstlich verbargen.

Und dann wurde er sehr behutsam und ohne daß es ihm Schmerzen bereitet hätte, zu Boden gesetzt und fand sich vor einer hölzernen Tür liegend. Der Wolf, den er noch immer deutlich und in allen Einzelheiten erkennen konnte, richtete sich an der Tür auf und berührte den oberen Rahmen mit der Stirn. Eine Pfote schlug gegen das Holz, das einmal, zweimal widerhallte.

Verwundert lag Lur Raldnor unter dem gestreckten Leib des Tieres. Dann entfernte sich dieser Leib. Lur Raldnor wandte den Kopf im Schnee und sah den weißen Wolf zwischen zwei Gebäuden davontraben. Und verschwinden.

Die Tür öffnete sich. Schon an der Art, wie sie vorgingen, erkannte er, daß sie Xarabier waren. Sie schrien auf, als sie seiner ansichtig wurden, und dann schrien sie nochmals auf und verstummten, denn der ganze Schnee im Umkreis war von den mächtigen Pfotenabdrücken des riesenhaften weißen Wolfes übersät.

Kurz bevor er das Bewußtsein verlor, bekam er noch mit, daß sie nicht ängstlich oder ungläubig zu sein schienen, nur

voller Ehrfurcht und Erschauern vor dem Unbegreiflichen, voll tiefempfundener Freude, wie er sie gefühlt hatte.

Sie kümmerten sich rührend um ihn. Innerhalb zweier Tage konnte er in der runden Halle bei ihnen sitzen und wurde sich allmählich der romantischen Natur seiner Lage bewußt.

Sie waren eine fröhliche Sippschaft; vormals Händler und Zigeuner. Es gab sogar ein Mädchen, das eine honigfarbene Haut hatte und das ihn mochte. Er war seit Yeiza mit keinem Mädchen zusammengewesen. Er hatte keine Zeit dafür gefunden und keine Gelegenheit auf der Jagd durch halb Vis, die hier inmitten der Vergnügungen und der zauberischen Begebenheiten ein Ende gefunden hatte. Auf jeden Fall hatte niemand eine Bemerkung uber die Wolfsspuren gemacht. Es wirkte sich allmählich beruhigend aus, daß es ihm gelang, seine Erinnerung verblassen zu lassen. Denn er vermutete, daß das Wunder ihn zu etwas verpflichtete.

Er irrte sich nicht.

Am dritten Tag klopfte jemand an.

Sie hatten ein Würfelspiel beim Feuerschein gespielt, und Raldnor war erlöst, weil er jetzt versprochen hatte, daß er morgen für die Gruppe Holz schlagen würde: die einzige Art der Bezahlung, die er zur Zeit leisten konnte. Dann kam der Mitspieler zurück, der gegangen war, um die Tür zu öffnen; und er sah aus, als würde er genötigt, und bei ihm waren zwei der Amanackirer.

Alle Anwesenden erhoben sich. Auch Raldnor stand auf, nicht aus eigenem Antrieb, sondern um seinen Freunden keine Ungelegenheiten zu bereiten. Er hatte nie den Markt in Lin Abissa vergessen, die Tieflandfrau und die Menge, die ihr eine Gasse gebildet und Geschenke dargereicht hatte, als sei sie eine Göttin, und noch dazu keine freundliche. Und in Dorthar hatte er andere Amanackirer gesehen, einige davon so weiß, wie sie gewesen war, selbst die Augen. Eis vom Aussehen ... und Eis in der Seele. Sie schritten vorüber, und es war, als streife ihn ein kalter Wind. Er hatte den Hauch übernormaler Kräfte verspürt, nicht allein Telepathie oder jene mitleidlose tatenlose Geduld, die man den Menschen der Ebenen allgemein zusprach.

Yeiza selbst hatte ihm einmal erzählt, daß einige von den

Anackirern im Geruch standen, Gestaltwandler zu sein, daß sie spurlos von schweren Wunden genesen und sogar fliegen konnten. Lur Raldnor hatte sie bei diesen Erzählungen zum Lachen gebracht. Die welterfahrensten Xarabier konnten so leichtgläubig sein. Trotzdem hatte er ihre Geschichten über die Amanackirer nie vergessen.

Die Besucher kamen nicht näher. Sie warteten auf ihn – alle wußten, daß ihr Erscheinen ihm galt – mitten im Raum. Die Xarabier wurden mit angedeuteten Gesten zu ihrem Platz am Feuer zurückverwiesen. Und sie folgten der Aufforderung.

Lur Raldnor ging zu den Tiefländern hinüber. Sie waren beide Männer, und obwohl sehr bleich, waren ihre Augen nicht weiß. Sie sahen ihn an, und – das mußte er zugeben – in ihrem Blick lag keine Drohung. Aber es lag überhaupt nichts darin.

»Wenn Ihr versucht, innerlich zu mir zu sprechen«, sagte er, »so muß ich Euch sagen, daß ich diese Fähigkeit nicht besitze.«

»Aber Ihr habt es schon einmal getan«, sagte der eine.

»Mit meiner Mutter«, erwiderte er.

Es war eine private Angelegenheit, und er mochte es ihnen nicht erzählen. Zugleich reizte es ihn aber, denn er hatte ihr Blut in sich und hätte es ihnen gern bewiesen.

»Ja, Medaci. Ihr seid Medacis Sohn.«

»Und, wie meine Gastgeber Euch bereits informiert haben werden, der Sohn Yannuls«, sagte Lur Raldnor nachdrücklich.

»Seid Ihr jetzt gesund?« erkundigte sich der andere Mann.

»Wohin wollt Ihr«, fragte Raldnor, »daß ich mit Euch gehe?«

Dann wich er von ihnen zurück und sog überrascht und geräuschvoll die Luft ein. Denn sie hatten es ihm gezeigt. Er konnte es nur einen Moment lang sehen, das Bild von der Terrasse, einen Palast mit abgebrochenen Säulen, durch dessen Lücken man den freien Himmel sehen konnte.

Er riß sich zusammen und fragte: »Weshalb?«

Jetzt kam kein Kopfbild, kein Eindringen.

Einer der beiden Männer sagte: »Einst habt Ihr zu kämpfen gewünscht.«

»Was meint Ihr damit? Heißt das, daß ihr erneut ein Heer

aufstellen wollt, um das Freie Zakoris einzunehmen? Oder geht es gegen Kesarh?«

»Kein Heer«, erwiderte der Amanackirer.

»Aber doch ein Kampf«, sagte der andere und lächelte.

Zum ersten Mal erkannte Raldnor, daß sie beide nicht viel älter als er waren. Als er sich nach den dunklen Xarabiern an sie gewöhnt hatte, sahen sie weniger wie Eis aus, mehr in der lichten Schattierung, die er so häufig an seiner Mutter bemerkt hatte, und an seinem jüngeren Bruder. Er selbst war fahl wie der Winter, vom Wind gegerbt, nicht mehr. Und er hatte schon von früh an gelernt, wie er die Farbe seiner Augen einsetzen konnte.

Er zuckte die Achseln, um ihnen sein Desinteresse zu zeigen.

»Wir«, sagte der blassere Mann, »sind nicht Eure Feinde.«

»Einige von unseren Leuten haben den Rückzug gewählt. Wir bleiben. Die Welt ist unsere Mutter, und Anackire ist für uns die Seele der Welt. Die Welt nochmals im Krieg zu sehen, die Wunden auf ihnen zu sehen, neue Wunden geschlagen sehen, den Anprall des Hasses der Zakorianer, der Wahnsinn ist, den Hunger von Karmiss, der Grausamkeit bedeutet. Diese sind unsere Feinde. Nicht die Menschen, niemals die Menschen, aber die bösartigen Träume der Menschen.«

Lur Raldnor spürte, wie ihn eine verzweifelte Mattigkeit überkam. Er erinnerte sich an das, was er in Elyr gedacht hatte, daß hoffnungslose Resignation schlimmer als Furcht oder Raserei war. Die Welt taumelte ins Chaos, und niemand konnte sie aufhalten.

»O doch«, sagte der bleichere der beiden Tiefländer in Beantwortung des Gedankens, den Raldnor nicht ausgesprochen hatte. »Selbst in diesem Fall gibt es mehr als einen Pfad des Untergangs. Aber es gibt auch andere Pfade. Ashni ist an unserem Dorf vorübergeschritten. Wir sind hergekommen. Sehr viele sind hergekommen.«

»Wie in der vergangenen Zeit«, sagte der andere Mann. Er grinste. »Raldnors Zeit. Aber sie ist die Tochter Raldnors.«

»Ashne'e?« erkundigte sich Lur Raldnor.

Aber sie wiederholten den Namen, und er hörte den feinen Unterschied heraus.

»Ashni.«

Der bleichere Mann sagte: »Kommt und seht selbst!«

»Diese Frau, die Ihr erwähntet ...«

»O nein! Sie ist schon gegangen – in den Norden. Alle Zisternen der Weltkraft müssen zum Fließen gebracht und angezapft werden. Ihrer ist Koramvis.«

Dann sah er, auf welche Weise sie ihn anschauten, und Kälte breitete sich in seinem Innern aus.

»Man hat Euch von dem großen Wolf berichtet.«

»Ja.«

»Ihr habt erwartet, daß ich herkäme, wie Ihr es getan habt. Wieso?«

Aber er kannte die Antwort.

Selbst die Xarabier schienen nicht überrascht, als die beiden Amanackirer feierlich und endgültig Stirnen und Herzen berührten; die geheimnisvolle Verehrung, die jetzt in der Schattenlosen Ebene einem Lord oder Priester erwiesen wurde, jenen, auf dessen Geschick sie die Wahl der Anackire erkannten.

Obwohl sie tatsächlich niemals jenen erwiesen wurde, die wie Raldnor, Ashne'e oder Ashni im innersten Wesen als Aspekte der Göttin selbst angesehen wurden. Denn die Göttin verlangte nichts, benötigte nichts, war alles.

Sie traten auf die Straße hinaus, Menschenmengen standen dort mit Fackeln. Es ergab sich kein Eindruck des Makabren oder Unheilvollen. Es wirkte im Gegenteil beinahe frivol; wie eine Gesellschaft, die zu einer Hochzeit oder zu einem Fest aufbrach.

Die Xarabier folgten ihnen ins Freie.

Sie wandelten, Hunderte von Menschen, durch den Schnee zu dem zerstörten Palast und dem magischen Brunnen.

Später, als er allein in den allerersten Morgenstunden dort lag und die Flügel des Schlafes ihn sanft streiften, dachte er: *Kann es so einfach sein ... so schlicht?*

Und von irgendwoher, möglicherweise von einem anderen umherschweifenden Geist oder aus einer verborgenen Tiefe seiner selbst, kam die Bestätigung.

Menschen sind Wassertropfen im Ozean des Lebens. Und doch besteht der weite Ozean nur daraus: aus Myriaden von Wassertropfen. Ein einzelner Gedanke, ein Aufschrei: Dies

soll sein! Oder ein Ruf: Dies soll nicht sein! Und der endlose Ozean wandelt sich.

Sie hatten es ihm etwa in dieser Art erklärt, nicht mit Worten. Er versuchte jetzt aus alter Gewohnheit, es in Worte zu kleiden, obwohl Worte es minderten und verwirrten.

Der Palast war durch die Vielzahl der Fackeln erwärmt worden. Was war geschehen? Sie hatten auf dem urzeitlichen Mosaik gestanden und goldgelben Wein getrunken, von dem sie gesagt hatten, daß er aus einem Brunnen stamme ...

Xarabier waren da gewesen, Elyrianer, sogar Dortharianer und Mischlinge aller Art. Und die Amanackirer, in der Menge verteilt, die wie ein silberner Faden alles zusammengehalten hatten.

Lur Raldnor hatte die telepathische Befähigung der Ebenen stets gehabt. Jetzt begannen diejenigen, die sich selbst zu seinen Lehrern ernannt hatten oder ernannt worden waren, ihn darin zu schulen. Es war nicht eigentlich schwer zu lernen. Es handelte sich eher um ein Rückerinnern als um richtiges Lernen.

War er wegen dieser offensichtlichen Anlagen wichtig für sie, wie etwa sein Tieflandblut, das ihn zur Kopfsprache befähigte, und Yannuls Blut, das ihn mit dem verband, was in der Vergangenheit geschehen war? Vielleicht sogar wegen des bedeutungsvollen Namens Raldnor, der jetzt der seine war und immer der seine gewesen war, obwohl einer der Söhne Raldnors versucht hatte, ihn ihm abzusprechen.

Der Schlaf kam.

Er wollte das Mädchen jetzt nicht haben. Geschlechtliche Vereinigung, die magische Kraft, mußte einbehalten und umgeleitet werden. Merkwürdig, aber es verlangte ihn bereits nicht mehr auf diese Weise nach ihr. Er konnte sich Yeiza ins Gedächtnis rufen oder die anderen, und er empfand dabei nicht mehr als einen schwachen Abglanz des Gefühls; vergeistigt und nicht länger unter der Vorherrschaft des Fleisches.

Natürlich hatten ihn auch die Kälte und Einsamkeit auf der Reise, die Mühsal, die Verlorenheit und die Nähe des Todes würdig gemacht, die magische Aura der Ruine zu betreten. Die Läuterung des Magiers fand vor der magischen Verrichtung statt.

Er trieb jetzt dahin, wie im Himmel. Wisperndes Bewußtsein überall um ihn, lautlos, und Schimmer wie von Kerzen, deren Licht unsichtbar war.

Er erinnerte sich, wie Ashni durch sie hindurch geschritten war. Es schien ihm, daß er Gerüchte aufgeschnappt hatte, als er damals sein Glück in Xarabiss versuchte, weil er vor Lan zurückscheute, die von etwas Bizarrem handelten und denen er keine Aufmerksamkeit geschenkt hatte ... Von Männern und Frauen, die durch die letzten altgoldenen Tage des Sommers gewandelt waren, über die im Sternenlicht gebadeten Hügel; etwas über Musik und Gesang, die unhörbar, über Lichterglanz und Regenbogen, die unsichtbar waren; über Wildkatzen, Wölfe und Schlangen, die tanzten, und Blumen in langem gelben Haar, die nicht verwelkten.

Aber andererseits hatte es sich vielleicht auch nur um eine Gruppe von Wanderern gehandelt, die durch den Staub schritten, durch die schlafende Nacht auf Wagen an Dörfern vorbeifuhren. Wo war die Vision, das Wunder; wo war die Wahrheit? Waren beide vielleicht eins? Oder war es möglich, daß etwas Ungeschehenes auf gewisse Weise dennoch geschehen war und der Geist es bemerkt hatte, während die Augen blind dafür gewesen waren?

Er dachte an den Urwald im Schnee, der überdauerte, wo er nicht überdauern konnte, Jahrhunderte.

Er lag jetzt im Schlaf, und im Schlaf blickte er augenlos um sich, um Medaci zu suchen.

Er fand sie sogleich.

Sie stand so deutlich vor ihm, als befänden sie sich im hellen Tageslicht im selben kleinen Raum. Aber derartige Dinge stellten nur Annäherungen dar, wie gesprochene Wörter Annäherungen an die Kopfsprache waren.

Entsprechend verhielt es sich mit seiner stillen Berührung ihrer Schulter, mittels derer er sie auf seine Gegenwart aufmerksam machen wollte, was ihm auch gelang.

Sie war nicht überrascht. Sie schien nicht im geringsten darüber zu staunen, ihn zu erblicken, in Sicherheit und an diesem Ort, und in den Traum der Anackire verwoben. Aber ihre Freude, ihn zu treffen, war ihm vertraut.

Er nahm sie bei der Hand, und so standen sie gemeinsam in dem sonnenlichtdurchfluteten Zimmer, lächelten einander

an mit der Liebe, die so umfassend nur möglich war, wenn keine Tür dazwischen war, so dünn und angelehnt sie auch sein mochte.

Er würde sie vielleicht nie wiedersehen. Er wußte es, und sie wußte es auch. Die Flammen, die entfacht werden würden, millionmal größer als alle bisherigen Feuer ... Das Erwachen der Schlange, der diese Flammen nichts als ein Aufflakkern der Sonne bedeutete – diese Feuer würden sie auslöschen. Ankabek war das erste heilige Opfer gewesen. Unverlangt und unbeabsichtigt, aber jetzt dennoch ein Teil des Ganzen. Dafür zu sterben, würde nicht gefordert; und doch würde es möglicherweise dazu kommen, daß man stürbe.

Denn wie er von Anfang an vermutet hatte, mußte der Sieg durch Leiden errungen werden. Trotzdem handelte es sich um eine andere Art von Leiden, als jenes, das er auf sich nehmen wollte: mit dem Schwert in der Hand und Zorn im Herzen.

Als sein Schlaf tiefer wurde, ließ er Medacis Hand los, und sie verschwand wie ein Hauch.

Dann befand er sich auf einer goldenen Barke, die nur ein einziges schimmerndes Segel trug. Das Boot war sein Leben, und er lenkte es durch seinen Willen und fuhr auf ihm rasch über das helle Wasser, dem jungen Morgen entgegen.

Yannul, der Lannier, stützte sich auf einen Ellbogen und betrachtete seine Frau, die im Schlaf lächelte. Sie sah so jung aus, jünger noch als damals, da er ihr begegnet war. Da sprach sie seinen Namen aus, und ihre Augen öffneten sich.

»Was hast du geträumt?« fragte er.

»Ich habe von Lur Raldnor geträumt.«

»War es ein angenehmer Traum?« Abergläubische Furcht und Sorge um ihren Seelenfrieden mischten sich in seiner Stimme.

»Ja. Bevor ... Da war ein Schatten. Ich hatte Angst. Aber er war bei mir, er sprach zu mir. Es war mehr als ein Traum, Yannul. Es war Kopfsprache. Wir können seinetwegen beruhigt sein.«

»Das ist gut zu hören«, erwiderte er.

Er hatte ihr kaum zugehört. Er empfand es als ermüdend, ständig einer gleichbleibenden Diät aus übernatürlichen Ereignissen ausgesetzt zu sein. Bei Raldnor von Sar war es das-

selbe gewesen, außer daß sich die Ermüdung auf andere Art bemerkbar gemacht hatte; damals war er noch ein junger Mann gewesen.

Medaci schlief schon wieder. Er legte sich wieder zurück, neben sie, und sah zu, wie die Seitenwände des Wagens ihre Farbe wechselten, als die Morgendämmerung sich anschickte, den Himmel zu erhellen.

Er rief sich in Erinnerung, daß er einen zorischen Morgen erlebte. Sie befanden sich im Innern Zors, schon seit einem halben Monat, seit sie die Berge verlassen hatten.

Nach dem Wunder, dem Erscheinen der lanischen Anakkire – es war sinnlos, so zu tun, als hätte es sich nicht um ein Mirakel oder eine Manifestation gehandelt – waren die karmianischen Soldaten davongeritten, offensichtlich in Trance. Da hatte ein Steinrutsch den Pfad blockiert. Niemand wußte, ob Karmianer getötet oder verletzt worden waren. Es schien nicht so zu sein.

Die Göttin hatte ihre Macht diesmal gnädig angewandt, wenn auch ziemlich rücksichtslos.

Der Paß war erzittert, als die Felsen herniedergestürzt waren. Und immer neue Steinblöcke waren heruntergedonnert. Als sich der Steinstaub gelegt hatte, der seelische Schock abgeklungen war und die wahnsinnige Freude und die Hysterie sich endlich erschöpft hatten, war dieses zorische Mädchen auf den Fels geklettert und hatte mit lauter Stimme zu ihnen gesprochen. Ihr Dialekt war unverständlich gewesen; daß sie sich hatten aufmachen und selbst umsehen müssen, um den Weg in den Berg hinein zu finden und durch diese Höhle in das Tal Zors zu gelangen, war ihnen erst im nachhinein klargeworden.

Es war nur zum Teil eine Höhle, im übrigen ein Tunnel, vielleicht von Menschen geschlagen. Auf der anderen Seite ragten riesig die Berge empor, und in unregelmäßigen Abständen donnerten tosende, gischtsprühende Wasserfälle zu Tal.

Der Abstieg war nicht einfach gewesen. Sie hatten mehrere Männer verloren, später eine Ziege, denn es hatte zwar hier und da Pfade gegeben, aber sie waren trügerisch. Das religiöse Erlebnis hatte durch diese Unglücksfälle an Glanz verloren. Unbewußt hatten sie sich seit dem Wunder am Paß für

unverwundbar gehalten. Aber offenbar waren natürliche Unfälle noch immer möglich.

Endlich gelangten sie an den Rand des Tales. Selbst hier wies das Wunder Mängel auf. Das Tal kam ihnen nicht genau so vor, wie sie es erträumt hatten. Regen prasselte hernieder, und Donner erschütterte den Himmel. Sie fühlten sich äußerst unglücklich, wie Kinder, denen man Süßigkeiten versprochen hatte, um sie dann ohne Essen ins Bett zu schicken.

Safca, mit schwarzumrandeten und rotgeriebenen Augen, sprach ihnen Mut zu, schüchterte sie ein und schmeichelte ihnen. Sie gab nie auf, als sie sich abmühten und sich durch die ersten Morgen Schlamm und Moor kämpften.

Nachdem die Rechtmäßigkeit ihrer vornehmen Abstammung in Olm bezweifelt worden war, schien sie jetzt wahrhaftig die Tochter eines Königs zu sein; sie benahm sich überaus königlich und auch ein wenig verrückt.

Das Mädchen Vashtuh war ebenfalls voll wilden Vergnügens, seine Ursprünge zu erblicken, es lief von einem Ende des Zuges bis zum anderen und wieder zurück, naß wie ein Fisch und unter ständigem Gelächter. Sie sagten etwas zu Yannul, und er nickte höflich. Erst sehr viel später hatte er es übersetzen können, und Medaci gegenüber verwundert bemerkt: »Vashtuh sagt, daß hier kein Schnee fallen wird, sondern nur Regen.«

Sie glaubten es aber sofort, als der Himmel eines Morgens trocken und hell blieb und sie die Berggipfel, die sie hinter sich gelassen hatten, dick in funkelnde Weiße gehüllt sahen und dort, wo sie waren, nur Regen niederprasselte.

Es sah so aus, als würde das Tal unterhalb der östlichen Schneegrenze sehr eng, überragt von seinen Palisaden aus Fels und Granit, die es schützten. Sie mochten ertrinken, aber sie würden nicht erfrieren.

Am Abend dieses Tages wurde am Lagerfeuer wieder gesungen.

Sie gelangten zu der Einsicht, daß der Traum, den sie alle gehabt hatten, keine Täuschung gewesen war, sondern eine Art Zusammenfassung der Tatsachen.

Den Fluß erblickten sie für eine Weile nicht, aber zuvor waren sie schon bei den Reichtümern des Tales angelangt; die Früchte hingen noch schwer von den Bäumen und Sträu-

chern, Tiere streiften überall umher und versprachen ausreichend Fleisch.

Dann kam der Fluß in Sicht, und noch etwas anderes: eine aus Steinen erbaute Stadt. Sie machte einen lanischen Eindruck – wie Alman, obwohl weit kleiner. Bisher hatten sie nur Hütten zu Gesicht bekommen, ein paar verlassene Dörfer, von kahlen Schlinggewächsen überwuchert und in verrottetem Laub versunken.

Nichts in der Stadt wies darauf hin, daß sie bewohnt war.

Yannul fragte sich, ob es dieser Ort war, der in den Erzählungen zu einer Stadt geworden war; aber Vashtuh beharrte darauf, daß es nicht so war. Ihre Mutter war von hier gekommen. Die Stadt lag im Nordosten jenseits des Flusses.

Es gab tatsächlich Menschen in der kleinen Stadt und ein rudimentäres Regierungssystem, das jedoch stark an das in Elyr erinnerte, geheimnisvoll und mystisch. Eine Gruppe schwarzhaariger Männer gesellte sich ihnen zu und sprach mit ihnen an einem Abhang unterhalb der Stadt.

Vashtuh fungierte bei dem Gespräch als Dolmetscherin, was sich als notwendig herausstellte, denn der Dialekt war hier sehr ausgeprägt. Die seltsamen Worte und Begriffe der Männer aus Zor ergaben für die Männer aus Lanelyr keinen Sinn.

Dessen ungeachtet ergab sich aus der Unterhaltung, daß die Zorianer ihr Land nicht mehr als Königreich betrachteten; sie sahen es nur als Vermächtnis eines Königreiches.

Das Freie Lan war willkommen, obwohl die Bedingung bestand, daß zwischen jedem Platz, den sie in Beschlag zu nehmen wünschten, und den bestehenden Besitztümern ein Freiraum eingehalten wurde. Vorläufig stand ihnen Unterkunft in der Stadt zur Verfügung.

Es gab dort eine Reihe verwaister Domizile, die nicht völlig ungeeignet waren, ihnen Schutz zu gewähren; auch die Häuser der jetzt Fortgezogenen konnten genutzt werden, aber unter Rücksichtnahme auf ihre Besitzer, wie es ihrer Sitte entsprach. Die Produkte des Tales standen ihnen allen zur Verfügung.

Offenbar trauten ihnen die Zorianer nicht blind, noch trauten sie selbst den Zorianern unbegrenzt, aber die Schicklichkeiten wurden eingehalten, eine gegenseitige Sympathie bestand und mochte sich verstärken.

Die Freien Lanier, die den Einmarsch und die Greueltaten der Karmianer mitangesehen hatten, wußten nur allzu genau, welche Folgen der Zustrom von Ausländern annehmen konnte. Sie achteten sorgfältig darauf, umgänglich und gerecht zu sein.

In der ersten Nacht amüsierte Vashtuh einige der Leute, die ein baufälliges Haus auf einem hölzernen Vorbau, der über dem Fluß schaukelte, für sich beansprucht hatten. Es war die Wohnung ihrer Familie gewesen; es gab andere, die ihrem Anspruch darauf zuvorgekommen waren, Onkel und Kusinen, die ihre Mutter erwähnt hatte, die im Tal oder in der Welt jenseits des Tales umherreisten und jederzeit zurückkommen mochten. Ein langer steinerner Tisch, den Vashtuh ihren Gästen zuliebe geschrubbt hatte, war auch mit fünf Gedecken belegt, deren Plätze freiblieben – an jedem dieser Plätze befanden sich eines der Elfenbeinmesser, die sie in einer Truhe gefunden hatte, ein Kerzenleuchter, eine steinerne Tasse, die liebevoll von Hunderten von Fingern und Lippen blankgewetzt war – alles für diejenigen bestimmt, die jeden Augenblick wiederkommen konnten. Das war Sitte in Zor, und obwohl es ähnliche Sitten in Lan gegeben hatte, hatte keiner der Gäste je erlebt, daß man es mit der Bewirtung möglicher Ankömmlinge derart ernst genommen hätte.

Die Freien Lanier ließen sich am Fluß nieder, dagegen erhob niemand Einspruch. Im Sommer mochten andere Gebote herrschen; mochte es erforderlich sein, sich nach anderen Unterkünften umzusehen; das Tal wieder zu verlassen und die umliegende Gegend zu erkunden. Aber sie waren weit gereist. Sie hatten Freiheit erlangt und ein gewisses Maß an Hoffnung für ihr Überleben geschöpft. Im Augenblick waren sie froh, ausruhen zu dürfen.

»Aber ich«, sagte Safca, »muß zu der großen Stadt gehen.«

Die Lanier hörten es mit Ehrerbietung. Safca war ihre Priesterin, sie war der auslösende Funke ihrer Revolte in Olm gewesen, der Brennpunkt für das Erscheinen der Anackire am Bergpaß; sie hatte ihre Feinde abgelenkt und das Tor nach Zor eröffnet.

Sie wollten nicht, daß sie sie verließ, und hätte sie es befohlen, hätten sie sich auch verpflichtet gefühlt, mit ihr weiterzuziehen.

Aber sie befahl es nicht. Sie drückte allein ihr eigenes Bedürfnis aus und erkundigte sich, wer bereit war, sie zu begleiten.

Ihr erster Offizier, der Mann, der bei dem Versuch, die Karmianer aufzuhalten, willig gestorben wäre, wenn sie und Yannul es zugelassen hätten, legte in der duftenden milden Winterluft die Stirn in Falten und fragte sie, weshalb sie weiterziehen mußte und woher sie die Sicherheit nahm, daß die Stadt existierte.

»Ich weiß, daß sie existiert«, erwiderte sie. »Und ich weiß, daß ich dorthin muß.«

»Aber weshalb, Lady?« Er wies auf die Männer, die sie umstanden und Safca ansahen. »Ihr brachtet uns aus Lan heraus. Ihr rieft die Göttin an, und sie wuchs vor unseren Augen empor ...« Dieser mit erhobener Stimme vorgebrachte Satz wurde mit einem wahren Ausbruch allgemeiner Zustimmung bedacht.

Safca wurde dunkelrot im Gesicht, ihre Augen blitzten. Sie liebte es, geliebt zu werden, da ihr früher nicht allzuviel Liebe entgegengebracht worden war.

Als sie sich wieder verständlich machen konnte, sagte sie: »Es ist die Göttin, die mich anwies weiterzugehen.«

Danach herrschte eine Weile Stille. Darüber konnte man nicht diskutieren.

Dann sagte der Offizier: »Wir werden Euch folgen.«

»Nein«, erwiderte sie, »ich lade jene dazu ein, die ebenso wie ich die Notwendigkeit spüren, die Stadt zu erreichen. Die anderen wären für die Göttin nutzlos. Sie wünscht nur jene, die ihre Absicht fühlen.«

»Was ist ihre *Absicht?*«

Sie spreizte die Hände. Der Wind spielte in ihrem Haar. In solchen Momenten sah sie fast schön aus, nicht nach Art der üblichen Frauenschönheit, sondern wie die Gipfel der Berge, Standort der stolzen Bäume.

»Ich weiß es nicht. Aber ich bin ein Teil davon. Ashni hat mich zu einem Teil ihrer Absicht gemacht.«

Man hatte ihnen von Ashni erzählt, der Kind-Göttin, die in Olm unbekannt unter ihnen gelebt hatte.

Die Versammlung löste sich auf.

Am nächsten Tag wurde der Transport für Safca zusam-

mengestellt, Wagen aus der kleinen Stadt, die sehr leicht und eigenartig geschnitzt waren und Verdecke aus gefärbtem und gewachstem Leinen trugen. Es gab keine Zeebas im Tal, nur Pferde. Die Zorianer benutzten die kastrierten Widder aus ihren Herden, und Safcas Gesellschaft tat es ihnen gleich. Als sie aufbrach und eine der schrägen Plankenbrücken über den Fluß überquerte, folgten ihr weniger als zwanzig Personen.

»Weshalb tun wir das?« fragte Yannul.

Medaci erwiderte: »Weil ich – so, wie sie es sagte – zu der Stadt gezogen werde.«

Sie versuchte, ihm dieses Ziehen zu erklären. Er begriff es nicht, oder er wollte es nicht begreifen; aber sie wünschte, Safca nach Nordost zu folgen, und er schloß sich ihr an.

Ihr Junge war endlich glücklich. Er hatte eben eine Freundschaft mit einem lanischen Burschen in seinem Alter geknüpft, der ebenfalls an der Expedition teilnahm. Sie fuhren zusammen auf demselben Wagen, der diesmal von zwei kräftigen und willigen Schweinen gezogen wurde.

Noch immer regnete es Tag und Nacht ununterbrochen.

Yannul, dem die Feuchtigkeit allmählich in die Knochen zog, verfluchte dieses Unternehmen. Er glaubte nicht an die Stadt, obwohl sie unermeßliche metaphysische Proportionen angenommen hatte.

Im Augenblick lag er auf dem Rücken und dachte an seinen Sohn, sein Schwertarm schmerzte heftig; er erinnerte sich daran, wie die Karmianer fortgejagt worden waren, ohne daß ihnen ein Leid geschehen war; er war viel zu müde, um sich entschließen zu können, ob er ärgerlich, erregt, ängstlich oder gelangweilt war.

Als sich draußen ein Aufruhr erhob, stand er hastig von den Decken auf, riß sein Messer an sich, stürmte aus dem Wagen und wäre beinahe auf seinen jüngeren Sohn gesprungen, der dort stand und nach ihm gerufen hatte.

»Es ist alles in Ordnung, Vater. Es ist kein Krieg.«

Yannul schüttelte sich. Demnach war er doch noch halbwegs im Schlaf gewesen. Er ließ das Messer sinken, bemerkte, daß sein Sohn ihn liebenswert und heldenmütig und komisch und alles zugleich fand, und verspürte den Wunsch, ihn deswegen zu ohrfeigen und zu umarmen; ebenfalls beides zugleich.

»Was also ist los?«

»Komm und sieh selbst!«

Also ließ sich Yannul eine Viertelmeile weit führen, und als sie angekommen waren, sah er es.

Der Wald, der sie den ganzen vergangenen Tag lang umgeben hatte, lichtete sich nach Osten einem Sonnenaufgang entgegen; voller milder Farben und Dunst. Unter der aufgehenden Sonne dehnte sich ein anderer Fluß, ein breites Wasserband, das den Himmel widerspiegelte. Und jenseits des Flusses und inmitten der Morgenröte erstreckte sich die geheimnisvolle Stadt Zor.

Es war eine zerstörte Stadt. Ein zerbrochenes Schwert.

Bevor sie ankamen, bevor sie den zweiten Fluß überquerten, kamen sie zu einer Reihe von Dörfern, die sämtlich entlang des diesseitigen Ufers lagen. Zwischen ihnen waren Gärten – die jeweils etwa eine Meile Abstand zwischen sie legten –, so weit das Auge reichte. Wie es schien, wohnten Menschen bei den Ruinen, wenn auch nicht in ihnen. Ein seltsamer Umstand.

Sie mußten zwischen zwei Dörfern hindurch, zum Wasser, und dann an weiteren Dörfern vorbei oder durch sie hindurch, als sie das Ufer entlang ritten, um nach einer Brücke oder Furt Ausschau zu halten.

Männer, Frauen, Kinder und einige Schafe traten vor und starrten sie an. Yannul und eine Handvoll der übrigen Lanier versuchten, zu den Leuten zu sprechen, aber sie hatten keinen Dolmetscher zur Verfügung. Es war sinnlos. Einige Gruppen zeigten aufgeregt: *diesen* Weg – das bedeutete flußaufwärts. Sie wußten, daß die Fremden den Fluß überqueren und zur Stadt gelangen wollten, und waren ihnen ohne Zögern behilflich.

Endlich fanden sie ein großes, mit Rudern versehenes Boot, in brauchbarem Zustand, an einen Baum gebunden. Da hatten sie ihre Möglichkeit überzusetzen.

Vier der lanischen Männer ruderten die erste Abteilung hinüber, und sie blieben bei ihrer Tätigkeit, bis man sie entlastete. Obwohl die Überfahrt kurz war, nahm die Arbeit lange Zeit in Anspruch. Denn es mußten nicht nur Menschen übergesetzt werden, sondern auch blökende und widerbor-

stige Tiere sowie Gerät von den Wagen, die sie am Baum zurücklassen mußten.

Daß die Dörfler dies alles stehlen würden, war anzunehmen.

Dann verstummte das schandbare Gerede. Als sie unterhalb der Mauern der zorischen Stadt Zor lagerten, schwemmte etwas alles Unwichtige aus ihrem Denken. Es wurde still bis auf das Jaulen des Windes um die Ecken der steinernen Bauwerke über ihnen.

Von außerhalb betrachtet, wirkte die Stadt wie eine dunkle einheitliche Masse, ein hohes Bollwerk aus schwarzem Stein, gelegentlich von der schwarzen Spitze eines Turmes überragt.

Aus der Entfernung hatte die Stadt unbeschadet ausgesehen, obwohl sie wußten, daß sie es nicht sein konnte. Und sie war es auch nicht. Die Mauern waren geborsten, schadhaft und stellenweise eingerissen; aber wo sie gegeneinander gestürzt waren, hatten sich neue Mauern gebildet; ein Wirrwarr von Trümmern, das vollends undurchdringlich war.

Sie schritten, eine kleine Menschengruppe, die Mauer entlang, um einen Weg in die Stadt zu suchen.

Yannul legte Medaci die Hand an den Nacken. »Ich bin bei dir.«

Sie lächelte ihn an, und er sah keine Furcht in ihren Augen. Obwohl sie gesehen haben mußte, daß es sich bei dieser Stadt um ein Ebenbild der Tieflandstadt handelte – denn genau das war sie gewesen; jetzt nicht mehr, aber vor Jahrhunderten.

Eines der vorauslaufenden Kinder fand ein Tor. Vielleicht hatte es früher mehrere dieser Tore gegeben. Es war keine Tür vorhanden, nichts als ein widerhallender Steinbogen.

Breite terrassenartige Stufen führten hinter dem Durchgang abwärts. Straßen liefen in verschiedene Richtungen. Türme ragten empor.

Auf einer Erhebung stand ein von Säulen umstandenes Gebäude. Ein langgestrecktes Fenster im Mauerwerk war erleuchtet. Sie wiesen darauf hin, denn das farbige Glas war völlig unbeschädigt.

»Safca«, sagte Yannul.

Medaci schüttelte den Kopf. Ihre olmische Lady war weit entfernt, eingestimmt auf irgendein lautloses Lied der Stadt.

Sie schritt vor ihnen her.

Sie folgten ihr.

Die Türme über ihren Köpfen warfen scharfrandige Schatten gegen den Himmel, die Schatten der beschädigten Türme waren unregelmäßig.

»Habe ich Furcht?« fragte Safca sich.

»Nein«, erwiderte ihr anderer Teil sanft, der Teil, der Mutter und Lehrer des geringeren Teiles war; ihr nurmenschliches Selbst. »Nein, keine Furcht. Die Kraft ist an diesem Ort sehr stark. Aber du bist zu einem bestimmten Zweck hier. Du kannst es fühlen. Der Zweck ist auch die Macht.«

Etwas leitete sie, und es war selbstverständlich für sie, sich ihm anzuvertrauen.

Wie lange wandelte sie schon durch die Stadt? Vielleicht ein paar Stunden. Die anderen mußten erschöpft sein. Sie war es nicht.

Plötzlich wurde Safca bewußt, daß sie am Ort ihrer Bestimmung angekommen war. Sie sah sich um. In gewisser Weise hatte sie vorausgeahnt, daß sich hier ein mächtiger Gegenstand befand, eine kolossale Statue vielleicht oder ein Bauwerk, das unirdisch und schrecklich war. Aber was sie erblickte, war nichts von dieser Art. Es war eine schmale geschnitzte Tür in einer Seite der Wand.

Sie berührte sie, und sie gab nach. Safca war immerhin überrascht.

Sie starrte unter sich in das riesige Auge eines Teiches. Unter der Straße aus unvordenklicher Zeit schien sich eine Höhle zu befinden, die möglicherweise einen unterirdischen Zulauf des Flusses darstellte.

Da hörte sie die gemurmelten Kommentare in ihrer Umgebung. Sie sah wieder auf und entdeckte den Grund des Gemurmels. Sie erblickte im Tageslicht funkelnde Juwelen und blitzendes Metall, einen Schatz, wie er in den Legenden erwähnt wurde …

Safca trat in das Gewölbe, schritt den sanft geneigten Boden hinab, fasziniert nicht von dem Wert des Schatzes, sondern von seinem legendären Vorhandensein.

Die anderen strömten hinter ihr herein. Das Tageslicht und geschlagene Flintsteine schufen diamantenes und rubinrotes

Funkeln in der Dämmerung. Flüstern wurde hörbar: Hier liegt der Reichtum, der es Lan ermöglicht, sich gegen seine Feinde zu verteidigen. Ein schwächeres Flüstern: Nein, es handelt sich um einen unantastbaren Fund; ihn zu plündern, wird einen Fluch nach sich ziehen; habt ihr denn nicht die geschnitzte Schlangengöttin an der Tür gesehen?

Safca war selbst erstaunt, denn sie hatte dieses Abbild nicht gesehen.

Es war der Teich, der ihre Aufmerksamkeit gefangen hatte und es noch immer tat. Sie trat näher und blickte hinein.

»Zündet ein gleichmäßiges Licht an«, bat sie ruhig, »und bringt es her!«

Jemand befolgte ihren Befehl.

Im Schimmer der strahlenden Lampe sahen sie in den Teich.

Der Grund des Gewässers war ein großer heller Stein, in den etwas geschnitzt worden war. Die Buchstabenfolge war endlos lang. Es war ein riesiges Buch. Das rinnende Wasser hatte nichts ausgelöscht, sondern die Schrift seltsamerweise erhalten. Sie war visianisch. Sie konnten alles lesen.

Als die Nacht hereinbrach, schwarz über der schwarzen Stadt, hatten sie ein großes altes Haus auf einem Hügel ausgewählt. Ein beliebiges Wohnhaus der Vergangenheit, dessen runde, von Pfeilern umgebene Halle intakt war.

Niemand wohnte in der Stadt, jedenfalls war ihnen niemand begegnet. Das Nest eines Tirr war seit langem unbenutzt, die Jungen waren mumifiziert; selbst der Verwesungsgeruch war im Lauf der Zeit geschwunden. Sie hatten überhaupt keinen Tirr im ganzen Tal gesehen. Vielleicht kamen diese Tiere mit ihren Giftkrallen und ihrer unglaublichen Häßlichkeit nicht mehr häufig vor.

Sie errichteten ein Feuer, bereiteten das Essen und aßen. Ein aus Olm mitgebrachter Weinschlauch wurde geöffnet und herumgereicht. Sie hatten ihr Ziel erreicht.

Als die wenigen Kinder schliefen, stieg eine Stille, die in ihnen allen war, durch Haut und Augen an die Oberfläche. Es gab jetzt nur noch das Knistern des Feuers, seinen Widerschein auf einer Perle, auf dem Haar einer Frau.

Safca war hinter einer Steinwand verschwunden, die viele

hundert Jahre alt war. Sie lag dort still und lauschte der Stille der anderen, gedachte des ungeheuren Alters, das in der steinernen Mauer zwischen ihnen eingeschlossen war.

Sie hatte seit Zastis sexuell enthaltsam gelebt. Es war seltsam. Sie hatte in den Bergen gewußt, daß sie unter ihren Hauptleuten einen Mann hätte erwählen können, und er hätte mit einer Freude und einem Verlangen bei ihr gelegen, die nie zuvor ein Mann mit ihr erlebt hatte. Denn sie war etwas Besonderes, weil sie heilig war. Aber selbstverständlich war es genau derselbe Grund, der das Geschlechtliche überflüssig machte.

Auch jetzt.

Sie starrte zu der hohen Decke empor, zu den Ebenholzbalken, die vielleicht tausend Jahre vor ihrer Geburt eingezogen worden waren.

Könnte sie die Kraft fassen, das Feuer, das kommen mochte? Sie hatte Ashni erlebt. Aber sie selbst war nicht unsterblich. Der Tod hatte Macht über sie.

Dann konnte das Vorhaben der Göttin, wenn es sich darum handelte, erneut scheitern. Aber sie brachte es nicht über sich, so zu denken. Treue war das Größte. Safcas Treue war endgültig.

Vorn in der langen Halle waren Yannul und ein anderer Mann dabei, das lebende Inventar zu überprüfen, das sie zwischen den Säulen angebunden und mit Stroh versorgt hatten. Auch die Tiere waren still. Als sich Yannul von ihnen abwandte, erblickte er seinen jüngeren Sohn und den rein visianischen Jungen, seinen Freund. Irgendwo auf dem Weg hatten sich die beiden Blutsbrüderschaft geschworen. Yannul hatte die weißen Narben an den Seiten ihrer beider Arme bemerkt. Jetzt sahen sie ihm entgegen.

Sein Sohn, der Wortführer, fragte: »Ist es wahr?«

»Was meint deine Mutter dazu?«

»Ja, und ich soll dich fragen.«

»Dann also: ja.«

Sie schlenderten zusammen zum Feuer zurück.

»Der Zauber muß sehr mächtig sein. Was wird geschehen?«

»Ich habe keine Ahnung. Vielleicht dasselbe, was auf dem Paß geschah, vielleicht mehr.«

»Wie das, was unterhalb Koramvis geschah, als du mit Raldnor Am Sar zusammenwarst?«

»Ich habe keine Ahnung«, sagte er nochmals.

Merkwürdig, daß das Wissen nur hier bekannt gewesen sein sollte. Er hatte den Verdacht, daß es eigentlich in anderen Gebieten vorhanden gewesen und inzwischen vernichtet oder vergessen war. Teile der Schrift auf dem Stein im Teich hatten keinen Sinn ergeben. Andere enthielten Erinnerungen oder Legenden.

Der Am Dorthar hatte immer stolz erzählt, daß sie vom Himmel gekommen seien, in den Bäuchen heller Drachen herabgetragen, die den Boden mit ihrem feurigen Atem verbrannt hätten. Die Schrift im Stein hatte das ebenfalls erwähnt.

Im Anfang, der vor dem Anfang gewesen war, zu dem die Erinnerung der Menschen zurückreichte, waren die Menschen auf diesem Erdteil ausnahmslos weißhäutig und blaß gewesen – Tiefländer. Aber die visianischen Rassen, dunkel, habgierig und verschlagen, waren von anderswoher gekommen – von jenseits des Himmels. Etwas war geschehen, das der Stein nicht korrekt offenbarte. Es hatte einen Fall gegeben, gleichermaßen aus der Erhabenheit der Stärke wie aus dem Himmel. Die Visianer waren in gewisser Weise degeneriert, einer mächtigen Kraft verlustig gegangen, die nicht zauberisch gewesen war, eher unheimlich.

Die bleichen Rassen waren bereits von ihrem Gipfel herabgestiegen. Es schien, als wären sie Zauberer gewesen, hätten aber ihre Gabe mißbraucht, die schließlich versiegt wäre. Sie hatten sich den Invasoren ergeben, die sie daraufhin mit ihren eigenen Schwächen behaftet hatten.

Diese Punkte waren etwas eigenartig. Mythen. Dann kündete die Schrift im Stein noch von anderen Dingen, anderen Mythen, die hierher gehörten, in den gegenwärtigen Umbruch.

»Die Tiefländer haben immer an derlei Dinge geglaubt«, sagte Medaci zu ihm, als das Feuer fast heruntergebrannt war. »Der Brunnen der Kraft, die angezapft werden kann. Und die Linien der Kraft, die zu jedem dieser Brunnen führen, unsichtbar auf die Erde gezeichnet, auf das Wasser und in die Luft.«

»Haben sie auch gesagt, wo diese Brunnen zu finden sind?«

»Man vermutete, daß einige der Priester es wußten. Es wurde immer behauptet, daß in der Nähe von Koramvis etwas in dieser Art zu finden sei, und es hieß, daß sich dort ein verborgener Tempel befinde, der aus einer Zeit stammt, in der nur gelbhaarige Männer im Lande waren.«

Wieder Koramvis. Die Steintafel in dem Teich nannte es das Herz Dorthars. Und der Ort hier war Zor Am Zor. Und die Tieflandstadt wurde auf der Steintafel Anak in den Ebenen genannt. Und dann gab es noch einen weiteren Platz, den die Tafel mit Memon bezeichnete. Und dann waren da noch diese Hinweise auf ein zweites Land im Süden, jenseits der Aarl-See, das mußte der zweite Kontinent sein.

Und es war noch eine fünfte Kraftquelle verzeichnet, an einem Ort, den die Tafel Vathak nannte. Man konnte sich vorstellen, daß damit Vathcri gemeint war, wohin er, ausgespien vom Ozean, zusammen mit Raldnor Am Anackire geritten war und wo Raldnors weißhaariger Sohn empfangen und geboren worden war. Und man konnte auch nicht umhin, mit absoluter Klarheit zu bemerken, daß das untergegangene Schleppschiff, das sie an jenes fremdländische Ufer gebracht hatte, trotz Sturm und Feuer, trotz Meuterei, Meuchelmord und Verzweiflung die ganze Strecke entlang oder neben der unsichtbaren Kraftlinie gesegelt war, die zwischen Vathak-Vathcri und Koramvis verlief, dem Herzen Dorthars.

Yannul hatte das Bedürfnis, ärgerlich aufzulachen. Er war ebenso dem Weinen nahe. Die übernatürliche Gewalt, die ihn aufgelesen und durch den Spiegel des Schicksals geschleudert hatte, dieses Monstrum, das ihn noch immer in seinen Klauen hielt, hatte ihn niemals losgelassen, wie auch sonst keines seiner Opfer, lebend oder tot.

Er bemühte sich, seine heftige Gemütsbewegung durch eine vernunftmäßige Deutung zu beschwichtigen.

»Aber Memon«, sagte er, »wo liegt das? Eine Stadt ist es nicht, lebendig oder zerstört. Es kann auch keine Stadt sein, von der ich noch nie gehört habe. Ein kleines Dorf vielleicht, das in einer psychischen Suppe kocht. Mögen ihm alle Götter helfen!«

Er legte neues Holz aufs Feuer. Es war feucht und zischte.

Man konnte sich vorstellen, daß es heutzutage ebenso mit der geistigen Macht des ganzen Planeten bestellt war.

In diesem Tal schienen die Welt, die Schneefälle, die alptraumhafte Invasion und der sich abzeichnende Krieg ohne Bedeutung zu sein. Aber sein ältester Sohn war dort draußen, inmitten der Ereignisse. Und mit den beiden Söhnen Raldnor Am Anackires verhielt es sich ebenso.

»Und mit ihr ebenfalls«, sagte Medaci, die seine Gedanken mit einer Sicherheit gelesen hatte, die ihn längst nicht mehr schockierte.

Er stocherte wütend im Feuer, den Stock hielt er in der Schwerthand.

»Ashni.«

Und die Funken sprühten kräftig und hell.

ZWANZIG

Über den Osten und die Mittleren Länder hatte die Kälte ihren Fluch des weißen Schlafes geschleudert. Durch diese Verwehungen und Schluchten aus Alabaster kämpfte sich ein Trupp Reiter. Ihre Wagen sanken im Schnee ein, ebenso die Tiere, oft brusttief oder bis fast an die Hälse.

Sie erreichten Dorthar und arbeiteten sich weiter. Sie waren auf dem Weg zu Anackire und zum Sturmpalast des Hohen Königs, wo sie anhielten, die Gesichter wund, die Augen halb blind. Einer trug Verbände; er hatte einige Finger verloren.

Sie brachten Nachrichten für Raldanash. Diese Nachrichten waren ebenso schmerzlich wie die Reise.

Der derzeitige Sturmlord, Sohn jenes Mannes, der damals Shansar Vis eingliederte, hatte Alisaar, das während des Tieflandkrieges von Shansar eingenommen worden war, für einen Verbündeten gehalten. Jetzt hatte Alisaar sich zum freien Staat ausgerufen und seine Neutralität erklärt. Die formale Erklärung hatte noch nicht stattgefunden, aber das würde noch kommen. Die Dortharianer, die diese Nachricht verbreiteten, hatten sie aus ihrer Sicht abgefaßt.

»Es scheint, als habe Kesarh insgeheim einen Antrag auf die erste Einnahme des karmianischen Thrones gestellt. Er ist

selbst ein halber Shansarianer, obwohl er es so wenig wie möglich durchblicken läßt. Das shansarianische Alisaar stellt vorläufig einen Verbündeten des shansarianischen Karmiss dar. Jetzt sieht es so aus, als begünstige Kesahr das Freie Zakoris. Alisaar ist zum Stillhalten verdammt. Es hat das vardische Zakoris als nächsten Nachbarn, jenseits der Inneren See liegen die Mittleren Länder, und das Freie Zakoris kann es von der anderen Seite her überfallen; und da kommt Kesarh daher und schickt diesem Land Geschenke und schwört ihm unverbrüchliche Liebe ... und ebenso hält es der größte Teil von Lan, den er annektiert hat.«

»Alisaar wird kämpfen, mein Lord, aber allein für sich selbst. Wer immer es zu stürmen versucht, muß sich auf Gegenwehr gefaßt machen. Das trifft auf das vardische Zakoris ebenso zu wie auf das Freie Zakoris. Oder auf Dorthar.«

Die Nachrichten, obwohl schmerzlich, waren jedoch nicht verwunderlich. Schon hatte die Mehrheit der shansarianischen Offiziere in ganz Vis auf ihre Kommandos verzichtet.

Gouverneur Vencrek, der zu dem zusammengesetzten Rat von Anackyra sprach, machte die Bedrohung deutlich, die Alisaars Dilemma und Loslösung darstellte.

»Wir«, sagte Vencrek, indem er sich der visianischen Sprache bediente, die er aber mit vielen zur Zeit in seinem Geburtsort Vathcri üblichen Phrasen durchsetzte, »wir haben unsere Botschafter zum Schwesterkontinent entsandt. Es hat ganz den Anschein, als sollten wir uns blamieren, noch ehe der Schnee gewichen ist. Ich bin sicher, Ihr, Gentlemen, seid Euch dessen bewußt, daß Kesarh, wenn er klug genug war, seine Allianz mit dem shansarianischen Alisaar zu erneuern, es ebenso mit Shansar selbst gehalten hat.« Der Rat begann zu murmeln, obwohl die Herren bis auf den letzten Mann wußten, was folgen würde. »Wenn Karmiss, das uns noch immer seiner Freundschaft versichert – welchen Beteuerungen wir jedoch keinen Glauben schenken ...«, sagte Vencrek jetzt schonungslos, »... wenn Karmiss, sage ich, einen Vertrag mit Shansar-über-dem-Meer zustande gebracht hat – und wir können davon ausgehen, daß es so ist –, dann muß Shansar Kesarhs Partei ergreifen. Und Kesarh sympathisiert mit dem Freien Zakoris, mit dem Schwarzen Leopard, dem geschworenen Feind Dorthars.

In diesem Fall sieht es auf dem Schwesterkontinent wie folgt aus: Shansar wird zum Feind der Anhänger des Herrn der Stürme in Vathcri und in Vardath, dem Rest des Königreichs Alt Zakoris und Vis. Und endlich wird Shansar seinem alten Verbündeten Dorthar die Treue aufsagen. Aber schlimmer noch: Shansar muß Dorthar den Krieg erklären, und ebenso dem vardischen Zakoris. Damit natürlich auch Vathcri und Vardath selbst. Und es wird Tarabann in seinen Handel hineinziehen.

Zum gegenwärtigen Höhepunkt der Krise wären die Vardianer und Vathcrianer Narren, wenn sie ihre Truppen herschickten und ihren eigenen Grund ungeschützt ließen. Aus diesem Grund können wir keinerlei Hilfe vom zweiten Kontinent erwarten, Gentlemen. Alles was wir erwarten können, ist vielmehr die Wahrscheinlichkeit, daß der Krieg eskaliert und das südliche Mutterland beschnitten wird, wie auch Vis selbst verwüstet werden wird.

Kesarh hat durch seine teuflischen Manöver und moralische Verkommenheit die ganze Welt gegeneinander aufgehetzt.«

Als diese Rede beendet war, verklangen die Ausrufe der Empörung und ließen die Ratsherren ratlos zurück.

Hier lag ein Chaos von Rivalitäten und Machtgier vor ihnen ausgebreitet, das jeden Konflikt der Vergangenheit zu einem Kinderspiel degradierte. Und keinem von ihnen blieb ein Ort, an dem er ihm hätte entgehen können. Reich und Arm, Sklave und Herr; sie alle waren darin verstrickt.

Der Grund unter ihren Füßen war ins Wanken geraten. Rarmon hatte sie an das Freie Zakoris verraten. Raldanash saß vor ihnen wie aus kaltem weißen Marmor.

Wo waren jetzt die Helden?

Der Dunst in dem kleinen Raum wurde immer dichter; erfüllt von Schatten und unhörbaren Geräuschen. Hinter den hohen Fenstern war das ansteigende Hochland jenseits der Stadt zu sehen, und vor dem sich verdunkelnden Himmel ragte das vom Himmel errichtete Gebirge empor.

Ihr gehört nicht zu den Unsrigen! riefen ihnen die Berge lautlos zu. *Keine Söhne unserer Morgen; empfangen in anderen Schatten. Wir werden euch nicht bergen und nicht schützen.*

Raldanash, der ein Gespür für die fremdartige Gestalt und

die Ausdruckskraft dieses Landes besaß, war vor langer Zeit durch seine Berge geritten, während er Koramvis zu entdekken versucht und die Augen offen gehalten hatte. Jetzt blickte er in sich hinein, hatte den Blick von Dorthar und von ganz Vis abgewandt.

Er erinnerte sich an Vathcri-jenseits-des-Ozeans, an seine milden Winter, in denen es windig war, es aber kaum je Schnee gab; an seine heißen Monate, da die Täler im goldenen Glanz des Getreides standen. Er sah die Stadt mit den roten Mauern, ein Diadem aus Türmen, die sich an die neunzig Fuß über die Ebene erhoben, und den von roten Mauern umgebenen Palast. Und dort, im Zentrum dieses Geschmeides aus Mauern und Tälern und dunklen Bäumen, schaute er seine weiße Mutter, deren Name Sulvian gelautet hatte, solange sie lebte.

Sulvian war wunderschön gewesen. Sie und er waren sich darin gleich, und auf jenem schneefreien Erdteil waren sie sich auch in der Schneefarbe ihrer Haare gleich. Während er heranwuchs, hatte er geglaubt, daß sie nur einander hätten. Sie besaß einen Bruder, den sie liebte, einen Onkel, der ihm den Vater ersetzt haben könnte; aber Onkel Jarred war mit Raldnor in den großen Krieg gezogen und in einem brennenden See vernichtet worden, ohne eine Spur zurückzulassen; es gab nichts zu betrauern, außer der Erinnerung.

Und sein wirklicher Vater, Raldnor, Auserwählter der Göttin, war nicht wiedergekehrt und hatte sich auch nicht darum bemüht. Sulvian hatte es stets für einen eitlen Gedanken gehalten, daß ihr Gatte je wiederkommen würde. Sie hatte Raldanash versprochen, daß er Raldnor sehen würde, an ihrem Platz.

Als sie nach dem Krieg in Vathcri durchzusickern begann – die Nachricht von Raldnors Verschwinden, seiner Metamorphose und Entrückung –, hatte Sulvian es verdrängt. Er würde nach Dorthar zurückkehren. Er hatte sich solche Mühe gegeben, Dorthar zu besitzen ... Natürlich würde er zurückkehren.

Raldanash mochte fünf oder sechs Jahre alt gewesen sein, als er bemerkt hatte, daß ihr Vertrauen in diese Annahme einem Wandel unterworfen war. Sie fing an, sehr behutsam, ihren Sohn von dem Wunsch abzubringen, den sie ihm selbst

eingepflanzt hatte und den sie miteinander geteilt hatten: daß eines Tages, wenn er seine Heimat und alles Vertraute verlassen und zu jenem fremden Königreich segeln mußte, um sein Erbe anzutreten, ihn sein Vater Raldnor erwarte und willkommen heißen werde.

Sie hatte zu sagen gepflegt, indem sie seine Fähigkeit zu verstehen unterschätzte, obwohl er es ihr nicht sagte: »Du wirst nicht allein sein, dein Vater wird bei dir sein.«

Aber sein Vater war nicht an seiner Seite gewesen.

Raldanash, obwohl damals noch ein Kind, erkannte, daß sie heftiger verletzt war als er. Sie hatte immer begriffen, daß sie benutzt wurde – die Allianz, das männliche Kind, das sie besiegelt hatte. Sie hatte Raldnor geliebt, ohne Vergeltung dafür zu verlangen. Sie hatte ihre Liebe dann ihrem Kind geschenkt.

Aber natürlich war das Kind nur ein vorübergehender Trost gewesen. Es würde schon in frühester Jugend seiner Sendung nachkommen müssen.

Er dachte jetzt an seine Mutter, wie er sie an eben dem Abend gesehen hatte, als er hatte aufbrechen müssen.

Sein Herz war vor Bestürzung und dem ersten Gefühl der Trennung erzittert. Er war noch ein Knabe gewesen. Sie hatte dort gestanden, und ihre allmählich verblassende Schönheit, das helle Haar mit Edelsteinen geschmückt, umrahmt von den funkelnden Sternen, hatte sich gegen den Himmel hinter dem Säulengang abgehoben.

»Ich werde dir Boten schicken«, sagte er, der noch so jung war, in dem Bemühen, älter zu wirken.

Sie lächelte.

»Ich werde immer bei dir sein«, hatte sie erwidert, »dort wie hier, an jedem Ort.«

Erst einige Tage später, auf dem Schiff – das Festland wurde hinter ihnen verschlungen wie eingesogener schwarzer Atem –, da verstand er den geheimen Sinn ihrer Worte, und er wußte, daß sie bald sterben würde. Er hätte das Schiff wenden lassen, wenn es ihm möglich gewesen wäre. Aber allein die Disziplin, die man in seiner Position erwartete, und jene anderen Früchte der Erziehung, die in ihm herangereift waren, hatten ihn gelehrt, zu widerstehen und unnachgiebig zu sein. Also ertrug er es, während der gesamten Überfahrt

nach Vis. Er ertrug, auf sich allein gestellt, bei der Ankunft den Pomp und die furchtbare Huldigung, die ihm das Erdbeben entgegenbrachte. Die nicht endende Arbeit, zu erfüllen, was von ihm verlangt wurde, alles Neue, das er sich aneignen mußte, und nirgends gab es eine Zuflucht, niemals Ruhe – denn selbst im Schlaf träumte er von Verpflichtungen, die sein Stand mit sich brachte, wie er sich entwickeln mußte, um den Erfordernissen des Regierungsgeschäftes gerecht zu werden.

Er ertrug es ebenfalls, als sie ihm die Nachricht vom Tod Sulvians überbrachten und sie sanft wie eine Blume zu Füßen des vierzehn Jahre alten Knaben niederlegten, vor mehr als fünfzig Zuschauern.

Sein Hof schätzte ihn als kalt, unpersönlich und gefühllos ein. Seine Würde und die trockenen Augen verletzten die Lehre von Vis. Frauen klagten um ihre Toten. Die Leichenprozessionen waren Orgien der Leidenschaft. Dieser junge Ausländer; er hätte wenigstens die Hand vor die Stirn schlagen, hilflose Äußerungen anläßlich der Nachricht von sich geben können.

Aber Raldanash hatte der Öffentlichkeit kein Schauspiel außer seinen Blicken geboten. In seiner Seele war er tief verletzt, da blutete er, aber niemand hatte es beobachten können.

Fühlloser König. Tiefländer. Amanackirer.

Auf seine Art hatte er sich auch in die Vorstellung verliebt, daß sein Vater, Raldnor, ein Sonnenaufgang war, ein Messias. Und bis zur Stunde konnte er sich noch lebhaft an Sulvians Gesicht und ihre Stimme erinnern, an ihr ganzes Verhalten, wenn sie zu ihrem Sohn von Raldnor gesprochen hatte. Daß er einen solchen Vater endgültig verloren hatte und Sulvians Verlust immer und immer wieder in den Träumen miterlebte, wirkte sich auf Raldanash aus, selbst wenn diese Wirkung nie sichtbar wurde.

Ebenso wie Rarmon wußte er, daß sein Vater ihn nie hoch eingeschätzt hatte. Mit diesem Wissen das weltliche Königtum innezuhaben, war schwer.

Letzten Endes begann das Bildnis Raldnors, selbst der Name ›Raldnor‹, Raldanash im tiefsten Inneren zu verletzen und zu stören. Da er sich selbst mit ungewöhnlichem Scharfblick beobachtete, hatte er aus diesem Grund all jenen verbo-

ten, diesen Namen zu benutzen, die am häufigsten in seiner Nähe waren.

Wie Raldanash sehr wohl bewußt war, konnte es durchaus geschehen, daß man die Abneigung gegen einen bestimmten Namen mit dem eigentlichen Wesen seines Inhabers verwechselte. Diejenigen, die er so ihres Namens beraubt, hatten natürlich keine Ahnung von der Logik, die hinter dem Verbot stand. Sie nahmen es persönlich und waren verletzt, wie auch Yannuls Sohn.

Hinter dem Fenster wurde es dunkel. Jemand kam, die Lampen anzuzünden, dann trat der frostgeschädigte Bote unter Verbeugungen ein.

»Ich bedaure«, sagte Raldanash, »das Mißgeschick mit Eurer Hand.«

Der Botschafter war verwundert und verunsichert. Er hatte gehört, daß der König nie menschliche Regungen zeigte.

»Mein eigener Fehler, Herr der Stürme. Ich war unachtsam. Aber es ist nicht meine Schwerthand, der Göttin sei Dank.«

»Und was habt Ihr mir in dieser anderen Angelegenheit zu sagen?«

»Hoheit ...« Der Bote zögerte unschlüssig. Dann spulte er seine Erzählung ab, in unverständlicher Kürze. Es schien doch so wichtig zu sein – jetzt war er sich dessen gar nicht mehr sicher.

Er hatte sich in Ommos aufgehalten, die Bewegungen der ommischen Truppen und ihre Reaktion auf die Gerüchte über das schändliche Treiben der Freien Zakorianer beobachtet, die er selbst auszustreuen geholfen hatte. Als die Kälte seine Finger zum Absterben zu bringen begann, hatte er in Hetta Para Zuflucht gesucht, der provisorischen neuen Stadt, die der amanackirische Wächter befehligte, und der zerstörten älteren Hauptstadt, die unter dem Schnee vollends verfiel.

Es waren schon einige Andeutungen in Xarabiss zu hören gewesen. Sie betrafen eine Tiefland-Priesterin – oder eine Hexe, das hing davon ab, wer es erzählte oder woher die Gerüchte stammten. In der Geschichte eines Bauern war sie ein Geist oder gar eine Göttin gewesen. Sie war gen Norden gereist, und einige wußten zu berichten, daß sie auf einem gol-

denen Wagen fuhr, der von weißen Wölfen gezogen wurde. Andere sagten, sie führe auf einem bernsteingeschmückten Gefährt, das goldenes Leuchten ausstrahle.

Ein oder zwei derartige Gerüchte wären ohne Bedeutung gewesen. In unsicheren Zeiten waren Erzählungen von solchen übernatürlichen Ungereimtheiten an der Tagesordnung. Götter und tote Helden wurden gesehen, wie sie herumspazierten, Kälber mit zwei Köpfen wurden geboren, Brotlaibe bluteten, Wasser verwandelte sich in Wein oder Urin. Und schließlich begann jemand, das Bild einer bedeutsamen heiligen Frau zu entwerfen, die, wie es schien, nach Dorthar selbst unterwegs war.

Dann in Hetta Para hatte er, als er zu Beginn der Nacht in das widerwärtige untere Viertel der alten Stadt gegangen war und an großen Schutthügeln und ausgebrannten Häusern vorbeigekommen war, Bewegung und den Schein vieler Fakkeln auf einigen unterhalb gelegenen Straßen gesehen. Der Bote hatte die Bedeutsamkeit dieses Anblicks sofort begriffen; dieser Teil von Hetta Para war eine verkommene Abhalde; er war hinabgestiegen und hatte sich unter die Menge gemischt.

Er war ihnen in eine Grube gefolgt, bevor er entscheiden konnte, ob es klug war. Anfangs glaubte er, sie hätten wieder angefangen, Zarok zu verehren, den Vetter des zakorianischen Feuergottes. Eine der Statuen dieses Gottes, die man zuvor in die Grube geworfen hatte, war aufgerichtet worden, und in seinem Ofenbauch hatte ein Feuer gebrannt.

Erst nachdem ihn die Menge unabsichtlich nähergedrängt hatte, erkannte der Botschafter, daß der Gott, den er schon zuvor abgebildet gesehen hatte, verändert worden war.

»Er war nicht mehr häßlich, mein Lord. Ich kann es nicht besser erklären. Etwas war mit seiner Gestalt geschehen, und die Zähne ... Er war nicht so, wie man ihn kennt. Aber das war noch nicht alles.« Der Bote schüttelte leicht den Kopf, als er sich erinnerte. Er fuhr fort: »Ein Teil einer zerstörten Mauer stand hinter der Statue, ungefähr sechs Fuß hoch, den oberen Teil hatte das Dach einstürzen lassen. An der ganzen Höhe der Mauer war eine Zeichnung, vermutlich eingebrannt, sehr schwach, aber im Fackelschein deutlich erkennbar.«

Raldanash schwieg, und der Bote fuhr fort: »Er war der

größte Teil einer kolossalen Anckyra, der Schwanz, der Leib und die Arme bis zu den Ellbogen ... Es waren acht.«

Der Botschafter, der zugleich ein Spion war, hatte entgegen seiner sonstigen Gepflogenheit versäumt, die Menge auszufragen. Er hatte nur in der Grube gestanden, wie die Leute auch, und war auch mit ihnen wieder hinausgeklettert.

Aber als er die nördliche Grenze erreichte und sich mit Kameraden traf, hatte er seine Sammlung von Erzählungen erweitern können. Die Hexe-Priesterin tat Wunder. Einige davon waren mit Manifestationen der Schlangenlady verbunden, die achtzig oder neunzig Fuß groß waren.

Jemand hatte behauptet, diese Frau sei die Tochter des Herrn der Stürme Raldnor. Die Dortharianer hatten keine Anzeichen von ihr erlebt, aber der Bote vermutete, daß sie und ihre Leute (sie wurde immer in Gesellschaft gesehen, wenn nicht mit riesigen Wölfen, Schlangen und fügsamen und verspielten Tirr) bereits hier sein konnten, in Dorthar selbst.

Als er den Mann entlassen hatte, verließ Raldanash ebenfalls den Raum.

Er schritt durch den Palast, durch die Hallen und Höfe, hinaus in den verschneiten, sanft abfallenden Garten, und weiter zu dem privaten Tempel, den er vor zehn Jahren hatte errichten lassen. Der Hain war eingeschneit, ebenso die schwarze Masse des Tempels weiter draußen.

Als er eintrat, dachte Raldanash in einer dumpfen und hartnäckigen Erinnerung daran, wie er Rarmon hier einer Prüfung unterzogen hatte. Rarmon, der jetzt, ebenso wie Raldanash selbst, zerschmettert in der obersten Hand der Anackire lag.

Die Lampe brannte. Raldanash legte sich lang auf den Steinboden und bemühte sich behutsam, den tranceartigen meditativen Zustand herbeizuführen, in welcher Fähigkeit ihn die Priester Vathcris und später die Amanackirer selbst trainiert hatten.

Er war längst sensibilisiert worden (wie viele von den Amanackirern), eine Gefahr wahrzunehmen, wie sie jetzt bevorstand. Aber bis heute hatte es sich um eine theoretische Gefahr gehandelt.

Augenblicklich trieb er frei im Raum, spähte durch den Nebel der inneren Sicht und machte ein schwaches Glimmen

aus, blaßgolden, wie das Auge einer unbeschreiblichen Kreatur aus anderen Dimensionen.

Wo der Fluß eine Krümmung beschrieb und sich teilte, jetzt träge und unter einer Eisschicht, markierte ein Steinturm aus alter Zeit, der jetzt nur noch eine leere Schale war, die nordwestlichen Bereiche der ommisch-dortharianischen Grenzgebiete. Nicht weit von hier entfernt hatte vor fast drei Dekaden der Verräter Ras den Fluß überquert, auf seiner Mission, den Tieflandangriff aufzuhalten. Außer sich vor Haß gegen Raldnor, hatte er seine Leute dem Statthalter Amreks geschenkt; nicht einmal verkauft; einem Mann namens Kathaos, der danach unter einem anderen Namen, der ähnlich lautete, in den Dienst von Yl Am Zakoris ging.

Im leeren Gemäuer des Turmes und in seinem Umkreis befand sich ein kleines Lager. Die rohe, aus zusammengesuchten Steinen errichtete Mauer bot den drei oder vier Wagen zusätzlichen Schutz, die an ihrer windabgewandten Seite zusammengedrängt standen. Die Zeebas und Männer hielten sich vorwiegend im Innern des Turmes auf, dem eine dünne Rauchfahne in den rauchfarbenen Himmel entstieg.

Dieser Anblick ließ nichts von der mit ihm verbundenen Magie vermuten, er offenbarte nicht die Spur der Wunder und Zauberwerke. Das Biwak war einfach und Grau in Grau. Kein Wolf tanzte im Schnee.

Haut, der Vardier, einer seiner Diener, und ein Tiefland-Mann aus Moiyah, der in der Nähe von Xarabiss zu ihnen gestoßen war, kehrten von der Jagd zurück. Sie hatten nichts erlegt, was aber nicht ungewöhnlich war. Die Schafe waren alle aufgegessen, außer einigen Muttertieren, die sie wegen ihrer Milch verschont hatten.

Das Schlachten war seltsam vor sich gegangen. Das Mädchen berührte die Stirn der Tiere, und sie fielen in Schlaf, aus dem sie auch nicht erwachten, als ihnen das Messer durch die Gurgel fuhr. Ashni selbst aß nichts von dem Fleisch. Sie ernährte sich von merkwürdigen Dingen, etwa von Wurzeln und Gräsern und jetzt, wie es schien, sogar von Schnee. Dennoch war ihre Schlankheit die glatte Schlankheit der Gesundheit, nicht die der Schwäche.

Sie sprachen seit den kalten weißen Hängen Dorthars über

die Mutterländer; Moiyah, entlang eines Ufers der Inneren See, und Vardath jenseits des Ozeans mit seinen blauen Mauern. Sie entsannen sich der Tatsache, daß sie Menschen-Männer waren, denn sie hatte sie alle verwandelt. Aber sie hatte eine große Ruhe in ihr Leben gebracht. Und obwohl sie in den Worten ihrer Heimat gesprochen hatten, waren diese Worte nur in ihren widerhallenden Köpfen erklungen.

Sie waren an Seltsamkeiten gewöhnt.

Und so stutzten sie nicht bei dem neuen Anblick, als sie an die Grenzen ihres Lagers kamen und den Rauch emporsteigen sahen; bei dem Anblick eines Phantoms, das vor ihnen durch den Schnee schritt.

Einer, den sie gerufen hat, dachte der Moiyaner laut.

Oder einer, der sie sucht, antwortete Haut.

Der blasse Dunst war durch den Mann hindurch zu sehen, und sein Haar war wie Eis. Und daran erkannten sie ihn.

Raldnors Geist?

Sein Sohn.

Sie gingen weiter, indem sie einen respektvollen Abstand zu ihm hielten. Er war ein König. Aber sie suchten nach der erzitternden Schnur, die die Seele an den Körper binden muß, und glaubten, sie entdeckt zu haben.

Raldanash wunderte sich aufgrund seiner eigenartigen psychischen Beschaffenheit nicht, obwohl er nie zuvor so weit von seinem Körper fortgetragen worden war. Zudem war er nie stark genug gewesen, sein Ebenbild in Verbindung mit seinem Bewußtsein zu projizieren. Diese Macht käme von ihr, ihre magnetische Kraft, wie die des Bernsteins.

Er nahm die Männer hinter sich und zugleich ihre Fähigkeit wahr, es hinzunehmen. Aber sie waren für ihn ebenso geisterhaft, wie er es für sie sein mußte. Die Welt an sich war geisterhaft. Nur die goldene Flamme brannte vor ihm, die Flamme, die das Mädchen war.

Er hatte schon begriffen – ohne Unterricht –, was sie alles darstellte; oder alle Aspekte ihres Seins, die er verstehen konnte. Die Seele der Tochter Raldnors in einer Umhüllung aus Fleisch, die älter war als das sie umgebende Fleisch und die das Fleisch derart veränderte, daß es sich beeilte, Ähn-

lichkeit mit einer jungen Frau zu produzieren, vielleicht achtzehn Jahre alt. Ihr Bewußtsein war älter. Sogar älter als es selbst; denn sie hatte sich in gewisser Hinsicht an Einblicke erinnert, die die Seele jenseits der geistigen Orte ihrer Freiheit vergaß. Daß sie zugleich seine Schwester war, wurde ihm nur am Rande bewußt. Von allen Gründen ihres Erscheinens war dies der letzte.

Raldanashs physische Seele betrat die Hülle des Turmes. Er erblickte Feuerstellen, Männer und Frauen und Tiere. Wenige von ihnen – alles Tiefländer – sahen ihm entgegen und wurden stumm. Es schien, als hätte sie gewünscht, daß er von ihnen gesehen wurde, denn es war keine Zurschaustellung. Also ging er ruhig zwischen ihnen hindurch, näherte sich der Biegung der Treppe und stieg hinauf.

Das Bruchstück eines Raumes, das im oberen Teil des Turmes erhalten war, nach allen Seiten des sich verdunkelnden Himmels hin offen, schimmerte sanft in ihrem Schein.

Dort war Ashni.

Sie erhob sich, um ihn zu begrüßen, und mit einer seltsam lieblichen Geste legte sie ihre Hände in die seinen. Er fühlte ihre Berührung, obwohl er sonst nichts real Vorhandenes zu spüren vermochte, mit Ausnahme der silbrigen Kühle und des fließenden Wassers, das der Wind war.

Ihre Schönheit war nicht wie die seine, nicht wie die Schönheit Raldnors und Sulvians und Astaris'. Es war die Schönheit der Phantasie; mehr als perlige Haut und topasfarbenes Haar. Ihre Augen waren keine wirklichen Augen, sondern reine Fenster, erhellt vom Schimmer der Kerzen dahinter. Ihre Stärke – Raldanash hatte eine Stärke wie diese bei Rarmon erkannt, aber dort war sie eingedämmt und eher auf gewisse Ereignisse angewiesen, um befreit zu werden, als vom Willen abhängig. Die Stärke Raldanashs war ihr nicht ähnlich.

Rarmon war ein Schwert und Ashni ein Schwert aus Feuer. Er aber ... Da erkannte er sich. Seine Stärke war der Spiegel aus Bronze oder Glas, der die Sonne wiedergab und ihre Hitze und ihr Flammen vervielfachte.

Er sah; und er sah den Spiegel lodern; und sich verbiegen; und brechen, bersten. Dann war dies des Spiegels Geschick. Er würde sterben.

Ihre Berührung war ihm angenehm. Es war nicht so, daß

sie ohne Mitleid gewesen wäre. Sie hatte ihm nur bestätigt, was er bereits vermutet hatte, vor langer, langer Zeit, in den Ebenen von Vathcri, in den Bergen von Dorthar. *Einigen wurde das Leben nur verliehen, daß sie sterben; wie die Kerzen,* sagte das Sprichwort.

Aus einem unerfindlichen Grund dachte er jetzt an Jarred, den Bruder seiner Mutter, den der brennende See verschlungen hatte.

Ashni hielt ihn, und der Schrecken verblaßte. Sie begann zu ihm zu sprechen, nicht in Worten oder in Bildern, sondern in der Art, wie es seine Visionen erfüllte; Hören und Fühlen. Und es stimmte auch, daß sie die Vergangenheit enthüllte und Raldnor und Ashne'e erblickte, Koramvis zur Zeit seines Ruhmes und andere Dinge, die zu einer längst vergangenen Zeit gehörten, über die er sich verwunderte und die er nachher vergaß.

Am Ende wußte er, daß der Tod eine geringe Sache war, und am Ende war er auch nicht überrascht oder verwirrt, als er die Augen erhob, die die astralen Augen seiner physischen Seele waren, und Ashni sah, wie sie wirklich war, ein Wesen des Sommers, in Gold gemalt, größer als der Himmel, dessen Sterne in ihren Haaren schimmerten, ihre Augen wie Sonnen, ihr geschuppter Schwanz von wundervollem Ebenmaß, der Turm meilenweit darunter: Ashnesea, Ashkar, Anackire.

Da benutzte er Worte und fand sich in einem Gespräch mit der Göttin. Sein erstes Wort lautete: »Weshalb?«

Die Antwort erblühte im Herzen seiner Seele. Sie lautete: *Ich bin das Symbol und der Name. In Ommos bin ich Zarok. In Zakoris bin ich Zarduk und Rorn. Außerhalb der Welt bin ich alle übrigen. Im Schlaf der Traum. Jenseits des Todes das Sinnbild des Erwachens.*

»Und worin besteht dieses Erwachen?« fragte er sie, obwohl es ihm bereits gezeigt worden war.

Sie erwiderte: *In dir selbst.*

Und in Zor träumte Safca von einer Lichtsäule, die nicht brannte.

Im Tiefland aber träumte Lur Raldnor von einem schwarzen Monster und einem roten, und Rem war umgeben von Feuer, und sein Gesicht war ein schreiender Schädel.

EINUNDZWANZIG

Sechs Meilen von Ylmeshd entfernt stieg das Land nach Südosten hin an, eine steile Aufwerfung, die von dunstigem, dampfendem Urwald bedeckt war, der sie noch höher erscheinen ließ; ein Dschungel voll heiser krächzender Vögel, die rot wie Blutspritzer umherflogen, und echsenfressender Blumen. Hier wurde es selbst in den kalten Monaten niemals kalt. Und hier begann auch die Südstraße, die, wie König Yl wünschte, eines Tages von Männern und Wagen erfüllt sein würde, die nach Dorthar und dem vardianischen Zakoris preschen würden.

Aber dieses Vorhaben gehörte ins Reich der Fabeln. Die Straße wurde erbaut, und der Dschungel forderte sie wieder zurück. Es sah nicht so aus, als erlebte die Straße ihre Fertigstellung, ehe die Schlacht an anderen, geeigneteren Fronten stattfinden würde. Sie diente dazu, die Dortharianer und die Vardianer in Schrecken zu versetzen. Sie diente dazu, diejenigen zu strafen, die dem Freien Zakoris Ärger bereitet hatten.

Irgendwo im Morast der ersten zwanzig Straßenmeilen befreite ein Sklaventrupp die Trasse vom Unterholz.

Hier gab es ein Steinpflaster, das vor zwei Jahren gelegt worden war. Es war schon durch Pflanzentriebe aufgeplatzt. Die Sklaven, nackt bis auf lederne Lendenschurze, hackten und hieben, schwitzten sich in der Hitze das Salz aus dem Leib und empfingen dann und wann blutrote Striemen von den Peitschen der Aufseher. Eine Sklavin, die hingefallen war, wurde getreten. Als sie nicht rasch genug aufstand, wurde sie in den Straßengraben geworfen. Es war den Wachen streng untersagt, sich an ihr zu ergötzen, denn sie lag im Sterben, und wertvollen Samen zu verschwenden, war untersagt. Sie machten sich nicht die Mühe, ihr die Kehle durchzuschneiden; die Zeit würde ohnehin für ihren Tod sorgen.

Weiter weg, wo mächtige Farne und Weinranken ausgerissen worden waren, arbeiteten menschliche Ameisen daran, die geborstenen Steine zu erneuern.

Nochmals ein Stück entfernt hatte ein Baum auf der Straße Wurzeln geschlagen. Man hatte Seile um ihn geschlungen,

und die Seile liefen durch eiserne Geschirre, die auf den Rükken zweier mächtiger Tiere befestigt waren, Palutorven, Giganten aus den dampfenden Sümpfen von Zakoris und den Randgebieten von Thaddra. Das eine war rostrot, das andere schwärzer als die Nacht.

Sie zogen wie unsinnig, ihre Felle troffen vor Schweiß, sie zuckten unter den Prügeln und Stachelstöcken zusammen wie unter den Stichen von Insekten. Hinter ihnen ächzte der gewaltige Baum. Eine Wurzel schnellte aus dem Stein.

Ein wenig weiter oberhalb, in dem fieberverseuchten Schatten knapp neben der Straße, spielten sich andere Possen ab. Ein heiliger Mann, ein Wanderer, der vielleicht verrückt war, wiegte sich im Delirium hin und her. Er hatte möglichen Regen vorausgesehen und beschwor ihn jetzt.

Die Aufpasser erlaubten sich keine Witze mit ihm. Wenn ihnen nach Scherzen zumute war, stand ihnen ein anderer Wahnsinniger zur Verfügung.

Der Wagen befand sich auf der Straße, gegen seine Räder lagen Felsbrocken und blockierten sie. Die Sonne knallte darauf und beleuchtete jede Einzelheit.

Eben hatte er geheult, aber jetzt schien er eingeschlafen zu sein. Sein Kopf war nach vorn gefallen, er war fast ganz von schwarzen Haaren und vom Bart bedeckt. Die kupferfarbene Haut trug die Spuren häufiger Prügel, und der Schweiß zog Streifen durch die dicke Schmutzschicht.

Der Wagen war ebenfalls verschmutzt, noch von verwelkten Blumengirlanden geschmückt, gesplitterte Stellen und Kratzer zierten ihn, wo die Steine, mit denen die Menge in Ylmeshd geworfen hatte, ihr Ziel verfehlt hatten.

Die ungewöhnlich gewichtige Kette, mit der man den Mann viele Male umwunden hatte, fesselte ihn an den Zibba-Pfahl, der mitten im Wagen eingelassen war. Über seinem Kopf war ein Stück Brett befestigt, in das Buchstaben eingebrannt waren. Nicht alle konnten die Inschrift lesen, aber die meisten konnten sie erraten. *Ich bin der Prinz Rarmon Am Dorthar, Sohn des Raldnor, dem Sohn des Rehdon. Sehet meine Glorie.*

Sie hatten sie jetzt schon fast einen Monat lang gesehen und von ihr gehört. Der Mann hatte gute Lungen. Seine Worte waren Kauderwelsch. Es war unterhaltsamer, wenn er

an seinen Fesseln zerrte, ohne Aussicht, sich zu befreien. Der Geruch von Wunden und Raserei entzückte die Zakorianer. Das war es, was sie ganz Dorthar und den gelben Männern antun wollten, die sie beschämt hatten.

Zuweilen gaben sie ihm zu essen, und Wasser bekam er jeden Tag. Yl wünschte, daß Raurm Am Ralnar noch eine gute Weile am Leben blieb.

Bei Nacht, wenn er den Mond verfluchte, hatten sie sich abgewöhnt, ihn mit der Peitsche zu traktieren; es brachte ihn nicht zum Schweigen. Ein einziger Mann hatte sich ihm genähert und versucht, ihn bewußtlos zu schlagen; und der Verrückte war ihm an die Kehle gegangen und hatte ihm die Halsschlagader durchgebissen. Der Wächter war innerhalb weniger Minuten gestorben, am eigenen Blut erstickt. Wenn Rarmon jetzt brüllte, verfluchten sie ihn, mehr nicht.

Fünfzig Meter entfernt löste sich der Baum in einer wahren Explosion aus Erde und Steinen aus dem Straßenbelag. Die Palutorven stampften auf, und der Gefangene in seinem Karren hob den Kopf.

Seine Augen waren gelb, wie die Augen der Tieflandhexe Ashne'e, seiner Großmutter.

Die Freien Zakorianer hätten ihn gern der Augen beraubt, aber Yl – Kathus – hatte erlassen, daß er nicht verstümmelt werden solle. Man sagte, daß er im Krieg vorgeführt werden solle und für den Feind erkennbar bleiben müsse.

Das Unterholz an den Straßenseiten sollte abgebrannt werden. Viel weiter im Süden, in den von der Vegetation erstickten Tälern zwischen den Bergen, die sich bei dem Alten Zakoris erhoben, wurden oft Waldgebiete angezündet, um Lichtungen zu schaffen. Ein vorgeschobenes Teilstück der Straße war dort glücklich fertiggestellt worden, das in der Hauptsache dazu dienen sollte, die Spitzel des Sturmlords zu alarmieren. Zwischen diesem Abschnitt und dem hiesigen war die Dschungelwildnis kaum berührt.

Regen war häufig in dieser Jahreszeit, und er fiel fast immer dann, wenn sie ein Feuer entfacht hatten. Die Tiefen des Urwaldes wurden niemals trocken, sie waren voller Ausdünstungen und Pflanzensaft, aber hier, wo bereits Breschen geschlagen waren, brannten die Bäume wie Brennscheite, und das Feuer mußte bewacht werden.

Dem Wahnsinnigen im Wagen war, wenn er es überhaupt zur Kenntnis genommen hatte, die Ehre des Schauspiels zweier solcher Feuer und Löschungen zuteil geworden. Erst hatten ihn die lodernden Flammen und umherfliegenden brennenden Holzstücke gefährdet, dann die Blitze, die Wasserfluten vom Himmel und der dichte, erstickende Rauch.

Vor dreizehn Tagen war eine Schar Sklaven in ein Dickicht geraten, aus dem sie nicht wieder herausfinden konnten, und verbrannt; der Regen war zu spät gekommen, um sie zu retten. Wenn ihre Schreie eine ironische Erinnerung in den irrenden Gedanken des Verrückten ausgelöst haben sollten, hatte er es nicht gezeigt. Er stand still in seinen Ketten, damals und jetzt.

Sie konnten nicht hoffen, daß die Sumpfungetüme friedlich blieben. Alle Palutorven haßten Feuer. Als der Himmel über den Bäumen zu grollen begann, waren Männer an ihnen hochgeklettert und hatten ihnen Säcke über die Köpfe gehängt und ihre haarigen Leiber mit Salbe eingerieben, damit sie den Brandgeruch nicht mitbekamen. Jetzt fütterte man sie mit Leckerbissen. Die halbverhungerten Sklaven waren zu mutlos, um es ihnen zu neiden.

Gruppen von Alisaarianern, Iscaianern und Thaddrianern arbeiteten an dieser Stelle. Es hatte noch eine Gruppe Mischlinge gegeben, aber sie waren tot. Die Männer mit dem hellen Blut hielten die Arbeit unter dieser westlichen Sonne im allgemeinen nicht lange aus.

Der heilige Mann, der den Regen beschworen hatte, kam wieder zu sich und stand auf, schnupperte begierig in die Luft. Er hielt die Hand hoch und wies drei Finger vor.

»So viel Zeit, nicht mehr«, sagte er.

Der Wolkenhimmel war geschwollen; er schien die Spitzen der Bäume zu berühren. Die Zakorianer empfingen ihre Befehle und schlugen auf die Sklavenkolonnen ein. Männer und Frauen liefen voran, wurden von der gleißenden Lichtzunge berührt, die gegen den Wald leckte. Plötzlich ein Aufbäumen; etwas wie eine Woge, ein unsichtbares Kräuseln, schoß dreißig Fuß hoch ins Geäst empor. Holzkohle rieselte hernieder.

Die Sklaven sprangen zur Seite und drängten sich mitten auf der Straße zusammen.

Vögel warfen sich kreischend dem Himmel entgegen.

Ein grellweißer Blitz spaltete den Wolkenhimmel. Die zeitliche Abstimmung war, wie es schien, hervorragend gewesen.

Donner rollte. Die Sumpfkreaturen schüttelten ihre mit Säcken verdeckten Köpfe. Sie waren stumm und konnten ihre Qual nicht hinausschreien. Sie hatten trotz der Vorkehrungen Feuer gerochen.

Zu beiden Seiten der Straße loderten Flammenwände empor.

Die Sklaven kauerten auf dem Boden, stießen Gebete hervor und stöhnten, während der heilige Mann umherstolzierte und seine dürren Hände dem Himmel entgegenreckte. Die Aufseher begannen vor Furcht zu fluchen, denn der Regen kam nicht.

Wieder donnerte es, diesmal direkt über ihren Köpfen. Zwei gleißende Blitzkeile schossen durch den Himmel, aufeinander zu, trafen sich offenbar; es gab eine Explosion ... Irgendwo im Wald flammte ein weiterer Baum auf. Ein lodernder Stamm schlug quer über die Straße.

Die Sklaven schrien auf und wälzten sich umher. Die Wachen brüllten, daß die Wassertonnen erbrochen werden sollten, und schlugen mit den Peitschen um sich, ohne viel zu erreichen. Ein Wasserschwall verwandelte sich unter dem Gluthauch in Dampf.

Das Feuer war überall. Selbst der Himmel war voll davon; es regnete Feuer statt Wasser.

Als er vor dem Inferno zurückwich, stieß einer der Freien Zakorianer gegen den Wagen, auf dem der Verrückte gefesselt stand. Er blickte auf und sah den Widerschein der Flammen in den gelben Augen. Der Zakorianer trat unwillkürlich zurück. Ihm fiel ein, welchem Geschlecht dieser Mann entsprossen war; sogar der über seinem Kopf angebrachte Text kündete davon ... Er war ein Sturmlord.

In eben diesem Augenblick riß sich zwischen dem Grauen des brennenden Waldes und dem von Blitzen zerrissenen Himmel ein äußerster nachtschwarzer Schrecken los und setzte sich auf der Südlichen Straße in Bewegung.

Jemand war beim Anlegen der Haltestricke nachlässig gewesen. Jetzt hatte sich der jüngere der Palutorven, außer sich

vor Entsetzen, blind unter dem Sack über seinen Kopf und nichts als Brandgeruch in der Nase, von seinen Fesseln losgerissen.

Männer eilten nach allen Seiten davon. Einer, der nicht schnell genug war, wurde zu Boden geschleudert und wie eine reife Frucht zermatscht, als die mächtigen Füße über ihn schritten.

Angesengt, unfähig, etwas zu sehen, hirnlos vor Angst, stampfte der Palutorvus weiter.

Blitze fuhren wie Klingen in den Wald. Ein blendendes Aufleuchten umriß die Konturen der gigantischen Kreatur, ließ sie wie einen massiven Berg erscheinen. Einige Sklaven sprangen beiseite in das Feuer, das ihnen im Augenblick die geringere Gefahr zu sein schien. Das einzig bewegungslose Hindernis war der blockierte Wagen, auf dem der gefesselte Mann stand.

Der stampfende Palutorvus streifte den Wagen, den er nicht sehen konnte. Die hölzernen Seitenteile splitterten ab, die Räder flogen über die Straße davon. Der in den Boden des Wagens eingelassene Pfahl aus Zibbaholz brach ab und verfing sich im Fallen zwischen den Beinen des Ungeheuers.

Raurm Am Ralnar, an den Pfahl gefesselt, erwartete, wie der Zakorianer zerstampft zu werden. Aber es kam anders. Die Ketten erschlafften, als der Pfosten herausgerissen wurde, verfingen sich in dem dichten Haarpelz des Geschöpfes und in den Überresten der Haltestricke.

Unfähig, sich aus eigener Kraft von dieser Behinderung zu befreien, die an seinem Bauch hing wie ein seltsames Junges, sprang der Palutorvus verzweifelt zur Seite und stapfte von der Straße herunter.

Der Wagen unter ihm löste sich endgültig in seine Bestandteile auf. Richtungslos und in Panik lenkte das Ungetüm seine Schritte direkt auf die höllische Wand zu und teilte sie auseinander. In den entflammten Dschungel, selbst brennend, stapfte der Riese und zog den Pfahl und den Mann in Ketten hinter sich her – und war verschwunden.

Als der Regen endlich fiel, war er eine wahre Wasserwand. Der Verrückte lag auf dem Boden und ließ den Körper sich vollsaugen.

Das Tier, von dem er hierher verschleppt worden war, hatte viele Meilen zurückgelegt; eine große schweigende Maschine. Das bewegliche Zelt seines Leibes hatte ihn vor den Flammen und vor dem Wald geschützt. Und der Urwald hatte dem Tier Platz gemacht, wie auch das Feuer es letztlich durchgelassen hatte.

Im dicken feuchten Dunst der Dschungeltiefen waren die Feuerherde auf seinem Rücken erloschen. Irgendwo hatte es seine Last selbst abgestreift, oder die Klauen des Dickichts hatte sie ihm vom Körper gerissen.

Er war die meiste Zeit während der wilden Flucht betäubt gewesen, durch unzählige Stöße, Rauch und die wahnwitzige Geschwindigkeit. Erst jetzt, unter dem heftigen Niederschlag, dämmerte es ihm, daß er am Leben war. Da drehte er sich auf die Seite, denn die Regenfälle des Nordens und des Westens konnten einen Mann ertränken, der auf dem Rücken lag. Er öffnete den Mund, damit seine Kehle ebenso wie sein Körper trinken konnten.

Der Verrückte war noch immer verrückt. Für ihn gab es weder Gegenwart noch Zukunft. In seinem Kopf war ein großes Mosaik. Hier eine Ikone, die ein Mädchen darstellte, dessen Haare wie Rubine waren, hier etwas wie eine schwarze Mauer, hinter der das Meer lag. Oder dort der Händler, der darum bat, daß ihn das Schwert verschonen möge. Oder eine sich drehende Silbermünze. All das beunruhigte ihn nicht. Nichts davon trug einen Namen, hatte einen Beginn, ein Ende, einen Sinn. Nichts davon bedeutete etwas für ihn.

Aber jetzt, obwohl er nicht darüber nachdachte, gab es eine Veränderung, die eine Art Neugier hervorrief. Was war es?

Der Verrückte stellte sich auf die Füße und sah umher, in den düsteren Wald, und der Regen wusch ihn, als schwämme er im Ozean.

Als der Regen aufhörte, setzte er sich in Bewegung. Wohin, das kümmerte ihn nicht. Zuweilen faßte er Bäume an, weil sie seine Neugier erweckten. Manchmal berührte er sein eigenes Gesicht. Die Hände waren von Ketten umwickelt gewesen, die nicht länger vorhanden waren, nur ein kurzes Kettenstück hing noch an den Handgelenken, klirrte leise, aber es behinderte ihn nicht. Der Verrückte dachte nicht weiter dar-

über nach. Er machte sich keine Gedanken darüber, wie der Pfosten ausgerissen worden war, sich von ihm gelöst hatte, die Ketten abgewickelt hatte und wie er sie noch weiter gelöst hatte, als er unter dem großen Tier hervorgerollt war.

Die starken Kettenglieder waren zerrissen, als auch die Steinbrocken am Wagen zur Seite geschleudert worden waren. Er mußte schließlich nur noch aus den Trümmern und dann aus dem Schlingpflanzengewirr unter den Bäumen kriechen.

Er hatte auch Zakoris vergessen.

Die bläuliche Sturmsonne ging hinter seiner linken Schulter unter, aber er bemerkte es nicht. Schwarze Affen mit Gesichtern wie weiße Schmetterlinge beobachteten ihn von Zweigen aus sechzig Fuß Höhe herab. Er sah eine Maske, halb schwarz, halb weiß. Er sah einen Mann mit schwarzen Haaren und eine schwarze Perle.

Dann tauchte ein ungewöhnlicher Schatten auf, sehr groß und fest. Obwohl er nicht erkannte, was er darstellte, fühlte er eine gewisse Vertrautheit mit ihm.

Der Palutorvus stapfte zwischen den Bäumen daher, die ihn inzwischen von dem Sack über seinem Kopf befreit hatten. Da er zu lange Zeit in Gefangenschaft der Menschen gewesen war, fraß er von den saftstrotzenden Zweigen und seufzte, als käme er sich verloren vor.

Als die kleinere Kreatur auf der Bildfläche erschien, wandte sich der Palutorvus ihr zu; erwartete, geführt zu werden, den Stachelstock zu spüren zu bekommen oder eine Näscherei; kurz: den Ruf der Ordnung. Er war trainiert worden, Menschen zu tragen, sogar auf dem Rücken, und er kniete trotz der Brandwunden bald nieder.

Der Mann stieg lange nicht auf, blieb nur neben ihm stehen und berührte ihn. Aber dann kletterte der Mann doch noch auf den breiten Rücken, indem er sich an den Ranken festhielt.

Der Palutorvus erhob sich mit dem befriedigenden Gefühl, daß alles in Ordnung war.

Ein ganz unbeabsichtigter Druck wurde von dem Tier als Kommando verstanden.

Während er auf dem urzeitlichen Geschöpf ritt, fiel der Verrückte in Schlaf, träumte wieder sein Mosaik; und der Mond erfüllte den Wald mit seinem Licht.

Tage und Nächte wurden von der Welt geschwemmt.

Das Tier bewegte sich weiter, zuweilen hielt es inne, um Laub zu rupfen. Der Verrückte pflückte ebenfalls von den Zweigen und Gräsern. Einige davon waren wohlriechend, andere rochen modrig, einige waren bitter; die spie er wieder aus.

Er erblickte eine blauschillernde Schlange, die sich um einen indigoblauen Baum ringelte.

Er erblickte die Sonne und glaubte, sie habe Flügel und sei ein Kind. Und den Mond; der hatte das Gesicht eines Knaben, dessen Augen geschlossen waren.

Manchmal stießen sie auf Wasser, und er trank, und dann stieg das Tier in den Bach und verschaffte ihnen beiden ein Bad.

Er spürte die Trauer des Tiers. Er bemitleidete es. Aber er wußte nicht, daß er Mitleid empfand.

So ging es mehrere Tage und Nächte.

Es kam ihm so vor, als lebte er schon seit Hunderten von Jahren.

Der Verrückte träumte, daß er auf einem Fluß fuhr. Jemand schnitt ihn mit einem Messer, es war kein sehr tiefer Schnitt, und der Schnitt heilte wieder. Sie stöhnten vor Verwunderung, als sie die Farbe seines Haares sahen, das – im Traum – fast weiß war. Sie sagten, daß sie ihn dorthin brächten, wo immer er hin wolle.

Als er aufwachte, lachte der Verrückte.

Der Palutorvus knabberte an den Zweigen.

Sie waren schon über fünfhundert Meilen weit gewandert, und sie beide wußten es nicht.

Und sie wanderten weiter.

Rarnammon, Held und König, hatte einst in Thaddra eine Stadt erbaut, die jetzt in Trümmern lag.

Der Urwald umschloß dicht das Tal, in dem die Stadt lag, und war dabei, ihre Straßen zu erobern. Es war eine weiße Stadt, aber der Dschungel verdunkelte sie.

Ihr Name war verlorengegangen. In vergessenen alten Geschichten hatte sie Rarnammon, dessen Name anfangs nur Rarn gelautet hatte, nach seinem Geburtsort benannt. Dieser war je nach Variante Mon oder Emon gewesen, oder Memon.

Die Stadt war schon seit Jahrhunderten eine Zuflucht für Diebe und Gesetzlose.

Tuab Ey, der sich auf dem hohen Dach wie eine Katze in der Sonne räkelte, beschattete die Augen und begann für wirklich zu halten, was er bisher als Sinnestäuschung eingeschätzt hatte.

Da war doch wahrhaftig ein Stück des Urwaldes dabei, auf der breiten hellen Hauptstraße am Ende der zerbrochenen Mauern den Hang emporgewankt zu kommen. Aber schließlich entpuppte es sich nicht als eine phantastische wandernde Pflanze, sondern als Schattenbestie.

»Guck mal, Galud! Was ist das?«

Galud, häßlicher als Tuab Ey, blinzelte schlechtgelaunt unter dem Sonnendach aus Sackleinwand hervor. Er war sonnenscheu, weil er tarabinisches Blut in den Adern hatte, aber er besaß auch das weite, deutliche Sehvermögen seines unbekannten Vaters, eines Seemanns.

»Bei meinen beschränkten Göttern: ein Palutorvus.«

»Ich dachte«, sagte Tuab Ey, »diese Biester wären längst ausgestorben.«

»Weiter im Süden sind die Sümpfe voll von diesen Viechern. Die Freien Zakorianer gebrauchen sie als Karrentiere.« Galud und ein anderer Mann spien aus, wie es sogar thaddrianische Halsabschneider zu tun pflegten, wenn Zakoris-In-Thaddra erwähnt wurde.

»Es sieht mächtig groß aus«, sagte Tuab Ey lässig. »'s sieht so aus, als käme es her. Soll'n wir weglaufen?«

Seine Männer lachten bei der Vorstellung, daß ihr junger Anführer vor etwas davonlief.

Er war jünger als die meisten von ihnen, aber wild wie ein Kalinx. Und auch so anmutig. Er war groß, schlank und hatte eine Menge dortharianische Gene in seinem gemischten Erbe. Seine Banditenkleidung war zerschlissen und zeigte feste Muskeln unter seiner zimtfarbenen Haut, die nur wenige dünne und schicke Narben aufwies. Die pralle Mittagssonne ließ sein Haar kupfern aufleuchten; er mochte einige Tieflandzüge aufweisen, obwohl seine Augen schwarz waren wie die Bäume hinter Rarnammons zerstörter Stadt.

Der Ring in seinem Ohr war neu. Er war aus dem Zahn ei-

nes thaddrischen Monstrums geschnitzt worden, das beinahe noch einmal halb so groß wie er gewesen war und das er im Verlauf eines Streites in einer Stadt im Norden getötet hatte. Das Monstrum war mit einem unwichtigen König dieser Gegend befreundet gewesen. Tuab Ey und seine Männer waren damals stolz abgezogen.

Gulad sagte: »Da sitzt ein Bursche auf dem Rücken von dem Biest.«

»Das hab ich mir gedacht«, erwiderte Tuab Ey.

Der Palutorvus riß einen großen Teil der Mauern zu beiden Seiten nieder, als er sich durch einen verfallenen Torbogen zwängte. Er kam in einen Garten, der einst zur Zerstreuung eines Prinzen angelegt worden war, und begann Weinranken zu fressen.

Der Mann, der sich auf seinem Rücken ausgestreckt hatte, schien unbeteiligt. Er sah nicht zu ihnen her. Es wirkte nicht so, als wäre er von ihrer Art. Jeder Renegat, der sich im namenlosen Memon versteckte, nahm seinen Teil in Besitz. Erst vor zwei Tagen hatten sie gegen eine rivalisierende Räuberbande kämpfen müssen, um ihren Anspruch auf diesen zerfallenen Palast zu verteidigen. Die Leichen dieser Eindringlinge waren in einen nahen versiegten Brunnen geworfen worden, der sich in eben dem Garten befand, wo jetzt der Palutorvos fraß.

Tuab Ey schickte sich an, vom Dach zu klettern.

Galud und der andere Leutnant, Einohr, beeilten sich, ihm zu folgen.

»Euer Tier frißt mein Futter«, sagte Tuab Ey und starrte den enormen Hügel des Palutorvus hinauf, auf dessen Spitze der Mann saß. »Ich hoffe, Ihr habt die Absicht, dafür zu bezahlen.«

»Tuab«, sagte Galud leise. »Kannst du nicht sehen, daß er verrückt ist?«

Tuab Ey begann eben, es zu erkennen. Thaddrianer neigten dazu, Wahnsinn für übernatürlich zu halten ... Sie pflegten eine Geisteskrankheit als Strafe der Götter zu bezeichnen. Aber die dortharianische Blasiertheit, die er von seinem Vater übernommen hatte, ließ Tuab Ey respektlos reagieren. Verächtlich rief er daher, obwohl Galud und Einohr für reli-

giöse Anzeichen empfänglich waren, zu dem riesigen Tier empor: »Werdet Ihr absteigen, oder soll ich einen Stein werfen, der Euch *herunterholen* wird?«

Da wandte sich der Mann um und starrte zu Tuab Ey herab.

Das Haar des Verrückten war schwarz und wellig und reichte ihm bis an die Schultern, und er trug einen dichten Bart. Die Sonne hatte seinen ganzen Körper tiefbraun gebrannt, aber er stammte aus keinem der Länder Yls. Zudem wiesen die Freien Zakorianer niemals goldene Augen auf. Selbst hier hatte sich ein auf Abstand bedachter Respekt vor den gelben Rassen eingebürgert. Ihre Göttin konnte sich über die Gipfel der Berge erheben und ihre Feinde entsetzen. Mit Glück – mit einer Menge Glück – mochte sie den Schwarzen Leoparden des Verfluchten Zakoris vernichten.

»Nun«, sagte Tuab Ey, »ich warte.«

Aber sein Ton klang jetzt sanfter. Die Tiefländeraugen des Verrückten beunruhigten ihn. Das war eine neue Erfahrung für ihn.

Da veränderte der Verrückte seine Stellung.

Der Palutorvus, der dies als seinen Wunsch abzusteigen interpretierte, was es nicht unbedingt war, kniete nieder; es war ein ergreifender Anblick. Der Verrückte, der diese Geste seinerseits aus Aufforderung zum Absteigen empfand, kletterte von dem Tier.

Die Zuschauer waren von seiner geschmeidigen Kraft stark beeindruckt. Er besaß die Anmut eines ausgebildeten Kämpfers, das erkannten sie sofort.

Als er vor ihnen stand, war er größer als Tuab Ey und somit auch größer als die übrigen. Sogar mit menschlichem Kot und Pflanzensaft beschmiert, war er imposant anzusehen, wohlgeformt und kraftvoll. Sein Lendenschurz kam Einohr – der einmal einen Monat lang unfreiwillig in einer Sklavenkolonne der Freien Zakorianer geschuftet hatte – bekannt vor. Der Dieb flüsterte diese Erkenntis seinem Anführer zu. Aber sein Anführer schien ihn nicht zu hören; er starrte nur auf den Verrückten.

Endlich sagte Tuab Ey: »Gebt mir den Wein!«

Einohr hakte die Feldflasche von seinem Gürtel los. Tuab Ey, der seinen Blick nicht von dem Verrückten lösen konnte,

nahm die Flasche entgegen, entkorkte sie und hielt sie ihm hin. Der Verrückte brauchte eine Weile, ehe er begriff, was man von ihm erwartete. Dann trank er zurückhaltend und gab die Flasche zurück.

Obwohl er nicht sprach, wirkte er nicht länger verrückt, nur merkwürdig.

»Nun folgt uns!« bat Tuab Ey. Sein Vater war tatsächlich ein Aristokrat gewesen, der sich hatte verstecken müssen, nachdem er eine schändliche Tat in Dorthar vollbracht hatte. Tuab Ey verfiel zuweilen in merkwürdige Verhaltensweisen, die er seiner Erziehung verdankte. »Seid unser Gast! Kommt mit uns! Euer ... äh, Transporter ist hier in Sicherheit. Ich bezweifle, daß einer unserer Nachbarn versuchen wird, ihn zu stehlen. Man hat mir gesagt, daß das Fleisch dieser Tiere entsetzlich schmeckt.«

Er schritt voran, und seine Leutnants folgten ihm.

Der Verrückte ging getrost hinter ihnen her.

In der großen Halle des Tuab Ey angemessenen Palastes belebte der Sonnenuntergang die Farben der Wandgemälde, bis die Dämmerung sie erneut verblassen ließ. Die uralten Herde waren unbrauchbar. Ein Feuer loderte hell auf dem zerstörten Mosaikboden, dessen Rauch der Symmetrie halber durch das ebenfalls zerstörte Dach abzog. Wenn es regnete, befand sich das Feuer in Gefahr zu erlöschen.

Die Nächte wurden im Winter beinahe kalt.

Zuweilen stahlen sich Schlangen und Eidechsen herbei, um ebenfalls einen Platz am Feuer zu ergattern. Tuab Ey ließ nicht zu, daß seine Männer den Tieren etwas antaten, denn er mochte sie. Einmal war eine Rotte Affen eingedrungen. Tuab Ey hatte sie zu einer verschreckten Flucht veranlaßt, indem er täuschend echt das Drohgebaren eines Leitaffen nachgeahmt hatte, mit Grunzlauten und erregten Sprüngen.

Jetzt saß Tuab Ey mit gekreuzten Beinen auf dem Boden und beobachtete den Verrückten, der sich ein Stück von den übrigen und vom Feuer entfernt ebenfalls hingesetzt hatte. Sie hatten ihm Essen, Früchte und Wein angeboten, dazu Fleisch von der gestrigen Jagd.

Er hatte nur wenig gegessen, und das Fleisch hatte er gar nicht angerührt. Man hatte ihm die geborstene Zisterne im

Hof gezeigt, die frisch mit Regenwasser gefüllt war. Die Banditen wuschen sich darin, wenn es ihnen in den Sinn kam; Tuab Ey, der Aristokratensohn, badete jeden Tag darin.

Der Verrückte war in die Zisterne gestiegen und hatte sich gesäubert. Einer der Räuber, die sie zwei Tage zuvor umgebracht hatten, war groß und muskulös gewesen. Man hatte dem Verrückten dessen Kleider angeboten, der sie angezogen hatte, indem er den durch den Messerstich verursachten Riß über dem Herzen nicht zur Kenntnis nahm.

Jetzt, gekleidet wie ein Bandit und am Feuer von Banditen, erblickte der Verrückte, der vielleicht mit derlei Dingen vertraut gewesen war, unsichtbare Bilder, als er in die Luft starrte.

Tuab Ey erhob sich, ging zu dem Verrückten und setzte sich neben ihn.

»Ich habe ein Rasiermesser und Fett, falls Ihr Euch zu rasieren wünscht.«

Der Verrückte erwiderte nichts.

Tuab Ey betrachtete ihn.

Einer der Männer sagte: »Tuab ist in den von den Göttern Gestraften verliebt.«

Tuab Ey erwiderte: »Nun, jeder nach seinem Geschmack. Was tust du – liegst du auf den nackten Mädchen vom Bodenfries des fünften oder siebten Hofes und spielst an dir rum.«

Sie lachten. Dann fingen sie an, über die Frauen zu reden, die sie gehabt hatten, oder über die Knaben.

Als der Verrückte aufstand und hinausging, schauten sie hinter ihm her, aber dabei blieb es. Nur Tuab Ey lächelte ihnen zu, als wollte er auch ihnen eine Rasur anbieten, und ging hinter dem Mann her.

Und wie ein Kalinx verfolgte nur Tuab Ey seinen Gast durch den ganzen Palast, über die unvollständigen Treppen und die stellenweise eingesunkenen Terrassen. Wenn der Verrückte stehen blieb, hielt auch Tuab Ey inne. Wenn er weiterging, setzte Tuab Ey seine Verfolgung fort.

Rarnammon, sagten die Steine des namenlosen Memon.

Rem, Rarn, Rarmon, Rarnammon, sagten die hohen und tiefen Stellen der Stadt, klang es aus jedem Fenster und von jedem Balkon.

Der Wind strich seufzend durch den Wald und die Öffnungen der Türme.

Rarnammon, seufzte der Wind.

In allen Räumen wurden die Wandgemälde lebendig. Er schaute die ausgelassenen Feste, die Frauen in ihren zarten Schleiern, die Männer in den Gewändern aus Leder und Stoffen einer anderen Epoche, die Trinkgefäße, beinahe so groß wie Schwimmbecken, randvoll mit Wein. Er vernahm die klagenden Klänge längst der Vergessenheit anheimgefallener Instrumente und die Lustschreie derer, die sich auf den Pfühlen paarten; Laute, die zu allen Zeiten unverändert klingen.

Er sah, wie einem drachenköpfigen Gott, der Blitze in den Händen hielt, Opfer dargebracht wurden. Er war Zeuge, wie ein Heer bewaffneter Phantome durch die Straßen der Stadt marschierte, und lauschte der schmetternden Kriegsmusik und sah, wie das Sonnenlicht des Geistertages von Speeren und Wagenbeschlägen reflektiert wurde.

Rarnammon hatte den Kontinent Vis eingenommen und geeinigt, er hatte sich jedes Land in Vis zur Treue verpflichtet. Er war der erste, der den Titel eines ›Herrn der Stürme‹ trug. Seine Augen aber waren Tiefland-Augen.

Der Verrückte war Rarnammon. Ein goldäugiger Visianer.

Man brachte ihm Tribut dar, ein endloser Strom von Männern, die vor ihm knieten oder ihr Antlitz in den Staub preßten, Berge von Juwelen, Barren aus Edelmetallen, Waffen, Sklaven. Er spürte die Hitze des Mittags auf der Haut noch in der Kühle der Nacht und den sanften Kuß der Seide am Körper, wo in Wahrheit nur rauher Stoff war.

»Herr der Stürme«, sagten sie.

Er aber schritt durch eine Säulenhalle und blickte in ein Fenster. Eine Frau schaukelte ihr Kind in der Wiege, voll Gleichmut, als ginge es ihr nur um Zeitvertreib. Und das Kind sah sie mit skeptischem Mißtrauen an, das dem ihren ebenbürtig war. Sie war Lyki. Sie war jung, und das Kind war er selbst.

Und dann sah er sie erneut, in einer anderen Umgebung ... Es schien in einem Zelt zu sein, und sie packte das Kind, das er war, haßte es und befand sich in Not. Und jemand hatte gesagt: »Wenn ich Euch sagte, Lyki, daß ich Euer Leben nur

unter einer Bedingung schonen würde, und diese Bedingung lautete, daß Ihr mir das Kind gäbt, auf daß ich es mit diesem Schwert aufschlitze – dann würdet Ihr es tun, denn so seid Ihr beschaffen.« Und dann sprach ein anderer, der sein Vater Raldnor war, und er sagte zu ihr: »Euer Tod wäre nutzlos. Deshalb werdet Ihr nicht sterben.«

Und dann regnete es, und er ging durch die Pforte des roten Hauses in der Hangstraße, in Karmiss.

Es war nicht schwer, sich in dem Haus zurechtzufinden und den kleinen Vorraum zu finden und das Schlafgemach dahinter. Der Händler war nicht da, entweder hatte er außerhalb zu tun, oder er hatte sich davongemacht.

Lyki lag im Bett. Sie war blaß; ihre dunkle Haut, sogar ihr dunkles Haar schienen gebleicht und farblos. Sie strich mit den Fingern über die Bettdecke, und ihr Mund war nach innen und unten verzogen, wie er es so oft an ihr gesehen hatte. Einen Moment lang schien sie ausgeleert, als wäre ein Teil von ihr von den Ufern ihres Lebens fortgetrieben, um bald dem unersättlichen Hunger der See zum Opfer zu fallen. Aber dann erblickte sie ihn, und ihre Züge belebten sich wieder.

»So«, sagte sie, »*so*. Du hast dich davongestohlen und alles Wertvolle mitgenommen, und jetzt kommst du zurück. Nun, ich hätte nicht geglaubt, daß du es wagen würdest. Du hast Geld, natürlich. Ich glaubte, Scham und Schuldgefühl würden dich herführen. Statt dessen vergeudest du deine wertvolle Person an mich. *Also gut,* ich bin entzückt.«

Er stand vor ihr und erkannte sie wieder.

»Also gut«, sagte sie. Ihr Gesicht verzerrte sich vor Empörung und Bosheit. »Es ist eine Ehre für mich. Der Handlanger des Prinzen Kesarh Am Xai persönlich, hier in meinem Schlafzimmer. Hast du noch mehr Ankars mitgebracht? Der Arzt ist nicht gut. Er verschreibt dies und das, aber es hilft nichts. *Er* ...« Sie sprach jetzt von dem Händler, ihrem Beschützer. »... er ist in die Taverne gegangen. Er beteuert, daß ich seine eigene Krankheit durch meine schlimmer mache.

Nun«, fuhr sie fort, »die Männer haben mich immer schlecht behandelt. Und auch du, mein Sohn, du hast mich nie geliebt. Niemals.«

Er trat vor neben das Bett und sah auf sie hinab. Sie war

dem Tode nahe; er hatte diesen Ausdruck schon auf anderen Gesichtern gesehen, eine Verinnerlichung der Perspektive, die bereits jenseits des Lebenswillen war und den Tod selbst bedeutete.

»Du siehst älter aus«, sagte sie. Plötzlich wirkte sie verängstigt. »Was hat er dir angetan? Wie kannst du älter aussehen? Du warst zu Zastis hier; er hat dich ausgepeitscht und entehrt ... Länger als ein Jahr hatte ich nichts mehr von dir gehört und gesehen, dann bist du angekrochen gekommen, hast auf meinen Boden erbrochen, hast mir Schwierigkeiten und Kosten verursacht ...«

»Mutter«, sagte er. Er sprach ruhig, aber es brachte sie zum Schweigen. Vielleicht hatte sie dieses Wort nie zuvor von ihm ausgesprochen gehört. Er selbst verstand nicht, weshalb er es gesagt hatte. Erbarmen oder Nachsichtigkeit, aber kein Bedauern und kein Haß.

Und dann begann sie zu weinen. Die Tränen flossen ihr aus den Augen, und er war verwundert, daß sie die Kraft hatte zu weinen.

»Ich habe dich geschlagen«, sagte sie. »Du warst schlecht und hast es verdient. Ich hätte dich nicht schlagen sollen. Ich hätte dich nicht so verletzen sollen.«

»Die Amanackirer sagen: Was wir getan haben, das ist die Vergangenheit; wiederhole die Taten, oder weise sie zurück.«

»Nein. Ich habe dich geschlagen. Ich habe dich verletzt. Ich werde meine Strafe erhalten.«

»Du bist bereits gestraft«, erwiderte er. »Erinnerst du dich an ihn, an Raldnor, Sohn des Rehdon, den Auserwählten der Göttin? Erinnerst du dich an das Zelt unterhalb Koramvis, in der Nacht vor der letzten Schlacht? Er sagte dir, was kein Sterblicher je hätte erfahren dürfen; er sagte dir, daß er das Böse in dir gesehen habe, als wärest du das einzige Wesen auf Erden, das das Böse in sich trägt. Und weil er dich deine Kleinheit gelehrt hat und deine Verderbtheit und deine Selbstsüchtigkeit – diese Eigenschaften sind in jedem von uns vorhanden, Mutter. Sie waren auch in ihm, in Raldnor selbst, als er ein Mann war – weil er dich das alles gelehrt hat, wohingegen es den meisten von uns gelingt, diese Dinge niemals zu sehen, so daß wir hoffen können, daß es uns einst besser gehen wird; deshalb hast du nichts für dich erhofft

und bist zu dem geworden, was er dir über dein Wesen erzählt hat.«

Sie starrte ihn durch ihre Tränen hindurch an. Der Mund stand ihr offen, als hätte ihr den Atem geraubt, was er zu ihr gesagt hatte.

»Es ist nicht wichtig«, sagte er, »nichts von dem, was du mir angetan hast, ist wichtig. Denn du hast mir das Leben gegeben. Und was ich mit meinem Leben anstelle, ist meine Angelegenheit, nicht deine, und du kannst nicht dafür zur Verantwortung gezogen werden. Aber ich danke dir dafür, daß du mir das Leben geschenkt hast.«

»Rem«, sagte sie, »ich liege im Sterben.«

»Wohin du auch gehst«, sagte er, »du bist frei von Schuld.«

»Bist du tot?« flüsterte sie. »Rem ... bist du gekommen, um mich zu führen?«

Er wußte anhand des Namens, mit dem sie ihn anredete, und anhand des Namens, mit dem sie Kesarh nannte, anhand des Zimmers, der Stimmung und der Jahreszeit, daß er in der Zeit zurückgeschritten war, acht oder neun Jahre. Sie war bereits vor langer Zeit in Karmiss gestorben, und er hatte es nie erfahren. Als er in Kesarhs Auftrag nach Ankabek geritten war, hatte Lyki ihren Kampf gegen die Welt beendet. Und vermutlich fand dieses Gespräch nur in seiner Einbildung statt. Es war unmöglich wiederzukehren. Sie war allein gestorben.

Aber er sagte: »Du brauchst nichts zu fürchten. Die andere Seite des Lebens ist nichts als Leben.«

Sie legte die Stirn in Falten, nahm diese Worte in sich auf. Sie war noch immer verwirrt, als der letzte Atemzug sie verließ. Und dann glättete sich ihr Gesicht, als hätte sie endlich Gewißheit.

Er drückte ihr die Augen zu. Ihre Lippen standen noch ein wenig offen, aber sie waren nicht mehr verbittert und nach unten gezogen.

Er ging fort und erblickte Doriyos, der in einem Säulengang stand und ihm einen Becher Wein entgegenhielt.

Aber als er den Becher entgegennahm, hatte sich Doriyos in Yannuls Sohn verwandelt, er war Lur Raldnor.

Der Becher berührte seine Lippen. Er schmeckte nicht Wein, sondern Wasser.

»Du wirst dich selbst wieder zu dir selbst zurückführen«, sagte Ashni, »wenn die rechte Zeit dafür ist.«

Eine Haut schien zu zerreißen, die sich vor seinen Augen um seinen ganzen Körper befunden hatte. Diese Verletzung war schmerzlos, aber endgültig, und die ganze Haut hob sich ab und war verschwunden.

Er verlor nichts, nur das, was zwischen ihm und dem Leben entstanden war. Er begriff, wer er war und wie er hierher gekommen war; alles, was geschehen war, alles, wovon er ein Teil war, selbst den Tod Lykis.

Und er begriff auch, wer dieser vornehme Bandit war, der bei ihm stand, im Regen, in einem Säulengang. Und da trank er den Wein, der jetzt nach Wein schmeckte, und nickte.

»Ich danke Euch, Tuab Ey.«

»Aha«, sagte Tuab Ey. Seine Augen waren weit geöffnet, aber er fügte keck hinzu: »Und wer bei Aarl seid Ihr?«

»Ich bin Euer Gast.«

»Und Euer Name?«

»Ihr könntet an meinem Namen zweifeln, da Ihr wißt, wo wir uns befinden.«

»Versucht es immerhin«, erwiderte Tuab Ey und wartete, als wollte er für alle Zeiten warten.

Und da er er selbst geworden war, sagte er ruhig: »Ich bin der Sohn des Raldnor Am Anackire, der Bruder Raldanashs, der Herr der Stürme von Dorthar.«

Tuab Ey konnte seine geweiteten Augen nicht weiter öffnen, also schloß er sie halb.

»Ich habe schon von Euch gehört. Ihr seid Rarmon Am Karmiss.«

Aber er sagte: »Mein Name ist Rarnammon. Nach dem König, der diese Stadt erbaut hat.«

»Ihr habt Euer Opfer verloren, Kathus.«

»Nicht ich, mein Lord. Das Freie Zakoris verlor ihn.«

»Zakoris«, erwiderte Yl, »wird sich nicht allzusehr darum grämen.«

Kathus ließ keine Gemütsbewegung erkennen, was für ihn nicht ungewöhnlich war. Er war fähig, seine Enttäuschung zu verbergen. Er hatte Raurm, den Sohn des Ralnar, schon in dem Augenblick verloren, da dessen geistige Gesundheit von

ihm gewichen war. Sein Untergang im Thaddras Dschungel war nur noch von formaler Bedeutung gewesen.

Als die Brände im Regen erloschen waren, hatten sich diejenigen, die dazu in der Lage gewesen waren, auf die Suche gemacht. Die grobschlächtige Spur des Palutorvus war anfangs sehr deutlich gewesen und dann immer vager geworden. Sie hatten Teile der Kette und Holzstücke vorgefunden. Am Ende hatte es eine Reihe von Lichtungen gegeben, und dort hatte sich die Spur verwirrt und schließlich verloren.

Auf Yls Anweisung waren die Aufseher mit Ruten gezüchtigt, aber nicht zum Tode verurteilt worden. Daraus war zu ersehen gewesen, daß er das Mißgeschick nicht sehr ernst nahm.

»Wahrscheinlich, mein Kathus, strebte das Biest einem sumpfigem Grund zu, und der Prinz ist dort ersoffen.«

»Wahrscheinlich.«

»Wir werden dafür sorgen, daß Dorthar Nachricht von seinem Tod erhält, nicht wahr?«

Kathus erwiderte nichts.

Sie hatten das Ende des steinernen Korridors erreicht, der sich unterhalb des Palastes in Ylmeshd erstreckte. Eine große Tür aus Bohlen mit Bronzebeschlägen wurde zur Seite geschoben. Der König und sein Statthalter betraten den Höhlentempel Rorns.

Das Freie Zakoris hatte sich entschlossen, alle alten Sitten zu ehren.

Drei männliche Sklaven sollten in dem Seebassin vor dem Altar des Gottes ertränkt werden. Der König würde dabei nicht amtieren, denn Zeremonien dieser Art waren alltäglich.

Die untersetzten Priester, nackt bis zur Taille und in Lederkilts, wateten in das Bassin. Als sie die sich heftig wehrenden Männer gewaltsam unter das sich heftig bewegende Wasser drückten, sah Kathus Am Alisaar würdig und mit undurchdringlichem Gesicht zu.

Gewaltsamer Mord machte ihm nichts aus, und er war nicht abergläubisch. Und dennoch beleidigte ihn das Freie Zakoris in ästhetischer Hinsicht und in den meisten anderen Dingen. Er war tief gesunken, und das wußte er.

Er dachte müßig darüber nach, während die Wasseroberfläche ruhiger wurde, ob Dorthar es wert war, daß er Bezie-

hungen zu solchen brutalen und geistlosen Menschen unterhielt, und ob er Dorthar überhaupt erhalten würde, wenn alles erledigt war. Soweit war ihm das langwierige Spiel mißlungen. Warum sollte es nicht weiterhin so sein? War das ungewöhnliche Ereignis im Dschungel vielleicht ein Vorgeschmack auf weitere Fehlschläge ... wie es bei einem ähnlichen Ereignis vor dreißig Jahren gewesen war?

Plötzlich machte sich eine unangenehme Entmutigung in ihm breit. Er verstand sich auf kein Handwerk außer diesem: der Intrige; denn er war eine Spielernatur. Er hätte nicht anders zu leben verstanden, und deshalb war er verdammt.

Rasiert, aber ungeschoren begann der Mann mit dem Namen eines Königs, der behauptete, der Sohn beziehungsweise der Bruder zweier anderer Könige zu sein, sich endgültig wieder zu sammeln. Er bewegte sich ohne Schwierigkeiten unter den Räubern, obwohl sie sich einer gewissen Überlegenheit bewußt waren – nicht, daß er sie ihnen vorgespielt hätte; er *war* ihnen überlegen.

Wenn das stimmte, was er Tuab Ey erzählte hatte, dann mußte er gewohnt sein zu befehlen.

Sie nahmen es neidvoll zur Kenntnis, grollten ein wenig, ließen ihn gewähren, suchten keinen Streit mit ihm. Daß ihn seine Verrücktheit verlassen hatte, war wunderbar genug. Und er hätte sich offensichtlich zu verteidigen gewußt, wenn es zu einem Kampf gekommen wäre. Alles in allem ging es ihnen besser, seit sie den Palutorvus bei sich hatten, den sie als Statussymbol ihren Widersachern gegenüber betrachteten und zu etwas Maskottchenähnlichem ernannt hatten.

Rarnammon war jedenfalls nicht oft bei ihnen.

Er wanderte in der zerstörten Stadt umher, es war fast, als suche er nach etwas. Das interessierte sie schon eher. Möglicherweise befand sich dort ein geheimes Versteck mit Edelsteinen oder Gold, oder Waffen, von dem er wußte und von dem sie keine Ahnung hatten. Aber da sie sahen, daß Tuab Ey begierig darauf war, mit ihm umherzustreifen, und Galud sich auch nicht zurückhielt, blieb ihnen nichts anderes übrig als zu vertrauen.

In den ersten Tagen durchstöberte Rarnammon die Stadt. Tuab Ey fungierte als sein Führer, denn er war schon einige

Male hiergewesen, allein und mit seiner Rotte. Das Land erhob sich und sank im Tal, und die uralten Straßen liefen über Hügel und durch Senken. An mehreren Stellen befanden sich Banditennester, in relativ unversehrten Häusern oder Villen, die Tuab Ey in Besitz genommen und inzwischen lange genug gehalten hatte, daß sie sein Etikett verdienten; etwa Villa zur Vogelscheuche oder Jorts Mauer.

Dort, wo der Rauch des Kochfeuers aufstieg, wohnten sie.

Im Westen, wo der Urwald mit unwiderstehlicher Gewalt eingebrochen war und nur noch wenige Mauerreste standen, befand sich eine kleine Kolonie Leprakranker. Sie besaßen ihren eigenen Brunnen, und die Furcht, im Fall der Flucht sofort von Speeren durchbohrt zu werden, sorgte dafür, daß sie auch zusammenblieben. Die ockerfarbenen Gestalten bewegten sich scheinbar gewichtslos über die weißen Straßen, sterbende Schatten ohne Gesichter.

Zu Mittag, als sie auf einer hohen Terrasse saßen, deutete Tuab Ey hinaus auf eine bestimmte Blume, die sich durchs Pflaster zu arbeiten begann.

»Die Jahreszeit wandelt sich, Rarnammon. Jenseits der Berge wird das Eis sich verschieben und brechen.«

»Und wenn das Meer eisfrei ist«, sagte Galud, der sein Wasser an einer Säule abschlug, »bewegt sich der Leopard nach Norden, Osten, Westen und Süden.«

»Der Krieg wird bis hierher kommen. Aber Ihr werdet nach Dorthar zurückkehren, um ihm entgegenzuziehen?« fragte Tuab Ey.

»Nein«, erwiderte Rarnammon.

Tuab Ey sagte träge: »Er wird Euch brauchen, denke ich, Euer hochgeborener Bruder.«

»Ja«, erwiderte Rarnammon, »aber nicht unbedingt neben sich.«

»Ein Rätsel.«

»Eine Tatsache.«

»Also was meint Ihr? Ich bin Euer Gastgeber, denkt daran. Sagt es mir!«

Rarnammon blickte mit nachdenklicher Miene lange auf die Stadt hinunter und lächelte. Aber er sagte nichts.

Galud betrachtete die beiden mit finsterem Gesicht, dann stieg er von der Terrasse und ging ein Stück fort. Er hielt sie

für Liebhaber und war neidisch, obwohl seine eigenen Neigungen in bezug auf den Beischlaf nicht in diese Richtung zielten.

Tuab Ey streckte sich in der Sonne aus.

»Also werdet Ihr mir nichts erzählen.«

»Ich werde mir einen geeigneten Ort suchen und dort allein bleiben. Wartet nur ab!«

»Worauf?«

»Ich habe keine Ahnung. Ich weiß nur, was ich Euch gesagt habe.«

»Dann seid Ihr ein Mystiker.«

»Vielleicht.«

Tuab Ey drehte sich auf den Bauch und stützte sich auf den Ellbogen ab. Er starrte Rarnammon an, bis sich der ältere Mann umdrehte, als er den intensiven Blick spürte.

»Ihr sagtet: allein. Oder soll ich mit Euch kommen und Euren Pagen spielen, Lord Königssohn?«

Anfangs hatte Tuab Ey keine Vorstellung, was Rarnammon tun würde, jetzt, da es gesagt worden war, und er erfuhr erneut jene ungewohnte, unheimliche Empfindung, die wie Ehrfurcht war. Aber dann grinste Rarnammon, und das Grinsen ließ ihn sehr jung erscheinen.

»Ein Mystiker bleibt ehelos«, sagte er.

Tuab Ey machte die Feststellung, daß er ebenfalls grinste, ohne sich entscheiden zu können, ob er sich geschmeichelt oder beleidigt fühlen sollte. Dann wandte Rarnammon den Blick wieder ab und sah gen Norden.

»Mein Vater ist in Thaddra gewesen«, sagte er. »Falls er sich nicht in Feuer oder Äther verwandelt hat, ist er noch immer dort irgendwo. Vielleicht ist er zu Stein geworden, oder zu dem schwarzen Licht, das durch die Bäume scheint.«

Tuab Ey schauderte in der großen Hitze des Mittags.

»Mein eigener Vater«, sagte er, »verhandelte über seine Flucht mit einem Sklavenhändler, dessen Name Bandar war. Bandar, ich habe ihn als Kind gesehen, war ein fetter und ungesunder Tölpel. Er hatte eine Geschichte zu erzählen, mit der er jedermann belästigte. Wie er Astaris als Sklavin nach Thaddra gebracht hatte – nicht sein Fehler, *natürlich* – und sie mit Raldnors Kind schwanger war.«

Rarnammon sah sich nicht nach Tuab Ey um, aber er hörte

zu. Tuab Ey fuhr glatt fort: »Es gab noch eine Geschichte; sie handelte von einem Wolfskind in den Wäldern im Norden ... Ihr wißt schon, ein Säugling, der unter Wölfen aufwächst und von ihnen wie ein Wolf erzogen wird. Nur daß Wölfe selten sind auf dieser Seite der Berge. Wilde Hunde sind häufiger. Aber von dem Kind hieß es, daß es übernatürlich sei, weiß wie eine Perle und mit Flügeln, und es trüge einen Stern auf der Stirn ...« Er unterbrach sich, weil Rarnammon leise lachte. »Nun, ich habe nie ein Wort davon geglaubt«, sagte Tuab Ey und legte sich wieder zurück, um sich von der Sonne bescheinen zu lassen.

ZWEIUNDZWANZIG

Im Osten begann das Eis zu brechen. Es hörte sich an, als berste die Erde.

In Dorthar begannen die Menschen, als die Marmorwelt wich, sich zahlreicher auf ihrer Oberfläche zu tummeln.

Durch Schlamm und milchige Regenfälle kämpfte sich eine kleine Karawane auf die Hauptstadt Anackyra zu. Dann schlug sie einen Bogen darum und bewegte sich in Richtung der Berge weiter, auf Koramvis zu, den See von Ibron, von dem es hieß, eine mächtige Statue läge im Schlaf auf seinem Grund; die der Anackire; sie träume ...

Die armseligen Wagen des Reisezuges wurden von Soldaten des Herrn der Stürme eskortiert, die dem Anschein nach beauftragt worden waren, ihnen entgegenzugehen. In den Dörfern und Städten, an denen sie vorbeikamen, sahen sie das Wappen der Schlange und der Wolke und machten Bemerkungen darüber.

Gelegentlich kursierten merkwürdige Gerüchte. Ein vergifteter Brunnen war mit trinkbarem Wasser vorgefunden worden, als die Karawane bei ihm angehalten hatte. Eine Frau, die hinausgegangen war, um ihren Toten zu beklagen, war zurückgekehrt, von ihrem Kummer befreit. Ein Kranker war geheilt worden, nachdem der Schatten von etwas (einem Wagen oder einer Schlange) über ihn gefallen war, als er auf der Straße gewandert war.

Eine Gruppe Anackirer war gesichtet worden, die auf die sich über Anackyra erhebenden Berge zu geritten waren.

Es gab eine schwache Bodenerschütterung in der Ebene, in der Stadt. Nichts wurde zerstört. Viele spürten es nicht einmal.

Vencrek kam mit einer persönlichen Frage zu seinem König, mit dem er eine gemeinsame Zeit verbracht, den er aber nie richtig kennengelernt hatte, als sie Kinder in Vathcri gewesen waren. Er sagte: »Raldanash, könnt Ihr mir etwas zu diesen Geschichten über eine Priesterin sagen, der eine königliche Eskorte zu diesen Ruinen dort oben beigegeben wurde?«

Raldanash erwiderte: »Diese Geschichten sind wahr.«

»Wer ist sie?«

»Eine Priesterin, wie Ihr schon sagtet.«

»Es kursierte eine Menge Geschwätz ...«

»Ja«, sagte Raldanash mit einem seiner seltenen Anflüge von Humor, »eine ganze Menge.«

Und dann begann Raldanash im leichten Plauderton, während er den Gouverneur an das gewaltige Tischmodell führte, das annähernd die Oberflächenstruktur von Vis wiedergab, um über Kriegsstrategie zu diskutieren.

Sie bewegten die kleinen geschnitzten Galeeren und die Figuren von Männern und Reitern, ebenso Stäbe aus Elfenbein. Die zuvor entworfenen Angriffspläne waren seit Prinz Rarmons verräterischer Flucht oder Entführung überarbeitet worden. Spione hatten die Nachricht überbracht, daß er tot sei. Das konnte eine Irreführung sein.

Obwohl er keine Antwort auf seine neugierige Frage erhalten hatte, erlag Vencrek dem Charisma seines Königs. Während ein Teil von ihm skeptisch beiseite stand, war der Vetter von Vathcri dennoch geschmeichelt und angenehm berührt, weil es ihm vergönnt war, allein mit Raldanash Kriegsspiele machen zu dürfen. Es wurde auch tatsächlich – einigermaßen beschämend – letztlich ein Bubenspiel daraus. Sie tranken Glühwein, verteilten beschwingt die Schiffe; der Lord Gouverneur erklärte sich bereit, das Freie Zakoris zu sein, zuweilen auch Karmiss, während der Sturmlord Dorthar darstellte.

Wenn Vencrek eine Schlacht verlor, ließ er ein kindliches Geschrei der Empörung hören und besann sich erst dann darauf, daß es sich um ein Spiel handelte.

»Bei Ashkar. Woll'n wir hoffen, daß sie so mies spielen wie ich«, sagte er, und er hörte Raldanash lachen, was eine noch größere Seltenheit darstellte als selbst seine schüchterne Belustigung. Und er entsann sich, daß er ihn liebte, nicht mit der Liebe eines Mannes, nicht im geschlechtlichen Sinne, sondern mit der Liebe des Blutes, mit der Liebe der Ehre und der unerschütterlichen Aufrichtigkeit eines Sohnes Raldnors.

Und als Raldanash später vor dem von Pfeilern versehenen Kamin in Schlaf fiel, als sei er außerordentlich müde, da betrachtete Vencrek sein schönes unmenschliches Antlitz; zutiefst berührt und beinahe ärgerlich darüber, daß ihm so viel Zutrauen entgegengebracht wurde.

In Ommos war die dortharianische Garnison angewachsen. Vier und ein halbes Tausend der Männer des Herrn der Stürme verstärkte die ommische Verteidigung. Dazu kam noch eine Kompanie Mischlinge, an die zweitausend Mann stark, sowie unabhängige Söldnertruppen, Vathcrianer und Tarabiner, obwohl sich die reinblütigen Shansarianer abgesetzt hatten.

Ommos hatte Angst.

Der letzte Krieg hatte es verwüstet. Wie auch Zakoris war dieses Land gezüchtigt und beschämt worden, aber Ommos besaß nicht die Tapferkeit zurückzuschlagen, wie es einem lange gehegten Wunsch Yls entsprochen hätte; es spürte nur die eiternde Wunde eines schwächlichen Hasses. Es fürchtete die Männer des Schwesterkontinents, die hier waren, um ihm zu helfen, ebenso, wie es den Tiefland-Statthalter und den weißhaarigen König in Dorthar fürchtete. Der Held Raldnor war ein Fluch für Ommos geblieben. Niemand liebte dieses Land, und es liebte seinerseits niemanden.

Nur in einigen abgelegenen Gegenden, die ein eigenartiger Glanz gestreift hatte, war die Stimmung besänftigt worden und hatte sich in einer anderen Form verstärkt.

In den Straßen von Hetta Para sprachen einige immer noch von einem langhaarigen religiösen Knaben (denn der Traum muß übertragen werden), der tolerant und freundlich zu ihnen gewesen war. In Zarok war er in anderer Verkleidung gesehen worden. Das Bildnis der Anackire, das gleichermaßen gesehen worden war und das (wie einige sagten) einen

Abdruck auf Mauern hinterlassen hatte, war zugleich auf mysteriöse Weise Zarok *gewesen*. Man konnte es sich erklären als weibliches *Alter ego,* das sie zumindest anerkennen konnten; die äußere Hülle des Gottes.

Aber diese Nischen des Haltes und der Stärke waren schmal. Ommos war nie ein fruchtbarer Boden für das Licht gewesen. Ein Arbeiter am Feuer, hatte sogar das Licht ihres Feuers aus den Augen verloren. Sie waren berauscht vom Blut. Das Land glich in dieser Hinsicht dem Freien Zakoris.

In Xarabiss war Thann Xa'ath, anders als sein Vater, klug genug gewesen, erst einmal abzuwarten, wie der Hase lief.

Dann allerdings hatte das Fiasko der Eskapade Ulis Anets mit ihrem Wachkommandanten für einige Verwirrung gesorgt. Obwohl Xa'ath nicht bereit war, den Fall ganz so zu sehen, wie er ihm dargestellt worden war – es hatte andere Hinweise gegeben (sie hatte auf irgendeine Art Raldanash verärgert und war in aller Stille beseitigt worden?). Dennoch war er verpflichtet, die diplomatischen Regeln zu beachten. Thann Xa'ath mußte daher handeln, als stünde er tief in Dorthars Schuld.

Er führte geschickt seine Armee ins Feld und sandte Raldanash als Zeichen seiner Vasallentreue viertausend Mann, die losmarschierten, als er es für richtig hielt. Sie waren unterwegs, bevor der Schnee verschwunden war. Versehen mit funkensprühenden Kohlenpfannen, zogen sie durch die endlose Nässe des Tauwetters. Dreißig Mann verschwanden in einem reißenden Fluß nahe der ommischen Grenze. Aber es war nötig gewesen, in diesem Frühjahr eifrig zu erscheinen.

Thann Xa'ath hatte eine unzureichende Vorstellung vom Preis des Sieges. Er bediente die Maschine des Krieges pragmatisch. Sein Hof hielt scheinbar mit.

Aber draußen in den Kristall-Städten, in den Theatern, den Freudenhäusern und Weinstuben waren die Gespräche und Bilder ehrlicher und aufschlußreicher. Die Stücke, die aufgeführt wurden, waren dem Anschein nach seicht – Farcen, die aber häufig einen giftigen Stachel bargen. Akrobaten balancierten auf Seilen über den Mäulern hungriger Tirr. Entkommen; der Tanz mit dem Tod. In Unterhaltungen wurden akute Gefahren signalisiert. Seher verkündeten laut in den

Straßen, daß das Ende der Welt gekommen sei. Niemand lachte über sie. Alle würden zu Boden geschmettert, vom Blut weggeschwemmt, in den Flammen zu Asche verbrannt werden.

Es gab keinen Ort, an den man fliehen konnte.

Dennoch; als der Frühling die Straßen vom Schnee befreite, strömten sie fort, zu den Villen, auf Bauernhöfe, abgelegene Ebenen und einzelstehende Berge; Aristokraten gleichermaßen wie Bettler.

Vielleicht würde sie hier die schwarze und krallenbewehrte Pranke verfehlen.

Es existierte ein seltsamer Umstand. Die meisten von ihnen beteuerten lauthals, daß Dorthar und die Mittleren Länder siegen würden. Aber nicht ein einziger schien fähig, daran zu glauben.

Was das Freie Zakoris haben wollte, würde es bekommen. Karmiss, dieses unbekannte wetterwendische Gebilde, würde jedem an die Gurgel fahren, der zu Boden ging.

Ein paar von Privatleuten befehligte Schiffe stachen in See und brachen mit unzulänglicher Takelage zum Schwesterkontinent auf. Das Wetter war wechselhaft. Keine Nachricht kam je von ihnen zurück. Auch nicht ein einziges Wort oder Schiff von denen, die am Ende des Sommers von Thos aus losgefahren waren.

Im äußersten Süden von Vis: die Tiefländer. Sie waren in der Hauptsache eine Art Wüste geblieben. Und hier hielt sich der Mantel des Winters noch eine ganze Weile. Auf den weiten Ebenen hatten sich die Dörfer von der Umwelt abgekapselt, wie sie es von alters her getan hatten; verschlossen, Beete ohne Knospen hinter den Zäunen, ohne Sinn für den Frühling, außer in der Politik.

Näher bei Xarabiss, hatten die Städte der Ebenen ihre Heere längst aufgestellt – in der Hauptsache Hamos, das an der Küste gelegene Moiyah und das halberrichtete Hibrel, geformt im nördlichen Geist und den Handel mit Ländern jenseits des Ozeans.

Dortharianische und vathcrianische Kriegsspezialisten hatten ihre Männer den ganzen Winter über in den Steinhöfen gedrillt. Selbst eine Rotte shansarianischer Berserker war

vorhanden, ein Verband von mehreren tausend Mann, in einem Lager, das ungefähr eine Meile von Moiyah entfernt lag. Eine kleine shansarianische Flotte war ebenfalls hier, dreißig Schwanenschiffe, vor Ufer vom Eis eingeschlossen. Aber der Volksmund wußte zu berichten, sowohl die Truppen als auch die Schiffe würden zum shansarianischen Alisaar aufbrechen, wenn erst die See frei wäre.

Es war auch bekannt, daß die dortharianischen Truppen bei der Schneeschmelze in Moiyah stationiert werden sollten. Diese Stadt war zu einer Schlüsselstellung des Westens avanciert und hatte daher eine gefährdete Position inne. Über die Größe der Garnison war noch nichts Genaues bekannt.

Über die geheimnisvolle zerstörte Stadt war nicht viel zu hören. Sie stellte weder für den zakorianischen Leoparden noch für den karmianischen Schakal ein lohnendes Objekt dar, da sie bereits gefallen war, keine Schätze beherbergte und ohne strategisches Interesse war; sie blieb ganz sich selbst, ihrer eigenen Stille überlassen.

Der Bericht legte nahe, daß gewisse Dörfer im äußersten Süden geräumt waren, deren Einwohner sich mit ihrem gesamten Besitz aufgemacht hatten, wie es schon einmal vor einigen Jahrzehnten der Fall gewesen war. Vermutlich suchten sie Zuflucht.

Ein umherstreifender Jäger, der von Nordwesten her nach Moiyah gekommen und von der dortigen vathcrianischen Kommandatur angeworben worden war, unterhielt seine Bataillone, die aus Tiefländern, Männern vom anderen Kontinent, Mischlingen und Xarabern bestanden, mit einer plastischen Erzählung über das, was er in oder nahe der Trümmerstätte aus dem Schnee hatte ragen sehen.

Er wurde nachdrücklich aufgefordert, seine Beobachtung seinem vathcrianischen Kapitän mitzuteilen.

»Ich kann es nicht genau sagen, Sir.«

Er war Tiefländer und ein Bauer, der zwar mit der Sprache der dunklen Rasse vertraut war, aber in seiner Kindheit nur wenige Worte und viel Telepathie gebraucht hatte; er wirkte jetzt gefaßt und schien nicht länger imstande, sich exakt auszudrücken.

»Es war bei Sonnenaufgang. Das Licht fiel von der Seite auf die Stadt ... Vielleicht war es auch etwas anderes ... Es

war weit weg, Sir, vielleicht waren es nur Felsen oder Bäume. Aber sie sahen aus wie große Türme aus Gold.«

Der Vathcrianer, der jünger als der Jäger war und sich vor dem Krieg fürchtete und zugleich aufgeputscht war, brauchte einen sichtbaren Gegner, gegen den er kämpfen und den er vernichten konnte.

Er sagte ärgerlich: »Wir haben es hier mit einem verflucht ernst zu nehmenden Gegner zu tun, Soldat. Das letzte, was wir brauchen, sind Visionen und Träume und Vermutungen. Wir brauchen eine Armee von Soldaten mit Mumm in den Knochen. Ein Wunder im Schnee hilft uns nicht, den Krieg zu gewinnen. Habt Ihr das verstanden, Soldat?«

Der Jäger, der jetzt Soldat war, erwiderte, daß er es verstanden habe.

Erst später fiel dem Vathcrianer auf, daß er unabsichtlich in seiner Heimatsprache geredet hatte. Der Tiefländer, der diese Sprache nicht beherrschte, hatte ihn verstanden, indem er seine Gedanken gelesen hatte.

Über der Inneren See hielt Alisaar, das shansarianische Fort, nach allen Richtungen Ausschau. Geschnitzte Schiffe patrouillierten in Alisaars Gewässern, kreuzten unablässig und regelmäßig, als würden sie von Uhrwerken gesteuert.

Das Eis überzog nur die östlichen und südlichen Seeufer, wie es hier die Regel war. Aber die verheerenden Stürme der kalten Monate hatten Alisaar arg zugesetzt. In den Ashara-Tempeln, die Shansar errichtet hatte, wurden Prophezeiungen ausgesprochen und Vorzeichen gedeutet. Geheime Gottesdienste fanden statt; die eingeborenen Alisaarer waren zu ihren eigenen Göttern zurückgekehrt, wenn sie sich je von ihnen abgewandt hatten.

Entlang der uneinheitlichen Grenzgebiete von Alt-Zakoris, dem Leckerbissen, den Sorm von Vardath im Tieflandkrieg errungen hatte, war ebenfalls jeder Meter Grenze bewacht.

Die drei kleinen Länder, Iscah, Ott und Corhl, die vor fünfundzwanzig Jahren zu Vasallen gepreßt worden waren, standen in der Hauptsache unter vardianischem Einfluß. Aber Alisaar war zu einem unberechenbaren Faktor für den Süden geworden.

Im Norden beobachteten Wachtürme die thaddrianische

Grenze – Berge und Wälder. Besondere Aufmerksamkeit brachte man der Südstraße Yls entgegen.

Wo der gebirgige Teil des vardianischen Zakoris an Dorthars Grenzen stieß, wurden die Pässe von den Armeen beider Seiten besetzt. Auf der dortharianischen Seite hatte der Sturmlord einige vathcrianische Kompanien aufgehetzt, die jetzt darauf aus waren, sich mit Sorms vardischen Männern zu schlagen. Es war nicht mehr allgemein bekannt, aber Vathcri und Vardath waren schon von Haus aus Erbfeinde.

Im Alten Zakoris hatte die zakorianische Rasse unter Sorm eine Blüte erlebt. Er hatte ihnen auch nicht ihre Religion genommen, und die Feuer- und Wassergottheiten waren mächtig wie eh und je, wenn auch einige blutrünstige Riten ihnen zu Ehren der Vergangenheit angehörten. Aber alles in allem war Zakoris sich selbst treu geblieben.

Seine Menschen waren vom selben Blut wie die in Zakoris-In-Thaddra. Bald würden sie aufgerufen sein, ihre eigenen Rasseangehörigen zu metzeln, in einigen Fällen sogar ihre leiblichen Brüder. Sie waren nicht mit oder zu Yl desertiert, was für den Leoparden ein unverzeihliches Verbrechen bedeuten mußte. Als Eroberer, der er war, würde er keinen Fingerbreit weichen. Das Mutter-Königreich würde zerstört werden. Nicht ein Stein würde auf dem anderen bleiben, und nicht eine Haut eines Gegners würde auf dessen Leib bleiben.

Im Besitz dieses Wissens entschlossen sich letzten Endes doch noch einige dazu zu desertieren, entgingen irgendwie den Wachen und Streifen, gelangten über die Berge oder durch den Dschungel nach Thaddra und begaben sich eilig unter Yls Fahne. Andere liefen einfach ziellos fort, nach Alisaar oder Dorthar, wo sie sich verrieten und sofort arretiert wurden. Oder aber sie kamen nach Thaddra und empfingen dort den Tod, denn so war es in Thaddra Brauch.

Aber es konnte nicht oft genug gepredigt werden: Letzten Endes gab es keine Zuflucht, und es würde keine geben. Dieser Krieg war eine Woge, und die Welt war ein ungeschütztes Ufer vor ihr.

In Thaddra war das Meer nie zugefroren. Schnee war für Thaddra ebenso wie für Zakoris nichts als eine rasch wieder

verschwindende Krone auf einigen weit entfernten meilenhohen Bergen.

Der Leopard spürte den frischen Frühlingswind und reckte sich.

Die beiden mächtigen Flotten, die eine einhundertunddrei und die andere einhundertundsiebenundzwanzig Schiffe stark, schaukelten sacht in ihren Tiefwasserbuchten. Weiter nordöstlich hielt sich eine Scout-Flotte von fünfzehn Schiffen auf Wachtposten und in Bereitschaft, die von den größeren Verbänden abgezogen worden waren. Bei Anbruch des milderen Wetters setzten sich weitere Schiffe in Richtung auf die östlichen Meeresregionen in Bewegung.

Die Südstraße war mit den Leichen von Sklaven gepflastert. Sie würde niemals rechtzeitig fertiggestellt werden, obwohl man kräftigen Gebrauch von Peitschen machte und das Feuer die Vegetation fraß. Verkohlte Vögel gaben Opfer für Zarduk ab.

In Ylmeshd waren die kleineren Feierlichkeiten beendet worden.

Die Höhle Rorns war bereits durch ein Ventil geflutet und versiegelt worden; in dem Wasser, das sie füllte, schwammen ertrunkene Tiere und Menschen, die sich allmählich zu Ehren des Gottes auflösten. Ein junger Priester Rorns, aufgeputscht vom drogenvermischten Weihrauch, von Schreien und den Schlägen des Gongs, hatte sich von einem hohen Sims hinabgestürzt, als die Wassermassen in die Höhle zu fluten begannen. Ein freiwilliges Opfer erfreute die Gottheit immer besonders. Dieses Vorzeichen war günstig.

Während der Sonnenuntergang Ylmeshd mit seinen prächtigen Farben übergoß, betrat König Yl den Tempel Zarduks durch den stadteinwärts gelegenen Eingang.

In der Höhle war schon Mitternacht, aber als Yl erschien, loderten die hohen roten Flammen der Fackeln empor. Yl voran schritten Priester; ihm folgten seine Verwandten, Kommandanten und schließlich eine Schar von Sklaven, deren einige einen schwarzlackierten Kasten ohne Öffnungen und von Mannsgröße trugen.

Als die letzte Fackel entzündet war, wurden aus schwarzen Fellen gefertigte Vorhänge beiseite gezogen. Zarduk zeigte sich, aus Stein gemeißelt, zwölf Fuß hoch, kräftig von innen

heraus erleuchtet durch seine eigenen glühenden Eingeweide. Er war prächtiger anzusehen als zuvor, denn seine Anhänger hatten ihn kürzlich reichlich mit Gold überzogen und mit goldenen Ringen behängt. Es war sein Anteil an der Beute, die sie in Ankabek gemacht hatten.

Er besaß nicht die prähistorische Häßlichkeit des Ommos, dieser vergoldete Feuergott, dessen Ursprung im Westen lag. Er hatte nicht nur einen Kopf, sondern auch Schultern und einen Torso. Seine Hände waren flach seitlich des Rockes geformt, der einen Teil seiner Kleidung darstellte; sie schienen den Brennofen zu umklammern, der sein Lebensfeuer enthielt.

Sie brachten ihm zehn Sumpfleoparden dar, denen von zehn Männern die Hälse durchgeschnitten wurden. Das Blut strömte und verbreitete seinen strengen Geruch.

Yl, der selbst in die Felle schwarzer Leoparden gekleidet war, ein Halsband aus Rubinen und ein Brustgehänge aus Onyx und Sardonyx trug, schritt auf die in Stein gehauene Treppe zu, die zum Standbild des Gottes emporführte. Er nahm von einem der Priester ein Messer entgegen, schnitt sich selbst in den Arm und ließ sein Blut in die aufzischenden Flammen Zarduks fließen.

Im Tempel wurde Beifallsgeheul laut. Sogleich kamen Priester herbei, um die Blutung des Königs zu stillen.

Yl trat seitlich neben die Statue. Die Priester brachten ihm eine Maske aus gehämmerter Bronze, die er als nächstes aufsetzen mußte. Als er sich mit ihr geschmückt hatte, mit ihr verschmolzen war, wurde er selbst zu einer Inkarnation des Gottes, zu einem seiner Priester. Die Zuschauer waren sich dessen bewußt und bezeugten ihm eine entsprechende Ehrerbietung.

Yl befahl einen Sklaven zu sich, der einen riesigen Topas trug. Er war verschmutzt, dieser Topas, oder er war trüb. Er schimmerte nicht im Fackelschein, selbst dann nicht, als er auf den Boden vor dem Standbild gelegt wurde.

Dann goß Yl Wein über den Topas, als wollte er ihn waschen.

Der Stein veränderte sich nicht.

Wieder machte Yl eine befehlende Geste.

Der verschlossene schwarze Kasten, den man hinter ihm

hergetragen hatte, wurde nach vorn gebracht und abgesetzt, und sein Deckel wurde aufgeklappt.

Wenige Augenblicke später erhob sich eine Gestalt aus dem Kasten.

Es war ein Jüngling, etwa sechzehn Jahre alt, schlank, aber kräftig gebaut. Auf den ersten Blick schien er ein reinrassiger Zakorianer zu sein, samtschwarze Haut, ebenso schwarz die Haare und Augen. Aber in seinen Gesichtszügen lag eine Anmut, die in Zakoris längst nicht mehr vorkam. Die Nase war nicht breit und flach, die Nasenflügel waren stolz und weit geformt und schimmerten golden. Die Lippen waren voll, was nicht zu den rassischen Besonderheiten der Zakorianer gehörte; und er hatte keine Narben am Körper.

Er trug goldene Ringe um Knöchel, Handgelenke und Arme. Ansonsten war er nackt.

Seine Augen, verträumt, fast blind – die Folgen eines Narkotikums – waren ins Nichts gerichtet.

Trommeln rührten sich. Hinter der Zarduk-Statue sprangen zwei Mädchen hervor, das Feuer spiegelte sich in ihren Haaren und auf ihrer glatten Haut.

Sie tanzten, luden ein, wanden sich. Sie forderten den nackten Mann auf, liebkosten ihn und drängten ihn gegen den Rock des Standbildes.

Die Zakorianer schauten stumm zu. Dieses Ritual war so alt wie das Alte Königreich.

Eines der Mädchen lag unter ihm, die Haare über den Topas gebreitet, in der Lache aus Blut und Wein. Er zwängte ihre Beine auseinander und drang in sie ein. Als er auf ihr zuckte, zuckte das rote Licht aus dem Ofen des Gottes mit, über seinen Rücken, das Gesäß, die Beine. Das andere Mädchen streckte sich neben den beiden aus, ihr Körper bewegte sich im Einklang zu seinem, ihre Hände und ihr Mund ermutigten ihn, drängten ihn zum Höhepunkt, unerbittlich.

Als er sich aufbäumte, bäumten sich die beiden Mädchen ebenfalls auf, und zwei seltsame Schatten lösten sich von seiner Gestalt, gegen das Licht. Orgasmus, die magische Kraft. Als er hinsank, rutschten und rollten die Mädchen fort von ihm, und noch immer wie Schatten verschwanden sie aus dem Licht und waren fort.

Sein Samen war heilig. Das Mädchen, das er sich für das

Beilager ausgewählt hatte, würde rechtzeitig untersucht werden. Wenn sie ein Kind von ihm empfangen hatte, wäre dies ebenfalls ein günstiges Vorzeichen.

Aber jetzt kamen die Priester und wandten ihn um, so daß sein Gesicht dem Höhlengewölbe zugewandt war. Er verharrte so reglos, als wäre er eingeschlafen.

Die Priester hatten Yl erneut ein Messer überreicht, das eine breitere Klinge als das erste hatte.

Als das Messer in das geheiligte Opfer eindrang, schrie der Jüngling trotz der Droge, die sie ihm gegeben hatten – aber ob Schock die Ursache war oder Schmerz, war nicht zu beurteilen. Die Schreie, die merkwürdig unbeteiligt und kaum menschlich klangen, hielten an, denn der erste Stich tötete nicht. Dies gehörte ebenfalls zum Ritual, das so alt wie das Alte Zakoris selbst war. Die Eingeweide wurden aus dem Leib des Opfers geholt und in den Bauch des Gottes geworfen; eine bizarre Entsprechung. Die Schreie wurden endlich schwächer und erstarben.

Der sterbende Körper wand sich noch immer, als sie Öl darüber gossen. Es war Bedingung, daß noch Leben darin war – Yl war sorgfältig und rasch vorgegangen. Eine Fackel wurde geworfen. Die Gestalt des Opfers löste sich in den lodernden Flammen auf.

Da brachen die Zakorianer in Geheul aus.

Zarduk war geehrt worden und würde sie in guter Erinnerung haben.

Hinter dem brennenden Opfer, bei der brennenden Statue, jetzt mit Rauch und geronnenem Blut beschmiert, war der Topas, der das Auge Der Anackire gewesen war, Zeuge der Szene.

In Karmiss reckten sich in einem Innenhofgarten kleine, goldene Blumen, um den Regen zu trinken. Ulis Anet, die sich hinabbeugte, um sie anzuschauen, wußte, daß der Hafen von Istris, der jetzt weniger als einen halben Tag entfernt war, offen sein würde.

Sie hatte die Vorahnung gehabt, daß Kesarh heute herkommen würde, oder vielleicht morgen. Er war noch ein zweites Mal während des langen Schnees ausgeritten. Sie hatte ihn nicht erwartet. Sie war an jenem Nachmittag ver-

zweifelt gewesen, hatte auf dem Bett gelegen, unfähig, auch nur die geringste physische Anstrengung zu unternehmen, die es erfordert hätte, aufzustehen. Einer ihrer Dienstboten kam als erster herein. Und dahinter er; wie ein Sturm aus dem Nichts kam er in den Raum und füllte ihn vollständig aus; mit seiner Elektrizität und Dunkelheit.

»Bleibt, wo Ihr seid«, sagte er. Er lächelte sogar. »Ihr könntet mir keinen besseren Empfang bereitet haben.«

Er war heftig und umsichtig und fordernd, wie stets. Ihr eigener Hunger und seine Stillung schienen sie auszulöschen; der Todeswunsch, der ein Bestandteil des Geschlechtlichen war.

In der Nacht wachte sie auf, und er war bereits gegangen. Sie stand auf und verfluchte ihn, sprach richtige Flüche über ihn aus, auf xarabisch und mit heiserer Stimme.

Er hatte ihr viele Geschenke gesandt. Sie suchte die letzten von ihnen heraus und zerschmetterte sie im ganzen Raum.

Einige Tage später, als ihre Periode ausblieb, vermutete sie, daß sie ein Kind empfangen hatte und wurde von einer ohnmächtigen Raserei des Schreckens oder des Triumphes geschüttelt, das vermochte sie nicht zu entscheiden.

Schließlich aber fing sie doch noch zu bluten an. Sie machte Pläne, ihn zu bestechen, ihn klaglos zu ertragen und auf irgendeine Art fortzukommen, sobald Tauwetter einsetzte. Sie würde sich in die Tiefländer wenden und in einem der geheimnisvollen Tempel des Hamos oder Hibrel um Asyl bitten. Val Nardia war eine Priesterin gewesen.

Aber dann sah sie seine Wiederkehr voraus, heute oder morgen. Es war sehr seltsam, sie wußte, daß sie eine gewisse telepathische Empfänglichkeit ihm gegenüber besaß, obwohl es ihm nicht aufgefallen war, und er sie auch nicht erwiderte.

Da war dieser makabre Traum gewesen, in Dorthar, ehe seine Männer sie ergriffen hatten – das Meer bei Sonnenuntergang, das Ufer war mit Eis überzogen gewesen, sie hatte in seinen Armen gelegen.

Sie hörte jetzt viel mehr, seit ihr die karmianischen Diener vertrauter geworden waren. Er war mit seiner toten Schwester von Ankabek zurückgekommen, hatte ein Soldat berichtet, und der Leichnam war wie eine Schlafende gewesen.

Wenn er ankäme, würde sie ihn herzlich willkommen hei-

ßen, mit all der Kühle, die dieser Begriff beinhalten konnte. Sie würde nicht mit ihm schlafen. Wenn er sie zwänge, würde sie kein Vergnügen daran zeigen, selbst wenn es ihr angenehm sein sollte.

Es würde ihm nicht viel ausmachen. Aber sie selbst würde sich vielleicht symbolisch loskaufen. Vorübergehend.

Sie hatte erwogen, sich auf eigene Faust während des langen Schnees einen Liebhaber zu nehmen. Einen attraktiven Knecht oder Wächter. Aber Kesarh würde es natürlich entdecken. Er mochte verunsichert sein. Er mochte den Mann bestrafen oder töten: sie war nicht bereit, eine derartige Schuld auf sich zu nehmen.

Oft sann sie über Raldanash nach. Oder über Iros. Jemand hatte verlauten lassen, daß Iros gestorben war.

Ulis Anet hatte viel über Val Nardia erfahren. Inzwischen war sie nicht mehr sicher, ob sie so eingehend nachgefragt hatte, oder ob man sich eingehend bemüht hatte, es ihr zu berichten.

Gelegentlich stellte sie theoretische Überlegungen darüber an, ob sie in der Lage wäre, einen Mordversuch an Kesarh zu unternehmen. Aber diese Vorstellung war zu melodramatisch, wie alles übrige auch, und bedrückte sie.

Den größten Teil dieses Tages stand sie an den Fenstern, die nach Istris hin lagen, und hielt Ausschau. Der Himmel bezog sich, und sie glaubte schließlich nicht mehr, daß er kommen würde.

Fünfzehn Minuten später, als die Lampen entzündet wurden, erhob sich ein verräterischer Tumult im ganzen Haus.

Ulis Anet ging hinab, um ihn zu begrüßen. Er sollte sie heute nacht nicht bereit finden, ihm zu Gefallen zu sein ... nicht einmal gefügig.

Sie war vorbereitet, und als er hereinkam, dachte sie, *du siehst, er ist nur ein Mann. Du bist von ihm besessen, aber er hat nicht zugelassen, daß du ihn lieben durftest. Du kannst es ertragen.*

Aber sie scheute seine Berührung und seinen Blick.

Dann wurde im Salon das Dinner serviert.

Sie sprachen oberflächlich über belanglose Dinge, über die Nöte im Haus, übers Wetter. Wenn er belustigt war, ließ er es sich nicht anmerken. Sie fühlte seinen Blick auf sich, und dann und wann einen längeren, eindringlicheren Blick, den sie nicht erwiderte.

Ohne es zu wollen und teilweise, ohne es zu wissen, ahmte sie Val Nardia nach, über die sie soviel erfahren hatte.

Das Mahl ging zu Ende, ohne daß er das Bett im oberen Stock erwähnt hätte.

Er ging an den Kamin, lehnte sich an ihn und trank Wein.

»Morgen werde ich nach Lan segeln.«

»Lan?« erkundigte sie sich höflich, als höre sie diesen Namen zum ersten Mal.

»Es scheint dort einigen Ärger zu geben.«

Sie erwiderte nichts; es war ihr ganz gleich. Er hatte Lan überfallen, und Lan hatte es ihm offenbar verübelt.

»Die Ausweitung des Krieges scheint Euch nicht länger zu interessieren«, stellte er fest. »Auf den Straßen erzählt man sich, daß das Freie Zakoris Istris innerhalb von einer Stunde zerstören könnte. Die ganze Insel in sechs Tagen.«

»Aber Ihr seid der Liebling des Freien Zakoris.«

»Aha. Dann hört Ihr also doch zu.«

»Ich werde beten«, sagte sie, »daß die See während Eurer Überfahrt ruhig bleibt.«

»Um mich zu ertränken, ist mehr als ein bißchen Salzwasser erforderlich«, sagte er. Er leerte seinen Becher, und sie trat fürsorglich näher, um ihn neu zu füllen. »Val Nardia«, fuhr er fort, »hat ihr Haar häufig so gekämmt, wie Ihr es jetzt tragt. Habe ich Euch das erzählt?«

Bei diesen Worten hob sie den Kopf, sah ihn an und sagte ruhig, ohne zu wissen, weshalb: »Ihr Schatten sucht mich auf und weist mich an, wie ich ihr so ähnlich wie möglich werden kann.«

»Bleicht Eure Haut«, sagte er, »und sagt ›Nein‹.«

»Ich werde Nein sagen«, erwiderte sie.

Die Schwärze seiner Augen, in denen etwas Fahles und Fließendes zu leben schien, überkam sie.

»Was für ein Jammer«, sagte er, »jetzt bin ich den ganzen Weg geritten, nur, um etwas zu essen.«

»Es gibt einige hübsche Mädchen in diesem Haus. Eine davon färbt sich sogar die Haare rot.«

Er lächelte leicht. Dem Anschein nach ging er auf ihren scherzhaften Ton ein, als er erwiderte: »Oder ich nehme Euch irgendwo. Manchmal genieße ich einen gewissen Widerstand.«

»Natürlich. Ihr könnt tun, was immer Ihr wünscht.«

»Ihr seid nicht wie sie«, sagte er. »Nicht wirklich. Ihr seid überhaupt nicht wie sie. Weder, wenn Ihr mitspielt, noch, wenn Ihr Euch verweigert. Und wenn Ihr mich am meisten an sie erinnert, kann ich am deutlichsten spüren, daß es ein Denkzettel ist, nicht mehr.«

»Weshalb bin ich dann hier?«

Er erwiderte nichts.

Sie sagte: »Ich verstehe. Ihr seid wie ein Mann, der einen wertvollen Stein aus einem Ring verloren hat. Er ersetzt den Stein durch einen anderen, der, obwohl minderwertig, doch den Schaden nach außen hin behebt. Er schätzt den Ersatz nicht hoch ein, aber er begnügt sich mit ihm. Der Ring ist da, um getragen zu werden.«

»Sie«, erwiderte er, »wäre nie in der Lage gewesen, diesen Tatbestand so geistreich zu umschreiben.« Er trank seinen Wein aus. »Ihr wißt, wo ich schlafen werde, wenn auch nicht mit Euch. Schickt mir ein Mädchen. Ich überlasse Euch die Auswahl.«

Eine Stunde später begab sie sich selbst ins Gästezimmer.

Am Morgen redete sie sich ein, daß selbst das keine Rolle spiele, und daß ihre Ausflüchte sinnlos gewesen waren. Ihr Körper hatte es genossen. Warum also hätte sie es nicht tun sollen?

Aber sie verlor die Fähigkeit, sich selbst zu vertrauen, denn sie war eine Verräterin und Lügnerin geworden.

Und dies zuzugeben war auch nur eine andere Art Verrat, wie sie entdecken mußte.

Sie frühstückten gemeinsam im Salon.

Ihr mißfiel die Normalität dieser Situation; ihre Position war festgelegt: Sie war seine Geliebte, mit allen trostlosen Implikationen, die mit diesem Status verbunden waren. Schon hörte sie die Männer unten umhergehen, mit den Vorbereitungen seines Aufbruchs befaßt.

Was bedeutete es, wenn er wieder fortritt? Eine neue, große Leere; ein neuerliches Ausschauen nach dem Phantom seiner Schwester; Pläne, die zu nichts führen würden.

»Denkt Ihr zuweilen an mich«, erkundigte sie sich, »wenn Ihr an einem anderen Ort seid?«

Er nahm ihre Frage freundlich auf. Er schien über die Un-

verfänglichkeit dieser für eine Frau typische Frage erleichtert zu sein.

»Ja, Ulis. Ihr seid meine Zuflucht.«

»Wovor? Vor den Sorgen und Mühen Eures Status? Ihr seid doch darin verliebt.« Sie schnitt eine Frucht mit einem kleinen Messer entzwei und starrte das farbige Fruchtfleisch mit den darin eingebetteten Kernen an, als sähe sie darin eine Offenbarung. »Vielleicht sollte ich Euch ein Andenken zur Erinnerung an mich mitgeben. Eine Haarlocke. Wie die, die Iros gesandt wurde und seinen Tod verursachte.« Sie fügte hinzu: »Ihr habt Euch große Mühe gegeben, um mich in Euren Besitz zu bringen. Bin ich es wert?«

Er erhob sich.

Er nickte ihr zu, erklärte ihr, daß er aufbrechen müsse, und versicherte, er habe dafür gesorgt, daß die häuslichen Angelegenheiten während seiner Abwesenheit geregelt würden.

Etwas Merkwürdiges geschah. »Geht hinaus«, sagte sie, und ihre Stimme war wie ein Keuchen, und schon hatte sie das kleine Obstmesser vom Tisch ergriffen.

Sie bemerkte, daß sie seine Aufmerksamkeit erregt hatte. Er war verblüfft. *Sie* hatte dies getan ... vielleicht ... Val Nardia ...

Aber dann wandte er sich um und schritt zur Tür. Und Ulis Anet schleuderte das Messer nach ihm. Es war ein impulsiver und nur ungenau gezielter Wurf gewesen; sie hatte nicht die Absicht gehabt, ihn ernsthaft zu verletzen. Das Messer fuhr durch seinen linken Ärmel und fiel kraftlos auf den Teppich.

Er hielt inne. Er gönnte weder dem aufgeschlitzten Ärmel noch dem Messer einen Blick. Er kam langsam zu ihr zurück, und sie, außer sich vor Erregung, stand hilflos vor ihm und wartete einfach darauf, geschlagen zu werden. Er rührte sie nicht an. Nur sein vernichtender Blick traf sie. Und einige wenige Worte.

»Beherrscht Euch, Lady«, sagte er. »Die Umstände erlauben uns wenig Unterhaltung.«

»Ich hatte nicht die Absicht, etwas derartiges zu tun«, erwiderte sie. Sie war unfähig, es zu erklären oder sich zu entschuldigen. »Es war ohne jeden Sinn.«

»Da habt Ihr recht«, sagte er.

Bald darauf wurde die Tür geschlossen, und er war fort.

Die drei Schiffe, die vom mit Regenspeeren gespickten Wind vorangetrieben wurden, machten rasche Fahrt. Dann, als sich die unregelmäßige Küstenlinie Lans näherte, warfen sie einen Schatten in nördlicher Richtung. Die hohen, scharfen Umrisse dreier Zakorianer kamen rasch auf sie zu. Die karmianischen Schiffe hißten nur die Lilie.

Die Zakorianer hißten keine Flagge, aber ihre Segel trugen auch nicht länger den Zwiefachen Mond und Drachen des Alten Zakoris, die zugleich das Zeichen der früheren Piraterie waren. Sie trugen jetzt die Embleme des Schwarzen Leoparden.

Kesarhs Kapitän, der am Bug stand, sagte: »Sind sie auf einen Kampf aus, mein Lord?«

»Ihr vergeßt, daß die Lilie und der Leopard enge Freunde sind.«

Die Schiffe grüßten einander friedlich. Danach legten sie gemeinsam die letzte Strecke der Tagesreise in den felsigen Schutz des Landes zurück.

Eine orangefarbene Sonne ging hinter ihnen unter, und durch den von ihr beschienenen, feuchten Dunst auf dem Meer kam eine Gruppe der Freien Zakorianer herüber gerudert. Kesarhs Galeere nahm sie an Bord.

»Wir glaubten, euer König wäre hier«, sagte der Kommandant der Freien Zakorianer.

Kesarh, dessen Rüstung weder Schmuck noch Erkennungszeichen aufwies, erwiderte: »Tatsächlich? Nun, laßt es euch nicht verdrießen. Ich habe seine Vollmachten.«

Der Zakorianer war kein Narr; er war nicht überzeugt, aber auch nicht gut gerüstet, geschickt zu argumentieren. Er war groß und verroht und besaß einen bemerkenswerten Schmuck. Er hatte das linke Auge verloren, und es war durch eine matte Opalkugel ersetzt worden.

»In diesem Fall läßt König Yl Eurem König seine Grüße durch Euch ausrichten.«

»Ich danke Euch«, erwiderte Kesarh. »Ich werde daran denken, sie ihm zu übermitteln.«

»Ich bin beauftragt, Hilfe anzubieten.«

»In welchem Umfang?«

»Es gibt Unannehmlichkeiten in Lan.« Diese untertreibende, sarkastische Phrase, in zakorianischem Slang vorge-

bracht, war beinahe schon zum Lachen. Kesarh lachte allerdings nicht.

»Um welche Unnehmlichkeit handelt es sich?«

»Karmianische Truppen in Lan haben gegen König Kesr rebelliert.«

»König *Kesr*«, sagte Kesarh, »wäre sehr überrascht, wenn er davon erführe.«

Eine Weile herrschte Schweigen. Dann sagte der Zakorianer: »Meine Schiffe werden euch in den Hafen von Alman geleiten.«

»Nein«, sagte Kesarh. Er lächelte ernst. »Karmiss besetzt Lan. Wenn in dieser Zeit ein zakorianisches Kriegsschiff in einen lanischen Hafen einliefe, würde der König dies als einen kriegerischen Akt betrachten, versteht Ihr, gegen Karmiss selbst.«

Der Kommandant hatte nicht wirklich eine andere Antwort erwartet.

Sie tauschten noch einige formale Höflichkeiten aus, dann ging der Freie Zakorianer von Bord.

In der Stunde, die der Abenddämmerung voranging, als die Schiffe der Lilie die Küste entlang ruderten, wurden sie von den drei Schatten verfolgt; jetzt zu weit entfernt, um Grüße auszutauschen, oder Anschuldigungen; nichts als eine äußerst anschauliche Warnung.

Die offizielle Nachricht über Lan war einfach gewesen. Der neue Kommandant hatte die Macht übernommen, Raldnor Am Ioli war vertrieben worden und würde folgerichtig entmachtet werden.

Aber viel später waren neue Nachrichten eingegangen, selbst trotz Schnee und Eis; Kesarhs überall verteilte Spione hatten sie weitergegeben. Die Einzelheiten waren unklar, aber es sah so aus, als hätte Raldnor – obwohl er gestorben war – schließlich doch noch über die Truppen in Amlan und den Hafen dieser Stadt gesiegt. Ein unbekannter Marionetten-Führer war jetzt eingesetzt worden, ein blonder Shansarianer, der auf irgendeine Weise ihren kindischen Vorstellungen entgegengekommen war.

Für Kesarh mochte es sich zu Beginn des Krieges als fatal erweisen, wenn er Lan nicht länger im Griff hatte. Er hatte Lan als Ballast benutzt und war auf es angewiesen. Trotz des

Ruhmes seiner Seeflotte war die unübertreffliche Strategie, mit der er seit Dorthar und – durch seinen Stellvertreter – auch im Freien Zakoris geglänzt hatte, unersetzlich.

Und die Freien Zakorianer, deren eigene Spione tätig und dabei so geschickt waren, wie sie es nicht mehr gewesen waren, bis der Alisaarianer Kathus ihre Zügel übernommen hatte – waren ebenfalls von einer Ahnung des sich neigenden Glücks befallen worden.

Drei und ein halbes Dutzend Soldaten lagen während der Schneezeit in Amlan im Quartier. Mit weniger als dreihundert Mann im Rücken einzumarschieren, war Kesarhs Risiko; und es war eine Notwendigkeit.

Die Freien Zakorianer mußten jetzt ihrerseits in ernsten Schwierigkeiten stecken. Man stellte sich keiner derartigen Konfrontation, wenn man nur über eine so winzige Streitmacht verfügte. Konnte es sein, daß die Nachrichten falsch waren? Für Karmiss-In-Lan würde es ähnlich aussehen. Dies war keine Strafexpedition. Kesarh hatte keinen Überfall vor, er wollte sie nur für sich gewinnen. Vielleicht würden sie sich darauf besinnen, daß niemand ein besserer Verbündeter für sie war.

In der Kabine auf dem Vorderdeck besah sich der Arzt, der Kesarhs gepanzerten Ärmel geöffnet hatte, die entzündete Unterarmwunde. Sie bot einen üblen Anblick.

»Es ist kein tiefer Schnitt, aber er will nicht heilen. Macht er Euch Sorgen, mein Lord?«

»Ja. Er macht mir Sorgen.«

»Ich glaube, daß wir es mit Wundbrand zu tun haben. Mit dem Messer ist zuvor eine Frucht geschnitten worden, habt Ihr gesagt? Ich fürchte, daß wir die Verletzung ausbrennen müssen.«

»Dann tut, was Ihr tun müßt.«

In Lan hatte schon während des langen Schneefalles kein Trübsinn geherrscht, und der Frühling versprach neue Reize.

Raldnor Am Ioli, der von einem verrückten Patrioten oder einem bezahlten Meuchelmörder erschlagen worden war, hatte Amlan in einiger Verwirrung hinterlassen.

Der junge Prinz-König, Emel, Sohn des Suthamun, hatte

die Nachricht von diesem Vorfall mit offensichtlicher Erregung entgegengenommen. Er hatte in Gegenwart der Soldaten Tränen vergossen, die dies nicht als unziemlich empfunden hatten. Er war noch ein Knabe, und Raldnor war ihm wie ein Vater gewesen. Aber dann war der Vormittag vergangen, und Emel, der sich eingeschlossen hatte, war nicht wieder zum Vorschein gekommen. Die Soldaten wurden unruhig.

Während der ersten Tage nach dem Meuchelmord war ein Rat gebildet worden, der die verschiedenen Hauptleute einschloß, die zu Raldnors Oberherrschaft gehört hatten. Überflüssig, zu sagen, daß bald Streitigkeiten ausgebrochen waren. Noch vor Ende dieses Monats war es zu Straßenkämpfen zwischen den Scharen der verschiedenen Befehlshaber gekommen. Am letzten Tag des Monats war einer der Räte tot in einer verwüsteten Weinhandlung aufgefunden worden. Während einer Reihe von Tagen des Folgemonates traf einige der übrigen Hauptmänner ihr Schicksal; einer davon verschied in einem Trog, der als Schaftränke diente, welcher Umstand als Beweis für den Sinn für Poesie in der Armee gewertet wurde.

Es folgte das unvermeidliche Gerangel um die Macht. Zwei Offiziere, die sich darin besonders hervortaten, wurden ermordet, zwei andere wurden von ihnen zujubelnden Soldaten auf dem Palastplatz erwählt. Sie hielten sich eine Weile. Ihr Ende war gekommen, als ein Mann von Süden her in Amlan einritt.

Er hatte tausend Karmianer im Gefolge, derer einige seine eigenen waren; die übrigen hatte er unterwegs aufgelesen; der Mann fand sich unvermittelt als Belagerer wieder, als seine karmianischen Gefolgsleute ihm die Stadttore vor der Nase zuwarfen.

Im Verlauf der zweiten Nacht öffnete jemand die Tore, weshalb auch immer, und der Ankömmling strömte mit allen seinen Männern herein. Was den Meinungsumschwung bewirkt hatte, war die Unsicherheit, die sich in Amlan immer mehr breitmachte.

Der Ankömmling war einst Wächter in der privaten Armee Kesahrs gewesen. Noch immer schien der Glanz dieser Macht auf ihm zu liegen.

Biyh war mit einem kleinen Häuflein nach Elyr gesandt

worden, um es auszukundschaften und aufzuwiegeln, kurz, nachdem er mit seinem König von Dorthar zurückgekehrt war. Biyh hatte keine Ambitionen, oder er glaubte, sie nicht zu haben. Er war ein Gelegenheitsarbeiter, ein Handlanger, er hätte jede Arbeit angenommen; als Wächter, Krieger oder Bote. Wie Prinz Rarmon selbst festgestellt hatte, war Biyh in der Welt nicht weit gekommen.

Aber etwas, das mit den Unruhen in Lan zu tun hatte, mit den Revolten der Einheimischen, den Übergriffen, Anschlägen und gelegentlichen Morden, hatte diesen Biyh zu einer ganz besonderen Bedeutung hochgepuscht. Selbst ziemlich verblüfft hatte er seine Chance erkannt und ergriffen. Möglicherweise hatte es seinen Appetit erweckt, als er den Aufstieg Rems miterlebt hatte.

Als er Amlan übernahm, entmachtete Biyh die derzeitigen Anführer. Er selbst hatte nur vorgehabt, sie einzusperren, aber seine Männer waren übler Laune und verteilten die zerstückelten Leichen der Abgesetzten über den Platz.

Biyh machte sich daran, die Stadt zu säubern, die sich in einem desolaten Zustand befand. Er verstand es, sich bei den Leuten beliebt zu machen, indem er freizügig Wein, Bier und Frauen verteilte, Emel als Führergestalt vorgezeigte – Biyh wußte um die Wichtigkeit von Führergestalten –, um ihnen eine Ahnung von dessen Freigiebigkeit und Ehrenhaftigkeit beizubringen.

Biyh besuchte sogar Bruder und Schwester, den lannischen König und die Königin, in ihren königlichen Gemächern. Sie waren blaß unter ihrer dunklen Haut; aber sie ertrugen ihn. Er war aufrichtig erfreut zu sehen, daß sie in ihrem Exil im Landesinneren noch zu essen bekamen und auch nicht auf Annehmlichkeiten verzichten mußten. Die eingeborenen Lannier brauchten also ebenfalls ihre Führerpersönlichkeiten, und Biyh hatte schon halbwegs befürchtet, sie nach gemeinsamem Selbstmord vereint auf dem gewobenen Teppich liegend vorzufinden.

Eines Abends hatte Biyh auch seinem postulierten König einen längeren Besuch als üblich zugebilligt.

Der Knabe hatte von Anfang an einen trübsinnigen und ängstlichen Eindruck gemacht. Jetzt, als er mit ihm allein war, erkannte Biyh, daß es sich um Entsetzen handelte.

»Diese Zeit hat nicht viel Gutes gebracht, mein Lord«, sagte Biyh, dem die Plattheiten niemals ausgingen. »Aber Ihr müßt sie ertragen. Gedenket Eures Vaters. Die Männer lieben Euch. Karmiss wird Euer sein.« Biyh glaubte nicht wirklich an das, was er sagte. Er beabsichtigte, sich bei Kesarh eine gute Nummer zu sichern, sobald das Wetter umschlüge, und ihm alles zu überreichen, einschließlich Emel; vorausgesetzt er, Biyh, gewann dadurch.

Emel, der diese Gedanken Bliyhs gewiß nicht mitbekommen haben konnte, begann zu weinen.

Biyh tätschelte dem Knaben die Schulter und gewann den seltsamen Eindruck, daß er sich parfümiert hatte, wenn auch nur schwach; mit einem weiblichen Parfum.

Biyh erinnerte sich daran, wie ihn Am Ioli den Gerüchten nach verborgen hatte, und seine Neugier wuchs.

Am nächsten Morgen platzte er unter irgendeinem Vorwand in Emels Schlafgemach herein. Emel, der seit dem Tag, an dem Raldnor den Tod fand, unter ständigem, übermäßigem Schrecken gelebt hatte, hatte keine Zeit mehr, viel zu verstecken und zu verbergen. Biyh lachte laut auf.

Etwas an dieser Art zu lachen ermutigte Emel; er hatte schon öfters so lachen gehört, und das war ebenfalls stets in einem Schlafzimmer gewesen.

Nach einer Weile sagte Biyh: »Macht Euch keine Sorgen. Ich werde Euer Geheimnis wahren.« Er setzte sich aufs Bett.

Eine halbe Stunde später befand er sich in ihm.

Und während er darin war, wurden Biyhs Gefühle von ebenso unterschiedlichen Eindrücken erregt wie die Emels. Biyh war auch in dieser Hinsicht nicht wie Raldnor; er war sexuell wohlerzogen.

Emel fand sich unvermittelt umsorgt und liebkost. Hier war ein Liebhaber, der nicht verschwand; ein Beschützer, der keinen Abscheu zeigte und nicht bemängelte; oder der sich bemühte, von ihm loszukommen. Hatte er endlich Sicherheit gefunden?

Als er in den Augen der Welt noch ein Nichts gewesen war, hatte Kesarh, als er von Tjis wieder in die Hauptstadt zurückgekehrt war, in einem bronzenen Wagen gesessen, vom Glanz der Schwerter umgeben, in einem Blumenregen, und

Istris hatte ihm sein Herz zu Füßen gelegt. Als ein König war er in Alman einmarschiert.

Die Überfahrt war nicht rauh gewesen. Ulis Anet, so dachte er einmal, mußte nicht sehr inständig gebetet haben; oder aber der Bann war im Messer stecken geblieben. Die drei schwarzen Schatten waren ihnen jedenfalls auf den Fersen geblieben.

Die Schiffe der Lilie dockten an, und die Schatten gingen am Horizont vor Anker. Im Augenblick war dies ohne Bedeutung und mochte sich sogar als nützlich erweisen; eine Wache der Freien Zakorianer als Rückendeckung.

Der Hafen wimmelte von Truppen. Die Zustände waren schon vor sechs Tagen erkundet worden, nachdem weitere Nachrichten an Bord von Kesarhs Schiff gelangt waren: durch einen Spion, der gut rudern konnte und die Küste abgegrast hatte. Die sie verfolgende Clique hatte jetzt einen Namen.

Der derzeitige Herrscher, Biyh, war einst eine Nummer Neun gewesen, dessen tausend Mann in Amlan auf dreieinhalbtausend angewachsen waren. Und als der Schnee gewichen war, hatten sich weitere Gebiete für Biyh entschieden – indem sie ihn fälschlich für Raldnor hielten, von dessen Tod sie nicht erfahren hatten. Der Marionetten-›König‹, wußte der Spion zu berichten, war Suthamuns Sohn, oder dessen verschlagenes Double, das man irgendwo ausgegraben hatte.

Während er sich ans Ufer rudern ließ, taxierte Kesarh die bewaffneten Streitkräfte, die das Hafenbild belebten, auf etwa zweitausend Mann. Sie wehrten ihnen die Einfahrt nicht, waren aber jederzeit in der Lage, in den Hafen einlaufende Schiffe wie Kiefer zu umschließen.

Sie waren sich noch nicht sicher, ob er Kesarh selbst war; und sie mußten daran zweifeln, ob er Narr genug war, sich in ihre Gewalt zu begeben.

Dann lief das Boot auf Grund. Kesarh erhob sich und schritt über Eis und Schiefer und geradewegs die breite Treppe den Kai hinauf.

Die Disziplin war nachlässig geworden, und gleich nach seinem Auftauchen erhob sich ein erregtes Gemurmel. Die meisten von ihnen kannten ihn vom Ansehen her, viele hatten schon mit ihm gesprochen oder geglaubt, mit ihm zu

sprechen; in Karmiss, als das lannische Abenteuer begonnen hatte.

Unvermittelt wurde es still. Sie starrten ihn an, um ihn war Metall, waren Gesichter, und die metallenen Gesichter der Schilde, feindlich und abweisend. Sie liebten ihn zur Zeit nicht mehr, haßten die Unaufrichtigkeit des Am Ioli, und die Unruhen und die Zerstrittenheit des Heimatlandes, an denen er schuld war; und sie verabscheuten die leeren und kalten Tollheiten des Winters.

Kesarh stand allein inmitten von ihnen. Er hatte die übrigen Männer auf den Schiffen zurückgelassen.

Sie hatten ihn ebenfalls für verrückt gehalten, aber für sie war es ein Grund gewesen, ihn zu bewundern. Sie waren mit seinem Spiel vertraut. Untereinander sagten sie, daß es möglich sei, im Gefolge eines solchen Mannes selbst ins Feuer zu gehen. Aber das war gewesen, als sie sich auf den Schiffen befunden hatten.

Er trug kein Schwarz sondern das Scharlach des Salmanders mit dem Echsenemblem auf der Brust und dem Rücken – wie eine Zielscheibe. Der Mantel aus haarfeinem Stahl war darunter verborgen. Sie sahen nur, daß er unbewaffnet war. Er trug kein Schwert, keinen Dolch, nicht einmal die Messer, die man im Ärmel, in den Stulpen des Panzerhandschuhs oder in den Stiefelschäften verbergen konnte; sie schielten nach den verräterischen Umrissen und sahen sie nicht.

Kesarh schien sehr jung, beinahe zuversichtlich, in hellen und klaren Farben. Er grüßte sie nicht. Er blickte sie nur an, sah in ihre Gesichter, fixierte sie beharrlich, eines nach dem anderen. Einige verschlossen sich, andere wichen seinem Blick aus. Aber er vermied es, sie herauszufordern. Er schätzte ihre Einstellung ab, wertete sie, aber sehr behutsam.

Minuten verstrichen, und nichts sonst rührte sich. Endlich traten zwei der kürzlich durch Biyh ernannten Hauptmänner vor und begrüßten ihn.

Natürlich hatten sie keine Ahnung, was sie sagen sollten. Sie waren seine erklärten Gegner, und jetzt stand er direkt vor ihnen, mit leeren Händen, gelassen und königlich.

»Mein Lord«, sagte einer der beiden unbesonnen, »was wünscht Ihr?«

»Mein Ziel«, erwiderte er, »ist die Stadt.«

»Ich kann nicht für die Männer sprechen«, sagte der andere Hauptmann, »aber zweitausend Schwertspitzen sind auf Euch gerichtet. Weshalb kehrt Ihr nicht auf Euer hübsches Schiff zurück? Vermutlich würde man Euch gehen lassen.«

Viele hörten dies. Die Luft trug die Töne weit, und die Akustik war gut. Unwillige und spöttische Kommentare kamen auf, und Metall klang gegen Metall.

Als sich der Lärm legte, sprach Kesarh wieder. Er redete über die Köpfe der Hauptleute hinweg zu den über zweitausend Soldaten, die ihn haßten mit dem Haß enttäuschter Liebhaber. Seine Stimme war die hervorragend geschulte Stimme eines Tatmenschen, deren Wirkung erprobt war, und die von fast allen gehört wurde.

»Diese Männer sind Karmianer, wie ich es auch bin. Ich fürchte meine Brüder nicht, meine Herren. Können wir gehen?«

Er begann seinen Weg, ohne eine Antwort abzuwarten, und als er ging, schlossen sich die Kiefer um ihn. Während sie sich schlossen, stellte er unwillkürlich Kontakte mit den Soldaten her. Er besaß – und wandte an – eine wunderbare Fähigkeit des Gedächtnisses. Er erinnerte sich an Namen, persönliche Eigenarten; Offiziere und Mannschaften und ihre Akten waren ihm gleichermaßen bewußt; Menschen, die er vor Jahren getroffen hatte, auch, wenn er nur wenige Worte mit ihnen ausgetauscht hatte.

Er leuchtete in der Farblosigkeit des rauhen Tages, das Scharlach war wie ein Leuchtfeuer, die Salamanderzeichnungen schrien ihnen förmlich zu, wohin sie ihren Streich zu führen hatten. Wenn sie ihn anrempelten, berührte er sie. Seine Hände waren sicher, der Griff fest; er beruhigte sie wie Zeebas oder Pferde. Als sie sich daraufhin dichter an ihn drückten, war es nicht länger Haß, sondern der Wunsch, ihn ihrerseits zu berühren.

Dort, von wo aus man ihn nicht sehen konnte, begann man, auf Mauern zu klettern.

Und dann kamen die Anklagen, denn sie fühlten, daß sie mit ihm reden konnten.

Schon war die riesige Menge Männer auf der Straße nach Amlan, ließ den Hafen nahezu ohne Verteidigung zurück. *Kesarh,* sagten sie zu ihm, oder *König,* die shansarianische

Form. Es war keine Spur mehr von Unverschämtheit in ihren Stimmen. In ihrer Anrede war jene Vertrautheit, die man gegenüber religiös verehrten Personen benutzt.

Sie fragten nach dem Warum: Weshalb wurde uns Unterstützung vorenthalten? Warum wurden wir im Stich gelassen? Wozu diese Verbrüderung mit dem Freien Zakoris?

Er erklärte sich ihnen. Er erläuterte ihnen das Spiel, das er im Sinn hatte. Lan als Markierung, das Freie Zakoris als Start. Vis als Einsatz.

Seine Worte hallten weithin; wo sie nicht hörbar waren, konnte sie sich jedermann leicht selbst ergänzen; und sie wirkten sehr belebend. Seine Stärke und Bestimmtheit, seine unbeirrbare Zuversicht, seine Fähigkeit, jeden einzelnen von ihnen als seinen Ratgeber miteinzubeziehen und einleuchtende Argumente zu liefern. Und die ganze Zeit über war er mitten unter ihnen. Ein Schuldiger hätte sich nicht unbewaffnet und furchtlos in den Löwenkäfig begeben.

Und, was weit schwerer wog: Ein Mann, der sie nicht liebte, hätte ihnen nicht so weitgehend vertrauen können.

Seitlich der Straße erhob sich ein oben abgeflachter Hügel, auf den zu steigen sie ihn drängten.

Er stand über der Straße in der Metallwolke, redete zu ihnen, wie zu engen Freunden, als wären sie alle seine Vertrauten.

Die Sonne färbte sich rot und goß ihren Schein über die Berge, das Eis, und über ihn.

Er erzählte ihnen einen Witz, und sie lachten. Irgendwo schlugen Fäuste gegen Schilde.

Er hatte sie nicht vernachlässigt. Er tadelte sie nicht und warf ihnen nichts vor und beschwor sie nicht. Wie es aussah, lagen Reichtümer vor ihnen, neben denen sich die ›Gaben‹ Raldnors von Ioli wie Almosen ausnahmen. Und er war der Magier, der Raldnor nie gewesen war, der kein anderer jemals gewesen war.

Und dann kam einer angelaufen, zwängte sich aus der Menge hervor und rief ihm zu: »Suthamun! Suthamun!«

»Also gut«, erwiderte Kesarh. »Was ist mit ihm?«

»Sein Sohn«, schrie der Mann heiser, »Ihr ermordetet ...«

»Nein«, sagte Kesarh schlicht.

Es wurde offenbar, daß Aberglaube und Wankelmut

auch bei den bleichen Rassen unbegrenzte Macht ausübten.

Ihre Hitzigkeit war plötzlich gefroren im Sonnenlicht; er besaß plötzlich zweitausend Brüder; visianische Karmianer, Mischlinge und ein paar nominelle Shansarianer, zu denen auch der Mann gehörte, der eben die Anschuldigung hervorgestoßen hatte.

»Ich war der festen Überzeugung«, sagte Kesarh, »daß Emel, der Sohn Suthamuns, an der Seuche gestorben war. Raldnor hatte es mir versichert. Ihr habt Raldnors Lügen ebenfalls Glauben geschenkt. Wie auch ich. Emel war sein Unterpfand. Wenn es sich überhaupt um Emel handelt.«

Sie schrien auf, verlangten danach, durch ihn vom Irrtum ihrer Auflehnung freigesprochen zu werden; verlangten nach einem Zeugnis ihrer Verführung.

»Ja! *Emel! Emel!*«

Wieder wartete er ab. Als Stille eintrat, sah er sie an. Es war, wie es immer gewesen war. Vornehmheit und Arroganz hatten den Sieg davongetragen. Er hatte ihnen sein Ohr geliehen, wie sie es verlangen konnten – von einem Gott.

»Ich erinnere mich sehr gut an Emel«, begann er. Sie alle lauschten gebannt. »Die Macht der Göttin«, fuhr Kesahr fort. »Sie hat Suthamuns Dynastie zerschlagen und allein Emel von allen verschont. Es heißt, daß die Göttin die Welt erträumt. Wir sind demnach nur Bilder in ihrem Kopf. Wenn Emel lebt, dann gehört ihm das Königtum, dann gehört ihm Karmiss; ihr alle gehört ihm, meine Herren, und ich gehöre ihm.« Er warf dem Shansarianer einen Blick zu und fuhr im shansarianischen Dialekt fort, der am Hofe Suthamuns gesprochen worden war: »Wie es ihr Willen ist.«

Er begleitete sie beinahe auf dem ganzen Weg bis zu der Stadt, und zu Mittag teilten sie ihr Mahl mit ihm auf der Straße.

Irgendwann durchbrach ein Agent des Königs, der sich bis zu diesem Zeitpunkt in der Menge verborgen gehalten hatte, die Reihen der Soldaten, die nicht auf ihn achteten, und kehrte zum Hafen zurück und zu den Lilienschiffen.

»Er hat noch nicht gewonnen, aber er wird gewinnen.«

Es war lächerlich, und es belustigte ihn. An einer anderen Stelle, in seinem Herzen oder in seiner Seele, machte es ihn

wütend. Daß er schon wieder dazu gezwungen war, zu diesem Kampf, zu diesem unvermeidbaren Tribut an die Eroberer; er, der Erwählte der Göttin. Einer von ihnen hatte Kesarh zufällig gezeugt. Der unbekannte. Vater.

Nur die ständig jammernde und unglückliche Frau, die durch Xai wanderte, die schwarzhaarige karmianische Prinzessin, erniedrigt und gramvoll; eine wehleidige, hurende Hündin. Die sich aufgehängt hatte, so daß Val Nardia über ihre kalten Füße stolperte. Ihre Mutter. Verdammt sollte sie sein. *Sie* hatte die magische Last begriffen, die den bleichen Rassen auferlegt war. Und sie hatte zugelassen, davon zermalmt zu werden.

Er aber, Kesarh, hatte die Legende vernichtet. Nur um sie wieder auferstehen zu sehen. Die Schlange in Tjis. Die Schlange, die ein Schwert gewesen war.

Das leichte Fieber begann, beinahe unmerklich, seine Urteilsfähigkeit zu beeinträchtigen; ohne daß es bedenklich gewesen wäre.

Der Arzt auf dem Schiff hatte sich als unfähig erwiesen. Das glühende Eisen war nicht lange genug angewandt worden, und die Infektion war nicht vollständig aus der kleinen Wunde seines linken Armes gewichen. Das Ausbrennen müßte wiederholt werden.

Als die schwachsinnigen Soldaten auf der Straße auf ihn zugetappt waren, ihn schließlich aufgehoben und auf ihren Schultern in die Stadt getragen hatten, war sein ganzer Arm in Protestgeschrei ausgebrochen, in dem tiefen dröhnenden Ton des Schmerzes. Kesarh hatte es über sich ergehen lassen, es war unerläßlich gewesen. Aber er hätte jeden der Männer umbringen können, die ihn gepackt hatten. In der Stadt, auf den Stufen oberhalb des Palastplatzes, wo ihm von Bruder und Schwester König und Königin eine formale Audienz gewährt worden war, hatte er das ganze Theater nochmals durchmachen müssen. Und er hatte sie nochmals für sich eingenommen.

Sie schienen jetzt in seiner Hand zu sein, die vier- oder fünftausend Mann in Amlan.

Es fehlte nur noch die Auseinandersetzung mit Biyh. Das sollte nicht zu schwierig werden; es hatte eine merkwürdige Nachricht in einem Dorf die Küste aufwärts vorgelegen;

Biyhs Angebot, einschließlich aller Ehrerbietung und Beteuerung seiner Treue zu ihm.

Und dann, um ihm diesen verfluchten Tag vollends verhaßt zu machen, das unausweichliche Bekenntnis zu dem Prinz-König Emel – auf der Treppe, eine Erhöhung in widerlicher Nähe der stinkenden und betrunkenen Rotte der Soldateska.

Irgendwann im Verlauf des Krieges würde Emel nochmals sterben müssen. Soviel war offensichtlich.

Aber es wäre nicht erforderlich gewesen. Er hätte davon verschont bleiben können, von dieser Falle. Raldnor hatte ihn überlistet, Suthamun ihn eingeholt, die verdammte Ashare-Anackire …

»Das könnte wirken, mein Lord.«

Der zweite Arzt – der andere war vom Dienst suspendiert und ausgepeitscht worden – betrachtete sein Werk. Die Wunde, jetzt mit Medizin versorgt, schien weniger fühlbar, aber nicht besser geworden zu sein.

»Heute nacht«, sagte Kesarh, »kommt Ihr nochmals zu mir und brennt sie aus. Und diesmal endgültig.«

»Sorgt Euch nicht, mein Lord. Ich habe gesehen, was Eurem anderen Helfer widerfuhr.«

»Man hat Euch dazu gezwungen. Was ist dies?«

»Ein Mittel, das Euer Fieber senken wird.«

»Und mich benommen macht? Glaubt Ihr, ich könnte es mir leisten, hier zu schlafen?«

Kesarh stieß den Becher beiseite, so daß er zu Boden fiel. Diese impulsive Heftigkeit war ungewohnt bei ihm. Kesarh hatte es sich zur unumstößlichen Regel gemacht, zu Untergebenen gerecht zu sein.

Die Weinhändler von Karmiss, deren Gewerbe unter seinem Patronat aufgeblüht war, beteten ihn an und priesen seine hochherzige Großmut, sein persönliches Durchsetzungsvermögen. Diese Männer draußen, die er verachtete, hätten in dieser Minute das Freie Zakoris eingenommen. Auch das hatte in den alten Zeiten zu seiner Zaubermacht gehört. Selbst diejenigen, die bestraft worden waren, fühlten, daß sie auserwählt waren.

Rem … Warum nur mußte er an Rem-Rarmon Am Dorthar denken? Raldnors Sohn. Der zu einem unbekannten

Ort unterwegs war, in einem bestimmten Auftrag ... Val Nardias Kind. Nein, er selbst war es, der nach Ankabek ritt, das längst nicht mehr existierte. Und das Kind ... Nein, das Kind war ein Alptraum gewesen. Es war niemals wirklich geschehen; nichts davon.

Der zweite Arzt, der erst vor einer Stunde mit den übrigen aus Kesarhs kleinem Stab hereingekommen war, verbeugte sich, unbemerkt von Kesarh, und verließ den Raum.

Biyh war der nächste Besucher.

Kesarh hatte ihn persönlich zu sich beordert.

Sie sprachen alles durch. Die Ehrerbietung, Schmeicheleien und Übereinstimmungen. Biyh war ganz ohne Zweifel standfest gewesen. Er würde belohnt werden. Mit einem Messer zwischen den Rippen, noch ehe der Sommer anbrach. Aber das bedurfte keiner Überlegung.

Messer. Diese hirnlose xarabische Stute. War ihr Messer präpariert gewesen?

Noch nie hatte sich eine Wunde entzündet, die er auf dem Schlachtfeld empfangen hatte. Dieser fliegende Splitter in der Seeschlacht bei Karmiss, der ihm eigentlich das Auge hätte ausschlagen müssen, war daneben gegangen und hatte nichts als eine winzige, kaum sichtbare Narbe hinterlassen.

Nur die Schlange bei Tjis hatte ihn vergiftet, und das war nach seinem eigenen Willen geschehen. Die Wunde, die ihr Biß hervorgerufen hatte, war noch immer deutlich zu sehen. Die Narbe lag einen halben Daumenbreit über der Stelle, in die Ulis Anets Messer gefahren war.

Val Nardia hatte ihn mit einem ähnlichen kleinen Messer angegangen, als sie sich als unfähig erwies, selbst ihre Fingernägel gegen ihn einzusetzen. Sie hatte es schließlich einfacher gefunden, sich selbst ein Leid anzutun.

»Ihr habt richtig gehandelt, Biyh«, sagte er. »Ich werde das nicht vergessen. Ihr habt Euch endlich das Gouvernement über Lan verdient.«

Biyh, dem gar nicht auffiel, daß ihm zugesprochen wurde, was er bereits besaß, setzte ein idiotisches Grinsen auf.

»Aber was geschieht mit Emel, mein Lord?«

»Er befürchtet, ich könnte willkürlich mit ihm verfahren, da Raldnor geschworen hat, daß ich dies schon einmal versucht hätte.«

»Das ist richtig, mein Lord.«

»Ihr könnt Emel beruhigen«, sagte Kesarh. »Er ist mein König. Er wird mir die Führung des Heeres lassen, denke ich. Ich bin Soldat. Mögen wir alle mit den Aufgaben betraut bleiben, die wir am besten erfüllen können.«

Biyh zuckte die Achseln. Immerhin war er einer der Neuner gewesen. Er war Zeuge gewesen, wie Kesarhs Denken zuweilen funktionierte. Er wußte um einige zehn Jahre alte Geheimnisse, und er wußte, daß Kesarh darum wußte.

»Mein Lord ... da wäre noch etwas ...« Biyh zögerte. Er biß sich auf die Lippen. Als Kesarh nichts sagte, fuhr er fort: »Etwas, das Raldnor veranlaßt hat, Emel zu schützen. Oder, genauer gesagt, um sich selbst zu schützen.«

»Er hat den Knaben als Frau verkleidet und ihm das Benehmen einer Dirne beigebracht. Das habe ich begriffen.«

»Nun, mein Lord ... tatsächlich handelt es sich um eine weitere Maßnahme.«

Die schwarzen und mitleidlosen Augen, von einer seltsam trüben Helligkeit erfüllt (Fieber; man erzählte sich, daß ein Assassine versucht habe, ihn in Istris zu erdolchen), durchbohrten Biyh so eindringlich, daß er sich innerlich wand.

Es wäre besser, wenn er es ausspräche und seine Offenheit als Liebesdienst darstellte. Kesahr käme früher oder später von selbst dahinter; man konnte es nicht als Ansatz für eine Erpressung benutzen, wenn man sich nur vor Augen führte, was er mit den Truppen angestellt hatte; wie mit einem Spinnennetz umgeben und eingewickelt. Kesarh war noch immer der alte Schauspieler und Magier ...

»Raldnor hat ommische Chirurgen geholt. Sie haben getan, wofür die Ommier talentiert sind.« Kesarhs Blick drückte Erwartung und Interesse aus. »Ja, mein Lord. Der Prinz kann nicht mehr als Mann bezeichnet werden. Er ist kastriert. Er kann unmöglich König sein, nicht nach den in Vis gültigen Regeln; ganz zu schweigen von den shansarianischen Regeln. Ihr werdet nicht wünschen, in diesem Punkt eine falsche Entscheidung zu treffen. Man ist da sehr empfindlich. Aber der Rat in Istris ...«

Kesarh trank von seinem Wein. Eine Pause entstand.

Schließlich sagte Kesarh: »Und wie kommt es, daß Ihr von dieser Sache erfahren habt?«

Biyh hob erneut die Schultern. Ehrenhaftigkeit wäre der klügste Weg.

»Es hat mich nicht sonderlich gestört. Ich habe ihn ohne Kleidung gesehen. Ich habe mit ihm geschlafen.«

Eine neuerliche Pause entstand. Biyh fühlte sich sicherer als seit Tagen.

Er fuhr fort: »Ihr könnt ihn am Leben lassen. Oder Ihr könnt ihn umbringen. Er wird niemandem etwas tun können; er ist ein armer kleiner Bettler.«

Emel selbst hörte diese als Fazit ausgesprochene Fürbitte nicht mehr. Aber er hatte den Rest der Unterhaltung gehört.

Da er so viele Monate lang in Amlans Palast eingesperrt war, hatte er sich mit einigen der interessanteren Verstecke vertraut gemacht. Zuweilen hatte er, zugleich fasziniert und abgestoßen, den Voyeur bei Raldnors sadistischen Bettspielen gemacht, wobei er sich einer ungenutzten hochgelegenen Galerie bedient und ein oder zwei Platten gelöst hatte.

Kesarh hatte, genau wie die Hauptleute, seine Suite in den Räumen Raldnors genommen. So war es nicht schwierig gewesen, die alte Methode anzuwenden.

Von dem Moment an, als die karmianischen Schiffe in Sicht gekommen waren, hatte Emel das unkörperliche kalte Ziehen im Nacken gespürt, das den nahenden Tod verkündete. Dann war Kesarh in der Stadt gewesen, und die Soldaten hatten ihm ebenso rückhaltlos zugejubelt wie damals, in der Nacht, als Kesarh im Schein der Fackeln seine Beteuerungen abgegeben hatte. Emel war versucht gewesen zu entfliehen, aber der Palast hatte von Männern gewimmelt.

Kesarh war in den Palast eingezogen. Er hatte nicht nur sein Apartment bezogen, sondern tauchte in jedem noch so abgelegenen Winkel auf.

Die Handlung, sich auf den Horchposten zu begeben, um sein Schicksal zu erfahren, hatte Emels ganzen Mut erfordert. Als er es tat, selbst dann noch, als er den ersten Worten Kesarhs lauschte, hatte er nicht daran geglaubt, begnadigt zu werden. Zu hören, daß er leben und ein König sein würde, hatte für ihn schon immer die Nebenbedeutung eines Todesurteils gehabt. Hatten sie ihm das nicht alle zugesichert? Aber er hatte auch gebetet, nicht zu Ashara oder einer anderen bedeutenden Gottheit, sondern zu einem ungeformten

Gott des Selbst, daß es Biyh möglich sein sollte, ihn zu beschützen. Denn Biyh war ganz gewiß treu.

Dann hatte ihn Biyh bedenkenlos ausgeliefert.

Emel kehrte in sein Schlafzimmer zurück. Er hatte einen gewissen Geschmack an der Grausamkeit gewonnen, die Raldnor zu eigen gewesen war, und als er einen Käfer an der Tür erwischte, riß er ihm die Beine aus, während er vor Angst weinte.

Als er auf dem Korridor Schritte hörte, die Ankündigung des Scharfrichters, zermalmte er den Käfer unter seiner Ferse, als Kontrapunkt.

Ein weiterer prachtvoller orangefarbener Sonnenuntergang beleuchtete die Zeremonie auf der Treppe, die bemalten Wände und Stockwerke des Palastes, die stämmigen hölzernen Säulen mit ihren geschnitzten Lotosblüten in Indigo und Henna und die Kapitelle, die fliegende Bis darstellten.

Kesarh hatte verlangt, daß der König und die Königin zugegen wären, und so saßen sie in ihren beinernen Sesseln mit ihren beinernen Armbändern, hinter ihnen begann die Treppe.

Sie war eine liebliche Erscheinung, und ihr Bruder-Gemahl war noch immer krank.

Kesarh hatte sich nach seiner Gesundheit erkundigt, und die Königin hatte erwidert: »Es ist nichts, Lord König von Karmiss.«

»Seit ich meine Männer in Lan stationiert habe«, sagte Kesarh, »wird er beständig schwächer.«

»Da habt Ihr recht«, erwiderte sie. »Er und ich, wir sind Lanier. Unterdrückt dieses Lan, und Ihr bedrückt uns.«

»Trifft das auch auf Euch zu?« erkundigte sich Kesarh. »Ihr selbst scheint zu blühen, Madame.«

»Ich habe mein Gesicht bemalt«, sagte sie. »Hat man Euch nicht berichtet, Lord König, daß selbst wir Lanier eine gewisse Fähigkeit der Täuschung besitzen?«

Wieder dachte er an Val Nardia. Schwester und Frau.

Dann trat er in den Sonnenuntergang hinaus; die beinernen Sessel wurden gebracht, und die übrigen Teilnehmer am Spiel erschienen. Die Soldaten füllten den Platz und hingen auf den Dächern und selbst im Geäst der Bäume, um zusehen

zu können. Es würden auch Amlaner zuschauen. Vielleicht würde die Wiedereinsetzung der blonden Herrschaft, dieser Betrug, auch den Laniern zur bitteren Belustigung dienen.

Bei jedem Atemzug erzitterte das Licht. In etwa einer Stunde stand ihm das zweite Ausbrennen seiner Wunde bevor.

Emel wurde die Treppe hinabgeleitet.

Und die Soldaten, als sie seiner ansichtig wurden, jetzt daran gewöhnt, brüllten und schlugen gegen ihre Schilde.

Die Raketen schwärmten in Kesarhs Schädel, aber er wandte sich um, um den Knaben – der nicht einmal ein Knabe war – willkommen zu heißen; diesen einzigen Fehler, den er sich geleistet hatte und der nicht berichtigt werden konnte, bis er wieder in Karmiss war.

Emel sah zu ihm auf; er war zu eingeschüchtert, um dem hypnotischen Blick Kesarhs auszuweichen. Die Hand, die sich auf Emels Schulter legte, hatte nichts von ihrer physischen Kraft eingebüßt. Sie hatte ihn auf den Pferderücken gehoben, in die Wagen; sie hatte ihn geschützt und geleitet. Einmal, im Winter, als seine eigenen Kinderhände beinahe erfroren waren, hatte Kesarh wieder Leben in sie zurückgeholt, indem er sie in den eigenen Händen gerieben hatte.

Emel hatte Kesarh verehrt. Kesarh, der die Absicht hatte, ihn zu ermorden.

Kesarh schien ihn jetzt zu prüfen, streng, mitleidig. Dann wandte er sich den Soldaten zu.

Er sagte zu ihnen, und seine Worte hallten über den Platz: »Dies ist in der Tat Emel. Der Sohn meines Königs und mein König.«

Und dann, während sie erneut ihren Lärm anstimmten, kniete Kesarh vor ihm nieder.

Es war nicht wie bei Raldnor, sondern nur wie bei der anderen Gelegenheit, in Istris, im Kartenraum. Der kniende Mann. Der Sonnenuntergang näherte sich seiner Vollendung, die Sonne hatte die Blutfarbe angenommen; von der Farbe des Blutes waren jetzt auch das schwarze Haar und die schwarze Kleidung.

Emel drehte den Kopf, um die Soldaten anzuschauen, und machte sich bewußt, daß er im Begriff war, selbst zu ihnen zu sprechen, eine einzigartige Gelegenheit. Sie ermahnten sich

gegenseitig zum Schweigen; unvermittelt verstummten alle Geräusche, und nur eine in unheilvolles rotes Licht getauchte Höhle blieb zurück.

Emel starrte sie an. Sie hatten ihm zugejubelt, wie sie ihm immer zugejubelt hatten. Sie mochten ihn ... Sie mußten ihn mögen. Und sie waren viele. Und Kesarh, sein Feind, war ein einzelner.

Die verzweifelte Lösung fiel Emel plötzlich ein. Er wußte, daß ihm nur Sekunden blieben, um sie zu verwirklichen.

Er warf die Arme in die Luft und schrie im höchsten Diskant seiner Mädchenstimme: »Er hat euch Lügen erzählt! Er wird mich töten! Kesarh wird mich töten! Laßt es nicht zu ... bitte, rettet mich ... helft mir ...!«

Wieder und wieder stieß er dieselben Sätze hervor. Das schrille Jammern war durchdringend, seine Pein war selbst da offensichtlich, wo die Sprache versagte.

Die vorderen Reihen der Soldaten reagierten; ein Gemurmel, aufgeschreckt und verstört, Fragen und Widersprüche, flogen hin und her. Es hätte sich totlaufen können. Da Emels Kehle nicht redegewohnt war, hätte er nicht mehr allzuviel sagen können.

Aber Kesarh war aufgesprungen. Während er auf den kreischenden Eunuchen niederstarrte, geriet sein kaltes Blut in Wallung.

»Seid still!« sagte Kesarh.

Aber Emel gehorchte nicht. Er duckte sich, schlüpfte aus Kesarhs Reichweite und fing an zu schreien, zu schluchzen und um sich zu schlagen.

Auch darin lag Boshaftigkeit. Es war Boshaftigkeit, die Emel tapfer gemacht hatte. Die ihn befähigte, denjenigen zu schaden, die ihn betrogen; selbst in seinem Bemühen, ihnen zu entkommen, lag Bosheit. Und deshalb drehte sich Emel um, als Kesarh erneut zugriff, um ihn zu erwischen, knurrte wild in seiner Hysterie. Und Emel holte seinerseits aus, schlug und krallte nach Kesarh, um ihn sich vom Leib zu halten.

Emel wußte nichts von dem geringen Schmerz der entzündeten Wunde. Wenn er ihm bekannt gewesen wäre, hätte er vielleicht vermieden, sie zu berühren.

Aber der Angriff – der Schlag, der harmlos und schwäch-

lich schien – landete wiederholt genau auf dieser Wunde. Schmerz explodierte in Kesarhs Nervensystem, verwandelte den Arm in eine einzige höllische Pein; ebenso die Brust und Kehle und sämtliche lebenswichtigen Organe.

Und als er sah, wie Kesarh zurückzuckte, schlug Emel wieder und wieder zu.

Die Soldaten fingen tatsächlich an zu kichern, anfangs nur einige, denn sie erkannten nicht, was dort vor sich ging, und fanden das Schauspiel belustigend: die kraftlosen Hiebe ihres Knaben-Königs.

Dann schlug Kesarh nach ihm.

Wahrscheinlich hatten sie erwartet, daß es ein Klaps war. Aber es war kein Klaps gewesen.

Sie waren ohne Ausnahme Kämpfer, und so nachlässig sie auch geworden sein mochten, hatten doch die meisten Augenzeugen des Schlages gesehen, daß er Emel ohne weiteres das Genick hätte brechen können. Und daß er ihm in der Tat das Genick gebrochen hatte.

Wie eine zerbrechende Statue sackte der Knabe zusammen; er stürzte die ganze Treppe hinab und schlug unten gegen die erste Reihe der Soldaten.

Sie beugten sich über ihn, untersuchten ihn flüchtig; dann zogen sie sich murrend zurück. Er hatte jetzt einen anderen Beiklang, dieser Lärm; und er weitete sich in kurzer Frist aus.

Das Tageslicht war beinahe verschwunden. Die letzten Flecken Rot lagen noch auf dem Mörder, der auf seiner selbstgewählten Bühne, der Treppe stand.

Er rührte sich nicht und sprach nicht. Es war weder der Schmerz noch das Fieber oder die Wut, die ihn versteinert hatten. Vielleicht hatte die Ironie einen gewissen Anteil daran. Er hatte anderen so oft und so selbstverständlich mit eigenen Händen den Tod gebracht. Dennoch hätte er wissen müssen, daß eine derartige Handlung, so öffentlich wie nur möglich vollzogen, seiner eigenen Grabinschrift gleichbedeutend war.

DREIUNDZWANZIG

Dhaker, das Opal-Auge, richtete seinen ewig zwinkernden Blick durch die Nacht zum Ufer und sagte: »Es brennt etwas.«

Darin irrte er sich nicht.

Die drei zakorianischen Galeeren, deren sämtliche Segel vor dem uferwärts wehenden Wind aufgetakelt waren, kreuzten näher. Nach kurzer Zeit konnten sie die Erklärung für die in der Ferne lodernden Flammen erkennen.

Der größte Teil des Hafens von Amlan brannte lichterloh.

Als Vorläufer der Seestreitmacht des Freien Zakoris hatte die Triade Dhakers ihre räuberische Beweglichkeit behalten können. Sie waren in einem diplomatischen Auftrag unterwegs, der in der Untersuchung der Beobachtung bestand, daß Kesr Am Karmiss, ein Verbündeter des Königs Yl, einen Kampf mit den aufständischen Karmianern in Lan angefangen hatte.

Aber der lange schwere Winter, der in Thaddra kein Ende nehmen wollte, und der langweilige, zurückhaltende Norden Dorthars hatten sie in Kampfstimmung versetzt. Zweifellos würde es Beute geben, eine ganze Stadt voll mit Getränken und Frauen, die Karmiss nicht hatte verbrauchen können.

Die Boote glitten uferwärts, wobei sie die karmianischen Ankerplätze mieden, obwohl sie verlassen schienen. Als sie an Land kamen, war der größte Teil der Schlacht vorüber; nur Leichen, einige Plünderer und die Brandherde waren noch zu sehen. Die Amlaner waren ebenfalls verschwunden. Vermutlich hatten sie sich in die Hügel zurückgezogen. Hügel und Berge waren die Seele Lans.

Dhaker teilte seine Männer ein. Eine Gruppe blieb zurück, um den Hafen zu durchsuchen und die eigenen Schiffe zu schützen. Die übrigen beschritten die Straße nach Amlan.

Später, als sie der Stadt näher gekommen waren, kündete ihnen der Glanz über der Stadtmauer, daß auch hier eine gewisse brandstifterische Tätigkeit zu verzeichnen war. Der Brennpunkt ihrer Mission verlagerte sich geringfügig.

Das Freie Zakoris haßte Kesarh, trotz aller Verträge. Er trug das Blut der gelben Männer in sich, und außerdem hatte er seine Jugend und das frühe Mannesalter damit verbracht, ihr

Land zu demütigen. Jetzt bestand die Möglichkeit, daß er in zakorianische Hände fiel. Yl hätte sicherlich Interesse daran, einen derartigen Gefangenen zu bekommen, während er Karmiss und den Osten vom Baum pflückte.

Es waren die shansarianischen Truppen, die den Aufruhr in Amlan angezettelt hatten. Ihre Motive waren einfach: Emel gehörte ihnen. Als Kesarh – wenn auch wie ein Verbrecher – in den Palast geführt wurde, hatten sie den Rat einberufen. Die Zeit der Soldatenherrschaft war ihnen zu Kopf gestiegen; sie verlangten, daß ihnen der Mörder ihres rechtmäßigen Königs herausgegeben würde. Die Gefühle schlugen hoch. Sie verfluchten Kesarh. Er war ein Visianer, der Abschaum, ein schwarzer Schakal. Das führte dazu, daß die Beleidigungen allgemein persönliche Formen annahmen.

Die visianischen Soldaten, die ihre Autonomie ebenfalls genossen hatten (nicht nur in Lan, sondern auch in Kesarhs visianischem Karmiss), protestierten. Andere meldeten sich von allen Seiten zu Wort. Es gab tatsächlich keine Disziplin mehr in Amlan. Raldnor und seine Nachfolger hatten restlos damit aufgeräumt; und Kesarh, der sie hätte wiederherstellen können, war nicht mehr dazu in der Lage.

Sie sprangen sich heulend gegenseitig an die Kehlen. Vis kämpfte gegen Shansar, Mischlinge gingen gegen beide vor; Kompanie stand gegen Kompanie.

Und während es seinen Fortgang nahm, trugen Boten und Berserker gleichermaßen die Nachricht und das Blutbad zum Hafen. Der Rest von Kesarhs Begleitung eilte von den Lilienschiffen und wurde auf der Straße abgefangen.

Eine wilde Horde schlug sich ihren Weg durch wahnsinnige Shansarianer und tobende Istrianer, durch die in Flammen stehende Stadt und die Ströme fliehender Lanier, erreichte die Tore des Palastes – der jetzt das einzige und letzte noch verteidigte Areal darstellte – und traf damit auf den überlebenden karmianischen Kommandanten. Zufällig handelte es sich dabei um den verwirrten Biyh.

»Hauptmann, drei Schiffsladungen Freier Zakorianer sind im Anmarsch.«

»Hölle und Feuerpfuhl«, erwiderte Biyh.

Er war nicht weit von beidem entfernt.

Sie waren nicht einmal sechshundert, die Zakorianer; aber ihre Gier war angestachelt, sie waren barbarisch und wohlgeordnet.

Der Hafen wurde nicht verteidigt. Die Stadttore standen weit offen. Es herrschte so wenig Ordnung wie in einem Mahlstrom. Kesarh hätte es natürlich schaffen können. Aber Kesarh war bereits in den Keller geführt worden.

»Mein ... Lord«, hatte Biyh dort ernst gesagt, ein Spielball seiner aufs äußerste beanspruchten Nerven, unartikulierbarer Neugier und eines gewissen unterdrückten Vergnügens. »Ich muß Euch hier zu Eurem eigenen Schutz zurücklassen. Gefesselt und bewacht.«

Kesarh hatte gegrinst, oder er hatte die Zähne gebleckt wie ein Hund, der Furcht empfand; dessen war sich Biyh nicht sicher gewesen. Er war davongeeilt und hatte sich in einem gewaltigen Durcheinander wiedergefunden.

Biyh hatte die siebzig Männer zusammengezogen, die die Eingänge des Amlanischen Palastes bewachten. Er hatte schon einen Versuch unternommen, die lanische Armee aus den Baracken des Salamanders wachzurütteln. Aber die meisten der Soldaten hatten sich davor gedrückt, oder sie waren gegangen, um in dem Pandämonium ihren Familien beizustehen.

Schließlich war die Streitmacht Dhaker Opal-Auges den Toren schon reichlich nahe gekommen. Ohne sich zu bemühen, in den Kampf einzugreifen, außer wo er sehr verlockend war, hatten viele Gruppen der Kämpfer sie gar nicht beachtet. Die Palast-Verteidiger schlugen wacker drauflos, aber nicht sehr lange. Sie wurden gegen Mauern aufgespießt, auf Galerien, in Säulengängen.

Nach einiger Zeit hatten die Freien Zakorianer den Palast eingenommen. Sie machten nicht den Versuch, ihn zu behalten. Sie plünderten, entfachten aber keine Feuer und suchten eifrig nach Beute.

Der König und die Königin hatten den Palast verlassen, von den Zurückgebliebenen ihrer eigenen Wache überredet, die sie erfolgreich fortgeführt hatten in die nachtverborgene Seele Lans, unter dem Schutz des Chaos.

Dhakers Männer jedenfalls begaben sich in den Keller, indem sie über fünf ausgeweidete Karmianer hinwegstiegen.

So fanden sie Kesarh vor; noch dazu gefesselt, wie sie es sich besser nicht hätten wünschen können.

»Hier ist der Mann, der kein König ist«, sagte Opal-Auge. »Nun, Ihr seid zur Zeit kein König, Kesr Am Karmiss.«

Nicht nur in Ketten, sondern auch vom Fieber durchglüht, bekam Kesarh kaum mit, was um ihn herum vor sich ging.

Sie hieben sich ihren Weg zurück frei, zur Straße, zum Hafen und zu ihren Schiffen; töteten hier, plünderten dort.

Sie ließen die bis in den Himmel sprühenden Funken hinter sich und ließen sich von ihren Sklaven nach Norden rudern.

Dhaker persönlich brannte die infizierte Wunde am Arm seines Gefangenen aus. Er erhitzte das Eisen zur Weißglut und hielt es an das brutzelnde Fleisch, so lange es nötig war, vielleicht ein paar Sekunden länger. Dhaker wünschte nicht, daß seine Beute starb, bevor sie wieder Yls Flotten erreichten; aber andererseits war Dhakers Vater in Tjis dabeigewesen.

Das Haus, so angenehm und trostlos still es gewesen war: Plötzlich war es von Geschrei erfüllt.

Ulis Anet blieb stehen, um zur Tür zu sehen, als eines der geflügelten Fußpaare hereingeflogen kam.

»Madam ...«

»Was ist los?«

Es wurde ihr mitgeteilt.

Die Tochter des Königs von Xarabiss wandte sich um und schritt davon, in den Garten. Sie schenkte dem Aufruhr keine Beachtung. Weiße Tauben, gestört durch den plötzlichen Lärm, flatterten aus der Schlucht zwischen den rosenroten Mauern dem Himmel entgegen.

Die Lilienschiffe kehrten aus Lan zurück. Von Istris aus stachen weitere Schiffe in See, um die übriggebliebenen Karmianer herauszubringen. Durch ganz Lan, so verlautete, ritten Männer im Sturm, riefen die Truppen zur Hilfe, von den Bergen und Klippen, aus Tälern und Dörfern. Jeder Mann aus Karmiss mußte zurückkehren. Lan würde aufgegeben werden, überlassen und mißachtet und im Stich gelassen, damit sich das Freie Zakoris seiner bedienen konnte, wenn es wollte.

Der Schwarze Leopard würde sich gegen Karmiss selbst

wenden, sehr kurzfristig. Nicht länger ein Verbündeter – ein Verschlinger. Die Verträge waren sämtlich zerrissen.

Kesarh, der Königsmörder und Wahnsinnige – Das Freie Zakoris hatte Kesarh.

Sie hatte von etwas geträumt, sie konnte sich nicht genau daran erinnern. Eine Schlange war darin vorgekommen, deren Zähne wie Messer geblitzt hatten.

Sie hatte im Schlaf geweint und war weinend erwacht. Und jetzt wußte sie Bescheid, und sie weinte erneut.

Sie liebte ihn nicht. Sie liebte ihn. Und er würde sterben, und Karmiss würde ebenfalls sterben, und sie war verantwortlich; ihr Traum hatte es ihr deutlich gemacht, außer daß sie sich nicht erinnerte und den Grund nicht kannte.

»Lady, Ihr werdet frieren. Hier ist Euer hübscher Umhang, der mit den Kalinx-Fellen, den er Euch schenkte.«

»Nein«, murmelte Ulis Anet. Aber sie hoben sie vom Gras hoch und trugen sie fort.

»Ihr müßt Euch sputen, Lady. Istris ist nicht sicher. Es ist voll von verrückten Soldaten, und Schiffe laufen ein. Der Gouverneur wird eine Sperrstunde festsetzen. Und der Bäkker sagt, schwarze Galeeren kämen, der Leopard ist bei Sonnenuntergang gesehen worden ...«

Eine männliche Stimme. »Wir nehmen Kurs aufs Landesinnere. Kommt Lady! Ihr haltet uns auf.«

Sie war verwirrt. Sie dachte, sie würden sie als Sklavin verkaufen.

»Kesarh«, sagte sie.

»Vergeßt ihn, Lady! Man schnitt ihn in Stücke und fütterte die Fische damit.«

»*Pst!* Laßt sie in Ruhe.«

Die Nacht schloß ihr die Augen. Sie schlief in den Armen ihrer Mädchen.

Sterne sprenkelten die Finsternis.

Sie waren in den Bergen von Karmiss.

Sie starrte die Sterne an, und Weisheit oder Verwirrung erfüllten sie derart, daß sie ihnen die Hände entgegenhob. In Elyr verstanden Sterngucker derartige Einfälle.

Ein kleines Wirtshaus war da, und als die Sonne am Him-

mel hochstieg, war sie allein. Sogar die Broschen und Schmuckstücke, die sie ihr besorgt hatten, waren verschwunden. Der Umhang aus schwarzen und weißen Fellen hatte sich in lebende Tiere aufgelöst und kroch eben unter der Tür her.

Der Wirt stand vor ihr.

»Feine Lady ... Feine *Hure.* Womit wollt Ihr mich bezahlen?«

Er vergewaltigte sie. Zu jeder anderen Zeit hätte eine so entsetzliche Tat sie krank oder wahnsinnig gemacht. Aber sie war längst darüber hinaus. Die ganze Zeit über, während er sie mißbrauchte, war ihr bewußtes Denken weit entfernt.

»Ihr werdet Euch mehr Mühe geben müssen«, sagte er.

Er sagte ihr, daß sie Kamine auskehren und Wasser tragen könne und daß er sie für Nachlässigkeit auspeitschen werde. War sie verkauft worden und hatte es nicht bemerkt?

Sie erhob sich im Bett und sah ihn an.

»Ich bin die Geliebte eines Königs«, sagte sie.

»Der *König* ... Man wird uns in Stücke schneiden wegen dieses Königs. Hinaus! Ich bedaure, mich mit Euch besudelt zu haben, rothaarige Hure!«

Da war eine Straße. Sie führte nach Ioli, wo sie nie zuvor gewesen war. Menschen auf der Flucht aus allen Dörfern und Städten schienen in beiden Richtungen auf der Straße unterwegs zu sein, gingen auf ihr und von ihr herunter, waren auf verschiedenen Nebenwegen. Es gab Wagen, brüllende Tiere, das Klappern angebundener Pfannen; und die Alten, die zu schwach waren, um weiterzugehen, saßen ergeben an den Straßenrändern und warteten auf den Tod.

Ulis Anet schritt inmitten des riesenhaften Kriechtieres, zu dem die Vielzahl unterschiedlicher Flüchtlinge geworden war. Sie wußte nicht, wohin sie ging. War Ioli sicher? Niemals. Wo war dann Sicherheit? Im Westen, und weg von der Insel. In Dorthar, wo sie der Herr der Stürme beschützen konnte.

Möge Kesarh verrotten! Mögen die Krähen seine Leber in Stücke hacken!

Eine alte Frau, aus guter Familie und vornehm gekleidet, fiel vor einem Wagen auf den Weg, der unter Flüchen und

Schimpfworten angehalten wurde. Ulis Anet hob die alte Frau hoch, die sie schwach an eine Großmutter in Xarar erinnerte, wo die heiße Quelle den Palast sogar während der Schneezeit erwärmte. Die alte Frau klammerte sich an sie. Ulis Anet, die sie geborgen hatte, konnte sie nicht überreden, sie loszulassen.

Ulis Anet sagte: »Kesarh war mein Liebhaber.«

Die Frau spie sie an. Der Speichel schimmerte im Sonnenlicht. Ein Stein traf sie am Arm. Wankelmut – sie hatten ihn geliebt – noch vor drei Tagen, als sie ihn nicht geliebt hatte.

Vor Ioli betrat sie ein behelfsmäßiges Lager, teilte sich mit den anderen einen Platz am Feuer, und die Schwärze der Nacht kam, und mit ihr kamen die Sterne.

Um das Feuer wurden gräßliche, derbe Witze gerissen, über den bevorstehenden Tod, und wie sie alle sterben würden.

»Und da steht ein Freier Zakorianer, mit 'nem verdammt großen Schwert. Und er sagt zu mir: Wohin soll ich dir's stekken? Und ich bete nur, daß meine Frau dies' verdammt große Maul aufgetan kriegt.«

Oder sie stimmten Lieder an: »Kein Stern am Morgenhimmel, der uns aus dieser Nacht erlöst.«

Ein Mann versuchte, sich auf sie zu legen.

»Kesarh«, sagte sie. »Er ...«

Der Mann schlug sie, aber nicht sehr.

Sie war eine Ausgestoßene. Er wollte sich nicht mit ihr beschmutzen.

Da waren Schiffe, die lagen an einer bestimmten Stelle vor Anker; sie sollten nach Dorthar segeln. Irgendwie war sie bei einer Familie, die ihr zu essen gegeben hatte und sie jetzt mit zu den Schiffen nahm.

Sie stellte sich vor, daß sie Dorthar betrat und sich dort als Bittstellerin vor die Räder von Raldanashs Wagen warf, der unterwegs war, um in den Krieg zu ziehen.

»Warum lacht Ihr?« fragten die Kinder sie.

»Hört auf damit! Sie ist verrückt, das arme Ding.«

Als sie das Ufer erreichten, waren dort keine Schiffe. Die Familie setzte ihren Weg nach Westen fort und verließ die Irre, die eine schlechte Frau war.

Sie wanderte eine Weile umher mit dem wandernden Licht, dann setzte sie sich auf einen Stein.

Die Wellen schlugen ans Ufer. Aber es war ihr kein Friede vergönnt. In der Stille erblickte sie Kesarh, und sie sah, was die Freien Zakorianer mit ihm anstellten. Sie hatte von dem Sieg seiner Tapferkeit gehört, von Tjis, der Seeschlacht vor Karmiss, vor einem Jahr. Sie fürchtete sich davor, es in Wirklichkeit zu sehen; daß die geistige Barriere nachgäbe und sein Geist Einlaß fände, seine Qual und sein Tod; und sie wäre dem allen wehrlos ausgeliefert.

Sie verstand nicht wirklich etwas von dem, was geschah, sie sah nur die Auswirkungen. Und manchmal konnte sie sogar daran nicht glauben, obwohl sie wußte, daß es geschah.

Er war nicht gestorben. Noch nicht. Sie würde seinen Tod fühlen. Vielleicht.

Kurz vor Sonnenuntergang zog eine Sturmwolke übers Meer, Meilen entfernt, in nordöstlicher Richtung.

Ulis Anet erhob sich vom Stein, schritt in die Brandung und starrte in die Schwärze der Wolke, bis sie übers Land zog und sich auflöste.

Eine Stunde später zog eine andere Sturmwolke über den Himmel, eine rote diesmal. Anfangs hielt sie es nur für eine Widerspiegelung der Sonne hinter dem Horizont.

Aber es war die alptraumhafte schwarze und rote Wolke dreier zakorianischer Schiffe und eines Feuers.

Sie lief, mit leerem Hirn, den Weg, den die Familie genommen hatte; westwärts, fort von der Nacht.

In der Dunkelheit schrak sie anfangs zurück, weil sie dachte, ein neuerliches Feuer vor sich zu haben. Aber dann begriff sie, daß es sich um eine Ansammlung von Fackeln handelte. Dort war eine flache Bucht, darin lagen Boote, roh gezimmert, leck, die ächzend auf den Wellen schaukelten.

Sie traf Menschen. Es waren nur wenige. Ihre Fackeln beleuchteten sie, und einer sagte: »Seht nur, Ulis-Haar – ein gutes Zeichen!«

Zuvor hatte man in ihr ein böses Zeichen gesehen.

»Wohin geht ihr?« fragte sie.

»Auf die Insel.«

Sie starrte sie an. Karmiss war eine Insel.

»Zum heiligen Schrein«, sagte ein anderer.

»Der Leopard hat ihn bereits geplündert. Er wird sich nicht die Mühe machen, nochmals zurückzukommen. Wir werden dort sicher sein.«

Sie setzten nach Ankabek über, im Schutz der mondlosen Nacht.

Sie ließen zu, daß sie sich ihnen anschloß, weil sie glücksbringendes Haar hatte.

Vodons Männer hatten sie von einem Felsen aus ins Meer geworfen, Ashara-Anackire, die Göttin von Ankabek. Dort unten lag sie, träumend, wie sie damals in Ibron oberhalb von Koramvis geträumt hatte. Man sagte, daß sie einst die Welt erträumt habe.

Eine finstere Silhouette vor dem finsteren Himmel, der mit Sternen besetzt war, so ragte die Insel aus dem Meer.

Habe ich diesen Weg schon einmal zurückgelegt, rasch und tot? dachte die Xarabianerin. Val Nardia war es so ergangen.

Jenseits des Landeplatzes erstreckte sich die Insel, aber das Dorf hatte der Leopard zerstört. Es hieß, daß nicht eine lebende Kreatur überlebt habe. Nur Geister wohnten hier noch, die Geister einer erschlagenen Priesterin und ihrer Leute; aber wer hätte es gewagt, sich ihnen zu nähern?

Sie betraten das Dorf und versuchten, das Beste daraus zu machen. Mauerreste hielten den Wind ab. Sie spannten Häute zwischen ihnen, schufen dadurch Zelte und entzündeten Feuer.

Jemand erblickte eine Eidechse, ein graues Juwel auf einem Fels; dennoch Leben.

Essen wurde gekocht. Die Alltäglichkeit dieser Verrichtung war ein Stück willkommener Realität, aber hier, in der Zuflucht, war der Ruch bewußt ausgesparter Dinge allgegenwärtig; der Zustand des Landes jenseits dieser Insel; von Vis sprachen sie nicht.

Sie konnte nichts essen, weil sie an Kesarh denken mußte. Eine Frau tätschelte ihr die Hand.

»Ihr habt jemanden verloren, vermute ich.«

Ulis Anet starrte zum Land hinüber, zu den Sternen empor; und dann zogen die Sterne sie fort, auf einen steinigen Pfad und durch einen unheimlichen Wald. Er war verbrannt, aber hier und da hatte ein Ast oder Zweig das Feuer über-

standen und harzige Knopsen getrieben, die der süßen Luft zusätzliche Süße verliehen. Der Gang dauerte eine Stunde.

Der Tempel stand auf dem höchsten Punkt der Insel. Der lotrechte Spalt seines Eingangs war sehr hoch, die Tore waren zerbrochen und ihre mechanischen Vorrichtungen zerstört. An den Mauern waren alte schwarze Verfärbungen zu sehen. Obwohl der Weg unterhalb aufgebrochen worden war, hatte sich der Schlüssel zum Zutritt nicht offenbart. Der Kreis des inneren Heiligtums war noch verschlossen.

Ulis Anet trat vor den Stein und legte die Stirn und die flachen Hände auf seine Kühle.

Val Nardia hatte sich erhängt. *Bin ich nach Ankabek geleitet worden, weil mir ebenfalls ein derartiges Ende bestimmt ist?*

Ein Nachtvogel flötete in den eingeäscherten Hainen draußen. Leben inmitten von Leichen.

Aber Kesarh, Kesarh ...

Ulis Anet sank auf die Knie. Sie preßte die Lippen an die undurchdrungene Mauer. Ein Gebet der Amanackirer kam ihr in den Sinn, das sie einst in ihrer Kindheit gehört hatte, und sie sagte die Worte laut auf, ohne zu wissen, weshalb, und ohne die Bedeutung der Worte zu kennen; die Tränen rannen ihr wärmer als der verbrannte Stein über die Wangen.

»Nicht, was mir fehlt, noch, was ich verlange – gib mir nur, was ich bin.«

Nach einer kurzen Weile begann der Stein sich zu bewegen. Teile der Mauer fielen allmählich zurück. Die Mauer war wie eine Pfeife konstruiert. Die Druckpunkte, an denen die Steine bewegt werden konnten, waren tief unten angesetzt und konnten nur im Knien erreicht werden. Sie reagierten auf den Atem bei verschiedenen Lauten der menschlichen Sprache. Es gab mehr als einhundert Schlüssel; sämtliche Gebete; eines von ihnen war jenes, das Ulis Anet gesprochen hatte.

Hinter dem Einlaß war das Heiligtum verwüstet, wie die Piraten es verlassen hatten, und ohne Licht. Aber sie trat ein. Sie fürchtete sich, denn sie wußte, daß sich die Mauer hinter ihr wieder schlösse. Dann wäre sie gefangen, und es bliebe ihr nur noch der Ausweg durch eine der inneren Türen, die Vordons Männer aufgebrochen hatten, und durch das unterirdische Labyrinth ...

Sie stand jetzt in der Schwärze, Tonscherben oder menschliche Knochen zerbrachen unter ihren Füßen, und nicht einmal eine Statue der Göttin war hier, um ihr Trost zu spenden.

Und doch konnte die Göttin angerufen werden. Sie war für alle da, die zu Ihr die Stimme erhoben ... Aber nicht, was mir fehlt, noch, was ich verlange. Was ich bin.

Nein, es war nicht das Phantom der Val Nardia, das hier umging.

Es war die Frau, vor der sie auf dem Boot geflüstert hatten: Eraz, die Priesterin.

»Helft mir!« bat Ulis Anet sie in der Dunkelheit.

Die Hilfe ist in Euch. Ihr müßt Euch selbst helfen.

»Ja«, erwiderte Ulis Anet. »Die Hilfe ist in mir. Ich muß mir selbst helfen.«

Die Botschaft des Freien Zakoris an Karmiss war knapp gewesen. Wir haben euren König. Wollt ihr ihn auslösen?

Der Gouverneur von Istris hatte nachfragen lassen, worin diese Auslösung zu bestehen habe. Sie sollte in Karmiss bestehen. Es war ein schlechter Scherz.

Kesarh hatte dem Leoparden Prinz Rarmon zugesprochen, den Bruder des Herrn der Stürme. Aber der Leopard hatte Kesarh haben wollen, und jetzt hatte er ihn. Und Karmiss wollte der Leopard ebenfalls haben, freiwillig oder mit Gewalt. An den Ufern waren bereits neue Marken angebracht worden.

Als die Tage allmählich heißer wurden, strömte Regen aus schwarzen Gewitterwolken auf die Seen von Vis nieder.

Im Norden Dorthars begannen die Ballisten ihren Dialog mit einem feindlichen Ozean. Es war nicht viel mehr als eine Übung, um dieses Auge des Königreichs Raldanashs abzulenken und eine Anzahl Männer und Waffen zu beschäftigen.

Eines Nachts schwamm eine Abteilung Dortharianer hinaus und setzte vier zakorianische Schiffe in Brand. Als die oberen Decks barsten, fuhren die Dortharianer unbeirrt fort, die unteren Teile der Rümpfe anzubohren; dann lösten sie die Ketten und befreiten die meisten der Rudersklaven.

Es waren tapfere Helden; sie verdienten, daß man ein Lied über sie schrieb. Aber tatsächlich gerieten sie sofort in Ver-

gessenheit, als fünfzig Galeeren der Freien Zakorianer in die größere Mündung des Flusses Okris segelten.

Diese Mündung war für Schiffe jeder Größe der Weg in das Zentrum Dorthars; daher war die Delta-Garnison siebentausend Mann stark.

Sie verteidigte die Flußmündung gegen die Angreifer, die keinerlei Anzeichen von Schwäche zeigten. Als dann weitere schwarze Schiffe ankamen, um ihre Genossen zu unterstützen, wurden noch mehr Bataillone, in der Hauptsache Xarabier und Dortharianer-Vathcrianer, in Eilmärschen oder in Ruderbooten herangezogen, um die Blockade zu verstärken.

Ommos. Schiffe drängten sich als schwarze Haufen vor der Küste. Man war hier bei Karith in dieses Land eingebrochen, einem chronisch schwachen Punkt der Verteidigung, aber die im Landesinneren stationierten dortharianischen Truppen hatten sich den Streitkräften Yls entgegengeworfen und sie bis ans Meer zurückgeschlagen.

Xarabiss berichtete von Gefechten am Hafen von Ilah. Die Wachtürme Xarabiss' weiter im Norden sandten roten Drachenatem in die Luft.

Lan im Osten, von den Durchmarschierenden in den Schlamm getreten, verhielt sich still. Bisher war niemand gekommen, um es einzunehmen, aber die verlassenen Dörfer kündeten Unheil genug. Der Rauch hatte sich gelegt, in den Hügeln erblühten die Blumen, aber die Männer schienen sich auf den Mond zurückgezogen zu haben.

Im Westen waren das ganze vardianische Zakoris und die kleinen verbündeten Königreiche, Iscah, Crohl und Ott, mobilisiert. Alisaars Flotten, insgesamt einhundertzweiundzwanzig Schiffe, patrouillierten ständig die unregelmäßigen Küsten hinauf und hinab. Die shansarianische Flotte war von Moiah aus nach Westen gesegelt, dreißig geschnitzte Schwäne mit Schlangenköpfen.

Jetzt schien es offensichtlich: Yl würde den größten Teil seiner Seeflotte in westliche und östliche Richtung bringen, auf Alisaar und das Alte Zakoris zu, von da aus über die Innere See zwischen Alisaar und Xarabiss nach Ommos, das schon reichlich verwüstet war, und dann hoch zum Schoß von Vis, nach Dorthar.

Der Leopard verheimlichte seine Pläne nicht. Er schlug zu,

wo es ihm gerade paßte. Er war überall zugleich. Länger als zwanzig Jahre hatte er Schiffe gebaut und Männer gezeugt, um sie in diesem Sommer zu verfüttern.

Ein gewaltiges Feuer lichtete den Dschungel nordwestlich des vardischen Zakoris. Dreitausend Mann, ausgerüstet mit Wagen, Katapulten und Belagerungsmaschinen, gezogen von den Ungeheuern der Sümpfe, den Palutorven (die jedem, der sie noch nie gesehen hatte, Entsetzen einjagten), brachen beim Außenposten Sorms ein, unterhalb des Grenzgebirges. Das Freie Zakoris sah verblüfft auf das eroberte Zakoris.

Die zakorianischen Verteidiger lehnten sich gegen ihre vardianischen Offiziere auf, erschlugen sie und gingen zum Feind über. Sorms zerrissene Streitmacht zog sich zurück, überließ Yl ihre Grenzgebiete und errichteten eine neue Grenze, voller Furcht, Yl könnte sie anderswo überschreiten.

Der Leopard war auch über die Flüsse in den Nordosten von Thaddra eingedrungen. Jetzt saßen Zakorianer im strategisch bedeutsamen Tumesh, unter den hohen Gipfeln, dem Drachenkamm Dorthars.

Oben auf dem Paß machten sich die Dortharianer bereit.

Einst waren die Meere jenseits aller Länder südwestlich und südlich mythisch als die See von Aarl bezeichnet worden. Wie Raldnor Am Anackire erfahren hatte, gab es unterseeische Vulkane im Westen und Süden von Alisaar, die den Ursprung der Mythen darstellten. Seitdem waren den Händlern andere und weniger tödliche Schiffahrtswege zum zweiten Kontinent bekannt geworden.

Das Verschwinden des Aarl-Fluches hatte die Erschließung zusätzlicher Seewege in ganz Alisaar zur Inneren See zur Folge gehabt; zuvor hätte es kein Schiff gewagt, weiter als bis Saardos in den Süden zu segeln.

Jetzt hatte es einen bequemen Weg für das Freie Zakoris geschaffen.

Auf ihrem Zug nach Süden würde die große Flotte länger als einen Monat unterwegs sein, da es unerläßlich war, daß sie sich eng an die westlichen Gestade von Vis hielt. Eine Route übers Land gab es nicht. Thaddra versank dort in namenlosem Morast; fieberträchtige Sümpfe und Urwälder, die so alt wie die Welt waren und auf die niemand Anspruch erhob, da sie nichts zu bieten hatten.

Dort, wo sich dieser abscheuliche Landstrich bis nach Alisaar hinzog, war an einer Stelle des felsigen Vorgebirges ein hochloderndes Feuer entfacht worden. Kleine Schiffe ohne Kennzeichnungen ruderten in dieser Gegend umher; sie bewachten die halbe Landesgrenze.

Die große Flotte rückte bereits heran. Die letzte Sichtung hatte einhundertundsechzig Schiffe ergeben, so vollgepackt mit Männern, wie nur die Freien Zakorianer es vermochten; es mochten insgesamt achtzehntausend Kämpfer sein.

Ihre Rudersklaven waren nicht nur in Ketten gelegt, man hatte ihnen zudem die Augen verbunden, damit sie die Männer nicht sähen, denen sie entgegenruderten (ihre eigenen Landsleute), von Patriotismus ergriffen würden oder sich Hoffnung machten auf Rettung.

Einige Sklaven hatten bereits gemeutert. Sie wurden auf Deck gefoltert, während die übrigen weiterruderten, mit verbundenen Augen zwar, aber durchaus fähig zu hören.

Erst als die Meuterer nicht mehr in der Lage waren, Warnungen hinauszuschreien, wurden die Leichen ins Meer geworfen. Große Echsen glitten am dschungelbewachsenen Ufer ins Wasser und eilten zum Festmahl herbei.

Eines Morgens bei Sonnenaufgang sichteten die vordersten Galeeren eine gläserne Festung, die auf dem Wasser schwamm; einen Eisberg, den unberechenbare Strömungen und Winde vor sich her trieben und der sich allmählich unter der heißen westlichen Sonne auflöste.

Die Freien Zakorianer kümmerten sich nicht um das durchsichtige kalte Gebilde. Sie stellten fest, daß es die Gestalt eines Frauentorsos mit Brüsten hatte.

Die dortharianische Flotte ging in einiger Entfernung von Thos vor Anker.

Die Mittleren Länder hatten selten auf See gekämpft. Dorthars Stärke lag in Streitwagen, Männern und mächtigen Mauern, seit Rarnammons Zeit. Selbst im Tieflandkrieg hatte Dorthar die Schiffe vom Schwesterkontinent zurückgeschlagen und sich auf den Kampf auf dem Festland konzentriert, bis sich das Land wie das Meer bewegt und die Schlacht beendet hatte.

Die Schiffsbauer waren Vathcrianer gewesen; die Schiffe

wiesen vathcrianischen Stil auf; mit hochragenden Schnäbeln und schön anzusehen. Ihre weißen Segel mit dem roten und schwarzen Drachen von Dorthar leuchteten, das Gold und Schwarz der Schlange-und-Wolke, das Weiß auf Bernstein auf Weiß der Banner der Göttin, der dortharianischen Anakkire.

Die vathcrianische Flotte wies ihrerseits die blauen Insignien der Ashkar vor, schmuck, als gälte es, eine Andacht abzuhalten.

Die tarabinische Flotte, deren Segel prophetisch von der Farbe des Blutes waren, verwandelte das Wasser des Meeres in Wein. Aber diese Flotte bestand aus nicht mehr als hundert Schiffen. Aus dem Mutterland war keine Verstärkung gekommen, keine Nachricht.

Obwohl sich die Großmannssucht des Karmianers gelegt zu haben schien, war es zu spät. Allianzen zerstieben wie Spreu im Wind. Die Mittleren Länder standen allein auf weiter Flur, wie sie es schon seit den Schneefällen geargwöhnt hatten.

Als Raldanash kurz vor Sonnenuntergang zum Hafen ritt, breiteten sich in Thos Begeisterung und Erregung aus. Es wuchsen genug Blumen, um sie auf ihn und seine Männer zu werfen, im Schimmer der Rüstungen beim schwindenden Licht der Sonne. Möglicherweise würde es im nächsten Jahr keine Blumen mehr geben; keine Sonne mehr; für keinen von ihnen.

In der Garnison, die den Hafen überblickte, stand der Stadtwächter, der selbst zu alt zum Kämpfen war, aber zwei Söhne unten auf den Schiffen hatte; verbeugte sich und stammelte und ging schließlich fort und überließ den König und seine Hauptleute ihrem Gespräch.

Nach dem Essen versiegte auch diese Unterhaltung. Die meisten Männer zogen sich zurück, um mit anschmiegsamen heißblütigen thosianischen Frauen das Bett zu teilen. Es gab überall mehr als genug willige Jungfrauen; Mädchen, die begierig waren, ihre Unschuld an einen Helden oder Freund zu verlieren. Wenn sie von Freien Zakorianern genommen wurden, würden sie wissen, wie es ist.

Als der Mond aufging, war Raldanash allein, saß schlaflos im mit den prächtigsten Seiden ausstaffierten Schlafzim-

mer des Stadtwächters, der es ihm für die Nacht überlassen hatte.

»Mein Lord«, hatte Vencrek in Anackyra gesagt, »Euer Platz ist hier, in Eurer Hauptstadt. Es gehört nicht zu Euren Angelegenheiten, einen Ausflug zur Mündung der Inneren See zu machen und Euch mit den Freien Zakorianern zu treffen ...«

»Weiter im Westen«, hatte ihn Raldanash geistesabwesend korrigiert.

»Wo auch immer. Glaubt Ihr nicht, daß sich Yl ebendies in seinen kühnsten Träumen wünscht? Wenn Ihr *dorthin* geht, wird der Leopard von Okris oder von Ommos aus hereinbrechen. Raldanash, wir sind nur mit knapper Not fähig, Ommos zu halten ... Es kann jeden Tag geschehen.«

»Ihr werdet Dorthar verteidigen«, erwiderte Raldanash. »Mit Gespür und Geschick.«

Vencrek sprach eine spezielle vathcrianische Beschwörung aus. »Dorthar ohne sein Herz. Ohne König.«

»Die Menschen Dorthars erwarten, daß ich dorthin gehe, die Macht des Leoparden breche, seine Vorherrschaft auf See. Man erwartet nicht von mir, daß ich einfach warte, bis sie hier sind; einhundertundsechzig Schiffe.«

»Mein Lord, ich habe niemals erlebt, daß Ihr derart übereilt handelt ...«

»Wenn Rarmon hier wäre ...«

»Wenn Rarmon hier wäre, hätte er die Krone an sich genommen und bewirkt, daß Yl angelaufen gekommen wäre, um sie mit ihm zu teilen.«

»Nein«, sagte Raldanash, »Ihr solltet wirklich nicht auf die Propaganda der Freien Zakorianer hören.«

Vencrek erwiderte, indem er zur Sprache Vathcris überwechselte: »Weshalb wollt Ihr dies tun?«

Raldanash, der sich jetzt ebenfalls der Sprache ihrer Heimat bediente, sagte: »Das habe ich Euch bereits gesagt.«

»Nein, mein Lord. Das habt Ihr nicht.«

Daraufhin sah ihm Raldanash ins Gesicht, und Vencrek ließ plötzlich alle militärischen Umgangsformen beiseite, kam durch den Raum und legte ihm den Arm um die Schultern, als wären sie wieder Knaben in den Tälern.

Mit einer derart rückhaltlosen Herzlichkeit umarmt zu

werden, mit soviel offen gezeigter Zuneigung und Sorge, schockierte Raldanash; aber er ließ es geschehen.

Als Vencrek ihn wieder freigab, begann Raldanash leise: »Wäre es nicht wegen Eurer Hilfe und Freundlichkeit ...«

Aber Vencrek, der zu den Papieren zurückging, sagte: »Wie ich hörte, werden sich zwanzig amanackirische Priester auf der königlichen Galeere befinden.«

Raldanash erwiderte nichts.

Vencrek fuhr fort: »Ich frage mich, wozu?«

»Um Ashkar-Anackire anzurufen.«

Vencrek sagte: »Mein Lord, ich kenne ebenfalls einige der Legenden. Die Energielinien, die angeblich durch Vis laufen. Der Strahl, der vom Tempel der Göttin über Koramvis ausging und bis Vathcri reichte. Ich fürchte, Ihr beabsichtigt, den Schiffen des Leoparden auf einer derartigen Kraftlinie zu begegnen, so genau, wie Eure Theologen und Kartographen sie bestimmen können.«

»Nun, das ist Eure Befürchtung.«

Vencrek wandte sich um, reckte sich und fand zu seinem distanzierten Ton zurück.

Er sagte auf Visianisch: »Ich verstehe. Also gut, vermutlich irre ich mich in allen Punkten. Ich weiß, daß Ihr als Kind das Leben eines Priesters angestrebt habt, mein Lord, und es noch immer tut. Aber Ihr wart nie ein derartiger Idiot, daß Ihr Dorthar wegen einer solchen Idee aufs Spiel setztet.«

Dann sprachen sie über militärische Belange.

Erst später, als er schon an der Tür war, sagte Vencrek leichthin: »Ihr habt bekanntlich keinen Erben hinterlassen. Was soll aus uns allen werden, wenn Ihr untergeht?«

»Amrek hinterließ ebenfalls keinen Nachfolger«, erwiderte Raldanash. »Und die Göttin hat für einen gesorgt.«

Jetzt, als Thos unter dem hellen Mond lag, besann er sich auf eine Werkstätte in den Bergen und daran, wie man einen halbmondförmigen Bogen herstellt, und wie der zehnjährige Vencrek durch das hüfthohe Gras gelaufen war; schreiend und mit dem Bogen fuchtelnd. Und an die Terrassen, die zum Tempel hinausgeführt hatten; und an die kalte Glätte einer lebenden Schlange; an die Schatten und das Gespräch.

»Wenn du König über ganz Vis bist, was werde ich dann sein?«

»Mein Statthalter.«

Und dann Vencrek, nachdenklich: »Aber ich will kämpfen, deine Heere führen.«

»Die Kriege sind vorüber«, hatte Raldanash erwidert.

Sie waren einmütig der Meinung gewesen, Statthalter zu sein, sei in diesem Fall das beste.

Später glitt Sulvian durch den Mondenschein, ihr weißes Haar schimmerte, aber die Erscheinung war in gewisser Weise mit dem Bild seines Vaters vermischt; ein telepathisches Symbol, das in seinem Denken von Geburt an vorhanden war. Denn Sulvian verwandelte sich in goldenen Staub, der in der Nacht zerstob.

Die prachtvollen Schiffe setzten am Morgen Segel.

Sie liefen in südlicher Richtung aus und achteten darauf, das buchtenreiche Ufer zur Linken immer im Blick zu haben: die Steilküste von Ommos und die Ebenen von Xarabiss, deren Wachtürme blaue Rauchblüten in den Himmel schickten. Ein leichter Wind begünstigte sie.

Nach fünfundzwanzig Tagen gelangte die Flotte des Herrn der Stürme in das kristallklare Wasser zwischen Xarabiss und dem Grenzland Alisaars und dem Alten Zakoris. Hier lag ein Kordon aus xarabischen und dortharianisch-vathcrianischen Schiffen quer über das Meer, zwischen den mit zu Garnisonen eingerichteten Beobachtungstürmen, die sich zu beiden Seiten erhoben.

Der ursprüngliche Plan hatte eine Stelle weiter im Süden vorgesehen, wo der Kanal enger war. Aber Alisaars Rückzug aus der Allianz machte dieses Land ungeeignet als westliche Begrenzung dieser Kette über den Ozean. Die Kette war nicht sonderlich haltbar. Sie wurde von dreiundzwanzig Galeeren gebildet, die mit übriggebliebenem Kriegsgerät bestückt waren.

Mit den beiden Garnisonen verhielt es sich ähnlich. Es handelte sich um eine verzweifelte, letzte Anstrengung. Ein Erfolg an einer anderen Stelle und das Überraschungselement wären hilfreich gewesen; aber wenn der überwiegende Teil der Flotte Yls in den Kanal einlief, hatte der Kordon höchstens die Chance, einen kleinen Aufschub zu erzielen.

Jenseits des nördlichen Zipfels von Alisaar wurde das Meer

wieder ausgedehnter. Xarabiss wurde im Sonnenuntergang von einer Wolke verdeckt, als sie sich südwestlich wandten, den offenen Gewässern des Krieges zu.

Der Thaddrianer hatte beinahe zwei Tage damit zugebracht, sich durch das Geröll zu kämpfen und in die jenseits davon liegenden Hochländer zu gelangen. Als er emporstieg und ans Ziel gelangte, schien ihm die Hochebene wie ein Sinnbild. Nach und nach wurden Anackyra, die Stadt in der Ebene, ihr kriegerisches Gepränge, die Unmengen der dort aufgebotenen Soldaten und die handlungsunfähige Furcht der Städter zu einem Schemen.

Im Bereich der Schlachtfelder von Koramvis hatte es Aufenthalte gegeben, er hatte ausgeruht und herumgesucht. Dort gab es keinen sicheren Weg mehr über den breiten Fluß, aber er hatte ein kleines Floß vorgefunden, das vielleicht einem eingeborenen Räuber gehört hatte, und war unbehelligt ans andere Ufer gerudert. Die andere Seite war die ›Straße der Kaufleute‹, ein Pfad für Reisende, die aus den Bergen kamen, ein Wegebauvorhaben, das wieder endete, bevor es das südliche Ufer erreichte, und bereits wieder verfallen war.

Als er wieder aus der regellosen zerstörten Schönheit der Ruinen hervortrat, erhoben sich die Hügel Honigwaben gleich an beiden Seiten. Ein großer Vogel flog vor seinen Füßen auf und schwebte auf mächtigen Flügeln über ihm.

Die Sonne war eben im Untergang begriffen, und der Abend senkte sich rein über die Landschaft hernieder, als er unter sich das Drachenauge erblickte, den See Ibron, der wie eine Perle dort lag.

Sie waren nicht zum Tempel hinaufgegangen oder dorthin, wo der Tempel gestanden hatte, ehe das Erdbeben den Hügel zerbrochen hatte. Sie saßen beinahe träge unter mächtigen grasbewachsenen Felsnasen.

Er sah auf den ersten Blick Tiefländer, einen hellhäutigen Xaraber, einen Vardianer, der mit einem anderen würfelte, und die Gestalten zweier kleiner roter lanischer Schafe, die im Gras nach Klee suchten.

Aufgerichtet gegen das Tuch aus sanftem Licht, das der Himmel darstellte, standen Amanackirer, wie ein schneeiger Hain. Sie starrten ihn an; Götter, bei ihren Verrichtungen ge-

stört. Aber der Thaddrianer sah an ihnen vorbei, und als er die erblickte, die zu sehen er hergekommen war, ging er zu ihr.

Er selbst huldigte ihr nicht. Sie war ein Teil der Göttin, vor dem er nur beim Ritual niederkniete, niemals vor ihr selbst, denn das war nicht die rechte Art.

Sie wies ihn an, ohne Sprache, daß er sich setzen solle.

Er nahm vor ihr Platz.

Der See und das Licht erglänzten in ihrem Rücken. Ihr Ebenmaß, fein ausgewogen und ausgeführt wie bei einer Ikone, war beispiellos. Was ihm jedoch am meisten gefiel, war ihre vollständige Zugänglichkeit. Und ihr Standort in der Mitte einer Gesamtheit, die selbst die umgebende Luft zu verändern schien. Es war genau die Art, wie sich die wichtigsten Dinge verändern mußten. Der Himmel selbst, das Meer und die Welt; großartig und bedeutungsvoll; ein Kind mußte sie ansehen und in ihnen wie in einem offenen Buch lesen können. Dies war die Wahrheit der Kraft.

Er war der einzige reine Visianer unter den Anwesenden. Die Tatsache, daß er eingeladen worden war, ergab allmählich einen seltsamen Sinn in seiner Vorstellung. Es handelte sich um ein Gleichgewicht.

Nach einer kurzen Weile holte er aus seinem Priestergewand ein zusammengefaltetes Tuch hervor und breitete es auf dem Fels vor ihr aus. Darin waren Stücke eines zerbrochenen Ringes aus Bernstein eingewickelt gewesen. Sonnenpartikel irrlichterten darin. Sogar die Amanackirer ließen sich von ihrer Hoheit herab und kamen, um zu sehen.

Der Thaddrianer, der Raldnor und Astaris in die Wälder des Nordens davonreiten gesehen hatte, war eine Art Spürhund für psychische Ereignisse. Sein Talent hatte ihn befähigt zu wissen, daß Rarmon zu Rarnammon werden sollte, und lange danach Rarnammons Weg bis zu jener Stelle in Koramvis zu verfolgen, wo ihn die Feinde ergriffen hatten. Der Ring war in viele Teile zerbrochen und verschmäht worden.

Der Thaddrianer hatte die Bruchstücke sorgsam aufgeklaubt. Es war nicht die Aufgabe gewesen, mit der ihn Ashnis betraut hatte; mehr eine Aufgabe, die er in gewisser Hinsicht für sie zu verrichten gewünscht hatte und die daher anerkannt worden war.

Selbst in den Ebenen gab es zuweilen Opfer in Form von

Früchten oder Schnitzereien, die man der Göttin überließ. Sie hatte Verständnis dafür, daß es manchmal schwierig war – etwa in Augenblicken großer Freude –, darauf zu verzichten, seinem Dank in Form geopferter Wertgegenstände Ausdruck zu verleihen; das Bedürfnis des Gebenden, nicht des Empfängers.

Ashni nahm die Stücke des Ringes in die Hand.

Eine Frau, die jetzt in Zor war, hatte diesen Ring einst getragen. Ashni hatte den Ring getragen. Rarnammon hatte ihn getragen. Ein anderer, der Sohn Yannuls, hatte ihn behalten, obwohl er ihn versengt hatte. Ein Kettenglied aus Fleisch und Harz, noch immer gebunden.

Die Bruchstücke waren jetzt sämtlich zusammengefügt, alle bis auf die Bruchstücke des Ringes.

Der letzte Sonnenstrahl wand sich wie eine Schlange durch die Teile. Und dann war der Ring wieder unversehrt, zusammengefügt und makellos.

Er hörte ihr Atmen, der ganze Kreis der Umstehenden, die Seufzer, die ein Wunder begleiten. Aber der Thaddrianer grinste. Und sie lächelte ihm zu.

»Ja, *du* weißt es«, sagte er in seinem Kopf zu ihr, ohne Worte. »Ich bin derjenige, der sagt, daß Wunder nicht nötig sind, um die Existenz von Göttern zu beweisen. Bis auf den heutigen Tag habe ich nicht eingesehen, weshalb Raldnor und Astaris nicht in einem vergessenen Dorf aus strohgedeckten Hütten in Thaddra leben sollten; unter Menschen, denen sie unbekannt sind. Wie gewöhnliche Sterbliche, zufrieden und verborgen.

Ich verstehe die Umgangssprache der Priester, das Erhabene, den Flammenwagen, in dem die Götter gen Himmel fahren. Und für mich ist das so einfach, so weltlich. Wunder sind nichts; der Stoff, aus dem das Leben gemacht ist. Das Blühen der Blumen, das unsichtbare Wachstum im Mutterleib ... Ein Kind, Harz, das zu Bernstein wird ... Wunder, nichts als Wunder.

Aber hinter den Wundern stehen die Tatsachen. Der Stein auf dem Grund des Silbersees. Was wir sind und zu was wir werden müssen. Das ist der Grund, das ist die ganze Wahrheit, und das ist die Antwort auf alle Fragen und Hilfeschreie. Habe ich nicht recht. Ashni-die-Anackire-ist?«

Und die Antwort wurde ihm mitgeteilt, in dem Moment, da der Ring an ihrem Finger schimmerte. Und die Sonne glänzte noch in ihren Augen, obwohl die Sonne untergegangen war.

VIERUNDZWANZIG

Ein weißer Turm erhob sich vor einem dunkelblauen Himmel.

Ein Teil der zerstörten Stadt kauerte an seinem Fuß.

Dahinter begann der Urwald, der die Weiten Thaddras bedeckte.

Der Turm hatte einst ein halbkugelförmiges Dach getragen, ein Vorläufer der Türme in Dorthar. Aber das Mauerwerk war herabgestürzt. In das, was stehengeblieben war, in den Torso des Turmes, einen Raum, dessen Decke halb erhalten war, mit vielen ihrer Läden beraubten Fensteröffnungen, kam Tuab Ey wie eine Katze geschlichen.

Unvermittelt blieb er stehen und betrachtete verwundert, was sich seinen Augen bot.

Rarnammon stand mitten im Raum und sah ihm entgegen; und es war nicht zu übersehen, daß er ihn erwartet hatte.

»Ich habe gesagt, daß ich Euch in Eurem ... neuen Wohnsitz nicht besuchen würde«, sagte Tuab Ey. »Aber ich habe es doch getan. Nun, berichtet mir, was Ihr in den vergangenen Tagen und Nächten getrieben habt. Habt Ihr Beschwörungen und Anrufungen vorgenommen? Einige sagen, sie hätten Lichter wie Vögel zu den Fenstern fliegen gesehen.«

Rarnammon bewegte bedächtig den Kopf hin und her. Tuab Ey war sich nicht darüber im klaren, ob diese Geste Verneinung oder mit Verwunderung vermischte Verachtung ausdrückte. Die Besonderheiten Rarnammons schienen sich verstärkt zu haben. Er kam Tuab Ey weniger durchdringbar als die übrigen Objekte der Wirklichkeit vor; und dennoch durchscheinend ... Das Licht des Tages strömte durch seine Augen ...

»Ihr *seid* ein Zauberer«, sagte Tuab Ey. »Gebt es zu! Ich glaube nicht an Magie; ich lache darüber. Dann kann ich Euch möglicherweise besser umdienern, großmächtiger Herr. Meine Hundemeute verlangt danach, nach Norden oder

Osten zu hetzen und Freie Zakorianer zu reißen. Einer ist zurückgekommen, er gehört zu Jorts Schnüfflern und berichtete, daß massenhaft Leichen im Fluß treiben.«

»Tuab Ey«, erwiderte Rarnammon, »steigt hinab zum Fluß des Turmes. Bewacht ihn für mich. Haltet die anderen davon ab, ihn zu betreten.«

»Weshalb?«

»Die Magie, die Ihr erwähnt, wird bald erweckt werden. Beschwörungen und Anrufungen ... Das trifft es nur zum Teil. Aber Lichter, die diesen Turm heimsuchen, sind vielleicht nur ein kleiner Vorgeschmack.«

»Sprecht nicht in Rätseln, wenn Ihr wollt, daß ich etwas für Euch tue! Also gut. Ich werde für Euch am Eingang Wache halten. Die übrigen werden auf jeden Fall ferngehalten, wenn etwas geschieht. Was *wird* denn geschehen? Abgesehen von den Lichtern?«

»Ich weiß es selbst nicht. Das habe ich Euch schon gesagt. Aber Ihr habt Tiefländerblut in Euch. Ich glaube, daß Ihr eine gewisse Rolle in einem Gleichgewicht spielt.« Rarnammon gönnte sich den Anflug freundlicher Vertrautheit. »Tut mir leid, wenn es nicht überzeugend klingt. Aber geht jetzt hinab, wenn Ihr wollt, Tuab Ey!«

Tuab Ey trat einen Schritt zurück, gewann seine Fassung wieder und sagte: »Ihr wirkt wie ein Gott, wie Ihr da steht. Ist Euch das bewußt? Erwartet Ihr, daß ich Euch anbete?«

Rarmon kam durch den Sonnenschein, der durch die Fenster fiel, auf ihn zu geschritten. Das Licht schien ihm anzuhaften und ihn zu umspülen; und als er die Hand ausstreckte und sie ihm sanft auf den Arm legte, schien dieses Licht in Tuab Eys Arm zu strömen und durch ihn hindurch; wie er es erwartet hatte.

Rarnammon war mit seinem anderen Arm zur Stelle, um ihn zu kräftigen.

Tuab Ey sagte leise aus seiner Benommenheit heraus: »... Kraft. Was fange ich mit ihr an?«

»Sie hilft Euch, das Tor zu halten.«

Tuab Ey ging die Treppe hinab, lehnte sich an die Mauer; fühlte, wie ihn das Licht erfüllte; war bereit, den Eingang zu bewachen.

Der Tag war heiß und dunstig. Das war beileibe nicht ungewöhnlich. Und doch wußte er, daß heute ... der letzte Tag war.

Seit er zu dem Turm gekommen war (zu dem hohen Ort, über den sich sämtliche Sagen einig waren), hatte er sich geistig auf diese Endzeit vorzubereiten begonnen. Trotz seiner Unwissenheit hatte er sich darauf vorbereitet, wie ein Kind laufen lernt, obwohl es nichts davon weiß.

Er hatte Träume gehabt, Wahnvorstellungen und Ausfälle; den Eindruck, daß die Erde von den Sternen wegstürze, ohne je irgendwo anzukommen.

Jetzt hatte er den Eindruck, daß die Krisis da war.

Rarnammon war nicht allein. Andere versammelten sich, wie sich Streitkräfte versammeln. Die Welt schien in einem endlos langen Einatmen begriffen zu sein.

Als der Tag fortgeschritten war, nahm Rarnammon wahr, daß sich der Turm um ihn abschloß. Selbst die Helligkeit und die Hitze in den Fensterhöhlen wurden gegenständlich und schufen Scheiben, die nicht mehr vorhanden waren. Die zufälligen Geräusche in der Ruine verstummten.

Es war vorstellbar, daß er sterben mußte. Aber er hätte schon bei hundert Gelegenheiten sterben können. In den Jahren, als er ein Dieb gewesen war, im Dienste Kesarhs in Tjis, in Lan als Vorreiter der Karawanen, in Dorthar, als er sich in der Gewalt des Freien Zakoris befunden hatte.

Jeder Augenblick des Lebens war ein Geschenk. Seit er in dieser untergegangenen Stadt zu sich selbst gefunden hatte, bedeutete ihm seine körperliche Person weniger. Er fühlte sich als Teil einer Gesamtheit; ein Zweig an einem großen Baum.

Rarnammon legte sich auf den Boden, die Lichter kreuzten sich über ihm in der Luft. Ein Vogel flog über der Öffnung in der Decke; er hatte kaskadenartige gelbe Schwingen.

Der Vogel war sein letzter Eindruck aus der Außenwelt.

Rarnammon schloß die Augen und begab sich in sein Inneres. Der Wahnsinn und die Aufgabe seines fleischlichen Selbst hatten ihn diese Fähigkeit gelehrt. Wie sein Halbbruder Raldanash war Rarnammon jetzt ebenfalls ein Adept.

Sein Bewußtsein schwand, um an einer anderen Örtlichkeit wieder aufzutauchen; aber auch hier verweilte es nicht lange.

Er war ein einziges weites Auge, das ohne Sehvermögen schaute, und in diesem blicklosen Sehen waren alle übrigen Sinne enthalten; und weitere Sinne, die das Fleisch nicht kannte.

Derart nahm er Tuab Ey unten am Fuß des Turmes wahr, wo er vor dem Eingang saß. Eine Gestalt (es war dieser Mann Galud) beugte sich über Tuab Ey und fragte ihn, was vor sich ginge, und Tuab Ey schickte ihn fort, und Galud gehorchte zögernd.

Eine Verschmelzung von Strahlen und Farbe sank auf einen Fluß aus Feuchtigkeit und Schatten: Sonne und Wald. Jedes einzelne Insekt und jedes wilde Tier des Waldes schimmerten und glänzten. Das Restleben in den ausgedorrten Gebeinen der Stadt flackerte wie Mottenflügel.

Unter der Stadt rann in der Tiefe das Wasser des Quells glitzernd durch die Adern aus Stein und Erde und Fels. Es war schon erwacht und raunte sich Nachrichten zu. Der Turm entzifferte sie, eine Vene im Herzen des Quells.

In seiner blicklosen Sicht nahm Rarnammon die übrigen glühenden Herzen in weiter und immer weiterer Entfernung wahr, die dennoch nahe waren, wie seine eigenen Hände, die vergessen neben ihm auf dem Boden lagen.

Er empfand keine Furcht. Nur ein Bruchteil seiner selbst erinnerte sich in diesem Augenblick seines Vaters Raldnor, der dies alles allein ertragen hatte. Und vor Raldnor Ashne, die der Anfang gewesen war; der erste Funke, der den Kampf gegen die Finsternis aufgenommen hatte.

Dann stellte er die Verbindung mit dem strahlenden, feurigen Herzen her; vielleicht ehe er ganz dazu bereit war. Aber die mangelnde Bereitschaft war nicht hinderlich. Er wurde hinaufgeweht, versengt und gebeutelt, aber er wußte um die Stärke seiner Schwingen; wußte, daß sie ihn rasch und unbeschadet durch den Wirbelwind trüge.

Galud wurde, als er mitten unter seine Genossen stürmte, von Einohr aufgehalten und geschüttelt.

»Schaut in den Himmel!« keuchte Galud.

Sie gingen hinaus und sahen nach oben.

Obwohl die Sonne im Untergehen begriffen war, pulsierte das ganze Firmament in unerhörtem Leuchten. Es kam ihnen

so vor, als blickten sie auf die Arterien des Himmelsgewölbes, und es war, als schickte es sich an, Teile seiner selbst von sich zu schleudern.

»Was ist das für ein Geräusch?« fragte Galud.

Sie lauschten. Der Lärm kam nicht aus der Stadt. Er war nicht mit den Ohren vernehmbar.

Sie standen still und hörten diesen unhörbaren Ton, wie überall inmitten der Ruinen andere verharrten, um ihn zu hören.

In der Leprösenkolonie im westlichen Teil der Stadt krochen gesichtslose Wesen in Höhlungen, um sich zu verbergen.

Meilen entfernt, in den Wäldern, verstummte der Chorgesang der Vögel, Echsen erstarrten in ihren Bewegungen, stille Gewässer warfen Blasen, Kriechtiere entrollten sich und glitten wie Schlangen von den Bäumen.

Die Sonne war bereits im Süden hinter der zerstörten Stadt untergegangen. Staub bedeckte die Säulengänge und Terrassen, die in der Ära der Ashnesea neu und voller Leben gewesen waren.

Der Markt Lepasin lag verlassen. Ein leichter Wind strich über den Platz und trieb Papierschnitzel, Blätter und Staub vor sich her.

Ringsum waren die Häuser mit Bretterverschlägen gesichert, die Vorhänge waren dicht, und Läden lagen vor den Fenstern.

Nirgends war ein Licht zu sehen.

Auf dem hohen Ort des düsteren Palastes standen sieben Gestalten zwischen den zerbrochenen Stümpfen der Säulen, so weiß, als hätten sie kein Blut in den Adern, und die weißen Haare wehten im Wind. Sie waren die Wächter, die Hüter. Ihre blassen Augen spiegelten das Zwielicht wider und wirkten in seinem matten Schein blau und geisterhaft.

Im Innern raschelten die auf den uralten Bodengemälden verstreuten Blumen, Reste von Zitrusfrüchten und Granatäpfeln. Der Wind rauschte wie ein Meer durch den Palast.

Lur Raldnor lag in der Dunkelheit, sein schwarzes Haar war über das Mosaik gebreitet. Tiefländer, seine Artgenossen,

hatten ihn geschult. Er hatte soviel gelernt und begriffen, daß er sich letztlich davor gefürchtet hatte, das schwache Glied zu sein, das die Kette zerbrechen ließe.

Jetzt lag diese Angst hinter ihm.

Sein Körper lag reglos wie ein Leichnam. Die Amanackirer standen bei ihm Wache, als wäre er ein toter König. Sie würden jedermann den Zutritt verwehren. Sie verbanden ihre Seelen mit der seinen und beschirmten und festigten seine Seele.

Als er sich darüber erhob, waren für ihn die Kraftlinien, die von der Außenseite des Palastes ausgingen, wie Bänder aus Silber und klar erkennbar. Silberdunst zeichnete die Konturen der Stadt nach. Sie murmelte und sang, trunken von Gebeten, lautlos.

Er war darauf vorbereitet, sein Leben hinzugeben. Er war darauf vorbereitet gewesen, es in einer Schlacht zu opfern. Aber der Gedanke an Schlachten lag jetzt fern. Die Zisterne unter der Stadt gab ihre Lebenskraft in pumpenden Schwallen ab, wie ein Herz.

Jetzt war die Stadt vollständig aus Silber. In weiter Ferne traf es auf einen goldenen Schatten, Rarnammon ...

Und im Osten ein Schatten, wie aus geschmolzener Bronze ...

Madaci war die Tiefländerin, die die Pforte in Zor war.

Sie stand im Eingang der Villa, in schwarzer Nacht.

Als er sah, wie sie dort Position bezogen hatte – ihr Haar schimmerte im Wind und auf den Falten ihres Umhangs –, wußte Yannul aus einer geheimen Überlieferung oder in ihm selbst aufgezeichneten Überlieferung heraus, daß sie übernatürlich war; ein Geschöpf des Himmels.

Er sah ihr zu, wandte sich um und ging mit den anderen in den auserwählten Bezirk zwei oder drei Straßen weiter. Er hatte am Anfang protestiert. Er hatte geglaubt, zugegen sein zu müssen. Alles schön und gut; die Kraft des Planeten würde emporschießen; aber es mochte sich ihr noch immer ein Tier nähern und sie verletzen. Sie gehörte schon nicht mehr zu seiner Sphäre und hörte ihm nicht zu, wie er dachte. Sie war so rasch entschwunden; er hatte gespürt, daß sie gestorben war.

Es war sein jüngerer Sohn gewesen, der ihn schließlich beiseite genommen und aufgeklärt hatte. Es würden keine Tiere kommen und keine Störungen auftreten. Medaci würde nicht einmal die Entfesselung der Kraft erdulden müssen. Safca war dafür ausersehen. Und Safca würde es ertragen. Medaci hingegen war die Wächterin; ein Bestandteil oder Symbol des Gleichgewichts.

Yannul bemerkte – wie alle übrigen auch – den Zeitpunkt, an dem sich die Kraft der Stadt zu rühren begann.

Es war schrecklich, wunderbar; unbeschreiblich.

Er sehnte sich danach, blind und taub zu sein, als es geschah.

Er hatte sich nicht einmal gewünscht, daß Medaci hierfür ›auserwählt‹ war. Hatte sie denn nicht schon genug gelitten, indem andere sie psychisch benutzten? Er rief sich die Ebene unterhalb Koramvis in Erinnerung, jenen lautlosen Ton, der wie von einer einzelnen Harfenseite zu stammen schien und sich immer aufs neue wiederholt hatte.

Entlang des gesamten gegenüberliegenden Ufers, jenseits ihres Flusses, würden die Dörfer von Zor wachen und der mystischen Nacht ihre eigenen Rituale weihen. Vielleicht schimmerte die Stadt für diejenigen, die es sehen konnten. Yannul wünschte es nicht zu sehen. Er empfand Qual.

Schließlich ging er von den anderen fort, auch von seinem eigenen Sohn, in die langen Schatten der Stadt, setzte sich im Schatten nieder und begann zu beten, wie er einst, vor langer Zeit, ums nackte Leben gebetet hatte; nur, daß es sich jetzt um das Leben Medacis handelte.

Die Tiefländerin, die goldene Amanackirerin, die Medaci war, hielt das Tor, die Villa auf dem Hügel. Den hohen Ort. Er hatte seine weltlichen Feuer gelöscht.

Safca, die irgendwo im Dachgeschoß kreiste (kurz empfand sie Belustigung, als ihr die Vorstellung kam, sie sei eine Taube, nahm wahr, daß das bronzene Licht der Stadtaura die Dunkelheit zu verdrängen begann.

Wie bin ich nur zu dieser Ehre gekommen? fragte sie sich verwundert. *Ich bin ein Nichts.*

Aber der Reif um ihr linkes Handgelenk fiel ihr wieder ein, und was es verbarg, was es schon seit ihrer Geburt verborgen hatte ... Jenes andere Armband, das entsetzlich oder viel-

leicht auch voller Schönheit war: ein Ring aus feinen hellen Metallschuppen, in ihre dunkle Haut eingelassen.

Ihre Mutter hatte nicht lange in Olm gelebt. Lanelyrianerin von Geburt, war sie noch an Dorthar gewöhnt gewesen, an den Luxus des koramvisianischen Hofes, der auch begünstigten Sklaven offenstand.

Als man ihr die Freiheit geschenkt hatte, war sie zurück nach Elyr und Lan geflohen, als die Tiefländer gekommen waren. Sie war aus Dorthar unterstützt worden; möglicherweise aus einer vornehmen Quelle.

Der Stadtwächter von Olm sah sie und machte sie zu seiner Konkubine und verlor das Interesse an ihr. Das Kind wurde geboren, frühzeitig, unbedeutend. An ihrem Totenbett hatte Safcas Mutter das Armband und die Deformierung berührt, die sie darunter versteckt hatten.

»Das stammt von deinem Vater«, hatte sie gesagt.

Das war die einzige Gelegenheit gewesen, und dabei war es geblieben. Sie hatte niemals erzählt, wer sie in Koramvis besessen hatte, wessen begünstigte Sklavin sie gewesen war, wer sie befreit und ihre Flucht unterstützt hatte. Und sie hatte auch nie genau gesagt, ob sie schon schwanger gewesen war, als sie sich dem Stadtwächter hingegeben hatte. Nur Träume hatten Safca später belehrt, aber sicher war sie niemals gewesen.

Aber jetzt war sie stark. Ihre schlagenden Flügel trugen sie aufwärts, und als die riesige Flamme zu lodern begann, erscholl in ihr ein wortloser Freudengesang, eine Hymne. Und endlich glaubte sie daran, daß sie das sein konnte, was ihre Mutter angedeutet hatte, und daß ihre Bestimmung daher rührte. So war es: Empfängnis, Geburt und die zweite Geburt, die man den Tod nannte.

Das Gespinst von Stein und Himmel zerriß. Medaci lag wie eine glatte kühle Perle inmitten des Infernos, das Safca emporhob.

Im Nordwesten aber verwandelte sich eine weiße Blüte aus dem Feuer der Ekstase und dem Wahnsinn in Beständigkeit.

Bronze und Silber und Gold; das Gewebe aus Licht verlieh all diesen Farben die Weiße, die Koramvis mit seinen Bergen und dem Auge des schlafenden Sees zu eigen war.

Es war an diesem hohen Ort der dunkelhäutige Thaddrianer, der das Tor innehatte, als Wächter; eine schwarze Feder als Gegenpol zur Helligkeit. Als Priester war er nicht völlig ungeübt in der Handhabung des Metaphysischen oder des nicht Greifbaren. Und er hatte seine besonderen Fähigkeiten. Sein Erschrecken bedeutete nichts, und er beachtete es nicht.

Unter ihm sorgten die hellhäutigen Männer und Frauen für ihr eigenes Gleichgewicht, während sie zu ihr hochblickten, der winzigen Gestalt gleich einer kleinen Puppe auf dem höchsten Punkt des Hügels.

Aber der Thaddrianer wußte, obwohl er nicht zu ihr hinsah, daß das Licht durch sie hervorkam; momentan beobachtete sein weltlicher Sinn seinen eigenen Schatten, der vor ihm auf den Erdboden geworfen wurde, jettschwarz gegen die Helligkeit auf dem Gipfel des Hügels.

In allen Winkeln und Ecken lag für die Augen der Menschen die Nacht, tief wie die See, auf jedem Fingerbreit Boden von Vis. Die Sterne folgten ihren Bahnen. Der Mond kletterte den Himmel herab. Die Stunde der realen Morgendämmerung näherte sich still vom Meer her.

Die Schiffe lagen vor Anker wie Vögel, die im Schlaf die Flügel an die Körper schmiegen, fünf Meilen vor der Landspitze Alisaars. Wenn die pünktlich einander ablösenden Wachen an Land sie bemerkt hatten, war ihnen auch der diplomatische Abstand der Schiffe aufgefallen, und sie hatten sie deshalb unbehelligt gelassen. Vielleicht hatte Alisaar aber auch dringlichere Probleme zu lösen.

Das flammende Fanal am Ausläufer der westlichen Dschungelwildnis war von denen gesehen worden, die darauf geachtet hatten. Fünfunddreißig Galeeren der Freien Zakorianer, die aus dem Nichts aufgetaucht waren, wie aus dem Meeresschlamm entstanden, hatten sich nach Westen gewandt, vielleicht um Saardos zu plündern oder um die Küsten Corhlishs oder Iscas zu überfallen.

Die Berichte meldeten, die größere Flotte des Leoparden, die noch auf dem Kurs in Richtung der Inneren See lag, sei wie durch einen Hexentrick auf einhundertundsechsundsiebzig Schiffe angewachsen.

Entlang der gesamten nichtkartographierten von Urwald

bestandenen Küste gab es Buchten, in denen sich unzählige Schiffe verbergen, den übrigen anschließen oder Überfälle auf beliebige andere Orte vornehmen konnten.

Der Bericht sagte, daß das östliche Karmiss heimgesucht worden war wie von einem Insektenschwarm, mit Blut und Feuer überzogen, und der Rauch von Istris stellte ein weiteres mahnendes Fanal dar.

Entlang des gesamten Gebirgspasses von Thaddra bis Dorthar tobte die Schlacht.

Auf den Pässen, die sich über dem vardischen Teil Zakoris' hinzogen, wo sich jetzt Yls Männer nach Gutdünken bewegten, hatten die Dortharianer die Methode künstlich erzeugter Steinlawinen angewandt, um den Weg zu versperren. Selbst wenn ihm der Plan verraten worden wäre, hätte der Leopard kaum etwas dagegen zu unternehmen vermocht. Es war leichter gewesen, das Delta der Okri-Mündung zu überschwemmen.

Die jüngste Nachricht aus dieser Gegend lautete, daß alle Flußarme vor Waffen starrten, die Riedflächen in Brand gesetzt und die steinernen Türme mit Katapulten bestückt waren. Der Wind trug Asche und die Schreie der Männer nach Anackyra, aber das konnte nicht den Tatsachen entsprechen, sondern nur eine Ausgeburt der Angst sein.

In Xarabiss hatten sich die Truppen Thann Xa'aths aus dem Hafen von Lin Abissa zurückgezogen, nachdem sie die Docks angezündet hatten. Eine xarabische Abteilung hatte sich aus Moiyah entfernt und war zur Grenze zurückmarschiert, zum Drachentor und nach Sar. Ähnliche Fälle von Fahnenflucht kamen an anderen Stellen vor; Männer, die nach Hause wollten.

In der Stunde vor Morgengrauen sahen diejenigen, die auf dem Schiff des Königs Wache hielten oder nicht schlafen konnten, Raldanash vorübergehen; er wandelte über das offene Deck. Gelegentlich wurden halblaute Grüße ausgetauscht. Die Weiße seiner Kleidung und Haare leuchtete in der Nacht, wie das Meer selbst stellenweise leuchtet. An der Reling oben am Bug sprach er mit dem Kapitän.

Sie standen eine ganze Weile dort und blickten gen Westen.

Bei Sonnenaufgang sollten die Schiffe wieder in See stechen. Yls mächtige Flotte, fast doppelt so stark wie die ihre,

würde auf sie treffen. Die Gegend, in der dieses Treffen stattfinden sollte, war von einem Priester bestimmt worden, einem Amanackirer. Sie hatte religiöse Bedeutung.

Die Göttin wäre selbstverständlich mit ihnen.

Der Kapitän ließ seinen König zu seinem letzten Alleinsein im Leben zurück und ging übers Deck davon. Als Mann aus Marsak in Dorthar hatte der Kapitän nie an Anack geglaubt, obwohl er ihr gegenüber klugerweise ein Lippenbekenntnis abgelegt und ihr Opfer gebracht hatte.

Übers Wasser erblickte er die geisterhaften Banner der vathcrianischen Galeeren. Und, von plötzlicher Wut gepackt, spie er in den Ozean; für den Fall, daß es sie tatsächlich geben sollte, hatte es ihn danach verlangt, ihr zu zeigen, wie er ihre Bedeutung einschätzte.

Raldanash, der Sohn Raldnors, betrachtete das Meer mit seinen Flecken nichtbrennenden Glühens.

Bald würde er zu seiner Kabine auf dem Vorderdeck zurückgehen und die gegenstandslose Panzerung anlegen, in der er sich geübt hatte. Hier zu verweilen, entsprach nur einem Verlangen seiner menschlichen Natur. Die Dinge standen ansonsten gut. Aber er hatte sich gewünscht, Lebewohl zu sagen.

Schon erschütterten Pulsschläge, unhörbar, unsichtbar und unfühlbar, die Welt.

Noch eine Stunde, nur noch eine kurze Weile, und es würde geschehen. Wenn nicht genug Kraft oder nicht genug Glaube vorhanden war, würde es fehlschlagen.

Deshalb würde es genug Kraft und Stärke und Glauben geben.

Der Kapitän aus Marsak war innerlich voll von erregbarem Haß und herausfordernder Wut, die Raldanash gefühlt hatte, wie er auch die verwirrten Gedanken, Gefühle und Begierden in ihm gefühlt hatte. Raldanash war sich sogar der Geschöpfe in der Tiefe bewußt, der großen Fische in den Strömungen des Ozeans aus einem fremden Zeitalter, wie sie umherschwammen, unverändert und undurchschaubar. Und er sehnte sich danach, mit ihnen fortzuschwimmen, von der Last der Verantwortung und vom Intellekt befreit. Aber er durfte es nicht, und er vermochte es nicht.

Mein Vater war ebenfalls auf diese Art allein, in jener Nacht unterhalb Koramvis.

Raldanash seufzte.

Die ihn insgeheim beobachteten, sahen nur sein schönes Gesicht, die vornehme Haltung; einen König, in dessen Adern Götterblut floß. Ein Anflug von Vertrauen und widersinniger Hoffnung bemächtigte sich derer, die ihn ansahen. Seine Vortrefflichkeit ließ ihnen ein Wunder möglich erscheinen.

Aber Raldanash hatte das Leben kennengelernt und mit ihm abgeschlossen.

Als der Amanackirer lautlos zu ihm trat und ihn wortlos aufrief, wandte sich Raldanash, Sturmlord und Drachenkönig, um und schritt übers Deck zurück, um sich bereitzumachen.

Die große Flotte des Freien Zakoris, die jetzt mit der Gezeitenströmung und dem den Sonnenaufgang begleitenden Wind nach Osten abschwenkte, ahnte nicht, daß eine Linie übers Meer gezogen war.

Sie hatten Rorn ein Opfer gebracht, als die Scheibe der Sonne aus seinen Räumen geschwunden war. Die kurzen und schroff hervorgestoßenen Gebete waren gesprochen worden, und die blauen Schwaden des Weihrauchs lagen noch über jeder einzelnen der hundertsechsundsiebzig Galeeren.

Yl selbst befand sich bei dieser Abteilung seiner Flotten. Er stand breitbeinig in der Nähe des Rorn-Abbildes auf dem Königsschiff.

Hinter ihm wölbte sich das mächtige Segel, ockerfarben, den Schwarzen Leoparden darüber gemalt.

Die Morgendämmerung lag auf den Gesichtern der Zakorianer. Es gab Anzeichen dafür, daß ihnen feindliche Schiffe in der Absicht entgegensegelten, ihnen einen unangenehmen Gruß zu entbieten. Sie erwarteten solche aus dem shansarianischen Alisaar oder Xarabiss eher, als sie nach Dorthar und dessen König Ausschau hielten.

Die Linie aus psychischer Energie war unsichtbar und dem Anschein nach substanzlos.

Was sie erblickten, war eine plötzliche Turbulenz im schimmernden Wasser; fünfzig Ruderlängen entfernt.

Yls Kapitän machte darauf aufmerksam. Es gab einige Ausrufe.

»Große Fische, Lord Yl, die aus der Tiefe emporspringen.«

Es waren sehr viele solcher Fische, so daß sie ihre Fahrt verlangsamten, um sie vorbeizulassen.

Als die gebogenen schlangenartigen Formen verschwunden waren und sich die Gischt beruhigt hatte, löste sich ein Schatten aus der Sonne.

Die Wachhörner erschollen. Die zakorianischen Galeeren begaben sich eilig in Gefechtsstellung, bevor sie den Plan der Dortharianer auch nur durchschaut hatten.

Kohlenbecken röhrten auf. Neuerlicher Rauch quoll in den morgendlichen Himmel. Die ballistischen Geschütze wurden herangezogen und mit rasselnden Ketten in Schußposition befestigt.

»Sie kommen nicht näher, mein Lord.«

»Vielleicht haben sie Angst. Dann werden wir sie zwischen uns nehmen«, sagte Yl. »Dann sind Dorthar und der Sohn Raldnors in unserer Faust.«

Über die kurze Wasserstrecke lag die Flotte des Herrn der Stürme, mit untätigen Rudern, und wartete auf Anweisungen. Es kamen keine.

»Mein Lord ...«, begann der Kapitän aus Marsak.

Raldanash stand über ihm, an der Reling. Auf unbekannte Art war eine Gruppe Amanackirer zwischen ihm und seinen Offizieren aufgetaucht.

Unvermittelt änderte sich die Luft. Sie schien sich zu erhitzen, als wäre die Sonne hinter Wolken hervorgekommen, aber der Himmel war seit dem Morgen wolkenlos.

Der Kapitän machte keinen weiteren Versuch zu sprechen. Er befeuchtete sich die Lippen mit der Zunge, rieb sich die Schläfen und fragte sich, ob nur er betroffen war.

Aber überall um ihn, zunächst verstohlen, dann offen, taten die Soldaten es ihm gleich.

Es war wie eine bestimmte Art Rausch, der sich einstellt, wenn man auf leeren Magen trinkt. Ein Anfall von Klarheit, der zugleich die Dinge unwirklich macht. Umhüllt werden. Aus sich heraustreten ...

Die See erschauerte.

Langgestreckte Wogen, wie die Vorboten eines Sturmes, eilten übers Wasser und brachen sich an den Schiffen.

Kein Lüftchen rührte sich. Der Himmel war unverändert.

Die See wölbte sich hoch und fiel wieder in sich zusammen.

Sie hatten riesige Fische gesehen. Konnte es sein, daß sie erneut emporstießen, direkt unter den Kielen ihrer Schiffe?

Männer liefen umher. Einander widersprechende Befehle wurden gebrüllt. Dann wurde es wieder still.

Aber es gab doch ein Geräusch. Es schien eher in den Köpfen zu sein als in den Gehörgängen.

Über ihnen stand Raldanash am Bug. Er rührte sich nicht. Er tat nichts.

Sein weißes Haar war wie eine Flamme. Flammen züngelten um die Konturen seiner Gestalt; eine aus Pergament geschnittene und angezündete Figur.

Jetzt schrien Männer auf.

Ein großer Glanz überstrahlte das Schiff und spiegelte sich in den Wogen der aufgewühlten See.

Die vordersten Galeeren der Freien Zakorianer stampften und nahmen hohe Geschwindigkeit auf, als sich das Meer erhob und die Wellen gegen ihre Rümpfe brachen.

Als sie die ersten großen Brecher erreichten, kamen die Ruderer aus dem Takt. Dann schlugen gewaltige Flutwellen wie mit Ruten, und ein entsetztes Gebrüll erschöll aus dem unteren Ruderdeck. Unter dem Erbeben des Rumpfes stürzte ein Regen von Männern über Bord. Eine der Bombarden neigte sich allmählich vornüber und fiel ins Wasser.

»Im Namen Zarduks ...«, sagte Yl, der sich auf die Füße kämpfte, und griff dem Kapitän an den Hals.

Der Mann deutete erregt nach vorn. »Etwas ... etwas aus dem Meer ...«

Zwischen den dahinfliegenden zakorianischen Galeeren, die von der rasenden Fahrt und der wilden See leckgeschlagen wurden, und den Umrissen der offenbar ruhig dahinsegelnden dortharianischen Schiffen spie die See ihr schwarzes Wasser der Tiefe aus, Schlamm vom Meeresboden, Gischt und Schwalle wie Nebel oder Dampf, nahmen jetzt beiden Flotten die Sicht auf den Gegner.

Hier war tatsächlich etwas in Bewegung, eine gewaltige Masse oder Bestie, die vom Grund des Meeres emporwuchtete ...

Aarl, der Ort unterseeischer Vulkane ... Die Erzählung stieg in tausend Gedächtnissen hoch. Sie riefen einander voller Entsetzen zu, erinnerten sich ...

Und dann wurde der Ozean mit ungeheurem Brausen und Kreischen auseinandergerissen.

Mauern aus Wasser, hundert Fuß und mehr hoch, schossen in die Luft. Finsternis legte sich über alles. Danach würde das Meer selbst sie begraben. Es würde sie in ihren Wassermassen wie in einer Riesenfaust zermalmen.

Aber die Wasser fielen nicht wie erwartet zurück, um sie und ihre Schiffe zu zerdrücken und zu verschlucken. Das Meer hing dort wie ein Vorhang, glitzernd und erbebend, und die Sonne schien hindurch, und die Wasser trockneten im Sonnenschein und verharrten lotrecht vor dem Himmel.

Raldanash war zum Spiegel aus Bronze und Silber und Gold und aus weißem Licht geworden. Seine Seele löste sich vom Körper, dann sein Bewußtsein.

Er schwebte hoch in die Luft, ein Seevogel, gewichtlos, und nahm die Schiffe unter sich wahr, hell und dunkel, wie Modelle auf dem Plantisch in Anackyra. Und das Meer türmte sich empor zwischen ihnen.

Die Flamme vom Norden schnitt hindurch.

Er wurde sich Rarmons bewußt, sehr nahe, als befänden sie sich Schulter an Schulter in einer Schlacht, die Schilde zusammengelegt. Und doch war Rarmon-Rarnammon Meilen weit entfernt. Verständigung lief zwischen ihnen hin und her, wortlos ungeformt, unmittelbar verstanden; versiegte.

Die beiden kleineren Feuer waren näher. Sie drangen ein und sammelten sich wieder, schwollen an und fielen in sich zusammen. Vom Osten und vom Süden her.

Er kannte die Wesen, die in dem Feuer brannten; ein männliches und ein weibliches. Sie berührten ihn, berührten einander, und das goldene Licht Rarnammons.

Das vierte Feuer war hinter ihnen, so blaß, daß es ein Herz aus Finsternis besaß. Ashni. Der Sonnenaufgang. Der Morgenstern.

Raldanash (oder das Bewußtsein, zu dem Raldanash geworden war) fühlte, wie er von dem großen Lodern vereinnahmt wurde; er empfand dabei keinen Schmerz, keine Furcht; nichts als Frieden. Und als er starb, explodierte der fünfte Strahl des Sternes hinaus, als seelische, orgasmische Energie des Geistes.

Die Strahlen schossen beständig hin und her, von außen zum Mittelpunkt und derart zu allen Außenpunkten, und jeder der Strahlen spann, indem er zur Mitte und wieder zurückeilte, zur Mitte und zurück, neue, verbindende Strahlen.

Über ganz Vis knisterten und sprühten Schuß und Kette auf einem kolossalen Webstuhl und gebaren.

Das Meer stand am Himmel.

Dann war dort eine Gestalt, vom Ozean gegürtet, so groß wie der höchste Punkt des Himmelsgewölbes.

Die Dortharianer erblickten Anackire.

Sie ragte empr, sie stieg empor.

Ihr Fleisch war ein weißer Berg, ihr Schlangenschwanz ein über die Ufer getretener Fluß aus Feuer. Die acht Arme waren in der überlieferten Weise ausgestreckt. Die Augen hatten die zweifache Größe der Sonne.

Sie redete zu ihnen, in ihren Köpfen, ohne Worte.

Sie sagte: *Es ist beendet.*

Die Männer des Freien Zakoris hingegen sahen Anackire nicht, denn für sie war sie die Tiefländer-Hexe, die sie verabscheuten. Sie sahen an ihrer Stelle Rorn, ihren eigenen schwarzen Gott, der Seepflanzen in den schwarzen Haaren trug und Juwelen in den Händen. Und mit einer seiner riesenhaften Hände stieß er – nachdem er sich in seiner ganzen Größe aus dem Äther niedergebeugt hatte – ihre Schiffe heftig vorwärts, heftig, aber behutsam, denn er sorgte für sie, da er der Ihre war.

Rorn benutzte Worte, als er redete. Seine Stimme war die des Sturmes, und sein Atem war Salz.

Ihr habt euer Land erobert, sagte Rorn zu ihnen. *Seid stolz auf euer Königreich, das aus Thaddra herausgeschnitten ist, und seid zufrieden. Das übrige zu nehmen, steht euch nicht zu. Ich, RORN, bin es, der dies sagt.*

Sie lagen vor ihm auf den Gesichtern.

Blaue Meeresdiamanten blitzten auf seinen Zähnen. Donner erscholl um sein Haupt.

Endlich sahen sie auf und erblickten einen weißen Fleck, wo seine Schwärze gewesen war, der im Tageslicht verblaßte. Sie waren viele Meilen weit zurückversetzt worden wie Spielmarken.

Die dortharianische Flotte war nicht mehr zu sehen. Der Himmel war bedeckt und trüb, das Meer unter ihm war mit Holz bedeckt, mit Teilen von Eisenbeschlägen und mit Kohlen, die verstreut und noch nicht erloschen waren. Darüber hinaus gab es eine Menge genau in der Mitte der Klingen zerbrochener Schwerter.

Sie hatten nicht ein einziges Schiff verloren, und keinen einzigen Mann.

Ihre Sklaven schrien unter Deck, ein vielfältiger Ausruf, in dem die Namen vieler Götter vermischt waren.

Yl kniete bebend vor dem kleinen Rorn-Standbild am Bug.

Oben war das Ockersegel von der Rahe getrennt. Das Emblem des Leoparden, das für Vergeltung und Krieg stand, war bis zur Unkenntlichkeit verwischt, wie von gewaltiger Hand.

Die Götter schritten an diesem Tag durch ganz Vis.

Zehn Meilen vor Saardos erschien Rorn vor fünfunddreißig zakorianischen Schiffen, ermahnte sie und wendete sie um. Er stand mit einem Fuß auf dem entfernten Land, als er in ihre Segel atmete und sie nach Süden blies. Der Flotte Alisaars begegnete er ebenfalls. Als die Männer, verrückt geworden von dem Anblick, versuchten, sich selbst ihm zu Ehren zu opfern, sagte Rorn ihnen, daß ein solcher Tod nicht nötig sei.

Die Shansarianer der Flotte behaupteten ihrerseits, Ashara mit dem Fischschwanz erkannt zu haben. Die Sonne habe sich in ihrem goldenen Haar gefangen. Ihre Brüste seien lieblich gewesen. Sie habe sie an das Mutterland erinnert.

Ebenso erinnerte sie in der Person Ashkars die Vardianer, Tarabiner und Vathcrianer in Xarabiss, den Tiefländern und an anderen Orten.

In der Nähe des Hafens von Lin Abissa wuchs sie von der Straße empor, und ihre Haut hatte die Farbe des Honigs, ihr

Schlangenschwanz war kupfern und ihr Haar rot wie Wein. Aber die Freien Zakorianer dort sahen Rorn, der durch die schwarzen Schiffe schritt, Rauch hing über seinen Schultern.

In Thaddra war es Zarduk, der Yls Streitkräfte aus den Grenzfesten des vardianischen Zakoris vertrieb. Und Zarduk war es auch auf dem Gebirgspaß, wo er aus dem Fels erwuchs. Die Sonne war nicht in seinen Augen, sie befand sich in seinem Bauch. Er war schwarz und herrlich; seine männliche Gestalt umschloß die wirbelnde Sonnenscheibe. Sein Atem war Weihrauch und Hitze, ein sengender und staubiger Wind.

Die Dortharianer auf dem Paß erblickten dies: einen Drachen, der ihrer mythischen Herkunft entstammte. Er stieß vom Himmel herab; alles entflammende Feuerstrahlen schossen aus seinen Rückenschilden und Kiefern.

Die Dortharianer erwarteten, daß sowohl ihre Feinde als auch sie selbst sogleich verbrannten. Aber nicht ein Mann ward verdorben, hier ebensowenig wie anderswo.

Zarduk war im Delta des Flusses Okris.

Die Gabeln der Bombarden brachen gegen die Widerstände ab. Die schwarzen Schiffe erbebten.

Zarduks Füße standen im Fluß, der ihm kaum bis zu den Knien reichte, sein feuriger Bauch blendete sie, oder er hätte es tun müssen.

Anackire (oder ein Geschöpf, das große Ähnlichkeit mit ihr hatte) stand an seiner linken Seite.

In Ommos war der Gott eine Zweiheit, sowohl weiblich als auch männlich: Zarok-Anackire.

In Ylmeshd, Yls Stadt in Thaddra, bedeckte ein goldener Glanz die ameisenhaufenartigen Wohnhäuser, der aus dem Höhlentempel des Feuergottes brach und eine gewisse Panik hervorrief.

Man erzählte sich, Priester, die sich hineingeschlichen hätten, um nach der Ursache zu sehen, hätten das Topas-Auge von Ankabek in einer Augenhöhle des dortigen Zarduk-Bildes vorgefunden, wo es aus eigener Kraft hingelangt sein müsse und heller als eine Lampe geleuchtet habe.

Daß eine zakorianische Gottheit nach diesem Ereignis zur Hälfte den Blick eines Tiefländers gehabt habe, war eine ebenso glaubwürdige Legende in der Folge dieses denkwür-

digen Tages wie die später ausgesprochene Version, daß Yl selbst, nicht die Götter, seinen Rückzug veranlaßt hätte.

Ashara erschien im zerstörten Karmiss. Sie erhob sich über Ioli, wie ein Mond am hellichten Tag. In Istris schien Rorn die Stadt geschüttelt zu haben, sehr vorsichtig, wie um Krumen von einer Decke zu entfernen.

Einige umherstreunende Schiffe des Leoparden, die nach Lan unterwegs waren, stießen auf ihn, der auf dem Ozean saß. Er sagte ihnen, daß sie nach Thaddra zurückkehren müßten. Sie glaubten ihm.

Die Varianten waren ohne Zahl. Keine glich der anderen. Von zehn Männern an einem Ort hatte jeder eine Vision gehabt, die sich von der aller übrigen unterschied.

Sterne fielen auf die Erde, Berge bewegten sich, Glocken ertönten im Meer.

Dennoch waren die Worte – von Ohren vernommen oder in den Köpfen, oder von den Herzen – inhaltlich dieselben.

Und umgestürzte Ballisten und zerbrochene Schwerter lagen zuhauf, wie Blumen verstreut, wo die Toten hätten liegen müssen.

Die vier Feuerbrände, das Brennglas, vereinigt wie der Bernsteinring, entließen jetzt ihr Licht.

Alle trieben fort, wurden zu weißglühenden Punkten. Das Gewebe der Macht wurde dunkler. Erlosch.

Das Erlöschen des unermeßlichen Glanzes offenbarte einen anderen, minderen Glanz; überall dort, wo jene schwachen Lichtlein schienen, die winzigen Hoffnungen und Gebete einer Welt, der Wille einer großen Anzahl Menschen, auszuharren ... das Öl, das die minderen Flammen speiste.

Und dann verblaßten auch diese Lichtlein. Alle bis auf eines.

Der geborstene Spiegel, der Raldanashs Willen in sich vereinigt hatte und jetzt nur noch aus Scherben bestand, hatte die verblassenden Nachbilder der zusammenlaufenden Feuerlinien festgehalten, deren eine nordwärts verlief, zu einem Mann, der ein Verwandter Raldanashs war, und eine andere, die nordöstlich zur Morgenröte Ashnis verlief.

Aber die ihrer Kraft beraubten Splitter vermochten diese Verbindungen nicht aufrechtzuerhalten. Die Feuerlinien er-

loschen. Bald war nur noch eine dünne und fadenscheinige Verbindungslinie übriggeblieben, die kaum sichtbar gewesen war, solange die helleren Lichter geleuchtet hatten.

Dieses letzte Licht hatte noch Bestand.

Sein Ursprungspunkt, der auf jener Linie der Kraft lag, die von Koramvis nach Zor verlief, war der Ort des frühesten Opfers, Ankabek.

Sie fühlte sein Sterben; Scherben, die zu Asche zerfielen; Raldanash, der ihr Gemahl gewesen war; weit entfernt, Meilen aus Land und Raum und Zeit lagen zwischen ihnen.

Ihr war die Offenbarung nach ihrem Gang durch einen jäh abfallenden und finsteren geistigen Tunnel zuteil geworden, den sie freiwillig betreten hatte, als der Türmechanismus sie im Sanktuarium eingesperrt hatte. Als sich die Tür schloß, hatte sie sich auf den wunderbaren Mosaikboden gelegt, den sie nicht hatte sehen können, und schließlich, nach einem kurzen Kampf, hatten sich ihr Ich und ihr Name von ihr losgelöst.

Sie hatte darauf vertraut, daß Eraz sie geleiten würde, aber sie mußte sich selbst leiten, und so hatte sie es getan. Sie war so erschöpft gewesen, daß es nicht schwer gewesen war, diese Straße zu erwählen und ihr zu folgen.

Wie in einem Boot war sie einen dunklen gewundenen Fluß hinaufgeglitten, schlafend oder wachend; dessen war sie nicht sicher gewesen, und es hatte sie auch nicht gekümmert.

Ihr Denken hatte sich nur allmählich aufgefüllt. Tiefe Träume, Abgeschlossenheit. Einsamkeit. Sie selbst war als letzte von allem gekommen, hinter einem Zug phantastischer Erscheinungen. Ihr inneres Ich.

Und so hatte sie endlich das einzelne Auge des Geistes geöffnet und war eins mit dem Willen der Welt geworden.

Und als dieser Wille verebbt war, nachdem er die große Magie ausgeführt hatte, wurde sie sich Raldanashs und der Art seines Todes bewußt.

Als sterbliche Frau hatte sie ihn wegen seiner unabsichtlichen Grausamkeit verabscheut. Kleinliche Überlegungen dieser Art waren jetzt bedeutungslos. Jetzt, nachdem sie ihrem persönlichen Fegefeuer entstiegen war, wußte sie, daß seine Grausamkeit, verrechnet gegen das, was er gegeben hatte, keiner Bestrafung bedurfte.

Sie selbst hatte keine besonderen psychischen Befähigungen aufzuweisen; aber sie enthielt wie alle Dinge die Magie der Lebenskraft. Und ringsum hatten die Steine von Ankabek, dem Ort der Göttin, die Anackire angerufen.

Dann hatte sie in selbstsüchtiger Absicht, um ihre eigene Pein abzugelten, deren Geringfügigkeit ihr bewußt war, die Leuchte von Ankabek hochgehalten, das geringste der Feuer.

Und so hatte sie die Geringfügigkeit der Pein erfahren. Sie hatte erfahren, in einer Welle des Entzückens, wie dieser Fremde, der ihr nichts bedeutete und dem sie nichts bedeutete, sie trotzdem hörte und ihr trotzdem antwortete und hinauslangte über die endlose Distanz, um das durch sie dargebotene Licht zu empfangen.

Die Schiffe von Dorthar kreisten im Strudel des Meeres und im vom Meer umschlossenen Wind.

Nur die Amanackirer hatten es gewagt, sich zum Herrn der Stürme zu begeben und ihn aufzuheben. Sie trugen ihn in die Kabine.

Ohne es zu verstehen, hatten seine Männer gesehen, daß er den Mittelpunkt des Wunders dargestellt hatte. Jetzt rangen sie mit dem Sturm, der ihnen keinen Augenblick der Besinnung ließ.

Ein paar der Männer weinten, aber Salzwasser war auf allen Gesichtern.

Raldanash lag auf dem königlichen Ruhebett, während das Schiff auf den erregten Wellen auf- und niedertanzte.

Die Amanackirer standen bei ihm. Sie trauerten nicht. Sie waren unbarmherzig in ihrem Glauben und ohne Mitleid und von der Gewißheit erfüllt, daß alle Menschen ewig lebten. Was war der Tod? Sie, die eben an den Ereignissen beteiligt gewesen waren, hatten ihn nicht erlitten. Das körperliche Leben war ebenfalls geheiligt und mußte erhalten werden.

Dann fühlten sie einen telepathischen Impuls, wandten sich Raldanash zu und sahen, daß seine Augen geöffnet waren; goldene Augen in einem dunklen Gesicht.

Er war von einem Ort zurückgekehrt, den er bereits wieder vergessen hatte.

Sein Körper war geschwächt und ausgedörrt, ermattet; er

wollte ihm kaum gehorchen oder sich zu ihm bekennen. Aber die Lebenskraft in ihm war wie ein Samen, aus dem ein neuer Baum entstehen würde. Sein Gehirn war bereits wieder belebt.

Er erinnerte sich an den Augenblick, an den Fall; entsann sich, gesehen zu haben, daß der Sieg ihrer gewesen war.

Die Symbole waren nicht mehr als das, Götter waren nichts als Sinnbilder; so wie die Sprache der Ausdruck körperloser Gedanken war. Sie hatten sich nur der Kraft und Stärke und des Glaubens der Menschheit bedient. Es hatte ausgereicht. Die Welt war zu Ende gewesen – und hatte neu begonnen.

Und ich lebe auch.

Die Männer in den schwarzen Galeeren, die oberhalb von Lan auf dem Meer schaukelten, hatten nichts Unerklärliches bemerkt; aber sie waren verwirrt.

Es hatte am Tag für die Jahreszeit ungewöhnliche Stürme gegeben, die Winde hatten von allen Seiten geblasen. Als die Nacht über die Welt hereingebrochen war, war eine lautlose Stille angebrochen; ebenso unnatürlich wie der Aufruhr der Elemente zuvor. Die fast greifbare Dunkelheit hatte den Glanz der Sterne ausgelöscht. Der Mond war über dem wie eine Schale geformten Ozean emporgestiegen. Es war, als begänne die Nacht im Zyklus einer äonenlangen Geschichte vom Werden und Vergehen.

Die Männer in den beiden schwarzen Galeeren harrten mit unbehaglichem Gefühl der Dinge, die da kommen mochten, und lauschten in die Leere und hielten nach den verschwundenen Sternen Ausschau.

Die Schiffe unterstanden dem Kommando Dhaker Einauges. Das dritte Schiff, das ursprünglich zu ihnen gehört hatte, war nach Karith gesegelt, als Dorthar das Freie Zakoris wieder zurück aufs Meer geschickt hatte. Dhaker hatte später die Anweisung erhalten, mit seinen Mannschaften nach Karmiss zu kommen.

Dhaker hatte Einwendungen vorgebracht. Sein eigenes Schiff hatte einen Passagier an Bord, über dessen Identität Yl informiert war. Er war Karmianer – wie schon sein Äußeres verriet –, ein Mann, der eine gewisse Rolle in der derzeit mißlichen Situation Karmiss' spielte. Die Karmianer mochten

herbeieilen, um diesem Mann zur Hilfe zu kommen – oder einfach, um ihn zu rauben.

Aber Dhaker hatte nicht die Absicht, den Namen seines Gefangenen ohne weiteres zu verraten.

Während er über eine Möglichkeit nachsann, die Anweisung zu umgehen, gestattete ihm die unbeugsame Kommandantur des Freien Zakoris nicht, daß er Beute machte, und so mußte er sich damit begnügen, sich vor Ommos die Wunden zu lecken. Also wandten sich die Schiffe in Richtung Karmiss um und segelten die Ufer des Landes entlang. Dhaker hatte damit gerechnet, im Delta des Okris zu den Streitkräften des Leoparden zu stoßen.

Das stürmische Wetter hatte sie weniger als fünfzig Meilen vor ihrem Ziel überrascht. Sie hatten sich bemüht, aus dem Schlechtwettergebiet zu gelangen, und waren statt dessen aus ihrer Route geweht und nach Osten abgetrieben worden.

Während des Sturmes hatten sich unheimliche Strahlenkränze ausgebildet. An den Masten und der Reling waren Feuerbrände entlanggehuscht.

Dhaker hatte derartige Wundererscheinungen schon zuvor gesehen. Er hatte seine Soldaten beschäftigt gehalten, Wein und Bier verteilt und den Sklaven unter Deck Bier zukommen lassen.

Am Abend waren die beiden Schiffe im Sturm weit auseinandergetrieben, aber dann hatte sich das Meer unversehens geglättet, und sie waren wieder zusammengekommen.

Dann war dieses Mysterium der Schwärze und der geteilten Fluten geschehen.

Wenige Stunden später war das Wehklagen der Sklaven heraufgestiegen. Einer von ihnen war von bösen Träumen heimgesucht worden, die danach wie eine Plage über alle gekommen waren. Das Sausen der unermüdlichen Peitsche hatte schließlich für Ruhe gesorgt.

»Die Männer sagen, daß Rorn über den Ozean wandelt; ein Riese, der den Mond in der Hand trägt.«

»*Ich* habe ihn nicht gesehen«, erwiderte Dhaker. »Nicht einmal mit meinem verlorenen Auge.«

Plötzlich verspürte er den Drang, seinen Gast aufzusuchen.

Es war finster wie die Nacht in dem untersten verborgenen

Raum des Schiffes, aber sternenlos. Dieses Unterdeck, ein Gegengewicht zu den hohen Aufbauten auf dem Oberdeck, lag unterhalb der Wasserlinie, sogar noch unter dem Ruderdeck. Es konnte als Frachtraum benutzt werden – oder als Gefängnis. Zur Zeit diente es als Gefängnis. Der Gefangene, nackt bis auf seine Haare und eine Schmutzkruste, lag dort reglos ausgestreckt, bis der Lampenschein des Zakorianers und dessen Fußtritt ihn trafen.

»Wie steht es, mein Lord«, fragte Dhaker, »habt ihr den Sturm genossen?«

Kesarh, blutig und mit Quetschungen übersät, in rostigen Ketten, die ihn während des Aufruhrs der Elemente offenbar immer wieder gegen die dicken Schiffswanten geschleudert hatten, sah zu ihm auf.

Seine schwarzen Augen strahlten nach wie vor kalte Hitze aus. Sie hätten eigentlich verschleiert sein müssen, oder sogar erblindet.

Dhakers Chirurg hatte ihm wiederholt die Peitschenschnur herausoperieren müssen. Dennoch war die kalte Hitze im Blick der von Blutkrusten umgebenen Augen ungebrochen.

Dhaker fand an dieser Ungebrochenheit Gefallen. Sie würde es schwieriger, aber auch interessanter gestalten, Kesarh zu töten.

»Istris wurde in Stücke geschlagen, wie ich kürzlich vernahm«, sagte Dhakar. »Betrübt Euch das?«

Aber Kesarh hatte seine Gefühle gut unter Kontrolle, wie sich herausstellte; ebenso wie seinen Körper.

Dhaker trat ihn spielerisch vor den Mund.

Ein Backenzahn war bereits früher herausgebrochen, und Dhaker hatte seinen Männern gestattet, dem Gefangenen die Ohrläppchen abzuschneiden. Sie waren Yl zusammen mit der Nachricht von der Gefangennahme als Beweis zugesandt worden.

Für jetzt war es genug. Dhaker ging wieder nach oben und stellte unterwegs befriedigt fest, daß die Ruderer ihre Arbeit diszipliniert fortgesetzt hatten.

Die Nacht war durchaus angenehm, und Dorthar war verhältnismäßig nahe.

Es war kurz nach Mitternacht, als die Hörner erklangen.

Etwa zwanzig Schiffe des Freien Zakoris waren auf ihrer Route aufgetaucht, und sie hatten ebenso sturmzerzaust ausgesehen wie sie selbst; ihrerseits vom Kurs abgeschlagen, steuerten sie eben zurück in nordwestliche Richtung.

Dhakers beide Galeeren ruderten zu ihren Schwestern.

Nicht einer war unter den Männern, dem das Fehlen des üblichen Lärms, das beinahe Totenstille war, auf Deck der jetzt nahen Schiffe nicht augenblicklich schreckhaft bewußt geworden wäre.

Die Segel waren zum größten Teil gerefft, aber hier und dort waren sie von den Rahen gehißt und vom Sturm zerfetzt worden. Die Fackeln auf Dhakers Schiffen beleuchteten eine schwarze Schmiere, die den aufgemalten Kriegsleoparden nicht mehr erkennen ließ.

Dhakers Galeeren legten am Leitschiff der Flotte an. Wie die übrigen Schiffe war es kaum beleuchtet. Die Männer auf Deck standen steif wie Standbilder herum oder gingen ihrer Arbeit nach, als stünden sie unter Drogen.

»Fahrt ihr nach Dorthar?« rief Dhaker hinüber, ohne sich mit überflüssigen Höflichkeiten aufzuhalten.

Die Antwort auf seine Frage verwunderte ihn.

Die Freien Zakorianer waren nicht verpflichtet worden, nach Dorthar zu segeln. Der Krieg war – *abgeblasen worden*. Sie fuhren heimwärts, zum Königreich Yls, nach Thaddra.

»Seid ihr wahnsinnig?« bellte Dhaker zurück. Er griff nach einem Seil und schickte sich an, es an Bord des Schiffes zu werfen, aber der Kapitän hatte das Deck betreten und winkte ab.

»Es handelt sich nicht um Wahnsinn. Die Götter haben zu uns gesprochen.«

»Götter ... Ihr sprecht von irgendwelchen Zeichen ...«

»Ich spreche von Rorn und Zarduk. Ihre Häupter berührten die Sonne. Ich habe es selbst gesehen. Rorn sprach zu mir, und seine Stimme war machtvoll. Wir sollen uns mit Thaddra begnügen, wurde uns gesagt. Das Schwert ist zerbrochen.«

»Verrückt. Der Mann ist verrückt.« Dhaker sah seine Männer an, die verwundert auf die stillen Schiffe gafften, die unbeirrt ihren Kurs nach Thaddra beibehielten.

Das unfruchtbare Zwiegespräch brach ab, und Dhakers Schiff ruderte davon.

Die schwarze Flotte mit ihren unkenntlichen Segeln glitt dahin, wie eine Versammlung von Phantomschiffen, lautlos und dämonisch wie die Nacht, in der sie verschwand.

Auf der Welt kamen und gingen die Tage, wechselten die Perioden des Sonnenscheins mit Zeiten, da der Himmel verhangen war; es vergingen Stunden und Minuten; Ereignisse fanden statt und die Reaktionen auf diese Ereignisse; das Wetter wechselte.

In der Tiefe, auf dem Unterdeck, geschah nichts von alledem. Dort gab es nichts als Schwärze, Ketten, Gestank, den Gestank von Blut und dazu die dumpfen Schiffsgeräusche.

Er wurde gegen die Wandverstrebungen seines Gefängnisses geschleudert; Folgen einer kriegerischen Handlung oder eines Sturmes. Licht kam nur selten zu ihm, und auch nur das einer Lampe.

Die vielfältigen Torturen hatten ihm anfangs dazu gedient, die Zeit zu bestimmen – das Anwachsen des Schmerzes und sein allmähliches Verebben. Aber mittlerweile war der Schmerz überwältigend, beständig vorhanden und dennoch wechselnd: das Ziehen von seinem abgebrochenen Zahn, das Brennen der Kette in den offenen Wunden, die durch die Kette entstanden waren. Der Schmerz war nicht länger nützlich.

Kesarh vermochte natürlich nachzudenken und zuweilen das Bewußtsein zu verlieren. Er beherrschte diese Fähigkeit wie ein Tier, das nach Belieben in einen Winter- oder Heilschlaf fallen konnte. Wenn er wachte, war er nie ganz klar im Kopf, und das wußte er.

Trotzdem hatte er sich nicht aufgegeben.

Er erwartete, diese Mißhelligkeit zu überstehen, obwohl er sich keinen Phantasien von plötzlicher Befreiung oder einem Eingreifen der Götter hingab, an die er nicht glaubte. Auch traute er sich keine übermenschliche Tat der Selbstbefreiung zu, da er nicht daran glaubte, die Inkarnation eines Gottes zu sein.

Für seine Zuversicht bestand demnach, wenn man seine

Haltung überhaupt so bezeichnen konnte, tatsächlich keinerlei Anlaß.

Er bezog seine Widerstandskraft ausschließlich aus seinem Willen, dem stärksten seiner vielen Kräfte.

Er weigerte sich, hier und unter diesen Umständen seinen Weg zu beenden. Das war für ihn undenkbar.

Die Unterhaltung, die in der Nacht zwischen den Schiffen des Leoparden stattgefunden hatte, war offensichtlich nicht unter Deck weitergegeben worden. Aber trotzdem war eine nicht greifbare Andeutung davon wahrnehmbar. Bald schwebten andere Wahrnehmungen durch das Gehölz der Wanten, wenn auch zeitlich nicht bestimmbar. Die Ruder-sklaven fingen sie auf, reagierten reizbar oder ängstlich. Die gellenden Schreie der Männer, die unter der Peitsche litten, brachen fast nicht mehr ab.

Fünf Tage später fanden – ohne, daß es jemand unter Deck gesehen oder erfahren hätte – weitere Begegnungen zwischen Dhakers Schiffen und anderen statt. In einigen Fällen waren es Freie Zakorianer, die sich von Karmiss durchschlugen, wie Rorn sie angewiesen hatte. Sie sprachen über Wunder und verschwanden wieder.

Später tauchte ein Paar kumaeanischer Schiffe auf, die um eine Landspitze segelten, denn inzwischen befanden sie sich in Sichtweite der dortharianischen Küste. Dhakers Soldaten waren zahlenmäßig unterlegen, aber wild auf einen Kampf, und so wendeten sie ihr Schiff zum Angriff; aber die Schiffe von Dorthar wichen aus und entkamen.

Danach hieß es, daß sie das erste Dorf plündern wollten, das sie erreichen würden, aber daß die Dörfer vermutlich sämtlich verlassen oder verteidigt seien.

Dhakers Männer waren verwirrt und eingeschüchtert. Die Spannungen waren nicht auf die Rudersklaven beschränkt. Es mußte eine Entladung geben.

Dhaker hatte angefangen, an die unsinnigen Geschichten zu glauben, die ihm die übrigen zakorianischen Schiffe erzählt hatten. Wenn auch nicht an ihre Wahrheit, so doch zumindest an ihre Auswirkungen.

Am fünften Tag kam eine Herde Seekühe in einem mächtigen trägen Zug geschwommen, und die Hörner wurden geblasen, und Begeisterung ergriff alle. Dhakers Männer hatten

gemurmelt, daß Rorn aus den Tiefen emporsteigen würde, und Dhaker hatte sie angebrüllt, Ruhe zu geben.

Es mußte etwas geschehen. Oben in der Welt aus Tagen und Nächten und Zeit und Wetter faßte Dhaker einen Entschluß.

Kesarh wurde in eine von Fackeln erhellte Kabine gebracht, wo Dhaker ihn mit geheimem Vergnügen musterte.

Der Körper seines Gefangenen war bereits von Schürfwunden und Entzündungen durch die Ketten gescheckt, aber noch ließ sich etwas mit ihm anfangen.

Nach der ständigen Dunkelheit in der Unterwelt waren die Augen Kesarhs bis auf schmale Schlitze geschlossen, aber die eisige Flamme der schwarzen Pupillen loderte unvermindert. In Kesarh verbanden sich die Spuren königlichen Blutes aus Karmiss mit der wilden Kraft Shansars; und da war noch mehr. Er war nicht zerbrochen, nicht einmal andeutungsweise.

Essen und Getränke standen bereit. Dhaker forderte seinen Gefangenen auf zuzugreifen. Kesarh folgte der Einladung kommentarlos. In seinen Augen stand keine Verzweiflung, und er stellte keine der mißtrauischen Fragen, die fast jeder andere Mann vorgebracht hätte.

Er nimmt an, daß er alles überstehen wird, dachte Dhaker.

Diese Feststellung setzte ihn in Erstaunen. Kesarhs Willen war sogar jetzt noch unübersehbar, und Dhaker kamen kurz Zweifel. War es möglich, daß Kesarh auf irgendeine Weise entkommen konnte?

Von draußen drang gedämpfter Lärm herein. Dhakers Befehle wurden ausgeführt. Sofort wurden seine Gedanken wieder vernünftig. Ein Entkommen war ausgeschlossen.

»Ihr vertraut mir sehr«, sagte Dhaker zu Kesarh. »Ihr glaubt nicht, daß ich versuche, Euch zu vergiften.«

Kesarh hatte sein Mahl beendet; er hatte alles verzehrt.

»Das wäre Betrug an Yl«, erwiderte er.

»Oh, Yl hat die Lust am Töten verloren«, sagte Dhaker. »Ich habe gehört, daß seine Nachrichten ausgeblieben sind. Seine Schiffe sind in der Schlacht gegen Ralnach von Dorthar gesunken und nie bis zur Inneren See gelangt. Entweder dies, oder die Götter schickten ihn wie die übrigen nach Hause.«

Kesarh erwiderte nichts auf diese Vermutungen hin. Er

sagte deutlich: »Oder aber er entsann sich des Paktes, den er mit mir geschlossen hat und somit auch mit der Macht von Shansar-über-dem-Ozean.«

»Nein, ich glaube nicht, daß er sich daran erinnert, Lord Kesarh. Ich glaube nicht einmal, daß er sich überhaupt an Euch erinnert. Vis ist verrückt geworden. In einem Land voller Verrückter muß der Vernünftige handeln, wie er es für richtig hält.«

Kesarhs Augen hatten sich geöffnet; er blinzelte in das trübe Licht. Dhaker spürte die ungewöhnliche Persönlichkeit in diesem Blick.

Sie saßen dort schweigend; keiner von beiden war geneigt, die Unterhaltung fortzusetzen.

Dhaker erhob sich.

»Ihr findet dort ein Bett. Ruht Euch aus. Schlaft.«

Da stellte Kesarh endlich eine Frage: »Ihr habt für den Morgen etwas Anstrengendes im Sinn.«

»Mein Vater«, erwiderte Dhaker, »ist bei Tjis gestorben. Ich habe ihn gekannt. Er war gut zu mir. Es steht nicht fest, ob wir den Heimathafen erreichen, nachdem die Welt wahnsinnig geworden ist.«

Der Blick Kesarhs verlor nichts von seiner Festigkeit. Dhaker nickte ihm kurz zu und ging hinaus. Die Kabinentür war bewacht, obwohl Dhaker nicht glaubte, daß Kesarh den Helden spielen würde. Auch einen raschen Selbstmord würde Kesarh nicht begehen, denn er glaubte ja nicht, daß er überhaupt sterben würde.

Er würde schlafen, um seine Widerstandskraft zu erhalten. Trotz Qual und Ausweglosigkeit klammerte er sich ans Leben, das er für einen unveräußerlichen Besitz halten würde, bis ihm der letzte Blutstropfen aus den Fingern gequetscht worden wäre.

Kurz vor Tagesanbruch betrat Dhaker Einauge erneut die Kabine und betrachtete den schlafenden Mann; seine physische Stärke, die sich schon bald als sein eigener ärgster Feind erweisen würde. Die Wunde an seinem linken Arm, die Dhaker ausgebrannt hatte, war seltsamerweise verheilt und hatte eine Narbe hinterlassen, die an die eines Schlangenbisses erinnerte.

»Nehmt ihn jetzt mit euch«, wies Dhaker seine Männer an,

»und sorgt dafür, daß er eine Überraschung erlebt, wenn er wieder zu sich kommt.«

Sie folgten seiner Anweisung und trugen Kesarh in die perlmuttene Weite hinaus, die das Schiff, das Meer und den Himmel umfaßte.

Als die Sterne im Morgenlicht verblaßten, warfen sie den in Ketten gelegten Mann zu Boden, zerrten seine Arme hoch und schlugen mit dem Hammer Nägel durch seine Fesseln in einen Pfahl, um ihn daran zu fixieren. Dann stellten sie den Pfahl aufrecht und sicherten ihn durch Hammerschläge, nahe dem Königssegel.

Kesarh war jetzt hellwach und wußte, was ihm geschah. Es handelte sich um eine alte und sehr einfache Methode der Exekution, die in allen Ländern des Westens gebräuchlich war und auf eine Bestrafung für Sklaven zurückging.

Er hing mit gereckten Armen am Pfahl; seine Füße hatten bereits den schmalen Stützplatz ausfindig gemacht, und er konnte derart das Gewicht seines Körpers unterstützen. Es bedeutete eine ständige Anstrengung; aber Kesarh würde sich anstrengen. Eine ähnliche Stütze befand sich in Höhe des Gesäßes, die man ebenfalls nutzen konnte, aber nur unter den größten Mühen und Verrenkungen.

Da ein hängender Mann nicht amten konnte, ohne auf diese Unterstützungen zurückzugreifen, war er ständig gezwungen, sich aufs neue zu bemühen. Ständig rutschte er ab, ständig mußte er sich wieder einrichten. Es war ein unaufhörlicher Kampf.

Wenn man nur an den Handgelenken hing, wurden die Lungen durch die Rippen eingeengt, das Blut staute sich. Die akute Atemnot schwächte den Verurteilten rasch, der Tod trat meist im Verlauf des Morgens ein.

Aber das war der kurze Weg. Diese Variante war nicht kurz. Und Kesarhs Willen, sein unbeugsames Verlangen zu leben, war dazu angetan, seinen Kampf bis zu völligen Erschöpfung zu verländern. Schon fast tot, würde er sich noch abmühen; abrutschen, kämpfen, ständig keuchend, und jedesmal dem Tod ein Stückchen näher.

Man würde ihm Wasser und Nahrung reichen, solange er nur zu trinken und essen vermochte.

Es konnte Tage dauern.

Jetzt waren da Licht und Dunkelheit. Durch das große Segel sah er den Sonnenaufgang.

Dann ging die Sonne hinter seinem Rücken unter, und sein eigener hängender Schatten lag vor ihm auf Deck. Die Männer vermieden es, ihn zu überqueren, denn das hätte ein Unglück bedeutet.

Später nahm er diese Details nicht mehr wahr.

Er konnte atmen, indem er sich streckte; die Fersen und Waden oder den unteren Teil des Rückens beziehungsweise das Gesäß gegen Pfahl stemmte. Unter ungeheurer Anstrengung wurden die Arme ein wenig entlastet, und die Lungen konnten sich weiten. Er hielt diese Haltung durch, bis der mit ihr verbundene Schmerz die Muskeln der Füße und des Rükkens nachzugeben zwang. Dann wiederholte sich die Pein.

Nach kurzer Zeit wurde der Schmerz ununterscheidbar. Sich strecken und unter Schmerzen atmen oder sich hängen lassen und unter Schmerzen ersticken – das wurde eins.

Er trank das Wasser und schluckte den Haferschleim.

Er starrte in den Himmel.

Die See war sehr glatt, das Deck tanzte. Die Männer gingen umher und blieben zuweilen stehen, um ihn zu betrachten. Sie waren Gespenster für ihn. Sie hatten keine Bedeutung. Auch der Himmel und das Meer waren bedeutungslos. Nur der Schmerz war von Bedeutung. Aber der Schmerz bedeutete Leben.

Zur Zeit des vierten Sonnenaufgangs hatte er seinen Namen vergessen.

Er hörte Stimmen unter sich. Ein Mann mit einem winzigen Feuer in den Augen berührte Kesarhs Füße; die Berührung war sanft wie eine Liebkosung.

»Kesr, seid Ihr immer noch am Leben? Es ist der vierte Tag, Kesr Am Karmiss. Ich habe nie einen Mann erlebt, der es so lange ausgehalten hätte.«

Weiter sagte der Mann: »Er blutet aus dem Mund. Es ist Blut aus der Lunge.«

Kesarh wandte den Kopf. Der Himmel war rot, und Licht fiel durch das Segel. Etwas näherte sich ihm und berührte sein Gesicht. Es war ein Becher, der an einen Stock gebunden war. Wasser. Er verdrehte den Kopf, um den Becher mit dem Mund erreichen zu können.

»Nein«, sagte die Stimme eines Mädchens, sanft, dicht an seinem Ohr oder in seinem Kopf. »Trink es nicht, Kesarh! Du darfst es nicht trinken.«

»Geh!« erwiderte er. Seine Zunge tauchte ins Wasser. »Hure.«

»Nein«, sagte sie. »Trink nicht!«

Das Wasser war geschmacklos, und er wollte es nicht, obwohl der Durst brannte. Sein Körper mühte sich mit einem Keuchen ab. Speere stachen ihm in die Rippen. Dann waren ihre Hände da und umklammerten ihn. Sie waren kühl, duftend und willkommener als das Wasser.

»Hör mich an!« sagte sie. »Wem hätten wir jemals trauen können – seit wir Kinder waren – als uns selbst?«

»Ich muß leben, Val Nardia«, erwiderte er. »Ich muß das zurückgewinnen, was man mir fortgenommen hat. Wenn du nur willst, daß ich lebe, werde ich leben. Für dich. Gift, Krankheit, eine Verwundung in der Schlacht ... Das alles ist ohne Bedeutung. Ich vermag durch Flut und Feuer und Blitze zu gehen ... Val Nardia«, sagte er.

»Ich bin hier.«

»Ich werde leben«, wiederholte er.

Eine Strähne ihres roten Haares wehte vor dem roten Himmel, als sie ihn umarmte. Sie war Val Nardia und keine andere. Keine andere Verkörperung. Sein Kopf ruhte an ihrer Brust.

»Dann lebe«, sagte sie. »Laß ab von allem und lebe.«

Unter ihm rührte sich Dhaker und befühlte sein Opalauge.

Der Mann, der den Becher hochielt, sagte: »Er nimmt das Wasser nicht.«

»Er ist tot«, erwiderte Dhaker.

Sie opferten ihn nicht Rorn, noch gönnten sie ihm die bei den gelben Rassen übliche Feuerbestattung. Sie ließen ihn an dem Pfahl verrotten oder den Seevögeln als Mahlzeit dienen.

Lange bevor sie Thaddra erreichten, waren nur noch seine Knochen übrig, die ebensogut die Knochen eines beliebigen anderen Mannes hätten sein können.

Fünftes Buch

Der Morgenstern

FÜNFUNDZWANZIG

Hoch oben auf dem Fels, der vom Glanz der Mittagssonne vergoldet wurde, saß die Frau und blickte über den Fluß. Hinter ihr ragten die schwarzen Mauern einer Ruine empor. Die Sonne hatte sie in diesen heißen Monaten beinahe ebenso schwarz verbrannt; den ganzen Körper bis auf das silberne Armband am linken Handgelenk – das sich, wenn man es aus der Nähe betrachtete, nicht als Armband, sondern als angeborener Ring aus hellen Schuppen entpuppte.

Yannul, der aus der vorgeschichtlichen Stadt Zor gekommen war, stand unter dem Fels. Der übrige Strand war wie üblich von normaler langweiliger Geschäftigkeit erfüllt. Seit einem Monat war es schon so. Seit jener Nacht, seit jenem Sonnenaufgang der Macht, als die Welt wie eine Glocke ertönt war. Da sie mit übernatürlichen Ereignissen vertraut waren, hatten die Dörfer jenseits des Flusses die Magie schon bald nicht mehr beachtet; für ihre Einwohner bedeutete es nichts Aufregendes.

»Safca«, sagte er nach einer Weile.

»Ja«, erwiderte sie. »Ich weiß. Ihr geht nach Hause.«

»Auf das Landgut bei Amlan«, sagte er. »Medaci hält es für richtig, daß wir zurückgehen. Sie sagt, unser ältester Sohn wird dorthin kommen. Wir wissen nicht, wo er sich aufhält. Aber er ist in Sicherheit, sagt sie.«

»O ja«, erwiderte Safca. »Ja, euer Sohn ist in Sicherheit und wohlauf.«

Ihre Stimme war sanft und angenehm. Anfangs hatte er nicht bemerkt, daß sie eine schöne Stimme besaß. Möglicherweise war es ein Vermächtnis ihres königlichen Blutes. Sie hatte königliches Blut, wenn er sich nicht irrte.

»Ja«, sagte sie. »Das habe ich.«

»Ich werde«, sagte er, »mich niemals daran gewöhnen, daß jemand in meinem Kopf liest.«

»Es tut mir leid. Eure geheimen Gedanken sind ausreichend geschützt. Aber einige Gedanken machen sich bemerkbar; sie bellen beinahe wie Hunde. Ach, Yannul, ich weiß noch immer nicht, ob es wahr ist!«

»Daß Ihr Amreks Tochter seid? Ihr seid nicht wie er. Aber die Markierung an Eurem Handgelenk ...«

»Der Fluch Anackires.«

Yannul erwiderte: »Vielleicht war es kein Fluch. Nur eine Kennzeichnung. Es hat Euch nicht verletzt. Könnte Amrek es falsch interpretiert haben?«

Sie blickte hinunter zu ihm. Ihre Augen waren schwarze visianische Augen ... Die Augen des Sturmlords Amrek? Sie hatte eine Menge Dinge geändert. Wenn sie dieser Erblinie entstammen sollte, spielte es keine große Rolle mehr. Sie konnte hier regieren, falls sie es wollte. Die Lanier, die ihr gefolgt waren, würden sie zu ihrer Königin machen, ohne darum gebeten zu werden.

Aber sie war auch eine Priesterin, und irdische Macht bedeutete möglicherweise nichts.

Zastis' Zeit hatte in diesem Jahr spät angefangen und war fast schon vorüber. Das kleine Lager in der zerstörten Stadt war unruhig und tatendurstig, und dasselbe Phänomen konnte man auch in den Dörfern über dem Fluß beobachten. Selbst er war aus dem Inferno entkommen und hatte festgestellt, daß Medaci sich nicht verändert hatte; statt eines geflügelten Avatars hatte er noch immer eine Frau ... übermütig wie ein junges Liebespaar hatten sie sich in einem verwilderten Obstgarten unterhalb der Mauern vereinigt und sich lachend gestritten.

Safca hingegen, die ein Dutzend Männeraugen im Rücken spürte, wenn sie ging, gab mit keiner Miene zu verstehen, daß sie es bemerkte. Jetzt lag sie wie eine Löwin oben auf dem Fels, betrachtete die Männer mit demselben Gleichmut wie den Himmel und empfand keinerlei Verlangen.

Und wenn sie einen Gedanken in dieser Richtung auffing, reagierte sie nicht darauf.

»Werdet Ihr bleiben?« fragte er schließlich. »In der Stadt?«

Sie erwiderte: »Alle Orte sind gleich.«

Er bemerkte, daß sie es tatsächlich so meinte.

»Aber für die anderen ...«, fuhr sie fort. »Die Stadt, an der wir vorbeikamen. Oder Lan am Fuß der Berge. Denn Lan kann wieder erreicht werden. Die Pässe sind frei.«

»Ich weiß.«

»Aber es sind keine Boten gekommen«, sagte sie, den verwunderten Blick in die Ferne gerichtet. »Wie konntet Ihr es wissen?«

»Die Telepathie färbt ab.«

Safca lächelte. »Ich sehe Euren Sohn«, sagte sie. »Lur Raldnor, er kommt von den Tiefländern geritten. Ihr müßt stolz sein auf solch einen Sohn.«

Etwas gab Yannul einen Ruck. Er sagte: »Was seht Ihr sonst noch?«

»Viele Dinge.«

Sie wollte es ihm nicht sagen. Nur, was zu erfahren er ein Recht hatte. Jene Nacht und jener Morgen waren ebenso weit entfernt wie die Sterne, aber er bemühte sich darum, wenn auch widerwillig, sie heraufzubeschwören.

»Seht Ihr Anackire gelegentlich?« erkundigte er sich.

»Wir alle sind Anackire. Anackire ist alles.«

»Dann war es keine Realität. Es war ein Traum ... Der Krieg, das Zerbrechen des Schwertes.«

»In Elyr«, erwiderte sie, »beobachtet man von den Türmen aus einen Stern.«

»Nun, man wird auch einen sehen.« Er lächelte erneut.

»Nein, nicht Zastis, Yannul. Nicht den Abendstern des Verlangens. Einen Morgenstern des Friedens.«

Yannul blickte über den Fluß.

»Ich erinnere mich«, sagte er nachdenklich. »Koramvis.«

Aber die Frau auf dem Fels sagte: »Die Vergangenheit ist die Vergangenheit.«

Und dann sah er ebenfalls, indem ihre Wahrnehmung es für seine verdeutlichte, Lur Raldnor unter der Sonne reiten. Eine andere schwarze Ruine befand sich hinter ihm, die Weite der Ebenen und das kleine Land Elyr lagen dazwischen; aber Lur Raldnor sang, ein uraltes Lied, dessen sich Yannul teilweise entsann, so daß auch er die Worte zu formen begann, lautlos.

»Ja, Vater«, sagte Lur Raldnor. »Ich weiß, daß du mich hörst.« Er lachte zum Himmel empor. Das war etwas, das ihm schon vertraut war. Obwohl er einen Teil jenes geistigen Giganten dargestellt hatte, vermochte er die gewöhnlichen Techniken der Geistersprache noch nicht anzuwenden. Es war, als finge man an, jemanden zu lieben, durch dessen glatte Haut hindurch man das Skelett sieht.

Er konnte jetzt ermessen, weshalb der Schwesterkontinent

begonnen hatte, die Telepathie zu unterdrücken, nachdem er angefangen hatte, sich dem Handel zu widmen.

Zur Zeit waren Schiffe vom Schwesterkontinent in Moiyah und drüben im shansarianischen Alisaar. Andere waren zum vardianischen Zakoris unterwegs, nach Dorthar und Karmiss.

Er sah so aus, als hätten sie dort im Süden eine Beratung abgehalten und beschlossen, mit einem Urteil über den Krieg in Vis zurückzuhalten. Demnach bestanden die alten Allianzen noch. Jetzt nahmen sie das Wagnis auf sich, als Verbündete zu erscheinen, und fanden ein Gebiet vor, das weniger in Not war, als sie vermutet hatten. Obwohl die Kameradschaft in Karmiss äußerst willkommen sein mochte.

Istris hatte Schaden erlitten. Es hieß, es sei zerstört. Der Gouverneur hatte natürlich die Regierung übernommen. Aber die shansarianische Autokratie würde wiederhergestellt sein, noch ehe das Jahr zu Ende war; die Lilie würde voll und ganz verblassen vor der Göttin mit dem Fischschwanz.

Ashyasmai würde Ashara sein, nicht zum ersten Mal. Und was das Banner des Salamanders betraf: Es war verbrannt worden; welches Schicksal für eine Feuerechse nicht einer gewissen Ironie entbehrte.

Kesarhs Ende stand nicht so genau fest.

Das ließ einen an Rarmon denken. Andererseits wußte man auch, was sich in bezug auf Rarmon geändert hatte und was man zu erwarten hatte. Das Schicksal war, wie das Fleisch des metaphorischen Mädchens, durchscheinend und durchsichtig zugleich.

Mit dem xarabischen Mädchen hatte es kein Problem dieser Art gegeben, da es keine natürliche Telepathin gewesen war. Sie hatte geweint, als Raldnor ihr Lebewohl gesagt hatte, und ihm gesagt, daß sie ihren Sohn nach ihm benennen würde. Aber Lur Raldnor hatte vorausgesehen, ohne ihr jedoch die Illusion zu rauben, daß sie keinen Sohn gebären würde.

Er begann erneut, das Lied aus den lanischen Hügeln zu singen, das sein Vater ihn vor langer Zeit gelehrt hatte. Die Magie hatte ihren Platz. Aber es gab noch andere Dinge. Er war sich dessen bewußt, jung zu sein und daß die Erde voller Schönheit war. Und daß er ebenso wie alle Dinge auf eine unbekannte Art ewig lebte. Aber das wußte er schon, seit

Medaci es ihm erzählt hatte; als er drei Jahre alt gewesen war.

»Und jetzt verabschiedet Ihr Euch von Thaddra, oder? Und von mir, der ich meine teure Haut unter diesem verdammten Turm zu Markte trug«, sagte Tuab Ey in der Weinhandlung in Tumesh. »Ihr geht nach Dorthar. Was hat Dorthar Euch zu bieten? Ein angenehmes Leben als Günstling des Königs, immer gut zu essen und zu trinken ... Was ist das im Vergleich zu dem gesunden Leben, das Ihr bei uns führen könntet; rohes Orynx-Fleisch könntet Ihr essen, mitten im Dschungel und bei strömendem Regen.«

»Kommt mit mir«, erwiderte Rarnammon. »Ihr habt verdient, was immer ich Euch zu bieten vermag.«

»Untertänigsten Dank. Hier bin ich ein Herr. Unter Herren wäre ich der Abschaum; da mache ich mir nichts vor.«

Tuab Ey stocherte mit seinem Dolch im Stew herum. »Da ich gerade von dem Turm rede. Ein Gott ist über uns hergeflogen. Ich habe seine Flügel rauschen hören. Ich glaube jetzt an Götter. Aber ich habe es überlebt. Galud sagt, der Turm sei zerstört, als sei er abgebrannt.«

»Galud könnte recht haben.«

»Dann war da noch die Sache mit den Leprösen. Sie sind offenbar alle geheilt. Selbst Jort ist davon überzeugt.«

»Jort könnte ...«

»Auch recht haben? Hmm. Dann seid Ihr eine Art Halbgott«, stellte Tuab Ey fest. »Ein Priesterkönig. Ein Held. Bleibt und seid ein Mensch bei mir!«

Der Mann mit dem schwarzen Haar und den gelben Tiefland-Augen sah ihn an, bis Tuab Ey, den es amüsierte, untertänig zu sein, den Blick senkte.

»Lebt wohl, und laßt es Euch gut ergehen in Thaddra!« sagte Rarnammon nach einer Weile.

»Und Ihr Euch in Dorthar, Bastard eines Königsbastards.«

Draußen brütete die Sonne auf dem Marktplatz. Sklaven wurden unter Sonnendächern verkauft. Einen kurzen Moment lang erblickte Rarnammon, der im Schatten einer Ladentür stand, eine rothaarige Frau in der Menge. Aber Astaris' Haar war schwarz gefärbt worden, hieß es, als Bandar sie hierhin gebracht hatte, um sie zu verkaufen.

Galud starrte ihn an, als er das Zeeba herüberbrachte.

Rarnammon ritt davon, durch die Stadt und in die Vorberge hinauf, sein Denken war mit verschiedenerlei Dingen erfüllt.

Irgendwo ritt auch Yannuls Sohn durchs Land, und irgendwo saß diese Frau, die er in Olm getroffen hatte, auf einem Fels. Safca, Amreks Tochter ... Seine Offenbarungsvisionen waren dort ausgeblieben, oder durch einen stärkeren Willen verhüllt worden.

Die Stadt Rarnammon schwand hinter Rarnammon, dem Sohn des Raldnor, wie ein Trommelschlag.

Der Trommelrhythmus von Dorthar lag vor ihm.

Zu einigen Zeiten wünschte er sich, ihn nicht zu hören. In anderen Zeiten rüttelte er ihn auf. Die Zeit der Wunder war vergangen, und das war gut so, denn man konnte nicht ständig unter einer derartigen Anspannung leben. War er nicht einst in Lan zu dem Ergebnis gekommen, daß es nicht seine Sache war; daß er nicht genug Zutrauen in sich selbst hatte, um über Grundfragen der Existenz nachzudenken?

Die Visionen, durch die ihm so viele Dinge klargeworden waren, hatten ihn in anderer Hinsicht merkwürdig kurzsichtig hinterlassen. Es wäre töricht gewesen, jetzt zu scheuen oder auszuweichen. Es hatte schon immer Zauberei in Dorthar gegeben.

Raldnor war seiner eigenen Legende entflohen. Aber er war nicht Raldnor.

Die Berge ragten blau empor, bis in die Ferne erstreckten sich die Wälder. Nichts wies auf das Freie Zakoris hin, nur eine zerbrochene und zurückgelassene Belagerungsmaschine lag am Hang.

Man hatte ein mächtiges Steindenkmal sieben Tagesritte entfernt am Paß geschaffen, das an die Drachenerscheinung gemahnen sollte, bei der dortharianische Soldaten zugegen gewesen waren. Das Monument war von Einheimischen gefertigt worden und wirkte unkünstlerisch, wenn es tatsächlich schon vollendet war. Das mochte seine seltsame Gestalt erklären. Es hatte weniger Ähnlichkeit mit einem Drachen als vielmehr mit einer riesenhaften Schildkröte, deren Kiefer und Pfoten aus dem scheibenförmigen Rückenschild hervorstießen.

Er fragte die Soldaten nicht danach. Und sie ihrerseits er-

kannten ihn nicht ... Er gestattete es ihnen nicht. Erst als er vorbei war, ging das Raunen unter ihnen los. Aber sie deuteten untereinander an, daß der Mann, für den sie ihn im nachhinein hielten, Dorthar an den Leoparden verraten habe und es nicht wagen würde, zurückzukehren.

Rarnammon befand sich noch immer auf dem Paß, als die Zeit Zastis' anbrach. Der Stern trat hinter dem Mond hervor und tauchte die Berge in seinen sanften roten Schein.

Rarnammon war allein; er bemühte sich, die Träume, die ihn heimsuchten, schlafend zu überstehen, wie die Berge in das rote Licht des Sternes gebadet; er rief sich eine Geschichte ins Gedächtnis, nach der Zastis einst ein Palast gewesen war, den die Götter für sich selbst in den Wolken erbaut hatten, ein Liebespalast, der Feuer fing. Da er ein Bauwerk der Unsterblichen war, brannte er immer weiter, unlöschbar. Und zu den Zeiten, da er aufstieg, schickte er den Menschen jetzt sexuelle Lust.

Die Träume selbst waren unzusammenhängend. Im Wachzustand holte er Erinnerungen hervor. Aber sie schienen ebenfalls keinen wirklichen Realitätsbezug zu besitzen. Er war durch einen größeren Wirbelsturm gegangen, als Schmerz oder Lust oder Sexualität hervorrufen konnten.

Die Wachtposten am Paß, wo er in Dorthar einmündete, waren zastislahm. Das Wunder hatte sie auch völlig desorientiert. Einige waren barscher geworden, andere religiös.

Endlich ließ er die Berge hinter sich und schritt durch die riesigen Felsblöcke hindurch, die beim großen Erdbeben neue Anordnungen gebildet und sich dort wie für die Ewigkeit niedergelassen hatten.

Er befand sich auf dem Pfad oberhalb des Sees, der Ibron hieß, in keiner anderen Gesellschaft, wie er dachte, als der jener schwebenden Vögel, als unvermittelt vor ihm in einer Kurve an der Hügelseite eine schimmernde Weiße erschien.

Ein Mann war dort aus einem dahinrasenden Wagen gefallen, in den See.

Rarnammon nahm eine wirbelnde Gestalt wahr und blickte durch sie hindurch auf die Amanackirer, die jenseits davon standen.

Dann geschah alles zugleich. Sie rührten sich nicht vom Fleck und sprachen nicht. Er versuchte sich nicht in der

Geistsprache bei ihnen und ließ auch nicht zu, daß sie sie bei ihm anwandten; er war mittlerweile stark genug, es zu verhindern. Für Rarnammon handelte es sich bei derartigen Techniken um unerlaubtes Eindringen.

Endlich verlor er die Geduld. Er sagte laut: »Ich bin nicht mein Vater, wenn ihr versteht, was ich damit meine. Sagt mir, was ihr wünscht, oder macht den Weg frei.«

Er mochte sie nicht; so kalt, so bleich. Sie waren von einer unirdischen unreinen Reinheit. Keine Tiefländer mehr, sondern etwas völlig Neues und gänzlich Fremdes.

Die weißen Augen blickten in seine und wurden widerwillig gesenkt.

Sie achteten weder seine Person noch den Umstand, daß er es gewesen war – nicht sie –, der sich dem psychischen Sturm vermählt hatte. In ihrer maßlosen Eifersucht verlangten sie danach, die Götter zu sein, Götter im überlieferten Sinne: Menschen, die paranormal und allen anderen überlegen waren und daher das Recht hatten, alle anderen zu beherrschen.

»Sohn Raldnors«, sagte einer von ihnen, »seid ihr auf dem Weg nach Anackyra?«

»Wohin sonst?« erwiderte er.

»Raldanash ist einer der Unsrigen«, sagten sie; denn sie alle schienen jetzt als einer zu sprechen, als handele es sich um eine mentale Überlagerung, die nicht zu vermeiden war. »Raldanash haben wir anerkannt, obwohl er eine dunkle Haut besitzt.«

»Soll dies eine Art Warnung sein?«

»So ist es«, erwiderten sie.

»Dann erklärt Euch.«

»Ihr seid keiner der Unsrigen. Noch sind wir einer von Eurer Art.«

»Dann habe ich Euch lange genug zugehört. Wo befindet sich Ashni?«

»Sie ist über die Hügel gegangen. Einige sind bei ihr.«

»Aber nicht Ihr«, sagte er. »Das muß Euch schmerzen.«

Als er dem Zeeba die Sporen gab, schienen sie sich wie Rauch in die Felswände zu verziehen. Es mochte sich um einen Trick handeln, aber er glaubte nicht daran. Möglicherweise hatten sie gelernt, Projektionen ihrer selbst herzustellen und von einem anderen Ort aus herzusenden.

Er ritt weiter, wobei er darauf achtete, daß ihn auf dem Weg in die Stadt niemand erkannte. Amanackirer traf er keine mehr.

Er benutzte die gewundene ›Handelsstraße‹, die durch die Ruinen zum Fluß führte. Ein Räuber, der eine Fähre betrieb, stakte ihn hinüber.

Als er Anackyra durch eines der weiten Stadttore betrat und in die Hitze und Betriebsamkeit der Metropole gelangte, hatte er das Gefühl, von einem Behältnis aus durchsichtigem Glas umschlossen zu sein. Es war nicht nur die schützende Anonymität, die er um sich gelegt hatte. Er war entrückt.

In der Stadt, die von der Zerstörung verschont worden war, sprach man überall über die Wunder der Göttererscheinungen und magischen Ereignisse, und überall ignorierte man ihn. Handel und Geschäfte florierten. Männer diskutierten und gestikulierten im Staub. Zwei Mädchen kämpften kreischend vor einer Weinhandlung. Weihrauch und das Dröhnen von Gongen kamen aus Tempeln.

Fünf heilige Prostituierte, Töchter Anackires, überquerten eine Prachtstraße, von Soldaten des Tempels begleitet. Die Frauen waren barbusig, die Brustwarzen mit Goldkappen bedeckt und goldumrandet, Gold war auch in die gelben Schleier eingewebt, die ihre Röcke darstellten, ihre Haare waren gebleicht, in den Ohren und Nabeln trugen sie Topase.

Rarnammon wandte sich um und sah hinter ihnen her, mäßig amüsiert. Nicht nur über die Absurdität der Welt.

Vencrek, der Gouverneur von Anackyra, sagte: »Hier seid Ihr, wie er es voraussagte. Eure Verkleidung muß gut gewesen sein, da sie Euch ermöglichte, durch die Straßen zu gehen.«

»Und was ist mit Raldanash?« fragte Rarnammon.

»Er liegt in Moiyah, mit der Flotte. Dort befinden sich jetzt vathcrianische Schiffe aus dem Mutterland.«

Der Sturmpalast war kühl und vom Duft von Sträuchern und Bäumen sowie den Salben anspruchsvoller Frauen erfüllt. Die lasziven Gesten Zastis' und die Düfte Zastis' umgaben sie an allen Orten des Gebäudes.

»Der Rat wird in einer Stunde zusammentreten, mein

Lord«, sagte Vencrek. »Bis dahin bleibt Euch Zeit. Die königlichen Apartments wurden geöffnet und bereitet. Wie er es angeordnet hat.«

»Was wird dem Rat mitgeteilt werden?« fragte Rarnammon.

»Was der Stadt ebenfalls mitgeteilt werden wird. Daß Ihr in einer geheimen Mission nach Zakoris-In-Thaddra geschickt worden seid, auf Veranlassung des Sturmlords. Daß Ihr diese Mission ehrenvoll ausgeführt habt und daß Eure Tapferkeit Euch als Oberkommandant an Raldanashs Seite gestellt hätte, wenn der Krieg seinen logischen Fortgang genommen hätte.«

»Habt Ihr dem zugestimmt?«

»Er hat mir geschrieben«, erwiderte Vencrek. »Ich habe die Briefe und die Proklamation hier; die letztere noch unter unerbrochenem Siegel. Er setzt äußerstes Vertrauen in Euch. Ich kann nicht anders handeln.«

»Aber Ihr könnt sogar genau entgegengesetzt handeln«, warf Rarnammon ein.

»Richtig; das habt Ihr zweifellos von Kesarh. Yls Piraten werden ihn an die Fische verfüttert haben, nehme ich an.«

Rarnammon erwiderte nichts, er wartete ab.

Nach einer Weile sagte er: »Darf ich voraussetzen, daß Raldanash Euch in seinen vollständigen Plan eingeweiht hat?«

»Ich nehme an, daß er *Euch* in ihn eingeweiht hat, mein Lord.«

»Das ist richtig.«

»Wie lautet er?«

Rarnammon hob bedächtig die Schultern. Er sagte: »Ich dachte, in Vathcri sei die Geistsprache zwischen Brüdern verbreitet?«

Vencrek erblaßte unter dem hellen Braun seiner bleichen Haut. Die Ursache hierfür war nicht sicher zu nennen; es mochte vielerlei Gründe haben.

»Nun, in diesem Fall«, begann er, »kennt Ihr so gut wie ich Raldanashs Absicht, die Krone Dorthars abzugeben. Seine Absicht, abzudanken und ins hügelige Hinterland von Vathcri zu wandern wie ein gewöhnlicher armseliger Priester.«

»Wenn er auf diese Weise Trost findet«, sagte Rarnammon, »weshalb sollte er es dann nicht tun? Er hat die Krone nie gewollt.«

»Während Ihr«, erwiderte Vencrek, »sie natürlich stets gewollt habt.«

»Vielleicht. Ich leugne nicht, daß ich sie möglicherweise gewollt habe. Schließlich bin ich Raldnors Sohn. Und er war Priester und König. Ich bin vielleicht der Teil von ihm, der Ruhm in den Augen der Menschen begehrt hat. Und Raldanash ist der Priester ... Er ist auf Meditation und die Hügel der Heimat aus. Was wünscht Ihr zu tun, Vencrek? Raldanash gibt mir seine Stimme, wenn Ihr das nicht ertragen könnt, müßt Ihr gehen.«

»Ich werde es ertragen«, erwiderte Vencrek. »Ich will das Hinterland nicht mehr als Ihr. Ihr werdet schon erleben, wie gut ich es ertrage. Ich vermag Eure Gunst zu erringen, mein Lord.« Der blonde Kopf hob sich, der Vathcrianer lächelte. »Wir wollen abwarten, mein Lord, ob es Euch gelingt, meine Gunst zu erringen.«

Später, nachdem der Rat getagt hatte, Lärm und Zwietracht beendet waren (hatte nicht Raldnor selbst seine Königskrone verspielt, im Anschluß an seinen Sieg?), ließen sie bezahlte Gerüchte ausstreuen, um der Stadt aufzunötigen, was sie ausgehandelt hatten, ebenso wie es noch vor wenigen Jahren in Istris geschehen war.

Die Menschen wurden beeinflußt. Der Rat war beeinflußt worden. Die üblichen Bestechungsgelder wurden hier ebenso wie anderenorts angenommen. Rarnammon, der einst Rem gewesen war, kannte sich in diesem Geschäft aus und beteiligte sich mit Geschick daran. Zudem hatte er die Verfügung Raldanashs vorzuweisen, die ihn schützte.

Man dachte über Raldanash nach, der eher tot als lebendig an Deck jenes Schiffes aufgegriffen worden war, als er im Tieflandhafen Moiyah gelegen hatte, den Traum der Göttin träumend. Als die Schiffe von Vathcri im Licht der untergehenden Sonne auf dem Wasser aufgetaucht waren wie ein Omen.

Und Rarnammon wollte Dorthar bekommen. Ja, das stand fest.

Als die vom Anstand vorgeschriebene Anzahl von Tagen

und Nächten als verstrichen galt, fuhr er in einer Prozession auf einem edelsteinbesetzten Wagen durch die Stadt. Später stand er auf dem Herrschaftlichen Platz auf dem Podium unter der gigantischen Statue seines Namensvetters, sprach zu den Menschenmassen, wobei er jeden rednerischen Trick anwandte, den Kesarh ihm jemals gezeigt hatte; und er gewann sie für sich und hörte sie nach ihm rufen; der ungeheure Aufschrei stieg zum Himmel empor wie ein Vogelschwarm.

Die Königskrone war mehr als Triumph, mehr als Geschrei. Aber das königliche Blut, das auf ihn von Raldnor und Rehdon überkommen war, kannte die Art des Lärms, den die Leute für ihren König vollführten, und es hieß ihn willkommen, und es hielt ihn für berechtigt.

»Die Krönungsfeierlichkeit findet im letzten Viertel Zastis' statt. Ihr müßt all seine Frauen ehelichen«, sagte Vencrek. Wenn Ironie oder Bosheit in seinen Worten waren, hatte er sie geschickt zu verbergen vermocht. »Jeder König in Vis ist verpflichtet, seinen Vertreter zu schicken oder persönlich zugegen zu sein. Wie es aussieht, wird Yl selbst erscheinen. Das Königreich Zakoris-In-Thaddra baut keine Kriegsgaleeren mehr. Er hat versprochen, Euch Sklaven und Palutorven-Stoßzähne zu überreichen.«

»Gibt es Nachrichten über einen Mann namens Kathus, einen Alisaarianer?«

»Yl ließ seinen Statthalter bei seiner Rückkehr töten. Er gab an, sie hätten gegen den Erlaß der Götter gehandelt, indem sie ihn zu diesem unheiligen Krieg anstifteten. Ein Mann ist diesem Spruch entkommen. Ein Alisaarianer.«

(Also war er wieder landlos geworden, Kathus der Fuchs; mußte laufen, obwohl er zum Laufen zu erschöpft war, Kathus-Kathaos, der alle Religionen verachtete und an keinen Gott glaubte; gestraft mit einem ganzen Kontinent, der sich vor Frömmigkeit überschlug. Einst war er einem einzigen Strahl der Hoffnung nachgejagt. Aber diese Hoffnung hatte sich als Illusion herausgestellt. Oder die Illusion war eine Realität gewesen, mit der er nicht gerechnet hatte.)

»Und Kesarh Am Karmiss dient den Fischen zum Mahl«, sagte Rarnammon nachdenklich.

»Die Piraten«, erwiderte Vencrek, »haben sich von der Un-

tertanenpflicht Yl gegenüber losgesagt, als er kapituliert hatte; sie haben Kesarh erledigt und durchstreifen erneut in Rotten die Meere. Die Ozeane im Norden und Osten werden von ihnen gesäubert werden müssen, bevor die Zeit des Schnees beginnt. Wir stellen fest, nicht einmal ein Wunder«, schloß Vencrek, »kann alle Kriege beenden, mein Lord.«

Im Hof gab es keine Amanackirer mehr. Sie waren in die Berge oberhalb von Koramvis davongegangen. Ashni hielt sich dort auf, wie die Männer sagten. Rarnammon schien es nicht so, als hätten sie recht. Die Funken des psychischen Feuers waren in seinem Geist erloschen.

Er suchte auch nicht länger unbewußt nach Yannuls Sohn oder Amreks Tochter in Zor. Raldanash hatte sich innerlich zurückgezogen. Ashni, wie ein alles durchdringendes Licht, schien sie zu umgeben, und doch war es nirgendwo tatsächlich erkennbar.

»Da war eine Priesterin, der die Amanackirer gefolgt sein könnten«, sagte Vencrek, der die Gedanken Rarnammons in der unbeirrbaren Art der Telepathen verfolgte. Man gewöhnte sich daran. »Auch in Ankabek gibt es wieder eine Priesterin.«

»Ja«, erwiderte Rarnammon, der nicht zuhörte. Musik wehte von irgendwo herüber. Die Bäume, die den Säulengang säumten, wanden sich mit Zastis, der alle Wesen mit sexueller Lust tränkte. Dabei hatte es so ausgesehen, als bliebe keine Zeit ...

»Astaris würde einiges erklären.«

»Astaris existiert nicht mehr.«

»Entsinnt Ihr Euch der xarabischen Prinzessin, der Tochter Xa'aths?«

In Karmiss fand das Fest der Masken statt. Im Osten, dort wo Istris wiederaufgebaut wurde, hingen Lampengirlanden an Baugerüsten, und Fahnen flatterten von zerstörten Häusern. Als die Freien Zakorianer gekommen waren, hatte dichter Qualm ganz Ioli mit einer Schmierschicht überzogen, jetzt aber war hier nur Rauch von Fackeln. Bier und Wein flossen wie je. Und wegen des Krieges hatte man noch Wein übrig.

Das nächste Jahr würde einen guten Ertrag bringen, einen Jahrgang, der jetzt schon *Salamander* getauft wurde. Es

schien, als würde ihn wenigstens ein Weinhändler noch immer lieben.

Karmiss hatte eine Menge Gesprächsstoff zwischen Räuschen und Küssen. Der Gouverneur war von der Insel geflohen. Es gab einen shansarianischen Regenten von Übersee.

Ein Erwählter des Königs wurde unter den Überresten des Hauses Suthamun gefunden. Man traf ein schlaues Arrangement. Der Knabe war von einer karmianischen Frau zur Welt gebracht worden und besaß eine kupferbraune Haut, die seine Schönheit unterstrich. Zudem war er kein Eunuch.

In Dorthar wurde ein Herr der Stürme gewählt. Seine Mutter war eine visianische Karmianerin. Istris feierte ihn in mit Glocken behangenen Wagen und im feuerversengten Hafen, indem sie zu vergessen beschlossen (selbst, wenn sie es wußten), daß er einst Kesarhs Helfer gewesen war. Das Gerücht wußte von großartigem Fortschritt zu berichten, zu Lande und auf den Flüssen, in ganz Dorthar. Die dortharianischen Schiffe lagen jetzt vor Tjis. Der shansarianische Regent war dorthin gegangen und hatte Rarnammon, Raldnors Sohn, die Hände geschüttelt. Das Gelübde war abgelegt worden, daß Ankabek der Göttin wiederaufgebaut würde, das der Leopard zerstört hatte.

Diese Insel, hieß es, wäre von Geistern besessen. Aber es gab auch in Istris und Ioli Geister, die sich an den Festen beteiligten – in Masken und trunken.

Die königlichen Biremen lagen eine Meile entfernt vor Ankabek. Ihre Embleme waren die Göttin und der Drachen von Dorthar.

Bis jetzt hatte der Mann, der zum Sturmlord ernannt worden war, kein persönliches Wappen erwählt.

Vom Landeplatz der Insel aus sahen die Schiffe nur wie hübsche Spielzeuge aus. Nicht, daß jemand gekommen wäre, um sie anzuschauen. Diejenigen, die Ankabek zur Stätte ihrer Zuflucht gemacht hatten, waren, nachdem sie glücklichere Nachrichten empfangen hatten, längst über die Meerengen ins Hauptland Karmiss zurückgekehrt. Nur Seevögel waren noch hier ansässig. Sie wateten in begrenzten seichten Stellen umher und flohen, sobald ein Ruderboot vom Ozean her auf sie zukam.

Augenblicklich wurde ein Pavillon in einer Schieferbucht erbaut. Eine Gruppe aus Vathcrianern und Dortharianern, die lachte und Sport trieb oder ernsthafte theosophische Fragen erörterte, machte sich auf, um ein zweimal verwüstetes Dorf in Augenschein zu nehmen. Ein Mann kletterte auf einen Hügel in der Nähe. Er betrat einen der feuergeschwärzten Haine und ward nicht mehr gesehen.

Sie waren nicht alle abgestorben, die Bäume von Ankabek. Hier war ein Zweig, ein Ast, dort ein kompletter Schößling mit rotem Sommerlaub bedeckt. Und von einigen Bäumen ragten die lebendigen und die toten Zweige in der Windstille, und die Metallscheiben hingen an ihnen, zitternd und ohne einen Ton von sich zu geben.

Der Gang dauerte ebenso lange wie sonst. Aber als sie vom höchsten Punkt der Insel kamen und die leere Schale des Tempels vor sich sahen, traf sie die Erinnerung wie ein Schwert, das ihnen in die Seite fuhr. Hier hatten sich große Dinge ereignet. Und jetzt war alles dahin, nur die Mauern und die Bäume, die mühsam darum rangen, Knospen und Blätter zu treiben, die Weite des Meeres und der Himmel darüber, ohne Merkmale und Gedächtnis.

Die Tiefländer verbrannten ihre Leichen zu eben jenem Zweck, um jeden Rest physischer Existenz auszutreiben, da sich ihr wahres Wesen in der Seele befand und nur die Seele andauerte. Es war grausam für die Hinterbliebenen.

Rarnammon, der selbst ein Hinterbliebener im Gefolge des Todes war, erblickte zwischen den Phantombäumen ein anderes Phantom. Er war nicht sicher gewesen, sie hier zu entdecken. Raldanashs Geist hatte etwas über ihre Gegenwart angedeutet, über das Wiederentfachen seiner erlöschenden Kraft mittels Ankabek und das schöpferische Medium dieser Frau.

Sie saß auf dem Boden, gekleidet in die üblichen Tempelgewänder, die vom selben fahlen Schwarz wie die verkohlten Bäume waren. Das blutrote Haar glich den neuen Trieben der Bäume. Es war ein seltsames Bild.

Er trat näher heran, mit behutsamen Bewegungen, da er sie nicht erschrecken wollte. Er hatte an ihrer Haltung erkannt, daß sie meditierte.

Zehn Meter von ihr entfernt blieb er stehen.

Ihr Gesicht war leicht zur Sonne emporgewandt, und ihre Augen waren halb geschlossen. Sie war Ulis Anet, und sie sah eigentlich aus wie immer. Aber sie war zugleich auch Val Nardia.

Einen Augenblick lang vermißte Rarnammon den mit Perlen besetzten Reif, den Kesahrs Schwester stets am Hof getragen hatte. Dann berichtigte er seinen Eindruck.

Ihre Augen öffneten sich unversehens, und er wurde gewahr, daß sie ihn erblickt hatte. Obwohl sich möglicherweise dort, wo er stand, noch andere Personen aufhielten, die weniger körperlich waren.

»Ulis Anet Am Xarabiss«, sagte er sanft. »Erinnert Ihr Euch an mich?«

»Ihr seid Rarnammon«, erwiderte sie. Da sie seinen vollen Namen aussprach, wie er jetzt lautete, war zu erkennen, daß ihr Bewußtsein gesteigert war. Offensichtlich aber war es in anderer Hinsicht nicht ganz ungetrübt. Sie starrte ihn eine Weile an, ehe sie fortfuhr: »Ich bin keine Priesterin, mein Lord. Meine Gegenwart hier ist rein zufällig. Ihr werdet mich reichlich seltsam finden. Ich bin seit geraumer Zeit allein. Sühne und Selbstbesinnung. Was habt Ihr mit mir vor?«

»Vielleicht nichts«, erwiderte er.

Sie kam anmutig auf die Füße, und das Licht fiel durch ihre Haare und schien durch ihre Finger, als sie die Hände spreizte.

»Zuerst, als ich aufsah und Euch erblickte«, sagte sie, »glaubte ich, Kesarh zu sehen. Die Dunkelheit ... Und dann ... Raldanash. Eure Augen, versteht Ihr? Ihr gleicht ihm. Ihr gleicht beiden.« Sie weinte dann, leise und gedankenvoll, als wäre nicht Kummer der Grund.

Er stand auf und betrachtete sie.

Nach einer Weile legte sie die Hände an ihre Wangen, und ihre Tränen hörten auf zu fließen.

»Erlaubt, daß ich Euch ein Wunder der Insel zeige«, sagte sie.

Sie ging in Richtung auf die Landspitze zu; er folgte ihr. Ihre Schönheit, die er nie zuvor so deutlich erkannt hatte, ging von ihr aus wie ihr Schatten zwischen den Stämmen der Bäume.

Westlich des Tempels gaben die verbrannten Haine einen Weg zu den verbrannten Eichen frei, unterhalb derer sich die See erstreckte, weit entfernt. Mitten im Gras stand ein kleines steinernes Standbild der Anackire, eine grobe Laienarbeit. Rarnammon fragte sich, wer es hier aufgestellt haben mochte.

Ulis Anet trat an den Fuß des Felsens.

»Es ist merkwürdig«, sagte sie. »Ich habe nie nach der Stelle gefragt, und ich könnte mich geirrt haben. Aber die Sonne steht im Westen. Dies ist die Stunde, zu der es sich ereignet.«

»Wovon sprecht Ihr?« fragte er sanft.

Er hielt sie nicht für unvernünftig, aber er fürchtete sich fast, ihr nahezukommen; davor, daß sein Arm oder Ärmel sie streifen mochte, oder seine Stimme. Als besitze sie die Fähigkeit aufzulösen. Oder als könnte er eine Verletzung davontragen, wenn er sie berührte.

Aber sie sagte: »Dort!« Und wies auf das tiefe Wasser unterhalb von ihnen.

Und plötzlich blendete sie etwas; ein Speer aus bernsteinfarbenem Licht, der aus dem Meer emporflog.

Sie behielten die Erscheinung im Auge, beide wurden von ihr durchbohrt. Und dann erlosch das Gleißen.

»Sie haben die Statue von diesem Felsen gestürzt«, sagte Ulis Anet. »Die Anackire. Vielleicht ein Schmuckstein, ihr Haar ... oder ein Edelstein ...«

»Die Freien Zakorianer haben ihr die Augen geraubt«, sagte Rarnammon, »aber eines der Leopardenschiffe ging unter. Die Strömung hat es vielleicht zurückgebracht ...«

Sie starrten ins Wasser; es schien jetzt kaum zu glauben, daß etwas aus ihnen hervorgekommen war.

Nach einer Weile bot er ihr an, sich an dem Essen und dem Wein zu beteiligen, die er mitgebracht hatte.

Sie setzten sich bei den Eichen über dem Wasser nieder, um einen Imbiß zu sich zu nehmen. Er erinnerte sich daran, daß Kesarh und Val Nardia hier gesessen hatten, und er dachte an sie. Es herrschte eine gewisse Zeitlosigkeit; nichts schien dringlich; aber darunter lauerte ein ungewöhnliches Gefühl einer bevorstehenden Veränderung, eine nervöse Spannung und unbegreifliche Erregung.

Einmal wand sich eine goldene Schlange durchs Gras. Die Schlangen der Göttin hatten überlebt, und die Insel war jetzt ihr Reich.

Der Mann und die Frau sprachen mit gewöhnlichen Worten von ungewöhnlichen Dingen.

Die Schatten wurden länger, krochen über das Meer und die Felsen. Der Westen rötete sich; der Osten rötete sich wie im Widerschein, in Erwartung des Sternes.

»Ihr müßt nicht hierbleiben«, sagte er. »Ihr habt Euch doch nicht entschlossen, eine Akolythin oder Eremitin zu werden?«

»Ich habe es erwogen. Aber Ihr sollt mich beraten. Ihr wart ein Teil des großen Gewebes der Kraft. Ein Gott.«

»Nein«, erwiderte er.

»Zumindest«, sagte sie, »für eine Nacht und einen Tag. Der Saum jenes Feuers hat diese Insel gestreift. Ich kann es bezeugen. Ihr wart ein Gott. Daher müßt Ihr mir sagen, mein Lord, wohin ich meine Schritte lenken soll; wie ich mein Leben gestalten soll. Ihr wißt, daß er wegen mir gestorben ist.«

»Kesarh ist wegen Kesarh gestorben.«

»Ich habe meine Schuld und meinen Schrecken überwunden. Ankabek hat es mich gelehrt. Aber die Insel lehrte mich nicht, wie ich weiterleben soll. Ankabek sagte mir nur, daß ich warten soll.«

»Dann kommt mit nach Dorthar. Die Stadt spricht mit einer größeren Stimme und hat ein größeres Ziel.«

»Niemals für mich.«

Die Sonne schien aufs Meer. Die Welt schwamm in roten Lichtern und Schatten. Der Stern entfaltete sich wie eine Rose am östlichen Horizont.

»Ulis«, sagte er, »dieses Gespräch über Götter ... wenn dies hier ein Bordell in Istris wäre, würde ich mich vor Scham krümmen. Ich habe bekommen, was ich wollte, und nie ist es eine Frau gewesen. Und jetzt besteht diese Insel aus einer Ruine und einem Felsen, auf dem verbrannte Bäume stehen. Es ist ein elendes Ruhebett. Und ich verlange nach Euch.«

Ihr Gesicht war völlig verständnislos, und dann verschwand die Verständnislosigkeit, löste sich auf in ein Gelächter.

»Der Sturmlord entschuldigt sich bei seiner Dienerin für ein unbequemes Bett?«

»Und für sein mangelndes Wissen, das nicht mit seinen Jahren Schritt gehalten hat.«

»Zastis«, sagte sie. Ihre Stimme war sehr tief. »Es liegt an Zastis. Und jeden Moment, seit der Stern herrscht, bin ich allein hier gewesen, bis jetzt.«

Dann traf er ihren Mund, und die Sonne schickte sich an unterzugehen. Es war ein süßes und neu entdecktes Land, das er bei Sonnenuntergang fand.

Irgendwo in den Bergen oberhalb von Koramvis beobachtete der Thaddrianer die Sterne, die wie Staub waren, und den Roten Mond mitten unter ihnen, und dann den letzten aller Sterne, der röter als das Feuer war, das er zum Kochen auf den Steinen entfacht hatte.

Zastis störte den Thaddrianer, aber er war bereits damit vertraut und daran gewöhnt, die Bedürfnisse seines Körpers zu unterdrücken.

Er hatte das Feuer entzündet, um eine normalere Stimmung zu schaffen, aber es wirkte nicht. Der See war weit fort, und die Berge glühten. Diese Bergspitze wirkte merkwürdig unirdisch, obwohl sie mitten in der Welt war.

Überall um ihn herum saßen Amanackirer, lohfarben oder schneeweiß, und sie meditierten, einige benutzten dazu das Mittel gesprochener Gebete.

Der Thaddrainer dachte an das Wunder, das sie gewirkt hatten. Dann hörte er auf, daran zu denken. Das Mysterium war vorbei. Er war krank vor Heimweh nach dem Tempel in der Ebene, dem fetten Hohenpriester und seine Weinkrüge ... und nach den heimlichen Ladies, die zu dieser Saison auftraten. Nach den nützlichen Schriftrollen und Landkarten, den Ritualen, die so bedeutungslos aber feierlich waren.

Er war durstig nach alltäglichen Dingen. Denn er hatte seine Liebe für die menschliche Rasse vergessen, nachdem er an ihr zu zweifeln begonnen hatte.

»Bald«, sagte sie.

Er sah hoch und erblickte Ashni, die jenseits des Feuers stand.

Ihr Lächeln war so lieblich; erinnerte so stark an alles, das nicht schmerzte und dennoch grenzenlos war ... den Himmel, die Sterne, das Licht.

»Dann geht Ihr also, Madam«, sagte er. Es war eine rhetorische Frage; er verlangte keine Antwort und erhielt auch keine.

Nach und nach wandten sich die Blicke aller, selbst derer mit den seltsamen farblosen Augen, ihr zu.

Sie sagte ihnen kurz, ohne Worte, daß sie im Begriff war, sie zu verlassen.

Keiner unter ihren Tiefländern machte einen Einwand. Sie nahmen es hin, voller Stolz; die Erwählte Rasse, die Kinder der Götter.

Der Thaddrianer fühlte die Einsamkeit wie einen Wolf von den Bergen kriechen. Fühlte denn niemand von den anderen diese Einsamkeit?

Sie ist nur ein Mädchen, dachte er stumpfsinnig. Vierzehn oder fünfzehn Jahre alt. Groß, seidiges Haar und Lilienhaut. Aber ihr Blick wandte sich erneut ihm zu. Sie war nicht nur ein Mädchen, ganz und gar nicht. Es hatte in Thaddra diese Legende vom Wolfskind gegeben. Etwas wie ein prophetisches Spiegelbild. Was mochte sie jetzt sein?

Aber sie war schon dabei fortzugehen, ziemlich rasch, wie sie stets ging; ein schnelles und müheloses Gleiten, während das Haar wie eine kleine Wolke Schmetterlinge hinter ihr herflatterte; ihr Gehen war wie etwas, das getan werden mußte. Den Berg hinauf. Dort war ein Fels, etwa in hundert Fuß Höhe. Sie schritt geradewegs auf den Fels zu und erklomm ihn mit drei Schritten. Sie nahm auf dem Fels Platz, und er konnte sie gut sehen. Sie alle konnten sie gut sehen.

Was würde geschehen?

Es war wie das Murmeln eines kleinen Baches, das Kichern eines Kindes oder wie das Plätschern eines Flusses. Sein persönlicher Glaube hatte diese letzte Verwandlung stets abgestritten.

Raldnor und Astaris waren auf einem Wagen in den Urwald gefahren. Ashni würde zu einem bestimmten Zeitpunkt während der Nacht allein zwischen den Bergen umherwandern.

Als der Thaddrianische Priester kurz vor Morgengrauen erwachte, war der Fels am Berg leer, und er begriff, daß es das gewesen war, was sie getan hatte.

Er kratzte in der Asche des Feuers herum und suchte nach

der Wurst, die er angekohlt dort liegengelassen hatte, als ihn etwas Merkwürdiges veranlaßte, den Kopf wieder zu heben.

Der Himmel erhellte sich bereits, ein Kristall, im Osten vergoldet. Dann trat eine kleine Silbersonne mit fließenden Haaren aus dem Gold hervor.

Der Thaddrianer sprang auf die Füße, ergriff die verkohlte Wurst und wedelte mit ihr heftig den Anackirern zu, bis sie sich erhoben, einige erwachten, andere, die ohnehin nicht schliefen, kamen über den Berg herbei.

Dort am Morgenhimmel leuchtete der Stern.

In Elyr begannen die Menschen zu flüstern und in ihren abgelegenen Türmen Selbstgespräche zu führen. Sie hatten den Stern vorausgesagt, sein Erscheinen, sein Vorüberziehen. Jetzt würden sie ihn verehren, als Zeichen des Friedens, einen Strahl der Hoffnung.

In ganz Lan sah man ihn, von den blauen Bergeshöhen, von den geheimnisvollen Tälern aus.

Der junge Mann, der mit wildem Geklapper nach Amlan ritt, Yannuls Sohn, schaute über die Dächer und erblickte ihn und leistete einen Eid und wußte, daß einige seiner Verwandten ihn ebenfalls sahen.

Und Safca, im runden Fenster eines finsteren Turmes in Zor sah zum Stern hoch, wie alle Elyrianer, und hielt ihre Hand empor, um ihn in kindlicher Manier auf einer Fingerspitze balancieren zu sehen.

Raldanash, seines Landes beraubt auf dem Meer, unterwegs nach Vathcri, am Heck eines Schiffes mit blauen Segeln, schaute und achtete nicht auf den Ausruf der Seeleute. Er lächelte, als er den Stern sah, der ihm wie eine Träne schien.

Über ganz Vis wurde er gesehen, man wachte auf, und da war er.

Auf Ankabek bemerkten ihn der Mann und die Frau, der Held und die Heldin unter den Eichen; sie sahen ihn gefangen im Geäst der Bäume, als sei er eine der Scheiben aus Silber. Sie lockerten ihre Umarmung nicht und wandten sich erneut einander zu, um das Licht im anderen zu finden.

Der Thaddrianer hatte den Hügel erklommen und sah, daß die Rückseite des Felsens ein kleinerer Abgrund war, von dem ein Abstieg nur mit Flügeln möglich gewesen wäre. Er ließ die Wurst hinabfallen, als wollte er ein Opfer bringen.

Ashni hatte sich demnach an ihnen allen vorbeigestohlen, selbst an den jeglichen Schlaf verschmähenden Amanackirern, während sie schnarchten. Sie würde eine Bäuerin in Thaddra werden oder sich den Wölfen anschließen.

Er grinste zum Himmel empor und schrie vor Freude auf.

»Und doch«, sagte er dann, »bist auch du, Ashni, der Morgenstern.«

Le cousin d'Italie